세계사 속의 다산학

-실학의 집대성에서
동서문화의 통합으로-

김영호金泳鎬·리민李民·미야지마 히로시宮嶋博史·차이쩐펑蔡振豊 외 저

지식산업사

세계사 속의 다산학

실학의 집대성에서 동서문화의 통합으로

초판 1쇄 인쇄   2021. 10. 22.
초판 1쇄 발행   2021. 11. 5 .

지은이   김영호·리민·미야지마 히로시·차이쩐펑 외
펴낸이   김경희
펴낸곳   (주)지식산업사
본사 ● 10881, 경기도 파주시 광인사길 53(문발동)
전화 031 - 955 - 4226~7 팩스 031 - 955 - 4228
서울사무소 ● 03044, 서울시 종로구 자하문로6길 18 - 7
전화 02 - 734 - 1978, 1958 팩스 02 - 720 - 7900
영문문패 www.jisik.co.kr
전자우편 jsp@jisik.co.kr
등록번호 1 - 363
등록날짜 1969. 5. 8.

책값은 뒤표지에 있습니다.

이 책에 대한 문의는
지식산업사로 연락해 주시길 바랍니다.

이 책은 한국학중앙연구원의 2016-2017년 국제공동연구성과를
수정 증보하여 출판한 것임

세계사 속의 다산학

실학의 집대성에서 동서문화의 통합으로

김영호金泳鎬 리민李民 미야지마 히로시宮嶋博史 차이쩐펑蔡振豊 외 저

지식산업사

4

서언

다산학 100여 년을 맞이하여 이 책의 연구성과는 몇 가지 점에서 특기할 만하다.

먼저 "세계사 속의 다산학"이란 책제목이 말해 주고 있는 것처럼 지금까지의 "한국사 속의 다산학"이란 민족사적인 시야를 깨고 나와 세계사적 시야에서 다산학을 파악해 보려 했다. 이것은, 근대서양을 기준으로 한 이른바 오리엔탈리즘에 동조 또는 저항의 차원에서 나온 "국학"의 틀을 벗어난다는 문제의식과 동시에 그 반대로 국수주의의 일환으로 동양적인 것 또는 한국적인 것이 최고라는 의식을 함께 깨고 나와 세계사의 열린 시각으로 새 하늘과 새 땅을 본다는 위치에 선다는 것을 의미한다. 종래 국학의 차원에서 한국사 속의 다산학은 "실학의 집대성론"이었다면 세계사 속의 다산학은 대체적으로 "동서문화의 통합론"이 아닌가 한다. 동서문화의 통합론은 마테오 리치류의 동양문화의 서학화나 위정척사衛正斥邪류의 서양문화의 동양화 또는 중체서용中體西用이나 동도서기東道西器류의 안이한 절충론과 구분되는 개념이다. 이 책에서는 동서문화 통합론 대신 제3기 유학이란 개념을 쓰기도 했다. 공자 맹자의 유학(洙泗學) 정립을 제1기 유학, 불교 도교의 도전 앞에 무너지는 유학을 불교 도교의 논리를 살려 유학을 재건한 주자학을 제2기 유학, 그리고 서학의 도전 앞에 해체 위기에 빠진 유학에 서학의 논리를 살려 재건한 유학이 제3기 유학이라는 구상이다. 21세기 유학 르네상스는 유학의 민주화와 세계화를 전제로 한 제3기 유학의 진통을 겪어야 하지 않을까 하는 예상을 하고 있다. 중국에도 제3기 유학 개념이 쓰이고 있으나 우리는 그것을 중화주의의 부활이라는 권위적 성격을 갖고 있다고 비판한다. 물론 이 개념이 이 책의 모든 개별 논문에 관철된 것은 아니다. 우선 비전을 공유한 정도라고 할 수 있을 것이다. 조성을 교수의 논문에서 종래 다산의 초기 논설인 〈원목原牧〉〈탕론湯論〉 등에 보인다고만 했던 민주적 사상이 만년의 역작 〈매씨서평梅氏書平〉의 〈일주서극은편변逸周書克殷篇辨〉에도 관철 또는 심화된다고 하는 결론을 내고 있다든지 채진풍 교수가 유교헌정주의儒敎憲政主義의 논리로써 황종희黃宗羲보다는 정다산이라는 전제 아래 다산의 〈인자이인상여론仁者二人相與論〉에서 사회계약설을 찾아내고 그것은 그 시대의 변혁의 의미가 있을 뿐만 아니라 미래에도 발전가능성이 있다고 지적하고 있다. 김선희 교수가 시도한 다산의 자주지권自主之權 개념을 둘러싼 동서철학적 재검토는 방인교수의 자주지권 개념의 역학적 재검토와 김영호 교수의 자주지권 개념의 정치경제적 적극적 확대론과 함께 연계하여 봄 직하다. 이 책에서 자주지권 개념은 동서통합론 핵심의 하나로 주목되고 있다. 한형조 교수는 현대철학의 성찰적 입장에서 《논어》 주해에 나타난 주자와 다산을 비교 검토하고 있다.

다음으로 국내는 물론 중국 일본 대만 미국 캐나다 프랑스 등의 걸출한 연구자 20여 분이 다수 참여하여 세 차례의 학술회의(첫회는 2015년 12월 22일 한국학중앙연구원 대회의실 심포지움, 두 번째는 2016년 12월 16~20일 주자학의 고향 중국 무이산武夷山에서 열린 무이산 워크숍, 세 번째 회의는 2017년 3월 17~18일 한국학중앙연구원 대회의실 심포지움)와 네 차례의 월례연구회를 거친 알찬 국제 공동연구의 성과라는 점이다.

국제적인 공동연구 성과라는 점을 부각시키기 위하여 이 책의 대표 필자로 중국 일본 대만 한국 각 지역에서 각 한 분씩 의뢰하여 구성했다. 여기에서 중국 대만 관계의 특수성을 우회하기 위해 지역으로 표시했음을 유의해 주기 바란다. 이러한 국제적인 공동연구를 통하여 정다산이 한국에서는 유명하지만 외국의 세계사 속에서는 거의 찾아보기 어려운 한계를 극복할 수 있기를 기대한다.

참여 연구원 전원이 논문을 제출하였다. 종래 다산의 경학사상 연구에 있어서도 지금까지는 4서 중심이었으나 이번 연구에서는 《역학易學》 연구 《주례周禮》 연구 《상서尙書》 연구 《시경詩經》 연구 그리고 불교 연구 등 새로운 분야에 국내외 대가들이 참여해 주어 연구상의 공백을 메꾸어 주었다. 역학 연구에는 한·중의 린쭝쥔 교수, 방인 교수, 임재규 연구원이 참여했다. 《주례》 연구에는 중·캐나다의 왕치파 교수, 송재윤 교수가 참여했고, 《상서》 연구에는 한·불·중의 김문식 교수, 노지현 교수, 리민 교수가 참여했으며, 리민 교수는 환우 중에도 귀중한 메모를 보내 주어 이 책에 보론으로 실었다. 《시경詩經》 연구로는 한일의 정예精銳 심경호 교수와 나카 스미오中純夫 교수의 노작이 발표되었다. 그리고 정민 교수는 불교 관련 방대한 일문佚文 자료를 조사 연구했다. 거의 책 한 권의 내용이고 분량이다. 다산의 정법론으로 김호 교수는 속전제贖錢制를 중심으로 형정개혁사상을 분석하고 있으며, 미야지마 히로시宮嶋博史 교수는 지론인 소농경제론의 관점에서 다산의 농지개혁론을 분석하고 있다. 정순우 교수는 다산의 성인聖人 담론을 퇴계학맥의 연속과 단절의 문제로 다루고 있고, 김현 교수는 다산저작 텍스트의 전자정보화를 위한 온톨로지 설계를 해 주었다.

이 공동연구는 다산 자신이 직접 교정을 본 여유당전서 정고본定稿本을 텍스트로 연구되었다. 오늘날 마르크스 연구 수준은 마르크스의 수택본과 재대교再對校한 MEGA본을 텍스트로 한 연구라야 인정을 받을 수 있고, 제임스 조이스 연구 수준은 제임스 조이스 수고본 재대교 전집을 텍스트로 해야 인정해 주고 있듯이, 다산 연구도 이제 1935년에 나온 신조선사본 《여유당전서》의 저본이 되었던 수택 정고본을 텍스트로 해야 하는 단계에 이른 것이 아닐까 한다. 1935년 신조선사 《여유당전서》는 다산 서세 100주년을 기념하여 나온 것으로 당시로서는 획기적이었다. 신조선사 전서의 사실상의 실무책임자였던 최익환 선생이 수택 정고본을 살펴본 뒤 원래 다산 자신이 의도했던 대로 새로 편찬해야 한다는 의견을 내었던 사정에 공감하게 된다. 이 책은 어느 정도 정고본 텍스트를 기초로 한 최초의 공동연구라 할 수 있다. 이 책 속의 김문식 교수, 조성을 교수의 논문은 대표적인 텍스트분석 논문의 하나이다.

이 뜻깊은 연구는 장기 연구로 기획되어 추진되었고 연구 결과는 영중일에서의 출간을 기약하였으나, 한국학중앙연구원 원장 교체 등으로 추진 도중에 중단되기도 하였고 최종발표회 이후 전체 논문들이 발표자 측의 독촉 자제 중에 실무담당 직원의 책상 서랍에 장기간 잠자는 사고 등의 우여곡절 끝에 지식산업사 김경희 사장의 결단으로 출간이 가능하게 되었다. 본인은 연구책임자로서의 책임을 다하는 어려움을 절감하였으나, 참여 연구자 전원이 끝내 논문을 내어 주고 보완까지 다해 주어 이 공동 연구가 대저大著로 출간하게 되었다.

연구원 측의 일방적인 조처에 공개비판을 하고 다산연구기금을 쾌척하신 전택수 교수를 비롯한 박병련, 정영훈, 최진덕, 전성호, 안승준 교수 등 연구자문교수 그리고 임재규 박사가 노고를 아끼지 않았다. 정병규 선생은 격조 높은 표지디자인을 해 주었고, 편집부의 김연주 위원은 편집에 성의를 다해 주었다. 이 모든 분들께 충심으로 고마움을 전한다.

2021년 3월

김영호

8

차 례

제1장

제3기 유학과 다산학

김영호

(한국학중앙연구원 전 석좌교수)

1. 서언

우리는 다산학 100여 년을 연구사적으로 되돌아보며 공동연구의 주
제를 "세계사 속의 다산학"으로 방향을 잡았다. 그것은 우선 서양의 오
리엔탈리즘에 대한 대응으로 한중일에서 나온 국학 개념에서 이루어진 다
산학을 극복하고자 하는 의도를 안고 있는 것이다. 국학 입장에서는 근대
서양에 가까운 정도로 전통을 평가하는 경향을 갖고 있고 그러한 기준
에서 다산의 정치경제사상을 주목하여 한국사의 범위 안에서 실학의 집
대성자로 파악하고 있었다.

아울러 동양에 대한 긍지의 회복과 함께 독자적으로 동양학을 재건
해 가는 분위기 속에서 다산의 경학사상을 탈주자학적 수사학洙泗學으로
파악하는 조류가 형성되고 있었다. 서구적 일반성보다 동양적 또는 한
국적 특수성을 중심으로 연구해 온 결과이다.

그러나 이제 동아시아가 근 200년 동안의 서양화의 긴 터널을 지나
서양의 2중대가 아닌 세계의 선도지역으로 새 하늘과 새 땅이 펼쳐지
고 있다. 따라서 서구적 기준이 아니라 동양의 눈으로 세계를 읽고 해
석할 수 있게 되었다. 이것은 서구적 보편을 동양적 보편으로 대체하려
는 새로운 독선으로 흐르게 할 것이 아니라 다중중심多重中心으로 그리
고 그것을 관통하는 새로운 보편의 발굴 혹은 확립이 중요하다는 의미
이다.

특히 중국은 세계의 패권국가로 대두되면서 유학을 적극 재평가하여
유교국가로 세계에 재등장하고 있다. 세계학계에서도 유학에 대한 새로

운 평가를 제출하고 있어서 바야흐로 유학 르네상스를 연출하고 있다. 그런데 이러한 유학 르네상스가 서구 중심 가치를 유학 중심 가치로 대체하려는 안이한 유학우월주의로 잘못 흐르는 경향도 없지 않다.

이러한 상황에서 우리는 한국사의 범위를 넘어선 동양유학사 자체의 사상사적 맥락에서 그리고 서세동점시대에 서양종교와 서양과학기술의 도전을 어떻게 만나고 흡수하고 융합했는가 하는 세계사적 맥락에서 다산학의 위치와 성격을 규명하고자 했다. 그것은 서구적 기준의 다산학이나 동양적 특수성 중시의 다산학을 넘을 뿐만 아니라, 서구의 몰락론을 타고 동양유학으로 서양을 대체하려는 안이한 동양우월론을 뛰어넘는 다산학을 지향한 것이다. 동서문명의 통합을 지향했던 다산학과 오늘날 그것을 계승 발전시킨 다중축의 새로운 보편론을 지향한 것이다. 그리고 그것을 될 수 있는 대로 외국의 전문학자들과 함께 국제적 그리고 학제적으로 공동연구코자 했다.

이러한 취지에서 "세계사 속의 다산학" 공동연구가 시작되어 1년차 연구를 매듭짓게 되었다. 그간 처음부터 필자는 개인적으로 이미 나와있는 "제3기 유학론"을 비판적으로 재검토하여 새롭게 제기함으로써 공동연구에 한 가지라도 참고되거나 일정한 방향제시가 되기를 조심스럽게 기대하였다. 그 결과 적지 않은 호응과 공감을 사기도 하였으나 아직까지 용어나 개념 제시 수준에 머물러 있어 빨리 제출해야 할 압력에 직면하였다. 이 글은 그러한 압력에 대한 면피용으로 기초한 것이다.

요컨대 한국사적 문맥에서 실학의 여러 유파를 종합한 집대성자로 자리매김되었던 다산학이 세계사적 문맥에서는 동서문화융합의 선구자 또는 제3기 유학의 집대성으로 자리매김할 수 있을 것이라고 예상하고 있다.

2. 제3기 유학론의 비판적 재검토

1) 전통적 제3기 유학론

제3기 유학이란 일찍이 모종삼(牟宗三, 1909~1995)이 제시하고 두유명 杜維明이 고취한 개념이다. 모종삼은, 명말 유종주劉宗周의 죽음 이후 청 삼백 년 동안의 암흑기를 거친 뒤 민국 이후 웅십력熊十力(1885~1968)이 출현하여 도통을 부활한 뒤 모종삼 서복관徐復觀 당군의唐君毅 등으로 확 대되었다고 서술하였다. 그들은 서양문화 앞에서 유교문화의 부활을 선 언한 문화선언 〈위중국문화경고세계인사선언爲中國文化敬告世界人士宣言〉을 발표한다. 그는 유학의 심성론을 도통의 생명으로 삼아 유학사를 개괄 하여 공맹을 제1기 유학, 주자학을 제2기 유학 그리고 자신들의 신유학 부활을 제3기 유학으로 자리매김했다. 이것을 계승하여 두유명이 20세 기의 신유학을 Harvard Yenching을 배경으로 제3기 유학(Confucianism in the Third Epoch)으로 명명하여 적극 높여 왔다.

한편 이택후李澤厚는 제3기 유학론을 비판하고 제4기 유학론을 내세 웠다. 그는 모종삼과 두유명 등의 제3기 유학설이 말살했던 순자荀子나 동중서董仲舒의 사상사적 복권을 시도하여 공자 맹자 순자의 원시유학이 제1기 유학, 동중서의 천인합일天人合一 우주모델은 지금도 중국인의 삶 에 많은 영향을 주고 있다고 보아 제2기 유학, 송명이학宋明理學을 제3 기 유학, 그리고 제4기 유학으로 원시유학과 한대 유학, 송명이학을 계 승하지만 현재와 미래의 발전에 바탕이 될 새로운 특색을 지닌, "역사 본체론"을 내세웠다. 그의 "역사본체론"은 '심미審美로 종교를 갈음하는' 개념이다. 그러나 그는 자신의 미학이론의 틀 속에서 제4기 유학론을 전개하고 있다는 인상을 준다.

제3기 유학론은 중국유학사에서 고도로 관념적인 심성론을 도통의 근거로 삼고 있다. 사실 공자도 심心과 성性을 별로 언급하지 않았으며 맹자는 언급하고 있으나 그리 중시하지 않았다는 지적이 많다. 그것이 주자朱子에 와서 성리학의 중심으로 자리 잡았다. 더구나 서양의 지구구형설이나 한국의 실학사상 또는 일본의 고학파들에 의하여 이미 극복되고 있던 중화사상이 도통론道通論을 기반으로 재생하거나 부활하는 듯한 의혹이 짙다. 중국패권주의의 기반이 되는 위장된 중화사상의 재등장은 경계하지 않으면 안 된다. 중국 정부의 유학부흥정책과 일정한 연관 아래 등장한 듯한 유교헌정주의儒敎憲政主義(Confucian Constiutionalism)도 유학을 중화주의 부활의 합리화 명분으로 삼고 있다는 인상이 짙다. 말하자면 서학의 도전으로 흔들리고 위기에 빠지기 전의 고전적 유학세계에 머물고 있다. 따라서 유학의 동양화와 세계화 이전의 구유학체계의, 새로운 전환이 없는, 단순 부활이라는 인상을 금할 수 없다. 오늘날 중국의 유교 부활의 실체는 아직 제3기 유학 이전의 민주화 동양화 및 세계화되기 전의 고전적 유학이라는 인상이 짙다.

2) 제3기 유학론의 새로운 제기

우리는 도통론적 시기 구분을 대체할 수 있는 보편적인 시기 구분의 방법론이 중요하다고 생각한다. 우리는 유학사상의 내재적 전개, 곧 내적 요인과 외래 사조 또는 외래 사태의 전개 말하자면 내적요인과 외적요인의 상호관계에서 찾을 수 있다고 생각한다. 내적요인과 외적요인의 상호 갈등이나 대립이 심화되어 긴장이 높아가고 고도화되면 그 긴장이 새로운 유학을 탄생시키는 진통으로 갈 수 있다고 보는 것이다.

M. Weber에 따르면 유학에는 윤리적 요구와 인간의 결함 사이에서 생기는 긴장이 없기에 정체되어 변화하지 않는다고 진단했다. 이에 대항하여 Thomas A. Metzger는 주희 왕양명 등의 송대 신유학 저작들에

나타난 부조리한 현실에 대한 수많은 언급들을 귀납적으로 추출함으로써 중국 전통문화에도 발전을 추구하는 '긴장'이 있음을 입증하고 있다. 다시 말해 '인간의 몸은 하늘과 땅이나 인욕으로 하늘과 땅에서 떨어졌다'라는 신유학적 '곤경의식'이 중국역사를 이끄는 긴장이라는 것이다.[1]

제1기 유학은 선진시대의 원시유학이라 할 수 있다. 그 뒤 인도에서 수입된 불교와 토착의 노장老莊사상 그리고 그 결합으로 형성된 선불교의 도전 속에서 위기에 빠진 원시유학을 계승 발전시키려는 지식인들의 위기의식이 신유학을 탄생시키고 신유학의 여러 갈래 가운데 주자학이 압도하면서 제2기 유학을 이루게 되었다. 제2기 유학은 송 명 조선 베트남 등지에서 지배적 이데올로기로 발전하여 동양화의 과정을 겪게 되었다. 그러나 그 현지화 과정에서 일정한 비판 또는 굴절을 겪게 된다 더욱이 16세기 후기 이래 서세동점시대를 맞이하여 서양 기독교와 서양철학 및 서양과학기술의 세계사적 도전을 받게 된다. 특히 제수이트파 선교사 마테오 리치(Matteo Ricci, 1552~1610) 일행의 사상적 도전앞에 서게 되고 차츰 그 도전 앞에 긴장관계가 심화되어 제2기 유학은 위기 국면에 접어들게 된다.

아울러 사회경제적 변화 또한 중요하다. 상공업의 발전과 농민 분해의 전개, 특히 소농경제의 전개는 그에 상응한 사상의 변화를 불가피하게 요구한다. 더구나 민중사회의 인권 개념의 신장은 그에 상응한 제2기 유학의 신분사상이나 인간관의 변화 발전을 불러오기 마련이다.

이와 같은 서양천주교 서양철학 또는 과학기술 그리고 사회경제적 변화와 같은 외적 요인의 변화에 대하여 제2기 유학이라는 내적요인은 어떤 긴장관계를 가지며 어떻게 제3기 유학을 탄생시킬 것인가?

---

1 Thomas A. Mezger, *Escape from Predicament Neo-Confucianism and China's Evolving Political Culture*, Columbia Unlvercity Press, 1977.

3. 제3기 유학의 성립 과정

서학이 처음 들어올 때 동아시아에 제2기 유학의 지적 전통과 괴리가 심각하지 않았다. 그것은 마태오 리치 일행이 예수회의 적응주의 선교정책에 따라 카톨릭을 유교의 의상으로 감싸는 보유론補遺論적 입장에서 유사성 속에 비유사성을 내장하고 있었기 때문이다. 또한 동양에 없는 서기西器라고 하는 과학기술과 함께 들어와 서기 속에 희석되고 오히려 호기심의 대상이 되는 측면이 있었기도 했다. 따라서 한동안 서학 관련 서적은 금서가 아니었다. 성호星湖 이익李瀷은 보유론의 일환으로 서학을 평가하고 있었고 신후담愼後聃의 경우처럼 전통 성리학의 입장에서 직선적으로 《천주실의》의 비판이 이루어지기도 했다. 말하자면 심각한 긴장이 아직 생기지 않았다.

서양서적은 선조 말년부터 이미 동국에 전래되어 명경석유로 보지 않는 사람이 없었다.[2] 그러나 1784년 23세 다산은 양수리에서 배를 타고 서울로 가면서 이벽을 만나 처음 천주교에 대해 듣고 새로운 세계를 만난 흥분과 감동을 맛보게 된다. 다산은 서울에 도착하여 곧 마태오 리치의 《천주실의》와 판토하(Diego de Pantoja, 1571~1618)의 《칠극》 등의 천주교 서적을 보게 된다. 그리고 이어 천주교에 입교하게 된다. 이것은 그의 사상적 운명을 바꾼 일대 사건이었다. 그는 이때의 심경을 이렇게 묘사하고 있다.

> 갑진년(1784) 4월 보름날 맏형수의 기일에 제사를 지내고 나서 우리 형제와 미벽은 같은 배를 타고 물길을 따라 내려갔는데 배안에서 천지가 조화하는 시초나 육신이 죽고 사는 이치를 들으니, 황홀하고 놀라워 마치

---

2 《順菴先生文集》〈天學考〉.

은하수가 끝이 없는 것 같았다.[3]

성호 이익은 판토하(pantoja)의 《칠극》을 읽고 이렇게 평한다.

> 우리 유학에서 자기의 사욕을 극복하는 설(극기설)은 거리와 질서가 있
> 고. 비유가 절실하다. 간혹 우리 유학에서 개발하지 못한 것도 있으니 예
> 법을 회복하는 공부에 도움됨이 크다. 다만 천주나 귀신의 설로 뒤섞고
> 있으니 해괴하다. 만약 잡된 것을 제거하고 뛰어난 논설만 택한다면 유학
> 의 유파일 따름이다.[4]

다산은 이때 한강에서 배를 타고 서울로 오며 이벽으로부터 운명적
인 서학 강학을 들으면서 말하자면 서학西學이라는 인당수에 빠진 것이
다. 그는 1787년 이후 4~5년 동안 천주교에 몰두하였다. 1791년 10월의
윤지충의 신해교안(진산사건)을 계기로 유학과 천주교 사이에서 처절한
사상적 고투가 이루어진다. 점차 천주교는 다산에게 지적 흥미의 대상
이 아니라 천주교냐 유교냐의 초긴장의 양자택일의 문제, 나아가 생사
의 갈림길의 문제가 되었다. 이러한 긴장은 그의 전 생애에 걸쳐 거의
모든 저작에서 지속되었다. 그리고 이 처절한 고투는 세계유학사에서
제3기 유학이 태동하는 진통이었다.

그는 부친의 장례를 유교 예식에 따라 3년상으로 치렀고 '자명소'를
올려 한때 가톨릭 교의에 물든 적이 있으나 8~9년 전 완전히 결별하였
다고 해명하였다. 그의 해명을 의심하기에 논지가 너무나 명쾌하고 그
뒤의 논지와도 일관성이 있으며 여러 행동으로 뒷받침되고 있다. 그러

---

3 〈先仲氏墓誌銘〉.

4 《星湖僿說》〈七克〉.

나 완전히 믿기에는 그의 집안이 예나 지금이나 철저한 카톨릭 집안이며 천주교교회사 측의 정황적 확신이 너무 컸다. 또한 그의 천天 개념이 공맹의 천 개념을 넘어선 인격적 천 개념이나 인격적 상제上帝 개념이며 그의 인격적 상제 개념은 삼대三代 때의 상제 개념을 넘어서, 서학적 천주 개념에 매우 근접한 것이었다고 보지 않을 수 없다.

단재 신채호는 유교가 조선에 들어오면 조선의 유교가 되지 않고 유교의 조선이 되고 기독교가 조선에 들어오면 조선의 기독교가 되지 않고 기독교의 조선이 되어 버리고 사회주의가 조선에 들어오면 조선의 사회주의가 되지 않고 사회주의의 조선이 되어 버린다고 한탄한 적이 있다.[5]

그러나 다산은 소설 심청전의 심청처럼 서학이라는 인당수에 빠졌으나 완전히 빠져 죽지 않고 극적으로 빠져나온다. 점차 서학에서 얻은 지식을 유학 해석에 도입했고 유학 속에 서학을 포용하는 대담한 세계사적 작업에 들어갔다. 마테오 리치 일행이 유학의 용어와 논리로 유학을 서학화시켜 나갔다면 다산은 서학의 용어와 개념으로 서학을 유학에 흡수하고 포용해 나갔다. 말하자면 마테오 리치가 비록 보유론적 포장을 하고 있었으나 내용적으로는 실상 서양화 또는 천주교화란 선교적 목적을 가진 것이었다면, 다산은 유학의 틀 속에 서양 기독교와 철학을 도입하여 동서문화 통합의 문을 연 것이었다. 이로써 조선에서 제3기 유학을 만들었던 것이다. 인당수에서 살아 돌아온 심청이 마침내 장님 아버지의 눈을 뜨게 한 것처럼, 서학의 인당수에서 살아 돌아온 다산은 이미 대세가 된 서세동점과 농민 분해 앞에, 눈먼 장님 같았던 유학의 눈을 뜨게 한 것이었다.

우리는 최근 김훈의 소설 《흑산》에서 순조 원년 천주교 금지령 뒤

---

5 신채호, 〈낭객의 신년만필〉, 《단재 신채호전집》 제6권, 독립기념관 한국독립운동사연구소, 2008.

옥사과정에서 목숨을 초월한 순교자들의 순교 장면과 대비하여 정다산
이 구차하게 목숨을 구걸하여 실형實兄 정약전과 함께 비굴하게 배교하
여 귀양가는 모습으로 묘사한 장면을 보면서 씁쓸한 느낌을 금할 수
없었다. 작가의 다산 해석에 다소 문제가 있는 것 같다. 우리는 다산
주변의 불승 가운데 혜장과 초의의 경우를 비교해 볼 수 있다. 학승 혜
장은 다산으로부터 유학을 접하면서 결국 승복을 벗고 유자가 되었지
만 초의는 목숨 걸고 다산학을 배워 다산학을 불교의 틀을 넓히고 깊
게 하는데 활용한다. 다산의 학문을 말한다면 초의의 경우에 가깝다.
주자는 불교라는 인당수에 빠져 인당수에서 배운 불교 공부를 갖고 인
당수 밖의 유학을 재건하는 데 활용했고, 정다산은 서학의 인당수에서
빠져나와 인당수에서 흡수한 서학의 논리를 살려 낡은 주자학을 눈뜨
게 하여 제3기 유학을 재건하였다고 보아야 하지 않을까 한다.

　　다산은 주자의 성리학에서 핵을 이루는 리理의 논리를 결정론으로
규정하여 배격함으로써 주자학의 극복의 길을 찾고, 그 자리에 서교에
서 차용한 자주지권 개념을 살려 변용 확장하면서 천주교 교의의 핵인
천주의 인간에 대한 용서 개념을 배격함으로써 주자학도 서학도 넘어
선 제3기 유학의 길을 찾으려고 한 것이 아니었을까?

4. 제3기 유학의 구조와 성격 —자주지권 개념을 중심으로—

　　다산은, 주자의 성리학에서 리理는 선험적 결정론으로 거부하고 인의
예지仁義禮智는 인간본성에 내재되어 있는 것이 아니라 행사의 실천으로
이룩해야 할 결실로 보았다. 또한 성性은 기호嗜好로 기호를 따를 것인
지 말 것인지는 자주지권自主之權 또는 권형權衡에 달려 있으며 따라서

그 결과는 자신이 책임을 져야 함을 강조했다.

다산은, 주자학은 어느 정도 불교의 영향을 받은 불교의 일정한 변형으로 보고 사상적 실패로 간주한다. 그러나 마테오 리치의 천이 인간에게 자주지권을 주었다는 개념은 적극 수용한다. 그것은 유학의 자조주의自助主義 혹은 자강주의自强主義적 황금율과 연결되어 수용의 명분이 강했으며 따라서 서학의 핵심인 용서 개념을 거부한 것은 유학의 자조주의와 정면에서 부딪치기 때문일 것이다. 아울러 서학의 천 개념을 공맹의 천 개념으로 연결시키기 위하여 같은 공맹의 천 개념을 쓸지라도 내용상으로는 공맹을 넘어 인격적인 천 개념으로 가고 있으며, 자주는 안 쓰지만 가끔식 공자 훨씬 이전의 《시경詩經》《서경書經》《역경易經》 등에 나오는 상제上帝라는 개념을 조심스럽게 쓰고 있다. 다만 이때의 상제는 창조주의 강림 사후 심판하는 천주교적 천주 그대로가 아니라는 것이 많은 연구자들의 대체적인 평가인것 같다. 따라서 신앙의 대상이 아니라 도덕적 거울 같은 존재요 내세의 복락보다는 현세의 실천적 삶의 거울이다. 다산은 유학의 최고 덕목인 인仁을 실천하기 위해서는 태극이나 성리라는 추상적이고 자연적인 개념 대신 절대적 힘을 가진 살아 있는 인격적 상제上帝 개념이 무엇보다 중요하다고 생각했던 것 같다. 이것은 마치 칸트가 도덕의 성립가능성을 위해 신의 존재를 요청했던 것과 유사한 일이라는 지적이 있다.[6]

정약용의 상제 개념은 기독교의 신(천주) 개념과는 다른 개념이었다. 정약용의 상제는 '창조' '계시' '강림' '심판' 등을 하지 않으며 신앙의 대상이 아니라 공경 경외의 대상이었던 것이다. 또한 상제에 대한 정약용의 믿음도 도덕적인 차원의 것으로, 근본적으로 유가의 도덕관에서 벗어난 것이 아니었다. 따라서 정약용의 상제는 기독교의 천주보다는

---

6 최동희, 《서학에 대한 한국실학의 반응》, 고려대학교민족문화연구원, 1988, 183쪽.

원시 유가에서의 상제 개념에 훨씬 가까웠다.[7] 그러나 그는 역학을 일
종의 종교논리로 보고 복서卜筮는 삼대의 인간들이 초월적 인격신과 소
통하기 위한 수단으로 해석함으로써 신의 계시啓示(revelation)의 매개체
가 된다고 보았다. 이것은 다산의 상제는 계시 없는 상제로 보는 일부
의 견해를 뛰어넘는 것이다.《춘추고증春秋考證》의 상제 개념에는 천지만
물의 창조자로서의 상제 개념이 등장하고, 교郊를 유학의 근교 개념을
넘어서 상제에 대한 제사 개념으로 해석하며, 마테오 리치의 '안양安養'
이란 용어도 병용하고 있다.[8] 이것은 다산이 유학의 일반적 한계를 월
경하고 있다는 증거가 될 터이지만, 그러나 유학적 한계를 월경한 서술
이 다산의 철학적 논리로 연결되지 않는 단순 서술로 그치고 있다는
점에서 특별한 의미를 갖고 있는 것 같지는 않다고 볼 수 있다. 그래서
그가 유학을 월경하여 서교로 간 것으로 단정할 수 없지만 통상적 유
학의 경계를 훨씬 넘었으며 유학의 근교를 서학 쪽으로 넓이고 있다는
복합적 성격을 말해 주는 것이 아닐까 한다. 이 지점이 다산의 동서융
합의 사상적 고뇌의 정도를 보여 주는 것이다. 말하자면 전통적 유학의
경계 안에 머물러 있다거나 그것을 월경하여 천주교의 경계 안으로 넘
어가 버렸다는 양자택일의 어느 한쪽으로 쉽게 단정하기보다, 동서융합
의 세계사적 고뇌 속에 헤매며 유학의 국경을 넓히고 중립지대를 폭넓
게 설정하고 있다는 인상이다.

다산은 태극 개념을 인격적 천 개념으로 해석하고 인간 본성에 선험
적인 규범이 내재되어 있다고 볼 수 없다고 하여 성리설을 성기호설性
嗜好說로 바꾼다. 심성을 기호嗜好로 파악하고 기호를 다시 대체지기호大
體之嗜好와 소체지기호小體之嗜好로 나눈다. 그리하여 외재하는 인격적 천

---

7 정순우,〈다산에 있어서의 천과 상제〉,《다산학》 9호, 2006.

8 임재규,《《주역》 제례에 대한 다산의 인식—《주역사전》을 중심으로—〉, 이 책 수록
논문.

을 심성에 내재하는 대체지기호와 대응하게 하여 천天과 인人이 심心을 통하여 직접 만나게 한다. 여기에서 천과 상통하는 영명한 심이 인간의 본체라고 하는 심본체설心本體說이 정립된다. "신기독愼其獨"을 인간과 인격천의 직통直通 상감相感의 차원에서 재해석한다. 결국 인간은 선악의 판단주체로 판단과 실천의 책임을 떠안게 된다. 인人이 종래 천자 혹은 군왕君王만이 직접적 관계를 가졌던 천과 직통 상감하는 관계를 보통의 사람에게 확대 혹은 일반화함으로써 인人의 위상과 권위는 획기적으로 향상된다.[9] 주자학적 사회로부터 근대사회로의 전환의 과도기에 인간 개념의 재해석과 인권 개념의 혁신으로 내재적으로 뒤에 동학의 인내천人乃天 개념으로 넘어가는 통로를 연 것 같다.

최근 다산이 《천주실의天主實義》의 자주지의自主之意와 《성학추술性學觕述》의 자전지권自專之權의 개념에서 원용하여 독자적으로 전개한 자주지권自主之權 혹은 자전지권自專之權 개념을 둘러싼 연구가 매우 활발하다.[10] 인격적인 천 개념 아래 인간이 신神의 꼭두각시가 아니기 위해서는 인의 자주지권 개념이 중요했고 이 개념을 심성론의 틀 속에서 전개한다. 유학의 자조주의적自助主義的 전통이 심본체론心本體論으로 전개되고 심본체론에 서학의 자주지권 개념을 받아들이고 후술하는 바와 같이 천의 인간에 대한 용서 개념을 배격함으로써 서학 앞에 유학 재건의 대로가 열린 것이다. 다산은 자주지권 개념을 이렇게 설명한다.

---

9 김영호, 〈다산실학에 있어서 경제와 윤리〉, 《동방학지》 제54·55·56합집 특집호 1987.

10 최근 다산의 자주지권 관련 논문으로 주목되는 것은 다음과 같다.
이회평, 〈다산의 천인상관에 관한 일고—상제의 주재권과 인간의 자주지권을 중심으로—〉, 《한국철학논집》 제3집, 1993; 백민정, 〈다산 심성론에서 도덕감정과 자유의 지에 관한 문제〉, 《한국실학연구》 14, 2007; 이영경, 〈다산 정약용의 윤리사상에서 도덕적 자율성과 상제의 문제〉, 《대동철학》 54, 2011; 김선희, 〈다산정약용철학에서의 자주지권 선의지 도덕결단 그리고 책임의 인간학〉, 이 책 수록 논문; 방 인, 〈다산역학에서 우연성 결정론 자유의지〉, 이 책 수록 논문.

> 천天이 인간에게 자주지권을 부여하여 선을 하고져 하면 선을 하고 악을 하고져 하면 악을 하도록 했으니 유동적이고 정해지지 않아서 권능이 자기에게 있으므로 이는 금수에게 정해진 마음이 있는것과 같지 않다. 그러므로 선을 하면 곧 자기의 공이 되고 악을 하면 곧 자기의 죄가 된다. 이것은 마음의 권능이며 성이 아니다.[11]

맹자나 주자는 갑자기 어린이가 우물에 빠지는 경우 누구나 측은지심이 생기는 것을 말하지만, 다산은 측은지심에 그친다면 인仁이라 할 수 없고 직접 행동에 나서야 하고 행동의 결단으로 인仁이라는 결실을 얻게 된다고 보았다. 곧 행동의 결단을 추동하는 개념으로 자주지권을 중시하였다. 여기에 대하여 "다산의 새로운 인간학은 도덕적 성공과 실패의 기재를 인간의 결단에서 찾고자 하는 점에서 다시 말해 본성에 이미 내재되어 있는 가치의 외화가 아니라 누구나 가지고 있는 선의지를 실질적 결단을 통해 실현함으로써 스스로 도덕적 책무를 자임하는 인간형을 제안했다는 점에서 평가받아야 한다. 다산은 스스로 판단하고 결정하며 그 결과에 책임을 지는, 어떤 면에서 대단히 근대적인 도덕주체를 근대적 이념이나 가치를 삼지 않고도 자기 언어와 철학을 통해 새롭게 구성해낸 것이다."[12]는 평가가 나와 있다. 단 여기에서 다산의 자주지권은 선악 선택의 자유이지 근대적으로 확대된 자유가 아니며, 서교의 주지주의적 개념을 유학 내부로 도입하여 자주권이 있는 심성론으로 재구성한 개념이라는 것이다.

다산은, 인격적인 상제와 인성의 대체지기호를 통하여 직통 상감하는 인간이 각자 자주지권을 갖고 자신의 소체지기호에 따른 일상 행사를

11《孟子要義》券5.
12 김선희. 〈다산정약용철학에서의 자주지권 선의지 도덕결단 그리고 책임의 인간학〉, 이 책 수록 논문.

하고 그 결과에 대하여 책임을 지는 인간형을 제시하고 있는 것이다. 신기독愼其獨이란 개인이 인격적 천과 소통하는 일상을 표현하는 것이다. 신기독에 대한 다산의 설명을 들어보자

> 미발시에 조심하여 상제를 속임 없이 섬기고 항상 신명이 옥루를 내려 보고 비추고 있는 것 같이 여겨 계신戒愼 공구恐懼하여 허물이 있을까 두려워하며 과격한 행동을 저지를까 두려워하고 편벽된 감정이 싹틀까 두려워한다. 그리하여 마음가짐을 지극히 공평하게 하고 마음 둠을 지극히 바르게 하여 외물의 접근을 기다리면 이것이 천하의 지극한 중이다. 이때 기뻐할 만한 것을 보면 기뻐하고 노할 만한 것을 보면 노하고 슬픔에 당해서는 슬퍼하고 즐거움을 당해서는 즐거워할 것이다.[13]

다산의 자주지권 개념은 선행 연구에서 지적된 바와 같이 인간 내부에서 양성된 것이 아니라 천이란 타자에 의하여 부여된 점에서 얼마만큼 자주적인가 라든지,[14] 다산이 비판대상으로 삼은 주자학이 반드시 성즉리라는 단선에서 인간의 행위가 결정된다고만 보지 않고 기질지성氣質之性에 의해서도 이루어진다고 보는 점에서 주자의 본의와 달리 해석한 측면이 있다든지, 또는 인간의 감시자로 규정한 인격천에 대한 존숭감이나 두려움에서 도덕적 실천이 이루어지게 될 때 이는 타자의 규제를 인정하는 것이 될 수밖에 없다든지 하는 의문이 있을 수 있다. 물론 여기에 대한 반론도 나와 있다. 선천적 도덕감정과 자주지권은 양립 가능하다든지 상제의 권위가 인간의 자주지권과 반드시 모순관계는 아니라든지 하는 반론이다. 이러한 이론적 문제는 다산의 자주지권 개념

---

13 《與猶堂全書》 2 卷4 〈中庸自箴〉.
14 이영경, 앞의 논문.

이 넘어야 할 과제로 여겨진다.

> (중용)이란 책은 천명에 근거를 두고 있지만 그 도는 모두 인간의 도일
> 뿐이다.[15]

앞서 우리는 인간의 감시자로 규정한 천에 대한 존숭 공포에서 실천한 인간의 자주지권이 얼마만큼 자주적이라고 할 수 있느냐 하는 비판을 소개한 바 있다. 역으로 그러함에도 불구하고 자주지권을 강조한것이 주목되어야 하며 천에 대한 존숭과 두려움은 자주지권에 의하여 제약된다는 측면 역시 중요하다. 초월적 천이 인간의 죄에 대해 용서하여 구원을 받는다는 용서 개념에 대한 다산의 강한 거부감은, 인간이 자기의 힘으로 더 나은 존재로 발전할 수 있다는 유학의 황금율에 대한 다산의 강한 신념에서 나온 것으로 보인다.

> 용서라고 하는것은 〈초사楚辭〉에서는 "자기를 용서함으로서 남을 헤아린
> 다" 했고 〈조세가趙世家〉에서는 "늙은 신하가 스스로를 용서한다"고 했으며
> 《한서漢書》의 〈유관전劉寬傳〉에는 "따뜻하고 인자하게 많은 것을 용서한다"
> 고 했으니 이것이 용서의 사례들이다. 추서推恕와 용서容恕는 서로 가까운
> 것 같으나 그 차이는 천 리와 같다. 추서는 자기수양을 위주로 하여 자기
> 의 선한 것을 실행하는 것이며 용서란 치인治人을 위주로 남의 잘못을 보
> 아 주는 것이다. 어찌 같은 것이겠는가?[16]

다산 경학에서 서를 추서와 용서로 구분하고 추서는 자기수양의 관점에서 용서는 치인의 관점에서 파악하는 것은 매우 중요하다. 이것은,

---

15 《中庸講義補》 卷一.
16 《大學公議》 卷三.

그가 서의 의의를 용서 개념 중심으로 해석한다고 본 주자의 견해를 추서 개념 중심으로 해석해야 한다고 비판한 문맥과 연결되고 있지만, 또한 이 지점에서 그가 유학을 떠나 서학으로 넘어갔다고 단정하는 주장의 한계를 엿볼 수 있다. 서학에서 용서 개념이 갖는 중요성을 생각한다면 이것은 결코 부분적인 문제가 아니다. 그가 용서 개념을 비판하는 근거는 다음의 언급 속에 잘 나타나고 있다.

> "목욕을 같이하는 사람은 벌거숭이를 꾸짖을 수 없고 도둑질을 함께한 사람은 담구멍을 넘었다고 꾸짖을 수 없다고 하면서 내 마음으로 다른 사람을 헤아리면서 서로 용서하되 서로 비난하지는 않을 것이다. 이러한 폐단은 나와 타인이 서로 나쁜 일에 물들면서도 서로 바로잡아 주지도 않는데 있는 것이다. 이것이 어찌 성인들의 본뜻이겠는가.[17]

다산은 천 개념 또는 상제 개념을 인격신 개념으로 이해하고 있으나 그 도는 인도人道라고 본질을 확고하게 잡고 있으며, 인도의 핵심은 수양 혹은 자조에 있으며 그러한 인도의 황금율에서 서학의 자주지권 개념을 수용하여 인도를 더욱 확고히 하되 서를 추서와 용서로 나누어 용서 개념을 부정함으로써 자주지권 개념을 유학화하면서 한층 발전시키고 있는 것이다. 심본체론心本體論 속에 다산이 자주지권 개념을 수용하고 가일층 심화발전시키면서 "자기행위의 책임주체"로서 다산 인간관의 성격이 명확해졌다고 판단된다. 유학체계 속에 책임의 인간학의 "발명"이라고 할 수 있을 것이다.

이와 아울러 다산의 자주지권은 선악 선택의 자유이지 근대적으로 확장된 자유는 아니라는 제한이 강조되고 있다.[18] 이러한 제한은 신중성

---

17 위와 같음.
18 김선희, 앞의 논문.

을 말한다는 점에서 유념해야 할 것이다. 그러나 그 제한에 잡혀 버린
다면 다산의 사회계약적 사회사상과 민주적 정치사상 및 이윤추구의
자유를 내세운 경제사상의 인간적 또는 심성론적 기초는 어디에서 찾
을 것인가. 인간 존재의 자유의지를 기초로 하지 않고 다산의 근대지향
적 정치경제사상이 나오기 어렵다는 점에서 자주지권 개념의 이론적
철학적 한계 못지않게 사회적 정치적 경제적 개혁사상과의 기능적 실
천적 연계구조를 중시해야 할 것이라고 생각한다. 사실 다산은 자주지
권 개념을 선악 선택의 문제 부분에서 다루었으나 다른 부분에 연결
이나 확대를 금기시하지는 않았다. 사실 선악 선택의 문제가 현실의 정
치 경제적 문제와 절연된 전혀 별개의 문제일 수 있는가. 모든 선악의
문제는 사회적 정치적 혹은 경제적 문제와 연관을 가질 수밖에 없다.
그런 점에서 자주지권을 선악 선택의 자유를 넘어서 정치 경제적으로
확충한 자유의지론으로 파악해야 할 필요가 있을 것이다.

  소체지기호小體之嗜好는, 대체지기호大體之嗜好가 선과 악 사이의 기호
라는 한정된 기호인 것과 달리 더 넓은 일종의 개인적 기호嗜好, 해방의
통로로서 욕欲과 리利 추구의 자유를 잉태하고 있는 개념이다. 이것이
적극적으로는 욕망 해방론에 접근하는 것을 대체지기호와 자주지권을
통하여 내재적으로 자제 자율할 수 있도록 하고 있다. 기호嗜好의 일환
으로 인간의 이윤 추구를 설명한 다산의 "물의 비유"는 아래와 같다.

  백성이 이利를 추구하는 것은 물이 아래로 흐르는 것과 같다.[19]
  이가 있는 것을 사람이 따라가는 것은 물이 흐르는 것과 같다.[20]

---

19 《시문집론》 〈田論〉 4.
20 《經世遺表》 제10권 〈지수관제 보공제〉 3.

다산이 자주 쓰는 말이다. 그는 '흥리興利하는 자는 소인이다'는 지적에 대하여 강하게 비판하고 있다. 나아가 이윤의 자유로운 추구가 이루어지게 하면 전국적으로 이윤의 평준화에 도달하고, 이윤의 평준화 경향에 상응하여 이윤 추구를 하는 전국 인구의 지역적 분포도 균등화할 것을 확신하고 있다.

> 농구를 짊어지고 처자를 데리고 가는 사람이 있어 '저 살기 좋은 곳으로 가겠다'고 하면 장차 어떠하겠는가, 허락해 줄 일이다. 백성이 손해를 피하는 것은 불이 습기를 피하는 것과 같다. 전지는 좁은데 인력이 남는 것을 알고 있으며 힘은 배가 드는 데 곡식 생산은 적은 것을 알고 있으며 가을에 곡식이 적게 돌아오는 것을 알고 있기 때문이다. 그런 후에야 농구를 짊어지고 처자를 데리고 저 좋은 곳으로 가는 것이다. 그러므로 윗사람이 령을 내리지 않더라도 백성의 택리가 고르게 되고 윗사람이 령을 내리지 않더라도 전지가 고르게 되며 여러 사람이 자주 왔다가 여러 사람이 자주 가게 되니 8, 9년이 지나지 않아서 나라 안의 전지가 고르게 될 것이다. …… 이를 시행한 지 10년이 되면 백성이 아주 고르게 될 것이다.[21]

다산이 이 〈전론〉을 쓸 당시는 38세의 소장학자의 시기였고 만년에 경학 연구를 본격화하면서 자주지권 개념이 전개되었다는 점에서 경제적 자유론과 인간 존재의 심성적 자주지권이 직접적으로 조우되고 있지 않으나, 자유시장경제의 전제로 자유의지가 인정되지 않을 수 없을 것이다. 아담 스미스는 '보이지 않는 손'에 의하여 시장의 균형에 도달할것이라고 보았지만 다산은 "물의 비유"로 2중의 균형에 도달한다고 내다 보고 있다. 전지 소유의 균형과 인구의 균형이며 그 배후에는 이

---

21 《시문집론》〈田論〉 4.

윤율 평준의 원칙이 전제되고 있는 것이다.

다산의 시장의 발견은 사회의 발견으로 연결되고 있는 것 같다. 종래 《대학大學》 8조의 격물치지格物致知 성의誠意 정심正心 수신修身 제가齊家 치국治國 평천하平天下 개념에는 결여되어 있는 제가齊家와 치국治國 사이의 사회개념을 세우려 하고 있는 것이다. 천 앞에 자주지권을 가지고 성기호에 따라 이윤추구의 자유를 행사하는 각 개인들의 집합체는 일종의 이익사회(Geselschaft)를 이룰 수밖에 없다. 〈전론〉의 여閭 리 방읍 또는 〈탕론湯論〉의 인, 리, 비, 현, 《목민심서牧民心書》의 육농六農별 분업집단 또는 수공업자분업집단 등 모두 가家와 국國 사이의 사회에 속한다고 볼 수 있다. 사회에서는 먼저 주자학적 도덕주체론으로부터 벗어나 기본적으로 인仁 개념을 '두 사람 간의 주고받음'(인자이인상여야仁者二人相與也) '2인 간의 교제' '2인 사이에 본분을 다하는 것'이라 하여 나와 타인 간의 상호관계의 문제로 설정한다.[22] 자주지권을 가진 타인의 발견이라 해도 좋고 타인의 발견에 따른 나의 자주지권과 타인의 자주지권 간 관계공간의 발견이라 해도 좋다. 나와 타인 간의 상호주체 관계의 세계와 그 확대로 공공성을 확보하고, 인은 인성에 자연적으로 내재하고 있는 '심기덕애지리心己德愛之理'(주자朱子)가 아니라 자주지권을 가진 인간의 실천적 행동결과가 사회적으로 실현되는 것으로 사회화한다. 제가齊家의 개념을 재해석하여 재齊는 칼로 베듯 가지런히 한다고 해석하여, 가家를 버리는 기棄를 의미한다고 하였다.[23] 정치사회를 가家로부터 분리 내지 독립시켜 가산국가로 가는 길을 막으려 하고 있는 것이다. 그는 효제孝悌 등의 인의 미시적 원리와 예악형정의 거시적 제도적 원리의 구별 또는 가례와 왕례의 구별을 시도하고 있다. 다산은

---

22 蔡振豊, 〈茶山君主論的契約論特色: 與黃宗羲思想的比較觀點〉, 武夷山 워크숍 2016 발표 논문.

23 《牧民心書》 〈제가〉편.

사회 내의 신분적 차별을 인정하지 않는 평등적 민民 개념을 재구성하고 종래 지배층인 사士의 특권을 빼앗아 민의 구직九職의 하나로 귀속시키고 있다.[24] 그리고 민으로부터〔下而上〕 일종의 사회계약을 전제로 한 민주적인 후대侯戴 과정을 거쳐 목牧 또는 군君 또는 천자天子가 탄생되고 후대된 자가 잘못하면 민의 혁명권이 인정된다. 이러한 민주적 사상은 비교적 초기의 〈원목原牧〉에서 주권재민의 민주적 원리에서 시작하여 중기의 〈탕론湯論〉에서 민의 혁명권의 인정단계를 거쳐 만년의 《매씨서평梅氏書評》《일주서극은편逸周書克殷篇辨》에서 후대侯戴와 제명帝明까지 일관되게 관철되고 있는 것이다.[25] 주자는 치인治人과 피치인彼治人을 군자君子와 인人으로 구분한다. 그러나 다산은 치인과 피치인을 동등한 인人과 인人으로 각각 자주지권自主之權을 가진 개인관계로 본다. 따라서 치인을 사인事人으로 해석한다. 최근 채진풍蔡振豊은 맹자의 민본사상이 명말의 황종희黃宗義에게서는 군주 한 사람의 이해에 따라서는 안 된다는 성군론聖君論으로 전개되는 것으로 그치는 데 반하여 다산은 일종의 사회계약론을 토대로 그것을 민주사상으로 전환시켰다는 비교사상사적 평가를 내리고 있다.[26] 일종의 민주주의 맹아론이라 할 수 있다.

여기에서 다산은 탈주자로 결국 수사학洙泗學으로 귀의하고 있는가? 이을호의 《다산경학사상연구》에서는 결국 탈주자하여 수기치인의 수사학으로 귀환했다고 했고 채진풍 역시 포스트 주자로 수사학으로 귀환했다고 결론 내리고 있다.

그러나 다산은 수사학으로 귀환하여 거기에 머물지 않고 있다. 수사학에 머물러 버렸다면 다산학은 제1기 유학에 속하는 것으로 되고 말

---

24 김영호, 〈다산의 직업관-4민 9직을 중심으로〉, 《천관우선생환갑기념사학논총》, 1986.

25 조성을, 〈매씨서평개수본의 검토 —일주서극은편변 서대전약론을 중심으로〉, 이 책 수록 논문.

26 蔡振豊, 앞의 논문.

수있다. 종래 원시유학이란 공맹이 끌어안은 요堯 순舜 주周의 세계였다. 요순주공맹이 일체화된 세계가 수사학의 세계였다. 그러나 다산은 공맹의 세계와 요순주 등 육경의 세계를 분리하여 공맹의 눈이 아닌 다산 자신의 독자적인 눈으로 육경의 해석세계를 펼치고 있다. 사서육경에 대한 독자적인 눈은 동서문명의 새로운 융합을 꿈꾸는 열수학洌水學의 눈이다. 우리는 앞서 열수학에서 공맹의 천과 다른 인격적인 상제 개념의 전개를 보았고 공맹의 인 개념과 다른, 천 앞에 자주지권을 가지고 개성적 기호를 따라 이윤 추구의 자유를 행사하는 개인의 탄생을 보았다. 그리고 공자학의 핵심인, 가家의 가치를 세우고 가의 주인主人인 군자君子와 가를 뒷받침하는 고대 노예제를 확고하게 유지 발전시키는 윤리체계를 정립하였다. 가家와 국國의 연결고리를 끊고 그러기 위하여 가를 버려야 얻어지는 사회의 탄생을 주목하였다. 열수학은 맹자학의 핵심의 하나인 성선설의 세계에 안주하지 않고, 본성보다 자주지권으로 적극적으로 선을 실천하고 실천의 결과로 선이 실현되는 책임의 인간상을 설정하였다. 성기호설은 《중용》과 맹자를 잘못 이해해서가 아니라 맹자를 뛰어넘은 인성의 신세계를 '발명'하고 있다고 보아야 할 것 같다.[27] 그는 맹자의 육경 해석을 가혹한 논조로 비판하고 있다. 다산은 《논어》를 굳이 비판하지 않고 독자적인 해석 세계를 펴고 있다. 그러나 고주古註나 금주今註에 견주어 다산주茶山註는 훨씬 인간적이고 정치적이고 사회적이다. 다음 평가는 매우 시사적이다.

　　반죽이든 도자기든 새 형태를 빚으려면 밀가루와 흙이 말랑말랑해야 한다. 다산이 《논어》의 발언을 유연하게, 때로 농담과 거짓으로 해석함으로써, 한편 공자의 상을 보다 가변적으로 성형하고, 확장시킬 수 있는 가능

---

27 최진덕, 〈맹자에 대한 두 해석-《맹자집주》와 《맹자요의》〉《다산학》 제8호, 2006 참조.

성을 큰 폭으로 열어줄 수 있었다.[28]

우리는 종래 근대는 유학세계 밖에서 수입된 것이라 보았고 근대의 싹을 발견하려는 시도를 서양적인 잣대에서 비롯된 무리한 시도로 간주하고 자제하는 경향이 있었다. 그러나 최근 서구적인 기준을 털어 버리고 경학을 중시하는 연구에서도 내재적으로 독자적 근대가 싹트고 있었음을 밝히는 성과들이 나오고 있다.

5. 연속과 단절

제3기 유학은 포스트 제2기 유학 혹은 포스트 주자학이다. 이때 포스트는 반주자학적 측면과 탈주자학적 측면 및 친주자학적 측면을 함께 포용하는 유연한 개념이 아닐까 한다. 다산학의 반주자학적 측면으로 흔히 주자의 자연주의의 이론적 틀이 되는 태극론을 지극히 제한적인 개념으로 축소하고, 음양론을 허물어 버리고 이기理氣 구조를 반대하며 성리론 대신 성기호설로 대체하는 이론 등을 들고 있다. 주자적 하늘과 인간의 결합의 틀을 깨고 자연세계와 인간세계의 분리를 경학적으로 시도하고 있다는 비판도 있다. 그러므로 다산의 반주자학적 측면을 주목하면서도 여전히 '주자학의 울타리 혹은 자장 속에 있다고 해야 할까 아니라고 해야 할까?' 하는 지적이 있는 것도 간과할 수 없을 것이다.

"정다산이 한 일은 기존 주자학의 틀을 벗어나려고 하기보다는 그것을 변형 개선 보완하려는 시도였다고 보는 것이 타당하다. 정약용에게

---

28 한형조, 〈다산의 새 《논어》-명상에서 행동으로〉, 이 책 수록논문.

서 주희의 틀 속의 개별요소들에 대한 비판과 부정을 찾아볼 수는 있지만 그는 주희의 틀 자체는 고수했던 것"[29]이란 지적도 있다.

그러나 사상과 이론의 혁신은 단절이냐 연속이냐의 양자택일이 문제가 아니다. 사상사는 연속과 단절의 양면을 양자택일적으로 가지는 것이 아니라 연속 속에 단절이 있고 단절 속에도 연속이 있는 것이다. 이른바 연속 속의 단절과 단절 속의 연속이다. 부분과 전체도 중요하다. 전체 사상의 틀 속의 부분 요소가 비판될 때 부분 요소는 바뀌지만 전체 틀은 연속되고 있다고 할 수 있을 것이지만, 핵심 부분이 바뀐 전체 틀의 연속은 그냥 연속이 아니라 연속 속의 변화이며 변화의 의미가 연속의 의미보다 크다면 변화 속의 연속이 될 것이다. 그러나 다산의 학술사상은 여러 사상의 흐름을 혼용하고 포용하는 종합주의적 경향이 있는가 하면 근본적인 것을 찾아 근원적인 데로 거슬러 끝없이 올라가는 근본주의적 측면이 또한 중요하다.

어느 경우이든 부분 사상요소들이 함께 모여 다산이 새로 구축하는 새로운 전체가 무엇인가를 주목하지 않으면 안 된다. 주자의 어떤 부분을 비판 극복하려 하고 있다면 그 부분은 다산에게도 자신의 전체 틀의 부분에 불과한 것일 수 있다. 이것은 포스트 주자학, 포스트 수사학 그리고 포스트 서학에 각각 적용될 수 있을 것이다. 따라서 수사학에도 부분적으로는 비판 또는 극복되고 있어도 전체적 틀은 연속되고 있다고 할 수 있을 것이다. 서학의 경우도 사정이 비슷할 것이다. 그러나 주자학 수사학 서학의 부분 요소 비판들이 함께 모여 다산이 구축하는 전체 틀이 무엇인가를 그려내어 그 전체 틀이 주자학의 틀, 수사학의 틀, 서학의 틀을 넘어선 새로운 범주의 것이면 그것이 제3기 유학을 구성하는 것이다. 다산은 초월적 천 개념을 인정하면서도 인간의 수양의

---

29 김영식, 〈다산의 과학과 유교전통〉, 《다산학》 제5호, 2005.

중요성을 기반으로 한 자조주의적 입장의 보유론적 측면에서 서학의
자주지권 개념을 수용하고 자주지권의 논리에서 서학의 핵심 개념인
천주의 인간에 대한 용서 개념을 부정함으로써 다시 자주지권 개념을
진화시키고 인간주의의 틀을 강화해 제3기 유학의 골격을 갖춘 것이다.
이때 다산은 "중용은 천명天命에 근거를 두고 있으나 그 도道는 인간의
도일 뿐"이라고 강조하고 있지만, 다시 전체적인 입장에서 하늘의 도와
인간의 도는 "각각 그 뜻을 가지지만 그 도는 둘이 아니다"고 하여 하
늘의 도와 인간의 도의 통합을 지적하는 것을 보면, 부분과 전체의 관
계를 획일적으로 선을 그을 수 없을 것 같다. 이 글에서는 자주지권 개
념의 채용과 그 발전을 전제로 자주지권을 가진 인간과 다른 자주지권
을 가진 인간들의 상호관계는 사회적으로 사회계약적 성격을 가질 수
밖에 없고, 정치적으로 군왕에 대해서는 하이상下而上(아래로부터 위로)
하는 민주적 관계일 수밖에 없고 그것은 고위관리와 군왕에 대한 추제
권의 도입과 상부층의 폭정에 대한 인민 저항권의 인정일 수밖에 없을
것이며, 그리고 경제적으로는 사민구직四民九職의 사회경제적 분업分業
원리 위의 이윤추구활동의 자유와 전국적인 이윤의 평준화의 원리 및
인구분포의 평준화 원리의 달성 이 모든 것이 상호 연결된 전체 틀의
체계를 감히 그려 보았다. 이 전체 틀과 주자학의 전체틀, 수사학의 전
체틀, 그리고 서학의 전체 틀이 비교되어야 할 것이다. 사실 다산 자신
으로서는 주자학이나 수사학의 핵심 부분에 대한 비판도 매우 조심스
러운 상황에서 전체틀에 대한 직접적 비판이나 대안 체계의 제시는 참
으로 어려운 입장이었을 것이라고 쉽게 짐작할수 있다고 생각한다.

채진풍 교수도 정다산의 사서四書의 위치는 주자적이지만 포스트 주
자로 규정하고 있다. 이 경우 포스트 주자라는 틀보다 제3기 유학의 틀
이 더욱 포용적이며 유연할 수 있다. 새로운 집을 짓는 데 주자적인 것
도 수사학적인 것도 서학적인 것도 새집의 일부로 얼마든지 유용할 수

있기 때문이다. 제3기 유학이라는 새로운 집 속의 주자학적인 측면, 수
사학적인 측면, 서학적 측면이 각각 내재하면서 초월하고 '초월하면서
내재한다'(초월이내재超越而內在)고 할 수 있다. 채진풍 교수도 이을호 교
수와 비슷하게 다산은 반주자학으로 수사학으로 복귀하고 있지만 부분
적으로도 공자의 천 개념과는 다른 인격적인 천 개념으로 크게 다르고
공자의 인人 개념과는 크게 다른 인격천과 직결되면서 자주지권을 가진
人개념으로 달라져 있고 공자의 가家 개념과는 달리 국가 또는 사회에
구속되는, 그래서 제가齊家의 제齊는 버려할 기棄로 해석되고 공자의 원
시유학을 일정하게 해체시키고 새롭게 해석한 원시유학의 재구축이라고
했다. 핵 해체과정 뒤의 유연한 전체체계의 연속을 보고 수사학으로의
복귀라고 하는 평가가 어떤 의미가 있을 것인가?

6. 맺음말 —내성개외왕론을 중심으로—

필자는 이 공동연구를 시작하면서 쓴 "세계사속의 다산학" 국제공동
연구 취지문에서 '내성개외왕內聖開外王'이란 송명리학의 화두를 인용한
바 있다. 모종삼이 '송심성론의 도덕형이상학[內聖]으로부터 현대사회의
민주와 자유를 열어야[外王] 할 것이다'라고 강조하고 있었던 것을 넘기
위해서였다. 여기에서 모종삼의 논리는 중체서용中體西用과 같은 내성과
외왕의 이중구조를 이루고 있음을 엿볼 수 있다. 정다산의 제3기 유학
론은 이러한 이중구조를 극복하고 있다. 말하자면 본문에서 서술한 바
같이 내성의 개혁과 외왕의 개혁의 "본말本末을 갖추고 있는 것"이다.
우리는 서양에서 박래품으로 수입되었던 근대 개념 민주주의와 자유
시장 그리고 사회계약사상이 제1기 유학과 제2기 유학을 넘어선 다산의

제3기 유학에서 내재적으로 싹틔우고 있었다는 사실을 주목해 보았다. 서학이라는 인당수에 빠졌던 다산이 심봉사의 눈을 뜨게 한 심청처럼 무이산에 갇혀 있던 신유학과 수수洙水와 사수泗水에 둘러쌓여 있던 공맹유학, 그리하여 봉건성과 중화주의 그리고 '오리엔탈리즘'의 틀을 벗어나지 못하고 있던 구래의 유학을 동서통합의 세계유학으로 탈바꿈시키는 시도를 했던 것이다. 포스트 서학 포스트 주자학 포스트 수사학으로 제3기 유학의 하나이면서 가장 고봉이 되었던 열수학을 구축하면서 자신의 집을 짓는 데 서학도 주자학도 공맹학도 포용하여 일정하게 살아 숨 쉬도록 한 것은 '초월하면서 내재하는 것'(초월이내재超越而內在)의 한 유형이 아닐까 한다. 내재한 부분들을 보고 어느 쪽에서는 서학적이라 하고 어느 쪽에서는 주자학적이라 하고 또 다른 어느 쪽에서는 수사학적이라 한다. 그런데 각 측면을 묘합妙合시키면서 초월하고 있는 것이 다산의 제3기 유학이 아닐까 한다.

중국유학은 서학과 만나면서 제3기 유학을 충분히 성숙시키지 못하고 중체서용론中體西用論으로 변용하여 중국의 정신과 서양과학의 이중구조를 안은 채 부국강병富國强兵을 이룩하였다. 따라서 현대판 중체서용 구조 속의 중화주의와 비인권적 체질은 세계와 주변국가 간의 지속적인 마찰과 긴장을 내재화시킬 우려가 클 수밖에 없다. 사실 공자는 유학의 동양화와 함께 중국의 공자를 넘어 동양의 공자로 공유되었다고 할 수 있다. 그러면 세계의 공자로 일반화해야 했다. 그러기 위해서는 공자와 불교 도교와의 회통과정을 겪어 왔듯 서교와 회통하는 제3기 유학의 진통과정을 겪었어야 했다. 그러나 그런 내면적 전환없이 중체서용으로 직행하고 부국강병의 세계화 과정에 공자는 그리하여 중화주의의 심볼로 뒷걸음쳤다. 세계에 진출했던 공자학원의 부진이 이 때문이 아니었을까. 여기에서 우리는 제3기 유학 개념의 의의를 다시 한 번 확인할 수 있을 것 같다.

끝으로 열수학이란 명칭에 대하여 언급해 보고자 한다. 다산학이란 명칭은 정약용의 호가 다산이라고 하는 전제, 그리고 유배에서 그의 연구가 집대성되었다는 배경에서 널리 사용되었다. 그러나 그는 다산이란 호를 스스로는 거의 사용하지 않았다. 다만 다산노초茶山老俏 다산병객茶山病客 등 장소적 의미에서 주로 사용했다. 그는 '다산자윤씨야茶山者尹氏也'[30]라 하여 다산이란 아호는 윤박을 가르킨다고 못박고 있다. 그의 모든 저술에서 "열수정용서어다산洌水丁鏞書於茶山"[31]이라는 표현이 가장 표준적인 표기방법이다. 열수란 아호는 그가 모든 저술에서 한결같이 거의 병적이라 할 만큼 적극적으로 즐겨 사용했다. 그의 전 저작을 《열수전서》로 하려고 했고 지금도 연구자 사이에 앞으로 그의 저작집을 원래 그가 의도했던 대로 제대로 편찬해서 《열수전서洌水全書》란 이름으로 출간할수 없을까 하고 진지하게 논의되고 있다. 그의 제자들도 한결같이 열수부자洌水夫子로 호칭하고 있었다. 황상 초의 이강회 홍현주 등이 그러하다. 그의 중요 저작도 대부분 해배 후 열수에서 완성되었다. 한강의 수로를 통하여 광주廣州의 신작申綽, 장단의 홍석주洪奭周, 포천의 성해응成海應, 강화도의 강화학파 근처에 살았던 박종휴朴鐘休, 그리고 만년의 제자 신기영申耆英 등의 근기지역 석학들과 활발하게 교유하고 당시의 청대학술동향과도 접하면서 특히 《상서尙書》 연구를 중심으로 만년 18년의 열수학을 꽃피웠다.

청년시절 한강에서 배를 타고 가며 운명적으로 서학을 만나 먼 유배 생활을 거쳐 만년에 한강가에서 학문적 고투가 완성되었다. 그의 학문적 사상적 고투는 한강에서 시작하여 한강에서 완성되었다. 자연 형태로도 북한강이 그의 경학사상의 흐름을 상징하고 남한강이 그의 정치 경제사상의 흐름을 상징하고 그 흐름이 두물머리에서 만나 더 큰 하나

---

30 詩文集 傳,〈尹氏三世忠孝傳〉.
31 김영식, 앞의 논문.

가 되는 것을 상징하는 것 같다. 그런 점에서 열수라는 호와 열수학이
라는 명칭이 더 적절하지 않을까 한다. 제자들이 한결같이 스승을 향하
여 열수부자 또는 열수선생이라 부른것도 그 때문이었던 것 같다. 그러
나 당시 일반인들이 다산으로 호칭하고 근현대 한국에서 다산학이란
명칭이 형성된 과정도 역사적이었다. 따라서 양자는 대체적이라기보다
보완적으로 보는 것이 온당하다. 주자학도 송학 고정학 또는 민학 등으
로 불리고 있다. 우리도 다산 또는 열수로 부르고 다산학 또는 열수학
으로 병용해도 좋을 것 같다. 이 글의 제목을 열수학이라 하고 싶었지
만 공동연구를 시작할 때의 공동테마가 "세계사 속의 다산학"이었으므
로 공동연구의 취지에 충실한다는 뜻에서 제목에 다산학이라 붙였다.[32]

---

32 이 글을 초하면서 최진덕 교수의 이론적 철학적 평가가 일정한 격려가 되었다. 최
교수는 종결 심포지움 때의 논평글에서 다음과 같이 지적했다.
"김 선생의 제3기 유학론은 일견 동아시아 유학사의 시대구분론에 관한 것으로 보이
지만 실은 다산학을 세계사적 시각에서 자리매김하기 위한 거시적 프레임이다. 공맹
의 원시유학을 제1기 유학이라 한다면 유학이 불교 및 도교와 습합하여 이루어진
송명시대 신유학이 제2기 유학, 杜維明은 웅십력과 모종삼 이래 이른바 현대신유가
를 제3기 유학으로 규정하지만 김 선생은 현대 신유가가 송명시대 신유학의 관념성
과 중화주의를 고스란히 답습하고 있어 제2기 유학의 반복일 뿐 제3기 유학일 수
없다고 본다. 나는 김선생의 지적에 전적으로 찬성한다. …… 유학과 천주교 사이의
(다산의) 긴장은 평생토록 지속되었으며 바로 이것이 '세계사 속에 제3기 유학이 태
동하는 진통'이었다고 지적하고 있다. 유학과 서학의 긴장 속에서 다산학을 이해하려
는 김 선생의 시도는 다산학의 진짜 핵심에 육박하는 것일 뿐만 아니라 오늘날 이
시점에서 다산학을 세계화하는 데에도 결정적으로 중요하다."

제2장

경세학經世學으로서 경학經學 방법론 탐색
: 정약용의 시해詩解를 중심으로

심경호

(고려대학교 한문학과 교수)

1.

　　조선 지식인知識人의 유형은, 위당爲堂(담원薝園) 정인보鄭寅普의 구분에
따르면 경세가經世家와 경사經師 둘로 나눌 수 있다. 위당은, 다산 정약
용이 경세가經世家라면 석천石泉 신작申綽은 경사經師라고 한 바 있다. 경
세가는 우환 의식을 지니고 학문지식을 현실 문제의 해결에 직접 연결
시키는 지식인을 가리키고, 경사는 순수 학문의 방법을 발전시키는 실
증주의적인 지식인이라고 볼 수 있다. 그러한 두 유형이 18세기, 19세기
초 조선 학문의 두 맥으로써 병립했던 것인데, 그것을 현대의 이 시점
에서 종합하는 것이 오늘날 인문학의 한 과제라고 생각한다.

　　해석을 배제한 가치 중립적인 문헌분석은 학문의 제일의적第一義的 요
건은 아니다. 그러나 문헌분석 자체도 이미 해석의 시각을 담고 있고,
방법의 요소를 지니고 있다. 문헌분석은 문자학·음운학·훈고학 등의 소
학小學과 학문 계보학인 목록학目錄學을 방법으로 삼아 왔다. 정약용은
이 기초학을 '도문학道問學'과 '실학實學'의 방법으로 구사하여 인간학의
새로운 원리(principle)를 제시했다. 나아가 텍스트의 의례義例, 곧 저술체
재를 살핌으로써 텍스트의 원의原義를 논정하고자 했다.

(a) 學者何? 學也者, 覺也. 覺者何? 覺也者, 覺其非也. 覺其非奈何? 于雅言覺之
爾.-《雅言覺非》 서문.
cf. 王肅曰: 時者, 學者以時誦習也. 誦習以時, 學無廢業, 所以爲悦懌也.
陳祥道(1042-1093)《通解》: 學所以窮理, 教所以通物. 學而時習之, 則於理
有所見故悦.

朱熹(1130-1200)《集註》: 學之爲言效也. 人性皆善而覺有先後, 後覺者, 必效先覺之所爲, 乃可以明善而復其初也.

(b) 右二帖, 洌上老友手墨也. 庚申哭弓後, 罹世禍, 流落數十年, 近始生還. 余過而問焉. 因說: "北方前輩往往學而失於博雜, 文而病於新奇. 欲追先秦, 而卒未脫明儒嶢畸之塗轍, 低視時賢輩口耳欺世之爲, 而羞與之比. 至以程朱文字, 爲註疏之文而不屑留意. 此末流所以不能無弊也. 君子反經而已. 吾人海上所得, 一反諸正, 以是奬率後學幸甚. 但恐專精於纂輯編摩之役, 猶未免落在第二義, 須向本原上, 益懋反約之工." 此帖前段, 卽其觧嘲而規戒寓焉. 第其所舉《三禮》注疏·《通典》·《通志》等語, 已難掩舍本騖末之病根, 而以是爲欲效朱子之爲, 則不幾於淺之知朱子乎? 然其言不可以上戴先賢而自大, 則誠切至之規箴, 固在所佩服也. 後段則傷近日嶺下同室之鬩, 欲其勿較雌伏. 此實區區所嘗諄複於知友者, 千里之外, 不約而同. 可不相與加勉哉!-李仁行(1758-1833), 〈書丁美庸贈言後〉, 《新野先生文集》(高麗大學校 中央圖書館藏本) 권6 識跋.[1]

(c) 《日知錄》, 其學術議論, 却未能十分愜意. 蓋其本領, 務要作高談正論,〔非眞箇正論, 人謂之正論者.〕以全其名, 未見有惻怛眞切之心. 其所爲憂時慨世者, 都有鬆雜不淸淨意思, 著在言談之外, 如吾直性男子, 有時乎爲之注目耳. 又其鈔取史傳中語, 與己所立論者, 相雜成書, 大是冗雜. 吾嘗謂《星湖僿說》, 未足爲傳後之正本者, 以其古人成文, 與自家議論, 相雜成書, 不成義例也. 今《日知錄》正亦如此, 且其禮論, 殊多謬戾耳.-《與猶堂全書》 제1집 詩文集 제21권 〈寄二兒〉.

1 沈慶昊, 〈정약용 시문의 계년·호조를 통한 신 정본 제작 방안〉, 한국학중앙연구원 고등연구소 인문정신문화연구센터 학술 심포지움: 21세기 다산학 연구의 방향과 과제-다산 시대를 넘어서, 2015.12.22(화), 한국학중앙연구원 문형관 대회의실; ____, 〈정약용의 해배 이후 학문과 춘천 여행〉, 《다산학》 29, 2016.12, 141-196쪽.

2.

18세기 조선 조정은 청清으로부터 각종 서적을 수집해서 국내 학술의 진작에 이용하고자 했다. 1713년(숙종 39) 《고문연감古文淵鑑》·《패문운부佩文韻府》를 들여오고, 1723년(경종 3) 《주자전서朱子全書》, 1729년(영조 5) 《강희자전康熙字典》·《성리정의性理精義》 등을 구매했다. 1769년(영조 45) 서명응徐命膺은 사행에서 《수리정온數理精蘊》·《역상고성후편曆象考成後編》 등 약 500여 권의 천문·역학 서적을 구입했다. 세손 시절부터 명·청의 서적에 깊은 관심을 두었던 정조가 즉위하면서 조선 조정은 청으로부터 다량의 서적 수입을 계획했다. 정조의 명으로 규장각에서는 《내각방서록內閣訪書錄》을 작성했다. 서목書目과 해제解題는 주로 《절강채집유서총록浙江採集遺書總錄》 등에서 추출했으며, 《경의고經義考》 등을 참고로 했다.

1776년(정조 원년) 파견된 진하 겸 사은사 일행은 《고금도서집성古今圖書集成》을 구매해서 1777년 2월 조선에 수입되었다. 정조는 《고금도서집성》 5,020책을 조선종이로 개장改裝해서 원편原編 5,002책과 목록目錄 20책 등 총 5,022책으로 분책하여 개유와皆有窩에 보관하게 했다. 1780년에는 이덕무李德懋·유득공柳得恭·박제가朴齊家·서이수徐理修 등 규장각奎章閣 검서관檢書官들에게 《고금도서집성》 부목部目을 작성하라고 명했다. 이때 상의주부尙衣主簿 조윤형曺允亨이 서명書名을, 사자관寫字官이 부목部目을 정서淨書하여 40일 만에 마쳤다. 규장각 소장 《고금도서집성》(奎中貴 2555-v.1-272)에는 타원형의 '조선국朝鮮國'인, 사각형四角形의 '홍재弘齋'·'만기지가萬機之暇'·'극極'인이 날인捺印되어 있다.

한편 청나라 때 이루어진 경학 관련 총서로 《십삼경주소十三經注疏》도 수입되었다. 규장각 개유와의 중국본소장목록인 《규장총목奎章總目》(1781년 6월 원초본 편찬 완료, 1805년(순조 5년) 4월 말부터 6월 초 증보, 현

존본은 그 이후 증보본)에 따라,《십상경주소》는 급고각본汲古閣本과 건륭
연간 내각본內閣本 2종이 있었다고 하는데, '승화장규承華藏圭, 홍재弘齋'의
인기印記가 있는 급고각본(奎中 3261)이 현재 규장각에 있다. 그리고 강
희 19년(1680) 납란성덕納蘭成德이 스승 서건학徐乾學이 수집·교정한 경해
를 집각輯刻한 《통지당경해通志堂經解》도 정조 초에 수입되고 규장각 개
유와에 보관되었다. 즉 1778년(정조 2년, 戊戌) 사은겸진주사謝恩兼陳奏使
채제공蔡濟恭, 부사副使 정일상鄭一祥, 서장관書狀官 심염조沈念祖이 연경燕京
에 갔을 때 서장관 심염조는 자신의 종사관從事官이었던 이덕무의 건의
로 《통지당경해》를 구입해서 조선으로 보냈다. 사은겸진주사행謝恩兼陳奏
使行은 그해 3월 17일(정축) 성정각誠正閣에 사폐辭陛하고 7월 2일(기축)
희정당熙政堂에서 복명復命했다. 《통지당경해》의 구입 과정은 이덕무의
〈입연기入燕記〉 정조 2년 6월 2일(경인)의 조항에 실린 기록에서 유추할
수가 있다.

청나라 때 이루어진 경해經解의 저작으로 세 종류가 있다. 첫째는 앞서
언급한 강희 19년(1680) 납란성덕納蘭成德(1655~1685) 집각輯刻의 《통지당
경해》.둘째는 도광 9년(1829) 완원阮元(1764~1849) 주편의 《황청경해皇淸經
解》.셋째는 광서 14년(1888) 왕선겸王先謙 주편의 《황청경해속편》이다. 이
가운데 《통지당경해》는 정조 초에 수입되어 개유와에 보관되었다. 《통
지당경해》는 당·송·원·명의 경해 138종 1781권(또는 140종 1781권)에 달
한다. 《구해경九經解》라고도 한다. 납란성덕이 스승 서건학의 전시루傳是
樓 장서 가운데서 귀중서를 모아 간행했으므로 《전시루경해傳是樓經解》라
고도 부른다. 《통지당경해》는 강희 연간 발간된 원본과 동치 연간에 출
판된 중간본이 있다. 동치본은 《신간경해新刊經解》라고도 했으며, 40책이
나 16책으로 영인 출판되었다.[2] 희구본稀覯本 중심으로 수집했으므로 소

---

2 40책본의 목록은 '新經解'인데 견주어 16책본의 목록은 '經解'이며, 序跋類에 차이가
   많다. 16책본에는 黃仲炎의 《春秋通說》 自序가 들어 있으나 40책본에서는 삭제되었다.

도판 1
《고금도서집성》 서울대 규장각 소장
印記: 極·萬機之暇·弘齋·朝鮮國

식蘇軾·소철蘇轍의 경해經解나 《대전大全》이 빠지는 등 송·원·명의 주요 경해서가 수록되어 있지 않다. 다만 청나라 고종高宗(건륭제)은 논지諭旨에서 이 경해 총서에 대해 "회췌제가薈萃諸家.전섬해박典贍該博.실족이표창 육경實足以表彰六經"이라 했다. 건륭乾隆 때 찬수한 《사고전서회요四庫全書薈要》의 경부經部는 152종을 수록했는데, 그 가운데 《통지당경해》에서 등록騰錄한 것이 99종에 이른다. 가경 연간에 장금오張金吾 편집 《이경당속경해詒經堂續經解》.도광, 함풍 연간 전의길錢儀吉 편 《경원經苑》은 송·원 경해의 유편추간遺編墜簡을 취하여 부집성질裒集成帙했는데, 그 집각輯刻의 본의本意는 《통지당경해》를 따른 것이라고 할 수 있다.

이덕무는 개유와에 소장된 《통지당경해》 1백 44종 1천 7백 75권 5백 책의 서목書目을 작성했으나, 서지사항이나 내용 설명은 없다. 이후 성해응(成海應, 1760~1839)은 〈통지당경해서목通志堂經解書目〉을 작성했다.

16책본에는 董楷의 《周易傳義附錄》 卷首가 있지만, 40책본에서는 생략되어 있다. 반대로 40책본에는 있는 서발이 16책본에는 없기도 하다. 또 16책본은 선장본 欄外의 注文을 생략하고 每頁三段으로 축소했다. 林慶彰·蔣秋華 主編, 《通志堂經解研究論集》(上, 下), 經學研究叢刊, 中央研究院中國文哲研究所, 2005年 08月.

성해응은 각 서적의 서지사항과 내용 설명에 대해 모의毛扆의 《급고각
진장비본서목汲古閣珍藏秘本書目》, 전증錢曾의 《독서민구기讀書敏求記》, 하작
何焯의 《의문독서기義門讀書記》, 옹방강翁方綱의 《통지당경해목록通志堂經解
目錄》, 진전陳鱣의 《경적발문經籍跋文》 등에 근거하여 변증辨證을 약간 더
했다. 성해응은 〈서경해목록후書經解目錄後〉에서 서건학의 학도가 박博에
힘썼을 뿐이고 실학實學에는 소득이 없다고 비판하고, 이정조李鼎祚와 방
심권房審權의 서적은 실학에는 소득이 없어도 고징考徵하는 바가 있어
빠뜨릴 수 없지만, 남송 이후 주해는 고징에 도움이 되지 않거늘 《통지
당경해》는 실학에도 고징考徵에도 도움이 되지 않는 책들을 수록했다고
비평했다.[3]

《규장총목奎章總目》은 '경해오백오십이본經解五百五十二本'의 세목細目을 저
록하지는 않았다. 《규장총목》은 경사자집 4부로 서책을 분류하고 그 아
래 세목을 나누어 서적들을 저록著錄했다. 다만 현전 《규장총목》은 1781
년(정조 5) 607종 수록본이 아니라 696종 수록의 1805년(순조 5) 이후의
증보본이다. 개유와갑고皆有窩甲庫(경경)의 서목書目은 청간본淸刊本이 주류
를 이룬다. 《규장총목》은 '경해오백오십이본經解五百五十二本'의 세목을 저
록하지는 않았다. 따라서 증보본 《규장총목》을 작성할 때에 《통지당경
해》가 온전히 보존되어 있었는지는 알 수 없다. 혹, 모두 보존되어 있
다고 전제하는 경우도 있다.[4] 현재 서울대 규장각에는 《통지당경해》의

3 《研經齋全集》 續集 册十二 文三 〈書經解目錄後〉. "經解一千七百八十三卷, 淸大學士徐
乾學所蒐輯, 而義門何焯手勘其目, 北平翁方綱, 錄之濟南. 竊考乾學所蒐, 皆世所稀有之
本, 而至若易之李鼎祚集解, 詩之歐陽修蘓軾說, 書之蘓軾傳, 皆不載. 豈以彼皆鋟行, 故
不取歟? 又如春秋名號歸一圖·春秋類對賦之屬, 皆淺近無足採, 而反載之者, 何也? 盖其
學徒務博之故, 粹駁互見, 精粗並蒐, 而於實學無得也. 唐宋以前, 經生皆恪守前說, 縱或立
論, 皆有所援据傳會, 而若其蒐羅前說, 使編纂富盛者, 不過鼎祚及房審權數人而已, 若是
者, 雖於實學無得, 苟有所考徵者, 誠亦不可闕者. 及南宋以後, 注解漸盛, 而前人述作之
跡, 反致蒙蔽隱晦, 亦無補於考徵. 經解中所載諸書, 大抵皆此類也."
4 정호훈 씨는 《奎章總目》에서의 '詩類' 관련 문헌 목록에 經解 11종을 모두 著錄했다.

일부만 남아 있다.[5]

그 가운데 사서류 14 《증정사서增訂四書》(왕빈증정사서대전汪份增訂四書大全)는 '청장주왕빈집淸長洲汪份輯'으로, 청간본淸刊本을 저록著錄했을 수 있다. 다만 현재의 규장각소장본은 좌등일재佐藤一齋(사토 잇사이, 1772~1859)가 '열閱'했다고 명시되어 있고 길촌진吉村晉(요시무라 스스무)이 '섬點'을 찍었으며 1853년 길촌진이 작성한 서문을 지닌 천종방송영당千鍾房宋榮堂[6] 번각본飜刻本이다. 이 규장각 소장본은 정조 어람御覽일 수가 없다.

> 表紙裏面: 江都一齋佐藤先生閱 淸汪份武曹增訂 四書大全 安藝吉村晉點千鍾房
> 　　　　 宋榮堂翻雕
> 序: 康熙四十一年(1702)夏五月朔旦同里韓菼
> 序: 康熙四十一年(1702)五月十一日賜進士第提督浙江等處學政鴻臚寺少卿支正
> 　　　四品俸仍兼管戶科給事中事太原姜橚
> 序: 康熙四十一年(1702)五月七日長洲汪份
> 後序: 嘉永六年(1853)癸丑王月安藝秋陽學人吉村晉麗明甫造文

《규장총목》의 개유와갑고皆有窩甲庫(경經) 서목書目과 규장각 현존본을 대조하여 보면, 정조 어람御覽의 서적은 많지 않다. '경해오백오십이본經解五百五十二本'도 《통지당경해》의 보존 상태가 어떠했는지를 알려 주지 못한다.

정호훈, 〈《奎章總目》과 18세기 후반 조선의 外來知識 集成〉, 《한국문화》 57, 규장각 한국문화연구원, 2012, 91~125쪽.

5 심경호, 〈정조와 《통지당경해》〉, 제3회 동아시아 漢籍 교류 국제학술대회, 고려대한자한문연구소·남경대역외한적연구소 공동개최, 2016.11.19.

6 宋榮堂은 秋田屋太右衛門 宋栄堂 田中氏가 大坂心斎橋筋安堂寺町南入ル, 心斎橋通北二丁目, 安堂寺橋通四丁目三八(明治九年本)에 둔 서점이다. 井上隆明, 《改訂増補近世書林板元総覧》, 日本書誌学大系76, 青裳堂書店, 56頁; 坂本宗子編, 《享保以後板元別書籍目録》, 清文堂出版, 14·15頁 ; 坂本宗子編, 《享保以後大阪出版書籍目録》, 清文堂出版.

《통지당경해》의 시해詩解가 정조 초에 수입되어 있었지만, 그것들보다
는《시경대전詩經大全》을 중심으로 어제 조문을 작성했으며,《흠정시경전
설휘찬欽定詩經傳說彙纂》과 《어찬시의절중御纂詩義折中》 등 청淸의 흠정본欽
定本과 칙찬본勅撰本을 적극 활용했다. 정조로서는 청조 경해經解의 이러
한 변화를 참고하고 조선 학술 독자의 정설을 마련할 필요가 있었다.

강희 54년(1715). 어찬御纂《주역절중周易折中》22권

강희 60년(1721). 흠정欽定《춘추전설휘찬春秋傳說彙纂》38권

옹정 5년(1727). 흠정欽定《시경전설휘찬詩經傳說彙纂》20권. 서序 2권

옹정 8년(1730). 흠정欽定《서경전설휘찬書經傳說彙纂》24권

건륭 13년(1748). 흠정欽定《주관의소周官義疏》48권

건륭 13년(1748). 흠정《의례의소儀禮義疏》48권

건륭 13년(1748). 흠정《예기의소禮記義疏》82권

건륭 20년(1755). 어찬《주역술의周易述義》10권

건륭 20년(1755). 어찬《시의절중詩義折中》20권

건륭 23년(1758). 어찬《춘추직해春秋直解》16권

건륭 38년(1773)~47년(1782). 흠정《사고전서총목四庫全書總目》

정조 때 초계문신抄啓文臣으로서《시경강의詩經講義》의 신해조문辛亥條問
에 답변한 서유구徐有榘는《흠정시경전설휘찬欽定詩經傳說彙纂》을 많이 활
용했다. 서유구는《사서집석四書輯釋》을 등간登刊하는 일과 관계하여 중
부仲父 서형수徐瀅修에게 보낸 서한에서, 청에서 만들어진 흠찬본欽纂本
등을 참고로 하여《십삼경전설十三經傳說》을 이루어야 한다는 의견을 피
력했다.[7]

규장각 각신閣臣과 초계문신들은《통지당경해》를 자유롭게 열람할 수

---

[7] 保景文化社, 1983년 영인《楓石全集》所收《鼓篋集》권3〈上仲父明皐先生論四書輯釋
書〉참고.

있었다. 정조의 언행을 규장각 각신들이 기록한 것을 모은 《일득록日得錄》 가운데 검교직제학檢校直提學 서호수徐浩修가 1785년(정조 9, 을사) 기록한 내용을 보면, 정조는 《도서집성圖書集成》과 《경해經解》를 직원直院에 두고 직숙直宿하는 자나 사진仕進한 신하들이 열람하고 교정을 보도록 권장했음을 알 수 있다.

한편 정조는 규장각에 초계문신의 강경제술제도講經製述制度를 마련하고, 1781년(정조 5) 신축년 교시敎示에서 어제조문御製條問과 초계문신조대抄啓文臣條對를 《경사강의經史講義》로 성책成册할 것을 명했다.[8] 경사강의는 초계문신제도가 처음 실시된 1781년 여름부터 1799년까지 계속되었는데, 이 과정에서 각종 《강의講義》가 편찬되었다. 이들 사본寫本은 《홍재전서弘齋全書》 권64에서 권119까지 모두 56권에 수록되어 있다. 《주역강의周易講義》와 《상서강의尚書講義》의 경우는 별본別本 단행본이 전한다. 《홍재전서》에는 경사강의와 그 뒤에 이어지는 《추서춘기鄒書春記》·《노론하전魯論夏箋》·《증전추록曾傳秋錄》과 《유의평례類義評例》 등 경학 관련 다른 저술들도 있다.

정조는 경서강의 조문條問에서 명나라와 청나라 초의 여러 경학설을 간접 인용하는 일이 많았다. 이때 청나라 칙찬본 《절중折中》과 《휘찬彙纂》을 크게 활용했다. 정조의 경서강의를 보면 《효경》·《논어》·《맹자》의 조문條問에서는 《통지당경해》 수록의 경해를 전혀 인증하지 않았다. 또한 경해를 대전본大全本의 소주小註에서 인용한 경우도 있다. 다음 예에서는 (명)주선朱善의 《시해이詩解頤》로부터 경해를 인용하지 않고 대전본 소주에서 그 경해를 인용했다.

경사강의 28 ○ 시詩 (소민지습小旻之什) '계책 중에 좋은 것은' 이하는

---

8 《弘齋全書》 권180 〈群書標記〉 '周易講義'에 부기된 辛丑敎.

역시 앞 장과 같이 왕을 가리켜 말한 것이니, 대개 좋지 못한 계책이란 바로 부화뇌동하고 비방하는 소인의 계책으로 왕이 쓰는 것을 이르는 것이다. 소주小註의 풍성 주씨(豊城朱氏, 朱善)의 설은 옳지 않은 듯하다.

'謀之其臧' 以下, 亦如前章指王而言. 蓋不臧之謀, 卽淪諝小人之謀, 王乃用之云爾. 小註豊城朱氏說恐非是.

(조득영趙得永이 대답했다.) 이는 위글의 '계책 중에 좋은 것은 따르지 않고 좋지 못한 것을 도리어 쓴다'는 것을 이어받아 말했으니, 오로지 그 임금을 가리켜 한 말입니다. 주선朱善이 '부화뇌동하고 비방한다'는 문구에 구애되어서 곧바로 이 장 전체를 소인에게 귀속시키려 했으니, 견해가 막힌 것입니다.

(得永對) 此承上文'謀臧不從, 不臧覆用'而言, 則專指其君而言. 朱善拘於'淪諝'之文, 便欲以全章屬之小人, 其見泥矣.

《시경강의詩經講義》에서 정조는 《시경대전詩經大全》을 중심으로 어제 조문을 작성했으며, 《흠정시경전설휘찬欽定詩經傳說彙纂》과 《어찬시의절중御纂詩義折中》 등 청의 흠정본欽定本과 칙찬본勅撰本을 적극 활용했다. 《흠정시경전설휘찬》은 1727년(옹정 5) 간행·반포된 다음 해 1728년(영조 4) 조선에 유입된 것이 확인된다. 《어찬시의절중御纂詩義折中》은 1755년(건륭 20)에 편찬되었다. 《어찬시의절중》은 모毛·정설鄭說을 중시하여 주희朱熹 《시경집전詩經集傳》의 분장分章 체계 대신 정전鄭箋 분장을 따랐고, 주희의 음시설淫詩說을 해석을 배제하고 〈모시서毛詩序〉에 따라서 시지詩旨를 해석했다. 정조로서는 청조 경해의 이러한 변화를 참고하고 조선 학술 독자의 정설을 마련할 필요가 있었다. 또한 정조는 《시경강의》에서 모기령(毛奇齡, 1623~1713)의 경해를 출전 명시 없이 인용하여 《시경집전》 및 대전본 소주의 설과 대비시키는 방식을 많이 사용했다. 《시경강의》에서는 《통지당경해》로부터 인용보다는 모기령의 경해를 출전 명시 없이 인용하여 《시경집전》 및 대전본 소주의 설과 대비시키는 방식을 자

주 사용했다. 정조는《시경》에 관한 논의에서 주희의 설을 수정 비판한
시론詩論이나 삼가시설三家詩說을 검토하면서 오히려 주희설의 정통성과
우위성을 입증하고자 했다. 정조는 신축년 이래 4·5차에 걸쳐《시경》에
관련된 조문을 반급頒給하고 조대條對하도록 했다. 그 결과《시경강의》9
권(사본)을 엮었다.《조문신축선條問辛丑選》2권과《조문계묘선條問癸卯選》
1권은 1785년에 초계문신 홍인호洪仁浩가 편차編次하였고,《조문갑진선條
問甲辰選》1권은 1791년에 초계문신 서유구徐有榘가 편차하였으며,《조문
기유경술선條問己酉庚戌選》5권은 1792년에 초계문신 김희조金熙朝 등이 편
차하였다.《조문신축선》2권과《조문계묘선》1권은 1783년(계묘)부터 교
정이 시작되었다. 당시《모시강의毛詩講義》를 교정했던 이덕무李德懋는 시
경론에서 모기령의 주희 비판이 유림儒林의 공안公案을 어지럽혔다고 비
판했다.[9]《조문기유경술선》, 곧 신해반급조문辛亥頒給條問의《시경강의》사
본의 '표기標記'에서 정조는, 모시서毛詩序 종위從違의 정론定論을 마련할
것을 요구하면서 "근대의 유학자들이 공공연하게 전현前賢을 비난하고
별도로 신의新義를 창안하는 것으로 말하면 더욱 변론할 것도 못 된다."
고 하고《시경》을 논하는 자들이 호과경기好夸競奇의 풍조가 있음을 징
계하려 한다고 밝혔다.[10] 신해반급조문辛亥頒給條問 제1문第一問 '총론'은,
《시경집전》이 훈석訓釋을 구비하는데도 불구하고 소서미자설小序美刺說에
관한 정론이 없어 시편 분석이 어렵다고 지적했는데, 소서小序의 신빙성
에 관한 물음을 제기한 직접적 원인은 '근대유자', 곧 모기령의 이설異說
때문이었다.[11] 정조는 모기령의《백로주주객설시白鷺洲主客說詩》를 간접 인

9 靑莊館全書》권12〈雅亭遺稿〉4〈校內閣毛詩講義〉13수.
10 《弘齋全書》권180〈群書標記〉.'詩經講義'. "詩之篇旨·六義·古韻·詩樂·鳥獸·草木·器
用·服飾, 爲類至頤, 用工至密. 雖以呂伯恭之博識, 所著讀詩記, 猶不免偏主小序之病. 輔
漢卿之醇儒, 所著童子問, 亦不免多背朱傳之譏. 至如近代儒者之公詆前賢, 別創新意, 尤
不足多辨. 此編發問, 本之以朱傳, 參之以衆說. 名物則只求其實然之證. 字句則但其文從
之訓, 以懲說詩者好夸競奇之風云."

용하여 소서小序의 작자에 대해 《시경집전》 및 《시경대전》과는 입언立言을 달리한 이설을 거론했다.[12] 모기령은 극단적 종서파從序派는 아니어서, 주희의 음시설淫詩說을 부정하고자 소서를 부분 인정하고 소서의 자시설刺詩說은 부정했다.

주희의 《시서변설詩序辨說》은 서설序說을 비판적으로 검토했고, 《시경집전》은 소서를 싣지 않았지만, 진덕수眞德秀의 《대학연의大學衍義》는 소서의 설을 참고로 하고 있는 등, 소서의 채택 문제는 주희 이후의 주자학자들 사이에서도 난문難問이었다. 마침내 청의 강희제는 "연사육의硏思六義, 종관사가綜貫四家"하여 《시경집전》을 강강綱으로 하고, 고의古義 가운데 마멸해서는 안 될 것을 부록으로 붙이도록 명령하여, 그 결과가 1727년(옹정 5)에 《흠정시경전설휘찬欽定詩經傳說彙纂》 20권으로 간행되었다. 《흠정시경전설휘찬》은 1727년 간행·반포된 다음 해 1728년(영조 4)에 조선에 유입된 것이 확인된다. 여기서 주희의 정풍음시설鄭風淫詩說을 비판하였다. 다시 1755년(건륭 20) 편찬의 《흠정시의절중欽定詩義折中》 20권은 모毛·정설鄭說을 중시하여 《시경집전》의 분장 체계 대신 정전鄭箋 분장을 따랐고, 주희의 음시설을 배제하고 〈모시서〉에 의거해서 시지詩旨와 미사微事를 해석했다.[13] 정조의 《시경강의》는 《흠정시의절중》보다는 《흠정시경전설휘찬》에 더 의지했다.

《시경강의》는 의리義理를 발명하고자 주력했다. 신해조문조대辛亥條問條對의 편찬이 이루어진 해(정조 16년, 임자)에 초계문신친시抄啓文臣親試

---

11 近見一文字自燕中出來者, 載其論詩說而曰, "漢魯國毛亨作訓詁傳, 以授趙國毛萇, 時人爲之大小毛公. 所由授受, 則得之趙人荀卿, 而逆泝于根牟子·孟仲子·李克·曾申, 以及于卜氏子夏. 子夏親見聖人者, 總其刪述之旨, 爲之序論, 以授門弟子. 今世所習三百篇小序, 雖繫毛公, 實本諸子夏氏而立說者也". 觀此說, 則其敍來歷, 似爲該備, 而與朱子說不同. 且所謂毛亨之作訓得之荀卿者, 果何所據也？

12 沈慶昊, 《朝鮮時代의 漢文學과 詩經論》, 一志社, 1999.

13 洪湛侯, 《詩經學史》(下冊), 北京: 中華書局, 2002, 484쪽.

및 상재생응제上齋生應製에서 정조는 〈시詩〉라는 제목의 책문(《홍재전서》 권51)을 내어, 시경 연구의 난제難題로 삼경삼위三經三緯와 사시四始, 대서 소서大序小序의 구분과 작자, 삼가시三家詩와 모시毛詩의 이동異同, 각 시편의 해석과 서설序說, 지리명물고地理名物考, 비흥론比興論, 《자공시전子貢詩傳》 및 《신배시설申培詩說》 등 위서僞書의 처리, 《시경집전》 비판에 대한 대응 등을 들었다. 그러면서도 정조는 독시讀詩의 목적이 의리의 발명에 있음을 재확인했다. 《시경강의》도 흥체론興體論에서 형식성에 주의를 기울이기보다 기흥起興의 의의를 천착하는 데 쏠려 자주 주희의 설과는 다른 결론에 도달했고, 《시경집전》의 자구해字句解 가운데 본지本旨에 맞지 않는 부분을 수정하거나 이설을 준비하기에 이르렀다. 《시경강의》의 의리론은 온유돈후溫柔敦厚를 시지교詩之敎로 보는 구舊시경학의 범주 안에서는 여전히 큰 의미를 지닌다.

3.

정조의 시경강의는 '《시경집전》을 위주로 의리義理를 구하고 서설序說에 근본해서 실적實績을 고찰한다'는 틀을 고수했으며, 결국 청의 《흠정시경전설휘찬》의 편찬 강령과 비슷했다. 그렇기 때문에 흥체론興體論에서 기흥起興의 의의를 천착하다가 주희의 설과는 다른 결론에 이르기까지 했다. 또 《시경집전》의 자구해字句解 가운데 본지에 걸맞지 않는 부분을 수정하거나 이설을 준비하기에 이르렀다. 이렇게 정조의 시경강의는 《시경집전》을 대체할 만한 새로운 시설詩說을 정론으로 제시하지는 못했다. 하지만 정조의 시경강의가 《시경집전》의 설과 《시경집전》 비판의 '이설'을 모두 반박하는 개방적인 연구 풍토를 조성한 것은 매우 큰 의미를 지닌다. 바로 그러한 분위기 속에서 정약용의 시경론이 배태되었다. 정약용은 강진에 유배가 있던 1810년(순조 10), 정조의 신해년 반급頒給《시경강의》조문에 조대했던 내용을 정리하고, 다시《시경강의보유詩經講義補遺》를 저술했다.[14] 정약용은《시경강의보유》에서 국풍의 '풍風' 개념을 논하고 시편의 미자美刺 형식을 분석해서, 시해를 한 걸음 더 체계화했다.

《시경강의보유》에서 정약용은《시경》국풍國風과 이아二雅를 '군주를 풍간하는 시'로 규정했다.[15] 그런데 그가 국풍과 이아를 '군주를 풍간하는 시'로 보아 시경을 '간서諫書'로써 파악한 것은 명말청초 모기령의 영향을 받은 면이 있다. 1791년에 반급된 정조의 시경조문에 답한 조대條對[16]에는 주희의 정풍음시설鄭風淫詩說을 비판하는 모기령설이 수용되어 있고, 또《시경집전》의 논리전개를 비판하는 방식에서도 모기령으로부터 영향을 받은 흔적을 찾아볼 수 있다. 다만 모기령은 간서설諫書說을 더욱 논리화하지는 않았고, 진시관풍설陳詩觀風說을 고집하여 주희의 정풍음시설을 비판하는 데 그쳤다. 이에 견주어 정약용은《시경강의보유》에서 국풍國風·이아二雅의 '풍인주諷人主' 양식을 분류했다. 또한《시》내용이 지닌 풍자의 철저함을 들어 "시인(《시경》시편의 작자)의 직필이 《춘추》보다도 더 엄하여, 자기 나라의 나쁜 일도 감추지 않았고 강한 자 앞에서 움츠러드는 일도 없다.(詩人直筆, 嚴於春秋, 不諱國惡, 不吐彊禦)"고 했고, 이처럼 풍자가 엄했으므로 연회 때나 향당에서 국풍의 시들을 진설할 수는 없었을 것이라고 했다.

정약용은 국풍의 시들은 '풍인주諷人主'의 시로 규정하고 소서小序의

---

14 新朝鮮社本《與猶堂全書》제22집 제20권.

15 《여유당전서》제1집 제7권〈經義詩〉'詩五首'. "古人百計格君心, 矇誦工歌被素琴. 全把國風兼二雅, 直須看作諫書林."

16 《여유당전서》제2집 제17~19권《詩經講義》.

미자설美刺說을 취해야 한다고 했다. 정약용은 《시경강의보유》에서 국풍의 '풍風'을 '풍자風刺'로 정의하여 거성去聲으로 읽었다. 정약용은 〈모시대서毛詩大序〉가 풍을 '풍자風刺'와 '풍화風化'의 두 뜻을 겸한 개념으로 본 것은 잘못이라 했고, 주희가 풍을 '풍화風化'의 뜻으로만 본 것에 대하여도 불만을 나타내었다.

> 風有二義, 亦有二音, 指趣逈別, 不能相通. 上以風化下者, 風敎也, 風化也, 風俗也. 其音爲平聲. 下以風刺上者, 風諫也, 風刺也, 風喩也. 其音爲去聲. 安得以一風字, 雙含二義, 跨據二音乎? …… 序說欲兼統二義, 而可得乎? 朱子集傳, 削去風刺, 孤存風化. 雖然風刺之義, 因可講也(《詩經講義補遺》'國風').

정약용은 풍風을 풍풍諷(＝미유微喩)으로도 보아 그것을 거성去聲으로 읽었다. 그 근거로는 최령은집주崔靈恩集註·서씨설徐氏說·유씨설劉氏說을 들었다.[17] 정약용의 이 '풍' 개념은 《시경집전》의 중심사상을 극복하는 핵심 논리를 담지하고 있다.

주희의 시경론은 국풍을 민간가요로 규정하고 시를 시로써 풀이하는 원리를 내세움으로써 한대漢代 이래의 정치론적인 견강부회를 극복했다고 평가된다. 그런데 정약용은 '풍風' 개념의 재조정을 통하여 주희의 시경론을 비판하고, 《시경》 시편의 정치사회적 기능을 부각시켰다.

근년의 전종서錢鍾書는, '풍風'의 뜻은 작용(purpose and function)의 면에서는 풍간風諫·풍교風敎이고, 본원(origin and provenance) 면에서는 토풍土風·풍요風謠이며, 체제(mode of existence and medium of expression)의 면에서는 풍영風詠·풍송風誦을 뜻한다고 분석한 바 있다.[18] 정약용은 풍風을 풍자라는 작용의 면에서 규정했지만, 다른 한편으로 "풍風이란 풍풍諷이다.

---

17 "崔靈恩集注, '風也'之風, 讀之爲諷. 其後徐氏劉氏之倫, 皆祖是義, 不可少也."

18 錢鍾書, 《管錐篇(1)》《中華書局, 1979), 毛詩正義六十則 關雎(一) 〈風之一名三訓〉.

뜻을 가탁하고 은근한 말로써 선한 것을 진설하고 악한 일을 닫아두는 것이 풍風의 묘미다"라고 하여 풍風을 그 체제면에서도 정의했다. 이 때문에 정약용은 풍風＝풍풍諷이라는 최영은·서씨·유씨의 설을 끌어들여 풍風을 거성去聲으로 읽었다. 이 규정은 '풍風＝풍자風刺'라는 작용면의 규정과 엇갈려 있다.

본래 《모시정의毛詩正義》는 '작시作詩'에서는 신하의 풍자를 인정하고 '용시用詩'에서는 군주에 의한 풍화를 인정했다. 따라서 공영달孔穎達의 설에 따르면 풍자론적 입장과 교화론적 입장은 모순되지 않는다. 또 《모시정의毛詩正義》는, 풍風만 아니라 아雅와 송頌까지도 군주의 사악함을 바로잡고 그릇됨을 막고자 하는 작시作詩 의도에서 제작되었다고 논했다. 이에 견주어 주희의 《시경집전詩經集傳》은 국풍의 시를 민속 가요로 규정하고 '풍風'에 대하여 독특한 해석을 내렸다.[19] 주희는 국풍의 풍의 의미를, 인민이 윗사람의 교화를 입어서 말(곧 시)이 있게 되고, 그 말(곧 시)이 다시 남을 감동시킨다는 점에서 찾았다. 인민이 윗사람의 교화를 입어서 시가 있게 된다는 것은 시의 작시作詩 과정에서 교화의 사실이 반영된다는 점을 강조한 것이다. 또 그렇게 창작된 시가 다시 남을 감동시킬 수 있다고 한 것은 용시用詩의 면을 말한 것인데, 이 용시用詩는 반드시 정치적 효용을 뜻하는 것은 아니라 온유돈후溫柔敦厚의 교양적 기능을 뜻했다.[20]

그런데 정약용은 풍風의 원리를 작시作詩와 용시用詩의 두 면에서 모

---

19 國者, 諸侯所封之域, 而風者, 民俗歌謠之詩也. 謂之風者, 以其被上之化, 以有言, 而其言, 又足以感人, 如物因風之動, 以有感, 而其聲, 又足以動物也.《詩經集傳》卷第一 國風一)

20 《시전대전》은 〈모시대서〉의 다음에 주희의 설인 듯한 註를 실어 두고 있다. 청의 雍正 5년(1727)에 나온 《欽定詩經傳說彙纂》(서울대 규장각본 참조)은 이 註를 '朱註'라고 하여, 그 註를 주희의 주로 공인했다. 이 朱註는 풍을 六義를 총괄하는 명칭으로 보지 않고 風詩만을 가리키는 것으로 보되, 풍의 개념에 '풍화'와 '풍자'의 둘을 合訓하려고 애썼다.

두 '풍자'라고 보았다. 정약용은 국풍의 모든 시가 군주를 풍간하는 데 쓰였다고 전제하고, 다시, 시의 쓰임이 그러했으므로 그 시들이 창작된 목적도 군주를 풍간하는 것이었다고 보지 않으면 안 된다고 주장했다. 곧 정약용은 아래와 같은 논법을 취했다.

　　용시用詩의 법법法法＝작시作詩의 의의意
　　용시用詩의 법법法法＝풍인주諷人主
　　─────────────
　　∴ 작시作詩의 의의意＝풍인주諷人主

　　제1 전제인 '용시用詩의 법법法法＝작시作詩의 의의意'는 심정적 요청에 속한다. 또 제2 전제 '용시用詩의 법법法法＝풍인주諷人主'의 주된 근거는 《주례周禮》〈춘관春官〉(완원본阮元本 《주례주소周禮註疏》)의 기록인데, 그 기록에 나오는 '시'가 반드시 국풍의 시를 가리킨다고만 볼 수가 없다.[21] 하지만 정약용은 서로 상반되는 정사농鄭司農과 정현鄭玄의 설을 함께 따와 '풍諷＝풍인주諷人主'로 보고 '시를 풍송'하는 '시'를 '국풍의 시'로 결론지었다.

　　정약용은 국풍뿐만 아니라 아雅도 '풍인주諷人主'의 시로 보아, '직선적으로 말하는 것이 아雅이고 은근히 깨우치는 것이 풍風'이라고 했다. 곧 풍風과 아雅는 표현방법으로는 차이가 있지만 시의 창작과정이나 그

────────────

21 "周禮春官, 瞽矇掌諷誦詩. 鄭玄云, 諷誦, 暗讀之不依詠也. 鄭司農云, 諷誦詩, 主誦詩以刺君過, 故國語曰, 瞍賦矇誦, 謂誦詩也. 杜子春曰, 瞽矇主誦詩幷誦世繫, 以戒勸人君也. 由是觀之, 風詩非所以諷人主乎? 用詩之法, 旣然如此, 作詩之意, 不容如彼. 朱子於豳風七月之篇, 以爲, 周公使瞽矇, 朝夕諷誦, 以敎成王. 今人遂謂, 唯七月一篇, 曾經瞽矇諷誦. 其實十五國風, 無一而非瞽矇之所諷誦也. 苟非風刺之義, 寓於其中, 瞽矇之誦, 不幾近於演戲乎?"(《詩經講義補遺》'國風') 그런데 빈풍〈칠월〉을 두고 '周公'이 瞽矇을 시켜 諷誦케 했다고 한 것은 舊註에도 없고, 또 주희 이후의 다른 사람도 그 문제를 실증한 사람이 없다.

정치적 효용은 서로 같다고 보았다.[22] 정약용은 국풍과 이아二雅를 '군주를 풍간하는 시'로 규정한 것에 상당한 확신을 지니고 있었다.[23]

정약용이 《시경》을 '간서諫書'로써 파악한 것은 모기령의 영향을 받은 면이 있다. 1791년에 반급된 정조의 시경조문에 답한 조대條對에는 주희의 정풍음시설鄭風淫詩說을 비판한 모기령의 설이 수용되어 있고, 또《시경집전》의 논리를 비판하는 방식에도 모기령으로부터 영향을 받은 흔적을 찾아볼 수 있다. 모기령은 주희의 정풍음시설을 부정했다. 그는《상서尚書》〈요전堯典〉편의 '시언지詩言志, 가영언歌永言, 성의영聲依永'에 의거하여 '성聲'과 '시詩'는 별개의 것이므로 정성鄭聲이 음란하다고 해서 정시鄭詩가 다 음란한 것은 아니며, 만약 주희의 주장대로 정시가 음란하다면 공자가 '방정성放鄭聲'이라고 하지 않았을 것이라고 했다.[24] 이것은 명明의 학경郝敬[25]의 설을 계승한 것인 듯하다. 그러나 모기령은 간서설諫書說을 더욱 논리화하지는 않았다. 그는 지시관풍설陳詩觀風說을 고집하여, 음시淫詩를 진설할 수는 없었을 것이므로 정풍을 음시라고 한 주희의 설은 잘못되었다고 논하는 데 그쳤다. 이에 비하여 정약용은 국풍과 이아二雅의 '풍인주諷人主' 양식을 분석해 내었다. 또한 《시》 내용이 지닌

---

22 風雅二者, 體裁雖別, 其歸則感發人之善心, 懲創人之逸志也. 正言曰雅, 微喻曰風.《詩經講義補遺》'國風')

23 〈經義詩〉(《여유당전서》 제1집 제7권)의 '詩五首' 가운데 제1수만을 든다. "古人百計格君心, 曛誦工歌被素琴. 全把國風兼二雅, 直須看作諫書林."

24 毛奇齡,《白鷺洲主客說詩》,《西河全集》 수록. 또한《皇清經解續編》 수록본. "鄭聲非鄭詩也. …… 若詩與聲, 則眞不同之極者. 〈虞書〉'詩言志, 聲依永', 聲與詩, 分明兩事. …… 及《朱子語類》且謂鄭衛同淫, 而夫子獨放鄭聲者, 衛詩三十九, 淫纔四之一. 鄭詩二十一, 淫不啻七之五, 鑿鑿以二國詩篇較淫深淺, 則夫子當云'放鄭詩', 不當云'放鄭聲'矣." 이를테면 모기령은 〈風雨〉편의 '風雨淒淒'가 사람을 그리워하는 것의 가장 점잖은 표현이고 또 '旣見君子'가 淫詩가 아닌 周南 〈汝墳〉편에도 출현하는 사실로 보아 〈風雨〉편은 淫詩일 리 없다고 주장했다. "例如'風雨淒淒', 懷人之最雅者; 二南原有'旣見君子'一例. 此在三百本文所自有者, 而一爲后妃之德, 一爲淫奔, 何以爲說? 豈'風雨淒淒, (雞鳴喈喈)'八字爲淫詞耶?"

25 郝敬,《毛詩原解》, 臺北: 藝文印書館, 湖北叢書本, 1967, 〈序〉.

풍자의 철저성을 들어 "시인직필詩人直筆, 엄어춘추嚴於春秋, 불위국오不諱
國惡, 불토강어不吐彊禦"고 논했으며, 풍자가 엄했으므로 연회석에서나 향
당에서 국풍의 시를 진설할 수는 없었을 것이라고 덧붙였다.

정약용은 국풍과 이아二雅에서 작시作詩의 의意와 용시用詩의 법法이
'군주에 대한 풍간'과 관련이 있다고 보았기 때문에, 국풍을 민간가요로
규정한 주희의 설을 비판하고, '시인'의 작시의도를 중시하는 한편 풍자
의 대상을 군주에 한정시켰다. 그 근거로 《춘추좌씨전》의 부시賦詩가 모
두 '공가지사公家之事'에 관련된 것이지, 여항비미지민閭巷卑微之民에 관한
것은 하나도 없다는 점을 들었다.[26]

정약용은 '미천한 인민'들의 시는 채보할 필요가 없었다고 보았다.
정약용은 국풍을 민속가요로 볼 수 없는 적극적 이유로, 국풍이 "뜻을
가탁하고 말을 은미하게 하여 선한 일을 펴고 사악한 일은 막는 것(託
意微言, 陳善閑邪)"으로, "착한 마음을 감발하고 상도에서 벗어난 생각을
징계(感發善心, 懲創逸志)"하는 효과를 낳는다는 점을 들었다.

> 風也者, 諷也. 託意微言, 陳善閉(閑)邪, 風之妙也. 假如佩玉晏鳴, 陳關雎以風
> 之. 征役煩勞, 歌殷雷以風之. 帷薄不修, 賦牆茨以風之. 琴瑟不諧, 誦綠衣以風之.
> 不舉時政, 唯陳古道, 不舉時疵, 唯述前鑿(鑒), 此所以感發人之善心, 懲創人之逸
> 志也. 此國風之所以爲風, 豈僅爲民俗歌謠之作而已哉?

정약용은 풍인주諷人主의 주체를 《맹자》 〈이루離婁〉편에 나오는 '대인
大人'이라고 했다.[27] '대인大人'이란, 주희의 집주(《사서장구집주본四書章句集
註本》)에 따르면 '대덕지인大德之人'으로서, '정기이물정자正己而物正者'이다.

---

26 風詩之見於春秋者, 考其事實, 皆是公家之事. 閭巷卑微之民, 雖有善惡, 隨施刑賞, 使各
    勸懲. 其有言辭, 何足以被之管絃, 列之樂官哉?
27 人不足與適也, 政不足間也, 惟大人爲能格君心之非. 君仁莫不仁, 君義莫不義, 君正莫不
    正. 一正君而國正矣.

그 계층은 '미천한 인민'들과는 구별된다.

정약용에 따르면 국풍의 시란 '대인大人'이 '일정군一正君'의 책무에서 제작되고 활용된 시이다.

凡國風之所美刺, 皆是公家之善惡. 或居室大族, 行有淑慝, 係國家之存亡, 關世道之汙隆, 方有美刺之詞. 朱子一歸之於下俚閭巷之音, 此恐未允. 孟子曰, 人不足與適也, 政不足間也, 唯大人, 爲能格君心之非, 一正君, 而天下正矣. 此聖人知要之言也. 故國風諸詩, 亦唯以'一正君'爲務. 或美之贊之, 以感其善心. 或刺之箴之, 以懲其逸志. 君心旣正, 百官自正, 百官旣正, 天下歸仁. 彼匹夫匹婦, 蓬首垢面, 或淫或邪, 自陷罪罟者, 又何譏焉(《詩經講義補遺》'小序').

정약용은 《상서》가 왕공王公의 일만을 다루었고 《춘추春秋》의 포폄襃貶이 인민人民에 미치지 않았다는 사실을 들어, 《시경》도 역시 인민의 일이 아니라 나랏일을 다루고 있으며, 따라서 소서小序의 미자설美刺說을 의심하여서는 안 된다고 주장했다.

정약용은 국풍의 시들을 '풍인주諷人主'의 시로 규정하고 소서의 미자설을 취해야 한다고 했다. 하지만 각 시를 해석할 때 소서도 삼가시三家詩[28]도 풍자시로 보지 않은 데다가 시 자체에 풍간의 뜻이 나타나 있지 않는 것도 있는데, 그 경우 정약용은 자설自說을 수립하고자 부심했다.

소서를 신봉했던 여조겸(《여씨가숙독시기呂氏家塾讀詩記》, 사부총간본四部叢刊本 권5 '상중桑中')은 이미 풍자의 방식을 세 가지로 나누어 본 바 있다. ① 직접 비판한 시(〈신대新臺〉 등) ② 은근히 풍자한 시(〈군자해로君子偕老〉 등) ③ 사실을 서술하기만 했지만 풍자의 뜻이 저절로 드러나는 시(〈상중桑中〉 등)의 셋이다.[29] 주희는 소서가 어느 때 어느 사람을 미자

---

28 王先謙, 《詩三家義集疏》, 吳格點校, 中華書局, 1987.

29 呂祖謙, 《呂氏家塾讀詩記》, 臺北 : 商務印書館(1981年 影印), 권5 〈桑中〉.

美刺한다고 한 설에는 견강부회가 많다고 비판하면서도, '음시淫詩' 이외
의 시를 해석하는 경우에는 소서小序를 따랐다.[30] 그런데 주희는 소서小
序가 시대와 인물의 사적을 견강부회하는 한편, '옛일을 진술하여 지금
을 풍자한다(陳古刺今)'는 원리를 무책임하게 사용했다고 지적했다. 《시
서변설詩序辨說》에서 주희는, '진고자금'을 설정한 것은 '온유돈후溫柔敦厚'
의 가르침에 해된다고 비판했다.[31]

하지만 정약용은, 시편의 실제 비평에서 소서와 함께 《시경집전》의
신주新註를 대부분 그대로 따랐지만, 주희와 달리 '진고자금陳古刺今'의
원리를 알아야 시편을 옳게 이해할 수 있다고 주장했다.

본래 소서의 '진고자금'은 《시경》의 편차가 시대순으로 이루어져 있
다는 전제에서 해당 시기의 왕공이 선행한 기록이 없고 나쁜 시호가
붙어 있을 때 시편 세차世次에 적용하는 원리였다. 정약용은 시편의 세
차世次와 관계없이 '진고자금'의 원리를 널리 채용했다. 그것은 풍시風詩
의 풍자 형식인 미美·자刺 가운데 자刺의 국면을 더욱 부각시키려 한
의도에서 비롯된 것이었다. 그 구체적인 언급은 《시경강의보유》의 소아
小雅 〈채숙采菽〉편에 관한 논문에 나타나 있다. 〈채숙〉편은, 소서에 따르
면, 유왕幽王이 제후를 업신여겨 내조한 제후에게 명을 내릴 때 예를 갖
추지 않았고 자주 소집하되 신의가 없었으므로, 군자가 장차 혼란이 일
어날 조짐을 보고서 옛 성인들의 치세를 생각하며 지었다고 한다.[32] 주
희는 이 설을 따르지 않고, 천자가 제후를 불러 연회를 베풀매 제후가

---

30 李家樹, 《國風毛序朱傳異同考析》, 香港 : 學津出版社, 1979.

31 "又其爲說, 必使詩無一篇不爲美刺時君國政而作, 固已不切於情性之自然, 而又拘於時世
之先後, 其或書傳所載, 當此之時, 偶無賢君美諡, 則雖有詞之美者, 亦例以爲陳古而刺今,
是使讀者, 疑於當時之人, 絕無善, 則稱君過, 則稱己之意, 而一不得志, 則扼腕切齒, 嘻笑
冷語, 以懟其上者, 所在而成群. 是其輕躁險薄, 尤有害於溫柔敦厚之敎. 故予不可以不
辨."(明板本 《詩傳大全》 卷首 《詩序辨說》)

32 采菽. 刺幽王也, 侮慢諸侯, 諸侯來朝, 不能錫命以禮, 數徵會之, 而無信義, 君子見微而
思古焉.

〈어조魚藻〉편을 지어 천자를 찬미하고 천자가 이 〈채숙采菽〉을 지었다고
보았다. 정약용은 이 시편이 천자와 제후의 연회에 사용되었다는 주희
의 설을 따르되, 연회석에서도 진고자금의 풍자시를 진설할 수 있다고
논하여, 시 해석은 소서를 따랐다.[33]

다만, 정약용은 진고자금을 '시도詩道'로써 적극 승인하되, 시 해석에
이 원리를 적용할 때는 상당히 신중했다. 즉 소서나 삼가시에서 풍자시
로 규정된 시에 대하여만 이 원리를 조심스럽게 적용했다. 예를 들어
소서나 《시경집전》은 모두 〈관저〉편을 두고 후비의 덕을 찬미한 시라
보았으나, 정약용은 《시경강의보유詩經講義補遺》에서, 문왕 때의 옛 도리
를 진술하여 강왕康王의 부덕함("패옥안명佩玉晏鳴")을 풍자했다고 논했다.
이것은 노시魯詩를 이은 《한서》〈두흠전杜欽傳〉의 설을 계승한 것이다.
반대로 신해반급조문의 《시경강의》에서, 정약용은 주희가 음시로 규정
한 패풍邶風 〈정녀靜女〉에 대하여 "사아어성우俟我於城隅"라는 구절은 음
분자淫奔者가 사인私人을 기다린다는 의미가 아니라 후비后妃의 여사女史
가 내전內殿의 각부사角浮思에 와서 기다림을 노래한 것이라고 했다. 그
시를 음시로 본 《시경집전》을 비판한 것이다. 그런데 그는 이렇게 미풍
을 그린 시가 진고자금의 시인지, 그렇지 않으면 선심善心을 감발하는
미시美詩인지 해명하지 않았다.

정약용은 풍시를 '대인大人'의 작이거나 그에 의하여 '풍인주諷人主'의
용도로 쓰인 것이라고 규정했으나, 시인詩人이 구체적으로 누구였고 시
편을 어떻게 사용했는지에 대해 각각 논증하지는 않았다. 따라서 실제
비평에서 소서나 《시경집전》과 다른 설을 개진한 예는 드물다.

경세經世의 의지를 경해에서 관철시킬 수 있을지, 정약용은 고민했다.

---

33 詩之爲道, 陳古以刺今. 今事雖惡, 所陳古道, 無不至善. 故諷刺之詩, 可以爲雅樂. 關雎
刺后, 不害其爲房中之樂. 鹿鳴刺世, 不害其爲燕賓之樂. 常棣之弔管·蔡, 而不害其燕兄弟.
采菽之刺幽王, 而不害其燕諸侯, 先知此義而後, 可以讀詩.《詩經講義補遺》'采菽')

4.

조선에서 18세기 초 성호星湖 이익李瀷의 시기부터 경학에 대한 담론
이 활발해진 것은 교학 체계에 대한 도전의 의미를 지닌다.[34] 명나라
영락제永樂帝의 칙찬본이었던 《사서삼경대전四書三經大全》이 세종 때 수입
되어 각도道에서 분판해서 찍어낸 이후로, 대전본大全本은 경학, 사상의
세계에서는 가장 권위 있는 교과서로 기능했다. 그런데 그 교조적 특성
을 부정하는 일이 17세기에 들어와 《시경》의 경해에서 가장 분명하게
일어났다. 《시경》 시편의 작가라든가 주제와 관련한 논의도 있고 다소
세세한 시물 명이나 글자를 따지는 논증도 있지만, 그러한 담론 자체가
지닌 의미는 매우 크다. 대전본이 담지하고 있는 주자학적인 패러다임
을 깰 수 있는 구조가 그 안에서 일어났다. 박세당朴世堂이 《사변록思辨
錄》을 통해서 회의의 정신을 드러내었을 때, 그 중심에 놓여 있었던 것
이 바로 《시경》에 관한 사변이었다. 주자학을 상대화할 수 있는 관점이
《시경》, 특히 국풍에 대한 논의에서 자연스럽게 제시된 것이라고 할 수
있다. 그 다음에 일부 지식인들은 《상서》의 공부에서도 금문과 고문의
문제를 논하면서, 이제까지 완결된 구조를 지니고 있다고 믿어 왔던 경
經의 세계에 단층이 있다는 사실을 발견하게 되었다. 경의 세계 안에
일그러진 부분이 있다는 사실을 발견하면서, 지식인들은 경학에 대해
더욱 본격적인 논의를 하게 된 것이다. 그런데 경학론은 일차적으로는
경학 내부의 담론이었지만, 18세기에 들어와서는 경을 본격적으로 논하
는 과정에서 현실 정치와 정치의 이념을 유비적類比的으로 논하게 되고,
나아가 덕의 문제, 지식 체계의 문제를 심각하게 논하게 되었다.

정조가 규장각의 초계문신제도를 통해서 경학을 논했던 것은 본래

---

34 심경호, 〈성호의 사설과 지식구축 방식〉, 한국고전번역원 2016년도 하반기학술대회,
성균관대학교 600주년기념관, 2016.10.28.

사상의 상대화 경향을 통제하려는 의미가 있었다. 경학의 논의 결과를 모은 여러 경서經書 강의講義의 결과물을 보면, 대전본을 기초로 한 경학설과는 이질적인 '모나고 특이한' 답안은 부드럽게 고쳐서 저록한 사실에서도 잘 나타난다. 그런데 경학 강의에 참여했던 지식인들 가운데는 이미 대전본 중심의 경학 세계에 안주하지 않고 그것을 회의하고 새로운 대안을 모색한 논의를 한 이들이 있었다. 정책적으로 조화의 세계를 지향하지만, 경학의 세계는 결코 균질적이고 정합적인 것이 아니라는 사실을 자각하였다.

서양의 경우, 본래 이성의 문제를 논하게 된 것은 신의 세계를 완전하게 드러내려는 목적이었으나 그것이 거꾸로 신의 세계와 인간의 세계를 분리하는 결과로 나타났다. 조선 후기의 경해가經解家들도 우선은 경의 제설諸說이 이루는 세계가 정합성을 띤다는 것을 증명하고자 했겠지만, 경문經文 자체를 연구하면서 '소의근거所依根據'였던 주자의 신주新注에 대해 회의하게 되었다. 《사서삼경대전》의 경설經說에 대해 더 깊이 회의하기에 이르렀다는 것은 조선지식인의 의식에 나타난 큰 변화라고 말할 수 있다.

다만, 조선에서는 소학(한문기초학)이 의리론의 수면 아래에서 미약하게 운용되었지만, 오랫동안 소학이 독자적인 학문 형태로 발전하지는 못하다가 18세기에 이르러 구래 '쇄소응대지절灑掃應對之節'의 수양교과로서의 '소학'과 구별되는 한문기초학으로서 소학에 대한 인식이 두드러지게 되었다. 이를테면 정조는 《대학강의》에서 소학의 개념에 대해 탐색했다.

> 채청蔡淸의 《사서몽인四書蒙引》에 이르기를 "대인大人의 학이란 학궁學宮을 지적해서 한 말이 아니라 대인이 배우는 것이고 소자가 배우는 것이 아니기 때문에 대학이라고 하는 것이다." 했고, 장언릉張彦陵의 《설통說通》에 이르기를 "대학은 소학의 대對로 한 말이 아니라 이단곡학異端曲學의 대對로

한 말이다." 했는데, '후대 유생'(육롱기陸隴其인가)이 《설통》의 설을 반박하여 이르기를 "《혹문或問》에서 제일 먼저 대인의 학이라고 새기면서 소자의 학에 대한 상대로 말했는데 어찌하여 소학의 대가 아니라고 말하는가?"라고 했다. 참으로 이와 같다면 대학의 大자는 의당 사람 가운데 대인이란 의미로 보아야 학문의 큰 것이라는 의미로 보아서는 부당한 것인가? 그러나 '근세의 유자'(모기령인가)는 또 "대학은 학이 큰 것이요, 소학은 학이 작은 것이다."라고 했고 《한서漢書》와 《대대례大戴禮》에서도 모두 이르기를 "소학은 작은 기예를 익히는 것이요, 대학은 큰 기예를 익히는 것이다." 라고 했다. 가의賈誼의 《신서新書》에서는 이르기를 "소학은 작은 예절을 행하고 작은 도를 업으로 삼은 것이며, 대학은 큰 예절을 행하고 큰 도를 업으로 삼은 것이다."라 했고, 《백호통白虎通》에서는 글과 계산을 배우는 것을 소학의 일로 삼았고, 〈식화지食貨志〉에서는 육갑六甲과 오방五方, 글쓰기, 계산하기를 배우는 것을 소학의 일로 삼았다. 그런즉 작은 기예와 작은 예절이란 글쓰기와 셈하기 이 두 가지라는 것이 분명한데 이 설이 어떠한가? 또 주나라 제도에 8세에 소학에 들어간다고 했고, 보씨保氏가 육서六書를 가르친다고 했고 《한서》〈예문지〉에 나오는 소학가小學家가 열인데 모두 자서字書에 대한 학이 아님이 없으니, 소학을 소예小藝라고 결론짓더라도 근거가 없지는 않을 듯하다.

정조는 재위 16년(1792) 8월 《규장전운》 초고가 이루어지자, 각신 윤행임尹行恁·서영보徐榮輔·남공철南公轍, 승지 이서구李書九·이가환李家煥, 교서교리校書校理 성대중成大中, 검서관檢書官 유득공柳得恭·박제가朴齊家에게 교정을 시키고, 그들에게 〈문자책文字策〉을 내렸다.[35] 그 가운데 이덕무·유득공·박제가·이서구·윤행임 등의 대책이 각각의 문집에 전한다.[36] 정

---

35 李德懋, 《靑莊館全書》 卷20. "壬子八月, 命公編纂奎章全韻, 書旣成, 命閣臣尹行恁徐榮輔南公轍, 承旨李書九李家煥, 校書校理成大中, 檢書官柳得恭朴齊家, 校正, 仍命諸臣對策."
36 李德懋의 對策은 《靑莊館全書》 卷20(韓國文集叢刊 257, 한국고전번역원, 2000)에 실려 있고, 朴齊家의 對策은 《貞蕤閣全集》 (하)(여강출판사, 1992)에 실려 있다.

조의 책문은 다음과 같은 문항으로 이루어져 있어, 정조가 소학을 문자
학에 한정시킨 사실을 엿볼 수 있다.

　　첫째, 문文'과 '자字'가 나뉘게 된 연원을 경전 등의 자료를 바탕으로 소급
　　　　하여 기술하고, '자字'자의 본의에 대해 설명하라.
　　둘째, 육서六書의 정의에 대해 그 의미를 상세하게 기술하라. 특히 사경이
　　　　위설四經二緯說에 대해 서술하라.
　　셋째, 육서 가운데 가장 이설이 많은 전주轉注와 가차假借의 제설諸說에 대
　　　　해 설명하라.
　　넷째, 역대 자체의 변천 과정과 서사 방식에 대해 논술하라.
　　다섯째, '소학小學'을 정의하고 문자의 '공능功能'에 대해 기술하라.

　명말 청초의 모기령은 《대학증문大學證文》·《사서잉언四書賸言》 등에서
'소학'은 본래 자학字學이거늘 주자가 잘못하여 쇄소응대지절灑掃應對之節
의 교본을 '소학'이라 이름 붙였다고 비난했다. 정조는 이에 대해 반론
할 것을 문신들에게 요구했다. 대책문을 작성한 신하들은 주자가 수신
교과서로서 《소학》을 편찬했지만 육서六書의 소학을 몰랐던 것이 아니
라고 말하고, 수신교과와 자학은 밀접한 관계에 있다고 주장했다. 이러
한 대책문을 작성하면서 신하들은 자학으로서의 소학에 대해 깊이 연
찬할 수가 있었다. 하지만 당시 조선에서는 이를테면 허자虛字에 대한
체계적인 연구서 같은 것이 나오지 않았다. 소학은 부속적인 분과학문
으로서만 존재했다고 말할 수 있다.
　정약용은 모기령이 《대학증문》·《사서잉언》 등에서 '옛날의 소학小學은
자학字學이었다'라고 주장한 것에 대해, 소학에 두 개념이 있다고 보아
모기령의 설이 편벽되다고 비판했다. 하지만 그는 〈자설字說〉에서 '전적
으로 자서字書를 익히는 공부'인 소학이 '고문古文'을 공부하는 기초가
되어야 한다고 말했으니,[37] 자학으로서 소학이 지닌 독립적 가치를 어

느 정도 인정한 셈이다.[38] 경학에서 정약용은 '해성諧聲'의 원리를 이용해서 경문의 자구를 분석하는 방식을 주로 활용했다. 정약용은 대개 통가通假의 현상을 해성諧聲이라 불렀다. 이를테면 성誠이나 인仁과 같은 유학의 주요 개념을 풀이할 때 해성을 활용했다.[39]

> ① 《中庸自箴》卷三〔自二十二章至三十三章〕'誠者自成也節'.
> 咸曰誠成者,【六書之諧聲也】以其成己成物, 非誠不能, 故字從成也.
> ② 《孟子要義》盡心第十六章已下'仁者人也, 合而言之道也'章
> 趙曰: "人與仁, 合而言之, 可以謂之有道." ○《集》曰: "仁者, 人之所以爲人之理."
> ○鏞案 仁者, 人人之疊文也. 其在六書家, 爲諧聲, 爲會意, 爲指事, 故曰仁者人也.
> 人而爲仁, 於是乎道也. 理與身, 恐不可以爲道.

정약용은 문헌 연구에서 중국의 고전 문헌들이 최초 성립에서 완정성完整性을 지녔으리라 전제했기 때문에 문헌의 성립 층위에 대한 고찰이 충분하지 않았다. 다만 문헌의 문맥 해석에서 소학의 방법론을 적용, 자-구-문-문단-문헌의 조직을 파악한 점은, 기존 주석(구주와 신주, 명청 경해)을 비판적으로 검토하게 한 원동력이 되었다고 할 수 있다.

한편 조선에서는 신경해新經解가 목판으로 간행되어 유통되지 않았으며, 단구斷句를 시도하지도 않았다. 이 점은 중국이나 일본의 경우 목판

---

37 丁若鏞,〈字說〉,《與猶堂全書》第1集 詩文集 第10卷 ○文集 說. "古者小學, 專習字書, 字字講究象形會意諧聲之所以然, 無不瞭然於心目, 方屬文而爲篇章也, 字字鳩合, 用適其宜. 故其文不相蹈襲, 新嚴警發, 左孟莊屈, 各成一體. 後世不習字書, 直讀古文, 故文字之在心目者, 皆連二字三四字, 多至數十字, 而各字各義, 都囫圖不明. 及其發之於篇章也, 古文全句, 隨手使用, 其中字義, 有迥與事情乖戾者, 而亦罔覺. 故文皆陳腐, 不切事情."

38 실제로 정약용은 《二雅逑意》를 엮었으며, 형 丁若銓이 그것을 재편집하여 《蒙學義彙》를 엮자 그 서문을 작성하고, 또 그 스스로 《兒學編》을 편찬했다.

39 심경호,〈다산 정약용의 문헌해석방법과 필롤로지〉,《다산학》제21호, 다산학술문화재단, 2012.12, 7~63쪽.

인쇄를 통해 지적 담론이 활발하게 이루어졌던 것과는 사정이 다르다. 가령 단옥재段玉裁는 1807년에 30년의 적공積功 끝에 《설문해자주說文解字注》를 완성하고 1813년에 간행을 시작하여 2년 만에 출간을 했는데, 경운루經韻樓 초인본初印本(제1쇄) 《단주段注》의 권수卷數에는 "문은십량紋銀十兩"이라고 당시 판매가가 기록되어 있다.[40] 게다가 단옥재는 그 전문적인 학술서적을 목판으로 인쇄할 때 앞 몇 권에는 구두를 끊어 두었다. 조선에서는 경연經筵이나 친림강경親臨講經의 어람용御覽用으로 현토懸吐를 행하는 예가 보통이었다. 정약용의 시해詩解 등 경해經解는 경세학 성격을 지닌 경학으로서 뚜렷한 특색을 지녀, 학술 지향의 면에서는 독자적 가치를 확립했으나, 담론의 영역을 확장시키는 수단을 갖지는 못했다. 그 한계를 오늘날도 반복할 것인가?

---

40 순도가 매우 높은 양질의 은을 紋銀이라 한다. 《홍루몽》에 보면 당시 서민의 한 끼 비용이 동전 10문에서 20문 정도이고 은 20량은 서민 한 가족의 1년분 생활비라고 했다. '紋銀 10兩'은 상당히 높은 가격이다.

〔번역〕

제3장

정약용의 시경학 연구
: 〈소서小序〉 평가 문제를 중심으로

나카 스미오

(동도부립대학 교수)

1. 머리말

조선 유학사가 주자학을 중심으로 전개되었음은 주지의 사실이다. 그 주역은 송시열을 비롯한 노론파 사람들일 것이다. 그러나 한편 강화학파를 배출했던 소론이나 성호학파를 배출했던 남인이 존재했듯 반드시 주자학 일색은 아니었다. 따라서 다양한 학술이 전개되었음도 또한 모두 아는 대로이다. 이 논문이 다루는 정약용은 성호학파에 속하는 실학자로서 저명한 인물이다.

정약용은 《여유당전서與猶堂全書》에 실린 여러 저작을 비롯한 방대한 저술을 남겼으며 그 학술도 다양한 분야에 걸쳐 있다. 필자는 앞으로 정약용의 《시경》 해석을 연구하여 이를 단서로 그의 경학의 특질과 조선 유학사에서 위치를 밝히고자 한다. 이 논문은 그 단서로서 〈소서小序〉 평가 문제를 중심으로 고찰한다. 그리하여 정약용의 《시경》관을 소묘해 볼 작정이다. 이를 위한 자료는 《한국문집총간》(제281-286집)의 《여유당전서》를 사용한다.

2. 주희의 〈소서〉 평가와 《시경》 해석

1) 〈소서〉의 작자와 〈소서〉에 대한 평가

《시경》에는 두 종류 서문이 붙어 있다. 하나는 《시경》 전체의 첫머리

인 〈국풍國風〉, 〈주남周南〉의 첫 시 '관저關雎' 앞에 붙어 있는 〈대서大序〉
이다. 〈대서〉는 시의 의의나 효용, 육의(六義: 풍風, 부賦, 비比, 흥興, 아雅,
송頌) 등에 관한 총론이다. 그리고 각 시의 앞에는 작자와 작시의 상황,
배경, 주제 등을 해설하는 〈소서〉가 붙어 있다. 〈소서〉의 존재는 각 시
의 해석에 도움을 주긴 하나 또한 그 해석 방향을 강하게 규정하기도
한다. 그런 만큼 〈소서〉의 채용 여부에 따라 시의 해석은 크게 달라진
다. 따라서 〈소서〉의 타당성을 어떻게 평가하는가는 옛부터 그 작자가
누군가라는 문제와 함께 시경학의 큰 쟁점이 되어 왔다.

《시경》 서문의 작자에 관해서는 다음과 같은 여러 설이 존재한다.[1]

① 〈대서〉는 자하子夏 작, 〈소서〉는 자하와 모형毛亨의 합작(정현鄭玄 《시보
詩譜》)

② 〈소서〉는 위굉衞宏이 지은 것(《후한서》 열전69하, 유림전하儒林傳下 〈위굉
衞宏〉)

③ 〈소서〉는 자하가 지었으나 훗날 모장毛萇과 위굉이 윤색한 것(《수서隋
書》 권32 〈경적지經籍志〉 시詩)

④ 〈소서〉 첫 구절은 자하, 그 다음 모형이 지은 것(성백여成伯璵 《모시지
설毛詩指說》)

⑤ 시를 읊은 사람들의 자작설(왕안석)

⑥ 〈대서〉는 공자, 〈소서〉는 국사國史가 지은 것(정이程頤 《이정유서二程遺
書》 권19, 24)

⑦ 〈소서〉 첫 구절은 공자, 그 다음 모형이 지은 것(왕득신王得臣 《주사麈
史》 권2 〈경의經義〉)

⑧ 촌야村野의 망인妄人이 지은 것(정초鄭樵 《시판망詩辨妄》)

---

1 《四庫全書總目提要》 卷15, 経部, 詩類, 詩序二卷의 条 참조.

이렇듯 여러 설이 난립하는 가운데 주희는 《후한서後漢書》 유림전儒林
傳에 따라서 〈소서〉를 위굉이 지은 것으로 단정했다.[2]

〈소서〉에 대한 비판 입장은 이를 촌야 망인의 작품으로 본 정초(鄭
樵; 자는 漁仲)로부터 시작되었다. 주희 역시 그 입장을 계승하여 〈소
서〉의 작자에 관한 여러 설을 부정한다.[3] 주희는 《시경》의 '서문에 따라
시를 해석(以序解詩)'하지 말고 '시 자체에 입각하여 시를 설명(以詩說詩)'
함으로써 시인의 본뜻을 이해해야 한다는 것이다.[4]

2) 〈소서〉의 채용 여부와 시의 해석

《시경》 서문의 채용 여부에 따라 시의 해석이 크게 달라짐은 앞서
언급한 대로이다. 이제 몇 가지 예를 소개한다.

〈정풍〉의 '장중자將仲子'는 〈소서〉에 따르면 정나라 장공莊公을 비판하
는 시라고 한다. 장공의 어머니는 그의 동생인 숙단叔段을 더 아꼈다.
장공은 어머니의 명을 어기지 못한 결과 숙이 제멋대로 행동하는 것을
막지 못했다. 신하인 채중祭仲이 이를 간쟁했으나 장공은 듣지 않고 내
버려 두었다는 것이다.[5] 그러나 주희의 해석은 다르다. 이 시는 부모의
질책이 두려운 탓에 남성의 유혹을 뿌리치는 여성의 마음을 노래한 것

---

2 朱熹 〈詩序辨說〉(四庫全書本《詩序》卷首 所收). "詩序之作, 說者不同. 或以為孔子, 或
以為子夏, 或 以為國史, 皆無明文可考. 唯後漢書儒林傳以為衛宏作毛詩序, 今傳於世, 則
序乃宏作, 明矣."

3 《朱子語類》 卷80 葉賀孫錄. "詩序實不足信. 向見鄭漁仲有詩辨妄, 力詆詩序. 其間言語
太甚, 以為皆是村野妄人所作. 始亦疑之. 後來子細看一兩篇, 因質之史記國語, 然後知詩
序之果不足信.";《朱文公文集》 卷34 〈答呂伯恭〉 第7書. "大抵小序, 盡出後人臆度. 若
不脫此窠臼, 終無緣得正當也."

4 《朱子語類》 卷80 葉賀孫錄. "某因云. 今人不以詩說詩, 却以序解詩, 是以委曲牽合, 必
欲如序者之意. 寧失詩人之本意, 不恤也. 此是序者大害處."

5 《毛詩》 〈鄭風〉 '將仲子'의 〈小序〉. "將仲子, 刺莊公也. 不勝其母, 以害其弟, 弟叔失道
而公弗制. 祭仲諫而公弗聽."

이라고 해석한다.[6]

〈정풍〉의 '교동狡童'은 〈소서〉에 따르면 정나라 소공(昭公, 이름은 홀忽)을 비판하는 시라고 한다. 소공은 현신賢臣과 더불어 국정을 다루지 못한 채 권신權臣이던 채중祭仲의 전횡을 초래했다는 것이다.[7] 하지만 주희의 해석에 따르면 이 시는 사모하는 남자에게 거절당한 여자가 '당신한테 차였다고 밥도 못 먹을 정도로 상심하진 않아요. 내가 사모할 남자는 얼마든지 있으니까요.'라고 억지 투정을 부린 말이라고 해석한다.[8]

이렇듯 같은 시라 해도 〈소서〉의 채용 여부에 따라 해석이 전혀 달라진다. 한쪽은 신하가 군주를 비판하는 것, 다른 쪽은 남녀의 연애 감정을 읊은 것이라 해석한다. 이런 차이는 '장중자', '교동' 등 개별 시의 해석 문제에 그치지 않는다. 나아가 〈정풍〉, 〈위풍〉 등에 실린 시 전반의 성격을 어떻게 이해할까라는 문제에도 파급된다.

3) 정鄭, 위衛나라 음악과 정풍, 위풍

《예기禮記》의 〈악기樂記〉에는 다음과 같은 말이 나온다. 예컨대 "정, 위나라의 음악은 난세의 음악이다(鄭衛之音, 亂世之音也)." 또는 "정, 위나

---

6 《詩集伝》〈鄭風〉'將仲子'의 제1장. "將仲子兮, 無踰我里, 無折我樹杞. 豈敢愛之, 畏我父母. 仲可懷 也. 父母之言, 亦可畏也. 朱注: '賦也. 將, 請也. 仲子, 男子之字也. 我, 女子自我也. 里, 二十五家所居 也. 杞, 柳屬也. 生水旁, 樹如柳, 葉麤而白色, 理微赤. 蓋里之地域溝樹也. 莆田鄭氏曰, 此淫奔者之辭." 莆田鄭氏는 鄭樵를 가리킨다. 古注에는 "我는 장공, 仲子는 채중," 新注에는 "我는 여성, 仲子는 상대방 남자"로 되어 있다.

7 《毛詩》〈鄭風〉'狡童'의 〈小序〉. "狡童, 刺忽也. 不能與賢人圖事, 權臣擅命也." 鄭玄의 補注인 《毛傳鄭箋》에는 "權臣擅命, 祭仲專也."라고 되어 있다.

8 《詩集伝》〈鄭風〉'狡童' 제1장. "彼狡童兮, 不與我言兮. 維子之故, 使我不能餐兮. 朱注: '賦也. 此亦淫 女見絶而戲其人之詞. 言悅己者衆, 子雖見絶, 未至於使我不能餐也." 古注에는 "狡童과 子는 忽(昭公), 我는 賢臣," 新注에는 "狡童과 子는 상대방 남자, 我는 여자"로 되어 있다.

라 지방 음악은 남녀의 만남 따위를 노래하는 망국의 음악이다(桑間濮上
之音, 亡國之音也)." 나아가 "자하子夏가 말하기를 정나라 음악은 음란을
좋아하는 뜻을 담고 있고, 송나라 음악은 여자에 빠져 있는 뜻을 담고
있고, 위나라 음악은 다그치듯 번거로운 뜻을, 제나라 음악은 고집 세
고 교만한 뜻을 담고 있다. 이들 넷은 모두 색욕에 빠져서 도덕을 해친
다. 그래서 제사에는 쓸 수 없다(子夏曰, 鄭音好濫淫志, 宋音燕女溺志, 衛音趨數
煩志, 齊音敖辟喬志. 此四者, 皆淫於色而害於德. 是以祭祀弗用也.)."

한편 《논어》의 〈위령공衛靈公〉은 "정나라 소리〔음악〕를 몰아내고 입심
좋은 사람을 멀리하라. 전자는 음탕하고 후자는 위험하다(放鄭聲, 遠佞人.
鄭聲淫, 佞人殆.)."고 말한다. 또한 〈양화陽貨〉에는 "보라색은 빨강색을 빼
앗으니 싫다. 정나라 소리는 우아한 음악을 더럽히니 싫다(惡紫之奪朱也.
惡鄭聲之亂雅樂也.)."라는 말이 나온다.

위에서 본 '정나라, 위라의 음악'과 '정나라 소리'가 〈정풍〉, 〈위풍〉의
시를 가리키는 것으로 볼지 아닐지는 《시경》의 해석에 중대한 문제가
된다.

《사기史記》에 따르면 《시경》은 공자가 엮을 때 예의에 맞는 시 305편
을 엄선한 것이다.[9] 《시경》 편찬에 관해서는 공자 자신의 술회가 있
다.[10] 그리고 《논어》에는 공자가 《시경》을 총평한 '사무사思無邪', 곧 '생
각에 사악함이 없음'이라는 유명한 말도 나온다.[11] 만약 〈정풍〉, 〈위풍〉
의 시를 〈악기〉에서 말하는 '정, 위나라 음악' 또는 《논어》의 '정나라
소리'와 동일시한다면 '음淫'이라고 평가된 그것들이 왜 공자의 손을 거

---

9 《史記》卷47〈孔子世家〉. "古者詩三千餘篇. 及至孔子, 去其重, 取可施於禮義. ······ 三
百五篇, 孔子皆弦歌之, 以求合韶武雅頌之音. 禮樂自此可得而述, 以備王道, 成六藝."

10 《論語》子罕. "子曰. 吾自衛反魯, 然後樂正, 雅頌各得其所." 皇侃義疏: "孔子去魯後而
魯禮樂崩壞. 孔子以魯哀公十一年, 從衛還魯而刪詩書, 定禮樂, 故樂音得正. 樂音得正, 所
以雅頌之詩, 各得其本所也. 雅頌, 是詩義之美者. 美者既正, 則餘者正亦可知也."

11 《論語》爲政. "子曰. 詩三百, 一言以蔽之, 曰. 思無邪."

친 《시경》 속에 들어 있을까? 그 음시淫詩들은 공자의 '사무사'와 어떻게 정합할 수 있을까?

이러한 문제에 관하여 여조겸呂祖謙은 '아雅, 정鄭'이라는 개념을 내걸고 자신의 견해를 이렇게 피력한다. "《시경》은 아악雅樂이다. 〈악기〉의 '상간복상지음桑間濮上之音'이란 정, 위나라 음악이다. 전자는 아雅, 후자는 정鄭이다. 양자는 원래 다르다. 가령 공자 이전에 아와 정이 섞여 있었다고 해도 공자는 마땅히 준별하여 취사했음에 틀림없다. 공자 스스로 '정나라 소리〔音樂〕를 몰아내라'고 했음에도 편찬 뒤에 어찌 정나라 소리가 남아 있을 수 있겠는가!"[12]

덧붙이면 여조겸은 〈소서〉와 《모전정전毛傳鄭箋》(정현鄭玄의 보주補注)를 중시한 인물이다. 《여씨가숙독시기呂氏家塾讀詩記》는 바로 그런 입장에서 집필한 책이다.[13] 그러나 주희는 여조겸을 '모정지녕신毛鄭之佞臣' 곧 '《모전정전》을 맹목 추종한 사람'이라고 혹평한다.[14]

주희는 정나라 소리〔鄭聲〕와 〈정풍〉, 그리고 정, 위나라 음악〔衛音〕과 〈정풍〉, 〈위풍〉을 동일시한다. 따라서 〈정풍〉의 '장중자'나 '교동'을 남녀 감정을 노래한 음시로 해석한다. 이런 해석이 곧 '정성음鄭聲淫'이라는 공자의 비평과 부합한다는 것이다. 따라서 장공, 소공에 빗대는 〈소

---

12 《呂氏家塾讀詩記》 卷5 〈鄘風〉 '桑中' "或曰. 樂記所謂桑間濮上之音, 安知非即此篇乎. 曰. 詩, 雅樂也. 祭祀朝聘之所用也. 桑間濮上之音, 鄭衛之樂也. 世俗之所用也. 雅鄭不同部, 其來尙矣. …… 借使仲尼之前, 雅鄭果嘗麗雜, 自衛反魯, 正樂之時, 所當正者, 無大於此矣. 唐明皇令胡部與鄭衛之聲合奏, 談俗樂者尚非之. 曾謂仲尼反使雅鄭合奏乎. 論語答顏子之問, 迺孔子治天下之大綱也. 於鄭聲亟欲放之, 豈有刪詩示萬世, 反收鄭聲以備六藝乎."

13 《四庫全書總目提要》 卷15 経部, 詩類, 呂氏家塾讀詩記. "此書中所謂朱氏曰者, 即所採朱子説也. 後朱子改從鄭樵之論, 自變前說, 而祖謙仍堅守毛鄭." 또한 《呂氏家塾讀詩記》 卷1의 〈大小序〉에는 "程氏曰"이라 하여 "學詩而不求序, 猶欲入室而不由戶也."라는 말이 인용되어 있다. 이는 程頤의 말이며 《河南程氏経說》 卷3, 詩解, 国風, 関雎에 나온다.

14 《朱子語類》 卷122 楊道夫録. "人言何休為公榖忠臣. 某嘗戲伯恭為毛鄭之佞臣."

서〉의 해설은 채용될 수 없다고 주장한다.[15] 이들 두 음시만이 아니라
정, 위나라 음악과 동일시되는 〈정풍〉, 〈위풍〉과 함께 〈패풍邶風〉, 〈용풍
鄘風〉에도 많은 음시가 포함되어 있다고 주장한다.[16] 주자에 따르면 패,
용은 주왕조 초기에는 독립된 나라였으나 후일 위나라에 통합되었다고
한다.[17] 그리고 〈위풍〉의 시 39편 가운데 4분의 1과 〈정풍〉의 21편 가운
데 7분의 5는 남녀의 '음란한 밀회淫奔'의 시라고 한다.[18]

4) '사무사'와 음시

주자가 주장하듯 《시경》 속에 많은 음시가 들어 있다면 이것과 공자
의 '사무사'는 어떻게 정합할 수 있을까? 이 문제에 관한 주희의 입장
을 〈용풍〉의 '상중桑中'을 통하여 확인해 보자.[19]

〈소서〉에 따르면 '상중'은 자분刺奔, 곧 남녀의 밀회를 풍자한 시라고
한다. 위나라 공실公室이 음란했던 탓에 서민 남녀의 밀회는 물론 높은
지위의 명문족 남녀 역시 몰래 밀통하는 풍조가 있었다는 것이다. 이런

---

15 《朱子語類》 卷80 舒高録. "鄭聲淫, 所以鄭詩多是淫佚之辭. 狡童·將仲子之類, 是也.
今喚做忽與祭仲, 與詩辭全不相似." 卷81 吳琮録. "許多鄭風, 只是孔子一言斷了. 曰鄭聲
淫. 如將仲子, 自是男女相與之辭, 却干祭仲共叔段甚事."

16 《朱子語類》 卷80 黃膀録. "問. 讀詩記序中雅鄭邪正之說未明. 曰. 向來看詩中鄭詩, 邶
鄘衛詩, 便是鄭衛之音. 其詩大段邪淫. 伯恭直以謂詩皆賢人所作, 皆可歌之宗廟, 用之賓
客, 此甚不然."

17 《詩集傳》 邶風, 題下. 朱注: "武王克商, 分自紂城朝歌而北謂之邶, 南謂之鄘, 東謂之
衛, 以封諸侯. 邶 鄘不詳其始封. 衛則武王弟康叔之國也. …… 但邶鄘地既入衛, 其詩皆
為衛事, 而猶繫其故國之名."

18 《詩集傳》 鄭風 末尾 〈鄭國二十一篇五十三章二百八十三句〉. 朱注: "鄭衛之樂, 皆為淫
聲. 然以詩考之, 衛詩三十有九而淫奔之詩才四之一. 鄭詩二十有一而淫奔之詩已翅七之五."

19 《毛詩》 〈鄘風〉 '桑中' 〈小序〉. "桑中. 刺奔也. 衛之公室淫亂, 男女相奔. 至于世族在位, 相
竊妻妾, 期於 幽遠. 政散民流而不可止." 마지막 구절의 '政散民流'란 《礼記》 〈楽記〉의
"桑間濮上之音, 亡國之音也. 其政散, 其民流, 誣上行私而不可止也."에 근거한 말이다.

해석은 고주소古注疏에서도 마찬가지다. 주희의 해석 또한 위나라의 음란, 밀통이라는 상황틀을 설정함은 다름이 없다. 다만 하나 크게 다른 점이 있다. 고주소의 경우 '상중'의 작자는 밀통 풍조를 우려했던 제3자라고 본다. 반면 신주의 경우 이를 밀통 당사자의 작품이라 해석한다.[20]

하지만 주희가 음란음분의 시 모두를 밀통 당사자의 작품으로 보는 것은 아니다. 시의 내용에 따라서는 제3자가 음란음분의 비판, 곧 자음을 위해 지은 시로 보는 경우도 있다. 예컨대 〈패풍〉의 '포유고엽匏有苦葉'이나 〈용풍〉의 '체동蝃蝀'에 관해 주자는 '음란을 풍자하는 시此刺淫亂之詩'라고 주석한다.

이상의 서술을 바탕으로 다시금 《시경》의 많은 음시와 '사무사'와의 정합 여부를 살펴보자. 주희의 〈독여씨시탁상중편讀呂氏詩托桑中篇〉은 《여씨가숙독시기》의 〈용풍〉 '상중'에 관한 여조겸의 주장을 비판한 저술이다.

전술했듯 여조겸은 〈소서〉나 《모전정전》을 존중하는 입장을 취한다. '상중'에 대해서도 〈소서〉를 그대로 채용한다. 그는 공자의 '사무사'를 이끌어 내고 나서 '상중'과 같은 시가 《시경》에 실려 있는 의의를 이렇게 설명한다. "시인이 생각에 사악함 없이 시를 짓고, 학자 역시 생각에 사악함 없이 시를 읽는다면 (음란 풍조를) 우려하고 징계하고자 하는 (시인의) 의도는 글 밖에 판연히 드러날 것이다."[21] 여조겸에게 시인과 밀통 당사자는 별개 인물임은 말할 것도 없다. 즉 시 안에 권계勸戒의 뜻이 담겨 있다고 함으로써 시인의 '사무사'를 이끌어 냄과 함께 시의 존재 의의를 인정하는 것이다.

그러나 주희의 견해는 이와 다르다. 앞서 보았듯 주희에 따르면 '상

---

20 《詩集傳》〈鄘風〉 '桑中.' 朱注: "衛俗淫亂, 世族在位, 相竊妻妾, 故此人自言." 古注疏의 견해는 《毛詩正義》 鄘風, '桑中'의 孔穎達疏: "正義曰. 作桑中詩者, 刺男女淫怨而相奔也."

21 《呂氏家塾讀詩記》 卷5 鄘風, '桑中.' "仲尼謂詩三百, 一言以蔽之, 曰思無邪. 詩人以無邪之思作之, 學 者亦以無邪之思觀之, 閔惜懲創之意, 隱然自見於言外矣."

중'의 작자는 밀통 당사자이다. 이 경우 그 작자의 생각에 사악함이 없을 수 없다. 따라서 공자의 '사무사'라는 규범성을 반드시 작자(시인)의 생각에서 구할 필요는 없다. 그러면 '무리한 해석〔曲爲訓說〕'이나 '교묘한 변설〔巧爲辨數〕'로써 농단할 우려가 있기 때문이다. 여조겸은 '사악함 없는 시인이 음란한 일을 시로 읊는다면 이로써 우려, 징계의 뜻은 저설로 글 밖에 드러난다.'고 이해했다. 그러나 이는 잘못이다. 오히려 다음 방향으로 이해해야 옳다. "비록 시인이 사악한 생각으로 시를 지었다 해도 독자가 사악함 없는 생각으로 이를 읽는다면 시의 내용이 추악하더라도 그것을 독자가 스스로 우려하고 징계할 수 있는 것이다."[22]

가령 '사무사'를 억지로 시인의 생각과 결합시키려 든다면 시 300편 모두를 '사악함 없음'의 규범성으로만 읽어야 된다. 그런 입장에 선다면 《시경》 속에 음시는 있을 수 없다. 그러나 '사무사'를 시인의 생각과 결합시키지 않는다면 독자가 음시를 읽음으로써 오히려 사악함 없는 생각을 갖게 만드는 효과를 줄 수 있다. 이렇게 이해한다면 음시라 해도 아무런 문제가 없다. 좋은 시라면 이를 모범 삼고, 나쁜 시라면 경계하면 된다.[23] 이런 태도를 취함으로써 주희는 〈소서〉의 주박呪縛에서 벗어나고자 했다. 그리하여 '서문으로써 시를 해석함〔以序解詩〕'이 아닌 '시로써 시를 설명함〔以詩說詩〕'이라는 자세로 《시경》과 대면했던 것이다.

---

22 《朱文公文集》 卷70 〈讀呂氏詩託桑中篇〉 甲辰春. "孔子之稱思無邪也 …… 非以作詩之人所思皆無邪也. 今必曰. 彼以無邪之思, 鋪陳淫亂之事, 而懺惜懲創之意, 自見於言外, 則曷若曰. 彼雖以有邪之思作之, 而我以無邪之思讀之, 則彼之自狀其醜者, 乃所以為吾警懼懲創之資耶. 而況曲為訓說而求其無邪於彼, 不若反而得之於我之易也. 巧為辨數而歸其無邪於彼, 不若反而責之於我之切也."

23 《朱子語類》 卷23 潘植錄. "問思無邪. 曰. 若言作詩者思無邪, 則其問有邪底多. 蓋詩之功用, 能使人無 邪也." 같은 책 楊道夫錄. "徐問思無邪. 曰. 非言作詩之人思無邪也. 蓋謂三百篇之詩, 所美者皆可以為 法, 而所刺者皆可以為戒, 讀之者思無邪耳. 作之者非一人, 安能思無邪乎." 같은 책 滕璘錄. "思無邪, 乃是要使讀詩人思無邪耳. 讀三百篇詩, 善為可法, 惡為可戒, 故使人思無邪也. 若以為作詩者思無邪, 則桑中·溱洧之詩, 果無邪耶."

그러나 정약용은 《시경》의 모든 시를 현인, 군자의 작품으로 본다.
즉 《시경》 속의 음탕한 사람이나 여성이 읊은 음시의 존재를 인정하지
않는다. 이런 점에서 그의 《시경》관은 주희의 그것과 크게 다르다. 두
사람의 입장을 대조하기 전에 주희가 음시라고 판단했던 시를 열거해
둔다.

① 〈위풍〉 '맹氓' 주주朱注: "此淫婦爲人所棄而自叙其事以道其悔恨之意也."

② 〈정풍〉 '준대로遵大路' 주주朱注: "淫婦爲人所棄, 故於其去也, 擥其袪而留之."

③ '산유부소山有扶蘇' 주주朱注: "淫女戲其所私者."

④ '탁혜蘀兮' 주주朱注: "此淫女之辭."

⑤ '교동狡童' 주주朱注: "此亦淫女見絶而戲其人之詞,"

⑥ '건상褰裳' 주주朱注: "淫女語其所私者."

⑦ '풍우風雨' 주주朱注: "淫奔之女言."

3. 정약용의 〈소서〉 평가와 《시경》 해석

1) 《시경강의》와 《시경강의보유》

정약용의 《시경》관을 보여 주는 저작은 《시경강의》(3권)와 《시경강의
보유》(1권)가 있다. 그가 30세 때인 정조 15년 신해(1791)년 가을에 왕
은 《시경》에 관한 질의 사항(疑義) 800여 조를 제시하고 회답을 명했다.
이에 답하여 정약용은 《시경강의》(《여유당전서與猶堂全書》 제2집, 경집経集,
제17~19권)를 집필하였다.[24] 이 책은 〈총론〉, 〈국풍國風〉, 〈소아小雅〉, 〈대

---

24 《詩經講義》 卷首. "乾隆辛亥之秋九月, 試射內苑. 臣鏞以不中罰, 直于北營, 在耀金門

아大雅〉, 〈송頌〉으로 분류한 다음 시를 열거하여 각 시에 관한 '정조의 어문御問'과 '정약용의 대답[臣對]'을 수록하고 있다.

《시경강의보유》(《여유당전서》제2집, 경집, 제20권)는 그가 49세였던 순조 10년 경오(1810)년 봄에 집필한 책이다. 《시경강의》는 어문에 대한 회답 형식이어서 그 외 항목을 언급하지 않는다. 따라서 《시경》에 관한 정약용의 견해를 모두 담을 수 없었다. 그로부터 약 20년 뒤 정약용은 이윽고 《시경강의》에서 빠진 것을 보태고 채움으로써 《시경강의보유》를 완성했다.[25]

《시경강의》는 30세에, 《시경강의보유》는 49세에 집필한 만큼 그 사이 약 20년 세월이 흘렀다. 따라서 집필 시기에 따른 그의 《시경》관이나 해석의 변화를 상정해 볼 수 있을 것이다. 덧붙여 50세 이후 집필로 보이는 그의 서한 속에는 "《시경강의》는 이른 시기의 저작이기에 개정하고픈 마음이 있었다. 그러나 각 조마다 정조의 어평御評이 붙어 있어서 함부로 개정할 수 없었다."고 술회하고 있다.[26] 그렇다면 《시경강의보유》를 집필할 당시 그가 《시경강의》에 불만을 느낀 점이 있었음을 알 수 있다. 더욱이 어문에 대한 회답이라는 제약 아래 집필이었던 만큼 《시경강의》는 자신의 의견을 마음껏 피력할 수 없었던 저작이다. 이런 점에서 두 저작의 성격 차이에도 주의할 필요가 있다.

다만 결론부터 말하면 정약용의 《시경》관의 기본 골격은 이미 《시경

外. 旣而內降詩經　條問八百餘章, 令臣條對, 限四十日. 臣乞展限二十日, 蒙允, 旣條陳."
; 《與猶堂全書》第1集, 詩文集 第 13卷 文集, 〈詩經講義序〉"辛亥秋, 上親製詩經問八百餘條, 令臣條對. 臣敬受而讀之. …… 書旣上."

25 《詩經講義補遺》卷首. "余詩經講義十二卷, 旣敍次成編矣. 顧講義之體, 唯問是對. 問所不及, 雖有舊聞, 莫敢遽焉. 斯其所論, 百不擧一, 不足以表見謏聞. 庚午春, 余在茶山. 圃子告歸, 唯李在側. 山靜日長, 無所寓心. 時說詩經遺義, 令筆受."

26 《與猶堂全書》第1集 詩文集 第20卷 文集, 〈答仲氏〉第15書. "詩經講義 …… 今而見之. 純是兒聲, 今欲改撰, 則當時御評, 條條有之, 不可改也." 그 바로 전의 〈上仲氏〉第14書는 제목 밑에 '辛未冬'(純祖11年辛未1811, 50歲)이라는 주기를 부치고 있다.

강의》를 저술했던 당시에 거의 확립되어 있었다고 보아도 좋다. 왜냐면 후술하듯 '〈소서〉는 위굉의 저작이다. 다만 〈소서〉 안에는 옛 전승도 포함되어 있다. 정, 위나라 음악과 〈정풍〉, 〈위풍〉은 별개이다. 자음刺淫을 위해 지은 시를 음탕한 사람의 작품으로 볼 수 없다.' 등등의 여러 주장은 두 저작 공통이기 때문이다. 따라서 두 저작의 집필 시기에 따른 《시경》관이나 해석의 차이라는 요소는 일단 접어둔다. 그 대신 두 저작에 근거하되, 필요에 따라 다른 저작도 참조하면서 정약용의 입장을 검증해 나가기로 한다.

2) 〈소서〉 작자와 〈소서〉에 대한 평가

〈소서〉 작자에 관하여 정약용은 기본적으로는 주희의 입장을 답습하여 위굉이 지은 것으로 본다.[27] 단, 〈소서〉 모두가 위굉의 창작이라는 것은 아니다. 그 내용의 일부는 옛 서적(古書)과 합치한다고 본다. 즉 〈소서〉의 설은 내력 있고 오래된 전승이며, 위굉은 단지 그 전승의 빠진 부분을 보완했을 따름이란 것이다.[28]

요컨대 〈소서〉에는 오래된 전승과 위굉의 창작 두 부분이 혼재한다. 다만 후자는 적지 않은 오류를 포함하고 있으리라는 것이다.[29] 그렇다

---

27 《詩經講義補遺》〈周南〉〈小序〉. "朱子曰. 後漢書儒林傳, 以爲衛宏作毛詩序, 今傳於世, 則序乃宏作, 明矣. 補曰. 小序之訟, 朱子辨說, 精核縝密, 卓越千古, 有披雲霧, 翦荊棘之功. 今人欲還尊小序, 皆見未到朱子地位也."

28 《詩經講義補遺》〈召南〉'采蘩'"序云. …… 補曰. 射義云. …… 今按, 采蘩采蘋之序, 皆與射義相合. 以此觀之, 小序源流亦遠. 特其殘缺者, 衛宏補之耳."

29 《與猶堂全書》第1集 詩文集 第20卷 文集'答仲氏'第10書. "近讀詩小序, 信多紕繆. 其非孔門舊筆, 審矣. 漢儒粹者, 亦不至如是. 其爲衛宏之作, 明矣. 朱子用大眼目照破, 一洗唐宋之陋." 덧붙이자면'上仲氏'第2書는 純祖 8년(1808) 戊辰년(47歲), '上仲氏'第14書는 純祖 11년(1811) 辛未년(50歲)에 집필되었다. 따라서 第10書는 47~50세에 집필한 것이리라.

면 전자에는 믿을 만한 부분이 존재한다는 것이 된다. 따라서 〈소서〉의
채용 여부는 옛 서적에 의거하여 분별함으로써 그 취사를 결정해야 한
다는 것이 정약용의 생각이었다.[30]

3) 정, 위의 음과 정풍, 위풍

주희는 '정, 위나라의 음악, 정나라 소리'와 〈정풍〉, 〈위풍〉을 동일시
한다. 또한 〈용풍〉 '상중'을 《예기》 〈악기〉의 기록과도 연결시켜 이해한
다.[31] 그러나 정약용은 이것들을 서로 명확히 구별한다. 먼저 〈악기〉는
'정, 위나라 음악은 난세의 음악'이자 이들 나라의 '상간복상지음桑間濮上
之音은 망국의 음악'이라 기록한다. 하긴 '상중'은 〈용풍〉에 속하는 까닭
에 '위 나라 음악'에 대응한다. 그렇다 해도 과연 정, 위나라 음악은 모
두 '난세의 음악, 망국의 음악'이라 할 수 있는지 알 수는 없다. 그리고
'상중'과 '상간복상지음桑間濮上之音'은 서로 별개임이 분명하다. 또한 공
자가 '정성음鄭聲淫, 방정성放鄭聲'이라 말한 이상 바로 그 '정나라 소리'
가 〈국풍〉에 수록될 리도 없다. 따라서 〈정풍〉, 〈위풍〉과 '정나라 소리'
나 '정, 위나라 음악'과는 서로 별개임도 분명하다.[32]

다음으로 〈악기〉는 전술했듯 "자하가 말하기를 정나라 음악은 음란

---

30 《詩經講義》 卷1 〈總論〉. "由是言之, 小序果衛宏作也. 然衛宏, 亦有所受. 未必三百篇
之序, 壹是其自剏. 博考古文, 擇其有據者而從之, 未爲失也."

31 《詩集伝》 〈鄘風〉 '桑中' 三章章七句. 朱注: "樂記曰. 鄭衛之音, 亂世之音也. 比於慢
矣. 桑間濮上之音, 亡國之音也. 其政散, 其民流, 誣上行私而不可止也. 按, 桑間即此篇,
故小序亦用樂記之語.";《朱文公文集》 卷70 〈讀呂氏詩託桑中篇〉 "至於桑中, 小序政散民
流而不可止之文, 與樂記合, 則是詩之爲桑間, 又不爲無所據者."

32 《詩經講義》 卷1 〈國風〉. "臣以爲樂記以鄭衛爲亂世之音, 桑間濮上爲亡國之音. 今桑中
載於衛詩. 惡得與鄭衛有亂世亡國之別. 卽桑中之非桑間, 明甚. 子曰鄭聲淫. 又曰放鄭聲.
何言鄭而不言衛乎. 旣放之, 又何以列于國風乎. 卽鄭衛之詩之非鄭衛之音, 又明甚."

을 좋아하는 뜻을 담고 있고, 송나라 음악은 여자에 빠져드는 뜻을 담고 있고, 위나라 음악은 다그치고 번거로운 뜻을, 제나라 음악은 강고하고 교만한 뜻을 담고 있다. 이들 넷 모두 색욕에 빠지고 도덕을 해친다. 그래서 제사에는 쓸 수 없다.”라고 한다. 그러나 정약용이 보기에는 《시경》의 〈제풍〉에는 자음刺淫의 시는 있어도 음시는 없다. 더우기 〈송풍〉은 《시경》 속에 존재조차 없는 명칭이다. 이를 보아도 자하가 말한 '정음鄭音·송음宋音·위음衛音·제음齊音'이란 〈국풍〉의 시를 가리키는 것이 아니었음에 틀림없다.[33]

이와 같이 정약용은 〈정풍〉, 〈위풍〉과 '정나라 소리'나 '정, 위나라 음악'을 엄격히 구별한다. 그 이유는 《시경》에는 애초부터 음시가 존재하지 않는다는 확신이 서 있었기 때문이다.

4) 미자美刺 —시지소이위시詩之所以爲詩—

정약용은 《시경》 특히 그 〈국풍〉의 존재 의의는 '아름다운 풍자', 곧 '미자美刺'에 따라 군주의 마음을 바로잡는 일에 있다고 한다. 찬미로써 군주의 선심을 일깨우고 자잠(刺箴; 풍자와 잠언)으로써 군주의 잃어버린 뜻을 징계한다. 이러한 권선징악을 통해 군주의 마음을 바로잡으면 백관百官 나아가 천하가 바로잡힌다는 것이다.[34]

정약용에 따르면 '미, 자'란 용어는 실은 〈소서〉에서도 자주 사용된 용어이다. 예컨대 ① 〈소남召南〉 '감당甘棠' 〈소서小序〉 "감당甘棠, 미소백야美召伯也." ② 〈소남召南〉 '강유사江有汜' 〈소서小序〉 "강유사江有汜, 미잉

---

33 《詩經講義補遺》〈鄭風〉. "以今觀之, 齊無淫詩, 唯有刺淫, 刺襄公四篇. 宋本無風, 安有淫詩. 子夏所論之非指國風, 可知也."

34 《詩經講義》 卷1 〈國風〉. "故國風諸詩, 亦唯以一正君爲務. 或美之贊之, 以感其善心. 或刺之箴之, 以懲其逸志. 君心旣正, 百官自正. 百官旣正, 天下歸仁."

야美勝也." ③ 〈패풍邶風〉 '웅치雄雉' 〈소서小序〉 "웅치雄雉, 자위선공야刺衛
宣公也." ④ 〈패풍邶風〉 '포유匏有' 〈소서小序〉 "포유고엽匏有苦葉, 자위선공
야刺衛宣公也." 등이다. 《시경》의 '미자'는 《춘추春秋》의 '포폄襃貶'에 해당
한다. 즉 '미자'야말로 《시경》의 본질이자 '시다운 시가 되는 이유〔詩之所
以爲詩〕'이다.35

5) 자음刺淫과 음시淫詩

'미, 자'는 《시경》의 본질적 요소이다. 특히 '자'를 언급하면 〈소서〉에
는 '자음', 곧 음란음분을 풍자(비판)하는 내용이 적지 않다. 앞서 든
〈패풍〉의 '포유고엽' 또는 '웅치雄雉'는 자음에 해당한다. 이와 함께 다음
과 같은 예를 소개해 둔다.

① 〈패풍邶風〉 '웅치雄雉' 〈소서小序〉 "雄雉, 刺衛宣公也. 淫亂不恤國事."
② 〈패풍邶風〉 '포유고엽匏有苦葉' 〈소서小序〉 "匏有苦葉, 刺衛宣公也. 公與夫人並
爲淫亂."
③ 〈용풍鄘風〉 '군자해로君子偕老' 〈소서小序〉 "君子偕老, 刺衛夫人也. 夫人淫亂.
失事君子之道."
④ 〈용풍鄘風〉 '상중桑中' 〈소서小序〉 "桑中, 刺奔也. 衛之公室淫亂, 男女相奔."
⑤ 〈위풍衛風〉 '맹氓' 〈소서小序〉 "氓, 刺時也. 宣公之時, 禮義消亡, 滔風大行, 男
女無別."

이들 가운데 주희는 '상중桑中'을 음탕한 사람 당사자의 작품이라 해

---

35 《詩經講義》 卷1 〈鄭風〉. "詩之美刺, 春秋之襃貶也. 故曰詩亡而春秋作."; 《詩
經講義》 卷1 〈國風〉. "今若舍美刺二字而求詩之所以爲詩, 則不幾於舍襃貶二字而求春秋
之所以爲春秋也乎."

석했음은 전술한 대로이다. 또한 '맹氓'도 마찬가지라고 해석한다.

그러나 〈소서〉에 입각한다면 애초부터 자음의 시였던 만큼 작자가 음탕한 사람 당사자일 수 없다. 그런 까닭에 음란음분한 사람과 이를 풍자하는 작자는 전혀 다른 사람이어야 한다. 이와 관련하여 정약용은 〈소서〉를 채용하는 편에 선다. 다만 그 채용 여부는 〈소서〉 내용이 옛 서적에 의거하고 있는가에 따라 판단한다는 것이다. 다른 한편 〈소서〉에 담긴 미자의 내용은 기본적으로 믿을 수 있는 것이라 주장한다.[36]

거듭 말하지만 정약용은 〈정풍〉, 〈위풍〉과 '정나라 소리'나 '정, 위 나라 음악'을 엄격히 구별한다. 그에 따르면 《시경》 속에 음시는 없다.[37]

> 〈정풍〉에 음시는 없다. 그 남녀의 감정을 노래한 것은 모두 자음刺淫의 시이다. 그래서 시 300편은 '사무사'라고 평한다. 한마디로 현인, 군자의 작품인 것이다. 가령 음탕한 사람 당사자가 읊은 시라면 어찌 방 안에서 나 시골 사람들(鄕黨) 사이에서 관현악기로 연주되는 일이 있었겠는가! 그 럴 리가 없는 것이다.

정약용은 자음의 시를 음시라고 본 주희의 견해를 비판한다.[38] 여기서 〈정풍〉의 시 가운데 정약용이 음시가 아니라고 주장한 내용을 소개해 둔다.

---

36 《詩經講義》 卷1 〈國風〉 "小序美刺之說, 本不當置疑也."

37 《詩經講義》 卷1 〈鄭風〉 '叔于田' "臣對曰. 鄭風無淫詩. 其有男女之說者, 皆刺淫之詩 也. 詩三百, 一言以蔽之, 曰思無邪, 則詩三百, 一言以蔽之, 曰賢人君子之作也. 狹邪奸醜 之徒, 相悅相贈之詞, 豈可以被之管絃, 奏之房中, 奏之鄕黨哉. 無是理也." 또는 《詩經講 義》 卷1 〈國風〉 "世有刺淫之詩, 而無淫詩. 被之管絃, 靡不可也."

38 《詩經講義補遺》 〈周南〉 〈小序〉 "唯刺淫之詩, 改之爲淫詩, 故後人更有訾議. 且凡國風 之所美刺, 皆是 公家之善惡, 或巨室大族, 行有淑慝, 係國家之存亡, 關世道之汙隆, 方有 美刺之詞. 朱子一歸之於下俚閭 巷之音, 此恐未允."

① '장중자將仲子'

臣對曰. 此乃刺淫之詩, 非淫者之所自作.(《시경강의詩経講義》〈정풍〉'장중자')

② '산유부소山有扶蘇'

신대왈臣對曰. …… 要之, 此詩必非淫詩. 舊說頗有味也.(《시경강의》〈정풍〉

'산유부소')

③ '풍우風雨' '건상褰裳'

卽風雨·褰裳, 無一而可淫也.(《시경강의》'숙우전叔于田')

④ '풍우風雨' '유녀동거有女同車' '탁혜蘀兮'

左傳, 鄭六卿之餞宣子, 子游賦風雨, 子旗賦有女同車, 子柳賦蘀兮, 宣子喜曰, 鄭其庶

乎.〔《춘추좌씨전》 소공 16년〕 若使三詩也而爲淫奔之詞, 則鄭其殆乎, 不當曰庶乎也.

(《시경강의》〈정풍〉'풍우')

⑤ '자금子衿'

按, 晉懷帝下詔, 徵虞喜, 曰. 儒雅陵夷, 每覽子衿之詩, 未嘗不慨然.〔《진서晉書》 권

91, 〈유림전〉 우희虞喜〕 杜甫詩曰. 訓諭靑衿子, 名慚白首郞.〔《보주두시補注杜詩》

권33, 〈원일시종무元日示宗武〉〕 可見古來不以爲淫詩也.(《시경강의》'자금')

덧붙이자면《시집전詩集傳》(주희의《시경》주석서)에는 위에 소개한 시
가 모두 음시로 분류되어 있다.

6) '사무사'와 음시

전술했듯 주희는 '사무사', 곧 '생각에 사악함이 없음'을 시인의 생각
과 결합시키면 안 된다고 했다. 이를 시인의 생각과 결합시키지 않아야
만 독자가 음시를 읽음으로써 오히려 사악함 없는 생각을 갖게 만드는
효과를 줄 수 있다고 이해했다. 이렇게 이해하면《시경》속 음시의 존
재는 '사무사'라는 공자의 총평과도 양립 가능하다는 것이다. 그러나 정
약용의 견해는 주희의 그것과 정반대이다.

정약용에 따르면 '사무사'의 생각이란 어디까지나 시인 자신의 마음과 뜻[心志]을 가리킨다. 가령 독자가 음시를 읽은 효과로써 가지게 된 생각에 '사악함이 없음[無邪]'이라 한다면 애초에 '생각[思]'이란 글자는 필요 없을 것이기 때문이다. 사마천이 말하듯 "시 300편은 모두 성현의 작품이다[詩三百篇, 大抵賢聖發憤之所爲作也.(《사기》 권130, 〈태사공자서〉)]" 바로 그렇기 때문에 공자는 시를 편찬하여 이를 성스런 경전聖經에 넣었다. 이것이야말로 사실과 부합된다. 혹시라도 음탕한 사람 당사자의 작품이라면 이를 공자가 성스런 경전에 수록했을 리가 없는 것이다.[39]

거듭 말하나 정약용의 견해는 《시경》에는 자음의 시는 있어도 음시는 없다는 것이다. 당연히 《시경》 속에는 음탕한 사람 당사자의 시 역시 없다. 이로써 음탕한 사람의 음시라는 주희의 견해는 부정된다.[40] 다만 이미 지적했듯 주희는 《시경》에는 자음의 시도 들어 있음을 인정한다. 즉 음시만 있다고 본 것은 아니다.

《시경》의 시는 모두 현인, 군자의 작품이라는 것이 정약용의 견해이다. 음탕한 사람이 시인에 포함되지 않음은 물론 일반 서민의 작자의 존재도 상정되지 않는다. 그런데 《예기》의 〈왕제〉에는 "천자는 5년에 한 번 지방을 돌아보고 …… 대사에게 시를 진술하라고 명함으로써 백성의 풍속을 살펴본다.(天子五年一巡守. …… 命大師陳詩, 以觀民風)"라는 말이 나온다. 풍속을 살펴보기 위해 민간의 시를 채집한다는 뜻이다. 그렇다면 이렇게 채집된 시가 〈국풍〉 속에도 들어 있을 것이다. 주희는 바로

---

39 《與猶堂全書》第2集 經集 第7 《論語古今注》卷1 爲政. "子曰. 詩三百, 一言以蔽之. 曰思無邪." "補曰. 詩三百, 皆賢人所作. 其志正, 故曰思無邪一句, 可以斷之也. …… 思無邪者, 謂作詩之人, 其心志所發, 無邪僻也. 若以其歸趣功用, 謂之無邪, 則思一字, 不可訓也. 司馬遷謂三百篇, 皆賢聖所作. 此有承之言也. 然故孔子刪而正之, 以爲聖經. 若作詩者原是淫邪之人, 何得其言, 名之曰聖經. 必不然矣."
40 《詩經講義》卷1 〈總論〉 "況刺淫之詩, 朱子悉以爲淫人之所自作, 則詩三百之一言以蔽之曰思無邪, 非過語乎."

그런 식으로 이해한다.[41] 그러나 정약용은 〈왕제〉의 말을 〈국풍〉과 결합시키는 입장을 취하지 않는다.

정약용에 따르면 '풍'에는 '풍화(풍교風敎, 풍속)'와 '풍자(풍간諷諫, 풍유風喩)'의 두 가지 뜻이 있다. 주희는 풍자의 의의를 경시하고 풍화만 중시했다. 그러나 단지 민간의 풍속, 가요에 불과하다면 성스런 경전에 수록할 가치가 없다. 따라서 풍자가 담긴 시만 수록했을 것이다. 그런 풍자가 〈왕제〉의 '진시이관민풍陳詩以觀民風'이란 말 때문에 후세에 이를 수록 경시된 것이다. 그럼에도 이 말에 집착한 탓에 당, 송 이래 〈국풍〉은 풍속 관찰을 위한 것이라는 이해가 주류가 되었다. 이로써 (《시경》의 시에 담긴) 풍자의 의의가 끊어지고 말았던 것이다. 단지 항간 서민의 언사言辭라 한다면 이를 어찌 악관樂官을 열지어 관현으로 연주해 왔겠는가![42]

결론적으로 〈왕제〉의 말은 〈국풍〉과는 아무런 관련이 없다. 이와 같은 정약용의 견해는 곧 주희의 그것에 대한 정면 비판이 된다. 주희는 《시경》에는 음부, 음녀라는 여성의 시가 들어 있음을 인정한다. 그러나 정약용은 이에 대해 회의적인 비평을 가한다.[43]

---

41 《朱文公文集》 卷70 〈讀呂氏詩託桑中篇〉 "蓋古者天子巡狩, 命太師陳詩, 以觀民風. 固不問其美惡而悉陳以觀也. 既已陳之, 固不問其美惡而悉存以訓也."

42 《詩經講義補遺》 〈国風〉 "補曰風有二義, 亦有二音. 指趣迥別, 不能相通. 上以風化下者, 風教也, 風化也, 風俗也. 其音爲平聲. 下以風刺上者, 風諫也, 風刺也, 風喩也. 其音爲去聲. 安得以一風字, 雙含二義, 跨據二音乎. …… 朱子集傳, 削去風刺, 孤存風化. …… 若但爲民俗歌謠之作, 豈足以列之聖經, 建之爲大敎哉. 特以王制巡守之法, 有大師陳詩以觀民風一語, 故後之論者, 主於風化, 而不主風刺. 巡守陳詩, 本自一法. 國風諸篇, 非其所採. 乃唐宋以來, 膠守此文, 執之爲觀風察俗之用. 而風喩風刺之義, 遂至於湮晦矣. …… 閭巷卑微之民, 雖有善惡, 隨施刑賞, 使各勸懲. 其有言辭, 何足以被之管絃, 列之樂官哉."

43 《詩經講義》 〈周南〉 〈小序〉. "古人云婦人能詩, 易犯物議. 今以篇首三詩, 竝作婦人之詩, 臣未之信也."; 《與猶堂全書》 第1集, 詩文集 第20卷 文集 〈答仲氏〉 (第10書). "但以國風言之, 自周南至鄭風, 凡九十五篇之內, 婦人所作云者, 多至四十三篇. 古人云婦人曉解文字, 多犯物議. 不應周代婦人, 却如是嗜詩也."

4. 맺음말 ─남겨진 과제

이상의 고찰을 통해 확인된 정약용과 주희의 《시경》관의 차이를 다시 열거하여 정리해 보면 다음과 같다.

① 주희는 《논어》에서 공자가 말하는 '정나라 소리'나 《예기》의 〈악기〉에 나오는 '정, 위나라 음악'을 〈정풍〉, 〈위풍〉과 동일시한다. 또한 〈악기〉의 '상간복상지음桑間濮上之音'을 〈용풍〉의 '상중'과 동일시한다. 그러나 이들 모두를 정약용은 엄격히 구별한다.

② 주희는 〈소서〉로써 시를 이해하는 '이서해시以序解詩'가 아니라 시 자체에 입각하여 시를 해석하는 '이시설시以詩說詩'를 주장한다. 그러나 정약용은 〈소서〉를 답습하고 이에 입각한 '미자美刺'를 주장한다.

③ 주희는 《시경》 속에 음탕한 사람의 자작시가 들어 있음을 인정한다. 그러나 정약용은 《시경》에는 자음은 있어도 음시는 없다고 주장한다.

④ 주희는 《시경》의 작자 안에 음탕음분한 사람이 포함되어 있다고 하나 정약용은 《시경》의 모든 시가 현인, 군자의 작품이라고 한다.

⑤ 주희는 《시경》의 작자 속에 여성이 포함된다고 하나 정약용은 그 존재를 인정하지 않는다.

⑥ 주희는 '사무사'를 독자의 생각에 결합시켜 해석하나 정약용은 어디까지나 시의 작자의 생각에만 결합시켜 해석한다.

이와 같이 정리해 보면 둘의 《시경》관에는 큰 격차가 있음을 다시 확인할 수 있다. 그렇다 해서 정약용이 신주新注를 버리고 고주소古注疏를 따랐다고 할 수는 없다. 상기한 ②에 관해 말하면 정약용은 〈소서〉를 위굉의 작품으로 보는 주희의 설을 따른다. 다만 〈소서〉에는 옛 전승이 들어 있기 때문에 옛 서적의 뒷받침이 있는 경우는 〈소서〉를 채용한다는 입장이다. 이런 점에서 그는 고주소와 신주 어느 한쪽만 따르지 않고 자신의 견식을 바탕으로 경서를 해석했다고 평가할 수 있다.

필자는 이전에 신후담과 정약용의 《대학》 해석을 검토한 적이 있다.[44] 두 사람 모두 주희의 《대학장구》에 의거하지 않고 매우 독자적인 해석을 하였음을 알 수 있다. 성호 이익의 학풍은 선인의 설을 비판 없이 답습하지 않고 '의심하여 스스로 터득함〔致疑自得〕'을 중시했다고 알려져 있다.[45] 주희의 설을 그대로 따르지 않고 고전과 직접 대면하려는 이익의 학풍을 '수사학洙泗學'이라고도 한다.[46] 이러한 이익의 학풍이 계승되었다면 신후담, 정약용의 《대학》 해석은 바로 그 계열의 소산이라 할 수 있다. 정약용의 《시경》 해석 역시 같은 계열에 속한다고 본다.

다만 몇 가지 지적해 둘 사항이 있다. 정약용은 정조의 질문에 대답하고자 《시경강의》를 저술했다. 그런데 정조는 세자 시절부터 친히 주희의 문집, 어류 일부를 발췌한 《선통選統》, 《회선會選》, 《회영會英》을 지었다. 또 주희의 서독書牘을 모아 《주서백선朱書百選》을 편찬하기도 했다.[47] 등극한 이후에는 문집, 어류를 비롯한 《사서집주四書集注》, 《사서혹문四書或問》, 《역학계몽易學啓蒙》, 《문공가례文公家禮》, 《주역참동계고이周易參同契考異》, 《초사집주楚辞集注》 등을 집대성한 전서의 편찬을 기획했다. 이를 위해 부연赴燕 사신에게 주자 서적을 구입하도록 명했다.[48] 또는

---

44 中純夫, 〈丁若鏞の《大学》解釈について―李朝実学者の経書解釈―〉, 《京都府立大学学術報告(人文·社会)》 第54号, 2002年; 中純夫, 〈慎後聃の《大学》解釈―丁若鏞格致六条説の先蹤―〉, 東京大学大学院人文社会系研究科韓国朝鮮文化研究室 《韓国朝鮮文化研究》 第15号, 2016年.

45 金光来, 〈星湖李瀷の学問的背景(1)―家系と生涯と著述―〉, 《韓国朝鮮文化研究》 第14号, 2015年; 金光来, 〈星湖李瀷の為学の方(1)―不苟新·不苟留·不苟棄の三原則―〉 《中国哲学研究》 第28号, 2015年; 金光来, 〈星湖李瀷の学問的背景(2)―道統意識とと家学伝統の二重構造―〉, 《韓国朝鮮文化研究》 第15号, 2016年.

46 韓笙励, 《星湖李瀷研究》(韓国学術情報株式会社, 2001), 38~39쪽.

47 《正祖実録》 正祖 18(1794)년 12月 25日 戊寅, 〈朱書百選成〉條; 《弘斉全書》 卷180, 群書標記, 〈朱書 百選六卷, 刊本〉條.

48 《正祖実録》 正祖 23年 7月 16日 壬申條.

주자학의 조예가 깊은 인재를 등용하도록 명하기도 했다.[49]

정조는 이렇게 말한다. "주자는 공자 이후 제일의 인물이다.(朱夫子, 即孔子後一人也)"[50] "내가 바라는 것은 주자를 배우는 일(予所願者, 学朱子也)"이니 "집집마다 사람마다 주자 서적을 암송하고 배우게 하라.(欲令家家人人, 誦習朱書)"[51] 또한 《홍재전서弘齋全書》권48~52에 실린 〈책문策問〉(1776~1800, 78회분)의 내용에도 정조의 주자학 존숭 자세는 현저하게 드러나 있다.[52] 다만 정약용의 《시경강의》속에 실린 어문을 보면 정조는 주희의 《시경》 해석을 절대시하고 있지는 않았음을 알 수 있다. 예컨대 정조는 〈소서〉의 미자에 대한 평가를 《시경》의 최대 난문으로 들고 있다. 그러면서 〈소서〉의 시비, 취사에 관한 여러 설을 어떻게 절충해야 타당한 견해를 찾아낼 수 있을까라는 질문을 던지고 있다.[53] 애초 주희의 해석을 전적으로 신용하는 태도였다면 이런 질문을 던졌을 리가 없다.

예컨대 〈정풍〉의 '풍우'에 관하여 〈소서〉는 '난세에 군자를 그리워하는 시'라고 해석하는 것과 달리, 주희는 '음분淫奔한 여자가 남자를 그리워하는 시'라고 해석한다. 이에 대해 정조는 〈소서〉의 해석이 틀림없을 텐데 주자가 왜 이것을 음시로 단정했는지 모르겠다는 의문을 표시하고 있다.[54] 또는 〈정풍〉'자금子衿'의 경우 〈소서〉는 '학교가 황폐함을 비판한 시'라고 하는 반면, 주자는 '음분한 여자가 남자를 그리워하는

---

49 《正祖実録》正祖 23年 9月 5日 庚申條.

50 《正祖実録》正祖 23年 7月 16日 壬申條.

51 《正祖実録》正祖 23年 9月 5日 庚申條.

52 中純夫, 《朝鮮の陽明学—初期江華学派の研究—》(汲古書院, 2003), 第九章 〈朝鮮朝時代の科擧と朱子学〉, 459~472쪽 참조.

53 《詩經講義》卷1 〈總論〉. "御問曰. …… 惟詩中美刺之事, 有異同是非爲難解. 舊說之可考據者, 有小序. 而先儒之取捨從違不同. 當何所折衷而憑信歟. 此其最難解者也."

54 《詩經講義》卷1 〈鄭風〉'風雨'. "御問曰. 風雨淒淒, 有北風其涼, 雨雪其雰之意. 旣見君子, 有二南之例.詩序以此爲亂世思君子之詩, 恐似非誤. 而朱子斷以爲淫詩, 何歟."

시'라고 해석한다. 이에 대해서도 정조는 비록 〈소서〉에 의문의 여지가
있긴 하나 그래도 주희가 음분의 시라고 단정한 이유를 알 수 없다고
말한다.[55]

한편《홍재전서》권80에 실린《경사강의經史講義》의 시 〈총론〉은 정조
13(1789)년의 기유년과 이듬해에 신하에게 내린 어문인데 그 내용은《시
경강의》권1, 〈총론〉의 그것과 공통점이 많다. 거기에 실린 서유구徐有榘
의 답어答語에는 그는 〈소서〉의 해석을 버리면 안 된다고 말한다. 그런
다음《시경》을 해석할 때는 주희의《시집전》에서 의리를 구함과 동시에
〈소서〉를 바탕으로 사적事蹟을 고찰해야 한다고 주장하고 있다.[56]

이러한《시경》해석에 관련된 사례들을 보면 주희의 학설을 절대시
하지 않는 성향은 결코 정약용만의 것이 아니었음을 알 수 있다. 그런
성향은 동시대에 일정하게 퍼져 있던 사조思潮였노라고 평가해야 할 가
능성이 있다. 아울러 정약용의《시경》관이 조선 경학사經學史와 사상사
에서 어떤 위치를 차지한다고 볼지는 금후 과제로 삼고자 한다.

---

55 《詩經講義》卷1 〈鄭風〉 '子衿'. "御問曰. 青青子衿, 雖未見其必爲學校之詩, 而亦未知
其必爲淫奔之詩.未知如何."
56 《弘齋全書》卷88 〈經史講義〉詩 〈總論〉. "有榘對. …… 臣則竊謂, 序說決不可廢.
…… 而序說之未易廢, 抑亦百世之公議也. …… 臣故曰. 善讀詩者, 必主之集傳, 以求義
理, 本之序說, 以考實蹟."

第3章

丁若鏞の《詩経》観緒論
：小序評価の問題を中心に

中純夫

（京都府立大學　교수）

はじめに

　朝鮮儒教史が朱子学を中心に展開したことは，周知の事実である．とりわけその中心を担ったのは，宋時烈を始めとする老論派の人々であろう．しかしその一方で，江華学派を輩出した少論や星湖学派を輩出した南人のように，必ずしも朱子学一色ではない多様な学術の展開があったこともまた，周知の通りである．本稿が取り上げる丁若鏞は，星湖学派に属する実学者として著名な人物である．

　丁若鏞には《與猶堂全書》所収の諸著作を始めとする膨大な著述があり，その学術も多岐にわたる．筆者は今後，丁若鏞の《詩経》解釈を研究し，それを端緒として丁若鏞の経学の特質を明らかにし，これを朝鮮儒教史の中に位置づけることを目指している．本稿はその手始めとして小序評価の問題を中心に考察し，丁若鏞《詩経》観の初歩的な素描を試みるものである．なお丁若鏞の著作としては《與猶堂全書》（影印標点韓国文集叢刊所収）を使用する．

一．朱熹の小序評価と《詩経》解釈

1）小序の作者と小序に対する評価

　《詩経》には全体の冒頭，国風周南〈関雎〉に付され，詩の意義や効用，六義等について総論する大序と，各詩の前に付され，その詩の作者や詠まれた状況・背景，主題等を個別に説明する小序とが有る．小序の存在は各詩の解釈を助けるとともに，強く方向付けるものでもあるが，それだけに小序を採用するか否かによって,詩の解釈は大きく変化する．従って小序説の妥当性を如何に評価するかは，その作者問題とともに，古来,《詩経》学における一大争点となってきた．

詩序の作者問題に関しては大略，以下のような諸説が有った.[1]

① 大序は子夏作，小序は子夏と毛亨の合作とする(鄭玄《詩譜》)

② 小序を衛宏作とする(《後漢書》列伝 69下，儒林伝下〈衛宏〉)

③ 子夏が創作し毛萇と衛宏が潤色したとする(《隋書》巻32〈経籍志〉詩)

④ 小序の初句を子夏作，それ以下を毛亨作とする(成伯璵《毛詩指説》)

⑤ 詩人の自作とする(王安石)

⑥ 大序を孔子作，小序を国史の旧文とする(程頤《二程遺書》巻19，巻24)

⑦ 小序の初句を孔子作，それ以下を毛亨作とする(王得臣《麈史》巻2〈経義〉)

⑧ 村野妄人の作とする(鄭樵《詩辨妄》)

こうして諸説が入り乱れる中にあって朱熹は《後漢書》儒林伝に依拠し，小序を衛宏作と断定した.[2]

小序に対する批判はこれを村野妄人の作と断じた鄭樵(字漁仲)に始まるが，朱熹もその立場を継承し，小序を否定した.[3] 序によって詩を解釈する(〈以序解詩〉)のではなく，あくまでも詩そのものに即して詩を理解し(〈以詩説詩〉)，詩人の本意を読み解

---

1 《四庫全書総目提要》巻15 経部，詩類，詩序二巻の条参照.

2 朱熹〈詩序辨説〉(四庫全書本《詩序》巻首所収)"詩序之作，説者不同．或以為孔子，或以為子夏，或以為國史，皆無明文可考．唯後漢書儒林傳以為衛宏作毛詩序，今傳於世，則序乃宏作，明矣."

3 《朱子語類》巻80 葉賀孫録"詩序實不足信．向見鄭漁仲有詩辨妄，力詆詩序．其間言語太甚，以為皆是村野妄人所作．始亦疑之．後來子細看一兩篇，因質之史記國語，然後知詩序之果不足信.";《朱文公文集》巻34〈答呂伯恭〉第7書"大抵小序，盡出後人臆度．若不脱此窠臼，終無縁得正當也."

くべきだ，とするのが朱熹の立場である.[4]

　2）小序の採否と詩の解釈

　詩序の採否によって詩の解釈に大きな差異がもたらされることについては，先にも触れた通りである. 今，一二の例を示したい.

　鄭風〈將仲子〉は小序に拠れば，鄭の莊公を批判する内容の詩である. 莊公の母は莊公よりも莊公の弟である叔(叔段)を偏愛した. 莊公は母の命に抗し切れず，叔を増長させる結果を招く. 臣下の祭仲は莊公を諫めるが，莊公はこれを聴き容れることができなかった.[5] 一方，朱熹の解釈に拠ればこの詩は，父母に叱られるのが怖いからという理由で男性からの誘いを拒む女性の気持ちを詠んだ詩，ということになる.[6]

　鄭風〈狡童〉は小序に拠れば，鄭の忽(昭公)を批判する内容の詩である. 忽は賢臣とともに国政を図ることができず，権臣(祭仲)の専横を招いたのである.[7] 一方，朱熹の解釈に拠ればこの詩は，想いを寄せる男性から拒まれた女性が，〈あなたに振られたくらいで，食事ものどを通らない，などということになりはしない. 私に想いを寄せる男は他にもたくさんいるのだから.〉と負け惜しみの言葉を口にしたもの，ということになる.[8]

----

4 《朱子語類》巻80 葉賀孫録 "某因云. 今人不以詩説詩, 却以序解詩, 是以委曲牽合, 必欲如序者之意. 寧失詩人之本意, 不恤也. 此是序者大害處."

5 《毛詩》鄭風〈將仲子〉小序 "將仲子, 刺莊公也. 不勝其母, 以害其弟, 弟叔失道而公弗制. 祭仲諫而公弗聽."

6 《詩集伝》鄭風〈將仲子〉第一章 "將仲子兮, 無踰我里, 無折我樹杞. 豈敢愛之, 畏我父母. 仲可懷也. 父母之言, 亦可畏也." 朱注 "賦也. 將, 請也. 仲子, 男子之字也. 我, 女子自我也. 里, 二十五家所居也. 杞, 柳屬也. 生水旁, 樹如柳, 葉麤而白色, 理微赤. 蓋里之地域溝樹也. 莆田鄭氏日. 此淫奔者之辭." 莆田鄭氏は鄭樵. 古注では我は莊公, 仲子は祭仲を, 新注では我は女性, 仲子は相手の男性を指す.

7 《毛詩》鄭風〈狡童〉小序 "狡童, 刺忽也. 不能與賢人圖事, 權臣擅命也." 鄭箋 "權臣擅命, 祭仲專也."

　このように同一の詩句であっても，小序を採るか否かにより，一方は臣下が主君を批判するもの，他方は男女の恋愛感情を綴るもの，とその解釈は全く異なったものとなるのである．しかも事は〈將仲子〉〈狡童〉といった個別の詩の解釈問題にとどまらず，鄭風や衛風の性格把握全般にまで波及する．

3）鄭衛之音と鄭風衛風

　《礼記》〈楽記〉には以下の記載が有る．〈鄭衛之音，亂世之音也．〉〈桑間濮上之音，亡國之音也．〉〈鄭音好濫淫志，宋音燕女溺志，衛音趨數煩志，齊音敖辟喬志．此四者，皆淫於色而害於德．是以祭祀弗用也．〉

　また《論語》にも以下の記載が有る．《論語》〈衛靈公〉〈放鄭聲，遠佞人．鄭聲淫，佞人殆．"《論語》〈陽貨〉"惡紫之奪朱也．惡鄭聲之亂雅樂也．〉

　ここに云う〈鄭衛之音〉や〈鄭聲〉が《詩経》鄭風や衛風の詩を指すと見なすか否かは，《詩経》学上，重大な問題となる．

　《史記》に拠れば《詩経》は孔子の刪定を経て，礼義に適うもの三百五篇に厳選されている．[9]《詩経》刪定に関しては，孔子自身にも述懐が有る．[10] そして《論語》には，《詩経》を総評した孔子の〈思無邪〉という有名な語も記されている．[11] もしも鄭風や衛風の詩を〈楽記〉にいう〈鄭衛之音〉や《論語》にいう〈鄭聲〉と同一視するのであれば，〈淫〉と評される鄭聲衛音がなぜ，孔子の刪定を経た《詩経》中に残存しているのか，そしてそ

8　《詩集伝》鄭風〈狡童〉第一章"彼狡童兮，不與我言兮．維子之故，使我不能餐兮．"朱注"賦也．此亦淫女見絕而戲其人之詞．言悦己者衆，子雖見絕，未至於使我不能餐也．"古注では狡童と子は忽(昭公)，我は賢臣を，新注では狡童と子は相手の男性，我は女性を指す．

9　《史記》卷47〈孔子世家〉"古者詩三千餘篇．及至孔子，去其重，取可施於禮義．……　三百五篇，孔子皆弦歌之，以求合韶武雅頌之音．禮樂自此可得而述，以備王道，成六藝．"

10　《論語》〈子罕〉"子曰．吾自衛反魯，然後樂正，雅頌各得其所．"皇侃義疏"孔子去魯後而魯禮樂崩壞．孔子以魯哀公十一年，從衛返魯而刪詩書，定禮樂，故樂音得正．樂音得正，所以雅頌之詩，各得其本所也．雅頌，是詩義之美者．美者既正，則餘者正亦可知也．"

11　《論語》〈為政〉"子曰．詩三百，一言以蔽之，曰．思無邪．"

れら淫詩は〈思無邪〉とという孔子による評価と如何に整合するのかが,問題となる.

　　この問題について例えば呂祖謙は,　雅鄭という概念を持ち出して自己の見解を主張している.《詩経》は〈雅楽(雅)〉であり,〈楽記〉にいう桑間濮上之音等は〈鄭衛之樂(鄭)〉であり,　両者は元来,　別個のものである.　仮に孔子以前,　雅鄭が混淆していたとしても,　孔子は詩の删定に当たって両者を峻別取捨した筈である.　孔子自ら〈鄭聲を放つ〉と述べているのに,　删定後の《詩経》にどうしてその鄭聲が残存していることが有ろうか.[12]

　　因みに呂祖謙は小序及び毛伝鄭箋を重視した人物であり,《呂氏家塾読詩記》はその立場で執筆された書物である.[13]　朱熹は呂祖謙のことを〈毛鄭之佞臣〉とまで評している.[14]

　　これに対して朱熹は,　鄭聲と鄭風,　鄭衛之音と鄭風衛風を同一視する.　従って朱熹にとっては,　鄭風〈狡童〉や鄭風〈將仲子〉を男女の感情を詠んだ淫詩とする解釈は,〈鄭聲淫〉という孔子の評語ともまさに符合するものなのであって,　これを忽や祭仲と関連づける小序説の方こそが否定されるべきものということになる.[15]　また〈狡童〉〈將仲子〉の二詩にとどまらず,　鄭衛之音と同一視された邶風・鄘風・衛風・鄭風には多くの淫詩が含まれるとするのが朱熹の見解である.[16]　因みに邶・鄘・衛は周初にはそれぞ

12　《呂氏家塾讀詩記》巻5　鄘風〈桑中〉"或曰.　樂記所謂桑間濮上之音,　安知非即此篇乎.　曰.　詩,　雅樂也.　祭祀朝聘之所用也.　桑間濮上之音,　鄭衛之樂也.　世俗之所用也.　雅鄭不同部,　其來尚矣.　……　借使仲尼之前,　雅鄭果嘗麗雜,　自齊反魯,　正樂之時,　所當正者,　無大於此矣.　唐明皇令胡部與鄭衛之聲合奏,　談俗樂者尚非之.　曾謂仲尼反使雅鄭合奏乎.　論語答顏子之問,　迺孔子治天下之大綱也.　於鄭聲亟欲放之,　豈有删詩示萬世,　反收鄭聲以備六藝乎."

13　《四庫全書総目提要》巻15　経部　詩類　呂氏家塾讀詩記"此書中所謂朱氏曰者,　即所採未子説也.　後朱子改從胡部與鄭樵之論,　自變前説,　而祖謙仍堅守毛鄭."　なお《呂氏家塾読詩記》巻1〈大小序〉の項には〈程氏曰〉として〈學詩而不求序,猶欲入室而不由戸也.〉の語が引かれている.　所引は程頤の語.《河南程氏経説》巻3　詩解　国風　関雎.

14　《朱子語類》巻122　楊道夫録"人言何休為公穀忠臣.　某嘗戲伯恭為毛鄭之佞臣."

15　《語類》巻80　舒高録"鄭聲淫,　所以鄭詩多是淫佚之辭.　狡童・將仲子之類,　是也.　今喚做忽與祭仲,　與詩辭全不相似.";《語類》巻81　吳琮録"許多鄭風,　只是孔子一言斷了.　曰鄭聲淫.　如將仲子,　自是男女相與之辭,　却干祭仲共叔段甚事."

16　《語類》巻80　黄膀録"問.　讀詩記序中雅鄭邪正之説未明.　曰.　向來看詩中鄭詩,　邶鄘衛

れが独立した国であったが,後に衛に統合された.[17]

　なお朱熹に拠れば,衛風の詩は全39篇中,四分の一が淫奔の詩,鄭風の詩は全21篇中,七分の五が淫奔の詩である.[18]

　4）思無邪と淫詩

　では朱熹にあっては,《詩経》中のこれら多くの淫奔の詩の存在は,〈思無邪〉という孔子の語と如何に整合するのか.　今,鄘風〈桑中〉の詩を例に,朱熹の立場を確認してみたい.

　〈桑中〉は小序に拠れば,逢い引きを批判するもの(〈刺奔〉)である.　衛の公室が淫乱であったため,その悪しき感化によって庶民男女の逢い引きは言うに及ばず,在位の名族でさえ,男女が人知れず密通する風潮が有った[19].　朱熹の解釈においても,衛の風俗が淫乱であり,在位の名族でさえ密通を行っていた,という状況設定の大枠は,古注疏と大差はない.　ただ一つ大きく異なるのは,古注疏の場合,〈桑中〉の作者は逢い引きや密通の風潮を憂慮する第三者たる詩人であるのに対して,新注の場合,これを密通の当事者自身の作品として解釈している点である[20].

詩, 便是鄭衛之音. 其詩大段邪淫. 伯恭直以謂詩皆賢人所作, 皆可歌之宗廟, 用之賓客, 此甚不然."

17　《詩集伝》邶風, 題下朱注 "武王克商, 分自紂城朝歌而北謂之邶, 南謂之鄘, 東謂之衛, 以封諸侯. 邶鄘不詳其始封. 衛則武王弟康叔之國也. …… 但邶鄘地既入衛, 其詩皆為衛事, 而猶繫其故國之名."

18　《詩集伝》鄭風末尾 "鄭國二十一篇五十三章二百八十三句" 朱注 "鄭衛之樂, 皆為淫聲. 然以詩考之, 衛詩三十有九而淫奔之詩才四之一. 鄭詩二十有一而淫奔之詩已翅七之五."

19　《毛詩》鄘風〈桑中〉小序 "桑中. 刺奔也. 衛之公室淫亂, 男女相奔. 至于世族在位, 相竊妻妾, 期於幽遠. 政散民流而不可止." 末尾の〈政散民流〉云々は《礼記》〈楽記〉の〈桑間濮上之音, 亡國之音也. 其政散, 其民流, 誣上行私而不可止也.〉を踏まえる.

20　《詩集伝》鄘風〈桑中〉朱注 "衛俗淫亂, 世族在位, 相竊妻妾, 故此人自言"云々. 古注疏の見解については以下を参照.《毛詩正義》鄘風〈桑中〉孔穎達疏 "正義曰. 作桑中詩者, 刺男女淫怨而相奔也."

　もっとも朱熹は,淫乱淫奔を内容とする詩の全てを淫者の自作と見なしたわけでは
ない．　詩の内容によっては,以下のように第三者が淫乱淫奔を批判した刺淫の詩と見
なす場合もあることを付言しておきたい.

　　①　邶風〈匏有〉朱注〈此刺淫亂之詩.〉
　　②　鄘風〈蝃蝀〉朱注〈此刺淫奔之詩.〉

　さて，以上を踏まえた上で，改めて，《詩経》中に多くの淫詩が含まれることと〈思
無邪〉との整合の問題に立ち戻りたい．　朱熹の〈讀呂氏詩託桑中篇〉は，《呂氏家塾読詩
記》における鄘風〈桑中〉に対する呂祖謙の主張を批判する著述である．　先にも触れた
ように呂祖謙は，小序や毛伝鄭箋を尊重する立場を探る．〈桑中〉においても小序がそ
のまま採録されている．呂祖謙は〈桑中〉のような内容の詩が《詩経》に採録されている
ことの意義について，孔子の〈思無邪〉を引き合いに出した上で，以下のように述べる.
〈詩人が無邪の思いで詩を作り，学ぶ者もまた無邪の思いでこれを読むならば，(淫乱
の風潮を)憂慮し懲戒しようとする(詩人の)意図は言外に顕然と現れるのだ.〉[21]　この
場合，作詩者と逢い引き密通の当事者とが別々の人物であることは，言うまでもない.
要は勧戒の意が込められている点に作詩者の〈思無邪〉を見出し，当該詩の存在意義を
認めようとするのである.

　しかし朱熹の見解はこれとは異なる．　先にも確認した通り，朱熹にあっては〈桑
中〉の作者は淫奔者自身である．　従ってこの場合，作詩者の思いが無邪であることは
あり得ない.

　朱熹に拠れば，孔子による〈思無邪〉という規範性を常に作詩者自身の思いに即して
求めようとすると，無理な解釈(〈曲為訓説〉)や巧妙な弁舌(〈巧為辨數〉)を弄すること

21《呂氏家塾読詩記》巻5 鄘風〈桑中〉"仲尼謂詩三百，一言以蔽之，日思無邪. 詩人以無
　邪之思作之，學者亦以無邪之思觀之，閔惜懲創之意，隱然自見於言外矣."

になりかねない. 呂祖謙の言うように, 〈詩人が無邪の思いで淫乱の事柄を叙述すれ
ば,憂慮懲戒の意は自ずと言外に現れる.〉と理解するよりはむしろ, 〈たとえ詩人が邪
思を以て詩を作ったとして, 読詩者が無邪の思いでこれを読むならば, 詩の叙述内容
が醜悪なものであったとしても, それは読詩者が自らを警懼懲戒することに資するの
だ.〉という方向で理解すべきなのである.²²

　〈思無邪〉の思を作詩者の思と結びつけようとする限り, 詩三百編全てに〈無邪〉と
いう規範性を読み込まねばならなくなる. そのような立場に立つ限り, 《詩経》中に
淫詩が存在することはあり得ない. しかし〈思無邪〉の思を, 読詩者の思と結びつけ
るならば, 即ち詩を読むことの効用により, 読詩者に無邪の思がもたらされるのだ
と理解するならば, 《詩経》中に淫詩が存在しても, 何ら問題はない. 善き詩は模範と
し, 悪しき詩は戒めとすればよいのである.²³

　このような立場に立つことにより, 朱熹は小序の呪縛から解放され, 〈以序解詩〉
ではなく〈以詩説詩〉という姿勢で《詩経》と対峙することが可能となったのである.

　なお後に述べるように, 丁若鏞は《詩経》は全て賢人君子の作と見なし, 《詩経》中に
淫者自作詩の存在を認めないし, 女性自作詩の存在も認めていない. この点は, 朱熹
との大きな相違点である. 両者の立場を対照するため, 朱熹が淫女の自作詩と見なし
た詩を以下に列挙しておきたい.

22　《朱文公文集》巻70 〈讀呂氏詩記桑中篇〉甲辰春 "孔子之稱思無邪也, …… 非以作詩
之人所思皆無邪也. 今必曰. 彼以無邪之思, 鋪陳淫亂之事, 而慨惜懲創之意, 自見於言外,
則曷若曰. 彼雖以有邪之思作之, 而我以無邪之思讀之, 則彼之自狀其醜者, 乃所以為吾警
懼懲創之資耶. 而況曲為訓説而求其無邪於彼, 不若反而得之於我之易也. 巧為辨數而歸其
無邪於彼, 不若反而責之於我之切也."

23　《語類》巻23 潘植録 "問思無邪. 曰. 若言作詩者思無邪, 則其間有邪底多. 蓋詩之功用,
能使人無邪也.";《語類》巻23 楊道夫録 "徐問思無邪. 曰. 非言作詩之人思無邪也. 蓋謂
三百篇之詩, 所美者皆可以為法, 而所刺者皆可以為戒, 讀之者思無邪耳. 作之者非一人, 安
能思無邪乎.";《語類》巻23 滕璘録 "思無邪, 乃是要使讀詩人思無邪耳. 讀三百篇詩, 善
為可法, 惡為可戒, 故使人思無邪也. 若以為作詩者思無邪, 則桑中·溱洧之詩, 果無邪耶."

① 衛風〈氓〉朱注〈此淫婦為人所棄而自叙其事以道其悔恨之意也.〉

② 鄭風〈遵大路〉朱注〈淫婦為人所棄,故於其去也,擥其袪而留之曰.〉云々

③ 鄭風〈山有扶蘇〉朱注〈淫女戲其所私者曰.〉云々

④ 鄭風〈蘀兮〉朱注〈此淫女之辭.〉

⑤ 鄭風〈狡童〉朱注〈此亦淫女見絕而戲其人之詞.〉

⑥ 鄭風〈褰裳〉朱注〈淫女語其所私者曰.〉云々

⑦ 鄭風〈風雨〉朱注〈淫奔之女言.〉云々

二. 丁若鏞の小序評価と《詩経》解釈

1) 《詩経講義》と《詩経講義補遺》

丁若鏞の《詩経》解釈を示す主著として,《詩経講義》と《詩経講義補遺》とが有る.

《詩経講義》3巻(《與猶堂全書》 第2集, 経集, 第17〜19巻)は, 正祖15年辛亥1791(30歳)の秋, 正祖自らが《詩経》に関する疑義八百余条を提示し, これに対して逐条回答するようにとの命に応じて執筆されたものである.[24] 〈総論〉〈国風〉〈小雅〉〈大雅〉〈頌〉といった分類のもとに個々の詩が取り上げられ, それぞれについて〈御問曰〉〈臣對曰〉という問答体の形式で正祖の疑義とそれに対する丁若鏞の見解が示されている.

《詩経講義補遺》1巻(《與猶堂全書》 第2集, 経集, 第20巻)は, 純祖10年庚午1810(49歳)春に執筆されたものである. 《詩経講義》はあくまでも御問に対する回答として執

---

24 《詩経講義》巻首 "乾隆辛亥之秋九月, 試射内苑. 臣鏞以不中罰, 直于北營, 在耀金門外. 旣而內降詩經條問八百餘章, 令臣條對,限四十日. 臣乞展限二十日, 蒙允, 旣條陳." また《與猶堂全書》第1集 詩文集 第13巻 文集〈詩經講義序〉辛亥冬 "辛亥秋,上親製詩經問八百餘條,令臣條對. 臣敬受而讀之. …… 書旣上." なお次注に引く通り,《詩經講義補遺》巻首には〈詩經講義十二卷〉との言及が有り,《與猶堂全書》所収《詩經講義》の巻数との間に異同が有る.

筆されたものであり，問われていない項目に関しては言及するところがない．その
ため《詩経》に関する自己の見解を遺漏無く表明する書物にはなり得ていない，という
憾みが有った．そこで同年，閑暇を得た丁若鏞は，《詩経講義》に対する補遺として，
同書を執筆したのである．**25**

　《詩経講義》は30歳，《詩経講義補遺》は49歳の執筆であり，その間に約20年の歳月が
経過している．執筆時期による《詩経》解釈・《詩経》観の変化の可能性は，一般論とし
ても想定しておく必要が有るだろう．因みに50歳以降の執筆と見なされる書翰中には，
〈《詩経講義》は早年期の著作であり，改訂したい気持ちはあるものの，どの条にも当
時の正祖による御評が附されているため，改訂することもままならない．〉との述懐
がしたためられている．**26**　従って，《詩経講義補遺》執筆当時の丁若鏞にとって，《詩
経講義》には多少とも意に満たぬ点の存在したであろうことは，想定しておく必要が
有る．更に，御問に対する回答という制約のもとで執筆されたものと，個人的著述と
して自由に執筆されたものという，著作としての性格上の相違にも注意が払われるべ
きである．

　ただし結論から言えば，丁若鏞の《詩経》観の基本的骨格は，《詩経講義》執筆の段階
で，既にほぼ確立していたと考えてよい．なぜならば，以下に改めて詳論するよう
に，小序は衛宏の作である，ただし小序中には古い伝承も含まれている，鄭衛之音と
鄭風衛風は別個のものである，刺淫の詩を淫者の自作と見なしてはならない，といっ
た諸点において，《詩経講義》と《詩経講義補遺》は全くその見解を共有しているからで
ある．

　従って以下では，執筆時期による解釈や《詩経》観の相違といった要素はひとまず

---

25 《詩経講義補遺》巻首 “余詩經講義十二卷，旣敍次成編矣．顧講義之體，唯問是對．問所
　　不及，雖有舊聞，莫敢述焉．斯其所論，百不擧一，不足以表見謏聞．庚午春，余在茶山．園
　　子告歸，唯李在側．山靜日長，無所寓心．時說詩經遺義，令筆受.”

26 《與猶堂全書》第1集 詩文集 第20巻 文集〈答仲氏〉第15書 “詩經講義，……　今而見
　　之．純是兒聲．今欲改撰，則當時御評，條條有之，不可改也.”直前の〈上仲氏〉第14書は題
　　下に〈辛未冬〉(純祖11年辛未1811，50歳)の注記を持つ．

捨象し, 主としてこの両書に拠りながら, 必要に応じて他の著述も参照しながら, 丁
若鏞の立場を検証していくこととしたい.

2) 小序の作者と小序に対する評価

　小序の作者に関して丁若鏞は, 基本的に朱熹の立場を踏襲し, 衛宏の作と見なす.[27]
ただし小序の全てが衛宏の創作に係るわけではなく, 内容的に古書と合致する部分も有
る. 即ち小序説の来歴は古く, 衛宏はただ古伝承の残欠した部分を補足したに過ぎない.[28]
　要するに小序には, 古伝承を保つ部分と衛宏の創作に係る部分とが混在しているこ
とになる. 後者には誤謬が含まれる場合も少なくないだろう.[29] しかし前者には, 信
を置くに足る箇所も存在するはずだ. 従って小序の探否に関しては, 古書に徴して依拠
するに足るか否かを弁別した上で取捨すべきだ, というのが丁若鏞の立場である.[30]

3) 鄭衛之音と鄭風衛風

　朱熹は鄭衛之音, 鄭聲と鄭風衛風とを同一視した. また鄘風〈桑中〉と《礼記》〈楽記〉
にいう桑間濮上之音をも結びつけて理解している.[31] しかし丁若鏞はこれらを明確に

---

27 《詩經講義補遺》〈周南〉 小序 "朱子曰. 後漢書儒林傳, 以爲衛宏作毛詩序, 今傳於世,
　　則序乃宏作, 明矣. 補曰. 小序之訟, 朱子辨說, 精核縝密, 卓越千古, 有披雲霧, 翦荊棘之
　　功. 今人欲還尊小序, 皆見未到朱子地位也."

28 《詩經講義補遺》〈召南〉 采蘩 "序云. …… 補曰. 射義云. …… 今按, 采蘩采蘋之序,
　　皆與射義相合. …… 以此觀之, 小序源流亦遠. 特其殘缺者, 衛宏補之耳."

29 《與猶堂全書》第1集, 詩文集, 第20卷, 文集〈答仲氏〉第10書 "近讀詩小序, 信多紕繆.
　　其非孔門舊筆, 審矣. 漢儒粹者, 亦不至如是. 其爲衛宏之作, 明矣. 朱子用大眼目照破, 一
　　洗唐宋之陋."〈上仲氏〉第2書が純祖8年戊辰1808(47歳),〈上仲氏〉第14書が純祖11年辛未
　　1811(50歳)の執筆, 従って第10書は47〜50歳の執筆であろう.

30 《詩經講義》 巻1〈總論〉 "由是言之, 小序果衛宏作也. 然衛宏, 亦有所受. 未必三百篇之
　　序, 壹是其自剙. 博考古文, 擇其有據者而從之, 未爲失也."

31 《詩集伝》鄘風〈桑中〉〈桑中, 三章章七句〉朱注〈樂記曰. 鄭衛之音,亂世之音也. 比於慢矣.

区別する．まず〈楽記〉では鄭衛を乱世之音，桑間濮上を亡國之音としている．〈桑中〉は鄘風に属するから衛音に対応するが，それなら鄭衛之音は果たして乱世之音なのか亡國之音なのか，区別がつかなくなる．従って桑中と桑間濮上之音が別個のものであることは明らかである．また〈鄭聲淫〉〈放鄭聲〉と述べられている以上，その鄭聲が国風に収録されることはあり得ない．従って鄭風衛風と鄭聲・鄭衛之音が別個のものであることもまた明らかである．[32]

また《礼記》〈楽記〉には〈子夏對曰．鄭音好濫淫志．宋音燕女溺志．衛音趨數煩志．齊音敖辟喬志．此四者,皆淫於色而害於德.是以祭祀弗用也．〉の語が有る．しかし《詩經》斉風には刺淫の詩は有っても淫詩はないし，そもそも宋風は存在しない．このことからも子夏のいう鄭音・宋音・衛音・齊音が国風を指すものでないことは明らかである．[33]

丁若鏞がこれらの区別に固執するのは，《詩經》中にはそもそも淫詩は存在しない，という立場に立っているからである．

4）美刺～詩之所以爲詩～

丁若鏞は《詩経》，とりわけその国風の存在意義は，美刺によって君心を正すことにあるという．賛美することで君主の善心を喚起し，刺箴することでその逸志を懲らしめる．そのような勧善懲悪によって君心が正されれば，百官ひいては天下も正されるのである．[34]

桑間濮上之音, 亡國之音也. 其政散, 其民流, 誣上行私而不可止也. 按, 桑間即此篇, 故小序亦用樂記之語.》《朱文公文集》卷70〈讀呂氏詩託桑中篇〉〈至於桑中, 小序政散民流而不可止之文, 與樂記合, 則是詩之爲桑間, 又不爲無所據者.〉

32《詩經講義》卷1〈國風〉〈臣以爲樂記以鄭衛爲亂世之音, 桑間濮上爲亡國之音. 今桑中載於衛詩. 惡得與鄭衛有亂世亡國之別. 卽桑中之非桑間, 明甚. 子曰鄭聲淫. 又曰放鄭聲. 何言鄭而不言衛乎. 旣放之, 又何以列于國風乎. 卽鄭衛之詩之非鄭衛之音, 又明甚.〉

33《詩經講義補遺》鄭〈以今觀之, 齊無淫詩, 唯有刺淫, 刺襄公四篇. 宋本無風, 安有淫詩. 子夏所論之非指國風, 可知也.〉

34《詩經講義》卷1〈國風〉"故國風諸詩, 亦唯以一正君爲務. 或美之贊之, 以感其善心. 或

ここにいう美刺とは，小序にも頻用される用語である．例えば，

　① 召南〈甘棠〉小序〈甘棠，美召伯也.〉
　② 召南〈江有汜〉小序〈江有汜，美媵也.〉
　③ 邶風〈雄雉〉小序〈雄雉，刺衛宣公也.〉
　④ 邶風〈匏有〉小序〈匏有苦葉，刺衛宣公也.〉

というように用いられている．

　《詩経》における美刺は，《春秋》における褒貶に相当する．即ち美刺は《詩経》の本質を為すものであり，詩の詩たる所以に他ならない.[35]

　5）刺淫と淫詩

　美刺が《詩経》にとって本質的に重要であることは，既に触れた．うち刺について言えば，小序には刺淫，即ち淫乱淫奔の批判を内容とするものが少なからず存在する．先に挙げた邶風〈雄雉〉や邶風〈匏有〉も，実はこれに相当する．それらも含め，いくつかを例示してみよう．

　① 邶風〈雄雉〉小序〈雄雉，刺衛宣公也. 淫亂不恤國事.〉
　② 邶風〈匏有〉小序〈匏有苦葉，刺衛宣公也. 公與夫人並為淫亂.〉
　③ 鄘風〈君子偕老〉小序〈君子偕老，刺衛夫人也. 夫人淫亂，失事君子之道.〉
　④ 鄘風〈桑中〉小序〈桑中，刺奔也. 衛之公室淫亂，男女相奔.〉

刺之箴之，以懲其逸志. 君心既正，百官自正. 百官既正，天下歸仁.”
35 《詩經講義》巻1 鄭風〈叔于田〉“詩之美刺，春秋之褒貶也. 故曰詩亡而春秋作.”；《詩經講義》巻1〈國風〉“今若舍美刺二字而求詩之所以爲詩，則不幾於舍褒貶二字而求春秋之所以爲春秋也乎.”

⑤ 衛風〈氓〉小序〈氓,刺時也. 宣公之時, 禮義消亡, 滛風大行, 男女無別.〉

このうち,〈桑中〉を朱熹が淫者自身の作と見なしたことについては, 既に述べた通りである. また〈氓〉も, 朱熹は淫婦自作の詩と解釈している(既述). しかし小序の立場に立つ限り, そもそも刺淫の詩である以上, 作詩者は淫者自身ではあり得ない. 淫乱者・淫奔者とこれを批判する作詩者とは, 明らかに別個の人物でなければならない.

そしてこの点に関して丁若鏞は, 小序を採用する立場に立つ. 丁若鏞における小序の採否は, その内容が古書に徴して依拠するに足るか否かを個別に判断する, というものであった. しかしその一方で,小序における美刺の内容に関しては, 基本的に信を置くべきだ, と主張する.[36]

さて, 丁若鏞が鄭衛之音・鄭聲と鄭風衛風を峻別したことは既に触れた. 丁若鏞の見解に拠れば,《詩経》中に淫詩は存在しない.

鄭風に淫詩は存在しない. 男女の感情を詠むものも, 全てが刺淫の詩であり, またそれでこそ〈思無邪〉と評し得るのだ. 刺淫の詩である以上, その作者は全て賢人君子である. 仮に淫者自身が作った詩であれば, どうして(《詩経》に収録され)管弦によって演奏されることが有ろう.[37] 従って, 朱熹が刺淫の詩を淫詩と読み改めたことに関して, 丁若鏞は批判的である.[38]

なお丁若鏞が個々の詩に関して, その淫詩であることを否定した発言を念のために引いておきたい. 以下は, いずれも鄭風の詩であり,《詩集伝》では全てが淫詩とされている.

---

36 《詩經講義》巻1〈國風〉"小序美刺之說,本不當置疑也."

37 《詩經講義》巻1 鄭風〈叔于田〉"臣對曰. 鄭風無淫詩. 其有男女之設者, 皆刺淫之詩也. 詩三百, 一言以蔽之, 曰思無邪, 則詩三百, 一言以蔽之, 曰賢人君子之作也. 狹邪奸醜之徒, 相悅相贈之詞, 豈可以被之管絃, 奏之房中, 奏之鄉黨哉. 無是理也." また以下も參照. 《詩經講義》巻1〈國風〉"世有刺淫之詩, 而無淫詩. 被之管絃, 靡不可也."

38 《詩經講義補遺》〈周南〉小序"唯刺淫之詩, 改之爲淫詩, 故後人更有訾議. 且凡國風之所美刺, 皆是公家之善惡, 或巨室大族, 行有淑慝, 係國家之存亡, 關世道之汙隆, 方有美刺之詞. 朱子一歸之於下俚閭巷之音, 此恐未允."

① 〈將仲子〉 臣對曰. 此乃刺淫之詩, 非淫者之所自作.(《詩経講義》 鄭風 〈將仲子〉)

② 〈山有扶蘇〉

　　臣對曰. …… 要之, 此詩必非淫詩. 舊説頗有味也.(《詩経講義》 鄭風 〈山有扶蘇〉)

③ 〈風雨〉〈褰裳〉

　　卽風雨・褰裳, 無一而可淫也.(《詩経講義》 〈叔于田〉)

④ 〈風雨〉〈有女同車〉〈籜兮〉

　　左傳, 鄭六卿之餞宣子, 子游賦風雨, 子旗賦有女同車, 子柳賦籜兮, 宣子喜曰,
　　鄭其庶乎. 若使三詩也而爲淫奔之詞, 則鄭其殆乎, 不當曰庶乎也.(《詩経講義》 鄭
　　風 〈風雨〉[39])

⑤ 〈子衿〉

　　按, 晉懷帝下詔, 徵虞喜, 曰. 儒雅陵夷, 每覽子衿之詩, 未嘗不慨然.[40] 杜甫詩
　　曰. 訓諭青衿子, 名慚白首郎.[41] 可見古來不以爲淫詩也.(《詩経講義》 〈子衿〉)

6) 思無邪と刺淫

　既に述べた通り, 朱熹は〈思無邪〉の思を作詩者の思と結びつけるのではなく, 詩
を読むことの効用として読詩者に無邪の思がもたらされるのだと理解した. そして
そのことにより, 《詩経》中の淫詩の存在が〈思無邪〉という《詩経》評とも両立可能となっ
たのである. しかしこの点に関する丁若鏞の見解は, 朱熹とは正反対である.

　丁若鏞に拠れば, 〈思無邪〉の思とは, あくまでも作詩者自身の心志を指す. もし
も読詩者にとっての詩の趣旨や効用を指して〈無邪〉と評したのだとすれば, 〈思〉の
一字は不要となるはずだ. 司馬遷も言うように, 詩三百篇は全て, 聖賢の作である.
またそう理解してこそ, 孔子が詩を刪定してこれを聖経に列した事実とも符合する.
もしも淫者の自作であるならば, 聖経に収録されるはずがない.[42]

---

39 《春秋左氏伝》昭公16年.

40 《晉書》巻91 儒林伝 〈虞喜〉.

41 《補注杜詩》巻33 〈元日示宗武〉.

　繰り返しになるが，《詩経》中に刺淫の詩は有っても淫詩は存在しない，というのが丁若鏞の見解である．従って当然，《詩経》中に淫者自作の詩は存在しない．淫者の自作とする朱熹の解釈は，否定される．[43]

　《詩経》の詩は全て賢人君子の作だというのが丁若鏞の見解である．淫者が作詩者に含まれないことは言うに及ばず，一般庶民の存在も，作詩者としては想定されていない．《礼記》〈王制〉には〈天子五年一巡守，…… 命大師陳詩,以觀民風〉の語が有る．風俗を観察する目的で民間の詩を探取する，との趣旨である．もしこのようにして探取された詩が国風に含まれるなら，国風中には庶民の詩が存在し得ることになる．朱熹もその方向で理解している．[44]　しかし丁若鏞はこの《礼記》〈王制〉にいう〈陳詩以觀民風〉を国風と結びつける立場を採らない．

　丁若鏞に拠れば，風には風化(風教・風俗)と風刺(風諫・風喩)の二義が有る．だが朱熹は風刺の意義を軽視し，風化のみを偏重した．しかし単なる民間の風俗歌謡ならば，聖経に収録するに値しない．《礼記》〈王制〉に〈陳詩以觀民風〉の一語が有るために，後世には風化のみが尊重され，風刺は軽視されるに至った．しかし〈王制〉の陳詩云々は，国風とは無関係である．それなのに唐宋以来，〈王制〉の一節に固執し，国風を観風察俗に資するものとする理解が主流になり，風刺風喩の意義が廃絶してしまった．しかしそもそも閭巷の庶民の言葉など，(《詩経》に収録して)管弦によって演奏されるには値しないのである．[45]

---

42 《與猶堂全書》第2集 經集第7《論語古今注》巻1 爲政 "子曰. 詩三百，一言以蔽之. 曰思無邪." "補曰. 詩三百，皆賢人所作. 其志正，故曰思無邪一句，可以斷之也. …… 思無邪者，謂作詩之人，其心志所發，無邪僻也. 若以其歸趣功用，謂之無邪，則思一字，不可訓也. 司馬遷謂三百篇，皆賢聖所作，此有承之言也. 然故孔子刪而正之，以爲聖經. 若作詩者原是淫邪之人，何得其言，名之曰聖經. 必不然矣." 司馬遷の語は以下に見える．《史記》巻130〈太史公自序〉"詩三百篇，大抵賢聖發憤之所為作也."

43 《詩經講義》巻1〈總論〉"況刺淫之詩，朱子悉以爲淫人之所自作，則詩三百之一言以蔽㎡曰思无邪，非過語乎." 但し既に指摘したように，朱熹は刺淫の詩の存在も認めており，全てを淫者の自作詩と見なたわけではない．

44 《朱文公文集》巻70〈讀呂氏詩託桑中篇〉"蓋古者天子巡狩，命太師陳詩，以觀民風. 固不問其美惡而悉陳以觀也. 既已陳之，固不問其美惡而悉存以訓也."

　なお朱熹が少なからぬ詩を淫婦淫女の自作と見なしたことは既に指摘した通りだが, 丁若鏞は, そもそも女性の作詩者を想定することに対しても懐疑的である.[46]

　　結びにかえて―残された課題―

　以上の考察を通して確認された朱熹と丁若鏞の《詩経》観の主な相違点を改めて列挙すれば, 以下の通りである.

　　① 朱熹は《論語》にいう鄭聲, 《礼記》〈楽記〉にいう鄭衛之音を鄭風衛風と同一視し, 同じく〈楽記〉にいう桑間濮上之音を鄘風〈桑中〉と同一視するが, 丁若鏞はこれらを全て峻別する.
　　② 朱熹は, 小序によって詩を理解する(〈以序解詩〉)のではなく, 詩そのものに即して詩を理解する(〈以詩説詩〉)ことを主張するが, 丁若鏞は, 美刺に関しては小序を踏襲する.
　　③ 朱熹は《詩経》中に淫者自作の淫詩が存在することを認めるが, 丁若鏞は《詩経》には刺淫は有っても淫詩はないと主張する.

---

45 《詩經講義補遺》〈国風〉"補曰風有二義, 亦有二音. 指趣逈別, 不能相通. 上以風化下者, 風教也, 風化也, 風俗也. 其音爲平聲. 下以風刺上者, 風諫也, 風刺也, 風喻也. 其音爲去聲. 安得以一風字, 雙含二義, 跨據二音乎. …… 朱子集傳, 削去風刺, 孤存風化. …… 若但爲民俗歌謠之作, 豈足以列之聖經, 建之爲大教哉. 特以王制巡守之法, 有大師陳詩以觀民風一語, 故後之論者, 主於風化, 而不主風刺. 巡守陳詩, 本自一法. 國風諸篇, 非其所採. 乃唐宋以來, 膠守此文, 執之爲觀風察俗之用, 而風喩風刺之義, 遂至於湮晦矣. …… 閭巷卑微之民, 雖有善惡, 隨施刑賞, 使各勸懲. 其有言辭, 何足以被之管絃, 列之樂官哉."
46 《詩経講義》周南〈小序〉"古人云婦人能詩, 易犯物議. 今以篇首三詩, 竝作婦人之詩, 臣未之信也.";《與猶堂全書》第1集 詩文集 第20巻 文集〈答仲氏〉(第10書)"但以國風言之, 自周南至鄭風, 凡九十五篇之內, 婦人所作云者, 多至四十三篇. 古人云婦人曉解文字, 多犯物議. 不應周代婦人, 却如是嗜詩也."

④　朱熹は《詩経》の作者中に淫者(淫乱者，淫奔者)が含まれるとするが，丁若鏞は《詩経》を全て賢人君子の作とする.

⑤　朱熹は《詩経》の作者中に女性が含まれるとするが，丁若鏞は女性作詩者の存在を認めない.

⑥　〈思無邪〉の思を朱熹は読詩者の思と結びつけて解釈するが，丁若鏞はあくまでも作詩者の思と結びつけて解釈する.

　このように整理してみれば，両者の《詩経》観には大きな隔たりのあることが，改めて確認できるだろう. ただし丁若鏞が新注を廃して古注疏に従った，というわけではない. 上記②に関して言えば，丁若鏞は小序を衛宏作とする朱熹説に従った上で，小序には古伝承が含まれる場合があるから，古書に裏付けを得られる場合には小序を採用する，という立場を採っている. その限り,古注疏や新注の一方を一概に墨守するのではなく，自己の見識に本づいた経書解釈を行っている，と評価することができるだろう.

　筆者は以前，慎後耼と丁若鏞の《大学》解釈について検討を行ったことがある.[47] いずれも朱熹《大学章句》に依拠することのない，極めて独自色の高い解釈である. 星湖李瀷の学風は，先人の説を無批判に踏襲するのではなく，致疑・自得を重視するものであったとされる.[48] また，朱熹説を墨守せず，古典と直接対峙しようとする李瀷の学風は，〈洙泗の学〉とも称される.[49] このような李瀷の学風が李瀷門下にも継承され

47　中純夫〈丁若鏞の《大学》解釈について─李朝実学者の経書解釈─〉《《京都府立大学学術報告(人文・社会)》 第54号，2002年). 中純夫〈慎後耼の《大学》解釈─丁若鏞格致六条説の先蹤─〉(東京大学大学院人文社会系研究科韓国朝鮮文化研究室《韓国朝鮮文化研究》 第15号，2016年).

48　金光来〈星湖李瀷の学問的背景(1)─家系と生涯と著述─〉《韓国朝鮮文化研究》第14号，2015年), 金光来〈星湖李瀷の為学の方(1)─不苟新・不苟留・不苟棄の三原則─〉《《中国哲学研究》 第28号，2015年), 金光来〈星湖李瀷の学問的背景(2)─道統意識とと家学伝統の二重構造─〉《韓国朝鮮文化研究》 第15号，2016年).

49　韓笙励《星湖李瀷研究》38～39頁(韓国学術情報株式会社，2001年).

たのだとすれば，慎後聃や丁若鏞の《大学》解釈は，まさにそのような学風の所産として居続けることができるだろう．そして丁若鏞の《詩経》解釈に関しても，同じ系列に属するものとして，ひとまずは位置づけておきたい．

　ただしここでいくつか指摘しておかねばならないことが有る．

　《詩経講義》において丁若鏞に御問を降した正祖は，その春宮時代から朱熹の著作に親しみ，文集や語類を抄出した《選統》《会選》《会英》，また朱熹の書牘を抜粋した《朱書百選》を自ら編纂した人物である．[50]　さらに後には文集,語類や《四書集注》《四書或問》《易学啓蒙》《文公家礼》から《周易参同契考異》《楚辞集注》等に至るまで，朱熹の諸著作を集大成した全書の編纂を企図し,赴燕使臣に朱子書の購入を命じたり，[51]　また朱子学に造詣の深い人物の登用を命じたりもしている．[52]　〈朱夫子，即孔子後一人也．〉〈子所願者，学朱子也．〉〈欲令家家人人，誦習朱書〉とは，いずれもそれらの文脈で語られた正祖自身の言葉である．[53]

　また正祖《弘斎全書》巻48〜52所収の〈策問〉には，即位年(英祖52年1776)から治世の末年に当たる正祖24年(1800)に至るまでに実施された78回分の策問が収録されているが，それら策問の内容に徴しても，正祖における朱子学尊崇の姿勢は顕著明白である．[54]

　ただ《詩経講義》において正祖から降された御問の内容を見ると，正祖は必ずしも朱熹の《詩経》解釈を絶対視していない様子が窺われるのである．

　例えば正祖は，《詩経》における最大の難問として，小序の美刺に対する評価の問題を挙げた上で，小序の是非取捨に関して諸説異同がある中で，如何に折衷して妥当な見解を求めるべきか，との問いを発している．[55]　朱熹の解釈に全面的に信を置く立場

50　《正祖実録》正祖18年(1794)12月25日戊寅〈朱書百選成〉の条，《弘斉全書》巻180，群書標記，〈朱書百選六巻，刊本〉の条を参照.

51　《正祖実録》正祖23年7月16日壬申.

52　《正祖実録》正祖23年9月5日庚申.

53　前二者は《正祖実録》正祖23年7月16日壬申，後者は《正祖実録》正祖23年9月5日庚申.

54　以上，中純夫〈朝鮮の陽明学—初期江華学派の研究—〉第九章〈朝鮮朝時代の科挙と朱子学〉(汲古書院，2013年).

に立つならば，そもそもこのような〈難問〉は初めから存在することがないはずである．

　鄭風〈風雨〉は，小序は乱世に君子を思う詩，朱熹は淫奔の女子が男性を思う詩，と解釈する．この詩について正祖は，小序の解釈は誤っていないはずなのに，朱熹はなぜこれを淫詩と断ずるのか，との疑義を呈している．[56]

　鄭風〈子衿〉は，小序は学校の荒廃を批判する詩，朱熹は淫奔の女子が男性を思う詩，と解釈する．この詩についても正祖は，小序にも疑問の余地は有るものの，かといって朱熹が淫奔の詩と断定する理由もわからない，との疑義を呈している．[57]

　また《弘斎全書》巻80所収の〈経史講義〉詩〈総論〉は，正祖13年己酉1789，及び正祖14年庚戌1790に臣下に対して下された御問であり，内容的には《詩経講義》巻1〈総論〉所収と共通する．そして〈経史講義〉所収の御問に対する答語において徐有榘は，小序説は廃すべきでないこと，《詩経》解釈に際しては《詩集伝》によって義理を求め，小序によって事蹟を考察すべきである，と主張している．[58]

　これらの事例から見ても，こと《詩経》解釈に関する限り，朱熹説を絶対視しない傾向は決して丁若鏞に固有のものではなく，同時代に同時代に一定の広がりを持った思潮とも評すべきものであった可能性が有る．

　丁若鏞の《詩経》観を朝鮮経学史，朝鮮思想史上に如何に位置づけるかを，今後の課題としたい．

---

55 《詩經講義》巻1〈總論〉"御問曰. …… 惟詩中美刺之事, 有異同是非爲難解. 舊説之可考據者, 有小序. 而先儒之取捨從違不同. 當何所折衷而憑信歟. 此其最難解者也."

56 《詩經講義》巻1 鄭風〈風雨〉"御問曰. 風雨淒淒, 有北風其涼, 雨雪其雰之意. 旣見君子, 有二南之例. 詩序以此爲亂世思君子之詩, 恐似非誤. 而朱子斷以爲淫詩, 何歟."

57 《詩經講義》巻1 鄭風〈子衿〉"御問曰. 青青子衿, 雖未見其必爲學校之詩, 而亦未知其必爲淫奔之詩. 未知如何."

58 《弘齋全書》巻88〈經史講義〉詩〈総論〉"有榘對. …… 臣則竊謂, 序説決不可廢. …… 而序説之未易廢, 抑亦百世之公議也. …… 臣故曰. 善讀詩者, 必主之集傳, 以求義理, 本之序説, 以考實蹟."

〔번역〕

제4장

정약용의 정치사상에서 계약론 특색

채진풍

(대만대학 교수)

1. 문제 제기

유태인 철학가 뢰비트(Karl Löwith, 1897~1973)는 1936~1941년에 일본 도호쿠제국대학東北帝國大學에서 교편을 잡았을 때 아래와 같은 현상을 발견했다. 즉 많은 일본인들이 출근할 때 양복을 입었지만, 집에서 기모노로 다시 갈아입고, 서양 지식을 열심히 공부해도 전통문화의 구속을 분명히 받았다는 것이다. 그래서 그는 아래와 같이 말했다. "일본인은 개방하고 통합하는 놀라운 능력을 갖추고 있다고 생각한다. 또한 그들 가운데 많은 사람들이 새로운 것과 낡은 것을 잘 결합시켰다고 믿고 있다. …… 내가 아는 일본인들은 다 우리한테서 모든 것을 이미 배우고 개선했다고 믿는 모양이다. 그들은 이미 우리보다 앞장섰다고 믿었다."[1] 뢰비트가 관찰한 현상은 19세기 '화혼양재和魂洋才'론의 연장선에 있다고 할 수 있다. 그러나 '화혼양재'와 비슷한 개념의 경우, 예를 들면, 중국 장지동(張之洞, 1837~1909)이 《권학편勸學篇》에서 제기한 '중체서용中體西用'론(중국이 체體이고 서양 것은 용用), 조선 육용정(陸用鼎, 1843~1917)이 《의전기술宜田記述》·〈논당금시국시세論當今時局事勢〉에서 말한 '동도서기東道西器'론은 모두 실패로 끝났다. 그러므로 결과로 얘기하면 '화혼양재'론은 '중체서용'론이나 '동도서기'론과 서로 다른 두 가지 사상 형태로 분류될 수 있다.[2]

---

1 Löwith, Karl, "The Japanese Mind – A Picture of the Mentality that We Must Understand if We are to Conquer." In: *Sämtliche Schiften*, Stuttgart: Metzler, Bd.2, 1983, p.556.

‘중체서용’과 ‘동도서기’는 중국 ‘체용體用’과 ‘도기道器’론의 철학적 범주에서 형성된 사상이다. 이런 사상의 문제점에 대해 두 측면에서 비평할 수 있다. 첫째는 ‘체용일치體用一致’라는 논술 원칙을 위반한다는 것이다. 예를 들면, 엄복(嚴復, 1854~1921)의 “소를 체體로 하고 말을 용用으로 한다는 말을 들어본 적이 없다(未聞牛爲體.馬爲用者也)”는 말은 바로 그것이다.[3] 둘째는 형이상학적으로 보면, ‘체體’는 무한성을 가지지만 ‘용用’은 유한한 사물이다. ‘중학中學’과 ‘동학東學’을 형이상학적인 지위에 격상시키면서도 ‘서학西學’을 ‘중학中學’과 ‘동학東學’에 의해 생성된 ‘용用’이라고 본 것은 실제로 문화 보수주의와 절대주의라는 사상을 가지고 있다. 이와 대비하여 ‘화혼양재和魂洋才’론에서 ‘화혼’은 역사의 발전에서 다른 의미가 있었다. 일본에서 이른 시기부터 사용한 ‘화혼和魂’은 ‘한재漢才’와 ‘한의漢意’와 대비하기 위해 쓴 말로서 ‘본토·서민의 사유와 행동력’과 ‘일본의 신도神道’라는 의미가 있지만 유학의 뜻은 없었다.[4] 도쿠가와 시대의 아라이 하쿠세키(新井白石, 1657~1725)가 “형形과 기器에만 정통하는 것은 형이하形而下라고 한다. 형이상形而上이라는 것을 아직 들어본 적이 없다(唯精於形與器.所謂只知形而下者也 ; 形而上則迄今未聞)”고 서학西學을 비평했던 말[5], 사쿠마 쇼잔(佐久間象山, 1811~1864)이 말한 “동양의 도덕, 서양의 예술〔東洋道德.西洋藝術〕”[6]은 다 중국의 체용관體用觀과 비슷하

2　如金永植認爲 : 就科學的發展而言，十九世紀後的日本不應被歸入東方，而應被歸入西方. 見氏著 : 〈東亞思想史上近代早期日本的問題〉,《科學與東亞儒家傳統》(臺北 : 臺大出版中心, 2014), 頁 294~298.

3　嚴復 : 〈與外交報主人論教育書〉中言 : 〈體用者, 即一物而言之也. 有牛之體, 則有負重之用 ; 有馬之體, 則有致遠之用. 未聞牛爲體, 馬爲用者也〉. 見《嚴復集》第三册(北京 : 中華書局, 1886), 頁 558~559.

4　以下參見胡積 : 〈日本精神的實象與虛象 : 〈大和魂〉的建構〉,《外國文學評論》2(福州 : 福建師大外國語學院, 2012), 頁 32~54.

5　平川祐弘著 :《和魂洋才の譜系》(河出書房新社, 1976), 頁 21, 24.

6　佐久間象山 :《省響錄》(東京 : 岩波書局, 1944), 頁 103.

고 유학 사상이 담겨 있는 주장들이다. 그러나 메이지 유신 이전에 요시다 쇼인(吉田松陰, 1830~1859)이 《유혼록留魂錄》에서 말한 '대화혼大和魂'은 "민족을 스스로 보호하는 반항 정신"과 "강대한 일본을 위해 분발하는 헌신적 희생정신"이라는 뜻이 있다.[7] 메이지 유신 이후, '대화혼'의 의미가 또 변했다. 예를 들면, 후쿠자와 유키치(福澤諭吉, 1835~1901)의 "서양 문명은 단지 수단뿐이고 황실은 일본 정신을 통괄하는 중심이다."는 말은 또는 황통皇統이나 국체國體의 의미와 관련이 있는 것 같다.[8] 그래서 메이지 유신 이후 '화혼양재'론의 효력이 나타날 수 있었던 것은 유가만 떠받드는 사상과 그의 체용體用이라는 사상을 버렸기 때문이다.

사실 '화혼양재'론과 '중체서용'론, '동도서기'론은 모두 다 '전통'과 서양화하는 '서화西化' 사이에 '제3의 입장'을 찾으려고 했을 것이다. 단지 '화혼양재'론은 전통적인 유교 사상에 대하여 비판을 강화한 바와 달리, '중체서용'론과 '동도서기'론은 전통의 중요성을 재확인했다. '중체서용'론과 '동도서기'론을 지지한 학자들은 저절로 문화 보수주의의 입장에 들어가면서 서양화한 학자들에게 수구 세력이라고 비난받았다. 이런 경우는 '반서구중심주의'나 '근대의 초극近代超克'을 얘기했을 때와 비슷하여 동양 중심주의라는 입장에 기울어지기 쉬워서 오히려 더 큰 반동을 초래했다. 그래서 '전통'과 '반전통' 사이에 '제3의 입장'을 어떻게 찾아야 하나? 이것은 아마 '이론'과 '창의성'이라는 두 가지 중요한 개념을 통해서 찾아야 할 것이다.

유학儒學은 이론 체계가 없는 것이 아니다. 예를 들면, 주자(朱子, 1130~1200)의 이기理氣론은 아시아 세계에 수백 년 동안 영향을 미쳤다. 성리

7　古川薰譯：《吉田松陰留魂錄(全訳注)》(東京：　講談社学術文庫，　1977)扉頁錄有吉田松陰
　　臨刑時所作歌〈吾尸縱曝武藏野.白骨猶歌大和魂〉之句.

8　福澤諭吉言：　見平沼糾夫監修，池田一貴譯：《福沢喩吉の日本皇室論—現代語訳》(無窮會
　　編集，2008)，頁 35.

학은 "사람은 모두 성인이 될 수 있다.(人人皆可以為堯舜)"며 성인이 되는 것을 권유한 학문이다. 그러나 일본과 조선의 정치에서 주로 그 가운데 명분론名分論만 작용을 했기 때문에 성리학의 정치 논술은 새로운 발전을 이루지 못했다. 일본과 조선 학자들은 유학儒學을 유교儒敎라고 하며 '교화敎化'라는 측면을 강조해서 그들의 성리학을 '충효忠孝'관으로 단순화시켰다. 이런 현상은 일본 메이지 유신 이후 더욱 뚜렷해져서 니시 아마네(西周, 1829~1897)는 도덕과 정치의 구별을 거듭 강조했다.[9] 그리고 후쿠자와 유키치도 융통성이 없는 유교주의를 비판하고 "변통하고 개선하는 의미를 모른다.(不知變通改進之旨)", "지지부진한 요소를 인간사회에 가져온다.(導停滯不前之元素入於人間社會)"고 지적하면서 "예전에 공로가 있었지만 이제 소용이 없다.(在昔奏功.如今無用)"[10]고 단언했다. 니시 아마네와 후쿠자와 유키치는 다 유학에 대하여 정치적 논술, 이론적인 것과 이론 혁신이 부족하다고 주장했다. 그 밖에 기독교 신자 오니시 하지메(大西祝, 1864~1900) 등 유학에서 전환의 기미가 있다고 주장한 학자도 있었다. 이노우에 데쓰지로(井上哲次郎, 1855~1944)는 《칙언연의敕語衍義》에서 기독교가 일본의 전통 미속을 파괴했다고 비판하고 충효의 중요성을 강조했다. 오니시 하지메는 그의 주장을 반대하고 《당금 사상계의 요무當今思想界的要務》에서 '서양주의'와 '일본주의'에 다 의존하지 말아야 한다고 주장했다.[11] 그럼, 오니시 하지메는 이런 견해를 어떻게 실현했는가? 이것은 그가 《유교와 실제의 도덕儒敎與實際的道德》에서 주장한 두 가지 논점을 참조할 수 있다. 첫째는 원시 유가 사상에 대한 성리학의 혁신을 강조하며, 낡은 관습에 구애받지 말고 전통을 반성해야 한다고

---

9 西周 〈愛敵論〉, 大久保利謙編：《西周全集》第3卷(東京：宗高書房, 1967), 頁 246.

10 福澤諭吉著：《文明論之槪略》, 收入慶應義塾編纂：《福澤諭吉全集》第4卷(東京：岩波書店, 1959), 頁 162~163.

11 小坂國繼編：《大西祝選集》卷2(東京：岩波書店, 2014), 頁 59~60.

주장했다.[12] 둘째는 유교가 실제를 잘하지만 이론을 잘 못하며, 이와 반대로 서양 윤리학은 이론을 잘하지만 실제로 존재하는 군자君子에 대한 담론은 잘 못한다고 여겼다. 그래서 그는 "군자의 이상(君子之理想)"이라는 말로 실제를 잘하는 유교와 이론을 잘하는 서양 윤리학의 결합을 표현했다.[13]

오니시 하지메의 논점은 유교를 윤리학에 국한시켰지만 그는 유교가 미래에 혁신되어야 하며 이론적으로 발전돼야 한다고 주장했다. 이것은 동아시아 각국에서 전통 유학을 사고하는 추세에 많은 영감을 주었다. 한국은, 20세기 초 조선 실학이 국정 개혁의 과제와 관련이 있어서 중시됐지만, 동시에 기독교의 개화론과 친일파의 개화론이 나타났다.[14] 개화 논점의 확장과 1990년대 자본주의 세계화 물결은 전통의 유교문화를 '쓸데없는 것(百無一用)'으로 만들게 하고 한국학의 학자들은 어쩔 수 없이 다음과 같이 한탄했다. "우리의 언어가 잊히고 우리가 수천 년에 전승해 온 문화까지 사라지면 민족 자체가 멸망하는 것과 다름없다. 민족이 스스로 회복하기 위해 학술적으로 탐구하는 것은 급박해졌다."[15] 한국의 이런 문제는 실제로 유교 문화권에 있는 동아시아 각국에서도 존재한다. 그리고 세계화 자본주의로 말미암아 전통 문화뿐만 아니라 인문학도 위험에 빠져 있다. 현실적으로 보면, 생활방식이 변해서 전통 문화로 다시 회복하기가 어렵다. 이래서 전통 사상이 이론에서 어떻게

---

12 大西言：〈如程朱等之學說. 自謂繼承孔孟之流. 然較之孔孟之說. 豈非在理論上進一大步乎？〉見〈儒教與實際的道德〉,《大西祝選集》卷2, 頁 130.

13 大西言：〈以子之見. 君子之理想乃我國民得自儒教之一大傳家寶也.〉見〈儒教與實際的道德〉,《大西祝選集》卷2, 頁 138~139.

14 參見林熒澤著, 李學堂譯：《韓國學：理論與方法》(濟南：山東大學出版社, 2010)中〈國學的成立過程和對實學的認識〉及〈韓國文化的歷史認識邏輯〉二文.

15 引文為林熒澤論趙潤濟先生對國文學的開拓時, 所作的概括語. 見林熒澤著, 李學堂譯：《韓國學：理論與方法》, 頁 312.

혁신해야 다시 현대인의 중시를 받을 수 있는지 방법을 고민해야 한다.

　서학을 배운 현대 동아시아 지식인들에게 동아시아 유교문화가 가장
결여한 것은 바로 현실 처지를 대면하는 이론이다. 이래서 유교문화는
거듭되는 논점에서 볼 때 이론적인 발전을 이루지 못했다는 것이다. 학
자들은 자국의 문화 전통을 논술했을 때 전통 사상이 근대화하는 과정
에서 어떤 이론적인 혁신이 있는지에 대해 말하기 어려워서 동·서양
사상에 대한 비교 연구가 분산되어 있거나 동양 사상에서 서양 사상의
어떤 요소를 이미 포함한다고만 지적할 수 있었다. 예를 들면, 이건방
(李建芳, 1861~1939)은 정다산의 《경세유표經世遺表》를 위해 쓴 서문에서
아래와 같이 말한다.

> 今以(茶山)先生之書較之孟(孟德斯鳩), 盧(盧梭)諸人. 固未易軒輊其間. 然彼皆
> 顯言直斥. 無所忌諱. 故能悉發其胸中之奇. 而先生之言. 婉而正. 深而密. 鋒穎
> 間露而至理存焉. …… 遂謂先生有遜於彼.則非知言也. 然先生不惟不克獲施於當
> 時. 並與其區區之空言. 而莫之講也. 視孟, 盧諸人. 道行言施. 功茂一世. 而光
> 垂百代者. 果如何也？ 此余所以重悲先生之不遇. 而深恨於東西之不相倫也.[16]

　이건방은 다산의 논점은 몽테스키외와 루소의 논점 못지않은 수준이
고 채택되지 못했던 것은 불운 때문이었다고 여겼다. 그의 말은 일리가
없는 것은 아니지만 다산의 논점이 아직 이론적 체계를 이루지 못한
점을 간과했다. 이것 때문에 그의 독창적인 견해를 부각시키지 못해서
당대나 후세의 학자들에게 진정한 영향을 미치지 못했다. 이런 측면에
서 이건방과 같은 주장들은 서양 학술을 연구하는 학자들에게 문화 보
수주의자의 나르시시즘의 심리 상태라고 비웃음을 당하기 쉬웠다. 또한

---

16 轉引自林熒澤著, 李學堂譯：《韓國學：理論與方法》, 頁 13. ()中的文字為筆者所加.

동양 학술은 이론 구축이나 논증이라는 형식으로 표현하는 것을 잘 못해서 현대 학자들은 전통 학술의 장점을 이해하기 어렵다. 그럼에도 불구하고 이론과 논증이라는 형식으로 표현하는 것을 잘 못하는 것은 그 안에 이론적인 논리가 존재되지 않은 것을 의미하지 않는다. 그래서 전통과 현대를 연결시키기 위해 전통 학문을 연구하는 학자들은 이론적인 방식으로 전통 사상 연구를 시도해야 하며, 역사에서 혁신과 미래 학술에 대한 시사점도 열심히 탐구해야 한다.

상술한 바를 바탕으로, 이 글은 정다산의 정치 사상에서 이론적 가능성을 탐구함으로써 그의 사상이 유학에 대해 어떤 혁신을 이루었으며, 근대성 사상과 어떤 관련이 있는지를 설명하는 데 목적을 두고 있다.

2. 다산의 유학 혁신의 출발점

1) 맹자학을 기초로 한 "두 사람이 서로 더불어 하는 것(二人相與)"론

다산의 유학 혁신을 논의하려면, '인仁'에 대한 그의 해석을 주목할 필요가 있다. 정다산의 '인仁'론에 따르면, '인仁'은 '인심仁心'과 '인공仁功' 두 부분을 포함한다. '인심'은 주자의 '인'에 대한 해석과 비슷하여 내재적 동기에서 선善을 완전히 견지한다는 것을 말한다. 그리고 '인공'은 외재적 결과에서 사람들이 예상한 효과나 목적에 부합해야 한다는 것을 말한다. 다산은 '인심'과 '인공'에 대해 동등한 관심을 보여서 《논어》 〈헌문憲問〉에서 공자는 관중管仲이 "여기인如其仁"이라고 한 말은 관중의 '인공'과 소홀召忽의 '인심'은 동등한 가치를 가지고 있다는 것을 의미한다고 보았다.[1] 다산은 동기와 효익도 간과하지 않아서 '인'에 대해 아

래와 같은 두 가지 근본적인 정의를 했다. 첫째는 "인자仁者. 인인진기
도人人盡其道"와 "사람에 대한 사랑(嚮人之愛也)"[18]이다. 둘째는 "인자仁者.
이인상여야二人相與也"와 "이인지간진기도二人之間盡其道.개인야皆仁也"[19]이다.
"이인상여야"라는 말은 중국의 완원(阮元, 1764~1849)의 "인자인야仁者人
也. 독여상인우지인讀如相人偶之人"[20]이라는 말과 비슷하지만, 완원은 《맹
자》〈진심盡心〉에서 말한 '성性'을 "구목이비사지위성口目耳鼻四肢為性"과
"성자종심性字從心.즉혈기심지야即血氣心知也"[21]로 해석했다. 이것은 순자학
荀子學 그리고 그의 예악禮樂에 대한 관점에 가깝지만, 다산이 맹자가 말
한 '성선性善'과 '대체大體／소체小體'[22]를 통해 창립한 '성기호설性嗜好說'과

---

17 《論語古今注》卷7言：〈孔(安國)曰：《誰如管仲之仁》. 駁曰：非也. 添入誰字, 猶不白矣.
凡此物之數與彼物相當者曰如其數. 子路獨以召忽為殺身成仁, 而不知管仲之功將仁覆天下,
故孔子盛稱其功曰：管仲雖不死, 亦可以當召忽之死也. 秤其輕重, 細心商量而終不見其不
相當, 故再言之曰：如其仁〉. 見《與猶堂全書》第5冊(首爾：驪江出版社, 1985) 總頁 582.

18 丁若鏞言：〈仁者, 嚮人之愛也. 處人倫, 盡其分謂之仁. 為仁由己, 故曰：不遠〉. 又言：
〈仁者, 人人之盡其道也. 子事親然後有孝之名；少事長, 然後有弟之名；臣事君, 然後有忠
之名；牧養民, 然後有慈之名. 去仁何以成名〉. 見《論語古今注》,《與猶堂全書》第5冊, 總
頁 280, 137.

19 《論語古今注》言：〈仁者, 二人相與也. 事親孝為仁. 父與子二人也；事兄悌為仁. 兄與弟
二人也；事君忠為仁. 君與臣二人也；牧民慈為仁. 牧與民二人也；以至夫婦, 朋友. 凡二
人之間. 盡其道者. 皆仁也. 然. 孝弟為之根〉. 見《與猶堂全書》第5冊. 總頁 20.

20 阮元《揅經室集》一集 卷8 〈論語論仁論〉言：〈人非人不濟. 馬非馬不走. 水非水不流. 及
〈中庸篇〉仁者人也. 鄭康成注：讀如相人偶之人. 數語足以明之矣. 春秋時孔門所謂仁也者.
以此一人與彼一人. 相人偶而盡其敬, 禮, 忠, 恕等事之謂也. 相人偶者. 謂人之偶也. 凡仁
必於身所行者驗之而始見. 亦必有二人而仁乃見. 若一人閉戶齊居. 瞑目靜坐. 雖有德理在
心. 終不得指為聖門所謂之仁矣〉.

21 阮元：《揅經室集》一集 卷10 〈性命古訓〉言：〈哲愚授於天為命. 受於人為性. 君子祈命
而 節性；盡性而知命. 故《孟子·盡心》亦謂口目耳鼻四肢為性也. 性中有味色聲臭安佚之
欲.是以必當節之〉,〈性字从心. 即血氣心知也. 有血氣無心知. 非性也；有心知無血氣. 非
性也. 血氣心知皆天所命. 人所受也〉.

22 《孟子·告子》載：〈孟子曰：《從其大體為大人；從其小體為小人. 曰：《鈞是人也. 或從其
大體. 或從其小體. 何也？》曰：《耳目之官不思. 而蔽於物；物交物. 則引之而已矣. 心之官
則思. 思則得之. 不思則不得也. 此天之所與我者. 先立乎其大者. 則其小者不能奪也. 此為
大人而已矣.》》

다른 이론적 취지가 있다. "순자학을 이론적 토대로 한 상인우相人偶"와 "맹자학을 기초로 한 이인상여二人相與"론은 이론적 측면에서 어떤 차이가 있는가? 다산이 '인'에 대하여 말한 "향인지애야嚮人之愛也"와 "이인상여二人相與"를 설명하면 완원의 "상인우相人偶"론으로 볼 수 있지만 다산의 "향인지애야"의 의미는 가지지 않는다. 이것은 완원의 "상인우"론은 양측이 현실 상황에서 조화롭게 대응하는 데에서 수립되는 것이고, 조화가 이룬 양측을 초월해서 양측이 다 준수할 수 있는 초월적 도덕 협상 원칙을 설립할 수 없다. 상술한 바와 같이, 다산의 "이인상여"론은 중국학자 완원의 "상인우위인相人偶爲仁"과 달라서 그의 주장은 중국학자의 의견을 모방하는 것이 아니라는 것을 알 수 있다.

다산이 말한 "향인지애"는 "자기가 인을 실행한다(爲仁由己)"라고 강조해서 주체가 해야 하는 이치에 기울였다. 그러나 "이인상여"는 두 주체가 상호 간에 나타나는 이치를 언급했다. 다산은 "자사친연후유효지명子事親然後有孝之名 ; 소사장少事長.연후유제지명然後有弟之名"이라고 말했다. 여기서 "자식이 부모를 모신다(子事親)"는 것은 일방적 "향인지애"이며, 자식은 윤리에서 '분分'을 다해서 '효孝'라는 명名을 받을 수 있다. 그러나 "이인지간二人之間.진기도자盡其道者"는 상호 간에 "향인지애"라서 '효자孝慈'라는 명名을 받을 수 있다. '효'는 자식의 일방적인 행위보다 "부모와 자녀 두 사람"의 행위라서 자식이 '효'를 다하려면 부친의 '자慈'의 지지를 받아야 완성할 수 있다. '효자孝慈'는 양측이 물심양면으로 서로 도와준다는 것을 의미한다. 상술한 논의를 정치관계에서 놓으면 "향인지애"의 인은 보편적 도덕규범의 이성적 기초로 할 수 있으며, "이인상여"의 인은 양측은 협상하고 상호작용할 때 이익을 극대화한 이성적 기초로 할 수 있다. 그러므로 '이인상여'론은 '개인/타인', '개인/사회조직', '사회조직/사회조직', '목牧/민民(집정자/인민)', '정부/인민' 등 각종 상호 관계의 조합에 적용할 수 있고 정치의 일반적인 원칙이 형성되었다. 그래

서 다산은 "부여자이인야父與子二人也", "형여제이인야兄與弟二人也", "군여
신이인야君與臣二人也", "목여민이인야牧與民二人也"라고 말하고 부부와 친
구 사이에 확대하게 된다.

2) "이인지간진기도二人之間盡其道"에서 나온 정치적 논술

(1) "이성의 공공적인 운용"

다산은 '인仁'을 정치의 기초로 봤다. 여기서 주자가 말한 "천리天理"
나 "섭적(葉適, 1150~1223)"이 말한 "사회질서"를 근본으로 한다는 것보
다, 인간은 공유하고 형식적인 의미를 가지고 있는 "기호지성嗜好之性"을
근본으로 한다는 것을 가리킨다. "기호지성"은 형식적 원칙이라는 의미
가 있어서 "기호지성"에서 나온 도덕규범은 사회가 개념화하는 과정에
서 경직화된 인·의·예·지 등 덕목이며, "기호嗜好"가 있는 상황에서 "자
기가 싫어하는 것은 남에게 강요하지 마라.(己所不欲.勿施於人)", "부전기不
專己"와 사물의 발전에 대한 "인의상존문人意相存問"이 형성된 규범이나 공
통된 인식이다. 이런 의미에서 다산이 인으로부터 확장한 정치적 이론
은 "이성의 공공적인 운용(public use of reason)"이라는 개념과 관련된다.

"이성의 공공적인 운용"은 "이성의 개인적인 운용(private use of reason)"[23]
에 대비해 말한 것이다. 칸트(Immanuel Kant, 1724~1804)는 이성을 무한
적으로 운용하면 이 사회가 더 이상 존재할 수 없다고 봤다. 왜냐하면

---

23 〈理性的公共運用〉相對於〈理性的私自運用〉(private use of reason), 本文之使用這種區
分得自於康德(Immanuel Kant)在〈答〈何謂啟蒙〉之問題〉("An Answer to the Question:
What is Enlightenment?"). 參見 Mary J. Gregor trans. And ed., *Practical
Philosophy: Selections*(New York: Cambridge University Press), pp.11~222. "An
Answer to the Question: What is Enlightenment?"的德文中譯可參見李明輝譯:《康
德歷史哲學論文集》(臺北: 聯經出版社, 2013). 李明輝的譯文將上兩詞譯作〈理性的公開運
用〉與〈理性的私自運用〉. 而其他學者也有譯作〈理性的公共使用〉與〈理性的私自使用〉者.

우리가 납세할 때 먼저 "우리가 왜 세금을 내야 하는가?"라고, 군대에서 상관이 명령을 내릴 때 먼저 "우리가 왜 명령에 복종해야 하는가?"라고 물어볼 것이다. 이런 문제들을 토론할 수 없는 것은 아니지만, 사회가 제대로 돌아갈 수 있도록 사람들이 개별적으로 논의하는 것을 제지해야 한다. 그래서 사회의 기능이 효율적으로 돌아가기 위해 "이성의 개인적인 운용"은 제한을 받아야 한다. 한 학자(a man of learning addressing)로서, 공민과 공민의 직장이나 직무를 초월해서 전체적인 독자 집단(reading public)에 이성을 운용할 수 있으며, 조금도 의심하지 않고 명령에 복종하는 것보다 모든 제도나 정치, 규범 뒤에 숨어 있는 논술을 가능한 한 이해해야 한다. 이런 사고는 바로 "이성의 공공적인 운용"이다. "이성의 공공적인 운용"과 "이성의 개인적인 운용"이라는 두 가지 개념을 통해 다산이 말한 "인지간진기도人之間盡其道"를 토론하면 "이인지간二人之間"에서 사회적 신분이라는 의미가 있는 것을 발견할 수 있다. "기호지성"을 기초로 한 "향인지애"는 사회적 신분을 초월해서 이성적인 사고를 하는 의미가 있다. 단 "향인지애"는 "이인지간"에서 실행할 수 있어야 "이인지간진기도二人之間盡其道"라고 말할 수 있다.

(2) "상호성 판단기준(相互性判準)"

다산이 살았던 시대에 모든 국민은 정치적 사회에서 법률상의 권리와 의무를 가진 "공민 신분"이나 "공민권"이라는 개념이 없었지만, 그가 말한 "목여민이인야牧與民二人也"는 "목牧"과 "민民"을 평등한 개체로 본 것이 분명하다. 그러므로 그는 "공민권"이라는 이상을 품었다고 할 수 있다. 이에 따르면, "이인지간진기도"에서 나온 정치적 이론은 "군君과 신臣, 목牧과 민民, 민民과 민民 등 각종 정치적 관계에서 어떤 도덕적 이념이 필요한가?"라는 문제에 미치게 된다. 이러므로 "이인지간진기도"

는 존 롤즈(John Rawls,1921~2002)가 말한 "상호성 판단기준(the criterion of reciprocity)"이라는 개념으로 이해할 수 있다.

"상호성 판단 기준"은 "정치권력의 정당한 사용은 우리가 우리의 정치적 행위를 증명할 때 제공한 이유가 충분하다고 진심으로 믿고, 다른 공민들도 이런 이유들을 합리적으로 받을 것이라고 합리적으로 믿는 데 있다"[24]는 것을 가리킨다. 간단히 말하면, 상호성 판단기준은, 공민이나 정부가 남들이 받을 수 있는 이유로 정치적 제도나 법률의 타당성이나 정당성을 증명해야 한다고 요구한다. "상호성 판단기준"은 "공민들이 서로 대하는 도道의 의무(duty of civility)"로서 공민, 판사, 행정 관리가 공공 업무에서 준수해야 할 공공적이고 이성적인 행위이다. 모든 사람들은 가장 합리적인 정치적 정의관에 근거하여 다른 공민들에게 자기의 정치적 입장을 해석할 의무가 있다. "공민들이 대하는 도의 의무"를 법률 조문으로 삼으면 언론 자유를 위반할 수 있어서 "공민들이 대하는 도의 의무"는 법률 조문(legal duty)이 아니라 다만 일종의 도덕적 의무(moral duty)이다. 공민들이 "상호성 판단기준"의 요구를 잘 이행하면 "공민의 우의(civic friendship)"라는 관계가 형성될 수 있다.[25]

(3) 주권자의 공공적 이성(公共理性)

서양 정치사에서 홉스(Thomas Hobbes, 1588~1679)는 "공공적인 이성(public reason)"이라는 개념을 첫 번째로 제기했다. 그가 제기한 "공공적인 이성"은 "절대 주권자의 이성"과 "신 대리인의 이성"을 말한다.[26]

---

24 見 John Rawls, *The Law of Peoples*: with "The Idea of Public Reason Revisited"(Cambridge, Mass.: Harvard University Press,1999), p.137.

25 以上參見 John Rawls, *The Law of Peoples*: with "The Idea of Public Reason Revisited", pp.135-136.

홉스의 이론 가운데 자연 상태(the state of nature)에서 국가(common-wealth)로 발전하는 과정에서 "개인적인 이성을 사용한다"는 "공공적인 이성을 지지한다"로 변하는 것이 중요하다. 다시 말하면, 자연 상태에서 인간은 "개인적인 이성(private reason)"의 지배를 받아서 충돌이 생겨 시로 반목하는 전쟁 상태에 빠져 있었다. 전쟁 상태에서 스스로 보호하기 위해 인간은 주권자가 대중의 이익과 안전을 보장할 수 있도록 사회 계약을 맺어 권력을 절대적이고 무한한 주권자(sovereign)에게 줬다. 이래서 주권자의 이성은 바로 공공적인 이성이다.

이렇게 "주권자의 이성"과 "대리인의 이성"을 "공공적인 이성"으로 보는 견해는, 동아시아 유가 전통에서 계약론이라는 형식을 통하는 것보다는 서주西周 시대의 "이덕배천以德配天"이라는 개념으로 달성된다. 즉 "천명미상天命靡常"과 "유덕자거지有德者居之"라는 "신권덕화神權德化"론은 주권자의 공공적인 이성의 원천이며, 주공周公의 제례작악制禮作樂은 주권자의 이성을 대표하는 것으로 됐다. 그러나 한 집안의 천하라는 세습군주제 체제에서 "유덕자거지"는 정치적 신화가 되고, 탕무湯武의 혁명은 유가 정치적 논술의 금기가 된다. 주자는 주자학에서 탕무에 대해 아래와 같이 주장했다. "탕무반지湯武反之"라고 한 것은 주로 도덕성의 함양이라는 측면에서 탕무가 "반복득저본심反復得這本心"[27]이라고 한 것을 따르며, 탕무의 혁명은 일반적 행위보다 일시적인 방편뿐이어서 성인은 "권權"이라는 자를 사용하지 말아야 한다고 권유한다는 것이다.[28] 다산

---

26 在西方政治史上. 霍布斯(Thomas Hobbes)第一個提出〈公共理性〉(public reason)概念. 而且他認為〈個人的理性就要服從於公共. 也就是服從上帝的代理人〉. 見 Thomas Hobbes, *Leviathan*, ed. By Richard Tuck(Cambridge; New York: Cambridge University Press, 1991), p.96. 中譯文參考黎思復, 黎廷弼譯:《利維坦》(北京: 商務印書館, 1996).

27 如《朱子語類》卷61〈孟子十一·盡心下·養心莫善於寡欲章〉載朱子言:〈以湯武聖人. 孟子猶說《湯武反之也》. 反, 復也, 反復得這本心. 如《不邇聲色, 不殖貨利》, 只為要存此心.〉

28 如《朱子語類》卷19〈論語十九·子罕篇下·可與共學章〉載朱子言:〈經, 是常行道理. 權, 則是那常理行不得處, 不得已而有所通變底道理. 權得其中, 固是與經不異, 畢竟權則可暫

은 주자의 이런 주장에 반대했다. 〈탕론湯論〉에서 "탕방걸湯放桀"과 "신벌
군臣伐君"은 예전에도 자주 있었던 일이라서 상탕商湯으로부터 시작한 일
이 아니라고 하며,²⁹ 탕무의 혁명의 정당성을 인정하고 민의에 순응할
수 있는 주권자의 공공적인 이성을 언급했다.

　다산은 탕무의 혁명에서 출발하여 "주권자의 공공적인 이성"이라는
문제를 언급하고 "군주"와 "민"이 "이인지간진기도"라는 논술에서 아래
와 같이 주장했다. 군주는 예악형정禮樂刑政을 제정하는 사람으로서 그
의 주요 임무는 수신하여 "천리"에 부합하는 것보다, 이성이 있는 신분
으로서 자기의 "기호지성"과 그가 대면한 개인이나 사회 조직을 존중하
고, "사람과 나 사이(人我之際)"에서 "군주"의 직분을 다하고 "효孝·제弟·
자慈"로 백성들을 시찰하며³⁰, "부전기不專己"와 "인의상존문人意相存問"이
라는 태도로 신민과 각종 구체적인 정치 조치를 대면한다.³¹ 상술한 바
와 같이, 다산의 이론에서 언급한 군주는 절대 주권자의 이성을 가진
자가 아니라 "이성을 공공적으로 운용할 줄 아는" 주권자에 더 가깝다
고 할 수 있다.

而不可常. 如堯舜揖遜, 湯武征誅, 此是權也, 豈可常行乎！ 觀聖人此意, 畢竟是未許人用
《權》字.〉

29 茶山〈湯論〉言：〈湯放桀可乎？ 臣伐君而可乎？ 曰：古之道也, 非湯鬠爲之也.〉見《文
集·論》卷11,《定本與猶堂全書》第2冊(首爾: 茶山學術文化財團, 2012), 頁 304~305.
相近的意見亦見〈逸周書克殷篇辨〉,《梅氏書平》卷4,《定本與猶堂全書》第13冊, 頁 329.

30 茶山認爲《大學》一書是爲了敎〈冑子〉而有的敎材. 所謂的〈冑子〉語出《尙書·堯典》. 指〈天
子之子(不分嫡庶)〉,〈三公, 諸候以下之嫡子〉, 在《周禮》稱爲〈國子〉, 故《大學》實是用以敎
導統治者的敎材. 茶山認爲《大學》的主要內容在於〈孝弟慈〉三者, 故以〈明明德〉爲〈孝弟爲
德, 通乎神明〉的意思. 他認爲冑子必須受此〈孝,弟,慈〉之敎, 以作爲個人〈自修〉及眾人〈行
禮樂刑政〉之本源.

31 茶山言：〈爲人君止於仁.亦只是自修. 堯舜不强勸民使止於至善也. …… 堯舜身先自修.
爲百姓導率而已. 强令民止於至善.無此法也〉. 上段文字指出君主必須把握〈爲仁由己〉的原則, 而
不可〈不强令民以至善〉, 這顯見茶山認爲君主必須以〈不專己〉,〈從民之好〉的態度順導人民.
引文見於《大學公議》,《與猶堂全書》第4冊, 總頁 25.

3. 유학에 의해 혁신하고 내포한 계약론 특색

1) 군주론君主論

다산은 《원목原牧》·《탕론湯論》과 《경세유표經世遺表·방례초본인邦禮草本引》
에서 군주 권력의 합법적인 근원에 대하여 아래와 같이 언급했다.

> 邃古之初, 民而已, 豈有牧哉！民于于然聚居, 有一夫與鄰鬨, 莫之決. 有叟焉,
> 善爲公言, 就而正之, 四鄰咸服, 推而共尊之, 名曰里正. …… 里正從民望而制之
> 法, 上之黨正；黨正從民望而制之法, 上之州長. 州上之國君, 國君上之皇王, 故其
> 法皆便民.〉(〈原牧〉)[32]

> 湯放桀可乎？臣伐君而可乎？曰：古之道也, 非湯刱爲之也. 神農氏世衰, 諸侯相
> 虐, 軒轅習用干戈, 以征不享. 諸侯咸歸, 以與炎帝戰于阪泉之野, 三戰而得志, 以代
> 神農. 則是臣伐君, 而黃帝爲之. 將臣伐君而罪之, 黃帝爲首惡, 而湯奚問焉！(〈湯論〉)

> 以余觀之, 奮發興作, 使天下之人, 騷騷擾擾, 勞勞役役, 曾不能謀一息之安者,
> 堯舜是已. 以余觀之, 綜密嚴酷, 使天下之人, 夔夔遬遬, 瞿瞿悚悚, 曾不敢飾一毫
> 之詐者, 堯舜是已. 天下莫勤於堯舜, 誣之以無爲；天下莫密於堯舜, 誣之以疏迂.
> 使人主每欲有爲. 必憶堯舜以自沮, 此天下之所以日腐而不能新也.(《經世遺表·邦禮
> 草本引》)[33]

앞에 언급한 다산의 "이인지간진기도"의 정치 이념을 보면, 위의 세
단락 인용문의 요점은 네 가지로 요약될 수 있다.

---

32 〈原牧〉, 《文集·原》 卷10, 《定本與猶堂全書》 第2冊(首爾：茶山學術文化財團, 2012)
   頁 206~207.

33 見《經世遺表·邦禮草本引》, 《定本與猶堂全書》 第24冊, 頁 26~27. 相近的意見亦見《論
   語 古今注·爲政第二·爲政以德》, 《定本與猶堂全書》 第8冊, 頁 54.

① 홉스는 《리바이어던Leviathan》에서 사람과 사람의 분쟁은 인성의 경쟁, 불신과 영예감에서 나온다[34]고 주장한 것과 달리, 다산은 《원목原牧》에서 군주의 권력 교대의 근원은 떼 지어 모일 필요에 있고, "鬨(싸울 홍)"으로 논의했다. 그는 사람과 사람 사이, 단체와 단체 사이 분쟁은 권력, 재부나 명리에 대한 욕망에서 나온다고 가정하지 않은 것은 그의 관점이 맹자학의 "성기호性嗜好"론에 접근해 있다는 것에서 찾을 수 있다.

② 다산은 사람과 사람 사이, 집단과 집단 사이에 공정하게 중재해야 할 "질서 있는 상태"가 있다고 여긴다. 《원목原牧》에서 "당정종민망이제지법黨正從民望而制之法, 상지주장上之州長. 주상지국군州上之國君, 국상지황왕國君上之皇王"의 '상향적으로 뽑아올리는 것(下而上)'이라는 정치논술은 한 사람을 뽑아서 집단의 인격을 대표하는 "계약론"과 정치적 측면에서의 "대표제"라는 특징이 있다.

③ 다산은 "탕방걸湯放桀"과 "신벌군臣伐君"이 예전에도 자주 있었던 일이라서 상탕商湯으로부터 시작한 일이 아니라고 여겼다. 곧 집단의 인격을 대표하는 주권자가 영원한 주권을 가질 수 없다는 것을 의미한다. 태평시대의 경우, 다산은 홉스의 관점을 인정했을 것이다. 즉, 신민은 계약 관계에서 주권 대표자에게 권한을 부여해서 주권이 실행한 효율을 보장하며, 인민이 자유나 이익을 과도하게 추구한 끝에 일어난 폭동이나 소동을 피하기 위해, 왕권은 각급 권력 수여자에게서 존중을 받아 강력하게 집행될 수 있도록 신민은 주권 대표자에 반항하는 권력을 잃었다.[35] 그러나 주권 대표자가 안전과 평화, 공정한 목적을 보장할 수 없으면 신민은 양도한 권력을 다시 거둬들일 수 있다. 그리고 권력을 다른 주

---

34 見 Thomas Hobbes, *Leviathan*, pp.87~88.

35 如霍布斯言：〈主權代表人不論在什麼口實之下對臣民所做的事情沒有一件可以確切地被稱為 不義或侵害的，因為每一臣民都是主權者每一行為的授權人，所以除開自己是上帝的臣民，因而必須服從自然律以外，對其他任何事物都決不缺乏法權. 於是，在一個國家中，臣民可以，而往往根據主權者的命令被處死，然而雙方都沒有做對不起對方的事〉. 見 Thomas Hobbes, *Leviathan*, p.148.

권 대표자에게 양도해 주고 정벌하는 방식으로 전 주권 대표자를 뒤집을 수 있다.

④ 군주는 주권 대표자로서 인민의 생계와 안전, 평등한 대우를 보장해야 해서 일반인보다 더욱 고생했다. 부지런히 일하면 '무위이치無爲而治'라는 상황이 나타날 리가 없어서 후세의 군주는 자기가 주권 대표자로서의 책임을 인식하여 허망한 '무위이치'를 추구할 수 없었다.

상술한 바를 종합하면, 다산의 논점은 계약론의 이유를 명확히 제기하지 않았다. 그러나 "상향적 천거(由下而上的推擧)"와 "이인위인二人爲仁" 등 유학에 대한 새로운 해석 안에는 계약론의 특색을 발견할 수 있다.

2) '제명帝命'과 '후대侯戴'의 이론적 의미

다산이 말한 "상향적으로 뽑아 올리는(下而上)" 권력 구조론은 사회계약론의 의미가 있다는 것을 이해한다면, 그가 《매씨서평梅氏書平》〈일주서극은편변逸周書克殷篇辨〉에서 군주 권력의 합법적인 기초라고 언급한 제명帝命을 타당하게 해석할 수 있다. 《매씨서평》〈일주서극은편변〉에서 '제명帝命'과 '후대侯戴'를 언급한 대목은 아래와 같다.

> 今人以秦以後之眼, 仰視秦以前之天, 其萬事萬物, 無一非倒景斜光. 湯,武其最大者也, 其與秦以後之法, 天壤不侔, 厥有兩端, 一曰帝命, 一曰侯戴. 古人事天, 皆誠信而忧畏之, 非如後世爭王之人, 憑依假託而稱天也. 厥有虔心, 昭事之人, 格于上帝, 能躬承密訓, 灼知天命. 爲帝王者, 不得此人, 不敢以爲國; 承祖考之緖者, 得此人然後能致治以中興; 値鼎革之際者, 得此人然後能受命而肇業. …… 其云侯戴者何？民聚而求其長, 長列而求其帥, 各立一帥, 名之曰侯. 侯之中有翹楚, 相與會議以戴之,
> 名之曰天子. 天子之子若孫不肖, 諸侯莫之宗也, 亦安而受之; 有奮發以中興者,

諸侯復往朝之，亦安而受之，不問其往事也；有暴虐淫荒，以殘害萬民者，則相與會議以去之，又戴一翹楚者，以爲天子．其去之者，亦未嘗殄其宗祀，滅其遺胤，不過退而復其原初之侯位而已．[36]

다산이 말한 '후대侯戴'에서 '후侯'는 "민취이구기장民聚而求其長.장열이구기수長列而求其帥"로 성립된 정치 지도자를 가리킨다. 그리고 '후대'는 바로 '제후諸侯'가 '추대推戴'한 '천자天子'를 의미한다. 따라서 '후대'는 바로 앞에 언급한 "중추이공존지衆推而共尊之"의 뜻을 지니는 것은 의심할 바 없다. 지도자를 추대하는 것을 제외하고 다산은 '주권 대리인'을 바꾸는 문제도 언급했다. 그는 제후나 천자가 "포학하고 음란하며 만민을 가학하는(暴虐淫荒, 以殘害萬民)"는 상황이라면 다른 정치 지도자를 추대하고 기존 주권 대리인의 자격을 박탈할 수 있다고 봤다. 다산은 이런 권력을 박탈할 때 기존 주권 대리인의 종사宗祀나 후손을 소멸시키는 것보다 그전 계급의 정치적 위상으로 되돌려야 한다고 주장했다. 그래서 다산이 구상한 정권 전이는 살육보다 평화적 수단으로 진행하는 것임을 알 수 있다.

'후대'가 계약론에 부합한다는 것은 의심할 바 없지만 '제명帝命'에 대해 이의가 적지 않은 편이다. '제명'의 경우, 조선과 서양의 종교의식을 비교하는 데서 그 의미를 해석할 수 있다. 서양의 사회계약론의 기원은 신교의 신학으로 거슬러 올라갈 수 있다.[37] 종교 개혁 이후, 신교는 개인은 교회라는 매개를 경유할 필요가 없고 신앙으로 하나님과 직접 대면할 수 있다고 주장했다. 이런 종교의식의 변화는 계급적인 사회관계에서 평등한 사회관계로의 변화를 초래했다. 그러나 개인은 하느님과

---

36 見《梅氏書平》卷4，《定本與猶堂全書》第13册，頁 329.

37 如 P. Claval 和 P. Miller 皆認為霍布斯接受了當時喀爾文教派(Calvinism)有關恩寵的神學討論 與著述的影響. 參見 Perry Miller: *Errand into Wilderness*(New York: Haper and Row, 1964), pp.1~224.

직접 대면하고 또 사람마다 서로 평등하다는 것으로 어떻게 사회계층의 존재 의미를 설명하는가? 게다가 "운명론"의 영향을 받아서 사람들은 자기가 하느님의 선민인지 아닌지 모르기 때문에 마음속으로 초조해했다. 홉스 이전 신교의 사상가들은 신도의 불안감을 해소하기 위해 사회의 기원과 본질을 사유했다. 그래서 《성경》에서 '계약(covenant)'이라는 개념을 이용하여 사회가 성립될 수 있도록 사람과 사람 사이에 계약만 추구하는 것이 아니라 신과 사람 사이에 "은총을 받은 계약"이라는 개념도 같이 추구해야 한다고 주장했다. "은총을 받은 계약"의 요지는 다음과 같다: 사람들은 모두 원죄 때문에 타락하게 되었다. 그러나 아브라함(Avraham ; Abram)이 참으로 충성해서 심지어 외아들을 제물로 바쳤기 때문에, 하느님은 사람과 그의 민족이 번영할 수 있도록 새로운 계약을 맺었다. 서양의 사회계약론은 상술한 신학의 영향을 받아서 철학적 논술로 전환시켰다. 그래서 홉스는 《리바이어던》의 제3부 〈기독교 국가를 논한다〉에서 먼저 아래와 같은 문제들을 제기했다. 우리는 왜 《성경》을 신봉해야 하는가? 어느 《성경》을 신봉해야 하는가? 어떤 사람이 말하는 하느님의 계시를 어떻게 확신할 수 있는가? 홉스는 누구도 초자연적 계시가 민사법보다 더 중요하다고 주장하면 국가에 혼란이 벌어질 것이라고 말했다. "은총을 받은 계약"의 요지는 '평등不等'이 아니라 '동의同意'이다. 다산의 논점이 하느님을 두려워하("고인사천古人事天.개성신이침외지皆誠信而忱畏之")는 데 중점을 둔다고 하면, 그의 '후대侯戴'론은 사람들이 평등하게 계약을 맺을 수 있다는 것을 기초로 하지 않았다. 그래서 이 글에서는 다산이 말한 "비여후세쟁왕지인非如後世爭王之人.빙의가탁이칭천야憑依假託而稱天也"를 주목할 필요가 있다고 주장하고자 한다. 다산은 후세 사람들이 왕으로 자처했을 때 대부분 하늘의 뜻을 빌렸다고 말했다. 이런 주장은 홉스가 말한 "어떤 사람의 말은 하느님의 계시가 맞는지 어떻게 확인할 수 있는가?"라는 주장과 같은 맥락이다. 이에 따르면, 다산의 '제명帝命'이 '상제론上帝論'과 '심성론心性論'이라는 두 가지 해석을,[38] 이 글에서는 '심성론'을 수용한다. 바꿔 말하면, 다산이 말한 "개성신이침외皆誠信而忱畏"는 '심성론'에서 '심心'과 '성性'의 관계를 통해서 이해해야 한다. 여기서 '하늘'과 '상제'는 '사람(人)'을 초월한 존재가 아니라 사람의 "존심存心"의 상태를 말한다.

세습군주제 체제의 조선에서 산 다산은 세습 군주에 대하여 계약론으로 그 주권의 기초를 설명할 수 없다는 것을 알고 있었다. 이런 다산은 어쩔 수 없이 한발 양보해서 "격우상제格于上帝.능궁승밀훈能躬承密訓. 작지천명灼知天命"를 할 수 있는 사람이어야만 주권으로 나라를 다스리는 합법성을 가질 수 있다(爲帝王者.不得此人.不敢以爲國)"고 보았다. 이런 주장은, 다산의 이론은 조선을 신분사회에 적용하면서도 조선 신분사회를 초월하려고 한 이상을 나타낸다. 신분제를 초월하려는 이상으로 말한다면, '제명帝命'에 대하여 아래와 같이 해석할 수 있을 것이다. (1) '제명'과 '후대'는 서로 배반되는 관계가 아니어서 '제명'은 '후대'의 경험을 기초로 한 '초월의 기초'라고 할 수 있다. (2)'후대'는 계약 관계에서 '권한 부여'라는 의미가 있지만, 수많은 사람들(雜多之民)은 어떻게 '만장일치'로 어느 '대표자'에게 그들을 대표할 수 있도록 권한을 부여하는가? 다산은 "인성지동人性之同"에 근거하여 사람마다 마음속에 평화, 안전과

---

38 茶山是否有上帝信仰的問題, 在韓國學界有兩極化且相持不下的意見. 本文雖同意茶山可能受到西教或西學的影響. 但對茶山具有上帝信仰的說法則持保留意見. 先秦儒學文獻如《詩》《書》多見〈上帝〉之語, 茶山取〈上帝〉以喩心性具有先驗的特質也非不可能. 故本文不想揣測這類的結論, 只是依文本所見判斷其上帝之說可以是哲學上的意義, 而不必然是信仰上的意義. 相類於此問題, 有關茶山由下而上的的政治思想也有學者認爲是受到西學東漸的影響, 但這種論點在文獻上也不易證明, 如果不涉入結果論的臆測, 茶山的論證由儒學出發則確然無疑, 並不需要由西學來說明. 有關茶山的對西學與西教的態度不是出於信仰, 而是出於〈一位儒士對基督教思想挑戰的調適〉的說法, 可參見金永植 Yung Sik Kim: "Science and the Tradition in the Work of Chŏng Yagyong" *Journal of TASAN Studies*, no.5(2004), Seoul: Tasan Cultural Foundation, pp.127~168.

공정한 이유를 위해 성립된 '원초적 계약原初契約'이 가지는 실재성과 효력에 동의할 수 있다고 주장했다. 왜냐하면 마음속에 이미 가정한 동의를 제공하였으므로 모든 사람 다 권한 부여를 동의하는지 다시 확인할 필요가 없기 때문이라는 것이다. 다산은 이런 '수많은 권한 수여자'의 '통일성'을 '제명帝命'이나 '천명天命'이라고 했다.

위의 설명을 보면, "고인사천古人事天. 개성신이침외지皆誠信而忧畏之. 비여후세쟁왕지인非如後世爭王之人. 빙의가탁이칭천야憑依假託而稱天也."에서 "사천事天"은 계약 관계에서 "평화, 안전과 공정을 가능하게 하는 직분"이라고 해석할 수 있다. 이와 같이, "부득차인不得此人.불감이위국不敢以爲國"에서 '이 사람을 얻는다(得此人)'는 것도 이런 직분을 통해 이 사람이 맡은 직책을 감당할 수 있는지를 판단한다. 바꿔 말하면, 다산은 '심성이 같다(心性之同)'는 것은 모든 '권력'과 '권리'의 전제라고 주장했다. '심성이 같다'는 조건에서 공동 행동 능력이 부족한 '수많은 사람(雜眾)'은 '통일성'을 이뤄서 한 사람이나 많은 사람들이 결성한 '주권자'에게 권한을 부여했다는 것이다. 같은 이치로, '주권자'가 확립된 이후, 주권자가 "평화, 안전과 공정하게 대하는" 약속을 이행하지 못하면 '수많은 사람(雜眾)'은 다시 모여서 개조나 혁명을 통해서 새로운 '주권자'를 세울 것이다.

4. 동아시아 세계에 대해 다산의 정치론의 의미: 황종희의 관점과 비교하여

1) 다른 이론 유형으로 형성된 유학의 다른 관점

동아시아 유학의 각도에서, 다산의 군주론은 내용 면에서 당나라 유종원(柳宗元, 773~819)의 〈봉건론封建論〉과 청나라 황종희(黃宗羲, 1610~1695)의 〈원군原君〉에 영향을 받았다[39]고 볼 수 있다. 그 가운데 황종희의 영향을 가장 뚜렷하게 받았다. 예를 들면, 다산의 《경세유표經世遺表》에서 '전제田制'·'정전의井田議'·'향리론鄕吏論'을 보면 《명이대방록明夷待訪錄》에서 '서리婿吏'와 '전제田制'의 영향을 받았다는 것을 알 수 있다. 다산의 논점의 일부는 황종희 논점의 영향을 받았을 것이지만, 양자의 문장이 비슷하다고 그들의 이론의 차이점을 간과하면 안 된다. 황종희의 논점에서 '이인상여二人相與'라는 '인仁'론이 없으므로 황종희의 《원군原君》에서는 군주가 "불이일기지리위리不以一己之利爲利", "불이일기지해위해不以一己之害爲害"라는 도덕적 관점을 통해 군주 권력 교체의 정당성을 표현해야 한다. 이와 대비하여, 다산이 '홍'론으로 '두 사람 사이二人之間'의 분쟁을 논한 것은 지배자의 군집에 영향을 미치고 그에 따라 '선위공언자善爲公言者'에 대한 추대가 이루어진다. '리利'와 '욕慾' 등 자연적 욕망의 확장과 제한을 통해 분쟁이 벌어진 원인과 분쟁을 해결하는 방법을 가상하는 것이 아니다. 이래서 평등한 관계를 기초로 한 계약론과 관련이 있다. 바꿔 말하면, 다산과 황종희 사상의 차이점은 '군주론', '전제田制'나 '서리론婿吏論' 등 개별 관점의 차이라기보다는 두 사람이 유학을 이해하는 이론 유형에 있다. 그 가운데 관건은 바로 다산의 '이인상여'론에서 형성된 이론 변화와 발전이다.

---

39 如柳宗元〈封建論〉言：〈夫假物者必爭.爭而不已.必就其能斷曲直者而聽命焉. 其智而明者.所伏必眾；告之以直而不改.必痛之而後畏；由是君長刑政生焉. 故近者聚而為群. 群之分.其爭必大.大而後有兵有德. 又有大者.眾群之長又就而聽命焉. 以安其屬.於是有諸侯之列.則其爭又有大者焉. 德又大者. 諸侯之列又就而聽命焉. 以安其封.於是有方伯, 連帥之類.則其爭又有大者焉. 德又大者. 方伯, 連帥之類又就而聽命焉. 以安其人. 然後天下會於一.〉已論及社會組織源起於群聚之爭. 為了解決紛爭. 因而推舉能評斷是非曲直者. 而聽其領導. 而黃宗羲〈原君〉的主要論點有三：(1)君主的作用在於調和天下人的自私自利. 使人人得其利而不受爭奪之害；(2)天下之人視暴君獨夫為寇讎. 故湯武誅桀紂有其正當性；(3)君主不為己利, 不畏己害. 故其勤勞必千萬倍於天下之人. 這三個論點也出現在茶山的論說中.

학자들은 황종희의 사상을 논의할 때 대부분 황종희가 말한 "천지간 지유일기충주天地間只有一氣充周"에서 '심이 바로 기다(心即氣也)'라는 결론을 내렸으며,[40] 그와 왕부지(王夫之, 1619~1692)의 이론을 기론氣論으로 요약하고 주자학과 양명학陽明學 이후 유학이 이룬 중요한 발전으로 봤다. 그러나 황종희가 말한 '심'은 경험적·실제적 기氣의 혼으로 보이지만, 그는 "실기주재失其主宰. 즉의리화위혈기則義理化為血氣."[41]라고도 주장했다. 이를 통해 황종희는 결국 "주재한 마음으로서 의리(作為主宰之心的義理)"와 "의리가 없는 혈기(不具義理的血氣)"가 다르다는 결론을 내렸다.[42] 그러므로 황종희의 사상은 실제적으로 '기일원론氣一元論'이 아니다. 단지 주자가 말한 "이기불잡불리理氣不雜不離"에서 "심心(이理)기불리氣不離"라는 측면을 강조하지만 "심心(이理)기불잡氣不雜"이라는 측면은 비중을 적게 두었다. 이런 사고 유형에 따르면, 황종희의 논점은 실제로 도덕적 주체의 역할을 강조하는 '심학心學'에 속해 있다고 할 수 있다.

황종희 사상의 '공사관公私觀'과 '천리인욕관天理人欲觀'을 논의하면, 그가 말한 '사私'와 '인욕人欲'은 '생리적·본능적 개체 욕망'이 아니라 '자연적 천리(公)'의 '과여불급過與不及'의 상태를 지향했다. 황종희의 논점은 '천리'를 추구하는 것에 머물러 있었다. 그는 군주 지배의 합법성은 군주의 행위가 천리에 부합할 수 있는지 여부에 따라 세워진다고 주장했을 뿐만 아니라, 인민의 '욕欲'과 '리利'도 천리에 부합해야 한다고 보았

---

40 黃宗羲:《孟子師說·浩然章》言:〈天地間只有一氣充周, 生人生物. 人稟是氣以生, 心即氣之靈power.所謂知氣在上也. 心體流行, 其流行而有條理者, 即性也. 理不可見, 而見於氣, 同樣, 性不可見, 而見之於心〉. 見沈善洪主編:《黃宗羲全集》第1冊, 頁 60.

41 黃宗羲:《孟子師說·浩然章》言:〈養氣者使主宰常存, 則血氣化為義理;失其主宰, 則義理 化為血氣, 所差在毫釐之間〉. 見沈善洪主編:《黃宗羲全集》第1冊, 頁 61.

42 黃宗羲有〈心即理〉之說.如其《孟子師說·仁人心也章》言:〈蓋人之為人. 除惻隱, 羞惡, 辭讓, 是非之外. 更無別心. 其憧憧往來. 起滅萬變者. 皆因外物而有. 於心無與也. 故言求放心. 不必言求理義之心;言失其本心. 不必失其理義之心. 則以心即理也〉. 見沈善洪主編:《黃宗羲全集》第1冊. 頁 141.

다. 이와 같이 군주에 대한 관점을 보면, 황종희의 관점은 대체로 유가
의 민본사상民本思想을 계승해서 전통 유학의 성군사상聖君思想의 연장선
에 있었다. 일반인에 대한 관점을 보면, 그는 모든 사람의 '욕欲'과 '리
利'도 천리의 제한을 받아야 한다고 주장했다. 따라서 이 같은 황종희
사상의 기조를 보면, 그는 정치적 관리 수단으로서 '전제田制' 문제를 논
의했을 때 경제의 발전보다 정부가 인민에게 가한 가렴잡세苛斂雜稅를
제거하는 데 목적을 두었다.[43] 이와 대비하여, 다산은 이상적인 전제는
세금에만 주목하는 것이 아니라 각종 역할이 사회에 줄 수 있는 기여
를 고려해야 한다고 주장했다. 그는 '계구분전計口分田'의 잘못을 강력하
게 비판했으며, 사士·공工·상商의 역할은 농사짓는 데 있는 것이 아니라,
"교수부민자제敎授富民子弟", "변토의흥수리辨土宜興水利", "제기이성력制器以
省力", "교지수예축목敎之樹藝畜牧" 등에 있다고 보고, 국가가 농민들에게
만 전답을 주어 농사를 짓게 해야 한다고 주장했다.[44] 이러므로, 다산이
논의한 '정전제井田制'는 천하의 모든 인민에게가 아니라 농민에게만 전
답을 줘야 한다는 것을 지향한다. 사·공·상의 활동은 지역 농업생산에
서 '정전井田'의 실행은 기본적인 세금[出賦斂], 안보 방위[起軍旅], 경제
발전[出其器用, 遷有無以濟其匱乏, 資其衣食住行] 그리고 국가의식이나 공사의
식公私意識[先國家而後私利]의 성장을 보장할 수 있다는 것이다. 이런 생각
은, 다산이 가상한 정치 지배가 황종희가 말한 '천리지공天理之公'과 다
르며, 사회 상호작용의 '공공성公共性'의 의미가 있다는 것을 보여 준다.

---

43 如《明夷待訪錄·田制三》言：黃宗義之討論田制.其目的不在於促進經濟之發展. 而在於解
決〈斯民之苦暴稅久矣. 有積累莫反之害〉.

44 〈井田議二〉言：〈飯雖貴, 悉天下之民而歸於田, 亦困而死而已矣. 工不攻金, 攻木, 攻陶
瓦博埴, 以出其器用, 則有死已矣. 商不通貨財, 遷有無以濟其匱乏, 則有死已矣. 虞不作山
澤之材, 牧不蓄食鳥獸, 嬪不治絲麻葛枲, 以資其衣服, 則有死已矣. 若是者, 皆不可以爲農,
不可以爲農, 則不可以授田〉, 〈井田之法, 不但稅斂均平, 抑所以敎民忠順. 平居治農, 皆知
先國家而後私利, 則有事之日, 必有賴焉. 其訓迪敎導, 豈口舌之所能及哉.〉見《經世遺表·
地官修制田制十·井田議二》.《定本與猶堂全書》第25冊, 頁 161~162.

2) 동아시아 세계에서 다산의 유학 이론에 대한 역사적 평가

중국학자들은 황종희의 사상에 대해 '근대와 봉건(近代與封建)'[45]과 '민주와 민본(民主與民本)'[46]이라고 두 가지 다른 방향으로 평가했다. 또한 이런 현상은 다른 나라의 학자들 논의에서도 나타나서[47] 비슷한 처지에 있었던 두 사람의 사상에 대한 비교 연구가 흥미로운 화제가 됐다.[48] 그럼, 황종희의 사상에 대해 왜 완전히 다른 해석이 나타났는가? 주요 원인은 아래와 같다. 황종희가 《명이대방록明夷待訪錄》을 쓰고 난 이후 독자가 많지 않았으며 청나라 말년에야 양계초(梁啟超, 1873~1929)와 담사동(譚嗣同, 1865~1898)은 '민권·공화民權共和'를 제창해서 그의 책을 광범위하게 인쇄하고 홍보한 이후, 비로소 그의 논점은 청나라 말년에 주목

---

45 如侯外廬《中國思想通史》 卷5 認為黃宗羲《明夷待訪錄》早於盧梭《民約論》三十年, 並推崇此書〈類似〈人權宣言〉, 尤以〈原君〉, 〈原臣〉, 〈原法〉諸篇明顯地表現出民主主義思想〉(北京: 人民出版社, 1958, 頁 155), 而林毓生《政治秩序與多元社會》則認為黃宗羲的政治思想〈未突破傳統政治思想的架構〉〈仍是一元論的,政教合一的聖王觀念〉(台北: 聯經出版社, 1990, 頁 342~343).

46 如羅義俊認為對黃宗羲政治思想的爭議可概括為〈民本論〉與〈民主論〉兩個陣營, 這兩者雖然都肯定黃宗羲政治思想的貢獻, 但對民本論者而言, 黃宗羲政治思想只是專制社會的最高成就, 而對民主論者來說, 黃宗羲政治思想已經達到歐洲啟蒙思想的高度, 完全可以用民主主義加以概括. 參見羅義俊: 《黃宗羲現象》與《明夷待訪錄》──兼政治移民, 文化移民與夷夏之辨大義論 略》, 《傳統中國研究集刊(第一輯)》(上海社會科學院歷史研究所, 2005).

47 如日本學者島田虔次(1917-2000)接受了梁啟超的看法, 他在〈中國之盧梭〉(〈中国のルソー〉)(1960)一文中反駁了清水盛光(1904-1999)和小島祐馬(1881-1966)的觀點. 清水盛光認 為黃宗羲思想與盧梭的王權批判, 民權主義之間有著難以逾越的距離, 而小島祐馬則認為《明夷待訪錄》的根本思想並未跨出《孟子》, 因而只是繼承了原始儒教的精神. 孟子思想中所表現出的民本主義, 不是近代民主(デモクラシー)的民權主義, 而是無可否認的君主主義立場. 島田虔次的觀點可參見其所著: 《中国革命の先驅者たち》(東京: 筑摩書房, 1965年 10月), 頁 125-126; 清水盛光的意見可參見所著《支那社會の研究》(東京: 岩波書店, 1939); 小島祐馬之觀點則可見於所著《中国の的革命思想》(東京: 筑摩書房, 1967).

48 如茶山在〈原牧〉, 〈湯論〉, 〈逸周書克殷篇辨〉所論的君王形象與《經世遺表》的論述有所不同, 前者主張〈下而上的政治觀〉, 〈湯武革命論〉, 具有近代性的特色, 而後者則是〈王土歸一〉, 〈王權強化〉的論說, 有傳統的封建思想.

을 받았기 때문이다.[49] 근대 학자들은 황종희에게서 '근대성'이라는 개
념을 급히 찾으려고 했다. 그래서 양계초는 황종희를 '중국의 루소'[50]라
고 하며,《명이대방록》도 루소《민약론民約論》의 중국판이라고 여기게 되
었다.[51] 황종희의 《명이대방록》이 각광을 받은 과정을 보면, 그의 사상
에서 '근대성'의 의미는 그의 사상 자체에 완전히 근거하여 형성된 것
이라기보다는 청말 정치 변혁 과정에서 '변법變法'의 필요에 의해 점점
형성됐다는 것을 알 수 있다. 이러므로 청나라 정치 변혁을 선전하는
목적을 고려하지 않으면, 일부 학자들은 객관적인 학술 입장에서 그의
사상이 근대성 논점과 다르다고 지적할 수 있을 것이다. 황종희의 경우
로 고려해 본다면 다산에 대한 평가도 같은 맥락이다. 그래서 연구자들
은 단편적으로 그들의 사상에서 근대성의 흔적이 있다고 주장하지 말
아야 하고 "그들의 이론이 유학에서 어떤 변혁을 이뤘는가?", "어떤 이
론적 발전을 이룰 수 있는가?"와 같은 문제들을 고찰해야 그들의 사상
이 동아시아 유학에서 가지고 있는 특별한 의미를 볼 수 있다.

　미국 학자 William T. de Bary(1919~)가 오래전에 출판한 〈중국 전제
주의와 유가사상: 17세기의 관점〉이라는 논문[52]에서, 황종희의 정치사상
은 유가의 하향식의 '선정(善政, good government)의 길에서 나온 것으로,

49　見梁啓超：《清代學術概論》, 收於《飲冰室合集·專集》(北京: 中華書局, 1989) 頁 14.

50　梁啓超言：〈今者盧梭之《民約論》, 潮洶洶然風蓬蓬然, 其來東矣, 吾黨愛國之士, 列炬以
燭之, 張樂以導之, 呼萬歲以歡迎之, 若是乎則中國之盧梭烏可以不著論也. 人人知崇拜中
國之盧梭, 則二十世紀之中國, 視十九世紀之歐洲, 又何多讓焉？〉見〈憂患餘生生〉,《中國
近世三大思想家. 黃宗羲》,《新民叢報》14號.1902年 7月, 頁 53~55.

51　如清末革命黨人陳天華(1875-1905)的遺稿《獅子吼》中亦言〈他(黃宗羲)著的書有一種名叫
《明夷待訪錄》, 內有《原君》,《原臣》兩篇, 雖不及《民約論》之完備, 民約之理, 卻已包括在
內, 比《民約論》出書還要早幾十年.〉見陳天華：《獅子吼》(瀋陽: 春風文藝出版社, 1997). 本
小說最早刊登於 1906年《民報》第2-9期.

52　William T. de Bary, "Chinese Despotism and the Confucian Ideal: A
Seventeenth-Century View" in John K. Fairbank(費正清) ed., *Chinese Thought and
Institution*(Chicago: The University of Chicago Press, 1957), pp.163~203.

그 목적은, 군주제의 소멸이 아니라 군주가 성군聖君이 될 수 있도록 도
덕으로 군권을 단속하는 데 두었다고 주장했다. 그 뒤에 Bary는 좀 늦게
출판한 《명이대방록》의 영역본의 서론에서 앞의 관점을 수정했다. 그는
〈중국 전제주의와 유가사상: 17세기의 관점〉이라는 논문에서 황종희와
서양의 민주적 가치를 너무 간단하게 구별했다고 봤다. 그는 결국 《명
이대방록》은 서양의 헌정제도와 형식이 다르지만 "유가儒家의 헌정주의
(Confucian constitutionalism)"라는 구상(Plan)을 가진다는 결론을 내렸다.[53]
그가 말한 '헌정(constitution)'은 군주 권력의 운용을 제도적으로 단속하
는 것, '유가儒家'라는 의미는 헌정의 실행을 군자 개인의 직분과 사士들
의 단체정신(the esprit de corps)에 의존하는 것이다.[54]

그러나 동아시아 근대 유가사상에서 이른바 '유가의 헌정주의'라는
사상의 특색을 말한다면, 다산은 황종희보다 더욱 자격이 있다. 헌정주
의가 헌법 체계로 국가의 권력을 단속하고 공민의 권력을 규정하는 학
설이나 이념을 가리킨다면, Bary가 말한 황종희의 '유가의 헌정주의'는
'인권'[55]이나 '헌법'[56](혹자는 유가의 '군신공치君臣共治'와 급사及士 정신의 문

---

53 William T. De Bary, *Waiting for the Dawn: A Plan for the Prince: Huang Tsung-hsi's Ming-i tai-fang lu*, New York: Columbia University Press, 1993, "Introduction", pp.1~85.

54 狄百瑞所論黃宗羲〈堅持對君主權力的運用進行建制化的限制〉的轉變. 尚可見於狄百瑞的其他書文: *Asian Values and Human Rights*(Cambridge, Mass.: Harvard University Press, 2002; 陳立勝 中譯:《亞洲價值與人權》, 臺北: 正中書局, 2003, 頁 115); *The Trouble with Confucianism*(Cambridge: Harvard University Press, 1991) p.55, 99~101; *Waiting for the Dawn: A Plan for the Prince*(New York: Columbia University Press, 1993), pp.60~62, 66~68.

55 黃宗羲《明夷待訪錄·原君》認為〈有生之初, 人各自私也, 人各自利也〉, 本來天下人的私與利即是公, 而後世君主郤以己私己利為天下之公, 故抨擊後世君主, 以為若不能回返三代明君之治, 可退而其次地回到無君的時代. 而使〈人各得自私也, 人各得自利〉. 狄百瑞將黃宗羲所說的〈自私自利〉解釋為〈人權〉(human rights), 這樣的見解令人懷疑他的說法是否過當. 見 William T. De Bary, *The Liberal Tradition in China*(Hong Kong: The Chinese University Press, 1983), 85.

화 전통으로 헌법을 대체하려고 한다)[57]에 대한 설명은 다 의심할 여지
가 있다. Bary가 말한 "군주 권력의 운용을 제도적으로 단속하는 것"을
《명이대방록》에서 '재상권宰相權'과 '학교에서 공의를 기르는 것〔學校培養
公意〕' 두 가지 조치로 실현하게 된 것으로 본다면, 이것은 그가 말한
"군자 개인의 천직과 사士들의 단체정신"이라는 말과 비슷하다. Bary의
관점이 성립될 수 있으면, 조선은 건국 이래 '군신공치君臣共治', '재상권
宰相權'과 '서원지당론書院之讜論' 등 형식이 있으므로 조선이 설립한 유교
국가는 '유가 헌정주의'를 체현했다고 할 수 있는가? 그래서 유가 헌정
주의를 논의하려면, 인민권리를 주체로 한 상황에서 인민과 군주, 개인
과 개인이 사회에서 사회와 국가 등 각종 관계에 대한 배치와 이론적
으로 연관되어야 한다. 상술한 바와 같이 전통 주자학이나 황종희의 주
장은 모두 새로운 발전을 이루지 못했다. 그러나 다산의 '이인상여二人相
與'론은 이론적으로 돌파할 가능성이 있어서 유가 헌정주의의 각종 이
념을 계승하여 발전할 수 있다고 생각한다.

5. 결론

20세기부터 동아시아 국가들은 보편적으로 전통 유가문화의 존속 문
제를 안고 있다. 중국을 예로 들면, 1958년에 홍콩과 대만 학자인 모종
삼牟宗三, 서복관徐復觀, 장군매張君勱와 당군의唐君毅는 〈중국문화를 위해

---

56 黃宗羲《明夷待訪錄·原法》, 雖然主張〈有治法而後有治人〉, 反對〈非法之法〉並以〈無法之
法〉為其理想. 但他說的〈無法之法〉端看君主立法有無〈天下之心〉, 因此他所說的〈三代之法〉
或〈無法之法〉只是一種種明君藏利於民的德政, 並不能有憲法的意義.

57 例如英國是現代憲政的發源地之一, 然而英國卻沒有一部正式的成文憲法, 它的政權合法
性主要是來源於歷史傳統.

세계인을 향한 선언為中國文化敬告世界人士宣言〉에서 낡은 문화와 새로운 사조에 대한 생각을 설명했다.[58] 그 가운데 제9부분 〈중국문화의 발전과 민주 건국中國文化之發展與民主建國〉에서 정치제도를 언급하면서 중국문화에서 현대 서양의 민주제도의 구조가 결여되있음을 인정하며, 중국에서 다스림〔治〕과 어지러움〔亂〕이 반복적으로 순환했던 현상을 끝내려는 희망을 민주제도의 구축에 기탁했다. 선언의 내용 일부분은 아래와 같다.

> 중국의 정치제도에서, 정부 내부의 재상과 어사 등 관원들이 군주 권력을 제한하는 것은, 정부 외부에 있는 인민의 권력이 정부 권력을 효과적으로 제한하는 것으로 바뀌어야 한다. 군주만이 채택하고 최종적으로 결정하고 실행한 정치제도는 전체 인민들이 같이 건립한 정치제도, 곧 헌법의 통제를 받는 정치제도로 변해야 한다.
>
> 中國政治制度中, 將僅由政府內部之宰相御史等對君主權力所施之限制, 必須轉出而成為：政府外部之人民之權力, 對於政府權力作有效的政治上的限制. 僅由君主加以採擇與最後決定而後施行之政治制度, 必須化為由全體人民所建立之政治制度, 即憲法下之政治制度.

상술한 이념에 근거하여, 헌정과 유가 이론을 긴밀히 연결시키는 것은 모종삼의 "양심 타락〔良知坎陷〕"론이다. 그는 도덕적 본체로서의 '무한한 자유로운 마음(양심)'이 '인식 주체'로 타락해서 '과학'과 '민주'가 널리 퍼지기 시작한다고 주장했다. 모종삼은 심성론心性論 사상을 유가사상의 주체로 하고 그의 '민주출발〔民主開出〕'론도 '곡통曲通'에 편향되어 있었다. 그래서 중국 대륙에서 장경蔣慶과 강효광康曉光을 비롯한 신유가 학자들은 공양학公羊學이라는 입장에서 반대했다. 그러나 공양학을 내세

---

58 見《民主評論》, 第9期(1958年 1月).

운 학자들 관점에서는, 장경의 '삼원三院'론[59]이나 강효광의 '유가 정당儒家政黨'론[60]을 막론하고 다 유가의 권위주의의 특색이 있으므로 헌정주의의 기본적인 이념과 완전히 부합할 수는 없다.

중국 학자들이 말한 유가 헌정주의는, 대부분이 '민족 주권'을 세우고 '인민 주권'을 뒤집어야 하며, 중화민족의 주권은 '개인 본위個人本位', '자연법'과 '계약론'에서 도출한 논리적 결과가 아니라고 주장한다. 그러나 이런 '인민 주권'을 무시한 '유가 권위주의'적 논의가 한국, 일본이나 대만 등 이미 민주화된 다른 유가문화 지역들에서 나오면 전통 유가문화의 멸망을 가속화할 수도 있을 것이다. 따라서 유가의 전통 문화가 민족의 자존심을 지키고 세계문화에 기여할 가능성이 있다고 본다면, 그러한 유가는 반드시 당대의 생활방식에 적응하고 개선함으로써 세계문화를 혁신시켜야 한다. 앞의 토론을 보면, 다산의 '이인상여二人相與'론에서 도출한 사회계약론은 당시에 개선하고 혁신한 의미가 있었을 뿐만 아니라 미래에도 발전할 가능성이 있다고 본다. 유학은 지금 동아시아 정치 전통에 있었던 권위를 이미 잃어서 이론적 활력을 가지는 학파로 변하지 못하면 그의 지위가 매우 위태로울 것이다. 이로 볼 때

---

59 由通曉儒家經典的模範人士組成, 代表儒教價値觀, 具備神聖天道的合法性；〈國體院〉由孔子直系後代組成, 代表歷史文化的合法性. 三院中每一院都擁有實質性的權利, 法案必須三院同時通過才能頒行, 最高行政長官也必須三院共同同意才能產生. 從現代民主的機制看來, 〈通儒院〉與〈國體院〉皆是權威性的特權階級. 蔣慶之說參見所著《生命信仰與王道政治—儒家文化的現代價值》(臺北: 養正堂文化事業公司, 2004), 頁 312~317.

60 康曉光認爲現代儒家仁政可以給中國共產黨的一黨制提供政治合法性, 也認爲儒家的禪讓制可以解決中國權威體制權力交接的問題. 他將儒家道統視爲是憲法原則, 將儒士共同體視爲是〈政黨〉以及〈違憲審查〉的主體, 認爲:〈儒士共同體也可以組建政黨, 參與現實政治, 捍衛儒家道統〉,〈違憲審查的準繩是憲法, 特別是憲法原則, 而儒家道統是憲法原則, 通過違憲審查可以廢止有違儒家道統原則的立法活動和政府行爲, 進而達到捍衛儒家道統的目的. 在儒家憲政中, 憲法法院承擔違憲審查職責, 憲法法院的法官由儒士擔任, 當然他們同時也必須是法律專家〉. 康曉光的意見參見所著《仁政—中國政治發展的第三條道路》(新加坡, 世界科技出版社, 2005)及羅德對康曉光的專訪〈中國必須走向儒家憲政〉(http://www.rujiazg.com/article/id/7362/).

다산 유학에 있는 계약론 특색은 동아시아 유학 학파가 소중하게 여겨야 할 전통 자원이라고 강조하고자 한다.

〔원문〕

第4章

丁茶山政治思想中的契約論特色

蔡振豐

(臺灣大學 교수)

一. 問題的緣起

　　猶太人哲學家洛維特(Karl Löwith, 1897～1973)於1936-41年間在日本東北帝國大學任教時. 發現許多日本人上班穿西裝. 在家中卻換回和服. 努力學習西洋知識. 卻明顯受到傳統文化的束縛. 他因而說:〈日本人認為他們有驚人的能力去開放和綜合. 他們之中有不少都相信已經把新和舊結合了起來 …… 我認識的所有日本人都相信他們已從我們身上學了所有東西. 並且改良了它們；他們都相信日本已站在我們前面.〉[1] 洛維特所觀察到的現象, 可視為是十九世紀〈和魂洋才〉說的延續. 然而. 與〈和魂洋才〉相近的概念, 如中國張之洞(1837-1909)《勸學篇》的〈中體西用〉(〈舊學為體新學為用〉)說, 朝鮮郭用鼎(1843～1917)《宜田記述‧論當今時局事勢》的〈東道西器〉說, 似乎最後都是以失敗收場. 因此, 就結果而言,〈和魂洋才〉與〈中體西用〉,〈東道西器〉的說法應可被區分為兩種不同的思想型態.[2]

　　〈中體西用〉與〈東道西器〉是在中國〈體用〉,〈道器〉論的哲學範疇下所形成的思想, 這類思想的問題可以從兩方面批評, 一是違反〈體用一致〉的論述原則, 如嚴復(1854～1921)說:〈未聞牛為體, 馬為用者也〉即是;[3] 二是以形上學觀之,〈體〉具有〈無限性〉, 而

1 Löwith, Karl, "The Japanese Mind – A Picture of the Mentality that We Must Understand if We are to Conquer." In: *Sämtliche Schiften*, Stuttgart: Metzler, Bd.2, 1983, p.556.

2 如金永植認為: 就科學的發展而言, 十九世紀後的日本不應被歸入東方, 而應被歸入西方. 見氏著:〈東亞思想史上近代早期日本的問題〉,《科學與東亞儒家傳統》(臺北: 臺大出版中心, 2014年)頁 294～298.

3 嚴復:〈與外交報主人論教育書〉中言:〈體用者, 即一物而言之也. 有牛之體, 則有負重之用；有馬之體, 則有致遠之用. 未聞牛為體, 馬為用者也〉. 見《嚴復集》第三冊(北京: 中華書局, 1886年) 頁 558～559.

〈用〉為〈有限〉之事物.以〈中學〉,〈東學〉具有形而上的地位, 而將〈西學〉視為是依〈中學〉,〈東學〉所生之用, 這種想法事實上存有著文化保守主義與絕對主義的想法. 相對而言,〈和魂洋才〉中的〈和魂〉在歷史的發展中有不同的意義. 早期日本所使用的〈和魂〉相對於〈漢才〉,〈漢意〉, 有〈本土的, 庶民的思維, 行動能力〉,〈日本的神道〉的意義, 並無儒學的意涵.[4] 德川時代新井白石(1657-1765)批評西學〈唯精於形與器, 所謂只知形而下者也；形而上則迄今未聞〉[5]以及佐久間象山(1811-1864)的〈東洋道德. 西洋藝術〉的說法,[6] 都與中國的體用觀相近, 也有儒學的色彩. 但明治維新前, 吉田松陰(1830-1859)《留魂錄》中所言〈大和魂〉, 則有〈為民族自保的反抗精神〉,〈為強大日本而奮發忘我的犧牲精神〉的義思.[7] 明治維新之後,〈大和魂〉的意義又有轉變, 如福澤諭吉(1835~1901)所說的的〈西洋文明僅為手段, 而皇室乃收攬日本精神之中心〉, 似乎又與皇統與國體的意義有所關聯.[8] 因此, 明治維新後〈和魂洋才〉所以能產生作用, 其關鍵在於揚棄儒教獨尊的思想及其體用的哲學.

　　事實上,〈和魂洋才〉與〈中體西用〉,〈東道西器〉應該都想要在〈傳統〉與西化的〈西化〉之間找到一種〈第三立場〉. 只是〈和魂洋才〉加重了對傳統儒教思想的批判, 而〈中體西用〉,〈東道西器〉則重申了傳統的重要性. 擁護〈中體西用〉與〈東道西器〉說的學者, 不知不覺的走向文化保守主義的立場, 而被西化的學者批評為守舊勢力；這種情形就如同談論〈反西歐中心主義〉或〈近代　超克〉時, 也很容易形成傾向東方中心主義的立場. 因而促成更大的反彈. 因此, 如何在〈傳統〉與〈反傳統〉之間找到一種〈第三立場〉? 這或許必須藉助〈理論〉與〈創新〉這兩個重要的概念.

4 以下參見胡稹:〈日本精神的實象與虛象:〈大和魂〉的建構.《外國文學評論》NO.2(福州: 福建師大外國語學院.2012年). 頁 32~54.

5 參平川祐弘著:《和魂洋才の譜系》(河出書房新社, 1976年版) 頁 21, 24.

6 佐久間象山:《省響錄》(東京: 岩波書局, 1944年). 頁 103.

7 古川薰譯:《吉田松陰留魂錄(全訳注)》(東京: 講談社學術文庫, 1977年)扉頁錄有吉田松陰臨刑時所作歌〈吾尸縱曝武藏野, 白骨猶歌大和魂〉之句.

8 福澤諭吉言:見平沼糾夫監修,池田一貴譯:《福沢喻吉の日本皇室論─現代語訳》(無窮　會編集, 2008年). 頁 35.

儒學並非沒有理論體系，如朱子(1130-1200)的理氣理論就曾經影響東亞世界數百年之久．但是性理學所談論的雖是〈人人皆可以為堯舜〉的成聖之學，但在日本及朝鮮的政治上，真正發揮其作用卻是名分論．以致性理學的政治論述並不能有新的發展．日本，朝鮮學者將儒學稱為儒教，所強調的是〈教化〉的一面，因而其倫理學可以被簡化為〈忠孝〉觀，這在日本明治維新後最為明顯，所以西周(1829-1897)反復強調道德與政治的區別，[9] 福澤諭吉也批判了僵硬的儒教主義指責儒學〈不知變通改進之旨〉．〈導停滯不前之元素入於人間社會〉．斷言其〈在昔奏功.如今無用〉.[10] 缺乏政治論述,理論性與理論的創新是西周與福澤 諭吉對儒學的共同看法.但其中也有藐中看到儒學的轉機者.如努力溝通東西思想的基督徒大西祝(1864-1900)．大西祝反對井上哲次郎(1855-1944))《敕語衍義》批評基督教破壞了日本傳統良俗，高揚忠孝的重要性，因而在〈當今思想界的要務〉裡主張應採取既不依靠〈西洋主義〉也不依靠〈日本主義〉的立場.[11] 大西的這種立場如何達成？ 這可以參考其在〈儒教與實際的道德〉中的論點，簡要言之，其重點有二．一是是強調宋明理學對原始儒家的創新，主張應該不拘舊套而敢於反思傳統;[12] 二是認為儒教長於實際而短於理論，而西方倫理學長於理論而短於談論實際存在的〈君子〉，因此他以〈君子之理想〉一詞象徵著： 偏於實際的儒教與偏於理論的西方倫理學之融合.[13]

大西的論點雖然將儒教侷限在倫理學上，但他論儒教未來應該要有創新與理論的發展，對東亞各國思考傳統儒學的走向仍然有十足的啟發力．以韓國而言，廿世紀初朝鮮實學因與國政改革的課題相關聯而受到重視，但在此同時也出現了基督教的開化論

---

9 見西周〈愛敵論〉，大久保利謙編：《西周全集》第3卷(東京：宗高書房，1967年).頁 246.

10 福澤諭吉著：《文明論之概略》，收入慶應義塾編纂：《福澤諭吉全集》 第4卷(東京： 岩波書店，1959年)，頁 162～163.

11 小坂國繼編：《大西祝選集》卷2(東京：岩波書店，2014年)，頁 59～60.

12 大西言：〈如程朱等之學說，自謂繼承孔孟之流，然較之孔孟之說，豈非在理論上進一大步乎？〉見〈儒教與實際的道德〉，《大西祝選集》卷2，頁 130.

13 大西言：〈以子之見， 君子之理想乃我國民得自儒教之一大傳家寶也.〉見〈儒教與實際的道德〉，《大西祝選集》卷2，頁 138～139.

及親日派開化論.[14]　開化論點的延續, 再加上1990年代的全球化資本主義浪潮, 使得傳統儒教文化成了〈百無一用〉的學問, 也使得從事韓國學的學者不免有〈如果我們的語言被遺忘, 連傳承數千年的文化也滅絕的話, 那就等於民族自身的滅亡. 為了民族的自我恢復, 學術性的探究變得尤為迫切〉的感嘆.[15]　韓國所發生的問題事實上也存在於儒教文化圈中的東亞各國, 而且在全球化資本主義的破壞下, 不但是傳統文化, 甚至於人文學的存廢都岌岌可危. 從現實上看, 因為生計方式的轉變, 重新恢復傳統文化似乎難以成功, 因而應該思考的是傳統思想如何能夠在理論上有所創新, 而再度受到現代人的重視.

對接受西學的現代東亞知識份子而言, 東亞儒教文化最欠缺的是面對現實處境的理論, 因而在重覆性的論點下, 不可能有理論性的發展. 而學者在論述各自的文化傳統時, 很少能夠說出傳統思想在近代化的過中, 有何理論的創新, 因而只能零散的形成東, 西方思想的比較研究, 或者指出東方思想中已含有西方思想的某些元素. 如李建芳(1861-1939)在針對丁茶山(1762-1836)《經世遺表》所寫的序文中說:

> 今以(茶山)先生之書較之孟(孟德斯鳩), 盧(盧梭)諸人, 固未易軒輊其間. 然彼皆顯言直斥, 無所忌諱, 故能悉發其胸中之奇, 而先生之言, 婉而正, 深而密, 鋒穎間露而至理存焉. …… 遂謂先生有遜於彼, 則非知言也. 然先生不惟不克獲施於當時, 並與其區區之空言, 而莫之講也. 視孟, 盧諸人, 道行言施, 功茂一世, 而光垂百代者, 果如何也？ 此余所以重悲先生之不遇, 而深恨於東西之不相倫也.[16]

李建芳認為茶山的論點與孟德斯鳩, 盧梭的論點難分軒輊, 所以未獲施行而成空言, 是由於命運不遇. 其說雖不無道理, 但也忽略了茶山論點之未成理論性的系統, 因

14 參見林熒澤著, 李學堂譯：《韓國學：理論與方法》(濟南: 山東大學出版社, 2010年)中〈國學的成立過程和對實學的認識〉及〈韓國文化的歷史認識邏輯〉二文.

15 引文為林熒澤論趙潤濟先生對國文學的開拓時, 所作的概括語. 見林熒澤著, 李學堂譯：《韓國學：理論與方法》, 頁 312.

16 轉引自林熒澤著, 李學堂譯：《韓國學：理論與方法》.頁 13. ()中的文字為筆者所加.

而難以突顯其創見, 對現實或後世的學者造成真正的影響. 因此, 類似李建芳的說法, 也很容易被研究西方學術的學者譏諷為文化保守主義者的自戀心態. 再者, 由於東方學術不擅長以理論建構或論證的形式呈現, 因而傳統學術的優點很難被現代的學者所理解. 然而不不擅長以理論及論證的形式表達, 並不表示背後沒有理論的邏輯存在, 為了溝通傳統與現代, 研究傳統學問的學者就不能不嘗試以理論的方式重現傳統思想, 努力探討其在歷史上的創新, 以及對未來學術的啟示.

　　基於上述的想法, 本文嘗試討論丁茶山政治思想中的理論性可能, 並由此說明其思想在儒學上的創新, 以及與近代性思想的關聯性等等問題.

二. 茶山儒學創新的起點

(一) 以孟子學為基礎的〈二人相與〉說

　　若論茶山的儒學創新, 就不能不注意其對〈仁〉的詮釋. 依丁若鏞的仁說, 仁可包括〈仁心〉及〈仁功〉二部份. 〈仁心〉如朱熹對仁的解釋, 指在內在動機上, 對善有全然的堅持；而〈仁功〉則是指在外在的結果上, 必須符合眾人所預期的效益或目的. 茶山對〈仁心〉與〈仁功〉同等重視, 故認為《論語·憲問》中孔子言管仲〈如其仁〉的意思, 是指管仲之仁(仁功)與召忽之仁(仁心)具有同等的價值.[17] 由於茶山不忽略動機與效益, 使得他對〈仁〉產生了兩個根本的定義：一是〈仁者, 人人盡其道〉,〈嚮人之愛也〉[18]；二

---

17 《論語古今注》卷7 言：〈孔(安國)曰：《誰如管仲之仁》. 駁曰：非也. 添入誰字.猶不自矣. 凡此物之數與彼物相當者曰如其數. 子路獨以召忽為殺身成仁.而不知管仲之功將仁覆天下. 故孔子盛稱其功曰：管仲雖不死.亦可以當召忽之死也. 秤其輕重.細心商量而終不見其不相當. 故再言之曰：如其仁〉. 見《與猶堂全書》第5冊((首爾：驪江出版社, 1985年)總頁 582.

18 丁若鏞言：〈仁者, 嚮人之愛也. 處人倫, 盡其分謂之仁. 為仁由己, 故曰：不遠〉. 又言：〈仁者, 人人之盡其道也. 子事親然後有孝之名；少事長, 然後有弟之名；臣事君, 然後有忠

是〈仁者, 二人相與 也〉,〈二人之間盡其道, 皆仁也〉.[19]

　　〈仁者, 二人相與也〉的說法雖與中國阮元(1764~1849)〈仁者人也, 讀如相人偶之人〉相似,[20] 然而阮元將《孟子·盡心》中所說的〈性〉解釋為〈口目耳鼻四肢為性〉,〈性字從心, 即血氣心知也〉,[21] 這明顯與荀子學及其禮樂的觀點比較為接近, 而與茶山經由孟子所言的〈性善〉及〈大體／小體〉,[22] 所建立的〈性嗜好說〉有不同的理論旨趣.〈以荀子學為理論基礎的相人偶說〉與〈以孟子學為基礎的二人相與說〉有何理論上的差異? 如以茶山對仁所作的〈嚮人之愛也〉與〈二人相與〉來說明, 則可見阮元的〈相人偶〉說, 並不能有茶山〈嚮人之愛也〉的意義, 這使得阮元〈相人偶〉的說法, 只建立在對待雙方在現實情境上的協調, 而不能在協調的雙方之上, 成立一種雙方皆可遵從的超越性的道德協商原則. 由此而論, 茶山的〈二人相與〉說與中國學者阮元論〈相人偶為仁〉是有差異的, 他的說法並非抄襲於中國學者的意見.

　　茶山所說的〈嚮人之愛〉強調〈為仁由己〉, 偏重於主體應行的理分; 而〈二人相與〉則涉及兩個主體在交互之間所產生的理分. 茶山言〈子事親然後有孝之名; 少事長, 然

───────────

之名; 牧養民, 然後有慈之名. 去仁何以成名〉. 見《論語古今注》,《與猶堂全書》第5冊, 總頁 280, 137.

19 《論語古今注》言:〈仁者, 二人相與也. 事親孝為仁, 父與子二人也; 事兄悌為仁, 兄與弟二人也; 事君忠為仁, 君與臣二人也; 牧民慈為仁, 牧與民二人也; 以至夫婦, 朋友. 凡二人之間, 盡其道者, 皆仁也. 然, 孝弟為之根〉. 見《與猶堂全書》第5冊.總頁 20.

20 阮元《揅經室集》一集卷8〈論語論仁論〉言:〈人非人不濟, 馬非馬不走, 水非水不流, 及〈中庸篇〉仁者人也, 鄭康成注: 讀如相人偶之人. 數語足以明之矣. 春秋時孔門所謂仁也者, 以此一人與彼一人, 相人偶而盡其敬, 禮, 忠, 恕等事之謂也. 相人偶者, 謂人之偶也, 凡仁必於身所行者驗之而始見, 亦必有二人而仁乃見, 若一人閉戶齊居, 瞑目靜坐, 雖有德理在心, 終不得指為聖門所謂之仁矣〉.

21 阮元:《揅經室集》一集卷10〈性命古訓〉言:〈哲愚授於天為命, 受於人為性. 君子祈命而節性; 盡性而知命. 故《孟子·盡心》亦謂口目耳鼻四肢為性也. 性中有味色聲臭安佚之欲, 是以必當節之〉,〈性字從心, 即血氣心知也. 有血氣無心知, 非性也; 有心知無血氣, 非性也. 血氣心知皆天所命, 人所受也〉.

22 《孟子·告子》載:〈孟子曰:《從其大體為大人; 從其小體為小人. 曰:《鈞是人也, 或從其大體, 或從其小體, 何也?》曰:《耳目之官不思, 而蔽於物; 物交物, 則引之而已矣. 心之官則思, 思則得之, 不思則不得也. 此天之所與我者. 先立乎其大者, 則其小者不能奪也. 此為大人而已矣.》》

後有弟之名〉. 推致茶山此意,〈子事親〉是單方面的〈嚮人之愛〉, 這是子獨盡其在倫理中的〈分〉, 可以有〈孝〉之名, 而〈二人之間, 盡其道者〉是雙方面的〈嚮人之愛〉則有〈孝慈〉之名. 這說明〈孝〉不是子單方面的行為, 而是〈父與子二人〉的行為, 因而子之〈孝〉的完成, 也需要有父之〈慈〉的支持, 孝慈意謂著對待雙方在精神與物質上的相互扶助. 將此上述的討論放在政治的關係中, 則所謂的〈嚮人之愛〉之仁, 可以做為普遍道德規範的理性基礎, 而〈二人相與〉之仁, 可視為是雙方在協商, 互動下的, 最大利益化的理性基礎. 如此,〈二人相與〉之說, 可應用於〈個人／他人〉,〈個人／社會組織〉,〈社會 組織／社會組織〉,〈牧／民〉(〈執政者／人民〉),〈政府／人民〉等各種相互關係的組合, 則形成政治性的一般性原則, 此所以茶山言:〈父與子二人也〉,〈兄與弟二人也〉,〈君與臣二人也〉,〈牧與民二人也〉, 以至夫婦, 朋友.

(二) 由〈二人之間盡其道〉延伸的政治論述

1)〈理性的公共運用〉

茶山論〈仁〉為政治的基礎, 是指以人人所共享的, 具有形式意義的〈嗜好之性〉為本, 而不是以朱子所言的〈天理〉或葉適(1150~1223)所言的〈社會秩序〉作為根本. 又因為〈嗜好之性〉具有形式原則的意義, 所以由嗜好之性所形成的道德規範, 也是社會概念化下僵固的仁, 義, 禮, 智等德目, 而是在有所嗜好下, 執持〈己所不欲, 勿施於人〉,〈不專己〉與對事情發展的〈人意相存問〉所形成的規範共識. 在此意義下, 茶山論仁所延伸的政治理論就涉及了〈理性的公共運用〉(public use of reason)這一概念.

〈理性的公共運用〉相對於〈理性的私自運用〉(private use of reason),[23] 康德(Immanuel

---

23 〈理性的公共運用〉相對於〈理性的私自運用〉(private use of reason), 本文之使用這種區分得自於康德(Immanuel Kant)在〈答〈何謂啟蒙〉之問題〉("An Answer to the Question: What is Enlightenment?"). 參見 Mary J. Gregor trans. And ed., Practical Philosophy: Selections(New York: Cambridge University Press), pp.11~222. "An

Kant；1724-1804)認為：若理性的運用可以無限上綱，那這個社會將不復存在，因為我們將在繳稅時先問〈我們為什麼要繳稅？〉，在軍隊中長官下達命令時問〈我們為什麼要服從命令？〉這些問題並非不能討論，而是為了整體社會的運作，無法允許大眾各別的討論，所以〈理性的私自運用〉必須受到限制，以使社會的機能有效率地運轉. 但作為一個學者(a man of learning addressing)，也可跳出身為公民及在其公民崗位，職務上運用理性，而將理性運用於整體閱讀群體(reading public)，盡其所能的了解所有制度，政治，規範背後的論述，而不應毫不質疑地聽命行事，這樣的思考即是〈理性的公共運用〉. 借用〈理性的公共運用〉與〈理性的私自運用〉兩個概念來討論茶山所說的〈二人之間盡其道〉，則可見〈二人之間〉存在著社會性身份的意義，而以〈嗜好之性〉作為基礎的〈嚮人之愛〉，則有超越社會身份而作理性思考的意義，而當〈嚮人之愛〉可以貫徹在〈二人之間〉時，才可以說是〈二人之間盡其道〉.

　2)〈相互性判準〉

　茶山生存的年代，雖然沒有普遍之民在政治社會中享有法律上之權利與義務的〈公民身份〉或〈公民權〉的概念，但他說〈牧與民二人也〉，顯然是視〈牧〉與〈民〉是平等的個體，因而其中寄託著〈公民權〉的理想. 依此，由〈二人之間盡其道〉所延伸的政治理論，可涉及〈在君與臣，牧與民，民與民等種種政治關係下，需要何種道德理念〉的問題，因而〈二人之間盡其道〉可理解為羅爾斯(John Rawls 1921~2002)所說的〈相互性判準〉這一概念(the criterion of reciprocity).

　　　所謂相互性判準是指：〈正當的政治權力的使用，只在於當我們真誠地相信，我們在證成自己政治行為時所提共的理由是充分的，而且也合理地相信其他公民會合理的

Answer to the Question: What is Enlightenment?"的德文中譯可參見李明輝譯：《康德歷史哲學論文集》(臺北: 聯經出版社, 2013年). 李明輝的譯文將上兩詞譯作〈理性的公開運用〉與〈理性的私自運用〉，而其他學者也有譯作〈理性的公共使用〉與〈理性的私自使用〉者.

接受這些理由〉.**24** 簡而言之, 相互性判準要求公民, 政府用其他人能接受的理由, 來
證明政治制度或法律的妥當性或正當性. 〈相互性判準〉是一種〈公民相待之道的義務〉
(duty of civility), 是公民, 法官, 行政官員在公共事務上必須遵循的公共理性行
動, 所有的人有義務依據最合理的政治性正義觀, 向其他公民解釋自己的政治立場.
由於將〈公民相待之道的義務〉作為法律的條文將違反言論自由, 所以〈公民相待之道
的義務〉只是一種道德義務(moral duty)而非法律義務(legal duty). 若公民能善盡
對〈相互性判準〉的要求, 則可形成〈公民的友誼〉(civic friendship)關係.**25**

3) 主權者的公共理性

在西方政治史上, 霍布斯(Thomas Hobbes.1588~1679)第一個提出〈公共理性〉
(public reason)的概念, 而他所謂的公共理性是指〈絕對主權者的理性〉, 〈上帝代理
人的理性〉.**26** 在霍布斯的理論中, 由自然狀態(the state of nature)過渡到國家
(common-wealth)中, 即是要從〈使用私人理性〉轉化為〈支持公共理性〉. 意即: 在
自然狀態中, 人們在〈私人理性〉(private reason)的主導下而產生衝突, 形成互相敵對
的戰爭狀態. 在戰爭狀態下, 為了尋求自保, 人們訂立社會契約, 將權力讓渡給絕對
的, 無限的主權者(sovereign), 由主權者來保障公眾的利益與安全, 因此主權者的理
性即是公共理性.

這種將〈主權者的理性〉, 〈上帝代理人的理性〉視為〈公共理性〉的說法, 在東亞儒家

---

24 見 John Rawls, *The Law of Peoples*: with "The Idea of Public Reason
Revisited"(Cambridge, Mass.: Harvard University Press, 1999), p.137.

25 以上參見 John Rawls, *The Law of Peoples*: with "The Idea of Public Reason
Revisited", pp.135~136.

26 在在西方政治史上.霍布斯(Thomas Hobbes.1588-1679))第一個提出〈公共理性〉(public
reason)概念. 而且他認為〈個人的理性就要服從於公共.也就是服從上帝的代理人〉. 見 Thomas
Hobbes, *Leviathan*, ed. By Richard Tuck(Cambridge; New York: Cambridge
University Press, 1991), p.96. 中譯文參考黎思復, 黎廷弼譯:《利維坦》(北京: 商務印書
館, 1996).

傳統中並不是透過契約論的形式來達成，而是通過西周時〈以德配天〉的概念來達成，意即〈天命靡常〉〈有德者居之〉的神權德化說，成了主權者之公共理性的來源，而周公的制禮作樂成了主權者之理性的代表. 然而在君主世襲的家天下體制下，〈有德者居之〉成了政治神話，也使得湯武革命說，成了儒家政治論述的禁忌. 以朱子學而言，朱子論及湯武言：〈湯武反之〉多從道德修養上言湯武〈反復得這本心〉，[27]　並以湯武革命是通變之權，不是常行道理，認為聖人未許人用〈權〉字.[28] 茶山反對朱子的意見，在〈湯論〉中認為〈湯放桀〉，〈臣伐君〉是古來常有之事，非湯所開始，[29] 肯定湯武革命的正當性，由此而可以論及能符合於民意的主權者之公共理性.

　茶山既能由湯武革命而涉及了〈主權者之公共理性〉的問題，則在〈君主〉與〈民〉〈二人之間盡其道〉的論述下，　君主作為禮樂刑政之制定者，　他的重要作為就不在於〈修身〉以合於〈天理〉，而是以一個理性存有者的身份，尊重自己的〈嗜好之性〉，尊重其所面對的個人與社會組織，並且在〈人我之際〉盡〈君主〉之職分，以〈孝，弟，慈〉視察下民，[30] 以〈不專己〉與〈人意相存問〉的態度面對臣民以及各項具體的政治措施.[31] 依

---

27 如《朱子語類》卷61〈孟子十一‧盡心下‧養心莫善於寡欲章〉載朱子言：〈以湯武聖人，孟子猶說〈湯武反之也〉. 反，復也，反復得這本心. 如《不邇聲色，不殖貨利》，只為要存此心.〉

28 如《朱子語類》卷19〈論語十九‧子罕篇下‧可與共學章〉載朱子言：〈經，是常行道理. 權，則是那常理行不得處，不得已而有所通變底道理. 權極其中，固是與經不異，畢竟權則可暫而不可常. 如堯舜揖遜，湯武征誅，此是權也，豈可常行乎！ 觀聖人此意，畢竟是未許人用《權》字.〉

29 茶山〈湯論〉言：〈湯放桀可乎？ 臣伐君而可乎？ 曰：古之道也，非湯辦爲之也.〉見《文集‧論》卷11《定本與猶堂全書》第2冊(首爾：茶山學術文化財團，2012年). 頁　304~305. 相近的意見亦見〈逸周書克殷篇辨〉，《梅氏書平》卷4《定本與猶堂全書》第13冊，頁　329.

30 茶山認為《大學》一書是為了教〈冑子〉而有的教材. 所謂的〈冑子〉語出〈尚書‧堯典〉，指〈天子之子(不分嫡庶)〉，〈三公，諸候以下之嫡子〉. 在《周禮》稱爲〈國子〉，故《大學》實是用以教導統治者的教材. 茶山認為《大學》的主要內容在於〈孝弟慈〉三者，故以〈明明德〉爲〈孝弟為德，通乎神明〉的意思. 他認為冑子必須受此〈孝，弟，慈〉之教，以作為個人〈自修〉及眾人〈行禮樂刑政〉之本源.

31 茶山言：〈爲人君止於仁，亦只是自修. 堯舜不強勸民使止於至善也. …… 堯舜身先自修，爲百姓導率而已. 強令民止於至善，無此法也〉. 上段文字指出君主必須把握〈為仁由己〉的原則，而不可〈不強令民以至善〉，這顯見茶山認為君主必須以〈不專己〉，〈從民之好〉的態度順導人民. 引文見於《大學公議》，《與猶堂全書》第4冊，總頁 25.

此而論，茶山理論中所說君主並不具有絕對主權者的理性，而比較接近於〈能作理性之公共運用〉的主權者.

三. 茶山依儒學創新而隱含的契約論特色

(一) 君主論

茶山之論君主權力的合法來源，可見於〈原牧〉、〈湯論〉及《經世遺表·邦禮草本引》中，茲引述於下：

> 邃古之初，民而已，豈有牧哉！民于于然聚居，有一夫與鄰鬨，莫之決. 有叟焉，善為公言，就而正之，四鄰咸服，推而共尊之，名曰里正. …… 里正從民望而制之法，上之黨正；黨正從民望而制之法，上之州長. 州上之國君，國君上之皇王，故其法皆便民.〉(〈原牧〉)[32]

> 湯放桀可乎？臣伐君而可乎？ 曰：古之道也，非湯剙爲之也. 神農氏世衰，諸侯相虐，軒轅習用干戈，以征不享. 諸侯咸歸，以與炎帝戰于阪泉之野，三戰而得志，以代神農. 則是臣伐君，而黃帝爲之. 將臣伐君而罪之，黃帝爲首惡，而湯奚問焉！(〈湯論〉)

> 以余觀之，奮發興作，使天下之人，騷騷擾擾，勞勞役役，曾不能謀一息之安者，堯舜是已. 以余觀之，綜密嚴酷，使天下之人，夔夔遬遬，瞿瞿悚悚，曾不敢飾一毫之詐者，堯舜是已. 天下莫勤於堯舜，誣之以無爲；天下莫密於堯舜，誣之以疏迂. 使

人主每欲有爲, 必憶堯舜以自沮此天下之所以日腐而不能新也.(《經世遺表·邦禮草本引》)[33]

從上節所論茶山〈二人之間盡其道〉的政治理念而言, 上三段引文的重點有四：

1) 茶山在〈原牧〉中交待君主權力的來源是起於群聚之需要, 然而他並未如霍布斯在《利維坦》(Leviathan)中論人與人的紛爭是起於人性的競爭, 猜疑與榮譽感,[34]而是以〈鬪〉論之. 他所以未假設人與人間或群體與群體間的糾紛起於權力, 財富, 名利的欲望, 其原因可以追究到他接近於孟子學的〈性嗜好說〉.

2) 茶山主張人與人或族群與族群間存在著一種有待公正仲裁的〈失序狀態〉,　由此, 他在〈原牧〉中所論〈黨正從民望而制之法, 上之州長. 州上之國君, 國君上之皇王〉的〈下而上〉的政治論述, 就具推舉一人以代表集體人格的〈契約論〉, 以及政治層級上的〈代表制〉的特徵.

3) 茶山認為〈湯放桀〉,〈臣伐君〉是古來常有之事, 非湯所創為, 這表示代表集體人格的主權者並不能擁有永久的主權. 在承平時期, 茶山或許會認同霍布斯的看法, 認為臣民既然已經在契約關係下授權於主權代表人,　則為了保障主權行使的效益, 避免人民因過度追求自由, 利益所引起的暴亂和騷動, 臣民將失去反抗主權代表人的權利, 使王權能得到各級授權者的尊重, 得以強勢地執行.[35] 但如果主權代表人無法達到保障和平, 安全與公正的目的, 則臣民便可收回移轉出去的權力, 而將權力移轉給另一個主權代表人, 並以征伐的方式推翻前一個主權代表人.

4) 君主作為主權代表人, 其作用在於保障人民的生計, 安全與得到公正的對待,　所

33　見《經世遺表·邦禮草本引》,《定本與猶堂全書》第24冊, 頁　26~27. 相近的意見亦見《論語　古今注·為政第二·為政以德》,《定本與猶堂全書》第8冊, 頁　54.

34　見 Thomas Hobbes, Leviathan, pp.87~88.

35　如霍布斯言：〈主權代表人不論在什麼口實之下對臣民所做的事情沒有一件可以確切地被稱為　不義或侵害的, 因為每一臣民都是主權者每一行為的授權人, 所以除開自己是上帝的臣民, 因而必須服從自然律以外, 對其他任何事物都決不缺乏法權. 於是, 在一個國家中, 臣民可以, 而往往根據主權者的命令被處死, 然而雙方都沒有做對不起對方的事〉. 見　Thomas Hobbes, Leviathan, p.148.

以其工作之辛苦必倍於常人. 在辛勤工作下, 不可能有〈無為而治〉的情況, 因此
後世的君主必須認清自己作為主權代表人的責任, 不能追求虛妄的無為之治.

綜上所述, 茶山的論點雖然沒有明確的提出契約論的理論, 但藉由〈由下而上的推
舉〉與〈二人為仁〉的儒學新解, 將可發現其中具有契約論的特色.

（二）〈帝命〉及〈侯戴〉的理論意義

若理解茶山所論之〈下而上〉的權力結構論具有社會契約論的意義, 則茶山在《梅氏
書平》〈逸周書克殷篇辨〉中論及〈帝命〉為君主權力的合法基礎, 則可得到恰當的解釋.
〈逸周書克殷篇辨〉論及〈帝命〉及〈侯戴〉二者, 其言如下：

> 今人以秦以後之眼, 仰視秦以前之天, 其萬事萬物, 無一非倒景斜光. 湯, 武其最
> 大者也. 其與秦以後之法.天壤不侔.厥有兩端.一日帝命.一日侯戴. 古人事天, 皆誠信
> 而忧畏之, 非如後世爭王之人, 憑依假託而稱天也. 厥有虔心, 昭事之人, 格于上帝,
> 能躬承密訓, 灼知天命. 為帝王者, 不得此人, 不敢以為國；承祖考之緒者,得此人然
> 後能致治以中興；值鼎革之際者, 得此人然後能受命而肇業. ……其云侯戴者何？
> 民聚而求其長, 長列而求其帥, 各立一帥, 名之曰侯. 侯之中有翹楚, 相與會議以戴
> 之, 名之曰天子. 天子之子若孫不肖, 諸侯莫之宗也, 亦安而受之；有奮發以中興者,
> 諸侯復往朝之, 亦安而受之, 不問其往事也；有暴虐淫荒, 以殘害萬民者, 則相與會
> 議以去之, 又戴一翹楚者, 以為天子. 其去之者, 亦未嘗殄其宗祀, 滅其遺胤, 不過
> 退而復其原初之侯位而已.[36]

茶山所謂〈侯戴〉中的〈侯〉是指〈民聚而求其長, 長列而求其帥〉所形成的政治領袖,

---

36 見《梅氏書平》卷4《定本與猶堂全書》第13冊, 頁 329.

而〈侯戴〉即指諸〈諸侯〉所〈擁戴〉之〈天子〉. 因此〈侯戴〉即前文所言〈眾推而共尊之〉的意思, 其用意較無疑問. 除了推尊領袖之外, 茶山也論及了〈主權代理人〉轉換問題. 他認為若諸侯或天子有〈暴虐淫荒, 以殘害萬民〉的情況, 則可再度擁立其他的政治領袖, 而剝奪原有主權代理人的資格. 茶山認為這種權力的剝奪不在於殄滅其宗祀及後代, 只是使其回復到前一級的政治位階, 由此可知茶山所構想的政權轉移, 不能以殺戮作結, 必須以和平的手段進行.

　〈侯戴〉所論合於契約論較無疑問, 但所謂的〈帝命〉則有較多的疑義. 對於〈帝命〉之意義的解釋, 可以從比較朝鮮與西方的宗教意識開始. 西方社會契約論的起源可以追溯到新教神學.[37] 宗教改革後新教主張個人無須經由教會媒介, 因信仰而可直接面對上帝. 這種宗教意識的轉變, 也使得階級性的社會關係轉向平等性的社會關係. 然而, 個人可直接面對上帝, 人人又相互平等, 這如何說明社會階層存在的義？ 加上命運前定說的影響, 人們不知道自己是否是上帝選民, 因而心生焦慮. 早在霍布斯之前, 新教的思想家便為處理信徒的心理焦慮而思考社會的源起與本質, 因而訴求於《聖經》中的〈契約〉(covenant)概念, 並且主張社會要能成立, 不能只訴諸人與人的契約, 而應訴諸神與人之間的〈恩寵的契約〉的概念. 〈恩寵的契約〉, 其要旨為：人皆因原罪而墮落, 但由於亞伯拉罕(Avraham；Abram)的虔信, 不惜聽命獻祭獨子, 從此上帝和人訂立新的契約, 使其民族昌旺. 西方社會契約論受上述神學的影響, 但皆將之轉化為哲學論述, 因而霍布斯在《利維坦》第三部分〈論基督教國家〉中, 首要提出的問題便是：我們為什麼要信奉《聖經》？ 應信奉哪本《聖經》？ 如何確信某個人的話是否為上帝的啟示？ 霍布斯認為：如果任何人聲稱超自然的啟示比起民事法來得重要, 那麼國家便會出現混亂.

　〈恩寵契約〉的要旨在於〈同意〉而不是〈平等〉, 如果茶山說法的重點在於畏懼上帝(〈古人事天.皆誠信而忱畏之〉), 則其〈侯戴〉之說並不建立在人　人可平等地訂約的基礎上,

---

37 如 P. Claval 和 P. Miller 皆認為霍布斯接受了當時喀爾文教派(Calvinism)有關恩寵的神學討論與著述的影響. 參見 Perry Miller: Errand into Wilderness(New York: Haper and Row, 1964), pp.1~224.

因而本文以為應該注意到茶山說法中的〈非如後世爭王之人，憑依假託而稱天也〉的說法. 茶山認為後人稱王多假借天意， 這樣的說法與霍布斯之質問〈如何確信某個人的話是否為上帝的啟示？〉頗有相同. 依此而論， 若茶山的〈帝命〉可以形成〈上帝論〉與〈心性論〉兩種不同的看法,[38] 本文的看法傾向於接受〈心性論〉的解釋. 換言之， 茶山所說的〈皆誠信而忱畏〉應該從心性論中〈心〉與〈性〉的關係去理解， 在此〈天〉或〈上帝〉不是超絕於〈人〉的存在， 而是指人的〈存心〉狀態.

茶山處於朝鮮君王世襲的體制下， 深知世襲的君主無法用契約論來解釋其主權的基礎， 因而退而求其次， 認為君主必須要得到〈格于上帝， 能躬承密訓， 灼知天命〉的人， 才具有以主權治國的合法性(〈為帝王者， 不得此人， 不敢以為國〉). 這種說法表示茶山的理論有意調適於朝鮮身分社會， 也寄寓著超越朝鮮身分社會的理想. 就超越身分制的理想一面而言， 或許可以對〈帝命〉作如下的解釋：(1)〈帝命〉不可能與〈侯戴〉相背反， 因而〈帝命〉應是〈侯戴〉之〈經驗性作為〉背後的〈超驗性基礎〉；(2)〈侯戴〉在契約關係中具有〈授權〉的意義， 然而〈雜多之民〉何以能〈全體一致地〉授予某個〈代表人〉來代表他們？ 茶山認為基於〈人性之同〉， 每一個人在其心性中都會同意為了和平， 安全與公正的理由所成立的〈原初契約〉之實在性與效力. 因為在心性中已提供了假設性的同意. 因而無需再去確認每一個人是否同意授權. 茶山將這種〈眾多授權者〉的〈統一性〉稱之為〈帝命〉或〈天命〉.

經由上述的解釋. 則〈古人事天. 皆誠信而忱畏之. 非如後世爭王之人. 憑依假託而

---

38 茶山是否有上帝信仰的問題. 在韓國學界有兩極化且相持不下的意見. 本文雖同意茶山可能 受到西教或西學的影響. 但對茶山具有上帝信仰的說法則持保留意見. 先秦儒學文獻如《詩》《書》多見〈上帝〉之語. 茶山取〈上帝〉以喻心性具有先驗的特質也非不可能. 故本文不想揣測這類的結論. 只是依文本所見判斷其上帝之說可以是哲學上的意義. 而不必然是信仰上的意義. 相類於此問題. 有關茶山由下而上的政治思想也有學者認為是受到西學東漸的影響. 但這種論點在文獻上也不易證明. 如果不涉及結果論的臆測. 茶山的論證由儒學出發則確然無疑. 並不需要由西學來說明. 有關茶山的對西學與西教的態度不是出於信仰. 而是出於〈一位儒士對基督教思想 挑戰的調適〉的說法. 可參見金永植 Yung Sik Kim: "Science and the Tradition in the Work of Chŏng Yagyong" *Journal of TASAN Studies*, no.5(2004), Soul: Tasan Cultural Foundation, pp.127–168.

稱天也〉中的〈事天〉之意義.從契約的關係而言. 可指為〈承諾和平,安全與公正相待的天職〉. 同理.所謂〈不得此人.不敢以爲國〉,〈不得此人.不敢以爲國〉的〈得此人〉亦是由此天職判斷此人能否適任. 換言之.由於茶山 認為心性之同是一切〈權利〉及〈權力〉的前提.在心性之同下.缺乏共同行動能力的〈雜眾〉可形成〈統一性〉而授權一人或多人組成的〈主權者〉；同理.一旦〈主權者〉確立後.主權者若未能履行其〈和平,安全與公正相待〉的承諾.〈雜眾〉也可能再度統一.而進行改造與革命的行為.以擁立新的〈主權者〉.

四. 茶山政治論在東亞世界中的意義: 與黃宗羲的比較觀點

(一)理論類型不同所形成的儒學歧異

從東亞儒學的角度, 可以看到茶山的君主論在內容上受到唐代柳宗元(773~819)〈封建論〉及清代黃宗羲(1610~1695)〈原君〉的影響.[39] 其中黃宗羲的影響最為明顯. 如茶山的《經世遺表》中的〈田制〉, 〈井田議〉, 〈鄉吏論〉都可找到受到《明夷待訪錄》中〈胥吏〉〈田制〉的影響之跡. 雖然茶山的部分論點有承受黃宗羲論點之跡象, 但不能因為二者的文字相近, 而忽略其理論發展之異. 由於黃宗羲的論點中並沒有〈二人相與〉

---

39 如柳宗元〈封建論〉言：〈夫假物者必爭, 爭而不已, 必就其能斷曲直者而聽命焉. 其智而明者, 所伏必眾；告之以直而不改, 必痛之而後畏；由是君長刑政生焉. 故近者聚而為群. 群之分, 其爭必大, 大而後有兵有德. 又有大者, 眾群之長又就而聽命焉, 以安其屬, 於是有諸侯之列. 則其爭又有大者焉. 德又大者, 諸侯之列又就而聽命焉, 以安其封, 於是有方伯, 連帥之類. 則 其爭又有大者焉. 德又大者, 方伯, 連帥之類又就而聽命焉, 以安其人, 然後天下會於一.〉已論及社會組織源起於群聚之爭, 為了解決紛爭, 因而推舉能評斷是非曲直者, 而聽其領導. 而黃宗羲〈原君〉的主要論點有三：(1)君主的作用在於調和天下人的自私自利, 使人人得其利而不受爭奪之害；(2)天下之人視暴君獨夫為寇讎, 故湯武誅桀紂有其正當性；(3)君主不為己利, 不畏己害, 故其勤勞必千萬倍於天下之人. 這三個論點也出現在茶山的論說中.

的仁說，所以黃宗羲的〈原君〉只能由君主必須〈不以一己之利為利〉，〈不以一己之害為害〉的道德觀點來交待君主權力的正當性．而茶山以〈閱〉論之〈二人之間〉的紛爭，則涉及了牧民者的群聚需要，及其對〈善為公言者〉的推舉，並不直接由〈利〉，〈欲〉等自然欲望的延伸與限制，去設想紛爭的發生與解決之道，因而可以涉及基於平等關係的契約論．換言之，茶山與黃宗羲思想的異同，其重點不在於在君主論，田制，胥吏論等各別議題在論點上的異同，而在於二者對儒學理解的理論模式上，這其中的關鍵即是茶山的〈二人相與〉說所形成的理論轉變及其發展．

當代學者在論及黃宗羲思想時，喜歡由黃宗羲所論的〈天地間只有一氣充周〉得出〈心即氣也〉的結論，[40] 而將他與王夫之(1619～1692)之學歸為氣論，視為是儒學在朱子學與陽明學後的重要發展．然而，雖然黃宗羲所論的〈心〉，看似經驗的，實然的氣之靈，但是他也說〈失其主宰，則義理化為血氣〉，[41] 可知黃宗羲最終的意見認為：〈作為主宰之心的義理〉與〈不具義理的血氣〉二者不能等同．[42] 因此，黃宗羲的思想不能是實然的氣一元論，而只能說是在朱子所論的〈理氣不雜不離〉中，特意強調心(理)，氣不離的一面，而少於討論心(理)，氣不雜的一面．基於這個思考的模式，黃宗羲的論點實際上仍屬於強調道德主體之作用的心學一路．

由黃宗羲的思想論其〈公私觀〉及〈天理人欲觀〉，則其所謂的〈私〉或者〈人欲〉，並不指向〈生理性，本能性的個體欲望〉之意義，而指向〈自然天理〉(〈公〉)之〈過與不及〉的狀態．把這種思考的形式放在政治論述上，則黃宗羲的論點仍然停留在對〈天理〉的追求上，他不僅認為君主統治的合法性必須建立在君主的作為是否合乎天理上，也要

---

40 黃宗羲：《孟子師說·浩然章》言：〈天地間只有一氣充周，生人生物．人稟是氣以生，心即氣之靈處，所謂知氣在上也．心體流行，其流行而有條理者，即性也．理不可見，而見之於氣，同樣，性不可見，而見之於心〉．見沈善洪主編：《黃宗羲全集》第1冊，頁 60.

41 黃宗羲：《孟子師說·浩然章》言：〈養氣者使主宰常存，則血氣化為義理；失其主宰，則義理化為血氣，所差在毫釐之間〉．見沈善洪主編：《黃宗羲全集》第1冊，頁 61.

42 黃宗羲有〈心即理〉之說，如其《孟子師說·仁人心也章》言：〈蓋人之為人，除惻隱，羞惡，辭讓，是非之外，更無別心，其憧憧往來，起滅萬變者，皆因外物而有，於心無與也．故言求放心，不必言求理義之心；言失其本心，不必言失其理義之心，則以心即理也〉．見沈善洪主編：《黃宗羲全集》第1冊，頁 141.

求人民之〈欲〉與〈利〉必須合乎天理. 如此, 從君主這一面向而言, 黃宗羲的論點大體承繼自儒家的民本思想, 實是傳統儒學聖君思想的延伸；從普遍之人這一面向而言, 也主張所有人的〈欲〉與〈利〉必然要受到天理的限制. 因為黃宗羲思想的基調如此, 他之論作為政治治理的田制問題時, 其目的就不在於促進經濟之發展, 而在於消除政府對人民的苛稅.[43] 相對而言, 茶山認為理想的田制不應只著眼於稅賦, 而須考慮各種職能對社會的可能貢獻, 他大力抨擊〈計口分田〉的謬誤, 主張士, 工, 商的作用不在於耕耘田地, 而在於〈敎授富民子弟〉, 〈辨土宜興水利〉, 〈制器以省力〉, 〈敎之樹藝畜牧〉, 因此國家授田的對象應該只限於農民.[44] 如此, 茶山所論的井田制僅是授田於農而非授天下之民以田, 而圍繞於區域農業生產之上者, 則有士, 工, 商之活動, 因而井田之實施可保證基本稅賦(出賦斂), 安全防衛(起軍旅), 經濟發展(出其器用, 遷有無以濟其匱乏, 資其衣食住行), 及國家意識或公私意識(先 國家而後私利)的培養. 這種想法顯見他所設想的政治治理不同於黃宗羲所論的〈天理之公〉, 而具有社會互動的〈公共性〉意義.

（二）茶山儒學理論在東亞世界中的歷史評價

當代中國學者對黃宗羲思想的評價有〈近代與封建〉,[45] 〈民主與民本〉[46]二種不同的

---

43 如《明夷待訪錄·田制三》言：黃宗羲之討論田制, 其目的不在於促進經濟之發展, 而在於解決〈斯民之苦暴稅久矣, 有積累莫反之害〉.

44 〈井田議二〉言：〈飯雖貴, 悉天下之民而歸於田, 亦困而死而已矣. 工不攻金, 攻木, 攻陶瓦塼埴, 以出其器用, 則有死已矣. 商不通貨財, 遷有無以濟其匱乏, 則有死已矣. 虞不作山澤之材, 牧不蓄食鳥獸, 嬪不治絲麻葛枲, 以資其衣服, 則有死已矣. 若是者, 皆不可以爲農, 不可以爲農, 則不可以授田〉, 〈井田之法, 不但稅斂均平, 抑所以敎民忠順. 平居治農, 皆知先國家而後私利, 則有事之日, 必有賴焉. 其訓迪教導, 豈口舌之所能及哉.〉見《經世遺表·地官修制田制十·井田議二》, 《定本與猶堂全書》第25冊, 頁 161~162.

45 如侯外廬《中國思想通史》卷5認為黃宗羲《明夷待訪錄》早於盧梭《民約論》三十年, 並推崇此書〈類似〈人權宣言〉, 尤以〈原君〉, 〈原臣〉, 〈原法〉諸篇明顯地表現出民主主義思想〉(北京：人民出版社, 1958, 頁 155), 而林毓生《政治秩序與多元社會》則認為黃宗羲的政治思想〈未突破傳統政治思想的架構〉〈仍是一元論的,政教合一的聖王觀念〉(台北：聯經出版社, 1990

解釋方向，而且這種現象也出在外國學者的論說上，[47] 這使得有類似遭遇的丁茶山與黃宗羲的思想比較成了有趣的話題。[48] 黃宗羲思想何以會形成兩極化的歧異？ 主要的因在於黃宗羲《明夷待訪錄》寫成後未有眾多的讀者，直到清末梁啟超(1873~1929)，譚嗣同(1865~1898)提倡民權共和，廣印其書作為宣傳後，他的論點才在晚清受到注目。[49] 由於近代學者急於想在黃宗羲身上追尋〈近代性〉的理念，使得梁啟超將黃宗羲稱為〈中國之盧梭〉，[50] 而《明夷待訪錄》與也被視為是盧梭《民約論》的中國版。[51] 由黃宗羲《明夷待訪錄》受到重視的過程看來，他思想中的近代性意義，不完全是依其思想

年，頁 342~343).

46 如羅義俊認為對黃宗羲政治思想的爭議可概括為〈民本論〉與〈民主論〉兩個陣營，這兩者雖然都肯定黃宗羲政治思想的貢獻，但對民本論者而言，黃宗羲政治思想只是專制社會的最高成就，而對民主論者來說，黃宗羲政治思想已經達到歐洲啟蒙思想的高度，完全可以用民主主義加以概括。 參見羅義俊：〈黃宗羲現象〉與《明夷待訪錄》——兼政治移民,文化移民與夷夏之辨大義論略〉，《傳統中國研究集刊(第一輯)》(上海社會科學院歷史研究所，2005年).

47 如日本學者島田虔次(1917~2000)接受了梁啟超的看法，他在〈中國之盧梭〉(〈中国のルソー〉)(1960)一文中反駁了清水盛光(1904~1999)和小島祐馬(1881~1966)的觀點。 清水盛光認為黃宗羲思想與盧梭的王權批判， 民權主義之間有著難以逾越的距離， 而小島祐馬則認為《明夷待訪錄》的根本思想並未跨出《孟子》，因而只是繼承了原始儒教的精神。 孟子思想中所表現出的民本主義，不是近代民主(デモクラシー)的民權主義，而是無可否認的君主主義立場。 島田虔次的觀點可參見其所著：《中国革命の先驅者たち》(東京: 筑摩書房，1965年10月)，頁 125~126；清水盛光的意見可參見所著《支那社會の研究》(東京: 岩波書店，1939年)；小島祐馬之觀點則可見於所著《中国の的革命思想》(東京: 筑摩書房，1967).

48 如茶山在〈原牧〉，〈湯論〉，〈逸周書克殷篇辨〉所論的君王形象與《經世遺表》的論述有所不同，前者主張〈下而上的政治觀〉，〈湯武革命論〉，具有近代性的特色，而後者則是〈王土歸一〉，〈王權強化〉的論說，有傳統的封建思想.

49 見梁啟超：《清代學術概論》，收於《飲冰室合集·專集》(北京: 中華書局，1989)頁 14.

50 梁啟超言：〈今者盧梭之《民約論》，潮洶洶然風蓬蓬然，其來東矣，吾黨愛國之士，列炬以燭之，張樂以導之，呼萬歲以歡迎之，若是乎則中國之盧梭烏可以不著論也。 人人知崇拜中國之盧梭，則二十世紀之中國，視十九世紀之歐洲，又何多讓焉？〉見〈憂患餘生生〉，《中國近世三大思想家黃宗羲》，《新民叢報》14號，1902年7月，頁 53~55.

51 如清末革命黨人陳天華(1875-1905)的遺稿《獅子吼》中亦言〈他(黃宗羲)著的書有一種 名叫《明夷待訪錄》，內有《原君》，《原臣》兩篇，雖不及《民約論》之完備，民約之理，卻已包括在內，比《民約論》出書還要早幾十年。〉見陳天華：《獅子吼》(瀋陽: 春風文藝出版社，1997年). 本小說最早刊登於1906年《民報》第2~9期.

本身而成立的, 而是在清末政治變革的過程中, 為了變法的需要而逐漸形成的. 因此, 若跳脫清末政治變革的宣傳目的, 就不免有學者企圖由客觀的學術立場, 指出其思想與近代性論點的不同之處. 從黃宗義之例回顧對茶山的評價亦是如此. 因此, 研究者不能只是片面地說他們的思想中具有近代性的影子, 而必須考察他們的理論在儒學中產生什麼變革? 可以產生何種理論性的發展? 才能看到他們的思想在東亞儒學中的特殊意義.

美國學者狄百瑞(William T. de Bary.1919~)在早年所出版的〈中國專制主義與儒家理想: 一個十七世紀的觀點〉一文,[52] 認為黃宗義的政治思想出於儒家自上而下的善政(good government)進路, 目的不在於消滅君主制, 而只是以道德約束君權, 使君主成為聖王. 之後, 在稍晚出版的《明夷待訪錄》英譯本的〈導論〉中, 狄百瑞修正之前的看法, 認為〈中國專制主義與儒家理想〉這篇三十多年前的論文過簡單地把黃宗義和西方民主價值區別開來. 狄百瑞最終的結論以為:《明夷待訪錄》在形式上不同於西方的憲政制度, 但卻有〈儒家式憲政主義〉(Confucian constitutionalism)的構想(Plan).[53] 他所謂的〈憲政〉(constitution)是指: 對君主權力的運用進行建制化的限制; 而所謂的〈儒家的〉是指: 憲政的運作有賴於君子個人的天職以及士的團隊精神(the esprit de corps).[54]

然而若說東亞近世儒家思想中有所謂〈儒家憲政主義〉的思想特色, 則茶山應該比黃

---

52 William T. de Bary ,"Chinese Despotism and the Confucian Ideal: A Seventeenth-Century View"in John K. Fairbank(費正清)ed., Chinese Thought and Institution(Chicago: The University of Chicago Press, 1957), pp.163~203.

53 William T. De Bary, Waiting for the Dawn: A Plan for the Prince: Huang Tsung-hsi's Ming-i tai-fang lu. New York: Columbia University Press, 1993, "Introduction", pp.1~85.

54 狄百瑞所論黃宗義〈堅持對君主權力的運用進行建制化的限制〉的轉變,尚可見於狄百瑞的其他書文: Asian Values and Human Rights(Cambridge, Mass.: Harvard University Press, 2002; 陳立勝 中譯:《亞洲價值與人權》, 臺北:正中書局, 2003, 頁 115);The Trouble with Confucianism(Cambridge, Mass.: Harvard University Press, 1991) p.55, pp.99~101; Waiting for the Dawn: A Plan for the Prince(New York: Columbia University Press, 1993), pp.60~62, 66~68.

宗義更具有資格. 如果憲政主義是指以憲法體系約束國家權力, 規定公民權利的學說或理念. 則狄百瑞所說的黃宗義儒家憲政主義在〈人權〉[55]及〈憲法〉[56](或者是企圖用儒家君臣共治的及士精神的文化傳統來取代憲法)[57]的說明都令人存疑. 狄百瑞所說的〈對君主權力的運用進行建制化的限制〉, 從《明夷待訪錄》看來是以〈宰相權〉與〈學校培養公意〉兩項措施來達成, 而這也與他所說的〈君子個人的天職以及士的團隊精神〉的意思相近. 若狄百瑞的說法可以成立, 則朝鮮自立國以來, 就存在著〈君臣共治〉, 〈宰相權〉與〈書院之議論〉等形式, 是否也可以將朝鮮所成立的儒教國家說成是〈儒家憲政主義〉的體現? 因此, 若要論及儒家憲政主義, 則在理論上必須涉及在以人民權利為主體下, 對人民與君主,個人與個人在社會中, 以及社會與國家等種種關係的安排. 由此而言, 傳統朱子學或黃宗義的說法皆無法有新的發展, 而茶山的〈二人相與〉說則在理論上較有突破的可能性, 而可以接續發展儒家憲政主義的種種理念.

五. 結語

由廿世紀開始, 東亞國家普遍面臨傳統儒家文化的存續問題, 以中國為例, 早在1958年港臺學者牟宗三, 徐複觀, 張君勸, 唐君毅就有〈為中國文化敬告世界人士宣

---

55 黃宗義《明夷待訪錄·原君》認為〈有生之初, 人各自私也, 人各自利也〉, 本來天下人的私與利即是公, 而後世君主卻以己私己利為天下之公, 故抨擊後世君主, 以為若不能回返三代明君之治, 可退而其次地回到無君的時代, 而使〈人各得自私也, 人各得自利〉. 狄百瑞將黃宗義所說的〈自私自利〉解釋為〈人權〉(human rights), 這樣的見解令人懷疑他的說法是否過當. 見 William T. De Bary, The Liberal Tradition in China(Hong Kong: The Chinese University Press, 1983), p.85.

56 黃宗義《明夷待訪錄·原法》, 雖然主張〈有治法而後有治人〉, 反對〈非法之法〉並以〈無法之法〉為其理想. 但他說的〈無法之法〉端看君主立法有無〈天下之心〉, 因此他所說的〈三代之法〉或〈無法之法〉只是一種種明君藏利於民的德政, 並不能有憲法的意義.

57 例如英國是現代憲政的發源地之一, 然而英國卻沒有一部正式的成文憲法, 它的政權合法性主要是來源於歷史傳統.

言〉說明他們對舊文化與新思潮的想法,[58] 其第九部分〈中國文化之發展與民主建國〉論及政治制度, 承認中國文化中缺乏現代西方民主制度之建構, 且將結束中國治亂迴圈之希望, 寄託於民主制度的建構. 宣言中說:

> 中國政治制度中, 將僅由政府內部之宰相御史等對君主權力所施之限制, 必須轉出而成為: 政府外部之人民之權力, 對於政府權力作有效的政治上的限制. 僅由君主加以採擇與最後決定而後施行之政治制度, 必須化為由全體人民所建立之政治制度, 即憲法下之政治制度.

基於上述的理念, 把把憲政與儒家理論緊密聯繫起來者, 有牟宗三先生的〈良知坎陷〉說, 認為作為道德本體的〈無限自由心〉(良知)通過坎陷而降為〈認識主體〉, 從而開出〈科學〉和〈民主〉. 由於牟宗三先生以心性論思想作為儒家思想的主體, 而其〈民主開出〉說又偏向〈曲通〉, 引起大陸新儒家如蔣慶,康曉光從公羊學的立場加以反對. 然而執公羊學說者的立場, 不論是蔣慶的〈三院〉說,[59] 或康曉光的〈儒家政黨〉說,[60] 都卻存有儒家權威主義的色彩.這與憲政主義的基本理念不能全然相合.

---

58 見《民主評論》, 第9期(1958年 1月).

59 由通曉儒家經典的模範人士組成, 代表儒家價值觀, 具備神聖天道的合法性;〈國體院〉由孔子直系後代組成, 代表歷史文化的合法性. 三院中每一院都擁有實質性的權利, 法案必須三 院同時通過才能頒行, 最高行政長官也必須三院共同同意才能產生. 從現代民主的機制看來, 〈通儒院〉與〈國體院〉皆是權威性的特權階級. 蔣慶之說參見所著《生命信仰與王道政治─儒家文化的現代價值》(臺北: 養正堂文化事業公司, 2004), 頁 312~317.

60 康曉光認為現代儒家仁政可以給中國共產黨的一黨制提供政治合法性, 也認為儒家的禪讓制 可以解決中國權威體制權力交接的問題. 他將儒家道統視為是憲法原則, 將儒士共同體視為是〈政黨〉以及〈違憲審查〉的主體, 認為:〈儒士共同體也可以組建政黨, 參與現實政治, 捍衛儒家道統〉,〈違憲審查的準繩是憲法, 特別是憲法原則, 而儒家道統是憲法原則, 通過違憲審查可以廢止有違儒家道統原則的立法活動和政府行為, 進而達到捍衛儒家道統的目的. 在儒家憲政中, 憲法法院承擔違憲審查職責, 憲法法院的法官由儒士擔任, 當然他們同時也必須是法律專家〉. 康曉光的意見參見所著《仁政─中國政治發展的第三條道路》(新加坡, 世界科技出版社, 2005)及羅德對康曉光的專訪〈中國必須走向儒家憲政〉(http://www.rujiazg.com/article/id/7362/)

　　中國學者所論的儒家憲政主義, 大多主張建立〈民族主權〉而顛覆〈人民主權〉, 認為中華民族主權不是從〈個人本位〉,〈自然法〉和〈契約論〉推導出來的邏輯結果. 但是這種忽略〈人民主權〉的〈儒家權威主義〉的談法. 若產生在已經民主化了的其他儒家文化區. 如韓國, 日本及臺灣, 恐怕會加速傳統儒家文化的滅亡. 因此. 若認為儒家的傳統文化具有維護民族自尊, 與貢獻全球文化的可能性. 則這種儒學必須要能適應當代的生活方式. 並且有所調整, 創新於全球文化. 從上述的討論看來. 茶山由〈二人相與〉說所延伸的社會契約論. 在當時具有調整, 創新的意義, 在未來也有其他發展的可能性. 儒學在當今已經不再具有它過去在東亞政治傳統中的權威性, 如果它不能轉變為具有理論活力的學派, 則其地位將岌岌可危. 由此而言, 茶山儒學中的契約論特色, 將是東亞儒學學派值得珍視的傳統資源.

제5장

《매씨서평》 개수본의 검토:

《일주서극은편변逸周書克殷篇辨》을 중심으로

조성을

(아주대학교 사학과 명예교수)

1. 서언

　매색梅賾 《고문상서古文尙書》 가운데 《금문상서今文尙書》에 견주어 증가된 25편에 대하여 조선에서 늦어도 대략 18세기 후반 무렵 의심이 시작된 것으로 여겨진다. 1781년(신축) 국왕 정조正祖의 《상서尙書》(《서경書經》)에 대한 강의講義를 살펴보면, 이 강의에서 정조는 "고문古文 증다增多 25편에는 의심스러운 부분이 자못 많다."는 견해를 표명하였다.[1] 정약용은 1789년 대과大科에 급제하였으므로 1781년의 이 강의에는 물론 참석할 수 없었다. 따라서 그가 이 강의를 통해 《고문상서》 증다 25편에 대하여 의심을 갖게 된 것은 아니다.

　정약용은 《매씨상서평梅氏尙書平》〈서문〉의 맨 처음 부분에서 "경사京師(서울)에 유학할 때 사우師友들이 《매씨서평》 25편의 문체가 비순卑順하다고 왕왕 의심하는 말을 가만히 듣고서 그 말에 대하여 심복하였다."고 하였다.[2] 따라서 정약용이 《고문상서》 가운데 매색梅賾이 증다한 25편에 대하여 처음 의심을 갖게 되는 것은 직접적으로는 1776년 2월 혼인婚姻, 3월 부친의 재출사再出仕를 계기로 서울에 올라와 살면서 교유하게 된 사우들을 통해서였음을 알 수 있다. 여기에서 사우란 권철신權

---

1 "古文增多二十五篇 頗有可疑者"(《弘齋全書》 권93, 經史講義30, 書1). 여기에서 증다 25편이란 《고문상서》 가운데 매색이 전한 이른바 《고문상서》 가운데 《今文尙書》에 견주어 증가된 25편을 말한다.

2 "余 昔游學京師 竊聞 師友往往疑梅氏尙書二十五篇文體卑順 心腹其言"〈梅氏書平1〉, 序. 《매씨상서평》은 줄여서 《매씨서평》이라고 한다. 이 논문에서는 일관되게 《매씨서평》이라고 하겠다.

哲身을 중심으로 한, 이벽李蘗·이승훈李承薰·이가환李家煥 등 소장 성호학파星湖學派의 사람들을 말하는 것으로 볼 수 있겠다.[3] 소장 성호학파들 사이에 이런 논의가 이미 1770년대 후반과 1780년대 사이에 있었던 것으로 여겨진다.[4] 1783년 소과에 합격하여 성균관成均館에 들어간 이후 사귄 성균관 유생 친구들과는 대체로 과거시험 준비를 함께 하는 사이였으므로, 이런 학문적 토의는 있기 어려웠다고 여겨진다.

정약용은 1789년 3월, 28세의 나이로 대과에 급제하여 규장각奎章閣 초계문신抄啓文臣이 되어 국왕 정조의 지도 아래 과강課講에 참여하게 되었다. 이 과강 가운데 하나가 1792년 봄 국왕 정조가 희정당熙政堂에서 행한 《상서尙書》 강의이다. 이에 대하여 정약용은 《매씨서평》 서문에서 "입각內閣(규장각奎章閣)에서 과강이 〈대우모大禹謨〉 편에 이르렀을 때 마침 아버님이 돌아가셨다. 지금도 기억하건대 건륭乾隆 임자년壬子年(1792) 봄에 희정당에 입시하였다."라고 하였다.[5] 여기에서 '내각에서 과강이 〈대우모〉에 이르렀을 때'는 더 구체적으로는 1792년 3월 29일의 일이다.[6] 정약용은 이미 성호학파 소장 사람들과의 교유를 통해 매색 증다

---

3 소장 성호학파 사람들과의 본격적 교유는 1777년부터 시작되어 이때부터 성호 李瀷의 유저를 읽기 시작하였다(조성을, 〈연보로 보는 다산 정약용〉, 지식산업사, 2016.9, 35쪽). 尹鑴 이후 기호남인의 학문적 전통 속에서 《상서》 25편의 위작 문제가 제기되었을 가능성을 생각해 볼 필요가 있다.

4 우리나라에서 매색 증다 25편에 대하여 의심을 갖기 시작한 것은 여말 주자학 수용 이후 《朱子語類》를 접하고 나서였을 것이라는 추정이 있다(김문식, 〈상서연구를 중심으로 본 정약용과 홍석주의 정치사상 비교〉, 서울대 국사과 석사논문, 1988). 일단 이 견해에 찬동한다. 문제는 이후 정조대에 이르기까지 우리나라 상서학사 연구가 대체로 공백으로 되어 있다. 앞으로 이 공백을 메꾸고 정조대에 이런 논의가 일어나게 된 시대적·학문적 배경을 연구할 필요가 있다. 중국의 상서학사에 대하여는 조성을, 〈정약용의 상서금고문 연구〉에서 간략히 정리한 바 있다.

5 "逮應講內閣 課至禹貢 遂遭大故 尙記乾隆壬子之春 入侍于熙政堂"〈梅氏書平1〉, 序.

6 《승정원일기》에 따르면 1792년 3월 29일 희정당에서 있었던 課講을 말한다. "壬子三月二十九日辰時 上御熙政堂 …… 上曰 課講入侍 可也 …… 試官原任直提學徐浩修 直提學朴祐源 率抄啓文臣丁若鏞等 入就位 行四拜禮 以次進伏訖 仍命開講 丁若鏞等 以次

25편에 대하여 의심하고 있었는데 이런 의심을 국왕 정조가 실시한 과
강을 통해 더욱 굳히게 되었다고 할 수 있겠다. 이리하여 강진 유배기
인 1810년 봄에 《매씨서평》 9권(초고본)을 저술하였다.[7] 해배解配 이후
정약용은 신위申緯, 홍석주洪奭周 등과 학문적 교유를 하면시 강진시기 저
술한 《매씨서평》(초고본)을 수정, 보완할 필요를 느껴 1831년에서 1835
년 걸쳐 4차례의 개수 작업을 하여 개수본 《매씨서평》을 완성하였다.[8]

한편 2003년 다산학술문화재단에서 《정본定本 여유당전서與猶堂全書》 작
업을 시작할 때, 필자는 김문식 교수와 함께 정약용 〈자찬묘지명自撰墓
誌銘〉(집중본)의 목록에 따라서 새로운 《여유당집與猶堂集》을 만들어야
한다고 주장하였다.[9] 그러나 《정본 여유당전서》 작업은 기본적으로 1930
년대 간행된 《여유당전서》를 토대로 하여 진행되었다.[10] 《여유당전서》는
〈자찬묘지명〉(집중본)의 체제를 따르지 않았다. 앞으로 《정본 여유당전

進講訖"(《승정원일기》 정조 16년[1792] 3월 29일)

7 조성을, 〈정약용의 상서연구 문헌의 검토〉《동방학지》 54·55·56, 1987-1989.
좀 더 구체적으로 《매씨서평》(초고본)의 저술 개시와 완료 시점을 살펴보면 늦어도
1809년 가을 이후 저술 작업이 시작되어 1810년 봄 가운데 1월 말엽 무렵 완성된
것으로 추정된다(《연보로 보는 다산 정약용》, 637~638쪽). 조성을, 〈정약용의 상서
연구 문헌의 검토〉에서는 현존 규장각본 《매씨서평》 3책 9권이 이 초고본과 내용이
같은 것으로 보았다. 노경희, 〈미국 소재 정약용 필사본의 소장 현황과 서지적 특
징〉(《다산학》 15, 2009.12, 94쪽)에서는 버클리본 《매씨서평》을 저본으로 필사한 것
이라고 하였다. 필자가 버클리본을 대략 검토한 결과 일단 이 견해에 동의하게 되었
다. 규장각 소장본은 일제시기에 필사된 것으로 여겨진다. 그러나 현존 규장각본 가
운데 앞부분은 1834년 제1차 개수 때 수정되었을 가능성이 크다.

8 조성을, 〈정약용의 상서연구 문헌의 검토〉, 748쪽 이하; 조성을, 〈해배 이후의 다
산〉, 30쪽.

9 "《퇴계전서》 및 《여유당전서》 정본사업을 위한 워크숍"(2003년 10월, 서울 수유리
아카데미 하우스)에서 본격적으로 이런 주장을 제기하였다(노경희, 〈미국 소재 정약
용 필사본의 소장 현황과 서지적 특징〉, 82쪽).

10 1930년대 신조선사 《여유당전서》의 간행 작업에 대하는 다음의 연구가 참고된다.
김보름, 《정약용 저작집의 형성과 전승》(한국학중앙연구원 박사논문, 2015.9) 제4장
3절 "신조선사의 《여유당전서》 간행".

서》의 체제와 〈자찬묘지명〉의 체제를 비교하는 도표와 해제를 작성하여 《정본 여유당전서》 말미에 덧붙여야 할 것이다.

최근 김영호 교수는 정약용과 관련하여 일련의 소중한 자료들을 한국학중앙연구원에 일괄 기탁하였고, 여기에 기존에 한국학중앙연구원이 소장하고 있던 구舊 안춘근 소장 정약용 관련 자료 및 기타 개인 소장 자료들을 더하면 〈열수전서총목록洌水全書總目錄〉에 따른 《열수전서洌水全書》의 재구성이 대략 가능하다는 견해를 제시하였다.[11] 〈열수전서총목록〉이란 서거 직전 정약용 자신에 의해 정리된 것으로 여겨지며 1930년대 최익한崔益翰에 의해 재정리되어 소개되었다. 이 재정리 과정에서 일부 가필한 부분이 있다고 생각된다.

필자는 최익한이 재정리한 〈열서전서총목록〉을 검토하는 과정에서 "매씨서평梅氏書平(속續) ······ 제1책(=1, 2권이) 염씨고문상서소중초閻氏古文尚書疏增鈔"라는 언급에 문제가 있음을 발견하였다. 아마도 다른 문제점도 있을 수 있다. 이런 문제점들을 해결하여 더 정확한 〈열서전서총목록〉을 만들어야 완벽한 《열수전서》 재구성이 가능할 것이다. 필자는 2016년도 연말에서 2017년도 1월 초에 걸쳐 행한, 김영호 교수 기탁본 관련 자료 가운데 (속)《매씨서평》 제1책(1~2권)을 검토한 결과, 이미 발견한 문제점들을 해결할 단서를 얻게 되었다. 이것은 기존의 연구에서 필자가 《매씨서평》(속)은 앞부분이 〈하내태서河內泰誓〉·〈일주서극은편변〈逸周書克殷篇辨〉·〈서대전약론書大傳略論〉이고 《염씨고문상서초》가 뒷부분이라고 하였는데[12] 기탁본 (속)《매씨서평》 제1책(1~2권)이 바로 이런

---

11 2016년 한중연 김영호 교수의 연구실에서 필자가 직접 들은 가르침이다. 다만 안병직, 〈가장본 여유당집의 조사와 해설〉(《다산과 가장본 여유당집》, 실학박물관, 2010)에서 "家藏本"이라는 용어로 제시하고 이에 대한 목록을 제시하였다. 이 가장본과 열수전서와의 관계를 조사할 필요가 있다. 그리고 김영호 기탁본 가운데에는 열수전서 체제에 속하지 않는 것도 있음에 유의하여야 한다.

12 조성을, 〈해배 이후의 다산〉, 《다산학》 29, 2016, 41쪽. 이 논문에 앞서 〈정약용의

구성을 보이고 있다. 또 이것은 최익한이 재정리한 〈열수전서총목록〉에
서 필자가 발견한 의문이 타당하다는 확신을 갖게 하였다.

　이러한 문제의식을 바탕으로 이 글에서는 첫째 《매씨서평》(개수본)의
개수 과정을 살펴보고 이어서 (속)《매씨서평》 제1책(1~2권)의 문헌학적
문제를 검토하기로 한다. 둘째 (속)《매씨서평》 제1책에 들어 있는 〈일
주서극은편변逸周書克殷篇辨〉의 내용을 검토하기로 한다. 이 글은 1834년
겨울에 작성된 것으로, 정약용 정치사상의 최종적 도달점을 보여 주기
때문이다. 이 〈일주서극은편변〉은 〈원목原牧〉과 〈탕론湯論〉의 연장선 위
에서 이들에 나타난 사회계약론적 정치사상을 더욱 구체적으로 발전시
킨 것이다. 우선 〈원목〉과 〈탕론〉의 정치사상을 살피고 이어서 〈일주서
극은편변〉을 살핌으로써 정약용 정치사상의 변모, 발전 양상을 살펴보
기로 한다. 마지막으로 결어에서는 본론의 요약과 더불어 추후의 과제
에 대하여 생각해 보기로 한다.

상서연구 문헌의 검토〉에서 《염씨고문소증초》는 본래 4권인데 대하여 규장각본은
《여유당전서》에 수록된 것과 비교하면 제1권(黃宗羲 序文)이 결질이며 《여유당전서》
본은 규장각본에 견줘 내용 증보가 있고 《여유당전서》에서 《염씨고문상서소증초》를
《매씨서평》에 포함시킨 것은 잘못이라고 하였다(753쪽). 《염씨고문상서》는 1827년
11월 저술된 것으로 보았다(조성을, 《연보로 보는 다산 정약용》, 786~788쪽. 이 연
구에서는 이렇게 보았으나 《염씨고문소증초》 1에 "專攻梅贖之僞 今已二十年矣"(《정본
여유당전서》13, 342쪽)라는 언급이 있으므로 1830년 무렵이라고 생각할 수도 있다.
그러나 30년이라는 수치는 개략적인 것으로 여겨지며, 일단 1830년 말에 《염씨고문
소증》을 돌려 준 것으로 보면 1827년 11월이라는 수치가 크게 틀리지 않는다고 생
각된다. 다만 《염씨고문소증초》 작업이 좀 더 시간이 걸렸고 초록 작업 이후, 자신
의 견해를 지속적으로 추가하였을 가능성은 있음). 별개의 저술이기는 하지만 1835
년 초 제4차 개수작업을 통해 (속)《매씨서평》으로 편집되었다(후술).

2. 자료의 문헌학적 검토

정약용은 강진에서 《매씨서평》(1810년 봄), 《상서고훈》(1810년 가을), 《상서지원록》(1811년 봄) 작업을 각각 완료한 이후 1818년 가을 향리 초천에 돌아오기까지는 수정, 보완 작업을 하지 않았던 것으로 생각된다. 현재 규장각 소장 《상서》 관련 초고본들의 권수와 1818년 봄 신영로申穎老에게 준 다산의 저서목록에 수록된 《상서》 관련 저작들의 권수가 일치한다.[13] 해배 이후에도 1822년 회갑 때까지도 변화가 없다고 여겨진다. 신영로에게 준 《상서》 관련 저서목록의 권수와 〈자찬묘지명〉(집중본)의 《상서》 관련 저서목록의 그것과 일치하기 때문이다. 그러나 위에서 언급한 바와 같이 해배 이후 신위申緯, 홍석주洪奭周 등과 학문적 교유를 하는 가운데 강진 시기 일련의 《상서》 연구 문헌들에 대하여 보완 작업을 하게 되었다. 이런 가운데 《매씨서평》 9권(초고본)에 대한 개수 작업도 진행되었다.

《매씨서평》 9권(초고본) 가운데 제1~4권의 개수 작업(제1차)은 대략 1831년에 이루어졌으며 1834년 6월 하순~8월 14일 동안 제2차 개수 작업이 이루어졌고(제5~9권) 1834년 겨울 동안 제3차 개수 작업이 이루어졌다. 또 제3차 개수 작업에 이어서, 제4차 개수 작업으로 1835년 초 (속)《매씨서평》의 편집 작업을 하였다. (속)《매씨서평》은 제1책 제1권이 〈하내태서河內太書〉, 〈일주서극은편변逸周書克殷篇辨〉, 〈서대전략론書大傳略論〉으로 이루어지고 제1책-제2권 및 제2책-제1권, 제2권, 제3권이 각기 《염씨고문상서소증초閻氏古文尚書疏證抄》 1, 2, 3, 4에 해당될 것이라고 추정하였다.[14] 이상과 같이 《매씨서평》(초고본)에 대한 개수 작업은 최만

---

13 〈증신영로〉.

14 조성을, 〈해배 이후의 다산〉, 25~30쪽. 《매씨서평》(개수본)에 개수 작업에 대한 시기적 검토는 이미 앞의 논문 조성을, 〈정약용의 상서연구 문헌의 검토〉에서 행한

년에 네 차례에 걸쳐 진행되었다.

개수본 《매씨서평》은 《여유당전서》 제2집에 제29~32권으로 수록되어 있다. 이 《여유당전서》본에 보이는 개수본 《매씨서평》의 구성은 다음과 같다.

제29권   《매씨서평》(1~3)

제30권   《매씨서평》(4~6)

제31권   《매씨서평》(7~9)

제32권   《매씨서평》(10)

규장각과 버클리본에서는 《매씨서평》(1~3)이 제1책, 《매씨서평》(4~6)이 제2책, 《매씨서평》(7~9)가 제3책으로 되어 있다.[15] 규장각본 제29권 《매씨서평》(1~3)은 개수본 《매씨서평》 제1책에, 제30권 《매씨서평》(4~6)은 개수본 《매씨서평》 제2책에, 제31권 《매씨서평》(7~9)는 개수본 《매씨서평》 제3책에 해당되는 것이라고 추정할 수 있다. 앞에서 언급한 바와 같이, 필자는 기존 연구에서 초고본 《매씨서평》 1~4와 전서본 《매씨서평》 1~4의 내용이 일치하는 것으로 보고 전서본 《매씨서평》 1~4는

바가 있다. 그러나 〈해배 이후의 다산〉에서는 첫째로 기존 논문에서 제3차 개수 작업 시기에 대하여 "1834년 8월 24일 이후~1836년 서거 이전"이라고 한 것과 달리, 보다 좁혀서 1834년 겨울이라고 하였으며, 둘째로 새롭게 1835년 초의 제4차 개수 작업([속]《매씨서평》 편집)에 대하여 언급하였다. 이 밖에 정약용의 《매씨서평》에 대한 문헌학적 연구로는 다음과 같은 논문들이 있다. 이봉규, 〈해제: 매씨서평〉, 《한국경학자료집성》 64(서경16), 대동문화연구원, 1994; 이지형, 〈해제: 매씨서평에 대하여〉, 《역주 매씨서평》, 문학과 지성사, 2002; 이지형, 〈매씨서평 해제〉, 《매씨서평》(정본 여유당전서13), 2012; 노경희, 〈미국 소재 정약용 필사본의 소장 현황과 서지적 특징〉.

15 조성을, 〈정약용의 《상서》연구 문헌의 검토〉에서 이를 확인하였고 버클리본에 대하여는 최근 고려대학교 해외한국학자료센터의 자료 검토를 통해서 이 사실을 확인하였다.

수정된 내용이 아니라고 하였으나 이는 잘못된 견해로써, 양자에는 차이가 있는 것으로 보아야 할 것으로 생각된다. 앞으로 좀 더 면밀한 대조가 필요하지만 버클리본은 《매씨서평》(1~4)의 개수, 즉 제1차 개수를 반영한 것이고 이를 저본으로 한 것이 규장각본이라는 견해를 일단 받아들인다.[16] 이하 규장각본 《매씨서평》과 《여유당전서》본 《매씨서평》의 각 권에 배치된 편목의 차이를 살펴보기로 한다.

다음으로 《여유당전서》본 가운데 제30권에 수록된 개수본 《매씨서평》(제5~6권)을 초고본과 견주어 보면 양자의 편목은 같으나 개수본에서는 내용에 상당한 수정이 있다. 《여유당전서》본 제31권의 개수본 《매씨서평》 제7~9권을 초고본과 대조해 보면 양자는 편목에서 차이가 있다. 초고본에는 《매씨서평》 7에 수록된 〈태서서泰書誓〉가 개수본에는 빠져 있으며, 초고본 《매씨서평》 제8권에 수록된 〈하내태서河內泰書〉가 개수본 《매씨서평》 제8권에서는 빠져 있고, 초고본 《매씨서평》 9에 있던 〈미자지명微子之命〉과 〈채중지명蔡仲之命〉이 개수본 《매씨서평》 제8권으로 올라가 있다.[17]

초고본 《매씨서평》(제5~9권)의 개수 작업은 제2차 개수 작업에서 행해진 것이다. 개수본 제5~9권은 초고본과 마찬가지로 《위고문상서僞古文尙書》 부분을 다룬 것이다. 하지만 초고본과 달리 개수본에서는 《위고문상서》 원문의 각 편을 몇 단락으로 제시하였다. 그리고 매 단락의 고증 작업에 표취剽取, 수집蒐輯, 변란變亂, 의거依據, 방수旁蒐, 답습踏襲, 고정考

---

16 노경희, 〈미국 소재 정약용 필사본의 소장 현황과 서지적 특징〉. 한편 김문식 교수는 〈다산 정약용의 상서 주석서 계열 고찰〉(《다산학》 23, 2013.12) 현재 단국대에 소장되어 《매씨서평》 제1책(1~3권)이 강진 초고본과 내용상 일치하는 것으로 보았다. 이 견해에 찬동한다. 이것은 제1차 개수가 행해진 버클리본보다 선행하는 것이다. 앞으로 강진 초고본 《매씨서평》(제4권)에 해당하는 필사본을 찾을 필요가 있다. 아마도 김영호 기탁본 (1) 제1책(《상서평》4·5·6: 후술) 가운데 《상서평》 4가 이에 해당하는 것으로 생각된다.

17 여기에서 초고본이라고 한 것은 규장각본 및 버클리본 《매씨서평》5~9권을 말한다.

訂, 표절剽竊, 찬개竄改, 표습剽襲, 유루遺漏, 오루誤漏, 수식修飾, 할열割裂, 수연蒐衍, 류의謬意, 수개蒐改, 수환蒐換 등의 표시를 하였다. 이것은 초고본에 견주어 고증이 더 정밀해진 것을 의미하며 이렇게 정밀하게 된 데에는 신위申緯, 홍석주洪奭周 등의 영향이 있었다고 여겨진다. 또 《위고문상서》라고 하여 그대로 버리는 것이 아니라 거기에서 의미 있는 부분을 찾고자 한, 일정 부분 《진고문상서眞古文尚書》를 복원하고자 한 노력의 표현이라고 생각된다. 앞으로 이런 측면에 대한 세밀한 검토는 정약용 상서학尚書學의 발전에 대한 이해를 더 깊게 할 것이다.

한편 《여유당전서》본 《매씨서평》 제10권에 〈하내태서河內泰誓〉, 〈일주서극은편변逸周書克殷篇辨〉, 〈서대전략론書大傳略論〉 및 《염씨고문소증초閻氏古文疏證抄》가 올라가 있다. 그러나 이 가운데 《염씨고문소증초》는 앞에서 언급한 바와 독립된 편저로써, 원래 《매씨서평》에 속하는 것이 아니고 1827년 11월 이루어졌다. 개수본 《매씨서평》 10에 해당되는 가운데 〈일주석극은편변〉과 〈서대전약론〉은 앞에서 제3차 개수 때(1834년 겨울)에 지은 것으로 추정되며(후술) 이 두 편은 각기 정약용 정치사상의 최종적 정리 및 복생伏生 《상서대전尚書大傳》에 대한 개괄이다. 다만 《매씨서평》(개수본) 제10권에 포함된 3편의 논문 가운데 〈하내태서〉는 1834년 겨울에 앞서 지은 것이며 제4차 개수 작업 때에 약간의 수정이 가해졌을 수 있다.

최근까지 필자는 《여유당전서》본 《매씨서평》의 저본이 된 필사본(개수본)을 찾고 있었다. 최근 2016년 연말과 2017년 1월 초순 사이에 한국학중앙연구원에 기탁된 김영호 교수 소장의 정약용 자료 가운데 《매씨서평》 4책을 검토할 수 있었다. 이것의 구체적 구성을 살펴보면 다음과 같다.

(1) 제1책(경부4) 겉표지: 尚書平 4·5·6 菜花亭集   **전서본과 다름

1권(서두 누락)

　　내용: 詞42~50, 雜訂1~15, 講義1~3

2권　與猶堂集 卷之20　洌水 丁鏞 著　梅氏尙書平5

　　내용: 大禹謨, 胤征~

3권　與猶堂集 卷之21　洌水 丁鏞 著　梅氏尙書平6

　　내용: 仲虺之誥~

(2) 제2책 겉표지(누락?): 尙書平 7·8·9 荣花亭集　　**전서본과 다름

　　1권　與猶堂集 卷之22 洌水 丁鏞 著　梅氏尙書平7

　　　내용: 咸有一德~

　　2권　與猶堂集 卷之23 洌水 丁鏞 著　梅氏尙書平8

　　　내용: 河內太書

　　3권　與猶堂集 卷之24 洌水 丁鏞 著　梅氏尙書平9

　　　내용: 微子之命~

(3) 제3책 겉표지: 매씨서평 7·8·9 與猶堂集　　**전서본과 같음

　　1권　洌水全書 卷之12 洌水 丁鏞 著　梅尙書平7

　　　내용: 咸有一德~

　　2권　梅氏書平卷之8 洌水 丁鏞 著

　　　내용: 武成

　　3권: 梅氏書平卷之9 洌水 丁鏞 著

　　　내용: 周官~

(4) 제4책 겉표지: "續梅氏書平"1·2·3？　與猶堂集

　　1권　洌水全書 卷之25 洌水 丁鏞 著

　　　내용: 河內太書, 逸周書克殷篇辯, 書大傳略論(말미 몇 줄 누락)

　　2권(서두 2쪽 가량 누락?)

　　　내용: 古文尙書疏證1　　**전서본 黃宗羲 序 부분과 같음

이상 김영호 기탁본의 검토를 통해 기탁본 (1) 제1책(《상서평》 4·5·6)

과 (2) 제2책(《상서평》 7·8·9)은 일단 맞짝이 되는 전서본(《매씨서평》 4·5·6 및 7·8·9)과 서로 다름을 알 수 있다. 기탁본 (1) 제1책(《상서평》 4·5·6)과 (2) 제2책(《상서평》 7·8·9)은 아마도 초고본 《매씨서평》(4~9권)을 저본으로 한 것으로 여겨진다. 이들과 단국대본 《매씨서평》(제1책, 1~3권)을 합치면 초고본 1질이 갖춰지게 될 것이다. 그러나 기탁본 제3책은 이와 맞짝이 되는 전서본(《매씨서평》 7·8·9) 내용이 같다. 아울러 〈하내태서〉, 〈일주서극은편변〉, 〈서대전략론〉이 《매씨서평》 10권을 구성하지만 이들 〈하내태서〉, 〈일주서극은편변〉, 〈서대전략론〉은 다시 (속)《매씨서평》의 앞부분을 구성하게 되며 뒷부분이 《고문상서소증》 제1권이 된다는 필자의 주장이 맞음을 확인할 수 있다.[18] 다만 최익한의 〈열수전서총목록〉에 따르면 (속)《매씨서평》은 2책 5권이다. 기탁본 (4)=제4책을 보면 "하내태서, 일주서극은편변, 서대전략론"이 (속)《매씨서평》 제1책-제1권이 되는 것이 분명하며 기탁본 (4)의 제2권 "〈황종희 서〉"(《고문상서소증》 1)가 (속)《매씨서평》 제1책-제2권이 됨을 알 수 있다. 전서본에는 "〈황종희 서〉"에 이어서, 《염씨고문상서소증》 (2), (3), (4)가 실려 있는데 이 세 권의 내용은 원래 《염씨고문소증초》 (1), (2), (3)에 해당되는 것이라고 여겨진다. 즉 1827년 11월 처음 정리 당시에 《염씨고문소증초》는 (1)·(2)·(3)으로 구성되었으나 나중에 "〈황종의黃宗羲 서序〉(및 이에 대한 논평)"가 (속)매씨서평 제1책 제2권〔속《매씨서평》(1)〕으로 추가되면서 원래 《염씨고문소증초》 (1), (2), (3)이 각기 (2), (3), (4)로 되었다고 생각된다.[19] 이 새롭게 편차된 《염씨고문소증초》(도합 4권) 앞에 "하내태서河內太書, 일주서극은편변逸周書克殷篇辯, 서대전략

18 〈해배 이후의 다산〉, 41쪽.

19 이 편차 조정 과정에서 원래 《閻氏古文尙書疏證招》(총3권) 부분에 대한 수정보완 작업이 이루어졌다고 생각된다. 이에 대하여 "其已經余昔年評議者舍之, 其或遺漏者拾之, 略加商訂, 又其次第, 標以甲乙, 以便考檢焉."(〈염씨고문소증초〉2, 《정본 여유당전서》13, 363쪽)이라는 언급이 있다.

론書大傳略論"을 배치하여 "(속)《매씨서평》 제1책-제1권"이 되고, 새로
(속)《매씨서평》 제1책-제2권이 된, 원래의 《염씨고문상서소증閻氏古文尙書
疏證》(1)을 합쳐서 "(속)《매씨서평》 제1책(합2권)"을 구성하였을 것이다.
이것이 바로 제4차 개수작업이다.

다만 새롭게 편집된 《고문상서소증》(2)·(3)·(4)를 수록하였을 것으로
추정되는 (속)《매씨서평》(제2책)〔김영호 기탁본 제4책 (속)《매씨서평》(제1
책)과 합쳐 (속)《매씨서평》 완질(제1~2책)을 이루는 것〕이 아직 발견되지
않고 있다. 이상과 같이 보면 최익한이 〈열수전서총목록〉에서 (속)《매
씨서평》 2책 5권 가운데 "제1책=1, 2권이 《염씨고문상서초》"라고 한 것
은 문제라는 사실이 드러난다. (속)《매씨서평》이 총2책 5권이라는 사실
은 맞지만, 제1책-제1권이 "하내태서, 일주서극은편변, 서대전략론"〔(속)
《매씨서평》1〕이고 제1책-제2권이 "〈황종희 서〉"〔(속)《매씨서평》2〕가 된다.
(속)《매씨서평》제2책-제1권, 제2책-제2권, 제2책-제3권이 각기 (속)《매
씨서평》(3), (4), (5)가 된다. 앞으로 최익한 〈열수전서총목록〉을 면밀히
검토할 필요가 있다

이상 개수본 《매씨서평》의 문헌학적 문제를 살펴보았다. 이하 먼저
〈원목〉과 〈탕론〉의 정치사상을 먼저 검토하고 이들과 비교하여 〈일주
서극은편변〉의 정치사상을 살펴보기로 한다.

3. 〈일주서극은편변〉의 정치사상

〈일주서극은편변〉 정치사상의 검토에 앞서 먼저 〈원목原牧〉과 〈탕론
湯論〉의 정치사상에 대하여 살피기로 한다. 이를 위해 〈원목〉과 〈탕론〉
의 저술 시기에 대하여 살펴보자. 〈원목〉은 《여유당집》〈잡문전편〉에

수록되어 있으므로 일단 유배 이전 작품으로 볼 수 있다. 필자는 곡산
부사 시절의 작으로 보고 저술 시기에 대해 이전에 1797년 윤6월~1779
년 4월 사이로 비정한 적이 있으나[20] 좀 더 좁혀서 볼 수 있겠다. 즉
1797년 가을 부임 직후에는 여러 업무로 몹시 분주하였으며 이어서
1798년 봄까지 《사기찬주史記纂註》를 작업하였다. 따라서 대략 〈원목〉의
저술 시기는 1798년 봄 《사기찬주》 작업 완료 이후로 볼 수 있다. 또
1798년 12월 〈응지진농정소應旨進農政疏〉를 저술하고 이어서 1799년 1월
〈전론田論〉 작업에 착수하므로[21] 〈원목〉 저술 시기의 하한은 대략 1798
년 11월이 된다. 따라서 일단 〈원목〉의 저술 시기는 대략 1798년 여름
에서 1799년 11월 이전 사이로 비정하여 두기로 한다.

〈탕론〉은 《여유당집》 〈잡문후편〉에 실려 있으므로 상대적 편년은
1801년에서 1810년 사이이다. 그러나 《매씨서평》(초고본)을 쓰면서 함께
지은 것일 가능성이 크므로 대략 1810년 무렵이라고 비정하였다.[22] 그러
나 좀 더 구체적으로 보면 대략 1809년에서 겨울에서 1810년 1월 사이
로 잡을 수 있겠다.[23]

다음으로 〈일주서극은편변〉의 저작 시기에 대해 논증해 보기로 한다.
원래 필자는 제3차 개정의 시기를 제2차 개정이 완료된 1834년 8월 이
후에서 1836년 2월 서거하기까지 사이라고 보았다.[24] 이것은 《사암연보》
(228쪽)에서 "甲午 …… 秋 梅氏書平改修 是書成於庚午 至是改修 又增一卷 合十

---

20 조성을, 《여유당집의 문헌학적 연구—잡문 및 시율의 연대고증을 중심으로-》,
2004, 혜안, 250쪽.

21 조성을, 《연보로 본 다산 정약용》, 442~443쪽 및 468쪽. 〈응지진농정소〉에서는
미처 토지개혁을 논하지 못하였으므로 이 문제를 보완하기 위해 바로 이어서 〈전론〉
작업에 착수한 것으로 생각된다.

22 조성을, 《여유당집의 문헌학적 연구—잡문 및 시율의 연대고증을 중심으로-》, 385쪽.

23 이 시기 동안 초고본 《매씨서평》 작업이 진행되었기 때문이다(조성을, 《연보로 본
다산 정약용》, 637쪽).

24 조성을, 〈상서연구 문헌의 검토〉, 769쪽.

卷"이라는 언급에 근거한 것이다. 즉 이 인용문 가운데 "지시개수至是改修"를 제2차 개정 작업(1834년 8월 완료)을 말하는 것으로 보는 한편, "우증일권又增一卷 합십권合十卷"는 "지시개수至是改修"의 다음 일로 보아서 제3차 개수 작업이 1834년 8월 이후 1836년 2월 서거 이전 사이에 이루어진 것으로 보았었다. 그러나 《사암연보》의 찬자는 제2차 개정 작업과 제3차 개수 작업을 하나의 일로 보면서도 《매씨서평》 제9권 개수 작업의 완료 시점을 기준으로 "지시개수至是改修"라고 한 것으로 여겨진다.

이어서 정약용은 1834년 가을 한동안 설사로 누워 있었고 대략 1834년 9월 24일 무렵에야 일어났으므로 1834년 9월 하순까지는 작업을 하기 어려웠을 것이다.[25] 따라서 제3차 작업이 제2차 작업과 바로 이어지는 것이 아니라고 생각되므로 제3차 작업의 개시 시점을 약간 수정하여 "1834년 10월 이후"로 보는 것이 타당하다. 위 인용문에서 "甲午 …… 秋 梅氏書平改修 是書成於庚午 至是改修 又增一卷 合十卷"이라 하였는데 제2차와 제3차의 개수 작업을 하나의 일로 언급한 것으로 볼 수 있다면 "우증일권又增一卷 합십권合十卷"이라는 언급은 "경오庚午"년(1834)의 일을 말하는 것으로 볼 수 있다고 여겨진다. 그렇다면 제3차 개수 작업의 시기는 1834년 10월 이후, 겨울이 될 수 있다. 《매씨서평》 제5~9권 개수 작업이 바로 제2차 개수 작업이고 《매씨서평》 10([속]《매씨서평》 1) 작업이 바로 제3차 개수 작업이다. 이에 해당하는 것이 "하내태서, 일주서극은편변, 서대전략론" 작업이다. 이 제3차 개수 작업을 한 시기는 1834년 10월 이후, 겨울 기간이 된다. 따라서 〈일주서극은편변〉의 저작 시기는 "1834년 겨울"이 된다.[26] 이듬해 1835년 초에 《매씨서평》 10을 포함하여 (속)《매씨서평》 2책 총5권 편집 작업을 하였다.[27] "〈황종희 서〉"는 이때

---

25 《연보로 보는 다산 정약용》, 824~825쪽.

26 단 〈하내태서〉는 이전에 작업을 한 것을 옮겨 《매씨서평》 10에 포함시킨 것이다. 이 과정에서 내용에 수정이 있었을 가능성은 있다.

저술되었을 가능성이 있다. 이상의 논의를 정리하면 정약용의 정치사상
은 1798년 여름에서 1799년 11월 이전 사이 지어진 〈원목〉에서 출발하
여 1809년에서 겨울에서 1810년 1월 사이에 〈탕론〉으로 발전하였으며,
1834년 겨울 〈일주서극은편변〉으로 최종 완성되었다. 이 과정에서 《상
서》 연구가 큰 역할을 하였다.

먼저 〈원목〉(1798년 여름에서 1799년 11월 이전)의 정치사상을 살펴보
기로 한다. 종래에는 《여유당전서》본이 자료로 이용되었으나 근자 이를
필사본과 대조하면서 표점, 교감한 《정본 여유당전서》본이 있으므로 이
를 자료로 이용하기로 한다. 다만 부분적으로 필자가 약간 표점을 변경
하였다. 〈원목〉은 길지 않은 글이므로 일부만 생략하고 전문全文을 거의
다 인용하면 다음과 같다.

(가) 牧爲民有乎, 民爲牧生乎? 民出粟米·麻絲, 以事其牧 …… 民爲牧生乎?
曰"否否", 牧爲民有也. 遂古之初, 民而已, 豈有牧哉? 民于于然聚居, 有一夫
與隣閧, 莫之決. 有叟焉, 善爲公言, 就而正之, 四隣咸服, 推而共尊之, 名曰
"里正." 於時數里之民, 以其里閧, 莫之決. 有叟焉, 俊而多識, 就而正之, 數
里咸服, 推而共尊之, 名曰"黨正." 數黨之民, 以其黨閧, 莫之決. 有叟焉, 賢
而有德, 就而正之, 數黨咸服, 名之曰"州長."
於是, 數州之長, 推一人以爲長, 名之曰"國君." 數國之君, 推一人以爲長, 名
之曰"方伯." 四方之伯, 推一人以爲宗, 名之曰"皇王." 皇王之本, 起於里正,
牧爲民有也. 當是時, 里正從民望而制之法, 上之黨正, 黨正從民望而制之法,
上之州長, 州上之國君, 國君上之皇王, 故其法皆便民.

(나) 後世一人自立爲皇帝, 封其子若弟·及其侍御·從僕之人, 以爲諸侯, 諸侯簡
其私人, 以爲州長, 州長薦其私人, 以爲黨正·里正. 於是, 皇帝循己欲而制之
法, 以授諸侯, 諸侯循己欲而制之法, 以授州長, 州授之黨正, 黨正授之里正.

<hr>

27 조성을, 《연보로 보는 다산 정약용》, 830쪽 ; 조성을, 〈해배 이후의 다산〉, 41쪽.

故其法皆尊王而卑民, 刻下而附上, 壹似乎民爲牧生也.

(다) 今之守令, 古之諸侯也. 其宮室·輿馬之奉.....擬於國君, 其權能足以慶人,
其刑威足以怵人. 於是, 傲然自尊, 夷然自樂, 忘其爲牧也. 有一夫鬨而就正,
則已蹴然曰:"何爲是紛紛乎?" 有一夫餓而死, 曰:"汝自死耳." 有不出粟米·麻
絲以事之, 則撻之梏之, 見其流血而後止焉 …… 賂遺權貴·宰相, 以徼後利,
故曰:'民爲牧生', 其理也哉? 牧爲民有也.[28]

(가)에 따르면 민들이 분쟁을 해결하기 위해, 추대推戴를 하여 위정
자로서 황왕皇王[군주]이 생겨났으며 황왕의 근본은 이정里正에서 시작되
었다는 것이다. 기존 연구들에서 정약용이 황왕의 근본은 이정에서 시작
되었다고 보았으므로 〈원목〉에 따르면, 권력의 궁극적 소재는 민이라는
의미가 되며 이것은 주권재민主權在民＝민주주의民主主義를 주장한 것이라
고 해석하였다.[29] 이 해석에 따르면 이정里正-당정黨正-주장州長-국군國
君-방백伯-황왕皇王의 단계로 간접적으로 선출한다고 본 것이 된다.[30]

한편 필자는 이전 논문에서 추대推戴는 대등한 입장에서 하는 것이
아니며, 민이 위정자를 고용한다는 〈탕론湯論〉의 입장과 달리 아직 지배
층을 다소 위에 놓고 보는 것이라고는 하였다.[31] 그러나 〈탕론〉에서도
여전히 추대推戴라는 용어는 계속 사용되었으며 최만년의 〈일주서극은
편〉에서는 추대의 개념을 구체화하여 "후대侯戴"라는 용어로 정착시켰
다. 따라서 추대라는 개념이 〈원목〉에서 〈일주서극은편변〉까지 일관되

28 정본 《여유당전서》 2, 206~207쪽.
29 조광, 〈정약용의 민권의식 연구〉, 《아세아연구》 19-2, 1976; 임형택, 〈다산 민주정
    치사상의 이론적·현실적 근거〉, 《민족사의 전개와 그 문화》(하), 창작과비평, 1990;
    조성을, 《정약용의 정치경제 개혁사상 연구》, 연세대 박사논문, 1991.12, 351쪽.
30 조성을, 위 논문.
31 위와 같음.

게 유지되는 것이라고 하겠다. 추대推戴 방식은 선출 방식과는 달리, 구성원 대다수 또는 전체의 합의를 전제로 하고 있는 것으로 볼 수 있다. (가) 인용문에서 이정과 당정에 대하여 "추이공존지推而共尊之"라는 표현을 사용하였고 이 주장에 대하여 "수당함복數黨咸服"이라는 표현을 사용한 것에서 이를 짐작할 수 있다. 이것이 바로 서구의 사회계약론과 구분되는 바로 정약용 정치사상의 특색이라고 할 수 있겠다. 그러나 추대라고 하여도 기본적으로 선택 권한이 추대하는 사람들에게 있는 점에서는 선출과 다르지 않으며 피추대자被推戴者는 피고용자의 입장에 있게 된다. 따라서 추대라는 용어를 사용하므로 대등한 입장이 아니며 민이 위정자를 고용한다는 〈탕론〉의 입장과 달리 〈원목〉에서는 아직 지배층을 다소 위에 놓고 본다는 종전의 필자 주장은 재고되어야 한다.

아울러 군주의 근본이 이정里正에서 시작되었다고 한 것을, 바로 주권재민=민주주의로 연결시키는 데에 대하여 현재로서는 약간의 보충 설명이 필요하다고 생각된다. (가)를 자세히 살펴보면 제1단계 이정里正은 직접 민이 추대하며, 제2단계 당정黨正 및 제3단계 주장州長도 역시 민이 추대하는 방식으로 되어 있다. 간접적 방식은 몇 주장州長들 가운데서 국군國君 1인을 추대하는 데서 시작하여 다음 단계로 몇 국군 가운데서 1인을 추대하여 방백方伯으로 하고 사방의 방백 가운데 1인을 추대하여 황왕(군주)으로 하였다는 설명이 된다. 주장 단계까지는 민들이 직접 추대하므로, 주장 권력의 근원은 민에게 있고 주장이 방백을 추대하며 방백들이 황왕을 추대하므로 황왕의 권력의 근원은 결국 민에게 있는 것이 된다. 따라서 〈원목〉은 "주권재민主權在民"에 기초한 "민주주의 정치사상"을 제시한 것으로 볼 수 있다. (가) 가운데 "황왕지본皇王之本, 기어이정起於里正"이라는 언급은 황왕의 추대는 결국 이정의 추대 방식에서 비롯된다는 의미로 해석하면 무리가 없을 것이다.

이상 〈원목〉에서 제시된 주권재민이라는 민주사상은 우리나라 사상

사에서 민주주의의 출발점이라고 할 수 있겠다. 〈원목〉에 미친 근대 서
구사상의 영향은 전혀 추적되지 않는다. 따라서 우리의 사상적 전통,
더 구체적으로 유교의 민본주의의 내재적 발전에 따른 것이다. 그러나
위에서 언급한 바와 같이, 정약용은 서구의 선출 방식과는 달리, 추대의
방식을 취하고 있는 점에서 구성원 대다수, 또는 전체의 합의 형식을
취하는 점에서 서구의 민주주의와 다른 특색을 갖고 있으며 이것을 통
치자의 덕德을 중시하는 유교적 전통과 연결되는 것으로 볼 수 있겠다.

또 위 인용문 가운데 (가) 부분을 정약용이 실제로 상고시대에 존재
하였던 역사적 사실로 보고 있는가하는 것이다. 서구의 사회계약설은
이념적으로 요청된 것이지, 실제 역사적 사실을 반영하는 것은 아니다.
세계사적 차원에서 국가와 권력의 발생은 계급 발생과 전쟁 및 정복에
의한 것이다. 그러나 (가)에 이어서 전개된 (나)의 내용은 구체적인 역
사적 사실을 반영한 것이다. 즉 (나)는 대체로 중국 진시황秦始皇 통일
이후 군주전제君主專制 통치제도에 대하여 언급한 것으로 볼 수 있다.
(가)에 대하여는 "수고지초邃古之初"라는 표현을 사용한 데 견주어 (나)
에 대하여는 "후세後世"라는 표현을 사용하였다. (나) 단계는 (가) 단계
에 견주어 후세가 되므로 (가) 단계는 실제로 존재한 시기로 생각하였
다고 볼 수 있겠다. 이 점에서 서구의 사회계약설과는 구분된다고 여겨
진다. 다만 (가) 단계가 중국 역사에서 구체적으로 어느 시대에 해당하
는지에 대하여 언급하지 않았다. 그리고 처음 발생기 이후에도 지속적
으로 (가)의 방식이 진행되었다고 보았는지도 확실하지 않다. 즉 수고
지초邃古之初에 해당하는 시기가 그 다음 단계들과 관련하여 명확하게
규정되지 않았다. 정약용의 역사 시기 구분 문제에 대하여는 〈일주서극
은편변〉을 논의할 때 언급하기로 한다.

다음으로 〈탕론〉(1809년 겨울에서 1810년 1월 사이)에 전개하고 있는
정치사상을 살펴보기로 한다. 종래에는 《여유당전서》본이 자료로 이용

되었으나 근자 이를 필사본과 대조하면서 표점, 교감한 《정본 여유당전서》본이 있으므로 이를 자료로 이용하기로 한다. 다만 필자가 표점을 일부 변경하였다. 〈탕론〉도 원목과 마찬가지로 짧은 글이므로 몇 구절 생략하고 될 수 있는 대로 길게 인용하기로 한다.

(가) 湯放桀可乎? 臣伐君而可乎? 曰: "古之道也, 非湯刱之也." 神農氏世衰, 諸侯相虐, 軒轅習用干戈, 以征不享, 諸侯咸歸, 以與炎帝戰于阪泉之野, 三戰而得志, 以代神農〔見〈本紀〉〕. 則是臣伐君 而黃帝爲之, 將臣伐君而罪之, 黃帝爲首惡, 而湯奚問焉?

(나) 夫天子何爲有也? 將天雨天子而立之乎, 抑湧出地爲天子乎? 五家爲隣, 推長於五者爲隣長, 五隣爲里, 推長於五者爲里長, 五鄙爲縣, 推長於五者爲縣長, 諸縣之長所共推者爲諸侯, 諸侯所共推者爲天子, 天子者, 衆推之而成者也.

(다) 夫衆推之而成, 亦衆不推之而不成, 故五家不協, 五家議之, 改隣長, 五隣不協, 二十五家議之, 改里長, 九侯八伯·不協, 九侯·八伯議之, 改天子. 九侯·八伯改天子, 猶五家之改隣長, 二十五家之改里長. 誰肯曰: "臣伐君哉?" 又其改之也, 使不得爲天子而已 降而復于諸侯則許之, 唐侯曰"朱" …… 殷侯曰 "宋公".

(라) 其絶之而不侯之, 自秦于周始也. 於是, 秦絶不侯, 漢絶不侯, 人見其絶而不侯也, 謂凡伐天子不仁, 豈情也哉? ……

(마) 自漢而降, 天子立諸侯, 諸侯立縣長, 縣長立里長, 有敢不恭, 其名曰"逆." 其謂之逆者何? 古者, 下而上, 下而上者, 順也. 今也, 上而下, 下而上者, 逆也 …… 輒欲貶湯·武而卑於堯·舜, 其所謂達古今之變哉?[32]

위의 인용문 가운데 (나)에서 보면 인장隣長-이장里長-현장縣長까지는 민民이 직접 추대하는 식으로 되어 있고 현장들이 그 가운데 제후를,

---

제후들이 그 가운데 천자를 추대하는 간접적 방식으로 되어 있다. 즉 앞의 단계들은 민이 직접 추대하여 이루어지고 나중 단계들은 민이 직접 추대한 것이 아닌 간접 추대 방식으로 되어 있다. 이 점은 〈원목〉과 같다.

한편 〈탕론〉이 〈원목〉에 견주어 발전한 점은, 첫째, (다)에서와 같이 군주의 잘못이 있을 경우 인민의 혁명권(혹은 소환권)이 있음을 분명하게 한 데 있다. 이것은 민이 위정자를 고용한다는 관점에서 보는 것이고, 민과 지배층을 대등한 입장으로 생각하는 것이다.

둘째, 군주가 자리에서 물러나도 단지 원래 제후의 위치로 되돌아가게 할 뿐 어떤 보복을 받지도 않는다고 명시한 점이다. 이것은 군주의 탄핵 과정에서 유혈 사태를 방지하여 상대적으로 탄핵을 용이하게 하고자 한 의도에서 나온 것이라고 하겠다.

셋째, 또 하나 발전한 점은 중국의 역사를 상이하上而下의 단계와 하이상下而上의 단계로 명확하게 구분한 것이다. (가)와 (라)에 따르면 하이상下而上은 오제五帝·삼대三代, 상이하上而下는 진秦나라 이후 단계로 역사적 시기를 구체적으로 비정한 점이다. 〈원목〉에서 말한 "수고지초遂古之初"는 군주가 없다가 일반민 차원에서 추대가 시작되는 점에서 오제·삼왕의 시대와 같이 하이상下而上의 시대로 생각한 것으로 보아야 할 것이다.

한편 필자의 관견管見에 관한 한, 최근의 비판적 연구를 포함하여 기존의 연구들 가운데 〈일주서극은편변〉의 "제명帝明"과 "후대侯戴"라는 두 기본 개념 가운데 "帝明"에 대한 연구는 눈에 띄지 않는다.[33] 그러나 제명은 《경세유표》에서 강력하게 주장한 천관天官 총재冢宰의 역할과 관련

33 백민정, 〈정약용 정치론에서 권력의 정당성에 대한 물음—제명과 후대 논의에 대한 재성찰을 중심으로〉(《철학사상》 29, 2008)에서는 제명에 대하여 언급하기는 하였으나 이를 "재상", "총재" 또는 왕권·신권의 관계라는 각도에서 생각하지는 않았다.

하여 심도 있게 논의할 필요가 있다. 조선조 정치사상사에서 핵심적 의제 가운데 하나인 왕권王權·신권臣權의 관계와 연관된다. 정약용이 이를 어떤 식으로 해결하려 하였는지 역시 "제명"을 통해 엿볼 수 있다. 이하 이 논문에서는 기존 연구를 비판적으로 검토하면서 〈일주서극은편변〉의 의미, 우리사상사에서 차지하는 역사적 위치에 대하여 생각해 보기로 한다. 이 논문에서는 《정본 여유당전서》본에 수록된 것을 이용하면서 김영호 기탁본에 수록된 자료를 참고하였다. 〈일주서극은편변〉은 상대적으로 내용이 길므로 필요한 부분만 인용하기로 한다.

(가) 今人以秦後之眼, 仰視秦以前之天. 其萬事·萬物, 無一非倒影斜光, 湯·武其最大者也. 其與秦以後之法, 天壤不侔者, 厥有兩端, 一曰"帝命", 一曰"侯戴." 其云"帝命"者, 何? 古人事天, 皆誠信而忱畏之, 非與後世爭王之人, 憑依假託而稱天也. 厥有虔心昭事之人, 格于上帝, 能躬承密訓, 灼知天命. 爲帝王者, 不得此人, 不敢以爲國. 承祖考之承緒者, 得此人然後, 能知治而中興, 値鼎革之際者 得此人然後, 能受命而肇業. 故少康得靡, 以復禹緒, 太戊得陟, 以正殷綱, 湯得伊尹, 以代夏政, 文·武得尙父, 以壹商戎. 非智謀·才術無敵於天下也, 乃其神明之衷, 能格知天命, 故立之爲師, 詢其言而順之 …… 自秦以降, 邪說充塞 …… 何以信古之帝命乎? 此僞書之所以作也.

(나) 其云"侯戴"者, 何? 民聚而求其長, 長列而求其帥, 各立一帥, 名之曰"侯." 侯之中有蒐楚, 相與會議以戴之, 名之曰"天子."(柳宗元之意) 天子之子若孫不肖, 諸侯莫之宗也, 亦安而受之. 有奮(**신조선사본**: 舊)發而中興者, 諸侯復往朝之, 亦安而受之, 不問其往事也. 有暴虐淫荒, 以殘害萬民者, 則相與會議而去之, 又戴一蒐楚者, 以爲天子. 其去之者, 亦未嘗盡其宗社滅其遺胤, 不過退而復其原初之侯位而已.

(다) 神農氏世衰, 黃帝習用干戈, 戰而獲勝, 諸侯戴之爲天子. 高辛氏世衰, 帝摯微弱, 諸侯不朝, 堯興勿問也. 夏后氏世衰, 太康失國百有餘年, 少康中興, 諸侯復朝. 至桀而暴虐, 湯知侯之戴己, 伐桀以代之. 殷之中衰至五六, 諸侯不

朝, 奮發中興至五六.(具見〈殷本紀〉) 至紂而暴虐, 武王知侯之戴己, 伐紂以代
之. 湯·武之事, 循常順古之彝典而已, 如後世弑君篡國之賊, 詎相毫髮似乎?
自秦而降, 世無諸侯, 莽·操·懿·裕, 各以其一己之私欲脅群僚, 以行弑逆, 眼
貫於此, 此僞書之所以作也.

(라) 旣疑其爲弑逆, 必疑其非睿聖. 於是造位悖亂凶暴之言, 以加於湯·武, 曰:
"此其所言", 曰:"此其所行". 嗟乎! 湯·武則旣遠矣, 又焉能不受之矣? 獨悲, 夫
誦述湯·武之人, 若仲尼·子輿之言, 皆與掩惡而飾美者, 同於其歸矣, 斯小事哉?

위 인용문에서 알 수 있는 바와 같이 〈일주서극은편변〉의 핵심적 두
개념은 "후대侯戴"와 "제명帝明"이다. 먼저 후대에 대하여 살펴보기로 한
다. (나)에서 후대는 〈원목〉과 〈탕론〉에서 언급한, "제후들의 군주 추
대"를 말하는 것이다. 이 (나)에서는 후대의 발상이 유종원柳宗元에서 비
롯되었음을 알 수 있다. 유교 정치사상이 내재적으로 발전하여 정약용
단계에서 민주주의에 도달한 것이라고 하겠다.

한편 〈원목〉 단계에서는 제후들의 추대가 구체적인 역사적 사실과
관련하여 언급되지 않았으나 〈탕론〉에서는 제후들의 추대를 황제黃帝와
탕湯의 역성혁명易姓革命으로 설명하였으며 〈일주서극은편변〉에서는 후대
를 황제와 탕·무로 설명하였다. 또 군주가 역성혁명으로 물러나더라도
보복은 하지 않는다는 〈탕론〉의 입장이 〈일주서극은편변〉의 후대론에
계승되고 있음을 (나)를 통해 알 수 있다. 이를 근거로 주周나라 무왕武
王이 은殷나라에 잔인하게 보복한 사실을 전한 〈일주서극은편〉이 위서僞
書임을 주장한 것이 바로 〈일주서극은편변〉의 취지이다.

다만 〈일주서극은편변〉의 후대를 설명하는 부분에서는 요堯임금과
순舜임금의 선양禪讓에 대하여는 언급하지 않았다. 이에 대하여 합편
《상서고훈》〈요전堯典〉(1834)에 다음과 같은 언급이 있다.

"愼徽五典 五典克從 納于百揆, 百奎時敍"〔이상 《상서》〈요전〉원문〕……
鏞案 先儒解此一段, 皆以爲史臣總敍舜一生功德 …… 然此是舜初年三載之間.
所奏功德, 必非舜一生總敍…..觀刑之下, 讓位之上, 忽挿總敍一節, 必無是理
…… 舜於此是, 端章甫爲小相, 以擯諸侯, 恐損體貌 …… 乃三載考績 ……
舜之歷試, 皆在三載之間. 愼徽五典者, 始授以司徒, 使敷五敎也. 納于百奎者,
次授以冢宰, 使釐百工也 …… 或曰'唐虞之法, 三考黜陟, 今一考之內, 歷試四
職, 不太驟乎?' 曰'堯之求舜, 本求以天子之才, 不求臣佐之才. 本讓天子之位,
而師錫天子之才, 其所歷試, 不過令明章聖德, 使民信服而已, 豈庶僚之爲哉.'[34]

이상에서 보면 요堯임금이 순舜임금에게 선양禪讓한 것을 고적考績(인
사고과)으로 설명하였음을 알 수 있다. 즉 요·순의 선양에 대하여 정약
용은 정해진 고적을 통과한 사람, 천자의 자질이 있는 사람에게 군주의
자리를 물려준 것으로 본 것이며 이것은 군주와 신하를 기본적으로 동
렬에 놓는 것이다.[35] 이리하여 필자는 기존 연구에서 양자를 고적考績의
방식이든, 후대侯戴의 방식이든 능력자를 선발하는 점에서 본질적으로
같은 것으로 보았다.[36]

그러나 현재로서는 능력자가 선택되는 점에서는 양자가 같으나, 본질
적으로 차이가 있다고 생각된다. 고적을 통한 것은 평화적인 선양禪讓에
해당하는 것이고 후대侯戴는 무력에 의한 역성혁명易姓革命에 해당하는
것이라고 보는 편이 타당하겠다. 덧붙여 위의 인용문에서 살필 수 있듯

---

34 《상서고훈》 1, 《정본 여유당전서》 11, 159~160쪽. 강진 시기 저술된 초고본 《상서
고훈》과 초고본 《상서지원록》을, 해배 뒤인 1834년에 수정보완하고 합쳐서 합편 《상
서고훈》을 편찬하였다(조성을 〈정약용의 상서연구 문헌의 검토〉). 1930년대 《여유당
전서》를 간행할 때 이 합편 《상서고훈》을 저본으로 하였고 최근 다산학술재단에서
간행한 《정본 여유당전서》에 실린 《상서고훈》은 《여유당전서》 수록 합편 《상서고훈》
을 저본으로 표점, 교감한 것이다.

35 조성을, 《정약용의 정치경제 개혁사상 연구》, 353쪽.

36 위와 같음.

이 요임금이 순임금을 고적한 것은 단 한 번(3년 기간)이어서 일반 관료에 대하여 세 번 고적(총 9년)하는 것과는 다르며, 요임금이 순임금에게 살핀 것은 일반 관료들의 자질이 아니라 천자의 자질이라고 한 점 역시 선양을 위한 고적이 일반 고적과는 다른 것임을 말해 준다. 아울러 (다)의 설명에 따르면 제후가 조회朝會하지 않다가 다시 입조하게 되는 경우도 후대의 예로 설명하였다. 이것은 역성혁명은 아니지만, 고적과는 달리 정변政變에 의한 것으로 보아야 할 것이다. 역성혁명도 정변에 포함시킬 수 있다면 후대는 정변에 의한 것이라고 하겠다. 이상에서 후대는 정변에 의한 것이므로 평화적인 선양과는 다른 것이며, 선양은 고적에 의거한 것이지만 일반적인 고적과는 차원을 달리하는 것임도 알 수 있다. 이상에 따르면 후대는 선양과는 관계가 없다. 따라서 〈일주서극은편변〉에서는 선양에 대한 논의가 빠져 있다고 하겠다. 이것은 위에서 살펴본 바와 같이 합편 《상서고훈》〈요전堯典〉(1834)의 선양禪讓 논의에 나타나 있다. 이 선양론(1834)에 이어서 후대·제명론(1834년 겨울)이 제시됨으로써 정약용의 정치사상이 완성되었다. 그러나 아직 미완의 부분이 남아 있었다.

후대侯戴가 갖는 또 하나의 문제는 군주를 추대하는 제후諸侯들의 지위가 세습되는가 하는 점이다. 정약용이 생각하는 오제·삼대는 제후의 지위가 세습되는 사회였다고 볼 수 있겠다. 그는 오제·삼대를 역사적 사실로 전제하고 이의 구체적 내용은 대체로 사마천의 《사기史記》에 의존하였기 때문이다. 《사기》에 따르면, 오제·삼대에 국왕과 제후의 지위는 세습된다. 좀 더 직접적으로 정약용의 견해를 살펴보면 다음과 같다.

當時人文始闢, 衆生蚩愚, 唯帝系侯·伯之裔, 纔能文明, 通解法理, 可以治民, 可以居官任職. 故當時最重氏族. 然此且有功有德以後, 得姓得氏. 黃帝二十五者, 其得姓者十四人. 又必居官以後, 纔能得氏 …… 某帝有才子幾人, 某帝有不才者

其人, 皆氏族之論也. 世官·世祿, 子姓相承[37]

위 인용문에 따르면, 〈일주서극은편변〉의 후대는 세습 제후에 의한 추대를 말하는 것이 된다. 그렇다면 정약용의 정치사상이 민주주의에 도달하였다고 보는 것에 무리가 따르게 된다. 그러나 정약용은 황제黃帝의 후손들이 관직을 세습한 것을 "당시인문시벽當時人文始闢, 중생치우衆生蚩愚, 유제계후唯帝系侯·백지예唯帝系侯·백지예伯之裔, 재능문명纔能文明, 통해법리通解法理, 가이치민可以治民"이라는 문명 발생 단계의 현실적 상황으로 설명한 점, 그리고 황제黃帝의 후손이라고 자동적으로 관직을 세습하는 것이 아니라 "유공유덕有功有德"하여야 한다고 한 점 등이 주목을 요한다. 이것은 현실적인 상황에서 세습하였다는 사실을 말하면서도 이 세습제 안에 능력 평가, 또는 고적考績이 반영되고 있었음을 말하는 것이라고 하겠다.

그러나 《경세유표》에서 교육제도, 과거제도, 인사제도 등의 개혁을 통해 신분제의 점진적 개혁을 말하고 있다.[38] 점진적 개혁이 완료된 이후의 시점에서는 신분이 존재하지 않게 된다. 따라서 이 시점에서는 제후가 추대한다면 이 제후는 민이 직접, 간접적으로 추대한 사람일 것이다(후술).

후대侯戴의 문제는 봉건제封建制를 지지하는 정약용의 입장과도 관련된다.[39] 그가 봉건제를 지지하는 것은 봉건세습제를 옹호하는 것이 아니라, 지방자치적地方自治的 입장에서 나온 것이다.[40] 그의 봉건 주장은

---

37 《상서고훈》 1, 《정본 여유당전서》11, 209~210쪽.

38 조성을, 《정약용의 정치경제 개혁사상 연구》, 〈교육제도 개혁론〉·〈과거제도 개혁론〉·〈인사제도 개혁론〉 부분 참조 요.

39 이에 대하여는 조성을, 《정약용의 정치경제 개혁사상 연구》, 337쪽 이후 참조 요.

40 이런 발상은 반계 유형원 단계에서 이미 시작되었다. 이에 대하여는 다음의 연구

지방 토호를 옹호하는 것이 아니었으며 정전제 개혁론과 연계되어 있었으며, 궁극적 시점에서는 민에 의해 선출된 지방의회 같은 것이 있다고 하였다.[41] 정전제가 완성된 이후에는 신분제가 존재하지 않은 사회이므로 세습 제후가 있을 수 없다.

다음으로 제명帝明에 대하여 살펴보기로 한다. 〈일주서극은편변〉의 인용문 가운데 (가)를 보면 "格于上帝, 能躬承密訓, 灼知天命. 爲帝王者, 不得此人, 不敢以爲國. 承祖考之承緖者, 得此人然後, 能知治而中興, 値鼎革之際者 得此人然後, 能受命而肇業. 故少康得靡, 以復禹緖, 太戊得陟, 以正殷綱, 湯得伊尹, 以代夏政, 文·武得尙父, 以壹商戎"이라고 하였다. 여기에서 제명이란 은나라의 탕왕이나 주나라 무왕 같은 제왕이 이윤이나 강태공 같은 사람을 알아보고 재상에 임명하여 역성혁명을 완수하거나 쇠퇴기의 제왕이 좋은 군주를 얻어 중흥中興을 이룩하는 것을 말하며, 이것은 대체로 하·은·주 삼대에 해당하는 것임을 알 수 있다.

〈일주서극은편변〉에서 제명이라는 새로운 개념을 제시한 것은 국왕권과 권력 집행자인 재상권과의 관계를 설정해야 할 필요가 있었기 때문으로 여겨진다. 이에 대한 명확한 인식은 〈탕론〉을 저술할 무렵까지는 없었으나 《경세유표經世遺表》를 집필하면서 강하게 《주례周禮》의 영향을 받는 가운데 명확해진 것으로 여겨진다. 국왕권과 재상권〔권신臣權〕의 관계는 17세기 이래 조선의 실학자와 주자성리학자 모두에서 논의되어 왔으며 멀게는 정도전鄭道傳의 재상 중심정치론으로까지 소급된다. 17세기 이후 집권 노론층과 실학자 양측 모두 재상권을 중심으로 정치가 이루어져야 할 것으로 생각하였다. 이렇게 되면 국왕권은 상대적으로

참조 요.
조성을, 〈반계 유형원의 신분제 개혁론(재론)〉, 《반계 유형원의 실학사상과 그 계승방안》, 전북사학회, 2013.
41 위와 같음.

명목화된다. 다만 집권 노론층의 경우 사족 지배층 중심의 정치를 위한 것이었고[42] 실학자들은 지배층의 특권을 점진적으로 배제하면서 인민을 위한 개혁을 생각하는 각도에서 재상중심론을 제시하였다.[43] 정약용은 후자의 연장선에서 제명론을 제시한 것이다.

한편 후대侯戴에 대한 논의는 그의 역사 시기 구분과 밀접하게 관련되어 있다. 〈탕론〉의 (가)에 따르면 정약용은 중국 상고시대 황제黃帝 헌원軒轅에 앞서 신농씨神農氏가 있었으며 신농씨의 세상이 쇠퇴하자 제후들이 신농씨를 따르지 않고 서로 침학하였고 이에 황제가 무력으로 제후들을 정벌하자 제후들이 모두 복종하였으며 결국 판천阪泉의 들판에서 염제炎帝와 세 번 싸워 승리하였다. 이 내용은 사마천司馬遷 《사기史記》의 〈오제본기五帝本紀〉에 의거한 것이다.[44] 따라서 (가)에서 말한 〈본기〉는 바로 이 〈오제본기〉를 말하는 것으로 볼 수 있다. 〈오제본기〉에 따르면 오제五帝 시대는 염제 신농씨-황제 헌원-전욱顓頊(황제의 손자)-제곡帝嚳(황제의 증손자)-방훈放勳(=요堯[제곡의 아들])-순舜(전욱의 후손)로 제위帝位가 이어졌다.

이에 따르면 전욱, 제곡, 요, 순이 모두 황제의 후손이 된다. 필자는 이전의 연구에서 "오제五帝의 시기는 국왕의 지위가 세습이 아니라 유능한 자에게 '계승'되었으므로 삼대보다 우월한 시기이다. 이것은 군주 세습제에 대한 비판이다."라고 하였다.[45] 아울러 합편 《상서고훈》 〈요전〉

---

42 이에 대하여는 다음의 연구가 참고된다.
　　김준석, 〈송시열의 세도정치론과 부세제도 이정책〉, 《조선후기 정치사상사 연구》, 지식산업사, 2003.
43 조성을, 〈실학파의 정치사상〉, 《한국유교사상대계》(6; 정치사상편), 한국국학진흥원, 2007.
44 "神農氏世衰, 諸侯相侵伐……軒轅乃習用干戈, 以征不享……炎帝欲侵陵諸侯, 諸侯諸侯咸歸軒轅……以與炎帝戰于阪泉之野, 三戰然後得其志"《사기》〈오제본기〉.
45 조성을, 《정약용의 정치경제 개혁사상 연구》, 352쪽. 원문에서 '세습'이라고 하였으나 '계승'의 오기이다. 안병직은 중국의 역사를 선양(오제)-후대·제명(삼왕=삼대)-

에서는 "禪受者, 官天下, 傳世者, 家天下, 其禮者不得相同 今以三王之禮 冒之五帝, 其有合乎?"라고 하였으며[46] 이에 따르면 정약용은 오제 시대에 선양이 행해졌고 삼대 이후는 세습제라고 보았고 오제 시대의 천자는 일종의 국가기관이었다고 생각한 것으로 보았다. 정약용은 〈탕론〉에서, 삼대 다음부터 진시황秦始皇 이후 후세後世 상이하上而下의 역사를 선양(오제)–후대·제명(삼대)–진시황 이후의 3단계로 본 것으로 일단 생각할 수 있다.

다만 위에서 언급한 〈오제본기〉에 따르면 오제 시대 가운데 요임금과 순임금만이 선양을 한 것으로 볼 수도 있다. 따라서 오제 시대에 일률적으로 선양이 행해졌다고 보는 것에는 의문을 갖게 된다. 그러나 앞에서 살핀 바와 같이 오제 시대에 제후 세습제가 행해졌지만 정약용에 따르면 이것 역시 능력, 또는 고과에 의한 것이었음을 알 수 있겠다. 오제 시대는 실질적으로 황제의 후손들이 천자의 지위를 세습하였으나 이것은 능력이나 고과에 의한 것이므로 정약용은 오제 시기 전체에 선양이 행해졌던 것으로 보았다고 생각할 수 있다. 이렇게 보면 정약용이 역사를 선양(오제)–후대·제명(삼대)–진시황 이후의 3단계로 보았다고 생각할 수 있다. 삼대와 진시황 이후가 다른 점은 동일하게 세습제가 적용되면서도, 삼대는 간혹 역성혁명과 탄핵·복귀라는 정변(후대)이 있었지만 제명에 의해 보완됨으로써 대체로 이상적 정치가 행해진 시기라고 생각한 것이라고 볼 수 있겠다.

즉 이상 정치가 행해진 점, 달리 말하면 하이상下而上의 정치가 행해진 점에서 오제와 삼대의 공통점이 있고 상이하上而下의 군주전제가 행해진 진시황 이후와 차이가 있다. 그러나 〈원목〉과 〈탕론〉에 따르면 역사의 처음에는 군주나 통치자가 없다가 일반민의 추대에 의해 최초의 권력자가 발생하였다. 〈원목〉에서는 이를 "수고지초邃告之初"라고 하였다.

秦始皇 이후의 삼 단계로 명확하게 구분하였다(〈다산의 후대론〉, 295쪽).

46 합편 《상서고훈》 〈요전〉, 《정본 여유당전서》 11, 212쪽.

이 최초의 권력자를 염제 신농씨로 보았는지 여부는 확실하지 않으나 그는 민들의 추대에 의하여 천자의 지위를 얻은 것으로 생각하였을 것이다. 이렇게 보면 정약용은 역사를 수고지초邃皐之初-오제(선양)-삼대(후대·제명)-진시황 이후의 4단계로 보았다고 할 수 있겠다.

문제는 정약용이 구상한 국가의 총체적 개혁안으로서 《경세유표》 개혁안은 이상 역사의 4단계 가운데 어디에 비정될 수 있는지 하는 점이다. 《경세유표》는 조선 왕조의 존립을 전제로 하는 것이며 여기에서 피력된 관제 개혁론은 기본적으로 《경국대전》에 의거하면서 약간의 수정을 가하여 정조대에 간행된 《대전통편大典通編》을 수정·보완하는 식으로 되어 있다. 그러나 《경세유표》에서 추구하는 것은 관제 개혁에 그치는 것이 아니며, 수백 년에 걸쳐 이루어질 정전제井田制 토지개혁을 궁극적 목표로 하고 있다. 신분제의 경우에도 당장 신분제의 혁파를 시행하자는 것은 아니지만 《경세유표》의 교육·과거·인사 제도의 개혁안을 따르면 신분제는 점진적으로 해체하게 된다. 《경세유표》가 궁극적으로 지향하는 것은 신분제와 지주제가 철폐되는 사회이다.[47] 이에 덧붙여 높은 기술 발전을 토대로 하여 산업과 직업의 측면에서 농업과 상공업이 소농민과 중소상공인의 입장에서 상호 대등하게 발전하며 사士는 신분이 아니라 일종의 직업이 되는 사회이다.[48] 《경세유표》 개혁안 자체에도 즉각적인 국가제도 개혁으로서 관제 개혁안(제1단계)이 있고,[49] 이에 더하여 점진적으로 시행되어 궁극적 완수에는 수백 년은 걸릴 것이라고 그가 생각한, 더 근본적인 개혁(제2단계)이 내포되어 있다.

현존 《경세유표》에는 관제 개혁안은 있으나 국왕의 추대推戴 문제와

---

47 조성을, 《정약용의 정치경제 개혁사상 연구》, 1991.12(연세대 박사논문).

48 이에 대하여는 다음의 논문이 참고된다. 조성을, 〈유배 이후 다산의 이용후생학〉, 《다산 정약용 연구》, 사람의 무늬, 2012.

49 이 제1단계에서 부분적인 토지개혁인 井田議 개혁은 시행된다.

관련된 언급은 없다. 그것은《경세유표》가 기본적으로 조선왕조의 존속을 전제로 한 것이기 때문이다. 따라서《경세유표》제1단계에서 행하는 관제개혁은 조선왕조의 혈통에서 개혁 군주가 출현하여 시행하는 것이라고 할 수 있다. 제2단계의 점진적 개혁이 지속적으로 시행되려면 개혁 군주가 지속적으로 출현해야 하지만 세습제 왕조 아래에서 이런 일은 불가능하다. 이 문제를 제명과 관련하여 생각해 볼 수 있다.

제명은 세습 군주제 아래에서 훌륭한 재상이 실질적으로 관료기구를 이끌어 가기 위해 고안된 개념이다.《주례》〈천관〉총재冢宰를 두면 이 것이 가능할 수 있으며《경세유표》에서 총재의 역할이 강조, 주목되었다. 그러나《경세유표》에서 당장의 관제개혁안은 삼공三公의 의정부 체제로 되어 있다.《경세유표》는 궁극적 목표를 위해 지속적인 개혁 지향을 포함하고 있지만 이를 위해 총재冢宰와 같은 구체적인 제도적 뒷받침을 제시하지 않았다는 비판이 가능하다. 그러나 삼공 역시 주周나라의 제도 가운데 하나로 이해되었다. 총재를 더 좋은 것으로서 생각하지만 삼공이 합의 아래 점진적으로 개혁을 이끌어 갈 수 있다고 정약용이 생각한 것으로 볼 수 있다면 문제는 해결된다. 문제는 세습적 왕조 체제에서 지속적으로 개혁을 이끌어 가야 할 개혁지향의 재상이 잇달아 나와야 하는데 이를 위한 구체적 방안이 제시되지 않았다. 이 점은《경세유표》가 미제로 남겨 둔 과제이지만 〈일주서극은편〉에서 제명이라는 개념을 통해, 원칙적으로 후대와 동등한 차원에서 추상적으로 제시되었다.

이러한《경세유표》의 제1단계 관제개혁을 토대로 점진적인 개혁을 해 나아가는 단계가《경세유표》제2단계이다. 이러한 제2단계는 정약용의 역사 시기 구분으로, 제명·후대에 입각하면서도 세습제가 유지되는 삼대(하·은·주)에 해당하는 것으로 볼 수 있겠다. 제2단계의 점진적 개혁을 통해 신분제와 지주제가 완전히 철폐된 이후에 통치자 선발을 어떻게 할 것인가에 대하여 정약용은 현존 자료에 관한 한 어떤 언급도 하지 않았으며 또 그럴 필요를 느끼지도 않았을 것이다. 그의 정치사상 이 근본적으로 주권재민의 민주주의 원리에 토대하면서도 미완으로 남 겨 놓은 부분이다.[50]

정약용이 미완으로 남겨 놓은, 완전히 민주주의 이념에 입각한 민民 의 통치자 선발 방식은 그의 사후 100여 년이 지난 1948년, 국민의 손 으로 통치권자를 선발하게 하는 대한민국의 민주주의 헌법으로 실현되 었다. 이 방식은 정부 수립 이후 우여곡절은 있었으나 이제는 대통령 직선제가 대략 정착되었다. 그러나 지속적인 개혁을 위해 내각과 대통 령의 권한을 어떻게 조정해야 하는지의 문제는 아직 미완의 과제로 남 아 있다. 이제는 직선제로 선출되는 대통령이 중심이 되어 국가 차원의 개혁 및 통일 준비 작업을 주도하여 가고 내각은 일상적인 행정 업무 수행과 운영 개선을 해 나아가야 하는 방식이 필요하다고 생각된다. 이 것은 세습군주제 아래에서 재상의 역할을 중시한 "제명"의 발상과는 다 르며 현재 일부에서 운위되고 있는 이원집정제와도 다른 방식이다. 또 정약용이 생각한 민에 의한 추대推戴라는 점을 생각하면 오늘날 선거에 서 최소한 과반수의 지지를 받아야 선발될 수 있도록 결선투표제를 도 입할 필요가 있으며, 낙선자 진영에게 내각의 일부를 양도하는 것도 필 요할 것이다.

이에 더하여 전통적인 봉건제의 이념을 더 강력한 민주주의적 지방

---

50 다만 앞에서 말한 합편 《상서고훈》 〈요전〉의 언급을 보면 그는 오제의 선양 단계 를 후대·제명 단계(삼대)보다 우월한 것으로 생각하였다. 따라서 내심으로는 《경세 유표》 제2단계가 완료된 이후에는 제후들이 추대하는 선양제를 생각하였을 수 있다. 그러나 앞에서 언급한 바와 같이 이 단계에서 侯戴를 담당하는 제후는 세습 신분이 아니라 민이 직접, 간접으로 추대한 사람이므로 이 단계에서 추대하는 군주는 民에 의해 추대된 것이 된다. 《경세유표》의 제1단계와 제2단계에서는 민주주의 이념이 완 전히 구현되지는 않은 것으로 보아야 할 것이다.

자치 개념으로 발전시켜 중앙에서 독립된 완전한 지방자치가 이루어져야 할 것으로 여겨진다. 즉 중앙정부는 정약용이 지방제도 개혁론에서 제시한, 일종의 광역자치시를 구성단위로 하는 일종의 연합체가 되는 것이 타당하다고 생각된다. 이 체제에서는 일상적 행정 업무가 대폭 지방정부로 이관되며 조세와 국가수입 가운데 많은 부분이 역시 지방정부의 몫이 될 수 있을 것이다.

4. 결어

본론의 논의를 요약, 정리하고 앞으로 과제에 대하여 살펴보기로 한다. 본론의 내용을 요약, 정리하면 다음과 같다.

첫 번째, 김영호 한중연 기탁본의 검토를 통해 기탁본 (1)제1책(《상서평》4·5·6)과 (2)제2책(《상서평》 7·8·9)은 일단 맞짝이 되는 전서본(《매씨서평》 4·5·6 및 7·8·9)과 내용이 서로 다름을 알 수 있다. 기탁본 (1)제1책(《상서평》 4·5·6)과 (2)제2책(《상서평》 7·8·9))은 아마도 초고본 《매씨서평》(4~9권)을 저본으로 한 것이었을 것이다. 이들과 단국대본 《매씨서평》(제1책, 1~3권)을 합치면 초고본 1질이 갖춰지게 될 것이다.

두 번째, 김영호 기탁본 《매씨서평》 제3책은 맞짝이 되는 전서본(《매씨서평》 7·8·9)과 내용이 같음을 알 수 있다. 이 필사본이 전서본의 저본이 되었을 가능성이 있다.

세 번째, 〈하내태서〉, 〈일주서극은편변〉, 〈서대전략론〉은 원래 《매씨서평》 10권을 구성하였지만, 1835년 초, (속)《매씨서평》 제1책 및 제2책을 편집할 때, 이들 〈하내태서〉, 〈일주서극은편변〉, 〈서대전략론〉으로 다시 (속)《매씨서평》(제1책 제1권)을 구성하였으며 《고문상서소증》 제1권

(황종희 서)이 제1책-제2권에 해당하는 것으로 되었다.

네 번째, 최익한이 재작성한 〈열수전서 총목록〉에서 "(《매씨서평》〔속〕) 제1책=1, 2권이 《염씨고문상서초》"라고 한 언급은 재고되어야 한다. 최익한 〈열수전서총목록〉에는 최익한의 추기가 있는 것으로 판단되는데 이에 대하여 면밀히 검토할 필요가 있다.

다섯 번째, 〈원목〉에서 제시된 주권재민이라는 민주사상은 우리나라 사상사에서 민주주의의 출발점이라고 할 수 있겠다. 〈원목〉에 미친 근대 서구사상의 영향은 전혀 추적되지 않는다. 따라서 우리의 사상적 전통, 더 구체적으로 유교의 민본주의의 내재적 발전에 따른 것이다. 서구의 선출 방식과는 달리, 추대推戴의 방식을 갖추어 구성원 대다수의 합의 형식을 취하는 점에서 서구의 민주주의와 다른 특색을 갖고 있으며 이것을 통치자의 덕德을 중시하는 유교적 전통과 연결되는 것이다.

여섯 번째, 〈탕론〉이 〈원목〉에 견주어 발전한 점 가운데 하나는 군주의 잘못이 있을 경우 인민의 혁명권(혹은 소환권)이 있음을 분명하게 한 데 있다.

일곱 번째, 〈탕론〉에서 군주가 자리에서 물러나도 다만 원래 제후의 위치로 되돌아가게 할 뿐 어떤 보복을 받지도 않는다고 명시한 점도 주목된다. 이것은 군주의 탄핵 과정에서 유혈 사태를 방지하여 상대적으로 탄핵을 용이하게 하고자 한 의도에서 나온 것이다.

여덟 번째, 〈탕론〉에서는 중국의 역사를 상이하上而下의 단계와 하이상下而上의 단계로 명확하게 구분하고 오제五帝·삼대三代, 상이하上而下는 진秦나라 이후 단계로 하여 역사적 시기에 구체적으로 비정하였다.

아홉 번째, 〈일주서극은편변〉의 핵심적 두 개념은 "후대侯戴"와 "제명帝明"이다. 〈원목〉 단계에서는 제후들의 추대가 구체적인 역사적 사실과 관련하여 언급되지 않았으나 〈탕론〉에서는 제후들의 추대를 황제黃帝와 탕湯의 역성혁명易姓革命으로 설명하였으며 〈일주서극은편변〉에서는 후대는 황제와 탕·무로 설명하였다.

열 번째, 또 〈일주서극은편변〉에서는 요堯임금과 순舜임금의 선양禪讓에 대하여는 언급하지 않았으나 합편 《상서고훈》 〈요전〉(1834)에 의거하여 요임금이 순임금에게 선양한 것을 고적考績(인사고과)으로 설명하였다. 즉 요·순의 선양에 대하여 정약용은 정해진 고적을 통과한 사람, 천자의 자질이 있는 사람에게 군주의 자리를 물려준 것으로 본 것이다. 고적을 통한 것은 평화적인 선양(오제 단계)에 해당하는 것이고 후대(삼대 단계)는 무력에 의한 역성혁명易姓革命에 해당하는 것이라고 보는 편이 타당하겠다.

열한 번째, 제후가 조회朝會하지 않다가 다시 입조하게 되는 경우도 후대의 예로 설명하였다. 이것은 역성혁명은 아니지만, 고적과는 달리 정변政變에 의한 것으로 보아야 할 것이다. 역성혁명도 정변에 포함시킬 수 있다면 후대는 모두 정변에 의한 것이라고 하겠다. 이상에서 후대는 정변에 의한 것이므로 평화적인 선양과는 다른 것이며, 선양이 고적에 의거한 것이지만 일반적인 고적과는 차원을 달리하는 것임을 알 수 있다. 〈일주서극은편변〉에서는 선양에 대한 논의가 빠져 있다.

열두 번째, 정약용이 생각하는 오제·삼대는 제후의 지위가 세습되는 사회였다. 〈일주서극은편변〉에서의 후대는 세습 제후에 의한 추대를 말하는 것이다. 그러나 정약용은 현실적인 상황에서 세습하였다는 사실을 인정하면서도 세습제 안에 능력 평가, 혹은 고적考績이 반영되고 있었다고 보았다. 더욱이 그는 《경세유표》에서 교육제도, 과거제도, 인사제도 등의 개혁을 통해 신분제의 점진적 개혁을 말하고 있다. 점진적 개혁이 완료된 이후의 시점에서는 신분이 존재하지 않게 된다. 따라서 이 시점에서는 제후가 추대한다면 이 제후는 민이 직접, 간접적으로 추대한 사람일 것이다.

열세 번째, 후대의 문제는 봉건제를 지지하는 정약용의 태도와도 관

련된다. 그가 봉건제를 지지하는 것은 봉건세습제를 옹호하는 것이 아
니며 지방자치적 입장에서 나온 것이다. 궁극적 단계에서는 신분제가
존재하지 않는 사회이므로 세습 제후가 있을 수 없다.

열네 번째, 제명帝明이란 은나라의 탕왕이나 주나라 무왕 같은 제왕
이 이윤이나 강태공 같은 사람을 알아보고 재상에 임명하여 역성혁명
을 완수하거나 쇠퇴기의 제왕이 좋은 군주를 얻어 중흥中興을 이룩하는
것을 말하며, 이것은 대체로 하·은·주 삼대에 해당하는 것이다. 다만
〈일주서극은편변〉에서는 제명에 의거한 재상 선출의 구체적 방안을 마
련하지 않았다.

열다섯 번째, 〈일주서극은편변〉에서 제명이라는 새로운 개념을 제시
한 것은 국왕권과 권력 집행자인 재상권과의 관계를 설정해야 할 필요
가 있었기 때문이다. 《경세유표》를 집필하면서 《주례周禮》의 영향을 강
하게 받는 가운데 이런 생각이 명확해진 것으로 여겨진다.

국왕권과 재상권(신권)과의 관계는 17세기 이래 조선의 실학자와 주
자 성리학자 모두에게서 논의되어 왔다. 17세기 이후 집권 노론층과 실
학자들 양측 모두 재상권을 중심으로 정치가 이루어져야 할 것으로 생
각하였다. 이렇게 되면 국왕권은 상대적으로 명목화된다. 다만 집권 노
론층의 경우 사족士族 지배층 중심의 정치를 위한 것이었고, 이와 달리
실학자들은 지배층의 특권을 점진적으로 배제하면서 인민을 위한 개혁
을 생각하는 관점에서 재상중심론을 제시하였다. 정약용은 후자의 연장
선위에서 제명론을 제시하였다.

열여섯 번째, 정약용은 역사를 수고지초邃古之初-오제(선양)-삼대(후
대·제명)-진시황 이후의 4단계로 보았다.

열일곱 번째, 《경세유표》 제1단계에서 이루어지는 관제개혁을 토대로
하여, 점진적으로 개혁을 해 나가는 단계는 《경세유표》 제2단계이다. 이
제2단계가 완수되는 데 대략 수백 년이 걸릴 것으로 생각하였다. 대체

로 이 제2단계가 정약용의 역사시기 구분으로, 제명·후대에 입각하면서
도 세습제가 유지되는 삼대(하·은·주)에 해당하는 것으로 볼 수 있겠다.
이때 왕조 세습제는 유지된다. 지속적으로 개혁지향적 재상을 마련하는
제명의 구체적 방안이 《경세유표》에서 제시되지 않았다. 이 점은 《경세
유표》 제2단계를 위해 필요하지만 미완으로 남겨 둔 과제이다.

열여덟 번째, 제2단계의 점진적 개혁을 통해 신분제와 지주제가 완전
히 철폐된 이후, 통치자 선발을 어떻게 할 것인가에 대하여, 정약용은
현존 자료에 관한 한 어떤 언급도 하지 않았으며 또 그럴 필요를 느끼
지도 않았을 것이다. 이것은 그의 정치사상이 근본적으로 주권재민이
민주주의에 토대하면서도 미완으로 남겨 놓은 부분이다. 오제(선양)의
시기가 삼대(후대·제명)로 생각하였다. 따라서 내심으로는 《경세유표》
제2단계가 완료된 이후에는, 민에 의해 선출된 제후들이 추대하는 선양
제도를 생각하였을 수 있다. 그렇다면 이 단계에서 추대하는 군주는 민
에 의해 추대하는 것이 된다.

이제 앞으로 《매씨서평》 연구의 진전을 위한 과제에 대하여 생각해
보기로 한다.

첫째, 《매씨서평》에 대한 단국대본(초고본) 등 여러 필사본들과 《여
유당전서》본을 대조하여 《매씨서평》(권1~4) 부분에 관하여 초고본과 개
수본의 체제와 내용에서 차이를 분명하게 할 필요가 있다. 김영호 교수
기탁본 《매씨서평》 제1책(권4~6) 가운데 권4 부분을 참고할 수 있다.
다만 김영호 교수 기탁본 《매씨서평》 가운데는 《매씨서평》 1~3권(초고
본) 부분이 결락되어 있는데 이 부분에 해당되는 것이 단국대본으로 여
겨진다.

둘째, 《매씨서평》 5~9권의 초고본과 개수본 부분에 관련된 자료들을
총정리하고 양자의 내용 차이를 검토할 필요가 있다.

셋째, (속)《매씨서평》 1〔원래 《매씨서평》 제10권〕에 수록된 〈하내태서〉

와 원래의 초고본 〈하내태서〉를 비교해 볼 필요가 있다. 누락된 〈태서
서〉와 개수본 〈하내태서〉와의 관련성도 살펴볼 필요가 있다. 이에 따라
제3차 개수 작업에 〈하내태서〉를 포함시킬지 여부가 결정될 것이다.

넷째, 이 논문에서 미처 검토하지 못한 〈서대전약론〉(1834년 겨울)을
검토할 필요가 있다. 이것은 거의 최만년 복생伏生《상서대전》에 대한
견해를 살피는 데 도움이 된다.

다섯째, 앞에서 언급한 바와 같이 (속)《매씨서평》제1책에 1834년 겨
울에 지은 〈일주서극은편〉과 〈서대전략론〉이 포함되어 있음을 확인할
수 있었다. 《여유당전서》본은 김영호 기탁 필사본이 저본이 된 것으로
여겨진다. 하지만 김영호 기탁본에는 결질이 있다. 앞으로 이 결본을
찾을 필요가 있다. 이 역시 《열수전서》를 재편집하기 위해 반드시 필요
한 작업 가운데 하나이다. 또 김영호 기탁본 제3책(《매씨서평》7~9권:
개수본)과 한 질을 이루는 《매씨서평》제1책과 제2책의 필사본(개수본)
을 찾을 필요가 있다.

덧붙여 정약용 상서학 연구의 더 큰 진전을 위해 필요한 일을 생각
해 보기로 한다.

(1) 정약용이 서거 직전 1835년에 집필된 《상서고훈서례》의 필사본을 찾
    고 현존 《여유당전서본》과 대조하여 체계적으로 검토할 필요가 있다.
(2) 초고본 《상서고훈》 및 《상서지원록》의 여러 필사본과 《여유당전서
    본》(합편 《상서고훈》)을 다시 한번 비교하여 전면적인 문헌학적 검토
    를 하고, 초고본들과 합편의 내용에서 그 차이와 의미를 살필 필요
    있다.
(3) 중국의 상서학사尚書學史에 대한 깊은 이해를 통해 이것을 다산 상
    서학과 비교할 필요가 있다. 종래 중국 상서학에 대하여 조금은 정리

되었지만 훨씬 심화할 필요가 있다.

(4) 정약용에 선행하는 우리나라 상서학의 전개 과정을 추적하고 그 연장선 위에서 다산의 상서학을 위치시킬 필요가 있다. 이 역시 간략한 연구가 있지만 훨씬 심화시킬 필요가 있다.

(5) 같은 시기 조선의 상서학자들, 신작·홍석주들과 교유 관계를 더 치밀하게 살피고 상호 영향 관계와 입장의 차이 등을 비교할 필요가 있다. 당시 조선에서 상서학이 발전하게 된 시대적 배경 역시 검토되어야 한다.

(6) 《상서》에 보이는 주周나라 제도를 정리하고 《주례周禮》의 그것과 비교할 필요가 있다.

(7) 《상서》에 보이는 여러 제도가 어떻게 이해되었고 이것이 어떻게 《경세유표》 등의 제도개혁론에 반영되었는지 살필 필요가 있다.

(8) 정약용 상서학은 경세학을 위한 토대를 형성하기 위해 진행된 것이지만, 오늘날 우리의 입장에서는 현대까지 포함하여 동아시아 상서학사 또는 유학사 발전 과정에서 다산 상서학이 어떤 위치와 의미를 갖는지 살펴볼 필요도 있다. 특히 근대 이후 중국의 경학, 특히 상서학의 발전, 의고파·신고파 및 최근의 초간楚簡연구 등에 대한 우리들의 지식의 공백을 메꾸는 일, 유학에 대한 근대 이후 중국과 일본에서 관점의 변화와 발전을 추적하고 최근 중국에서 유학 재평가 움직임을 우리의 관점으로 정립하는 일도 시급하다.

　그러기 위해서는 상서학을 비롯한 다산의 경학에 대한 심도 있는 연구를 우선 진행하여야 한다. 현재 중국에서 전개되는 유학 진흥의 움직임에는 국가 주도, 중국중심주의라는 문제점들이 있다. 다산학 연구를 통해 우리의 입장에서, 달리 말하면 더 보편적이고 민중적 입장에서 21세기 동아시아와 세계의 상황에 맞는 새로운 유학, 신新·신유학新儒學을 건설할 수 있을 것이다.

제6장

정약용의 《상서尚書》 금고문今古文 이해

김문식

(단국대학교 사학과 교수)

1. 머리말

1834년(순조 34) 8월 14일, 정약용은 《매씨서평梅氏書平》의 연구를 마무리하면서 다음의 발문跋文을 작성하였다. 자신의 생애에서 가장 말년에 진행한 《상서》 연구의 현황을 설명한 글이다.

> 위의 《매씨서평》 9권은 경오년 봄(가경嘉慶 15년: 1810)에 내가 다산에서 귀양살이할 때 지은 것이다. 금년 봄(도광道光 14년: 1834)에 나는 열상(洌上, 한강)에서 《상서고훈》과 《상서지원록》을 합하여 한 책으로 만들었는데 모두 21권이다. 얼마 뒤 다시 《매씨서평》에서 쓸모없는 것을 지우고 빠뜨린 것을 첨가하여 정리하고 완성하였으며 본래의 체제대로 9권이다. 두 책을 합치면 30권이다. 내가 지금 73세의 나이로 눈이 어둡고 손이 떨리는 데도 이 일을 할 수 있었던 것은 하늘의 도움 덕분이다(《매씨서평》의 앞 4권은 수년 전에 수정한 것이다). 8월 14일에 열상노인洌上老人이 쓰다(갑오년: 1834 가을).[1]

이상에서 우리는 다음과 같은 사실을 파악할 수가 있다.

---

1 "右《梅氏書平》九卷, 昔在庚午春〔嘉慶十五年〕, 余在茶山謫中作. 今年春〔道光十四年〕, 余在洌上, 取《尚書古訓》·《尚書知遠綠》, 合之爲一部, 共二十一卷. 旣又取《梅氏書平》, 刪其蕪雜, 增其厥遺, 修而成之, 仍其舊爲九卷, 二部之合三十卷也. 余今七十三, 眼昏而手顫, 猶能爲此, 賴天之賜也〔《書平》之上四卷, 是數年前所修正〕. 八月十四日, 洌上老人書〔甲午秋〕."

1) 1810년 봄, 강진의 다산에서 《매씨서평》 9권을 지었다.

2) 1834년에서 수년 전에 《매씨서평》의 권1~4 부분을 수정하였다.

3) 1834년 봄, 광주 열상列上에서 《상서고훈尚書古訓》과 《상서지원록尚書知遠錄》을 합하여 21권으로 만들었다.

4) 1834년 여름, 《매씨서평》 권5~9 부분을 수정하여 완성하였다.

정약용이 작성한 발문은 짧지만 《매씨서평》의 편찬과 수정에 대해 매우 중요한 정보를 제공한다. 《매씨서평》은 1차 편집본과 2차 편집본이 있었으며, 2차 편집본은 전반부와 후반부로 나누어 수정 작업을 했다는 의미이다.

현재까지 《매씨서평》의 필사본은 총 6종이 확인되었다. 이들은 1930년대에 신조선사에서 연활자로 간행한 《여유당전서與猶堂全書》에 수록된 《매씨서평》을 제외한 것이다. 수년 전에 필자는 3종의 필사본 《매씨서평》과 신조선사본 《매씨서평》을 비교하면서, 필사본의 계열을 검토한 적이 있다.[2] 그런데 이번에 김영호 선생이 소장한 2종의 필사본을 추가로 확인하면서 전체 필사본의 계열과 필사본에서 신조선사본으로 이어지는 과정이 더욱 분명해졌다.

이 논문에서는 6종의 필사본 계열을 확인하고, 정약용이 《매씨서평》 권1에서 보여 준 《상서》의 금문今文과 고문古文에 대한 이해를 검토하려고 한다. 필사본의 계열이 확인되면서 그의 《상서》 금고문에 대한 생각이 시간에 따라 어떻게 변화했는지를 추적할 수 있다. 이를 위해 2장에서는 6종의 필사본 계열을 정리하고, 시간이 지나면서 수정된 내용을 정리한다. 3장에서는 정약용이 《상서》 금고문을 이해하는 방식을 복생본伏生本, 공안국본孔安國本, 매적본梅賾本으로 구분하여 정리하고, 그가 이

---

2 김문식, 〈다산 정약용의 《상서》 주석서 계열 고찰〉 《다산학》 23, 2013, 87~97쪽.

해하는《상서》100편의 편목篇目을 정리한다.

2. 필사본의 계열과 수정

1) 필사본 6종의 계열과 체제

필사본《매씨서평》6종의 서지 사항을 정리하면 다음과 같다. 아래에서 김영호 선생이 소장한 2종의 필사본은 '김영호본(1)' '김영호본(2)'로 표시하며, 나머지 4종의 필사본은 소장처에 따라 '단국대본' '버클리대본' '규장각본'으로 표시하였다.

① **단국대본 : 필사본 3권 1책, 단국대 연민기념관, 연민 고850.819 정 516o**
   표지 : 菜花亭集, 尙書平 1~3
   내지 : 與猶堂集 권16~18, 梅氏尙書平 1~3, 洌水 丁鏞 著
② **김영호본(1) : 필사본 6권 2책**
   표지 : 菜花亭集, 尙書平 4~9
   내지 : 與猶堂集 권19~24, 梅氏尙書平 4~9, 洌水 丁鏞 著
③ **버클리대본 : 필사본 9권 3책, 미국 버클리대 동아시아도서관 아사미 (淺見)문고, 1.4**
   표지 : 俟菴經集 6~8, 梅氏尙書平 1~9[3]
   내지 : 洌水全書 권16~19, 與猶堂集 권20~24, 洌水 丁鏞 著

---

3 버클리대본의 경우 표지에서는 3책 전체를 "梅氏尙書平"으로 표시하였다. 그러나 내지에서는 권1~4 부분은 "梅氏書平", 권5~9 부분은 "梅氏尙書平"으로 표시하였다.

④ 규장각본 : **필사본 9권 3책, 서울대 규장각한국학연구원, 규4920**

　표지 : 俟菴經集, 梅氏尚書平 1~9,

　내지 : 洌水全書 권16~19, 與猶堂集 권20~24, 洌水 丁鏞 著

⑤ 김영호본(2) : **필사본 4권 2책**

　표지 : 與猶堂集, 梅氏書平 7~9

　　　　與猶堂集 6, 續梅氏書平 1~3

　내지 : 洌水全書 권22~(24), 洌水 丁鏞 著

　　　　洌水全書 권25~, 洌水 丁鏞 著

⑥ 규장각본 : **필사본 3권 1책, 서울대 규장각한국학연구원, 규11894**

　표지 : 與猶堂集 75, 閻氏古文尚書疏證鈔

　내지 : 閻氏古文疏證鈔 권2~4, 洌水 丁鏞 著/洌水全書 권25~, 洌水 丁鏞 著

　　이상에서 ① 단국대본4과 ② 김영호본(1)을 합치면 완질完帙이 되며 제일 먼저 작성된 필사본이다. 다음으로 ④ 규장각본(규4920)은 버클리 대본을 저본底本으로 한 후사본後寫本이므로 같은 계열에 속한다. ⑤ 김 영호본(2)는 ⑥ 규장각본(규11894)의 저본으로 보이나, 두 필사본이 겹 치는 부분이 없어 이를 확정하지는 못한다. 다만 ⑤ 김영호본(2)와 ⑥ 규장각본(규11894)을 합하면 《매씨서평》의 권7 이하 부분이 완질이 되 어 신조선사본의 저본이 된다. 현재 4권 2책이 남아 있는 ⑤ 김영호본 (2)의 완질은 신조선사본의 저본이었을 것으로 추정된다.

　　다음의 〈표 1〉은 6종의 필사본과 신조선사본의 체제를 비교하여 정 리한 것이다.

---

4 단국대본 《매씨서평》에 대해서는 김보름, 〈단국대 연민문고 소장 《매씨상서평》의 학 술적 가치에 대하여〉 《한문학보》 29, 우리한문학회, 2012를 참조. 榮花亭은 1821년 에 정약용이 고향에 지은 건물 이름으로 보인다.

〈표 1〉《매씨서평》 필사본과 신조선사본의 체제

권	단국대본 김영호본(1)	버클리대본 규장각본(4920)	김영호본(2) 규장각본(11894)	신조선사본
1	序 (總敍) 伏生所傳今文尙書第一 孔安國所獻古文尙書第二 張覇所獻僞造尙書第三 杜林所傳古文尙書第四 梅賾所奏孔傳尙書第五 伏生所傳今文尙書篇目 史記所載尙書篇目 鄭玄所傳古文尙書篇目 **建武舜典考** **河內泰誓考**	序 總敍 伏生所傳今文尙書第一 孔安國所獻古文尙書第二 別書杜林所傳古文尙書第三 梅賾所奏孔傳尙書第四 **建武舜典考第五** **河內泰誓考第六** 張覇僞書考第七 伏生今文尙書篇目 史記所載尙書篇目 鄭玄所註古文尙書篇目		序 總敍 伏生所傳今文尙書第一 孔安國所獻古文尙書第二 別書杜林所傳古文尙書第三 梅賾所奏孔傳尙書第四 建武舜典考第五 河內泰誓考第六 張覇僞書考第七 伏生今文尙書篇目 史記所載尙書篇目 鄭玄所註古文尙書篇目
2	序 大序 1~4 正義 1~12 冤詞 1~10	大序 1~4 正義 1~10 集傳 1~10		大序 1~4 正義 1~10 集傳 1~10
3	冤詞 11~40[5]	冤詞 1~24		冤詞 1~24
4	冤詞 41~50 雜訂 1~15 講義 1~3	冤詞 25~40 遺議 1~8 講義 1~4		冤詞 25~40 遺議 1~8 講義 1~4
5	大禹謨, 五子之歌, 胤征	大禹謨, 五子之歌, 胤征		大禹謨, 五子之歌, 胤征
6	仲虺之誥, 湯誥, 伊訓 太甲上, 中, 下	仲虺之誥, 湯誥, 伊訓 太甲上, 中, 下		仲虺之誥, 湯誥, 伊訓 太甲上, 中, 下
7	咸有一德 說命上, 中, 下 **泰誓序** 泰誓上, 中, 下	咸有一德 說命上, 中, 下 **泰誓序** 泰誓上, 中, 下	咸有一德 說命上, 中, 下 泰誓上, 中, 下	咸有一德 說命上, 中, 下 泰誓上, 中, 下
8	**河內泰誓** 武成, 旅獒	**河內泰誓** 武成, 旅獒	武成, 旅獒 微子之命, 蔡仲之命	武成, 旅獒 微子之命, 蔡仲之命
9	微子之命, 蔡仲之命 周官, 君陳, 畢命 君牙, 冏命	微子之命, 蔡仲之命 周官, 君陳, 畢命 君牙, 冏命	周官, 君陳, 畢命 君牙, 冏命 **跋**	周官, 君陳, 畢命 君牙, 冏命 **跋**
10			梅氏書平 續一 **河內泰誓** 　逸周書克殷篇辨 　書大傳略論 　閻氏古文疏證百一鈔 　序 　南雷黃宗羲序 閻氏古文疏證鈔 卷二 閻氏古文疏證鈔 卷三 閻氏古文疏證鈔 卷四	**河內泰誓** 　逸周書克殷篇辨 　書大傳略論 　閻氏古文疏證百一鈔 　序 　南雷黃宗羲序 閻氏古文疏證鈔 二 閻氏古文疏證鈔 三 閻氏古文疏證鈔 四

《매씨서평》필사본의 체제와 내용을 볼 때, ① 단국대본과 ② 김영호본(1)을 합한 것은 1810년에 편찬한 《매씨서평》 9권, ③ 버클리대본과 그 후사본인 ④ 규장각본(규4920)은 1834년에서 수년 전[6]에 《매씨서평》 권1~4 부분을 수정한 상황, ⑤ 김영호본(2)는 1834년에 《매씨서평》 권 7~9를 수정한 상황을 보여 주는 것으로 보인다.

⑤ 김영호본(2)는 《속매씨서평續梅氏書平》의 상황을 보여 준다. 현재 낙질인 《속매씨서평》의 표지에는 "일이삼一二三"의 표시가 있으며, 〈하내태서河內泰誓〉, 〈일주서극은편변逸周書克殷篇辨〉, 〈서대전략론書大傳略論〉과 《염씨고문상서소증초閻氏古文尙書疏證鈔》의 권1에 해당하는 부분이 수록되어 있다. 그리고 ⑥ 규장각본(규11894)에는 권2~4의 표시가 있다. 〈열수전서총목록洌水全書總目錄〉에 나오는 "매씨서평梅氏書平(속續) 2책 5권"을 수용한다면 《속매씨서평》의 권1에는 〈하내태서〉, 〈일주서극은편변〉, 〈서대전략론〉이 있고, 나머지 4권은 《염씨고문상서소증초》이었을 것으로 추정된다.

《염씨고문상서소증초》의 제일 앞에는 서문에 해당하는 글이 있다. 이를 보면 정약용은 1810년에 《매씨서평》 9권을 저술하고 20년이 지난 시점에서 서문을 작성하였고, 정해년(1827) 겨울에 홍석주洪奭周가 소장한 염약거閻若璩의 《고문상서소증古文尙書疏證》을 빌려보고 이 책을 지었다고 하였다. 이를 보면 《염씨고문상서소증초》는 1830년 무렵에 작성된 4권의 독립 저술로 보인다.

---

5 제1책 뒷표지 안쪽에 "近世又有豐熙古文僞尙書"가 필사되어 있음. 豐熙의 僞古文에 대해서는 《日知錄》卷2, 〈豐熙僞尙書〉에서 거론한 바 있다.

6 조성을은 정약용이 1829~1830년에 《매씨서평》을 개정할 준비작업 또는 구상을 하였고, 1831년에 권1~4 부분을 수정하고 권5~9 부분을 수정할 구상을 한 것으로 추정하였다(《年譜로 본 茶山 丁若鏞 ―샅샅이 파헤진 그의 삶》, 지식산업사, 2016, 794~812쪽). 필자도 이 견해에 동의한다.

2) 서문序文의 수정

《매씨서평》의 서문은 단국대본과 버클리대본 사이에 큰 차이가 있다.
두 본의 서문에서 차이가 나는 곳을 진하게 표시하면 다음과 같다.[7]

① 단국대본

昔余游學京師, 竊聞, 師友往往疑梅氏尚書, 文體卑順. 心服其言. 逮應講內閣, 課至禹
貢, 遂遭大故. 尚記乾隆壬子之春, 入侍于熙政堂, 誦禹貢訖, 睿獎隆洽, 玉音諄復. **然其**
所獎, 在於音節諧暢, 非有敷奏也. 時聖上, 潛心經籍, 博詢時英, 有尚書條問數百餘條,
縷縷致意於今文古文之辨, 而〔賤臣〕, 寢苫在家, 未有條對. 至今呑恨, 何者? 聖人旣沒,
無從質問此謨聞也. 竊以梅氏尚書, 薈萃羣言, 裒成一家, 至言格訓, **彪炳煜霅, 有敢訾**
議, 罪在侮聖. 然其搜輯之時, 如〈兌命〉·〈太甲〉之本標篇名者, 以之爲〈兌命〉·〈太甲〉. 誰
曰不可, 至於夏書·周書之但標時代者, '書曰''書云'之原無標別者, 分隸各篇, 而雜以 **新說,**
苟成文理, 以篡聖經之名, 則凡 **衛聖尊聖者, 所不得不辨.** 故朱子曰: "某嘗疑孔安國書,
是假書." 又曰: "孔書, 至東晉方出, 前此諸儒, 皆未之見, 可疑之甚." 又曰: "書凡易讀
者, 皆古文, 難讀者, 皆今文." 又曰: "伏生口授, 如何偏記其所難, 而其易者, 全不能記
也?" 又曰: "豈有數百年壁中之物, 不訛損一字者." 夫自漢唐以來, 篤好古經, **力護聖道,**
未有如朱子者, 豈其起疑於無疑, 欲毁無瑕之至寶哉? 梅氏尚書, 誠有可疑. 故朱子不得不
疑之耳. **洪惟我朱子, 秉心至公, 察物甚慧,** 凡其所言, 皆非後生末學所敢輕議. **特其著述**
太富, 語錄失眞, 或初年之撰未及追改, 或燕閒之談不皆深考. 遂使儇薄之徒, 摘其瑕纇,
妄意敲撼, **然猶竊訕, 不敢顯斥.** 至蕭山毛氏之書出. 而後其謾罵醜辱, 無復餘也. 嗟乎!
此何事也. 其人之於朱子, 若有私怨世讎, 刻骨鏤肺, 歠其餘波, 並污濂洛, 移其毒鋒, 徧
觸歐蘇, 凡文字言語之自宋人出者, 無問玉石, 不辨涇渭, 攻之殊死, 罵不絶口, 豈非喪心
失性人哉? 宋, 文獻之邦也. 厥享國二三百年, 英賢輩出, 文質兩備, 豈無一言一字之或中
理窾, 而必欲掃之以一篲哉? 其所著《古文尚書冤詞》八卷, 橫說豎說, 累千萬言. 其言曰:

---

7 김문식, 〈다산 정약용의 《상서》 주석서 계열 고찰〉, 91~95쪽.

"我衛聖經**也**." 言旣如是, 亦何必苦口力戰, 以取毁經之罵哉? 但其**立心,** 非衛聖經, 凡**係**朱子所言, 務欲觝排, 以**立赤幟, 搆成罪案, 以行誅伐. 卽其書,** 名雖自鳴, 志**在陷人**. 凡秉心公平者, 在所必辨. 然其考據**瞻博**, 鶱論豪快, 非**孤陋寡聞者, 所能**折角. 且凡議讞之法, 貴在平允, 漢人所**謂**廷尉平, 是也. 彼有何冤, 譁譟噴薄? 我本無事, 應之以平, 亦以逸待勞之義也. 於是, 取朱子所以起疑之端, 平心訂議, 名之曰'梅氏**尙書平', 凡九卷.

② 버클리대본

昔余游學京師, 竊聞, 師友往往疑梅氏尙書二十五篇, 文體卑順. 心服其言. 逮應講內閣, 課至禹貢, 遂遭大故. 尙記乾隆壬子之春, 入侍于熙政堂, 誦禹貢訖, 睿奬隆洽, 玉音諄復. 時聖上, 潛心經籍, 博詢時英, 有尙書條問數百餘條, 縷縷致意於今文古文之辨, 而賤臣, 寢苫在家, 未有條對. 至今呑恨, 何者? 聖人旣沒, 無緣質問此謏聞也. 竊以梅氏之書, 薈萃羣言, 裒成一家, 至言格訓, **誠亦不少**. 然其蒐輯之時, 如〈兌命〉·〈太**誓**〉之本標篇名者, 以之爲〈兌命〉·〈太**誓**〉, 誰曰不可, 至於夏書·周書之但標時代者, '書曰'‘書云'之原無標別者, 分隷各篇, 雜以**僞言**, 苟成文理, 以簒聖經之名, 則凡**愼思明辨者, 在所研覈**. 故朱子曰:"某嘗疑孔安國書, 是假書." 又曰: "孔書, 至東晉方出, 前此諸儒, 皆未之見, 可疑之甚." 又曰: "書凡易讀者, 皆古文, 難讀者, 皆今文." 又曰: "伏生口授, 如何偏記其所難, 而其易者, 全不能記也?" 又曰: "豈有數百年壁中之物, 不訛損一字者."〔**語類, 疑古文語, 尙有四十餘條, 今不盡錄.**〕夫自漢唐以來, 篤好古經, 未有如朱子者. 豈其起疑於無疑, 欲毁無瑕之至寶哉? 梅氏之書, 誠有可疑. 故朱子不得不疑之耳. 況**'德不孤, 必有鄰,'** 前乎朱子, 有吳才老〔棫〕, 後乎朱子, 有吳幼淸〔澄〕, 皆另有成書, **痛辨其僞, 攻梅氏, 豈**唯朱子已哉? 至蕭山毛氏〔**奇齡**〕之書出. **其侮嫚詬詆,** 無復餘地也. 乃云: "**古文之冤, 始于朱氏.**" 而所著《古文尙書冤詞》八卷, 橫說豎說, 累千萬言. 自言曰: "我衛聖經." 言旣如是, 亦何必苦口力戰, 以取毁經之罵哉? 但其本意, 非衛聖經, 凡朱子所言, 務欲觝排, 以**自立幟,** 名雖自鳴, 志**殊不正**. 凡秉心公平者, 在所必辨. 然其考據**瓊譶, 鶱論豪快, 非精研密核, 未易**折角. 且凡議讞之法, 貴在平允, 漢人所爲廷尉平, 是也. 彼有何冤, 譁譟噴薄? 我本無事, 應之以平, 亦以逸待勞之義也. 於是, 取朱子所以起疑之端, 平心訂議, 名之曰'梅氏書平', 凡九卷.

이상의 두 서문을 보면 단국대본에서 정약용은 《고문상서》를 의심한 주자朱子를 옹호하고 주자를 공격했던 모기령毛奇齡을 매우 신랄하게 비판하였다. 그러나 버클리대본에서는 이런 구절이 모두 삭제되고, 《고문상서》를 의심한 학자로 주자 이외에도 오역吳棫, 오징吳澄 등이 있었음을 추가하였다. 이러한 변화는 《매씨서평》의 초고에 있는 과격한 표현을 부드럽게 고치라는 김매순金邁淳과 홍석주洪奭周의 충고를 받아들였기 때문인 것으로 이해된다.

3) 총서總敍의 수정

단국대본과 버클리대본은 총서總敍에서도 크게 차이가 난다. 먼저 단국대본에는 '총서總敍'란 제목이 없지만 버클리대본에서는 제목이 추가되었다. 또 정약용은 《상서》의 저본底本을 처음에는 다섯 가지로 보았다가 나중에는 세 가지로 보았다. 이에 따라 문구에도 상당한 변화가 있었는데, 차이가 나는 곳을 진하게 표시하면 다음과 같다.

① 단국대본

古今尙書之學, 總有五本.

其一, 伏生所傳今文尙書二十九篇〔**書序一篇, 經二十八篇.**〕, 出於漢文帝時者也.

其二, 孔安國所獻古文尙書四十六卷〔**比伏生今文**增多者, 十六篇〕, 出於漢武帝時者也.

其三, **張霸所獻僞造尙書一百二篇〔所謂百兩篇〕**, 出於漢成帝時者也.

其四, 杜林所傳孔安國古文尙書一卷〔其篇數, 不見正史.〕, 傳於漢光武時者也.

其五, 梅賾所奏古文尙書五十八篇〔**比伏氏本**增多者二十五篇.〕 出於東晉時者也.

伏生今文之學, 亡於晉懷帝永嘉之亂.〔見《隋書》〕

孔氏古文之學, 中墜厥緖, **杜林傳之.**〔《後漢書》〕

張霸僞書, 當時邂邅卽見黜.〔見《漢書》〕

杜林漆書, 賈逵 · 馬融 · 鄭玄之等, 作爲訓傳, 爲世所宗, 至唐而亡.〔**孔穎達《正義》,
或引其說.**〕

今所行孔穎達《正義》, 蔡沈《集傳》, **卽梅蹟所謂古文, 而伏生書二十八篇文字, 雖異
入於其中**, 此其大略也.

乃孔氏《正義》, 毛氏《冤詞》, 淆洞不分, 錯亂爲說. 或云'張霸足成鄭註.'〔孔疏云〕或
云'壁本不同梅篇.'〔毛詞云〕七藤八葛, 左絟右糾, 唯梅蹟之書, 是護是掩, 觀者惑焉.
兹取五本源流, 疏理如左.

② 버클리대본

古今尙書之學, 總有三本.

其一, 伏生所傳今文尙書二十九篇〔**經二十八篇, 書序一篇.**〕, 出於漢文帝時者也.

其二, 孔安國所獻古文尙書四十六卷〔**與伏本同者二十九卷, 增多者十六篇, 僞太誓一
篇.**〕, 出於漢武帝時者也.

其三, 梅蹟所奏稱**孔安國**古文尙書五十八篇〔**與孔本同者三十三篇, 增多者二十五篇.**〕, 出
於東晉時者也.

伏生今文之學, 亡於晉懷帝永嘉之亂〔見《隋書》〕

孔氏古文之學, 中墜厥緖, **官學旋廢. 建武之際**, 杜林傳之, 賈逵·馬融·鄭玄之等, 作
爲訓傳, 爲世所宗, 至唐而亡.〔《後漢書》·《隋書》·《唐書》.〕

梅氏所自言古文之學, 晉元帝時, 首立學官.〔《晉書》〈荀崧傳〉〕

唐太宗時, 孔穎達作《正義》. 南宋之時, **蔡沈作《集傳》, 今所行世者, 是也.**

又漢成帝時, 張霸僞造尙書一百二篇〔所謂百兩篇〕, 獻于朝廷, 當時郅踔卽見黜〔《漢書》
〈儒林傳〉〕, 此其大略也.

乃孔氏《正義》, **蔡氏《集傳》, 調護爲說, 不辨眞僞**. 學者旣無以分別源委, 乃毛氏《冤
詞》, 淆洞錯亂, **眩惑多端**, 觀者迷焉.

今取三本源流, 疏理如左.

이를 보면 정약용은 《상서》의 저본을 ① 복생伏生이 전한 《금문상서》

29편, ② 공안국孔安國이 바친 《고문상서》 26편, ③ 장패張覇가 위조僞造하여 바친 《상서尙書》 102편, ④ 두림杜林이 전한 공안국孔安國 《고문상서》 1권, ⑤ 매색梅賾이 아뢴 《고문상서》 58편 등 다섯 가지로 파악하였다. 그러나 1830년 무렵에 정약용은 《상서》 저본에는 복생본伏生本, 공안국본孔安國本, 매색본梅賾本 세 가지가 있고, 장패본張覇本과 두림본杜林本은 부수적인 것으로 보았다. '총서總敍'를 보면 정약용은 《상서》의 저본에 대한 생각에 큰 변화가 있었다.

4) 본문의 수정 방식

정약용은 《매씨서평》의 본문을 수정하면서 자신의 견해를 밝힌 '용안鏞案'을 정리하는 방식을 바꾸었다. 단국대본에서는 관련 자료를 열거한 다음에 "○" 표시를 하고 '용안鏞案'을 쓰는 방식이었다. 그러나 버클리대본에서는 행을 바꾸고 한 글자를 내려서 '용안鏞案'을 쓴 다음에 해당 내용을 정리함으로써 자신의 견해를 더욱 분명하게 드러냈다. 버클리대본의 방식은 신조선사본까지 유지되었다.

버클리대본과 신조선사본을 대조하면 내용상 큰 차이가 없다. 《매씨서평》의 권1을 축자 대조한 결과 두 본에서 차이가 나는 것은 다음의 두 경우이다.

2-1

(단국대본) 百二篇者, 經文百篇, 書序二篇也. 周易十翼, 上象下象, 分爲二篇. 書序二篇, 亦猶是也. **緯家之說, 有若經文爲百二篇, 非矣. 孔子書序文, 旣不多, 或稱二篇, 或稱一篇也.**(上乙六)

(버클리대본) 百二篇, **應是自昔流傳之名,** 經文百篇, 書序二篇也.〔周易十翼, 上象下象, 分爲二篇. 書序二篇, 亦猶是也.〕(上丙十)

(신조선사본) 百二篇, 應是自昔流傳之名, 經文百篇, 書序二篇也.〔周易十翼, 上象

下象, 分爲二篇. 書序二篇, 亦猶是也.〕**緯家之說, 有若經文爲百二篇, 而張霸依之, 可哈也.**(上丙十)

2-2

(단국대본) 鏞案.〈棄稷〉者, 太康時書也.〈周語〉云, 及夏之衰, 棄稷弗務, 不窋用失其官.《史記》亦載是說.(上丙六)

(버클리대본) 鏞案. **鄭本〈棄稷〉, 序在〈甘誓〉之下,**〈棄稷〉者, 太康時書也.〈周語〉云, 及夏之衰, 棄稷弗務, 不窋用失其官.《史記》亦載是說.〔**周本紀**〕(上丁三)

(신조선사본) 鏞案. 鄭本〈棄稷〉, 序在〈甘誓〉之下,〈棄稷〉者, 太康時書也.〈周語〉云, 及夏之衰, 棄稷弗務, 不窋用失其官.《史記》亦載是說.〔**夏本紀**〕(上丁三)

이상에서 2-1은 버클리대본에서 빠졌던 내용을 나중에 추가한 것이고, 2-2는 〈주본기〉가 맞으므로 신조선사본에서 〈하본기〉라 한 것은 단순한 오자誤字로 보인다. 이를 제외하면 버클리대본과 신조선사본의 권1은 내용이 일치한다. 이는 1830년 무렵에 작성된 버클리대본 권1~4 부분이 최종본인 신조선사본의 저본이 되었음을 의미한다.

이에 비해 단국대본과 버클리대본 사이에는 많은 차이가 있다. 이를 몇 가지 범주로 구분하여 소개하면 다음과 같다.

첫 번째, 문구를 조금 조정하거나 오자를 교정한 경우가 있다. 문구의 조정이란 문장의 표현을 바꾸는 경우, 각주를 본문으로 바꾸거나 본문을 각주로 바꾸는 경우 등을 말하는데, 이때에는 정약용의 견해가 크게 변하지 않았다. 몇 가지 예를 들면 다음과 같다.[8]

2-3

〔伏生**者**, 濟南人也.〕→ 伏生, 濟南人也.〔**伏生名勝**〕(上甲二)

---

[8] 이하 원문의 표시는 (단국대본) → (버클리대본)으로 하며, 원문의 변화가 있는 부분은 진하게 표시하였다.

乃召太常使掌故朝錯 → 乃詔太常掌故鼂錯(上甲二)

二十九篇者, 經二十八篇, 書序一篇也.〔當時書序, 不分冠于各篇, 故別爲一篇.〕→ 二
　　十九篇者, 經二十八篇, 書序一篇. 當時書序, 別爲一篇, 未嘗分冠于各篇. 後人或
　　疑一篇是〈僞太誓〉者, 非也.(上甲二)

分門派裂, 不可勝紀. → 支分派裂, 不可盡紀.(上甲四)

〔師古曰, 此二十九卷, 伏生傳授者.〕→ 〔師古曰, 此伏生傳授者.〕(上甲五)

〔訖孝宣世, 有歐陽大小夏候氏, 立於學官.〕→ 〔孝宣時, 三家並立學官.〕(上
　　甲五)

〈僞太誓〉一篇.〔孔安國, 取〈僞太誓〉, 附之古文.〕→ 〈僞太誓〉一篇.〔當時盛行, 故附入
　　古文中, 決非壁中本有〈僞太誓〉.〕(上甲八)

十六篇者, 卽孔氏增多之十六篇也. 伏本見逸, 故謂之逸十六篇也. 文字遼絕, 無可
　　梯接, 所以無師說也. → 十六篇者, 〈汩作〉〈九共〉等, 增多於伏本者也. 文字
　　遼絕, 無可梯接, 所以無師說也.(上甲九)

〔漢紀尹敏傳云, 孔鮒所藏書.〕→ 〔顏師古注, 漢紀尹敏傳云, 孔鮒所藏. 二說不同, 未
　　知孰是.〕(上甲十)

孔氏古文, 本四十五篇, 此云十六篇者, 除二十九篇與伏本同者也.〔藝文志, 竝計僞
　　太誓一篇, 故云四十六卷.〕→ 孔氏所獻, 本四十五篇,〔藝文志, 竝計僞太誓一
　　篇, 故云四十六卷.〕此云十六篇者, 藏於秘府, 伏而不發者十六篇, 餘則布在於
　　人間也.(上乙一)

因以起家者, 非以十六篇而建立也. 文字異者, 七百有餘, 則其論道釋義, 自成一
　　家, 故謂之起家. → 因以起家者, 文字異者, 七百有餘. 且其論道釋義, 自成一
　　家. 與伏氏門戶不同, 故謂之起家.(上乙二)

〈堯典〉〔今之〈舜典〉, 入其中.〕〔舜典〕〔非今之〈舜典〉也. 蓋舜之孝友事實, 文字古奧,
　　不能注解.〕……〈皋陶謨〉〔今之〈益稷〉, 入其中.〕(上丙六) → 〈堯典〉〔今之〈舜
　　典〉, 不分.〕〈舜典〉〔非今之〈舜典〉也. 古別自一篇.〕……〈皋陶謨〉〔今之〈益稷〉,
　　不分.〕(上丁三)

정약용은 문구를 조정하면서 표현을 부드럽게 바꾸기도 했다. 이는 그가 유배지에서 고향으로 돌아온 뒤 《매씨서평》을 열람한 주변 학자들의 충고를 받아들였기 때문인데, 다음이 이에 해당한다.

2-4

鏞案. 後儒蒙昧, 每云, "百篇之序, **始出孔壁.**" 不亦謬乎? → 後儒**不察,** 每云, "百篇之序, 孔本獨有." 亦疎矣.(上甲三)

餘十六篇, 虹橋旣斷, 千巖鎖烟, 置之勿問, 浩然長吁, 故當時無所討論也. → 餘十六篇, **津梁旣斷, 無緣比對,** 故當時無所討論也.(上甲八)

欲辨今文古文之訟者, 宜**先讀**《儀禮》. → 欲辨今文古文之**源委**者, 宜與《儀禮》**比對**也.(上甲九)

尹敏周防之學, 不知淵源, 大抵**安國**之支流也. 孔僖家傳之學, **此是夸說, 未必然也.** → 尹敏周防之學, 不知淵源, 大抵**璜惲**之支流也. 孔僖家傳之學, **亦不過屬讀分章而已.**(上乙三)

馬·鄭之學, 接於杜林, 則主**鬯**安國**之廟者, 非此其誰?** …… 《漢書》〈藝文志〉所論二十九篇, **劉向·劉歆**校書之時, 校之以歐陽夏侯二十九篇, 二十九篇, 非**自馬鄭始**也.(上乙十) → 而馬·鄭之學, 接於杜林, 則是**孔**安國**主鬯之孫也.** …… 《漢書》〈藝文志〉所論二十九篇, 劉歆校書之時, 校之以歐陽夏侯二十九篇, 二十九篇, 非馬鄭**之過**也.(上乙九)

《史記》《漢書》, 皆云安國得古文, 以今文讀之. **今文者, 濟南伏生二十九篇之文, 餘十六篇, 旣無今文,** 安國**何以讀之. 乃祖之所不能責之, 屌孫不亦遠於情乎.**《隋書》撰定之時, 梅書之行于世, 已二百餘年**矣. 眼慣耳熟, 以鼠爲璞,** 反執朴實無僞之書, 病其路少, **知道者如是乎?**(上乙十) → 〔《史記》《漢書》, 皆云安國得古文, 以今文讀之. 餘十六篇, 旣**無伏生今文,** 安國**自不能讀.**〕《隋書》撰定之時, 梅書之行于世, 已二百餘年. **增多二十五篇,** 眼慣耳熟, 反執眞實無僞之書, 病其路少.(上乙九)

두 번째, 원문에 주석을 추가하여 해당 내용을 분명히 밝힌 경우가 있다. 이는, 정약용이 《상서》 저본에 대한 생각을 정리하면서 자신의 견해를 구체적으로 드러낸 것으로 보인다.

2-5

以考二十九篇, 得多十六篇. → 乃考二十九篇, 得多十六篇.〔〈汩作〉〈九共〉等〕(上甲八)

是今文也. → 是今文也.〔今所行《儀禮》〕(上甲九)

司馬遷, 從安國問書. 而其爲古文說者, 止於堯典禹貢洪範微子金縢諸篇, 則仍是二
十八篇之文而已. → 司馬遷, 十歲誦古文, 從安國問書.〔此時孔書未及獻〕而其爲古
文說者, 止於堯典禹貢洪範微子金縢諸篇, 則仍是二十八篇之文而已.〔唯所言〈湯誥〉,
在十六篇內, 又〈湯征〉, 在十六篇外.〕(上乙二)

又云, 後漢扶風杜林, 傳古文尙書, 同郡賈逵·馬融·鄭玄, 爲之作傳註. 然其所傳, 唯二
十九篇, 又雜以今文, 非孔舊本.〔節〕梁陳所講, 有孔鄭二家, 齊代唯傳鄭義, 至隋孔·鄭
竝行, 而鄭氏甚微.(上乙十) → 又云, 後漢扶風杜林, 傳古文尙書, 同郡賈逵·馬融·鄭玄,
爲之作傳註. 然其所傳, 唯二十九篇, 又雜以今文〔謂伏本〕, 非孔舊本.〔節〕梁陳所講, 有
孔鄭二家, 齊代唯傳鄭義, 至隋孔·鄭竝行,〔孔郎梅氏也〕而鄭氏甚微.(上乙九)

馬融書序云, 〈泰誓〉後得, 案其文似若淺靈. 鄭玄書論云, 民間得〈泰誓〉.(上丁六) →
馬融書序云, 〈泰誓〉後得, 案其文似若淺靈.〔引古書所引〈太誓〉五事, 以明其僞. 見〈太
誓〉論.〕鄭玄書論云, 民間得〈泰誓〉.〔孔本大誓一篇, 鄭本太誓三篇.〕(上丙六)

세 번째, 분리하여 서술했던 내용을 하나로 합친 경우이다. 여기에는
같은 조목 안에 있던 것을 합한 경우와 2개 이상의 조목을 하나로 합
한 경우가 있는데, 역시 내용에 큰 변화가 있었던 것은 아니다.

2-6

劉向別錄云, "古文書十六篇."〔詳見左傳序正義〕 ○ 荀悅漢紀云, "魯共王壞孔子宅, 得
古文尙書, 多十六篇."〔又云, "武帝末, 孔安國家獻之, 會巫蠱事, 未列于學官." → 荀
悅漢紀云, "魯共王壞孔子宅, 得古文尙書, 多十六篇. 武帝末, 孔安國家獻之, 會巫蠱
事, 未列于學官." 劉向別錄云, "古文書十六篇."〔詳見左傳序正義〕(上甲九)

2-7

《漢書》〈藝文志〉云, 尙書古文經四十六卷. ○ 鏞案. 四十六卷者, 二十九篇〔其一篇,

〈書序〉也.〕, 十六篇〔增多者〕, 〈太誓〉一篇也. 安國旣得壁書, **以今文寫之,** 又取僞太
誓之時行者, 附入之. 故班固竝錄如此. 〔**孔安國太誓說,** 見李顒《書註》〕(上丁五)
又案. 晉李顒《尙書集註》, 於僞太誓, 每引孔安國之說〔**見孔穎達**太誓疏〕. 以此觀之,
僞太誓之附入古經, **卽孔**安國之事, 而司馬遷, 亦而信而錄之於《**史記》**也.〔又詳下〕(上
丁六)

→ 《漢書》〈藝文志〉云, 尙書古文經四十六卷.〔**爲五十七篇〕** ○ 鏞案. 四十六卷者,
二十九篇〔其一篇〈書序〉〕, 十六篇〔增多者〕, 〈太誓〉一篇也. 安國旣得壁書, 又取僞太
誓時行者, **以古文寫之,** 附入**其中.** 故班固竝錄如此. 晉李顒《尙書集註》, 於僞太誓,
每引孔安國之說〔見孔氏太誓疏〕. 以此觀之, 僞太誓之附入古經, **本**安國**所爲,** 而司馬
遷, 亦而信而錄之於〈周本紀〉也.〔上丙五〕

2-8

《隋書》〈經籍志〉云, 梅賾, 始得安國之傳奏之, 又闕〈舜典〉一篇. ○ 鏞案. **此云闕**
〈**舜典〉者,** 謂贋孔傳一篇闕也. **梅本旣割〈堯典〉**自'帝曰欽哉'以上, 屬之〈堯典〉, 自
'愼徽五典'以下, 名曰〈舜典〉, 蓋所以充鄭玄本五十八篇之數也. 旣又思量, 故缺此
〈舜典〉一篇, 以應〈藝文志〉五十八篇之文〔上甲八〕, 其計至密, 其機至巧也.〔上丁二〕
《隋書》〈經籍志〉云, 齊〈建武舜典〉, 姚方興, 于大桁市〔建康地名〕, 得其書奏上. 比馬
鄭所註, 多二十八字.〔孔疏云, 齊蕭鸞建武四年, 吳興姚方興, 於大航頭, 得孔氏傳
〈古文舜典〉, 亦類太康中書, 乃表上之, 事未施行. 方興以罪致戮, 至隋開皇初, 購求
遺典, 始得之.〕 ○ 鏞案. **《隋書》,** 號此舜典曰〈建武舜典〉, 所以別之於**鄭玄本**十六
篇中〈舜典〉也. **今人直稱〈舜典〉, 則大不可矣.**〔于市得之者, 諱其根也. 萬人聚市, 不
知誰出也. **尊而閣之, 謂之聖經, 可乎.**〕 ○ 又按. 類太康中書者, 謂字畫雅俗之體,
籤帶**裝飾之法,** 或似晉武帝太康年間, 內府所藏書籍樣子. 非謂太康中書本, 有孔氏
傳古文尙書也. ○ 又按. **姚方興〈舜典〉, 雖自稱孔傳, 然只有經文, 實無傳文.** 今所
行**者, 乃是梅賾所補,** 王范之舊註也.〔王范〈堯典〉註〕 **故肆類上帝之節, 今有'王云'**
'**馬云'之註**〔王云上帝天也. 馬云上帝太一神〕. 以此推之, 姚方興所上, 實不過二十八
字.〔《正義》云, 二十八字, 世所不傳.〕(上丁四)
→ 《隋書》〈經籍志〉云, 梅賾, 始得安國之傳奏之, 又闕〈舜典〉一篇.〔節〕 齊〈建武舜
典〉, 姚方興, 于大桁市〔建康地名〕, 得其書奏上. 比馬鄭所註, 多二十八字.〔曰若稽

古帝舜, 曰重華協于帝, 濬哲文明, 溫恭允塞, 玄德升聞, 乃命以位.〕○ 孔疏云, 齊
蕭鸞建武四年, 吳興姚方興, 於大航頭, 得孔氏傳〈古文舜典〉, 亦類太康中書, 乃表
上之, 事未施行. 方興以罪致戮, 至隋開皇初, 購求遺典, 始得之.
鏞案. 當時之人, 號此舜典曰〈建武舜典〉, 所以別之於孔壁所出十六篇中〈舜典〉也.
于市得之者, 諱其根也. 萬人聚市, 不知誰出也, 不荒唐乎. ○ 又按. 類太康中書者,
謂字畫典雅, 籤帶華麗, 或似晉武帝太康年間, 內府所藏書籍樣子. 非謂太康中書本,
有孔氏傳古文尙書也. ○ 又按. 梅氏孔傳, 本是僞撰, 缺者故缺, 非有脫失. 姚氏孔
傳, 又自僞撰, 非果得梅之所失也. 蕭齊時, 其書遂亡, 今所行〈舜典〉之傳, 仍是王范
之註. 補綴成篇者, 非姚之所獻.〔王范本作〈堯典〉注〕姚之所獻, 今不過二十八字,〔自
晉元帝初年, 至蕭鸞建武四年, 已一百八十年, 梅氏遺篇, 何以存矣. 此是另作一篇,
非梅之所失.〕今所行二十八字之註,〔華謂文德, 玄謂幽潛, 等四段, 共計六十一字.〕
又是隋人所補.(上丙四)

이상에서 2-6은 하나의 조목 안에서 분리되어 있던 것을 합한 경우
로, 각주의 문장을 본문으로 바꾸고 세목을 구분했던 것을 하나로 합했
다. 2-7과 2-8은 두 개의 조목을 하나로 합한 것인데, 2-7은 문장을 조
정한 정도이지만 2-8은 정약용의 견해에 상당한 변화가 있었다.

네 번째, 초고에 없던 내용을 새 자료로 추가하거나 자신의 견해를
정리하여 밝힌 경우가 많았다. 몇 가지 사례를 소개하면 다음과 같다.

2-9

《論衡》云, "孝景帝時, 魯共王壞孔子敎授堂, 得百篇尙書於牆壁中."〔正說篇〕 參考
〈五宗世家〉, 則武帝之末, 魯共王卒已久矣. 《論衡》以爲景帝時似長.〔琴瑟鍾磬之說,
亦《史記》所無.〕(上甲八)
朱竹垞〔彝尊〕云, "孔子世家, 言安國蚤卒."〔爲武帝博士, 至臨淮太守卒.〕安國傳, 稱
安國, 受書于伏生.〔伏生年九十餘, 安國雖最幼, 年已十五六.〕天漢之後, 改元太始,
年已七十二. 征和二年, 巫蠱事發, 安國年七十七矣, 尙得謂之'蚤卒'乎? 當依漢紀,
增家字爲是.〔荀紀云, "孝成帝三年, 劉向典校經傳."云, "武帝時安國家獻之."〕則知

安國已逝, 而其家獻之也.〕(上甲九)

《後漢書》〈盧植傳〉曰, "植〔字子幹〕, 涿郡人也. 少與鄭玄, 俱事馬融, 能通古今學. 熹平後〔靈帝時〕, 作尙書章句. 時始立太學石經, 以正五經文字. 植乃上書曰, ‘〔臣〕 願得能書生二人, 共詣東觀, 專心精硏, 合尙書章句, 刊正碑文. 古文科斗, 近于爲 實, 而壓抑流俗, 降在小學. 中興以來, 通儒達士, 班固·賈逵·鄭興父子, 竝敦說之, 宜置博士, 爲立學官.’"〔會南夷叛, 植出爲廬江太守.〕 ○ 鏞案. 孔氏古文, 曾於平帝 元始三年, 莽奏立博士, 每經各五人. 逸禮古書通知其義者, 皆詣公車〔王莽傳〕, 莽誅 而官學亦廢. 其後光武, 以衛宏能治古文之故, 召拜議郎, 而官學未復. 至是〔熹平 時〕, 已一百五十餘年, 而范陽盧植, 始復請立學官, 又未施行. (上乙七)

陳壽《魏志》〈王朗傳〉云〔王肅父〕, 王肅〔東海郡人, 字子雍.〕, 初善賈馬之學, 而不好 鄭氏, 采會異同, 爲尙書解.〔節〕 皆列于學官. ○ 《晉書》〈荀崧傳〉云, 元帝時, 修學 校, 簡省博士, 置周易王氏.〔句〕 尙書鄭氏〔句〕, 古文尙書孔氏〔卽梅氏所上〕, 博士各 一人.〔荀崧爲太常時, 置博士, 卽太興四年.〕 ○ 鏞案. 王肅書註, 雖與鄭玄不同, 旣 善賈馬之學, 則仍是杜林之本. 卽孔氏古文, 至曹魏之時, 再立官學矣. 至於鄭玄之 註, 其立學官, 似在西晉之時. 元帝時乃簡省員數, 非創置也. 此時梅書已行, 豈有創 立鄭學之理? 特以舊立之故, 許其竝存耳. 然且鄭氏, 單稱尙書, 孔氏乃稱古文尙書, 〔卽梅書〕 新間舊, 賤妨貴, 勢已成矣.(上乙八)

陸德明《經典釋文》云, 梅賾上孔氏傳古文尙書, 亡〈舜典〉一篇. 時以王肅註, 頗類孔氏, 故取王註, 從‘愼徽五典’以下爲〈舜典〉, 以續孔傳. ○ 孔疏云, 梅賾上孔氏傳, 猶闕〈舜 典〉, 多用王范之註, 補之. 而皆以‘愼徽以下’, 爲〈舜典〉之初.〔玄德升聞下〕 ○ 鏞案. 梅氏割分〈堯典〉, 以作二篇, 所以充鄭玄本五十八篇之數也.〔鄭本三十四篇, 又逸書二 十四篇.〕 旣又思量, 故缺一篇, 以應〈藝文志〉五十七篇之文.〔班固自注〕 必缺此〈舜典〉 者, 〈堯典〉一部, 渾然天成, 文理接續, 分則分之, 而未易取信.〔時無二十八字〕 於是, 模糊漫漶, 闕其傳註, 以作然疑之案. 其計至密, 其機至巧也. ○ 又按. 取王注補之者, 晉元帝太興四年, 梅氏之書, 始立學官〔上乙八〕, 其博士等取以補之也. 范甯, 又是晉末 人, 其取范注, 似在蕭齊時, 姚方興二十八字補入之後也.〔今所行汲古閣本, 肆類上帝之 節, 有馬云王云之註. 此係陸氏《釋文》誤刊在此, 又非前人所補.〕(上丙三)

이를 보면 정약용은 《논형論衡》, 《후한서後漢書》, 《위지魏志》, 《진서晉書》, 《경전석문經典釋文》(육덕명陸德明), 《경의고經義考》(주이존朱彝尊)의 내용을 추가했다. 이는 정약용이 고향으로 돌아와 다시 《상서》를 연구하면서 참고한 서적이었을 가능성이 크다.

다섯 번째, 본문의 내용을 대폭 수정한 경우이다. 대부분 자신의 견해를 정리하여 밝힌 것으로, 《상서》 저본에 대한 견해에 많은 변화가 생겼고, 이 논문에서 주목하는 내용도 이처럼 정약용의 견해에 변화가 생긴 경우이다.

2-10

五十七篇也. 若其有序無文者, 尙有多篇〔並見下〕. 而班固不著其篇數. → 五十七篇也.〔本經二十八篇, 〈盤庚〉分出者二篇, 〈顧命〉分出者一篇, 增多二十四篇, 〈僞太誓〉一篇, 〈序〉一篇, 皆未及分.〕(上甲八)

秘府所藏, 孔氏古本, 至晉而無傳.〔亡失之〕 → 秘府所存, 卽前劉歆所言, 藏於秘府, 伏而未發者也.〔上乙一〕 民間講習, 皆今字翻寫之本, 其孔氏本所獻古篆原經之出於壁中者, 猶藏秘府, 至隋而無傳也.〔亡失之〕(上乙四)

○ 《後漢書》〈張霸傳〉云, "永元中, 爲會稽太守, 郡中爭厲志節, 習經以千數, 道路但聞誦聲. ○ 鏞案. 張霸, 字伯饒, 數歲知孝讓, 號張曾子. 永元中, 爲會稽太守, 有平賊之功.〔見堯山堂紀〕 才行如此, 猶復造僞以亂經, 不亦異哉. ○ 又按漢成帝時, 孔氏古文旣在秘府.〔安國之所獻〕 而更求眞古文於民間, 則孔氏之書, 不見容於諸博士可知. 或其文字古奧, 無能知者, 故更求別本也.(上乙五) → ○ 鏞案, 漢成帝時, 孔氏古文旣在秘府.〔安國家所獻〕 而更求眞古文於民間, 則孔氏之書, 不見容於諸博士可知.〔時只有伏氏今文, 博士黨同伐異已甚.〕 或其文字古奧, 無以悉通, 故更求別本也. 張霸之書, 當時斯韶卽見黜, 一字不播於人間. 而今人誤讀孔疏, 乃以孔壁十六篇, 爲張霸所作.〔見下篇〕 謬甚.〔張霸有二. 《後漢書》又有一張霸, 字伯饒, 數歲知孝讓, 號張曾子. 永元中, 爲會稽太守, 郡中爭厲志節, 道路但聞誦聲. 與造僞之張霸, 不同也.〕(上丙九)

又按, 杜林《尙書》之學, 不知淵源. 余嘗反覆潛玩, 知其爲都隙掮朝·膠東庸生之嫡傳,

王璜·塗惲之門人, 何者. 其傳衛·徐兩生之語, 懍婉感慨, 必非中無隱痛之人所宜言
也.(上乙七)　→　又按, 杜林《尙書》之學, 其師友淵源, 卽張竦·賈徽·劉歆·鄭興·衛
宏之等[見〈本傳〉及〈儒林傳〉], 直抵於王璜·塗惲. 乃都尉朝·膠東庸生之嫡傳也. 其
傳衛·徐兩生之語, 懍婉感慨, 半宣半吞, 是其中別有隱痛可知.(上乙五)

鏞案. 藏書之人, 或稱孔襄[《家語》文], 或稱孔鮒[漢紀文], 或稱孔惠[《隋書》文], 卽
此一事, 未有眞傳, 況其餘乎? ○ 又案. 孔安國, 以今文校之, 則今文二十五篇而
已, 何以得增二十五篇. 《史記》·《漢書》, 赫然具存, 不可誣也. ○ 又案. 安國作傳,
傳于都尉朝·膠東庸生, 則膠東庸生, 有孔傳矣. 劉向·劉歆, 傳問民間之時, 膠東庸
生何不獻之. 此皆悠悠之說, 不足辨也.(上丙三)　→　鏞案. 孔安國, 以考今文, 得多
十六篇.[累見前] 諸文歷然, 今忽云得增二十五篇, 何據矣. 古文尙書四十六卷[爲五
十七篇], 昭載漢藝文志, 今忽云五十八篇, 何據矣. 兩漢諸史, 皆無安國作傳之語,
諸史皆云安國獻之[荀紀云, 安國家獻之.], 今忽云, 作傳而不得奏上, 何據矣. 都尉
朝, 膠東庸生之嫡傳, 下抵于塗惲[已見前]·杜林·賈逵, 寔得其宗. 公諸一世, 無所
隱秘, 今忽云私傳其業, 何據矣. 膠東庸生, 誠有所受之孔傳, 劉向·劉歆, 傳問民間
之時[成帝時], 庸生何不獻之. 此皆悠悠之說, 不可立也.(上丙二)

〔梅本, 〈湯誓〉在〈夏社〉之上, 〈典寶〉在〈咫誥〉之上, 〈咸有一德〉在〈太甲〉之下.〕(上丙
七)　→　鏞案. 〈商書〉序次, 梅本益多變亂.〔〈湯誓〉在〈夏社〉之上, 〈典寶〉在〈咫誥〉之
上, 〈咸有一德〉在〈太甲〉之下.〕湯旣克夏, 還亳作誥, 以戒萬邦. 其大義有二, 一爲
民上者, 務樹功德.〔將以考實績〕二安民居者, 乃爲功德.〔將以奠斯民〕於是, 伊尹作
〈咸有一德〉, 咎單作〈明居〉〔見史記〕, 以申原誥之義. 梅氏倒亂如此, 則湯拯民水火
之意泯矣. 伊所言曰伊訓, 高宗所言曰高宗之訓, 則太甲訓者[史記作太甲訓], 太甲之
所言也. 太甲修德之後, 垂訓後嗣者也, 今亦作伊所訓, 可乎?(上丁四)

陸德明《釋文》云, 梅賾, 上孔氏傳古文尙書云. 〈舜典〉一篇, 時以王肅註, 頗類孔氏,
故取王註, 從'愼徽五典'以下, 爲〈舜典〉, 以續孔傳. ○ 鏞案. 梅賾, 飾僞之初, 他
篇皆自造孔傳, 至於新定〈堯典〉一篇, 則純用王肅之註, 補之.〔王肅之註, 衆所共知,
梅不得私之.〕蓋王肅, 本註〈堯典〉〔伏·孔兩家, 皆不分〈堯典〉〕, 梅氏, 截取其'愼徽
五典'以下之註, 名之曰〈舜典〉註, 非王肅當時有此〈舜典〉也.〔孔疏云, 梅賾上孔氏傳,
有闕〈舜典〉, 多用王范之註, 補. 而皆以'愼徽'已下, 爲〈舜典〉之初.〕(上丁四)　→
陸氏《釋文》云, 齊建武中, 姚方興, 采馬·王之註, 造孔傳〈舜典〉一篇, 言於大航頭買

得, 上之. 梁武時爲博士, 議曰, 孔序稱伏生誤合五篇, 皆文相承接(〈舜典〉·〈益稷〉·〈盤庚〉中下·〈康王之誥〉, 爲五篇.), 所以致誤. 〈舜典〉首'曰若稽古', 伏生雖昏耄, 何用合之, 遂不行用. ○ 鏞案. 此論一出, 雖蒙士亦可悟矣. 方興, 雖不被誅, 二十八字, 其不立矣.(又丙四)

鏞案. 伏生《書傳》云, 稱八百諸侯, 俱至盟津, 白魚入舟. 又董仲舒引書曰, 白魚入于王舟, 則僞太誓之出, 似不在武帝之末. 雖然, 伏生書傳所論, 未必皆二十八篇之說, 伏生說〈帝告〉〈九共〉, 說〈嘉禾〉〈掩誥〉, 將此諸文, 亦二十八篇之經乎. 伏生之經, 無〈太誓〉矣. (上丁六) → 鏞案. 武帝之前, 早有〈泰誓〉, 故伏生《書大傳》, 稱八百諸侯, 俱至盟津, 白魚入舟. 又董仲舒引書曰, 白魚入于王舟, 僞太誓之行, 蓋已久矣.〔或云, 伏生·董生, 引僞太誓, 如墨子·孟子, 引古太誓. 今不見全文, 民間太誓, 如梅氏太誓, 得依此以造全篇.〕然則, 孔安國所說太誓, 卽伏生所說〈藝文志〉所載卷數, 或係都隓掉以下後學之所增也.〔先儒稱安國蚤卒, 則武帝末太誓, 非安國所能收也.〕(上丙六)

《隋書》云, 伏生口授二十八篇, 又河內女子得〈泰誓〉一篇.〔孔藏與安國書云, 《尙書》二十八篇, 取象二十八宿.〕○ 鏞案. 後儒, 欲以〈太誓〉爲伏生舊本, 而二十八篇之證, 歷落如此, 何以誣之. ○ 又案. 河內太誓, 亦或稱一篇者, 統擧篇名, 不細剖也. 《後漢書》, 明云三篇.(上丁八) → 《隋書》云, 伏生口授二十八篇, 又河內女子得〈泰誓〉一篇.〔此云一篇者, 統擧篇額, 不細剖也.〕○ 鏞案. 《隋書》之意, 欲以河內太誓一篇, 充伏壁二十九篇之額, 大非也.〔宣帝時新書, 無以充文帝時舊額.〕二十九篇者, 〈書序〉一篇, 列其額也.(上丙八)

이상의 내용을 보면 1810년에 작성한 초고와 1830년 즈음에 수정한 원고 사이에 큰 변화가 있었음을 확인할 수가 있다.

3. 금고문今古文의 이해

정약용이 《상서》의 금문과 고문을 어떻게 이해하였는지를 보려면

《상서》 저본에 대한 그의 생각을 검토해야 한다. 앞서 보았듯이 정약용은 《상서》의 저본을 처음에는 다섯 가지로 보았다가 나중에 장패본과 두림본을 제외시켰다. 장패본과 두림본(《칠서》 1권)을 제외한 것은 후대에 큰 영향력이 없었기 때문이다. 이하에서는 《상서》의 세 가지 저본에 대한 정약용의 이해를 차례로 정리한다.

1) 복생伏生의 《금문상서今文尚書》

정약용은 〈총서總敍〉에서 복생伏生이 전한 《금문상서》는 〈서서書序〉 1편과 경經 28편을 합하여 29편이며, 한漢 문제文帝(BC 180~BC 157) 때 세상에 나왔다가 진晉 회제懷帝 때 발생한 영락지란永嘉之亂(311~312) 때 사라진 것으로 보았다. 이렇게 본 근거는 《수서隋書》〈경적지經籍志〉였다. 정약용의 복생본에 대한 이해는 전후로 큰 변화가 없었다.

정약용은 복생본에 대한 이해는 다음과 같다. 한 문제는 복생의 《금문상서》가 나오자 장고掌故 조착鼂錯을 복생에게 보내어 배우게 하였고, 진秦의 분서갱유焚書坑儒 이후 복생은 29편만 구하여 장생張生과 구양생歐陽生에게 가르쳤다.[9] 이때 구양생歐陽生은 복생伏生과 공안국孔安國의 수업을 함께 들었고, 제자 예관倪寬을 통해 자신의 아들과 증손인 구양고歐陽高, 구양고의 손자인 구양지여歐陽地餘에게 《상서》가 전해지면서 구양씨歐陽氏의 학문이 이어지게 되었다. 한편 장생張生의 학문은 하후도위夏侯都尉를 거쳐 하후시창夏侯始昌, 하후승夏侯承, 하후건夏侯建에게 전해지면서 대소하후大·小夏侯의 학문이 이어지게 되었다.[10] 후한대에 대·소하후의 학문은 쇠미해졌고 구양씨의 학문도 침체되었다. 후한 말에는 공안국

---

9 上甲二. 여기서 "上甲二"은 버클리대본 《매씨서평》의 표식을 말함. 이하 동일함.

10 上甲四. 今文學 3家 가운데 歐陽氏의 학문은 漢 武帝 때 學官이 설치되었고, 大小夏侯의 학문은 漢 宣帝 때 學官이 설치되었다.

孔安國의 학문을 계승한 마융馬融과 정현鄭玄의 고문학古文學이 번성하였
고, 복생에서 유래한 금문학今文學의 3가家(구양, 대하후, 소하후)가 폐지
되었으며, 진晉 영가지란永嘉之亂 때 복생의 금문학은 완전히 사라졌다.[11]

　　복생의 《금문상서》에서 중요한 논점은 경經 28편과 함께 있었던 1편
이 〈서서書序〉인가 〈위태서僞太誓〉인가 하는 문제였다. 정약용은 복생 당
시에도 《상서》 100편의 서문은 하나의 편으로 있었다며 〈서서書序〉 1편
이 공안국본에만 있었다고 생각하는 후대 학자를 비판하였다.[12] 정약용
은 공영달孔穎達이 《상서정의尚書正義》에서 '공안국孔安國의 종형從兄인 공
장孔臧이 공안국에게 보낸 편지에서 공자의 고택古宅에서 나온 《상서》
28편은 28수宿를 취한 것이며, 100편이 따로 있지는 않다.'고 한 것은
동진東晉 때 위서僞書인 《공총자孔叢子》를 인용한 것으로 잘못된 견해라
비판하였다.[13] 따라서 정약용이 파악한 복생본 29편에는 공자가 지은
〈서서書序〉 1편이 포함되어 있었다.

　2) 공안국과 두림의 《고문상서古文尚書》

　　정약용은 〈총서〉에서 공안국孔安國이 올린 《고문상서》는 46권(57편)이
며, 복생본과 같은 29권(〈서서書序〉 포함), 복생본보다 늘어난 16편, 〈위
태서僞太誓〉 1편이 더 있었다고 보았다. 그는 공안국본이 한漢 무제武帝
(BC 141~BC 87) 때 세상에 나와 학관에 올랐지만 이내 폐지되고, 두림
杜林이 후대에 전해 정현鄭玄까지 계승된 것으로 보았다.

　　공안국본과 두림본의 관계에 대한 생각에는 변화가 있었다. 정약용은
처음에는 두림이 전한 《칠서漆書》 1권을 《상서》 저본의 하나로 보았다.

---

11 上甲六.
12 上甲三.
13 上甲十.

그는 후한後漢 광무제光武帝(25~57) 때 두림이 공안국의 《고문상서》 1권 (《칠서漆書》)을 전했지만 편수는 알 수 없으며, 가규賈逵·마융馬融·정현鄭玄 등이 그 훈전訓傳을 지었고 당대唐代에 없어진 것으로 보았다. 그러나 나중에는 두림이 건무建武 연간(25~56)에 공안국의 《고문상서》를 전하였고 가달賈逵·마융馬融·정현鄭玄이 그 훈전訓傳을 지었으며 당대唐代에 없어졌다고 하였다.14 두림이 전한 것은 공안국본 전체이며 《칠서》 1권을 별도 저본으로 보지 않는다는 입장이었다.

정약용은 공안국이 복생의 문도門徒이며, 공안국이 얻었다는 '일서逸書 10여 편'은 복생본보다 늘어난 16편을 말하는 것으로 보았다.15 정약용은 이 16편의 문자가 오래전에 단절되어 접근할 방법이 없었으므로 사설師說이 없어진 것으로 보았다. 이는 공자 고택에서 나온 《의례儀禮》 56편 가운데 고문古文만 있던 39편의 사설師說이 끊어진 것과 같은 현상이었다.16 정약용은 사마천司馬遷이 열 살 때 고문을 외우고 공안국에게 종유從遊하기도 했지만 《사기》에 인용된 고문古文은 복생본과 같은 28편 (〈서서書序〉를 뺀 것)에 그친다는 사실을 중시하였다. 그는 이를 근거로 복생본보다 늘어난 16편은 공안국도 읽을 수 없었고, 만약 공안국이 16편을 읽을 수 있었다면 사마천은 이를 《사기》에 인용했을 것이라고 보았다.17

---

14 《梅氏書平》(단국대본) 권1, 〈總敍〉.
  "其四, 杜林所傳孔安國古文尙書一卷〔其篇數, 不見正史.〕, 傳於漢光武時者也. … 孔氏古文之學, 中墜厥緖, 杜林傳之.〔《後漢書》〕 … 杜林漆書, 賈逵·馬融·鄭玄之等, 作爲訓傳, 爲世所宗, 至唐而亡.〔孔穎達《正義》, 或引其說.〕"
  《梅氏書平》(버클리대본) 권1, 〈總敍〉.
  "孔氏古文之學, 中墜厥緖, 官學旋廢. 建武之際, 杜林傳之賈逵·馬融·鄭玄之等, 作爲訓傳, 爲世所宗, 至唐而亡.〔《後漢書》·《隋書》·《唐書》.〕"

15 上甲七.

16 上甲九.

17 上乙二.

복생본보다 늘어난 16편에 대해서는 변화가 있었다. 정약용은 처음에
는 복생본에도 16편이 있었다가 잃어버렸다고 하였다. 그러나 나중에는
16편이 복생본보다 늘어났다고만 하여 복생본에도 있었다는 견해를 바
꾸었다.[18] 공안국본에서 늘어난 16편은 비부秘府에 보관되어 있다가 수隋
대에 없어졌다.[19] 이에 대해 정약용은 공안국이 올릴 때부터 16편은 비
부秘府에만 보관되어 있었고 민간에는 전혀 알려지지 않았다는 서술을
추가하고, 16편이 사라진 시기도 처음에는 진晉으로 보았다가 나중에
수隋로 바꾸었다.[20] 16편의 존재를 좀 더 오래 본 것이다.

정약용은 공안국본에 있던 〈위태서僞太誓〉 1편은 당시 성행하였기 때
문에 들어간 것이고 공자의 고택에서 나온 것은 아니라고 보았다. 또한
공안국본 '46권'이 '57편'으로 되는 것은 〈반경盤庚〉을 3편, 〈고명顧命〉을
2편, 〈구공九共〉을 9편으로 나누어 보았기 때문이며, 〈고명〉 2편은 〈고
명〉과 〈강왕지고康王之誥〉가 되는 것으로 보았다.[21] 〈위태서〉가 공안국본
에 들어간 것에 대한 생각에는 변화가 있었다. 정약용은 처음에는 공안
국이 〈위태서〉 1편을 고문古文에 붙인 것으로 보았지만 나중에는 당시
에 성행하였기 때문에 들어갔다고만 하여, 〈위태서〉를 포함시킨 공안국

---

18 《梅氏書平》(단국대본) 권1, 〈孔安國所獻古文尙書第二〉.
　"鏞案. 十六篇者, 卽孔氏增多之十六篇也. 伏本見逸, 故謂之逸十六篇也. 文字遼絶, 無可
　梯接, 所以無師說也."(上甲九)
　《梅氏書平》(버클리대본) 권1, 〈孔安國所獻古文尙書第二〉.
　"鏞案. 十六篇者, 〈汨作〉〈九共〉等, 增多於伏本者也. 文字遼絶, 無可梯接, 所以無師說
　也."(上甲九)
19 上乙一; 上乙四.
20 《梅氏書平》(단국대본) 권1, 〈孔安國所獻古文尙書第二〉.
　"秘府所藏, 孔氏古本, 至晉而無傳.〔亡失之〕"(上乙四)
　《梅氏書平》(버클리대본) 권1, 〈孔安國所獻古文尙書第二〉.
　"秘府所存, 卽前劉歆所言, 藏於秘府, 伏而未發者也.〔上乙一〕民間講習, 皆今字翻寫之
　本, 其孔氏本所獻古篆原經之出於壁中者, 猶藏秘府, 至隋而無傳也.〔亡失之〕"(上乙四)
21 上甲八.

의 의도를 약화시켰다.²²

정약용은 두림杜林이 공안국을 계승한 왕황王璜과 도운塗惲으로부터 《칠서漆書》를 얻었으므로 공안국의 적통嫡統이 되는 것으로 보았다.²³ 또한 그는 두림이 전한 《고문상서》에 대해 위굉衛宏이 《훈지訓旨》, 가규賈達가 《서훈書訓》, 마융馬融이 《서전書傳》을 짓고 정현鄭玄이 이를 집대성하였으므로, 두림의 《고문상서》는 세상에서 존중을 받았다고 하였다.²⁴ 정약용은 공안국을 계승한 도위조都尉朝와 용생庸生, 그들을 계승한 왕황王璜·도운塗惲·두림杜林·가규賈達·마융馬融·정현鄭玄을 모두 공안국의 적손嫡孫으로 보았다.²⁵

정약용이 공안국을 계승한 두림의 《고문상서》가 당대唐代까지 꾸준히 전해졌음을 강조하였다. 그는 처음에는 두림을 공안국의 적통이자 도위조·용생의 적전嫡傳이며 왕황·도운의 문인으로 보았고, 나중에는 왕황·도운을 계승한 사람으로 장송張竦·가휘賈徽·유흠劉歆·정흥鄭興·위굉衛宏·가규賈達·마융馬融·정현鄭玄을 추가하였다.²⁶ 또한 그는 전한前漢 평제平帝

---

22 《梅氏書平》(단국대본) 권1, 〈孔安國所獻古文尙書第二〉.
　"〈僞太誓〉一篇.〔孔安國, 取〈僞太誓〉, 附之古文.〕"(上甲八)
　《梅氏書平》(버클리대본) 권1, 〈孔安國所獻古文尙書第二〉.
　"〈僞太誓〉一篇.〔當時盛行, 故附入古文中, 決非壁中本有〈僞太誓〉.〕"(上甲八)
23 上乙五.
24 上乙六.
25 《梅氏書平》(버클리대본) 권1, 〈別書杜林傳古文尙書事第三〉.
　"鏞案. 杜林之書, 本爲都尉朝之嫡傳, 而馬·鄭之學, 接於杜林, 則是孔安國主鬯之孫也."(上乙九)
26 《梅氏書平》(단국대본) 권1, 〈杜林所傳古文尙書第四〉.
　"又按, 杜林《尙書》之學, 不知淵源. 余嘗反覆潛玩, 知其爲都尉朝·膠東庸生之嫡傳, 王璜·塗惲之門人, 何者. 其傳衛·徐兩生之語, 悽婉感慨, 必非中無隱痛之人所宜言也."(上乙七) "鏞案, 衛宏訓旨, 賈達書訓, 馬融書傳, 集大成於鄭玄, 則杜林古文之爲世所宗, 久矣. 其爲孔安國之嫡統, 又何疑哉?"(上乙八)
　《梅氏書平》(버클리대본) 권1, 〈別書杜林所傳古文尙書第三〉.
　"又按, 杜林《尙書》之學, 其師友淵源, 卽張竦·賈徽·劉歆·鄭興·衛宏之等〔見本傳及儒林

때 왕망王莽에 의해 《고문상서》의 학관이 설치되었고, 후한 때 노식盧植
이 학관을 설치하기를 요청하였으며, 위魏나라 때 다시 학관이 설치되
었다는 기록을 추가하였다.[27] 이는 공안국의 《고문상서》가 두림을 통해
후대로 꾸준히 전해졌음을 중시한 것이다.

정약용은 《수서隋書》〈경적지經籍志〉에서 '마융과 정현이 전한 《고문상
서》는 29편에 불과하고, 정현의 주석에는 복생의 금문이 섞여 있으므로
공안국의 구본舊本이 아니라'고 한 것을 강하게 비판하였다. 그는 마융
과 정현이 29편만 전한 것은 공안국이 읽을 수 있고 류흠이 교서校書한
것이 29편뿐이었기 때문이며, 정현의 주석은 고문과 금문을 함께 보면
서 장점을 취하는 방식이라 문제가 없다는 입장이었다. 정약용은 《수
서》가 편찬되던 시기에는 매색의 위고문僞古文을 공안국의 《고문상서》로
보았기 때문에 이런 오류가 나온 것으로 보았다.[28]

정약용은 공안국이 복생본보다 16편이 많은 46권을 올렸지만, 공안국
부터 두림을 거쳐 정현까지 전해진 《고문상서》는 〈서서書序〉 1편을 포
함한 29편에 불과한 것으로 보았다.

3) 매색의 《위고문상서僞古文尙書》

정약용은 〈총서〉에서 매색이 공안국의 《고문상서》라며 올린 《위고문
상서僞古文尙書》는 58편이며, 공안국본과 같은 것이 33편, 늘어난 것이 25

傳), 直抵於王璜·塗惲. 乃都尉朝·膠東庸生之嫡傳也. 其傳衛·徐兩生之語, 悽婉感慨, 半
宣半吞, 是其中別有隱痛可知."(上乙五) "鏞案. 賈逵之學, 本出塗惲, 而乃爲杜林《漆書》
作訓, 則杜林《漆書》之本出塗惲, 又明甚. 塗惲者, 都尉朝之嫡傳也. 乃衛宏訓旨, 賈逵書
訓, 馬融書傳, 集大成於鄭玄, 則杜林古文之爲世所宗, 久矣. 其爲孔安國之嫡統, 又何疑
哉?"(上乙六)

27 上乙七; 上乙八.
28 上乙九.

편이라 하였다. 그는 매색의 《위고문상서》가 동진東晉(317~419) 때 세상에 나와 진晉 원제元帝(276~322) 때 처음 학관이 세워졌고, 당唐 태종太宗 때 공영달孔穎達의 《상서정의尙書正義》나 남송南宋 때 채침蔡沈의 《서집전書集傳》은 모두 이를 저본으로 하였다고 보았다.

정약용은 매색이 올린 58편을 공안국의 《고문상서》로 보는 견해를 비판하였다. 그는 공영달이 《상서정의》에서 《진서晉書》를 인용하며 '공안국의 《고문상서》가 정충鄭沖·소유蘇愉·양유梁柳·장조臧曹를 거쳐 매색梅賾에게 전해졌다' '황보밀皇甫謐이 외제外弟인 양유梁柳에게서 공안국의 《상서》 58편을 얻었다'고 하였지만 실제 《진서》에는 이런 내용이 없음을 지적하였다.[29] 또한 정약용은 황보밀의 《제왕세기帝王世紀》는 한말漢末의 위서僞書에서 나왔으므로 그 내용을 믿기 어렵다고 주장하였다.[30]

정약용은 《수서隋書》에서 '공안국이 공자의 고택에서 나온 《고문상서》를 금문과 대교하여 25편을 더 얻었다'고 한 것을 비판하였다. 《한서》〈예문지〉에 '고문상서는 46권(57편)이고 늘어난 것은 16편'이라고 명시했는데, 《수서》〈경적지〉에서 '고문상서 58편에 늘어난 것이 25편'이라 한 것은 분명히 잘못이라는 지적이었다.[31]

정약용은 〈요전堯典〉편을 나누어 〈요전堯典〉편과 〈순전舜典〉편으로 만든 사람을 매색으로 보았다. 그는 매색이 〈요전〉을 나눈 것은 정현의 58편(정본鄭本 34편, 일서逸書 24편)이란 숫자를 맞추기 위해서였고, 〈순전〉 1편이 없다고 한 것은 《한서》〈예문지〉의 57편이란 숫자를 맞추기 위해서라고 보았다.[32] 매색이 〈순전〉을 만들었다는 견해는 나중에 추가

---

29 上乙十; 上丙一.

30 《梅氏書平》(단국대본) 권1, 〈梅賾所奏孔傳尙書第五〉.
　　"皇甫謐《帝王世紀》, 多載荒誕不經之說, 皆出於漢末僞書. 先輩或疑梅氏之書, 出於皇甫, 以是也."(上丙二)

31 上丙二.

32 上丙三.

된 것이었다.

정약용은 〈순전舜典〉편 첫머리의 28글자를 보충한 사람은 제齊 명제明帝(494~498) 때 요방흥姚方興으로 보았다. 정약용은 《수서》와 공영달孔穎達의 소疏에서 '건무建武 4년(497)에 요방흥이 올린 〈건무순전建武舜典〉을 공안국이 전한 고문상서'라고 하였지만, 매색이 올린 고문상서는 매색의 위찬僞撰이고, 요방흥이 올린 〈건무순전〉은 요방흥의 위찬僞撰으로 보았다. 정약용은 후대에 전해진 〈순전〉은 왕숙王肅과 범녕范甯의 주注를 보철補綴하여 만든 것이고, 요방흥이 올린 것은 〈순전〉 첫머리의 28글자(曰若稽古帝舜 曰重華協于帝 濬哲文明 溫恭允塞 玄德升聞 乃命以位)에 불과하다고 주장하였다. 또한 그는 후대에 전해지는 28글자의 주석은 수隋나라 사람이 만든 것으로 보았는데, 이는 나중에 추가된 견해였다.[33]

정약용은 〈태서泰誓〉편에는 다섯 가지 본本이 있었으며, 매색의 58편에 포함된 〈태서〉편에는 고경古經이 많이 들어 있는 것으로 보았다. 정약용이 파악한 5종의 〈태서〉편은 다음과 같다.

① 고경古經의 진본眞本이 오래전에 없어진 것 – 《좌전左傳》《묵자墨子》《맹자孟子》에서 인용한 것
② 복생과 공안국이 논설論說한 것
③ 한 무제 말기에 민간에서 얻은 것 – 〈태서太誓〉 1편이며 공안국의 《고문상서》에 들어간 것
④ 한漢 선제宣帝 때 하내河內의 여자女子가 얻은 것 – 〈태서太誓〉 3편이며

---

33 《梅氏書平》(단국대본) 권1, 〈建武舜典考〉.
"以此推之, 姚方興所上, 實不過二十八字.(《正義》云, 二十八字, 世所不傳.)"(上丁四)
《梅氏書平》(버클리대본) 권1, 〈建武舜典考第五〉.
"姚之所獻, 今不過二十八字,(自晉元帝初年, 至蕭鸞建武四年, 已一百八十年, 梅氏遺篇, 何以存矣. 此是另作一篇, 非梅之所失.) 今所行二十八字之註,(華謂文德, 玄謂幽潛, 等四段, 共計六十一字.) 又是隋人所補."(上丙四)

정현본鄭玄本에 있는 것

⑤ 매씨梅氏이 바친 것으로 지금 유행하는 것 － 고경古經이 많이 들어감

　정약용은 이 가운데서 ② ③ ④를 모두 〈위태서僞太誓〉라 하지만 세
가지 다 다른 본으로 보았다. 다만 정현은 〈위태서〉 세 편을 가져와
〈태서〉편을 만든 것과 달리(③), 매색은 여러 서적에 인용된 〈진태서眞
太誓〉를 수집하여 〈태서〉편을 만들었으므로(⑤), 〈태서〉편만 본다면 매
색본이 정현본보다 나은 점이 있었다.[34] 또한 정약용은 《수서隋書》에서
복생본 29편을 복생이 입으로 전한 28편과 〈하내태서河內太誓〉 1편을 합
한 것으로 보는 것을 비판하고, 복생본에는 〈수서書序〉 1편이 들어 있었
음을 강조하였다.[35]

　정약용이 〈태서〉를 다섯 가지로 구분한 것은 나중 견해였다. 처음에
그는 무제武帝 말기에 나온 〈태서〉는 1편이지만 하내 여자가 얻은 〈태
서〉는 3편이었기에 정현이 주석한 〈태서〉는 3편이 되었고, 《한서》에서
인용한 〈태서〉는 이들을 저본으로 하였다고 보았다. 또한 주周·진秦 시
기에 작성된 《좌전左傳》이나 《국어國語》에서 인용한 〈태서〉편은 진본眞本
이고, 매색은 이런 자료를 수집하여 〈태서〉편을 만든 것으로 보았다.[36]

---

34 上丙七.

35 上丙八.

36 《梅氏書平》(단국대본) 권1, 〈河內泰誓考〉.
　　"鏞案. 前旣云武帝末得之〔劉向云〕, 此云宣帝時得之者, 前所得只是一篇.〔《史記》, 書有三
篇者, 皆言三篇, 〈太誓〉則不云三篇.〕河內女子所得, 始分三篇, 故鄭玄所註五十八篇, 始
以〈太誓〉爲三篇也.〔《藝文志》, 則〈太誓〉一篇, 故目云四十六卷〕 ○ 又案《漢書》〈律歷志〉·
〈郊祀志〉·〈刑法志〉·〈平當傳〉·〈終軍傳〉, 其引太誓之文, 皆民間〈太誓〉一篇及河內〈泰誓〉
三篇之文〔劉向《說苑》, 引附下罔上語, 亦僞太誓之文.〕. 至於周·秦之際, 所引〈太誓〉〔《左
傳》《國語》《禮記》《孟子》《管子》《墨子》《荀子》等所引〕, 皆古昔眞本之〈太誓〉, 而漢儒未見全
文, 馬融辨之詳矣.〔馬說, 見下〈泰誓〉條.〕梅賾之本, 漁獵古籍, 薈萃成文, 以作今世所行
之〈太誓〉. 讀書者, 宜審焉."(上丁七)

나중에 그는 복생과 공안국이 말한 〈태서〉, 무제 말기에 나온 1편, 하
내 여자가 올린 3편을 별도의 본으로 구분하고, 이들을 모두 위서僞書로
보았다.

정약용은 〈총서〉에서 장패張霸가 위조한 《상서》 102편은 한漢 성제成
帝(BC 33~7) 때 세상에 나왔다가 즉시 사라진 것으로 보았다. 이는
《한서漢書》〈유림전儒林傳〉에 근거한 것이었다. 그는 장패의 102편은 경
문經文 100편과 〈서서書序〉 2편을 합한 것이고, 《춘추설春秋說》이나 《상서
선기령尙書璿璣鈐》 같은 위서緯書에서 '공자가 산정刪定한 《상서》는 120편
이며, 《상서》 102편과 《중후中候》 18편을 합한 것이라'는 설을 부정하였
다.[37] 또한 장패의 《상서》는 이내 없어지고 한 글자도 전해지지 않았으
므로, 공자 옛집에서 나온 16편을 장패의 저작으로 보는 견해도 잘못이
라고 보았다.[38]

장패張霸에 대한 이해에도 변화가 있었다. 정약용은 처음에는 《상서》
102편을 위조한 '장패'와 《후한서》〈장패전張霸傳〉에 등장하는 '장패'를
동일한 인물로 보면서 의문을 가졌다. 전쟁의 공로를 남긴 장수가 위서
僞書를 작성하였다는 것이 이상했기 때문이다. 그러나 나중에는 영원永
元 연간(89~105)에 회계태수會稽太守를 역임한 장패는 《상서》를 위조한
장패와 다른 인물로 파악함으로써 이 문제를 해결하였다.[39]

---

37 上丙十.

38 上丙九.

39 《梅氏書平》(단국대본) 권1, 〈張霸所獻僞造尙書第三〉.
　"《後漢書》〈張霸傳〉云, "永元中, 爲會稽太守, 郡中爭厲志節, 習經以千數, 道路但聞誦聲.
　○ 鏞案, 張霸, 字伯饒, 數歲知孝讓, 號張曾子. 永元中, 爲會稽太守, 有平賊之功〔見堯山
　唐紀〕. 才行如此, 猶復造僞以亂經, 不亦異哉."(上丁四)
　《梅氏書平》(버클리대본) 권1, 〈張霸僞書考第七〉.
　"〔張霸有二. 後漢書又有一張霸, 字伯饒, 數歲知孝讓, 號張曾子. 永元中, 爲會稽太守,
　郡中爭厲志節, 道路但聞誦聲. 與造僞之張霸, 不同也.〕"(上丙九)

4) 《상서尚書》 100편의 이해

정약용은 《매씨서평》 권1에서 ① 복생이 전한 《금문상서》의 편목, ② 《사기史記》에 수록된 《상서》의 편목, ③ 정현이 주석한 《고문상서》의 편목을 정리하였다.

먼저 복생이 전한 《금문상서》는 29편이며 경문經文 28편과 〈서서書序〉 1편이 된다. 이때의 경문은 지금의 〈순전舜典〉편은 〈요전堯典〉편에, 〈익직益稷〉편은 〈고요모皐陶謨〉편에, 〈강왕지고康王之誥〉편은 〈고명顧命〉편에 합쳐져 있었고, 〈반경盤庚〉편은 3편이 아니라 1편으로 있었다.

정약용은 복생의 《금문상서》가 28편에서 끝나는 것은 아니라고 보았다. 복생의 《상서대전尚書大傳》에는 〈구공九共〉·〈제고帝告〉편이 인용되고, 그 서문에는 〈가화嘉禾〉·〈엄고掩誥〉편이 나타나기 때문이다. 정약용은 복생의 이러한 기록은 그가 전쟁이 끝난 뒤 기억나는 것을 적어 두었기 때문으로 보았다. 정약용은 또 복생이 〈요전〉편을 당서唐書로 보고 상서商書를 은서殷書라 한 것을 근거로, 《상서》를 우서虞書·하서夏書·상서商書·주서周書로 구분한 것은 공자가 정한 것이 아니라고 보았다.[40] 공자가 정해 두었다면 이러한 복생의 오류가 나오지 않았을 것이기 때문이다.

다음으로 《사기史記》에는 총 64편이 나타나며, 우하서虞夏書에 해당하는 것이 6편, 상서商書에 해당하는 것이 29편, 주서周書에 해당하는 것이 29편이 된다. 64편의 편목이 나타나는 출전出典을 《사기》 순서에 따라 정리하면 다음과 같다. 이 가운데 〈태무太戊〉 〈보형甫刑〉 〈힐서肹誓〉 등 3편은 정현鄭玄이 제시한 《상서》 100편에는 포함되지 않는 것이었다.

堯本紀; 〈堯典〉

---

40 上丁一.

舜本紀; 〈堯典〉

夏本紀; 〈禹貢〉 〈皐陶謨〉 〈甘誓〉 〈五子之歌〉 〈胤征〉

殷本紀; 〈帝誥〉 〈湯征〉 〈女鳩〉 〈女房〉 〈湯誓〉 〈典寶〉 〈夏社〉 〈仲虺之誥〉 〈湯誥〉 〈咸有一德〉 〈明居〉 〈伊訓〉 〈肆命〉 〈徂后〉 〈太甲訓〉(3편) 〈沃丁〉 〈咸艾〉 〈太戊〉 〈原命〉 〈盤庚〉(3편) 〈說命〉 〈高宗肜日〉 〈高宗之訓〉 〈西伯戡黎〉

周本紀; 〈武成〉 〈分殷之器物〉 〈召誥〉 〈洛誥〉 〈多方〉 〈賄息愼之命〉 〈顧命〉 〈康誥〉 〈冏命〉 〈甫刑〉

秦本紀; 〈秦誓〉

齊世家; 〈太誓〉

魯世家; 〈牧誓〉 〈金縢〉 〈大誥〉 〈歸禾〉 〈嘉禾〉 〈召誥〉 〈洛誥〉 〈多士〉 〈毋逸〉 〈周官〉 〈立政〉 〈肸誓〉

燕世家; 〈君奭〉

衛世家; 〈康誥〉 〈酒誥〉 〈梓材〉

宋世家; 〈微子〉 〈鴻範〉 〈微子之命〉

晉世家; 〈文侯之命〉

정약용은 《사기》에 수록된 《상서》의 상태를 몇 가지 범주로 구분하여 정리하였다. 그는 《사기》에 수록된 64편 가운데 서문序文과 경문經文이 모두 있는 것 13편, 경문經文은 있지만 서문序文이 없는 것 8편, 서문은 있지만 경문이 없는 것 41편, 사실事實이 있고 서문도 있지만 경문이 없는 것 1편, 사실事實은 있지만 서문과 경문이 없는 것 1편으로 구분하였다. 이를 보면 정약용은 《사기》의 원문을 꼼꼼히 읽으면서 《상서》를 인용한 구절을 뽑는 과정이 있었음을 알 수 있다.

정약용은 《사기》에서 〈반경盤庚〉을 3편, 〈고명顧命〉을 2편으로 본 것을 근거로, 사마천이 공안국의 고문학을 계승한 것으로 보았다. 또한 《사기》에서 〈태서太誓〉를 1편으로 본 것은, 〈하내태서河內太誓〉가 나온 뒤에야 〈태서〉가 3편으로 되었기 때문으로 이해하였다.[41]

마지막으로 공자가 산정刪定한 《상서》 100편(우하서虞夏書 20편, 상서商

書 40편, 주서周書 40편)에서 정현이 주석한 것은 34편으로 보았다. 정약
용은 우하서虞夏書에서 지금의 〈익직棄稷〉편은 〈고요모皐陶謨〉의 후반부에
해당하고, 이와 별도로 태강太康 때 작성된 〈기직棄稷〉편이 있었던 것으
로 보았다. 정약용은, 매색이 〈고요모〉편의 후반부로 〈익직益稷〉편을 만
든 뒤 〈우공禹貢〉편의 앞에 둔 것은 경문經文을 어지럽힌 죄가 크다고
비판하였다.⁴² 다음으로 상서商書에서는 매색이 편의 순서를 어지럽힌
것이 많음을 지적했는데, 〈탕서湯誓〉〈전보典寶〉〈함유일덕咸有一德〉편의
위치가 그러하였다. 또한 정약용은 〈태갑훈太甲訓〉(〈태갑太甲〉)이란 태갑
이 후손에게 훈계한 것인데 현재 전해지는 〈서서書序〉에서 이를 이윤伊
尹이 훈계한 것으로 해석한 것을 비판하였다.⁴³

　정약용은, 정현의 고문학은 공안국의 《고문상서》를 근본으로 하면서
복생의 《금문상서》를 참고한 것으로 보았다. 따라서 정현이 주석한 34
편은 복생본의 경문 28편과 일치하며, 28편이 34편으로 된 것은 〈반경〉
1편이 3편이 되고, 〈강왕지고〉편이 〈고명〉편에서 분리되며, 〈위태서僞泰
誓〉 3편이 추가되었기 때문이다.⁴⁴ 정약용은 정현이 주석한 〈태서〉 3편
은 하내河內 여자가 바친 것이며,⁴⁵ 복생본 29편에 〈위태서〉가 있었던
것이 아님을 거듭 강조하였다.⁴⁶

---

41 上丁二.

42 上丁三.

43 上丁四.

44 上丁六

45 上丁五.

46 《梅氏書平》(단국대본) 권1, 〈鄭玄所傳古文尙書篇目〉.
　"鄭於二十九篇之內, 分出〈盤庚〉三篇, 又分〈顧命〉爲二篇〔爲〈康王之誥〉〕, 又河內泰誓本
是三篇, 共得三十四篇也."(上丙九)
　《梅氏書平》(버클리대본) 권1, 〈鄭玄所註古文尙書篇目〉.
　"鏞案. 伏本二十九篇, 包函〈書序〉一篇. 鄭之〈書序〉, 外於百篇, 則鄭玄作註, 實不過二
十八篇, 《隋書》誤矣.〔前儒以〈僞太誓〉一篇, 誤充二十九篇之數, 故《隋書》云然耳.〕二十八
篇, 〈盤庚〉二篇, 〈康王之誥〉一篇, 〈僞太誓〉三篇, 共三十四篇也."(上丁六)

정약용은 공영달의 《상서정의尙書正義》와 채침蔡沈의 《서집전書集傳》에
서 매색의 《위고문상서僞古文尙書》 58편을 그대로 받아들여 주석한 것을
강하게 비판하였다. 그가 보기에 공영달 당시에는 고문과 금문의 진위
眞僞를 알 수 있는 상황이었고, 채침은 위고문을 의심하는 주자의 정론
正論이 있었음에도 이를 제대로 밝히지 못한 때문이었다. 그는, 《상서》
의 위고문에 대해 주자가 의심하였고, 오역吳棫과 오징吳澄이 논변論辨하
였지만, 이 사실이 제대로 드러나지 않은 상황에서 모기령毛奇齡이 주자
를 비판하고 매색의 위고문을 옹호한 사실을 개탄하였다. 정약용이 《매
씨서평》을 작성한 것은 매색을 옹호하는 모기령의 《고문상서원사古文尙
書冤詞》를 비판하고 《상서》의 위고문僞古文을 분명히 밝히기 위해서였다.
정약용은 처음에는 매색이 위고문을 만드는 방법에 관심을 두었지만,
나중에는 모기령을 비판 대상으로 지목하고 자신이 《매씨서평》을 작성
한 의도를 다시 강조하였다.[47]

다음의 〈표 2〉는 〈서서書序〉에 나타나는 《상서》 100편 가운데 복생본

---

47 《梅氏書平》(단국대본) 권1, 〈鄭玄所傳古文尙書篇目〉.
　　"今其序文, 多載《史記》, 而馬鄭篇名之註, 或見於陸氏《釋文》, 此皆孔安國之眞本也. 〈太
甲〉·〈說命〉·〈周官〉·〈畢命〉·〈君陳〉·〈君牙〉·〈仲虺之誥〉·〈微子之命〉·〈蔡仲之命〉, 而自
孔壁始出之初, 壞爛亡失, 梅氏何從而得之.〔其序文, 不冠各篇, 別爲一篇, 故不至全亡, 鄭
得註之.〕僞者, 見《藝文志》, 有五十七篇之註, 分排贗物, 塡補闕額, 所謂欲巧而拙也."(上
丁一)
　　《梅氏書平》(버클리대본) 권1, 〈鄭玄所註古文尙書篇目〉.
　　"鏞案. 此諸篇序文, 多載《史記》, 而馬鄭篇名之註, 或見於陸氏《釋文》, 猶是孔壁之眞面
也. 其中〈太甲〉·〈說命〉·〈畢命〉·〈君陳〉數章, 或爲諸經所引, 餘無遺影矣. 平日. 古今尙
書諸本, 先後異同, 眞僞虛實, 如右所列. 史乘儒籍, 昭布萬目, 而孔穎達, 以若精識, 迫於
詔命, 俛首於梅氏之僞書, 疏解唯謹. 蔡仲默, 以若通敏, 疏於考檢, 謬偕於朱子之正論, 集
傳以成, 擧世蒙冒, 莫之解脫. 而吳才老·吳幼淸之苦心論辨, 又皆湮晦而不章, 唯朱子數語,
爲學者所誦而已. 朱子疑而舍之, 不及是正, 深爲後學之恨. 而蕭山毛氏, 反謂朱子非聖毁
經, 漫罵罔狀, 舞弄唯意, 顚倒文句, 變幻數目. 一唯梅氏之書是護其掩, 世且眩惑而莫之
決,　嗚呼, 亦斯文之蔀障也. 余今謫居南荒, 書籍鮮少, 無以折其角, 唯據理剖析, 亦無不
可曉者. 先從〈大序〉, 次及乎《正義》·《集傳》, 所以疏其源也. 若毛氏《冤詞》, 則所致力借一
者也, 竝詳下篇."(上丁八)

29편, 《사기》에 수록된 64편, 정현이 주석한 34편, 매색본 58편의 편목을 표시한 것이다.

〈표 2〉《상서》백편의 편차와 편목[48]

篇次	書	篇目	伏生本	《史記》	鄭玄本	梅賾本	비 고
1		堯典	1	1	1	1/2(虞書)	
2		舜典					'愼徽五典' 이하 〈堯典〉
3		汨作					
4		九共 1					
5		九共 2					
6		九共 3					
7		九共 4					
8	虞	九共 5					
9	夏	九共 6					
10	書	九共 7					
11		九共 8					
12		九共 9					
13		槀飫					
14		大禹謨				3	
15		皐陶謨	2	3	2	4/5	〈益稷〉은 〈皐陶謨〉 후반
16		禹貢	3	2	3	6(夏書)	
17		甘誓	4	4	4	7	어그러진 것이 많음
18		棄稷					序와 함께 사라짐
19		五子之家		5		8	
20		胤征		6		9	
21		帝告		7			〈帝誥〉
22		釐沃					
23		湯征		8			
24		汝鳩		9			2편인 것 의심
25	商書	汝方		10			〈女鳩〉〈女方〉
26		夏社		13			
27		疑至					
28		臣扈					
29		湯誓	5	11	5	10(商書)	

48 김문식, 〈정약용의 《尙書》 백편 이해〉 《韓國實學研究》 20, 2010, 523~526쪽의 【표】를 재정리함.

30		仲虺之誥		14		11	
31		湯誥		15		12	孔壁 16편
32		咸有一德		16		17	
33		明居		17			
34		典寶		12			
35		伊訓		18		13	
36		肆命		19			
37		徂后		20			
38		太甲 1		21		14	〈太甲訓〉
39		太甲 2		22		15	
40		太甲 3		23		16	
41		沃丁		24			
42		咸乂 1					
43		咸乂 2		25			〈咸艾〉
44		咸乂 3					
45		咸乂 4					
		太戊		26			
46		伊陟					
47		原命		27			
48		仲丁					
49		河亶甲					
50		祖乙					
51		盤庚 1		28	6	18	
52		盤庚 2	6	29	7	19	
53		盤庚 3		30	8	20	
54		說命 1				21	
55		說命 2		31		22	
56		說命 3				23	
57		高宗肜日	7	32	9	24	
58		高宗之訓		33			
59		西伯戡黎	8	34	10	25	
60		微子	9	35	11	26	
61		泰誓 1			12	27(周書)	〈太誓〉
62		泰誓 2		36	13	28	
63		泰誓 3			14	29	
64		牧誓	10	37	15	30	孔壁 16편
65	周書	武成		38		31	
66		洪範	11	40	16	32	〈鴻範〉
67		分器		39			〈分殷之器物〉
68		旅獒				33	
69		旅巢命					

70		金縢	12	41	17	34	전반부가 眞本
71		大誥	13	42	18	35	
72		微子之命		43		36	
73		歸禾		44			
74		嘉禾		45			
75		康誥	14	46	19	37	
76		酒誥	15	47	20	38	
77		梓材	16	48	21	39	
78		召誥	17	49	22	40	
79		洛誥	18	50	23	41	
80		多士	19	51	24	42	
81		無逸	20	52	25	43	〈毋逸〉
82		君奭	21	53	26	44	
83		成王政					
84		將蒲姑					
85		多方	22	54	27	46	
86		周官		55		48	
87		立政	23	56	28	47	
88		賄肅愼之命		57			〈賄息愼之命〉
89		亳姑					
90		君陳				49	
91		顧命	24	58	29	50	
92		康王之誥		59	30	51	〈康誥〉, 伏生本은 〈顧命〉
93		畢命				52	
94		君牙				53	
95		冏命		60		54	
96		蔡仲之命				45	
97		費誓	27		31	57	
98		呂刑	25		32	55	
		甫刑		61			
99		文侯之命	26	62	33	56	
		肸書		63			
100		秦誓	28	64	34	58	
		書序	29				

4. 맺음말

지금까지 본문에서 검토한 내용을 정리하면 다음과 같다.

현존하는 《매씨서평》의 필사본 가운데 가장 먼저 작성된 것은 단국대본과 김영호본(1)이다. 이들은 1810년에 작성된 것으로 보이며 둘을 합하면 완질이 된다. 두 번째 필사본은 버클리대본이다. 1830년 무렵에 작성된 것으로 보이며 규장각본(규4920)의 저본이 되었다. 세 번째 필사본은 김영호본(2)이다. 1834년에 작성된 것으로 보이며, 규장각본(규11894)의 저본이 되었다. 김영호본(2)의 완질은 신조선사본의 저본이 되었을 것으로 판단된다.

《매씨서평》 권1을 축자 대조한 결과 단국대본과 버클리대본 사이에는 많은 수정이 있었고, 버클리대본과 신조선사본 사이에는 별다른 변화가 없었다. 단국대본과 버클리대본을 비교하면, 서문에서 모기령毛奇齡을 신랄하게 비난한 부분이 삭제되고, 총서에서 《상서》 저본底本을 다섯 가지로 보던 것이 세 가지로 바뀌었다. 본문에서는 많은 수정이 있었다. 본문의 문구를 조정하거나 오자를 교정한 경우, 원문에 주석을 추가한 경우, 분리하여 서술했던 것을 합치는 경우가 있으며, 이 경우 내용상 큰 변화가 없었다. 그러나 초고에 없던 자료를 추가하거나 자신의 견해를 정리한 경우, 특히 《상서》 저본에 대한 견해가 바뀌었을 때 큰 변화가 있었다.

정약용의 《상서》 금고문에 대한 이해는 복생본伏生本, 공안국본孔安國本, 매색본梅賾本을 중심으로 보았다.

복생의 《금문상서》는 경문經文 28편과 〈서서書序〉 1편이 있었다. 이때 〈순전〉편은 〈요전〉편, 〈익직〉편은 〈고요모〉편, 〈강왕지고〉편은 〈고명〉편에 합쳐져 있었고, 〈반경〉편은 1편이었다. 이는 한 무제 때 나타났다가 진晉 영가란 때 사라졌으며, 후한 말기에는 이미 금문학今文學보다 고문학古文學이 성행하였던 것으로 보았다.

공안국의 《고문상서》는 복생본과 같은 29편과 늘어난 16편, 〈위태서僞太誓〉 1편이 있었다. 공안국본은 한 무제 때 나타났다가 당대唐代에 없어졌으며, 〈위태서〉 1편은 한 무제 말기에 민간에서 나온 것으로 보았다. 복생본보다 늘어난 16편은 공안국도 읽을 수 없는 것으로 비부秘府에만 보관되어 있다가 수대隋代에 없어졌다. 사마천司馬遷은 공안국의 고문학을 계승하여 《사기史記》를 작성하였고, 두림杜林은 공안국본을 후대로 전하여 위굉衛宏·가규賈逵·마융馬融·정현鄭玄의 주석이 이뤄졌다. 따라서 정현까지 전해진 공안국본은 복생본과 같은 경문 28편과 〈서서〉 1편이었다. 다만 정현이 주석한 〈위태서〉 3편은 하내河內 여자女子가 올린 것으로 공안국본의 〈위태서〉 1편과는 달랐다.

매색의 《위고문상서》는 공안국본과 같은 것이 33편, 늘어난 것이 25편이며, 늘어난 25편은 모두 위서僞書였다. 매색본은 동진東晉 때 나왔으며, 공영달의 《상서정의》와 채침의 《서집전》은 이를 저본으로 하였다. 〈요전〉편을 〈순전〉편과 〈요전〉편으로 나눈 것은 매색이고, 〈순전〉편 첫머리에 28글자를 넣은 사람은 요방흥姚方興이다.

정약용은 매색의 《위고문상서》에서 경문經文의 순서를 어지럽히고 공안국본보다 늘어난 25편은 위서僞書임이 분명한데도 공영달과 채침이 이를 그대로 수용한 것을 강하게 비판하였다. 정약용은 매색본을 옹호한 모기령을 비판하고 늘어난 25편이 위고문僞古文을 밝히기 위해 《매씨서평梅氏書平》을 작성하였다. 정약용은 또한 복생본, 공안국본, 정현의 주석을 통해 꾸준히 전해진 28편과 〈서서書序〉 1편의 의미를 밝히고자 《상서고훈尙書古訓》을 작성하였다.

참고문헌

단국대본 《梅氏書平》(3권 1책)

김영호본 《梅氏書平》(6권 2책)

김영호본 《梅氏書平》(4권 2책)

버클리대본 《梅氏書平》(9권 3책)

규장각본 《梅氏書平》(9권 3책)

규장각본 《梅氏書平》(3권 1책)

김문식, 〈정약용의 《尙書》 백편 이해〉, 《韓國實學研究》 20, 2010.

김문식, 〈다산 정약용의 《상서》 주석서 계열 고찰〉, 《다산학》 23, 2013.

김보름, 〈단국대 연민문고 소장 《매씨상서평》의 학술적 가치에 대하여〉, 《한문학
    보》 29, 우리한문학회, 2012.

조성을, 《年譜로 본 茶山 丁若鏞 —샅샅이 파헤친 그의 삶》, 지식산업사, 2016.

제7장

정약용의 《상서고훈》 〈홍범〉편에 대한 소고

노지현

(프랑스 리옹 3대학교 한국학과 부교수)

정약용의 《상서》 주석은 아주 방대하고 치밀하다. 그 이유는, 그가 금고문상서 전반에 걸친 주석을 감행하고, 옛 상서의 원본을 찾기 위해 또는 거짓 상서의 문장을 밝히기 위해 독창적인 고증학적 방법론을 고안하여 아주 세밀한 곳까지 추적해 나가며 의심이 풀릴 때까지 철저하게 추적하기 때문이다. 다산은 《고문상서》가 위작임을 밝힐 목적으로 유배 시기 오랜 기간에 걸쳐 《상서평》(1810)을 먼저 완성한 뒤 바로 금문상서의 주석에 착수해 《고훈수략》(1810)과 《상서지원록》(1811)을 완성한다. 해배 후 1834년에는 《상서평》을 《매씨서평》으로 재본한 다음 일흔 셋의 고령에 다시 넉 달이 넘는 기간에 걸쳐 《고훈수략》과 《상서지원록》을 합하여 《상서고훈》을 완성한다.¹ 《고훈수략》의 서문을 보면, 그가 금문 《상서》를 주석하기 위해 애초부터 차곡차곡 고증학적인 방법을 스스로 고안하고 적용했음을 알 수 있다. 이렇듯 《상서고훈》은 조선에서 이루어진 독창적인 한 고증학자의 작품이다.

그렇다면 《상서고훈》의 방법론은 《매씨서평》의 것과 많이 다른가? 《매씨서평》이 고문 《상서》가 위작임을 증명하기 위해서 쓴 주석서이기 때문에 다산의 날카로운 비판력이 유감없이 발휘된 것인 반면, 《상서고훈》은 금문 《상서》 가운데 공안국의 이름을 빌려 쓴 매색의 위작을 제외한 《상서》의 원본이라고 생각되는 부분을 가려내는 것을 목적으로 한 것이다. 즉 《상서고훈범례》에 표기한 "존고存古",² 다시 말해 "옛것을 그대로 보존"하는 것이 목표인 셈이다. 하지만 다산은 고문이든 금문이든

---

1 김문식, 〈다산 정약용의 《상서》 주석서 계열 고찰〉, 《다산학》 25호, 2013.
2 정약용, 《상서고훈I》, 《정본여유당전서》, 다산학술문화재단(2012), 29~30쪽.

둘 다 매색이 손을 대었다고 보았기 때문에 위작된 부분을 도려낼 때에는 그의 방법론이 달라 보이지 않는다.[3] 《상서고훈》에서도 여전히 "매운梅云", 곧 "매색이 말하기를"이 자주 보이는 이유이다. 그것은 다름 아닌 공안국의 주석을 다산이 그렇게 부르는 것이다. 바로 이 부분이 다산 《상서》 주석의 독창적인 부분이다. 즉 다산은 이론의 정합성을 추구하고 있다. 매색이란 자를 위작자로 가정한 뒤 그의 심리 분석까지 하면서 그가 어떤 자인지 다 꿰뚫어 보고 있었던 다산으로서는 매색이 고문 《상서》만 위작할 작자가 아니었던 것이다.

《상서고훈》 가운데 〈홍범〉편은 어떠한가? 《상서》가 경전으로 존재할 때부터 〈홍범〉편은 가장 주목받았다고 말할 수 있다. 왜냐하면 가장 구체적으로 이상적인 유학의 정치 모델을 제시하고 있는 대목이기 때문이다. 〈홍범〉편은 무왕이 상을 무너뜨리고 주를 세우면서 폭군 주의 숙부였으나 성인으로 이름난 기자가 조선으로부터 다시 주나라로 갔을 때, 무왕이 기자를 찾아가서[4] 하늘의 뜻을 인지하여 세상을 잘 다스릴 수 있는 방법을 알려 달라고 하자, 기자가 그것을 알려 주는 것을 내용으로 한다. 기자는 무왕을 섬기기를 거절하나 그가 하대의 창건자 우임금 때부터 물려받았던 정치 이념을 무왕에게 전해 주는 것에는 동의한다.

이 설명이 맞다면 이 글은 기원전 11세기 중반에 써진 것이겠으나 많은 학자들이 한참 뒤의 글일 것이라고 생각한다. 이 글이 정확히 언제 기록된 것인지는 정확히 모르지만 사마천이 그의 《사기》에 인용했으

---

3 르엉 미 번(〈정약용의 상서 〈홍범〉편 이해〉, 《다산학》 34호, 서울: 다산학술문화재단, 2019, 246쪽)은 다산이 〈홍범〉편의 진리성에 의문을 던지지 않았다고 생각하는 듯 보인다. 필자는 적어도 다산에게 《상서》란 이미 "오염된 경전"이었다고 생각한다. 왜냐하면 다산은 《상서고훈》 여러 곳에서 경문의 진리성에 의문을 던지기 때문이다. 예로 《금문상서》 〈금등〉의 반은 거짓이라고 단정하는 점을 들 수 있다.(정약용, 《상서고훈II》, 《정본여유당전서》 다산학술문화재단, 2012, 125~126쪽 참조)

4 무왕과 기자의 만남에 대해서는 여러 이야기가 있으나 이것은 기자조선의 이론을 뒷받침하는 구절로서 한대의 伏勝의 주석서로 알려진 《尚書大傳》에 따른 것이다.

므로 적어도 기원전 3세기 전의 작품임에는 틀림없다고 볼 수 있다.

역설적이게도 다산이 《상서고훈》을 완성했던 시기와 비슷한 때 19세기의 프랑스 오리엔탈리스트 기욤 뽀띠에(1801~1873)는 〈홍범〉편을 "고대 중국인의 과학과 이론을 다룬 기념비적인 텍스트, 곧 물리학, 점성학, 점, 윤리, 정치, 종교를 함께 다루는 개론서"[5]라 소개한 바 있다. 〈홍범〉편을 처음으로 접한 유럽인에게는 이 글이 상당히 신기하게 여겨졌을 것이다.

〈홍범〉은 하늘의 질서와 인간의 행동과 사회의 질서가 어떻게 연결되는지를 설명하는 편이다. 즉 자연에 존재하는 다섯 가지 요소들과 인간의 행복, 불행 등을 함께 연결하여 설명한다. 이런 포괄적이면서도 상당히 체계적인 내용 때문에 초기부터 유학자들은 〈홍범〉편에 큰 관심을 기울였다. 다산 이전에도 〈홍범〉편을 연구한 유학자들이 상당히 존재하는 이유이다.[6]

그렇다면 다산은 이 여러 요소들이 함께 공존하는 방대한 내용의 〈홍범〉을 어떻게 주석했을까? 다산이 〈홍범〉을 주석하면서 경전으로서 가치가 있다고 믿었을까? 믿었다면 그는 〈홍범〉편의 내용을 적극 옹호하는 방향으로 주석을 하면서 이것이 여전히 그의 시대에도 유효하다고 믿었을까? 즉 〈홍범〉에 나타난 정치론을 이상 정치로 보았을까? 영조와 정조가 붕당정치를 타파하기 위해 고안한 탕평책을 펼 때 가장 중시한 것이 바로 이 〈홍범〉편이고 또 거기서도 황극의 위치매김이었다. 그렇다면 다산도 똑같은 주장을 할까? 여러 의문이 한꺼번에 든다. 이런 의문을 해결하기 전에 우선 다산의 〈홍범〉편에 나타난 주요 특징을 살펴본 다음 다산이 말하는 황극의 주석을 중심으로 살펴볼 것이다.[7]

---

5 *Les livres sacrés de l'Orient*, G. Pauthier, Paris: Firmin Didot, 1840, 89쪽.

6 김성윤, 〈백호 윤휴의 〈홍범〉관 연구〉, 《역사와 현실》 34호, 한국역사연구회, 1999.

7 필자가 이 글을 쓰고 있는 시점은 프랑스에 코로나 바이러스가 창궐하여 봉쇄령이

1. 〈홍범〉편과 관련된 여러 이론 비판

기욤 뽀띠에가 지적하였듯이 〈홍범〉편에는 수리학과 점성학에 관련된 내용이 있는 만큼 신비적이고 비이성적인 해석을 할 수 있는 여지가 있다. 그럼에도 숫자를 동원하여 가지런히 내용을 전개하는 방식으로 쓰여졌기 때문에 〈홍범〉편은 상당히 체계적이고 명확한 인상을 준다. 〈홍범〉편의 수리·점성학적 성격 때문에 송대부터는 〈홍범〉편과 《주역》, 기타 도형을 동원하여 더욱 명확하게 해석하려는 시도가 여러 차례 있어 왔다.[8]

다산의 〈홍범〉편 주석에서 첫 번째로 드러나는 특징은 바로 그의 비판에 있다. 다산은 이런 역사적으로 얽히고 섥힌 〈홍범〉편 관련 여러 다른 이론들을 일일이 나열하며 그것이 〈홍범〉편과 부합하지 않음을 천명하며 그것들을 하나하나 청소하는 것부터 시작한다. 〈홍범〉편 전반에 걸쳐 있는 다산의 비판을 전부 다룰 수는 없으므로 〈홍범〉과 〈하도낙서〉와 관련된 논쟁에 한정해서 다룰 것이다.

1) 홍범구주는 천명이다

첫 번째로 다산은 홍범구주가 어떤 도형이나 텍스트가 아닌 '하늘의

내려진 때이다. 따라서 거의 모든 도서관이 문을 닫았으므로 오로지 인터넷과 컴퓨터에 의지하여 이 글을 작성하였다. 즉 인터넷을 통하여 구할 수 있는 소논문들과 컴퓨터에 실린 디지털 문연각 사고전서가 자료로서는 거의 전부를 활용한 셈이다. 그러므로 사고전서의 글을 인용할 경우 쪽수를 확인할 수 없는 관계로 권수만을 기입했다. 이 원고는 3년 전에 열린 김영호 선생님 주관의 "세계사 속의 다산학" 학회에서 발표했던 글에 바탕을 두고 있다. 그렇지만 3년 동안 다산의 〈홍범〉편에 대한 훌륭한 연구논문이 몇 편 존재하고 또 이전에 한 연구를 되도록 반복하지 않기 위해 필자는 다산의 〈홍범〉편의 주석을 중국의 주석가들과 비교하였다.

8 황병기, 〈하도河圖와 낙서洛書의 기원과 진위에 관한 연구―정약용丁若鏞의 관점을 중심으로〉, 《다산학》 33호, 2018.

메시지'와 관련 있음을 다음과 같이 표명한다. 우선 〈홍범〉편에 이런
구절이 있다.

　　기자가 이에 말하기를 제가 들으니 옛적에 곤(우임금의 아버지인데 치수
　에 실패함)이 있어서 큰 물을 〔흘려보내지 않고〕 틀어막으며 오행을 어지럽
　게 펼치자 상제께서 이에 크게 노하여 홍범구주를 주지 않으시니 이륜(인
　간의 떳떳한 도리)이 무너지게 되었습니다. 곤鯀이 귀양 가서 죽거늘 우임
　금이 부친을 이어서 이륜을 일으키시니 이에 하늘이 우임금에게 홍범구주
　를 주셔서 이륜이 펼쳐졌습니다.

　　箕子乃言曰：我聞.在昔鯀陻洪水.汩陳其五行.　帝乃震怒.不畀洪範九疇.彛倫攸斁.
　鯀則殛死.禹乃嗣興.天乃錫禹洪範九疇.彛倫攸敍.

　　상제가 갖고 있다고 여겨지는 홍범구주와 인간 사회의 이륜彛倫의 관
계가 얼마나 밀접한지를 보여 주는 구절이다.
　　다산은 이것을 주석하기 위해, 공안국의 배후에 있다고 가정한 매색,
정현과 공영달 이 삼총사[9]의 주석들을 먼저 인용한 다음, 〈홍범〉이란
하늘이 주고 안 주고 할 수 있는 어떤 보이는 물건이 아니라고 한다.

　　내가 생각컨대 기자가 말한 "상제가 주지 않았다" 또는 "하늘이 그러
　므로 주었다"는 표현은 옛사람들이 자주 하던 말로서 요새 사람들이 섣불
　리 이해할 수 있는 것이 아니다. 옛사람들은 하늘의 명을 선명히 알아서
　무릇 행복과 명예로운 자리를 모두 하늘이 주는 것으로 받아들였다. 만일
　그런 것들을 얻지 못하면 사람들은 하늘이 주지 않는 것이라 이해했다.
　그러나 오늘날의 사람들은 하늘의 도를 모르면서 무릇 얻은 것이 있으면
　자신이 똑똑하고 잘나서 그런 것이라 자랑스레 여기고 그것들을 못 얻으

────────────

9 이 세 주석가는《매씨서평》에서도 삼총사를 이루며 자주 등장하는 인물들이다.

면 자신이 고루하고 못나서 그렇다고 스스로를 탓한다. "이제 이 하늘이 내려 준다"는 문장을 보면서 마침내 하늘이 《서》를 밑으로 내려 준다고 하면(낙수에서 《서》가 나왔다), 이것이 예와 지금이 다른 이유이다. 이른바 홍범구주란 다섯 번째 황극을 위주로 한다. "주지 않았다"고 한 것은 이 황극의 위권을 주지 않은 것이다. "그러므로 주었다"는 이내 이 황극의 위권을 주었다는 것이다. 어찌 상제가 하늘의 궁전에 있으면서 이 신기한 책을 쌓아놓고 화났다고 안 주고 기분이 좋다고 주고 그랬겠는가?

案: 箕子所言 "帝不畀, 天乃錫" 是古人之恒言, 而今人之所不能遽通也. 古人灼知天命, 凡吉祥名位, 咸受之爲天錫. 其有不獲, 咸知爲天不畀. 今人不知天道, 凡有所得, 自矜其智力. 其有不獲, 自恨其孤弱. 今見天錫之文, 遂謂天書下降, 【洛出書】此古今之異也. 所云'洪範九疇'者, '五皇極'爲主. '不畀'云者, 不畀此皇極之位權也. '乃錫'云者, 乃錫此皇極之位權也. 帝何嘗於天上玉京, 貯此奇書, 怒則不畀, 嘉則錫之乎?

위 주석에서 나타나는 특징에는 크게 세 가지가 있다. 첫째는 "제불비帝不畀 천내석天乃錫"의 주체가 문맥상 '하늘', 곧 하느님임을 인정한 것이고 둘째는 천명을 인정한 것이다. 경문의 천을 하늘, 곧 하느님으로 인정하면서 다산은 고대의 인간이 하늘의 메시지를 접수할 수 있는 능력을 가졌을 것이라 가정한다. 유학사상사에서는 항상 과거가 현재보다 이상적인 세계였다고 가정하는 것을 당연한 진리로 받아들이는데 다산도 이 주류에 합류하며 이 경문의 천을 인격천으로 해석하고 있음을 볼 수 있다. 그러나 다산이 하늘을 인격천으로 인정하더라도 하늘을 감정의 기복이 많고 변덕스런 인간과 같은 존재로 인정하지 않음은 명백하다. 다산이 보기에 하늘이 지도자에게 주고 안 주고 하는 것은 훌륭한 가르침이 담긴 책보다는 지도자의 권력이다. 여기서 다섯 번째 황극을 위주로 한 황극의 중요성을 미리 제시하고 있음에 주목하자. 이 주석만 본다면, 다산은 중국 문화권에서 정권이 교체할 때마다 확고하게 근거한 천명의 이론에 힘을 실어 주는 해석을 하는 것처럼 볼 수 있다. 그러나 다산이 이 구절을 이렇게 해석하는 이유는 무엇보다도 이론적 정합성의 추구 때문이 아닐까 생각된다. 주지하다시피 다산은 여러 곳에서 '천명'의 존재를 인정하였으며 '천'을 자연의 이치로 파악하지 않고 있다. 다산에게서 천이 '상제'와 연결되는 이유이다.[10] 이 두 가지 특징 이외에 다산의 주석에서 중요한 모티브를 놓치면 안 된다. 위 경문을 하도낙서의 이론과 연관시킨 점이다. '낙출서洛出書'란 세 글자에 주목하자. 다산은 《서경》과 《역경》의 근원을 낙수와 하수와 연관시켜 신비롭게 해석하는 유학사상사의 한 경향을 신랄히 비판하는 것이다.

여기서 잠시 다산 이전의 주석가들 가운데 위 구절을 참신하게 해석한 두 주석을 살펴보기로 하자.[11] 먼저 북송의 학자이자 교육가였던 호원(胡瑗 993~1059)의 《홍범구의洪範口義》 상권에서는 경문에 나오는 제帝와 천天을 하느님으로 해석하지 않고 있다.

> 제란 요임금을 이른다. 요는 곤이 엄청난 양의 물을 틀어막아서 오행의 도리를 어지럽게 편 것을 보았다. 그래서 우레같이 화를 내며 (곤에게) 아홉 장으로 구성된 큰 법을 주지 않은 것이다. 이 한결같은 도를 망하게 했기 때문에 그 법을 주지 않았다. 왜 그러한가? 무릇 큰물을 틀어막으면 오행의 도가 어지러워진다. 요임금의 홍범구주의 뜻을 행하지 못하였으므로 요는 그것을 주지 않은 것이다. 그러므로 임금은 우레럼 화를 내며 홍범구주를 주지 않아서 이륜이 무너지게 된 것이다. …… 천제라 칭함은 (요임금을 부르는) 극존칭이다.

---

10 방인, 《다산 정약용의 《역학서언》, 《주역》의 해석서를 다시 쓰다—고금의 역학사를 종단하고 동서 철학의 경계를 횡단하다—》, 서울: 예문서원, 2020, 43~78쪽.

11 필자는 이것을 위해 디지털 문연각사고전서의 검색란에 '帝乃震怒不畀洪範九疇'를 입력했다. 그러면 총 65조가 나온다. 이 자료들을 모두 읽은 뒤 고른 주석가들을 다 뤘다. 65 항목의 책 목록을 모두 적지는 않을 것이다.

帝謂堯也. 堯見鯀陻洪水, 亂陳五行之道. 於是震動而忿怒, 乃不與大法九章. 此常
道所以敗然, 則謂之不與者. 如何？ 夫陻洪水, 亂五行之道. 不能行帝堯洪範九疇
之義, 則堯不與之也. 故曰帝乃震怒, 不畀洪範九疇, 彝倫攸斁. …… 天帝稱之者,
尊貴之也.

성리학의 선구자라고 여겨지는 호원의 이 주석을 보면, 호원은 천을
하느님, 곧 종교적인 인격천으로 해석하지 않고 있음을 알 수 있다. 천
은 하느님이 아니라 요임금인 것이다. 그러나 시기적으로는 우가 임금
의 자리에 오를 때에는 요임금은 세상을 떠난 지 오래되었다. 우는 순
임금이 지배하던 시기의 사람이다. 그렇다면 살아 있는 요임금이 우에
게 준 것이 아니라 요임금의 영혼이 하늘에 올라가 준 것이라 생각할
수 있을까? 호원은 그런 언급을 따로 하지 않았다. 위의 주석만 보면
호원이 시간의 흐름을 제대로 고려하지 않고 순임금보다 요임금의 권
위가 더 크므로 이 경문에 나온 '제'를 '요제'라 해석한 것으로 보인다.

또 다른 송대의 유학자 임지기(林之奇, 1112~1176)는 《상서전해尚書全
解》란 방대한 주석서를 남겼는데 그의 상서설은 왕안석(王安石, 1021~1086)
의 《신경상서의新經尚書義》를 극구 부정한 것이다. 임지기는 왕안석의
《신경상서의》가 위진시대의 현학에 바탕했음을 한탄하며 상수학을 부정
하고 이학을 옹호한 학자이다. 따라서 임지기의 《상서전해》24권에 보
면 다산이 다뤘던 같은 경문을 합리적이고 상식적인 선상에서 해석하
고 있음을 읽을 수 있다. 임지기는 다산과 마찬가지로 하도낙서의 이론
과 〈홍범〉의 이론이 부합하지 않음을 그의 주석서에서 여러 번 언급했
다. 다음은 위에서 다뤘던 경문에 나오는 '천'과 관련된 그의 해석이다.

그러나 한대의 유학자들부터 자주 하도낙서의 설에 구속되어 하늘이 우
에게 준 구주는 대개 그 글이 낙수에서 나온 것이라 여겼다. 그러므로 우
가 그것에 말미암아 차례를 매긴 것인데 마침내 하늘이 우에게 내려 준

홍범구주라 하는 것은 "첫째로 오행" 이하부터는 모두 거북이 등 위에 지고 나온 글이다. 어떤 이는 그것이 예순 다섯 자라 하고, 어떤 이는 서른 여덟 자라 하고, 또 어떤 이는 스물 일곱 자라 생각했다. 그 설이 수시로 다른 이유는, 모든 이가 거북이 지고 나온 글이 정말로 오행 등의 글자이고 우가 그것을 차례 매겨서 〈홍범〉을 만든 것으로 생각했기 때문이다. 나는 아마도 그렇지 않다고 생각한다. 고인의 말씀 가운데 가장 중요한 것은 반드시 하늘에서 나온 것이라며 추대하였다. (《상서》〈고요모〉에 보면) 법에 대해서는 "하늘의 순서"라 하고, 예에 대해서는 "하늘의 차례"라 하고, 명에 대해 "하늘의 명"이라 하고, 형벌에 대해서는 "하늘의 벌"이라 했다. 무릇 자연의 이치에서 나온 것이지 사람의 편파된 식견에서 나온 것이 아니다. 늘고 줄게 하는 능력으로는 하늘 만한 것이 없다.

然自漢以來儒者, 往往拘於河圖洛書之說, 以天錫禹以九疇者, 蓋其文自洛而出. 故禹因而次第, 遂謂天之錫禹洪範九疇, 自初一日五行以下, 皆是龜背所負之文. 或以爲六十五字, 或以爲三十八字, 或以爲二十七字. 其說雖時有不同. 是皆以爲龜背所負之文, 誠有如五行等字禹次之, 以爲洪範. 某竊以爲不然. 古人之語, 於其最重者, 必推於天: 典曰天敍, 禮曰天秩, 命曰天命, 誅曰天討. 凡出於理之自然, 非人之私智. 所能增損, 莫非天也.

임지기의 해석은 명확하며 특히 그는 '천' 해석에서 이경증경以經證經의 방식을 도입하고 있음을 알 수 있다. "하늘이 그러므로 주었다"는 뜻은, 하늘이 어떤 존재성이 있는 능동적인 주어가 아니라 자연의 높고 높은 이치인 것으로, 인간의 지략으로는 이해할 수 없는 것이라 여긴 듯하다. 그러나 옛사람들에게는 하늘이 주체적인 존재로 여겨졌다고 생각한 듯하다. 임지기는 천을 이理로 해석하고자 하지만 고인은 천을 인격천으로 이해했음을 인정했다고 볼 수 있다. 또한 임지기도 〈홍범〉과 하도낙서의 이론을 연관 짓는 것을 극구 반대하고 있음을 온전히 볼 수 있다. 다시 임지기의 문장을 인용해 보면 다음과 같다.

"상제께서 이에 크게 노하여 홍범구주를 주지 않으시니 이륜이 무너지
게 되었습니다."란 구절은 (좌전, 선공 15년의) "하늘이 사람의 영혼을 앗
아감"을 이르는 듯하다. "이에 하늘이 우임금에게 홍범구주를 주시니 이
륜이 펼쳐졌습니다."는 (좌전 희공 28년의) "하늘이 사람들의 참마음을 열
어서 이끌어 줌"을 이르는 듯하다. 그렇다 하더라도 도대체 어떤 물건이기
에 그 사이에 주었다 빼앗았다 할 수 있는 것인가? 무릇 《역》이란 책은
수를 말미암아 기원한 것이다. 그러므로 현세에 전해진 하도의 여기저기
펼쳐져 있는 15란 수는 이른바 복희가 그것에 근거해 팔괘를 그었다 하면
일리가 있다. (그러나) 〈홍범〉이란 글에 와서는 일반적으로 이륜의 차례가
밝혀짐은 본래 수를 말미암은 것이 아니다. 다시 말해 거북이가 등에 지
고 온 것은 도대체 어떤 것인가? 만약 낙서의 수란 것이 마치 하도의 무
늬와 같은 것이라 생각한다면, 현세에 전해지는 〈낙서〉의 오행생성의 수는
대체로 서로 억지로 갖다 붙인 것이므로 믿을 만한 것이 못 된다. 만일
거북이가 등에 지고 온 것이 오행, 오사 등의 글자였다고 생각한다면 그
말 또한 황당하기 그지없다. 내가 생각하기로는 "이에 하늘이 우에게 홍
범구주를 주었다"는 말은 "하늘이 왕에게 용기와 지혜를 주었다"는 뜻일
뿐인 것으로 보인다. 더 깊이 파고 들어갈 이유가 없다. 학자가 진실로
〈홍범〉의 글을 이해하려면 숫자에서 연유하지 말아야 할 것이다. 또한 "하
늘이 우에게 준" 것은 낙서가 아님을 알면 구주의 뜻이 어느 순간 명백해
질 것이다.

"帝乃震怒, 不畀洪範九疇, 彛倫攸斁." 猶所謂天奪其魄也. "天乃錫禹, 洪範九疇,
彛倫攸敍" 猶所謂天誘其衷也. 雖然豈有物以予奪於其間邪? 夫易之爲書, 由數而
起. 故今世所傳河圖, 縱橫十五之數, 謂伏羲準之, 以畫八卦, 猶可言也. 至洪範之
爲書, 大抵發明彛倫之敍, 本非由數而起也. 則龜背所負者, 果何物邪? 若以爲有
洛書之數, 如河圖之文, 則今世所傳洛書五行生成之數, 大抵出於附會. 不足信也.
若以爲龜背之所負, 有五行五事等字, 則其說迂怪矣. 某竊謂"天乃錫禹洪範九疇",
猶言"天乃錫王勇智"耳. 不必求之太深也. 學者誠知洪範之書, 不由數起, 而天之
錫禹, 非洛書, 則九疇之意, 渙然而明矣.

다산이 임지기의 《상서전해》를 보았는지는 필자는 아직 모른다. 그러나 임지기는 채침의 《서집전》에 자주 인용되는 송대의 대표적인 유학자이다. 또한 《어찬주자전서》 34권에도 위의 구절이 인용되어 있으며 주자가 반자선潘子善에게 답하는 대목에도 나온다. 1572년 선조 5년 12월 19일의 《조선왕조실록》에도 인용되어 있고,[12] 정조 때에는 《심리록 제27권과 1798년의 5월의 《일성록》에도 각각 인용된 주석가이다. 박학다식한 다산이 몰랐을 리 없는 학자라 보인다. 그러나 필자는 다산이 임지기의 이론이나 이름을 직접 《상서고훈》에 인용했는지는 아직 알지 못한다. 다산과 관계없이 〈홍범〉과 하도낙서의 관계를 부정하는 움직임이 송대부터 활발하게 있었음은 확실히 알 수 있다.

다시 다산으로 돌아가자. 다산은 위에서 거론한 경전의 구절에 나오는 천을 명령을 내릴 수 있는 천으로 해석한 뒤, 잠시 제시했던 〈홍범〉과 낙서와 관련된 오랜 이론을 다시 찬찬히 살피며 그 이론의 비논리성을 비판한다. 이 점에 대해서는 황병기의 논문에서 자세히 다뤄졌으므로 여기서는 따로 언급하지 않기로 한다.

다만 참고로 원말 명초 문장가 왕의(王禕, 1322~1373)의 《왕충문집王忠文集》 4권에 "낙서변洛書辨"이란 긴 문장이 있는데, 그는 홍범과 낙서가 무관함의 이유를 여섯 가지로 정리했다. 그의 문장은 아주 논리 정연하다. 이 글은 유명했는지 훗날에 명대 문학가 정민정(程敏政, 1445~1499)이 그의 문집 《명문형明文衡》 14권에 고스란히 인용했다. 다음 기회에 다산의 이론과 왕의의 이론을 비교해 보는 것도 흥미로울 듯하다. 그러나 이와 달리 청대의 성리학자 이광지(李光地, 1642~1718)는 오히려 《상

---

12 유희춘이 선조에게 이렇게 아뢰었다. "《서경》에 대한 설이 비록 많지만 朱子가 취한 것은 四家로서 蘇軾·王安石·林之奇·呂祖謙인데, 소씨는 너무 간략하고 왕씨는 지나치게 穿鑿하고 임씨는 너무 번다하고 여씨는 너무 교묘한 해설을 한 결점이 있습니다."(https://db.itkc.or.kr/, 한국고전번역원, 조면희 역, 1987).

서칠편해의尚書七篇解疑》2권에서 홍범을 하도낙서의 이론과 관련해서 해석하며 또한 천지인 삼재와도 연관지어 해석한다. 물론 고증학자인 염약거(閻若璩, 1636~1704)는《상서고문소증》7권 제112항[13]에서 홍범과 낙서의 무관함을 논한다. 다산의 비판적인 해석은 어찌 보면 청의 고증학의 영향 없이도 송·명대에 있던 한 전통과 연결되어 있는 것으로 볼 수 있다.

다음으로 다루고자 하는 것은 다산의 홍범구주 해석이다. 다산의 해석이 얼마나 독창적인 것인지 또 그의 해석의 숨은 의미가 무엇인지를 집중적으로 다룰 것이다.

2. 다산의 홍범구주란 무엇인가?

홍범이 낙서와 관계가 없다면 다산이 해석한 홍범구주란 무엇인가? 다산은 자신의 해석이 기존의 것과 다름을 증명하기 위해 우선 공안국의 주석을 매색의 이름을 빌려 인용한다. "孔傳: 疇, 類也"는 다산에 와서 "梅云: "疇, 類也.""이 된다.

梅云: "疇, 類也."
매색에 따르면 '주'는 '류'다.

여기서 류를 어떻게 이해할 것인지는 다산은 따로 말하지 않았다. 종류나 범주란 뜻으로 이해할 수 있을 듯하다. 다산은 이 주석에 반론

---

13 《경인문연각사고전서》, 경부 60, 서류, 대만: 상무인서관, 66-459~66-472.

을 제기한다.

주란 밭의 구역이다. 나는 하대 우임금의 법은 오로지 숫자 9를 쓰는
데 있었다고 말했다. 국가의 수도를 우물 정자 밭의 모양으로 하여 모두
9개의 구역을 만들었다. 따라서 네모난 모양을 쓴다면 둥근 모양을 쓰는
것이 아니므로 이 홍범구주 또한 역시 아홉 개의 구역으로 나열했음이 틀
림없고 모양 또한 우물 정자의 밭과 같았을 것이다. 이런 다음에야 (아홉
개의 구역이) 서로 대응하고 관계하는 묘함을 볼 수 있게 된다.

疇者, 田區也. 余謂夏禹之法, 唯九是用. 井田國都, 皆作九區. 而仍用方形, 不
用圓法, 則此洪範九疇, 亦必列爲九區, 形如井田. 如是然後, 其相應相關之妙, 始
有可觀. 疇也者, 田區也, 今試爲圖如左.

다산이 '이랑 주疇'를 밭의 구역이라 이해한 배경에는 글자의 부수
'밭 전田'에서 유래한 듯하다. 이미 밭이라 규정하면 그림을 그리기 쉬
워진다. 다음은 다산의 홍범구주 도형을 간단하게 그린 것이다.

7. 계의	4. 오기	1. 오행
8. 서정	5. 황극	2. 오사
9. 복극	6. 삼덕	3. 팔정

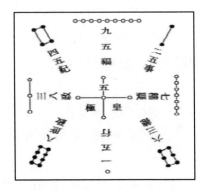

왼쪽의 도형이 다산에게 무엇을 의미하였는지 알아보기 전에 일단
도형만 두고 살펴보자. 오른쪽 도형은 하도낙서를 백색 점과 흑색 점으
로 그린 것이다. 백색은 홀수, 흑색은 짝수이다. 또 한 가지 유념할 것

은 어느 쪽으로 보든 덧셈을 하면 15가 된다는 점이다. 다산의 도형은 중앙의 황극을 제외하곤 하도낙서의 도형과 많이 다르다. 또한 마치 붓으로 종이 위에 글을 쓸 때처럼 세로 방향으로 또 오른쪽에서 왼쪽으로 위에서 아래로 차례대로 배치된 느낌이 든다. 이제 다산의 홍범구주의 설명에 대해서 살펴보자.

'5. 황극', '4. 오기'와 '6. 삼덕'

皇極在內.　建中建極.　於是上律天時.　下馭人衆.　此所以戴五紀而履三德也.【剛柔克. 作威福. 皆馭衆之法】

황극은 안쪽에 있으면서 중앙을 세우고 극을 세우면서 위로는 하늘의 시간을 떠받들고 아래로는 사람의 무리를 타고 있다. 이것이 바로 (황극이) 오기를 떠받들고 삼덕을 밟고 있는 까닭(강함이 유함을 이기고 위압과 복덕을 부리니 이것은 모두 무리를 다스리는 법이다)이다.

"무리를 다스린다"고 할 때 쓰인 한자가 다름 아닌 '말부릴 어馭'임에 주목하자. 즉 황극을 가진 이는 백성들 위에 마치 마부가 말을 타듯 올라타서 어디로 갈지를 결정하는 권력을 가진 자이며 그러기 위해 위압과 복덕을 이용하는 것임을 밝혔다. 강력한 권력자의 모습이다.

'2. 오사'와 '8 서징'

恭己端本,　以召和氣,　此人主密切之功驗也.　左五事者,　恭己而端本也.　右庶徵者, 和氣致祥, 乖氣致災也.　此所以左右照應, 而事徵相通也.

스스로를 공손히 하고 근본을 바르게 함은 화기和氣를 끌어내기 위함인데 이것은 바로 임금만이 체험하는 공들인 보람이다. 왼쪽에 배치된 오사는 자신을 공손히 하고 근본을 단정히 함이다. 오른쪽 서징은 온화한 기는 지극히 상서롭고 어긋난 기는 지극히 해로운 것이다. 이것이 좌우가 호응해서 오사와 서징이 상통하는 까닭이다.

다산은 여기서 위 네 가지를 통틀어 종합적으로 정의를 내린다.

이 네 가지는 임금에게 가장 친밀하고 절실한 것들이다. 따라서 상하·
좌우로 똑바로 배치한다. 나머지 네 개의 주도 순서를 매길 수 있다. 그
래서 모서리에 배치한다.

【此四者. 於人君最密最切. 故上下左右. 陳以正列. 其餘四疇. 抑可爲次. 故陳之隅角也】

다음은 나머지 네 개의 주에 관련된 것이다.

'1. 오행'과 '3. 팔정'

또 원래부터 하늘이 재료와 물건을 만들기 때문에 그것을 오행이라 하
며 그것을 받아서 잘 쓰면 팔정이라 한다. 바로 그렇기 때문에 오행을 위
에 떠받들게 하는 것이다. 즉 하늘이 내려 주신 것을 존중하라는 이유에
서이다. 반면 팔정은 아래에 두고 밟게 했는데 다름 아닌 사람을 임용하
기 때문이다. 이것이 1과 3이 서로 응하는 묘한 원리이다.

原夫天生材物. 謂之五行. 受而修之. 謂之八政. 故五行戴之在上. 所以尊天賜也.
八政履之在下. 所以敍人用也. 此一與三相應之妙也.【皆財用】

'7. 계의'와 '9. 복극'

또 길흉이 아직 보이지 않을 때 (위를) 우러러 보며 하늘의 영명함을
물으니 이를 일러 '계의', 곧 '점을 쳐서 의심을 푸는 것'이라 했다. 화복이
이미 판가름 나서 (아래를) 내려다보며 인간의 일을 징험하는 것을 일러
복과 극이라 하며, 하늘에 있는 것은 위로 떠받들고 사람에게 달려 있는
것은 아래로 짓밟으니, 이것이 또한 7과 9가 서로 응하는 묘한 이치이다.

吉凶未著, 仰詢天明, 謂之稽疑. 禍福已判, 俯驗人事, 謂之福極. 在天者戴之在上,
在人者履之在下, 此又七與九相應之妙也.

다산은 홍범구주를 쉽게 설명하기 위해 간단한 도형을 그렸고 황극

을 중심에 놓고 황극과 나머지 팔주의 관계를 일종의 스토리텔링식으로 설명하고 있다. 다산의 주석은 명료하고 흥미롭다. 이런 주석은 필자가 알기로는 〈홍범〉편 주석사에서는 없었던 일로 보인다. 다산은 자신의 독창적인 해석에 상당히 흡족했던 것 같다. 왜냐하면 1822년에 쓴 〈자찬묘지명〉에 이 구절을 짧게 언급하고 있기 때문이다.[14] 사실 그가 구주의 주를 밭으로 해석하면서 종류나 범주로 해석한 '가짜' 공안국의 주에 반박하였으나 위의 도형과 설명을 보면 역시 범주에 가깝지, 밭의 구역과는 무슨 관계가 있는지 잘 알 수 없다. 하지만 다산이 '疇, 類也'에 반론을 든 숨은 이유는, 아마도 도형을 이용하여 한눈에 봐서 바로 이해할 수 있고 쉽게 설명하고자 하는 의지에 있지 않았나 생각한다. 그냥 '종류'나 '범주'라고 한다면, 잘 늘어놓기만 하면 되기 때문이다. 다산은 하도낙서와 홍범의 관계는 부정하고 있지만 홍범구주를 도형으로 그리고자 하는 욕구가 있었던 것에는 틀림없다.

결론적으로 다산이 전개한 위 이론은 정조가 원했던 왕권 강화를 뒷받침하는 시대정신을 반영한 것으로 보인다. 하지만 다산이 이 글을 썼을 때에는 정조가 서거한 지 오래되었다. 그렇다면 이 홍범구주의 해석과 관련된 아이디어는 다산이 정조 곁에 있을 때부터 시작되었는지도 모른다.

위의 도형을 이해하기 위해 다시 한 번 〈홍범〉의 한 구절을 인용해 보자.

첫 번째는 오행이다. 두 번째는 다섯 가지 일을 삼가히 이용하는 것이다. 세 번째는 팔정을 농사에 잘 쓰는 것이다. 네 번째는 오기를 적합하게 쓰는 것이다. 다섯 번째는 황극을 세워 쓰는 것이다. 여섯 번째는 삼덕을

---

14 정약용, 〈자찬묘지명〉(《문집 II》, 《정본여유당전서 3》, 다산학술문화재단, 2012), 269~270쪽.

다스리는 데 쓰는 것이다. 일곱 번째는 의심을 푸는 것을 슬기롭게 쓰는
것이다. 여덟 번째는 여러 (기후의) 징후들을 염두에 두고 쓰는 것이다.
아홉 번째는 오복을 뜻에 두고 임용하며 육극을 위엄 있게 쓰는 것이다.

初一日五行, 次二日敬用五事, 次三日農用八政, 次四日協用五紀, 次五日建用皇極,
次六日乂用三德, 次七日明用稽疑, 八日念用庶徵, 次九日嚮用五福, 威用六極.

위 경문에서 눈에 띄는 것은, 홍범구주 각각의 '쓰임새', 곧 '용'에 관
심이 집중된다는 점이다. 오행을 뺀 나머지는 항상 어떻게 쓸 것인가에
중점을 두었다. 오행이야 자연이 준 것이지만 나머지 여덟 가지는 임금
과 인간 사이에 일어나는 일과 관계가 있기 때문일 것이다.

여기서 잠시 다산의 해석을 살펴보기 전에 앞에서 인용했던 임지기
의 주석을 인용하고자 한다. 임지기는 같은 책에서 《역》과 〈홍범〉의 성
격이 전혀 다른 것임을 길게 다루었다. 그의 문장은 상당히 길지만 다
산의 것과 비교하기에 좋은 글이라 생각되어 이곳에 옮긴다.

　성인의 경서들이 비록 같은 도에 귀결된다 하더라도 그 경전이 만들어
질 때의 모습은 각기 향하는 바가 있었으니 통틀어서 논할 수 없다. ……
《역》이라는 책은 팔괘에 근본한다. 팔괘에서 시작하여 그것을 확충하면
64괘가 되는데 빙빙 돌고 흐르면서 서로 부딪히며 변하고 움직여서 한곳
에 머무르지 않는 까닭에 그것을 《역》이라 한다. 《역》은 변해서 여전할
수 없음에 대해 말한다. 〈홍범〉이란 책은 오행에 근본한다. 오행에서 시작
해서 그 쓰임을 미루어 보면 오복 육극에 이르기까지 변치 않는 인륜의
차례와 선후와 시종이 각각 정해진 실체가 있는 까닭에 그것을 〈홍범〉이
라 명명한다. 〈홍범〉은 큰 법이라 바꿀 수 없음에 대해 말한다. 《역》의
형상은 둥글둥글하다. 따라서 여전할 수 없다. 물체에 비유하자면 둥근 것
은 움직이고 모난 것은 멈추니 각자 추구하는 자연스런 이치가 있으므로
서로를 바꿀 수 없다. 〈홍범〉의 형상은 모가 나서 바꿀 수 없는 것이다.
이렇기 때문에 이 두 책은 비록 그 이치가 동일한 것에 근본을 두었다

하더라도 학자들이 추구하는 것에는 그 사이에 문호가 다르기 마련이다. 《역》을 연구하는 학자는 그 변함을 논하지 않을 수 없는데 《역》을 공부하면서 그 변함의 원리를 논하지 않으면 《역》의 법이 수렁에 빠져 질퍽거리게 된다. 〈홍범〉을 공부하는 자가 그 순서를 논하지 않을 수 없는데 〈홍범〉을 공부하면서 그 순서를 논하지 않으면 〈홍범〉의 변하지 않는 인간의 떳떳한 도리가 섞여서 망하게 된다. 이것이 바로 기자가 구주의 차례를 진열하려 할 때, 반드시 그 근원을 추론하는 것을 우선시해서 "제가 들으니 옛적에 곤이 있어서 홍수를 틀어막아서 오행을 어지럽게 사용하여서 상제께서 이에 크게 노하여 홍범구주를 주지 않으시니 이륜이 무너지게 되었습니다." "곤이 (〈홍범〉을) 잃어버렸다"고 말함은 이륜이 무너졌기 때문이다. "우가 (〈홍범〉을) 얻었다"고 말함은 오로지 그 이륜의 차례를 매길 수 있었기 때문이다. 이륜의 차례란 무엇인가? "첫째로 오행"에서 시작해서 "아홉째로 오복을 누림과 육극을 엄하게 씀"에 이르는 순서이다. 이 다섯 가지는 앞과 뒤에 펼쳐져 있고 각각의 자리가 있다. 그 순서를 지키면 이륜이 자리를 잡고 그 앞뒤 순서를 잃어버려 서로 뒤바뀌게 되면 이륜이 무너지게 된다.

聖人之經, 雖同歸于道, 然其制作之體, 則各有門戶, 而不可槩論也. …… 易之爲書, 本於八卦. 自八卦而衍之, 爲六十四, 循流相錯, 變動不居, 故名之曰易. 易者, 言其變而不可爲常也. 洪範之爲書, 本於五行, 自五行而推其用, 至於五福六極,其彝倫之敍, 先後始終, 各有定體, 故名曰洪範. 洪範者, 言其大法之不可易也. 易之體圓圓, 故不可常.譬之物, 圓者動, 方者靜, 圓流, 方止, 各隨其理之自然, 而不可以相移者也. 洪範之體方方, 故不可易. 是則此二書, 雖其理本於一揆.學者之求之也. 自有門戶於其間. 學易者, 不可以不論其變. 學易而不論其變, 則易之法, 泥矣. 學洪範者, 不可不論其序. 學洪範而不論其序, 則洪範之彝倫, 斁矣. 是以箕子將陳九疇之敍, 必先推本, 所自來乃言曰, "我聞在昔, 鯀陻洪水, 汩陳其五行, 帝乃震怒, 不畀洪範九疇, 彝倫攸斁." 言鯀之所以失者, 以其彝倫斁也. 言禹之所以得者, 惟能敍其彝倫也.何謂彝倫之敍? 自初一曰五行, 至次九曰嚮用五福威用六極是也. 此九者, 施之先後, 各自有序. 得其序, 則彝倫攸敍, 或失其先後之序, 而逆施之, 則斁矣.[15]

임지기의 해석은 1장에서 다뤘던 그의 주석의 연장선에 있는데 다산처럼 황극을 최우선으로 하고 있지 않다. 1에서 9까지의 순서를 그대로 중시하고 있고 1과 2나 2와 3의 관계에 대해서도 아무런 언급이 없다. 그저 순서가 중요할 뿐이다. 대부분의 중국 주석가들은 "첫째로 오행" 이란 말에 이끌려 "다섯 번째로 황극"에 강조점을 줄 생각을 전혀 하지 못한 것이리라. 즉 해석학적으로 접근하지 정치적으로 접근하지 않고 있음을 볼 수 있다. 그러나 다산은 다르다.

좀 전에 보았듯이 다산은 황극의 위치에 중점을 두었다. 따라서 "첫째로 오행"이라 했을 때, 오행이 가장 중요해서 첫째가 된 것이 아님을 말하며 〈홍범〉의 위치가 가장 존귀한 것이며 황극을 먼저 세운 뒤에 나머지를 차례대로 정할 수 있게 된다고 생각한다. 황극에 가까이 있는 것들이 그다음으로 중요한 것들이다. 즉 황극이 우선이고, 그다음이 '4와 6', '2와 8', '3과 7', '1과 9'인 것이다.

> 〈홍범〉의 차례는 '5 황극'이 가장 존귀하다. 먼저 황극을 세운 뒤에 등급의 순서가 정해질 수 있다. 벌써 황극이 가장 존귀한 것이라 했으므로 황극에 가까운 것이 그다음에 온다 : 4와 6이 그다음으로 존귀하다. 도형을 우물 정자 밭 모양으로 그렸으니 좌우의 친밀함은 전후의 것[16]과 다르지 않다 : 2와 8이 그다음으로 존귀하다. 다섯 번째 자리가 이미 존귀하므로 5와 가까운 것이 마땅히 먼저 와야 한다 : 3과 7이 그다음이다. 오행과 오복은 모서리로 쫓겨나서 황극에서도 멀어졌으니 〈홍범〉 안의 그것들의 위치는 멀고 먼 것이다.

> 〈洪範〉之位, 五皇極最尊, 先建皇極而後, 班次可定. 旣然皇極最尊, 則必近於皇極者, 其序在先, 四六其亞也. 畵爲井疇, 則左右之密, 無異前後, 二八其亞也. 五位

---

15 林之奇(1112~1176) 《尙書全解》 24卷.

16 즉 4와 6의 관계를 말하는 듯하다.

既尊, 則近五者宜先, 三七其亞也. 五行五福, 既黜於邊角, 又遠於皇極, 其於〈洪範〉之內位次, 疏邈.

여기서 주목할 것은, 다산은 여느 주석가들과 다르게 '1 오행'이 가장 중요하지 않은 것이라고 한 점이다. 오히려 가장 꼴찌이다. 다산은 여기서 2천 년 전통에 대한 반항을 하고 있는 것으로 보인다. 한국에서 우리끼리 읽을 때는 크게 안 다가올지 모르지만 다산의 이 해석을 다른 나라에서 읽는다면 아마도 상당한 반응을 불러일으킬 듯한 대목이다.

가장 존귀한 황극의 소유자, 곧 인주가 권력이 있는 이유를 다산은 다름 아닌 그가 가진 다섯 가지 복, 오복에서 찾는다.

> **때를 맞춰 오복을 거둬들인다는 것은 인주가 권력의 대강령을 모조리 소유하여 그것을 손아귀에 꼭 쥐고 있다는 것이다. 그 권력을 (후~하고) 불면 비와 이슬이 되고 (호~하고) 들이마시면 서리와 눈이 된다. 생사존망이 오로지 임금의 (결정에) 달려 있다.**
>
> 斂時五福者. 人主總覽權綱. 握之在手中也. 噓之爲雨露. 吸之爲霜雪. 生死存亡. 唯辟是順.

이 글을 읽으면 황극의 위엄은 느껴지나 신비성은 느끼기 어렵다. 임금의 일거수일투족이 얼마나 큰 영향을 미치는가를 다산은 적나라하게 보여 준다. 지금까지 다산이 청소한 이론들과는 크게 다른 점을 주목하자.

> **첫째로 (누가) 오래 살고 못 살고에 관한 권세는 황극에 달려 있다. 발바닥 손바닥 만한 땅도 왕의 밭이 아닌 것이 없다. 쥐꼬리만 한 녹을 받**

으면서 채찍을 휘두르는 말급 관리조차도 왕의 신하가 아닌 자가 없다.

一曰壽之柄. 在皇極也. 尺土寸地. 無非王田. 斗祿鞭土. 罔非王臣.

다산이 말하는 임금은 절대 군주에 가까워 보인다.

　둘째로 부의 권력은 황극에 달려 있다. (한 신하가) 편안히 쉬면서 몸을
기르게 할 것인지 살아 숨 쉬게 할 것인지는 임금만이 베푸는 은혜이다.
사람을 맘대로 부리면서 힘들게 일을 시킬 것인지도 오로지 임금의 명령
에 달려 있다.

二曰富之柄. 在皇極也. 休養生息. 唯辟其恩. 驅使勞動. 唯辟其命.

다산은 계속 옛 임금의 권력에 집중한다.

　셋째로 건강하고 마음이 편안할 권력도 황극에 있다. 가르침을 세워서
인륜을 밝게 하기 위해서, 도를 닦아서 자연의 이치를 깨우치게 하기 위
해서, 임금이 (각각) 사도와 전악을 임명한다.

三曰康寧之柄. 在皇極也. 立敎以明倫. 修道以達天. 王命司徒. 王命典樂.

교육과 관련된 관리 임용에 관한 글이다.

　넷째로 아름다운 덕을 소유할 권력도 황극에 있다. 공이 있고 없음을
헤아리거나 선과 악을 정하여 때로는 (한 신하의) 위패를 종묘에 받아들
이기도 하고, 때로는 끔찍한 시호를 내리기도 한다.

四曰攸好德之權. 在皇極也. 稽其功行. 定其善惡. 或許之陞配. 或賜之惡諡.

임금이 어떻게 신하들을 포상하고 벌줄 것인가와 관련되어 있다.

　　다섯째로 제 명대로 살다가 편안하게 죽게 하는 권력도 황극에 있다.
이 모든 것이 위압과 복덕을 베풀어 사람을 복종시키는 권력이다. 임금이
그것을 갖고 있고 또 그것을 베푼다. 때를 맞추어 오복을 거두고, 그것을
널리 두루두루 백성들에게 펼치는 데 사용한다.

五日考終命之權. 在皇極也. 凡此威福之權. 皇則攬之. 皇則布之. 斂時五福. 用敷
錫厥庶民也.

　　다산의 홍범구주의 9번째에 해당하는 범주 가운데 오복에 대한 해석
이 모두 임금의 행동과 권력에 관련됨을 보았다. 다산이 지금까지 말한
임금은 절대권력을 가진 군주임에 틀림없다.
　　이와 달리 후세의 임금은 어떠하였는가?

　　후세인들은 임금의 토지를 소유하므로 임금된 자는 손바닥 만한 땅도
없었다. 곧 임금이 백성에게 부를 베풀 수 없게 되었다. 각 가정이 교육
을 담당하자, 임금이 도를 베풀지 못하므로 임금은 백성에게 덕을 베풀
수 없게 되었다. 공자가 논하기를 정치란 부와 교육이다. 허나 이 두 개
의 권력이 모두 이미 아래로 옮겨 갔기에 나머지는 그렇지 않은 것이 없
었다. 장차 무엇을 위해 극을 세우고 다스리기 시작하겠는가?

後世人私其田. 皇無寸土. 則皇無以錫民富矣. 家立其敎. 皇不布道. 則皇無以錫民德矣.
孔子論治. 日富·日敎. 而二者之柄. 皆已下移. 則餘無不然者矣. 將何以建極出治哉?

　　다산이 말하고 있는 '후세인'은 어쩌면 정조가 말했던 후삼국시대 말
이나 고려 건국 초의 '호족'들[17]과 통하는 느낌이다. 최고 권력자의 말

---

17 "우리나라는 땅덩어리가 좁고 작은데다가 산과 계곡이 대부분이어서 정전의 경계를
設施하기가 어렵기도 하고 豪族들이 모두 차지한 탓에 조종조의 융성한 시절부터 均
田이나 量田의 논의가 막혀서 행해지지 않았으니, 이는 대개 습속은 고치기도 어렵고
뭇사람이 시끄럽게 공박해 대기 때문이었다." 정조 2년 무술(1778, 건륭 43)《국역일
성록》 정조 2년 무술(1778, 건륭 43) 〉 6월 4일(임진) http://db.itkc.or.kr.

에 힘이 있으려면 그가 땅을 소유하고 있어야 한다는 말은, 다시 말해 그가 부유함의 조건을 가지고 있어야 한다는 말로 읽힌다. 위의 글만 보면, 다산은 후대의 임금을 선대의 임금의 권력을 모두 잃은 허수아비로 보았던 것인지 의심이 들지만, 아마도 논리의 비약을 통해 설득력을 높이려 한 것으로 보인다. 다산이 황극을 지키려 한 진정한 이유는 어디에 있을까?

> 사사로이 서로서로 대접하면서 모이는 자들을 임금이라면 싫어할 것이다. 간사한 무리들이 서로 모이게 되면 혹 한 사람을 우두머리로 받들어 그의 덕을 (다른 이들의 덕과) 비교하며 서로 칭찬하거나 한 사람을 어질다고 떠받들며 (옳고 그름을 가리지 않고) 의견이 같은 사람끼리 한패가 되고 의견이 다른 사람은 물리칠 것이다. …… 그렇다면 나라가 반드시 어지러워질 것이니 어떻게 극을 세우겠는가? 대저 임금이 임금이 되는 까닭은 오복의 권력이 그에게 있기 때문이다. 이 권력이 아래로 내려가면 황극은 이내 망한다.
>
> 私相嚮會者. 皇則惡之. 淫朋相聚. 或推一人以爲長.比德相讚. 或戴一人以爲賢. 黨同伐異. …… 則其國必亂.豈所謂建極乎? 大抵皇之所以爲皇. 以五福之權在皇也. 此權下移. 皇極乃亡.

다산이 우려하는 것이, 못된 임금이 오복을 마음대로 휘두르는 것이 아닌 아래의 신하들이 마음대로 임금의 권력을 무시하고 넘보는 것에 있음에 주목하자. 〈황극〉편을 주석하면서 다산은 신하편에 있지 않고 임금의 위치에 있어 보인다. 신하의 역할만 했던 다산이 어떻게 임금의 입장이 되어 이토록 중앙집권정치론을 펴고 있는 것일까? 정조의 그림자가 다산을 조종하고 있는 것일까? 정도전이 조선 초에 신권을 강화하는 청사진을 편 것과는 달리 다산은 왕권을 강화하는 청사진을 펴고 있는 느낌이 든다. 다산이 〈홍범〉편을 진정 이상적인 정치모범을 보여 주는 편으로 믿었는지는 알 수 없지만 이 기회에 그가 생각하는 왕권이 강화된 정치모델을 만들었음에는 의심할 나위가 없다.

3. 나가는 글

서문에서 언급했듯이 《상서고훈》은 《고훈수략》과 《상서지원록》의 합본이다. 허나 이 두 책이 원래 두 가지 성격을 가진 책이었기 때문에 둘을 합쳤을 때 잘 어울리지 않는 부분이 많다. 고증학적인 관심을 가진 《고훈수략》과 자신의 의견을 비교적 자유롭게 쓴 《상서지원록》을 합쳐 놓았을 경우, 독자의 관심은 당연히 《상서지원록》에서 유래한 글에 더 가기 마련이다. 왜냐하면 《고훈수략》에선 다른 책에 나온 다른 글자라든지 한당대의 주석가들의 여러 의견을 인용하면서 그것들을 차례대로 왜 인용하는지 밝히지 않는 이상 우리는 다산의 그런 작업의 의미를 쉽게 알 수 없기 때문이다. 그저 딱딱하고 따분해 보이기 십상이다. 반면 《상서지원록》에 실었다가 옮겨 온 글은 다산의 사상이 녹아 있기 때문에 훨씬 흥미진진하고 생각할 거리를 준다. 참신한 아이디어는 자유롭게 쓰는 와중에 더 잘 녹아 있기 때문이다.

우리 연구의 비교의 대상이 된 임지기의 주석만 보아도 인식론적인 관점이 주를 이룬다. 정치적인 목적이 다산에게서만큼 나타나지 않는 것이다. 하지만 다산의 〈홍범〉편 해석은 참신하다. 그 이유가 어디에 있을까? 아마도 다산이 경문을 곧이 곧대로 믿지 않았기 때문에 또 경문의 중요성이 영원한 해석 가능성에 있다고 여겼기 때문이 아닐까. 다산에게 경전이 가지는 큰 의미는 새로운 현실에 맞는 새로운 해석 가능성에 있었던 것 같다. 그저 경전의 진위성을 밝히는 일이 오로지 "경

전의 원본을 위해" 하는 일이라면 모든 시간과 에너지를 바치는 것이
쉽지 않았을 것이다. 다산은 타의 추종을 불허하는 학자이지만 또한 그
가 현실을 고민한 지성인이었음이 이 〈홍범〉편의 과감한 해석에 드러
나 있다고 생각한다.

제8장

고전 해석의 두 갈래:

철학자 주자, 그리고 정치가 다산

한형조

(한국학중앙연구원 철학과 교수)

주자의 독서법:
처음 읽을 때는 의심이 없다. 그 다음 점점 의혹이 생기고, 한 발 더 나아가면 구구절절 의심 덩어리이다. 이 과정을 한 번 거치면 점차 의심이 사라지고, 융회관통, 탁 트여 아무런 의혹도 없게 된다. 그때가 바로 '배움'이라고 할 것이다.

又曰, 讀書, 始讀未知有疑, 其次則漸漸有疑, 中則節節是疑. 過了這一番後, 疑漸漸釋, 以至融會貫通, 都無可疑. 方始是學.(朱子, 〈讀書法〉)

1. 주자와 다산의 윤리학

몇 년 전 "다산연구소"에서 강의를 한 바 있다. 다산의 시를 통해 그의 삶의 굴곡과 전기를 점묘하고, 다산 신학의 특징을 간단하게 짚었는데, 대학 시절 윤리학을 가르치시던 황경식 교수님이 앞자리에서 듣고, 이런 질문을 던지셨다. "다산과 주자의 윤리학은 어떻게 다른가?" 잠깐 어마지두 하다가, 맨 먼저 떠오른 천天과 이理를 들어 해석적 차이와 그 함축을 설명하는 데 그쳤다. 그 물음을 염두에 두고, 두 사유의 이동異同을 좀 더 읽어 보고자 한다.

주자는 이理의 토대 위에 자신의 체계를 건설했고, 다산은 오래된 천天을 복권시켜 주자의 '새로움'에 맞섰다. 이곳이 두 사유가 갈라지는 남상濫觴이다.

주자는 수많은 편지와 논설, 그리고 방대한 제자들과의 문답을 통해 자신의 생각을 펼쳐 나갔다. 그 중심에 사서四書라 불리는 유교 고전의 해석이 있다.

다산 또한 수많은 논설과 편지, 시를 남겼지만 자신의 근본 포부는 유교 경전의 새로운 해석에 있다는 것을 늘 강조해 마지 않았다. 주자와 다산의 사상적 결투는 이 경학經學의 장에서 치열하게 펼쳐졌다. 그 현장은 격렬하고, 전면적이며, 드라마틱하다.

주자는 재래의 육경六經 대신 사서四書의 체제를 세웠고, 그 가운데 《대학大學》의 새로운 해석을 통해 자신의 구상을 피력했다. 자신의 '지식 탐구' 중심의 체계를 설득하기 위해, 《대학》의 장을 재편하고, 이를 위해 격물치지格物致知 부분을 새로 써넣기도 했다. 다산은 이를 뒤집는다. 육경六經의 재발견을 강조하고, 사서四書 또한 이른바 수사학洙泗學이라 하여 주자에 의해 왜곡되지 않은 본래의 의미와 정신을 되찾겠다고 기염을 토했다. 다산의 해석은 주자와 너무나 달라, 이들이 정말 같은 고전을 읽고 있는가 싶을 정도이다.

고전의 해석을 통해 그들은 서로 다른 윤리학과 정치학을 제시했다. 그 중심에 이理와 천天의 대치가 있다. 주자는 고전의 도道, 천天 등을 이理로 수렴시켰다. 이理는 우주의 기원이자, 사물의 원리, 그리고 인간의 규범을 규율하는 절대적 중심이다. 다산은 이 수렴을 유교의 변질로 탄식했다. "이理는 무력하다. 그것은 덕성을 고양하지도, 유효한 정치도 기약하지 못한다." 이理라는 글자는 가령 1) 옛 경전에 근거가 없고, 2) 불교의 차용이며, 3) 문자적으로는 옥玉의 결을 나타내는 글자일 뿐인데, 4) 그것은 굳이 말하자면 '사물'의 그림자, 곧 속성에 지나지 않는다고 일축했다. 다산은 자연의 이理 대신, 초월적 천天 위에 자신의 윤리학과 정치학을 정초시켰다.

다산이 예외적으로 자신과 주자의 설계 사이의 근본적 차이를 짚어 둔 구절이 있다. 그는 《심경밀험心經密驗》에서 이렇게 말했다.

내가 생각하건대, "지금 사람들이 성聖을 이루고자 하되, 그렇게 못하는 데는 세 가지 이유가 있다. 하나는 천天을 이理로 안 것이고, 하나는 인仁을 생명을 낳는 이理로 본 것이며, 하나는 (《중용》의) 용庸을 일상(평상平常)으로 읽은 것이다. 만일 자기 경외(신독愼獨)로 천天을 섬기고, 상호성의 실천(강서强恕)으로 인仁을 구하며, 또 능히 지속적인 노력을 쉬지 않고 밀고 나간다면, 이가 곧 성인聖人이다."

案, 今人欲成聖而不能者.厥有三端. 一認天爲理. 一認仁爲生物之理. 三認庸爲平常. 若愼獨以事天. 强恕以求仁. 又能恒久而不息.斯聖人矣.

다산은 주자가 유교의 목표에 이르지 못한다고 비평하고, 그 근본 이유로 세 가지를 들었다. 도표로 정리하면 다음과 같다.

	주자	다산
1	인천위리認天爲理 →	신독이사천愼獨以事天
2	인인위생물지리認仁爲生物之理→	강서이구인强恕以求仁
3	인용위평상認庸爲平常→	우능환구이불식又能恒久而不息

여기 우선, '성聖'의 의미를 유의할 필요가 있다. 주자학에서 성은 세속적 의미로 쓰였다. 하늘(자연)로부터 받은 자신의 성품을 잘 발양하여, 유교적 노력인 '학습'을 통해 최고의 성숙을 이룬 다음, 최상의 통치를 펼친 사람을 가리킨다. 요순이 그 전형이고, 공자 또한 당연히 그 이름으로 추앙받았다. 군왕은 마땅히 이 덕성을 갖춘 자라야 하기에, 임금을 가리키는 수식어로도 쓰였다. 퇴계의 《성학십도》나 율곡의 《성학집요》의 제목이 이 뜻 을 잘 알려 주고 있다.

조현범 교수에 따르면 가톨릭의 전래와 더불어 이 개념은 '초자연적' 인, 신적인 거룩함을 뜻하게 되었다. 그로 하여 성聖은 자신의 인문적 노력을 통해 도달할 수 있는 경지가 아니라 초자연적 존재인 천주의 속성과 관련된 개념으로 전환되었다. 즉 성聖은 라틴어 sanctus의 번역으로 정착되었다. 조 교수는 정하상의 〈상재상서上宰相書〉에 나타나는 성인聖人, 성경聖經이 이 의미 위에 쓰여졌다고 증언한다.

2. 이교도 율리아누스

다산은 왜 주자학을 실패로 규정하고 있을까? 그 진단은 정당한가? 문득 주자학의 이념을 전형화한 적절한 '모델'이 없을까 하는 생각이 들었다.

최근 윌 듀런트의 《문명 이야기》 가운데 중세를 다룬 4권 《믿음의 시대》 안에 4세기의 이교도 황제 율리아누스 황제의 간략한 전기를 접하게 되었다. 그의 고전학과 철학적 훈련, 그리고 군사와 행정의 활약, 그리고 그 성공과 한계, 때 이른 죽음에 임하는 자세를 보며, 그가 '익명의 주자학자'인 듯한 데자뷔를 느꼈다. 참고로 정리해 보면, 율리아누스는 332년에 태어났다. 어려서부터 성자가 되려는 성향을 보였다. 7세에 고전문학과 철학에 몰두했고, 신학적 토론을 했으며, 17세에 이교도로 비밀리에 개종했다. 콘스탄티누스 황제의 질시로 아테네로 유배되었다. 그는 이것을 기회로 생각했다.

356년 황제의 명으로 콜로냐의 게르만족을 격퇴하고, 파리로 입성했다. "책만 읽던 서생이 군사 정치의 전문가로 변신하는 것을 보고 다들 놀라워했다."

360년 황제가 갈리아의 군사를 페르시아로 보내라는 명령을 내리자 불복하고, 그를 따르던 병사들과 로마로 진군했다. 때마침 황제는 죽고, 무혈 입성하여 새 황제가 된다.

자신을 '예리한 지성' 등으로 추어올리자, 그는 '볼품없는 얼굴에 괴팍한 성미'라고 스스로를 깎아 내렸다.

소탈한 복장, 간소한 밥상, 난방이 없는 방, 딱딱한 의자에서 지냈고, 외설극을 멀리했다. 고결한 인품, 금욕주의, 헌신적 태도로 존경을 받았다. 원로원을 존중하고 그 지지를 이끌어 냈다. 행정 업무는 새벽부터 저녁까지 이어졌다. 특히 판결에 뛰어난 재능을 보였고, 공평무사했다. 잘못이 있으면 바로 시인했고, 재판의 결과에 승복했다.

"통치에 대한 열정은 나의 철학에서 나온다"면서도, "한가하게 방해받지 않고 철학을 하기를 꿈꾸었다."

그는 《성경》이 앞뒤가 맞지 않는다고 비평했다. "하나님은 이브가 타락할 것을 몰랐고, 또 인간의 영생을 시기했다."는 것. 그는 "잔혹하기는 기독교도나 짐승이나 매한가지"라고 탄식하기도 했다. 그럼에도 그는 무신론자를 "금수와 다름없다"며 경멸했다.

"물질세계의 육체는 악한 장애물로 선한 것을 보지 못하게 한다. 이 감옥에서 해방되기 위해서는 자비와 선, 그리고 철학의 역할이 필요하다." 그는 로고스와의 혼연일체를 꿈꾸었고, 영적 실체와 법칙을 사유했다. 그리고 그것이 궁극에는 자신 속으로 몰입하는 길이라고 여겼다.

그는 백성들에게 윤리적 쇄신을 촉구했다. "그대들이 내게 어떤 행동을 원한다면 그대들도 그렇게 하라." "그대들은 서로 나누고, 약자들을 보살피라. 심지어 악한 사람들에게도 ……"

풍자와 유머도 잊지 않았다. 뺨을 얻어맞은 어느 기독교도에게 "성경은 다른 뺨을 대 주라 하지 않았더냐?"고 웃었다.

그러나 황제에게 특권을 뺏기고 상처받은 무리들은 '틈을 엿보고 있었고,' 황제가 총애하는 사람들은 그에게 무관심했다. 이교는 젊은이들에게 자극을 주지 못했고, 그들의 슬픔을 위로하지도, 희망을 주지도 못했다. 그가 한 일들은 교육받은 사람들이나 이해할 수 있었고, 이들에게도 '신앙'으로는 어필하지 못했다.

　페르시아 원정 때, 안티옥 주둔지의 곡물이 폭등했고, 곡물을 수입하고 물가를 묶어두자 상인들이 들고 일어났다. 병사들과 같이 먹고 자고 전투의 제일선에서 싸웠는데, 거짓 포로로 잡힌 귀족의 술수에 넘어가 페르시아군을 쫓다가 창에 찔리고 말았다. 그는 임종의 자리에서 말한다.

　　"슬퍼하지 마시오. 드디어 때가 왔소. 이승을 떠날 수 있는 때가 자연의 부름에 따라 자연의 품에 안길 수 있다는 것이 기쁘오." 그는 위엄을 잃지 않고, 흐느끼는 병사들을 꾸짖었다. "군주가 부름을 받고 하늘과 별들과 하나가 되려는데, 어찌 슬퍼하느냐." 그는 영혼의 고결함에 대하여 현학적인 대화를 하다가 눈을 감았다. 그의 나이 이제 서른둘이었다.[1]

　율리아누스의 삶과 태도가 주자학과 겹치는 지점을 다음과 같이 정리해 본다.

① 철인 정치가

〈교육〉
고전 교육(*사서오경四書五經의 독서, 삶의 기술로서의 학문學問)
〈철학〉 – 근엄한 신학 배제
이교도와 성서 고등비평(*신학을 배제하고, 합리와 인문으로 성숙)
그렇지만 '무신론'은 아니다!(*"이理는 서양의 신에 해당한다." 라이프니츠, 《중국의 자연신학》)

---

1 월 듀란트, 왕수민 등 역, 《문명 이야기》 신앙의 시대 4-1, 민음사, 2013. 39~58쪽 정리.

〈정치〉 – 정치가의 술수를 혐오
정치 : 군사와 행정, 재판관으로서의 역량(*군주의 내성외왕內聖外王. 동시에 사대부의 이념. 즉 수기修己 + 치인治人의 통합 이상)

〈생활〉
소탈하고 단순한 삶 : 소박한 옷차림, 음식, 침대. 고결한 성품(*소학小學)

〈윤리적 쇄신〉
육신은 영혼의 장애물(*이理와 기氣의 길항, 특히 퇴계)
자기 자신으로 가는 길(*위기지학爲己之學)
영적 실체와 법칙의 사유(*격물치지格物致知)
로고스와의 합일(*천인합일天人合一)

〈황금률〉
"그대들이 내게 어떤 행동을 원한다면 그대들도 그렇게 하라."(*유교는 이를 충서忠恕라 부른다. 子貢問曰, 有一言而可以終身行之者乎? 子曰, 其恕乎! 己所不欲, 勿施於人.)

〈공동체〉
" 그대들은 서로 나누고, 약자들을 보살피라. 심지어 악한 사람들에게도 …… "(*특히, 장재의 《서명西銘》)

〈삶과 죽음〉
소크라테스적 평정, 수용(*역시, 장재의 〈서명〉 마지막 구. 존오순사存吾順事, 몰오녕沒吾寧.)

〈유머 감각〉 – 이건 좀 약한 듯. 주자학의 근엄이 에코의 《장미의 이름》의 호르헤 수도사처럼 웃음을 지우게 했나?

② 다음은 이 체제의 약점이다.

〈종교적 상상력〉
교육받은 계층에게만 유효.(*유교 엘리트주의. 비대중적.) 위로와 희망을
주지 않는 차가운 체계(*주자학 또한 그렇다. 종교라기보다 철학)

〈자연적 욕구를 제어할 수 있을까〉
안티옥에서처럼, '도덕적 통제'가 설득되기 어렵다.(*그래서 수주대토守株
待兔, 일찍이 법가로부터 조롱을 당했다. 안자晏子는 공자를 배척했고,
천하를 주유했지만 공자는 빈손으로 고향으로 돌아올 수밖에 없었다.)

③ 평가

이 도道는 전혀 다른 정치적 환경에서도 유효할까?
만일 유도有道한 세상이 아니라면, 질서가 무너지고 혼란이 가중되면,
이 철인정치의 이상은 버티기 어렵지 않을까.
더구나 통치자나 교육받은 엘리트들이 철학적 훈련을 소홀히 하고, 지
식을 오남용하고, 파당으로 기득권을 사유화한다면 ……

3. 예언자, 광야의 목소리

　돌이켜 보면, 조선 전기, 주자학은 실용적이었고, 활력이 있었다. 그
이념과 교양으로 자신을 단련시킨 인물들로, 정도전, 세종, 퇴계, 율곡,
이순신을 들 수 있지 않을까 싶다. 정조 또한 기대와는 달리 새 정치의
기획을 이 인문적 철인정치의 원론 위에 세우고자 했다.

다산은 왜 이 체제에 비관적이었을까. 그는 자신의 시대가 "털끝까지 썩었고," 신아구방新我舊邦이라는 구호처럼 "완전히 새로운 혁신이 필요한 시대"라고 진단했다. 자신의 정치가적 기질과 그가 겪은 운명이 그로 하여금 '주자학 너머'를 생각하게 하지 않았을까.

무덤에 가져간 자신의 〈묘지명〉의 끝에서 그는 자신의 삶을 세 가지 코드로 정리하고 있다.

銘曰,
 － 荷主之寵, 入居宥密, 爲之腹心, 朝夕以昵.
 － 荷天之寵, 牖其愚衷, 精研六經, 妙解微通.
 － 憸人旣張, 天用玉汝, 斂而藏之, 將用矯矯然遐擧.

첫 구가 임금 정조와의 인연, 둘째 구가 하늘의 은총(荷天之寵), 그리고 마지막 구절이 악인들의 득세와 자신의 부당한 운명에 대한 의연한 결기를 담고 있다.

그는 시대를 비관했다. "유교의 이상은 묻혔고, 주자학은 무능했다." 가 그의 진단이었다.

베드로가 사역을 시작하자, 재산을 처분하고 공동체로 찾아온 사람들이 말한다. "부패와 비참의 한 가운데에서, 하느님의 나라가 온다는 소리를 들었다." 정치적 부패와 로마의 압제, 사람들은 죽어 나가고, 산 사람들은 차라리 그들을 부러워할 때, 사람들은 무엇을 붙들 것인가?

하늘나라를 꿈꾸고, 자신들을 구원할 메시아를 기다린다. 그들은 예언자들의 목소리에 귀기울이고, 광야에서 울리는 외침을 듣는다.

다산의 목소리는 이들 예언자를 닮아 있다. 그의 시 한 수를 소개한다.

*근심이 들다憂來 12장

弱齡思學聖 어릴 적에는 (겁 없이) 성인을 꿈꾸었고
中歲漸希賢 어른이 되면서 현자(정도)를 바랐지
老去甘愚下 늙고 보니, 그저 어리석은 노인네일 뿐이라
憂來不得眠 그 자책에 잠 못 든다네.

一顆夜光珠 한 알 야광주를
偶載賈胡舶 잘못 오랑캐 배에 실었다가
中洋遇風沈 풍랑을 만나 그만, 침몰
萬古光不白 영원히 그 빛을 다시 보지 못하네.

脣焦口旣乾 입술은 타고 입은 말라
舌敝喉亦嗄 혀는 갈라지고, 목은 꺽꺽
無人解余意 아무도 내 마음 알아주는 이 없고
駸駸天欲夜 점점 어둠은 깊어지네.

醉登北山哭 취해 북산에 올라 울부짖으니
哭聲干蒼穹 곡소리 하늘 끝을 치고 올라
傍人不解意 옆 사람은 내 마음 알 리 없어
謂我悲身窮 그저 궁박한 신세를 한탄하는 줄 알아

酗詬千夫裏 취해 떠드는 수많은 사람들 속에
端然一士莊 꼿꼿이 단정한 선비 한 사람
千夫萬手指 그를 온 사람이 손가락질하네.
謂此一夫狂 이거, 순 미친놈 아냐?

강진에 유배된 지 서너 해, 다산의 시 가운데 이처럼 격한 작품은 예외적이다. 시대에 대한 울분과 유배된 자신의 운명이 한자리에 녹아 있다. 그는 자신을 '울부짖는 자'로, 남들이 손가락질하는 '미친 사내'로 묘사한다.

"어둠은 깊어지고, 아무도 내 말에 귀를 기울이지 않는다!" 다산의 절규는 타락한 도시를 질타하는 구약의 예언자 이사야의 목소리를 떠올리게 한다.

다산 만년의 시 한 수는 더욱 극적이다.

*한낮의 매미 소리(선금삼십절구蟬唫三十絶句, 1829)

榮花亭畔數枝蟬　(집 앞) 채화정 가지에 매미 몇 마리
品石亭前蟬滿天　품석정에는 많이도 모여 있네
藉使暑天無此物　찌는 무더위, 이들이 없다면
寥寥六合只如眠　온 천지, 쥐 죽은 듯 적막하리
……

臥柳經燒已朽心　굽은 버드나무, 스친 불길에, 속은 이미 썩었고
數枝衰颯不成陰　앙상한 성근 가지, 그늘도 드리울 수 없는데
枝頭尚作泠泠語　거기 끝에, 아직 앵앵 울고 있는 매미
強似中郎焦尾琴　'불에 그슬린 거문고'를 닮았다고 할까
……

一片年光似水流　강물따라 흘러간 시간의 파편
生來未許識春秋　허여된 것은 오직 여름 한철
縱然聲滿今天地　지금, 온 세상을 소리로 덮고 있지만
只是形骸不久留　이내 몸, 오래 가지는 않겠지

是身微賤本來空　미천한 이내 몸
宛轉灰堆糞壤中　거름 더미 속으로 굴러떨어지겠지
舌敝脣焦那可惜　혓바닥이 닳고, 입술은 타도, 후회하지 않아

畢生唯有頌皇穹 내 삶은 오직 저 하늘 궁륭을 노래하는 것

……

說與萬人無解者 아무리 외쳐도 알아듣는 이 없네

不如緘口度殘齡 입 다물고, 남은 세월 흘려보내는 게 낫겠지?

4. 명상이냐 행동이냐

불평등과 폭력이 판치고, 탐욕과 기만이 득세하는 세상의 절망을 어떻게 건질 것인가. 앞에서 그가 정리해 둔 주자학과의 대치항을 다시 보기로 하자.

	주자	다산
1	인천위리認天爲理 →	신독이사천愼獨以事天
2	인인위생물지리認仁爲生物之理 →	강서이구인强恕以求仁
3	인용위평상認庸爲平常 →	우능환구이불식又能恒久而不息

1) 다산의 사유는 이를테면 자연[理]이 아니라 신[天]에 기초하고 있으며, 단순화하자면, 2) '명상[인인위생물지리認仁爲生物之理]'이 아니라 '활동[강서이구인强恕以求仁]'이 덕의 토대임을 강조한다. 3) 그리고 그 덕성은 일상의 자연[평상平常]이 아니라, 쉬지 않는 적극적 노력[항구이불식恒久而不息]을 요한다. 주자가 '철학적'이라면, 다산은 '정치적'이다. 주자학에서 다산으로 전환은 명상적 삶 대 활동적 삶이라는 고전적 대비로 정리할 수 있다.

가령 《대학》을 보자. 주자는 명덕明德을 자신의 내면의 빛과 대면하라는 일종의 명상(정좌靜坐)적 권고로 읽었고, 신민新民은 그 대면의 사

회적 선포와 설득으로 읽었다. 다산은 이것이 《대학》의 근본 오독이라면서, 명덕의 기본의미는 효제자孝弟慈의 친족적 덕목, 사회적 행동이라고 역설했다.

다산은 정조의 질문에 대해 "대학大學의 첫머리 명덕明德이 효제자라는 것, 이것이 분명해야 전체의 뜻을 분명히 읽을 수 있습니다."라고 대답했다. 정조가 그를 1등으로 올렸는데, 채제공이 이 해석이 주자의 것과 어긋난다고 2등을 주었다. 다산은 이 억울함을 나중 자신의 《대학》 해석에서 생생하게 적어 두었다. "벌써 24년 전의 일이네."

《중용》 또한 마찬가지이다. 주자의 중용 해석은 역시나 명상에 기초하고 있다. 미발未發과 이발已發이 조선 유학의 중심 논제였던 것을 기억할 것이다. "희로애락의 감정이 발로하기 이전(의 균형)을 중中이라고 한다(喜怒哀樂之未發 謂之中)" 여기 미발未發은 외계의 자극에 대해 감정적으로 반응하기 이전이면서, 사려미맹思慮未萌이라 반성적 의식이 발동하기 이전의 상태를 가리킨다.

율곡이 《성학집요》에서 정리한 것을 들어보자.

> "신이 생각컨대, 미발의 시절이란 이 마음이 고요〔寂然〕하여 한 터럭의 사려思慮도 없는 것을 말합니다. 다만 이 고요의 한가운데에서도 지각知覺은 불매不昧, 곧 자각의 끈은 환하게 유지됩니다. 이곳은 극히 포착하기 어렵습니다. 다만 '자각의 지속적 유지〔敬〕'를 통해 이 마음을 지키고, 함양涵養이 오래 쌓이면 스스로 확신이 올 것입니다. 자각을 통한 함양은 다른 기술이 아니고, 단지 고요히〔寂寂〕 사념을 잠재우고, 또렷이〔惺惺〕 혼매에 빠지지 않는 일입니다."

오해 하나는 짚어 두어야 한다. '생각〔思慮〕'이 끼어들 수 없다고 했더니, 혹시 아무런 '의식'이 없는 상태냐고 되묻는다. 그렇지 않다. "자는 사람을 흔들어 깨워서 어리버리 잠깐 정신 못 차릴 때, 그때를 미발이라 할 것이냐?"

미발에서 의식의 스위치는 켜져 있다. 나아가서 사물에 대한 지각도 열려 있다. "

미발시未發時에도 보고 듣느냐"는 물음에 율곡은 이렇게 답했다.

> 보고 듣되 이에 따라 '염려念慮'가 일어난다면 미발未發을 흐트리게 됩니다. 눈앞을 지나가는 사물을 보고도 '보고 있다는 마음'을 일으키지 않고, 들으면서도 '듣고 있다는 마음'을 일으키지 않을 때가 미발입니다. 이처럼 견문見聞은 있되, 사유思惟를 짓지〔작作〕 않으면, 미발을 다치지 않습니다.
>
> 臣按, 未發之時, 此心寂然, 固無一毫思慮, 但寂然之中, 知覺不昧, 有如沖漠無眹, 萬象森然已具也. 此處極難理會, 但敬守此心, 涵養積久, 則自當得力. 所謂敬以涵養者, 亦非他術, 只是寂寂不起念慮, 惺惺無少昏昧而已. ○或問, 未發時, 亦有見聞乎. 臣答曰, 若見物聞聲, 念慮隨發, 則固屬已發矣. 若物之過乎目者, 見之而已, 不起見之心, 過乎耳者, 聞之而已, 不起聞之之心, 雖有見聞, 不作思惟, 則不害其爲未發也.

요컨대 미발未發이란 의식도 있고, 지각도 열어 놓아 견문이 이루어지되, 거기에 대한 감정적 반응이나 계산적 염려가 아직 발호하지 않는 경지를 가리킨다.

불교에 익숙한 사람은 이 말을 듣고 나서 데자뷔, 어디선가 익숙한 느낌이 들 것이다. 초기 팔정도八正道의 정념正念에서 출발한 불교 공통의 수련법이 이것이다. 초기 경전에는 《염처경念處經》에 집약되어 있다. 이 명상법의 핵심은 특히 Nyanaponika Thera의 The Heart of Buddhist Meditation에 탁월하게 집약되어 있다.[2]

다산은 주자학의 기초인 '명상〔경敬〕'을 집요하게 뒤흔든다. 《대학공의

---

2 한형조, 《성학십도, 자기 구원의 가이드맵》, 제9 경재잠 해설 참고.

大學公議》의 목소리가 대표적이다.

> 불교의 **치심법**治心法은 **치심**治心으로 **사업**事業을 삼고, 우리 유가의 **치심법**治心法은 **사업**事業으로 **치심**治心을 해나간다. **성의정심**誠意正心이 비록 **학자**學者의 **극공**極工이나, 늘 일을 통해서 **성지**誠之하고 일을 통해서 **정지**正之하는 것이지, **향벽관심**向壁觀心하여 그 **허령지체**虛靈之體를 스스로 점검하여 **심연공명**湛然空明. 먼지 하나 묻지 않게 하는 것을 **성의정심**誠意正心이라 하지 않았다.

> 佛氏治心之法. 以治心爲事業. 而吾家治心之法. 以事業爲治心. 誠意 · 正心. 雖是學者之極工. 每因事而誠之. 因事而正之. 未有向壁觀心. 自檢其虛靈之體. 使湛然空明. 一塵不染. 曰此誠意 · 正心者.

위에서 보듯, 다산은 사회적 행동을 통한 덕德의 축적을 강조한다.

5. 신神의 역사役事 vs. 자연自然의 주재主宰

다산이 상제上帝 신학을 끌어들인 이유가 여기 있다고 나는 생각한다. 윤리는 본성의 자연적 발현이 아니다. 그것은 힘든 선택과 인위적 노력의 산물이다. 선한 행동이 의무라면, 거기에는 초자연적 권위나 명령이 필요하다.

천天을 내세운 다산의 복고적 해석은 가톨릭이나 기독교, 그리고 유대, 이슬람 등의 신학에서 익숙하게 보아 왔던 것이다. 이 점에서 다산은 서교西敎와 완전히 결별하지는 않는다. 다산의 윤리적 설계는 복잡하지 않고 단순하다. 인간은 자신의 욕구〔인심人心〕를 갖고 있고, 또 이와 다른 지평에 그것을 넘어서는 지향[도심道心]이 있다. 여기 신의 목소리가 있다. 인간만이 영과 육 사이에서 갈등한다.

위의 대치항 가운데 첫 항목이 그 뜻을 분명히 하고 있다.

1) 인천위리認天爲理   →   신독이사천愼獨以事天

주자는 천天을 이리로 등치시켰다. 종교적 관념을 과학적 원리로 이해했다고 할까. 주자는 인간의 윤리적 행동 또한 인간 본성의 자발성 위에 있다는 점에서 우주 자연과 마찬가지로 필연성의 성격을 갖는다고 역설했다. 그에 따르면 과학[소이연所以然]과 윤리[소당연所當然]의 세계는 하나이다.

주자학에서 이리는 기독교의 신(God)에 해당한다. 라이프니츠는 중국의 선교사들의 무신론적 해석에 대해, 거꾸로 "이리는 모든 것을 보고, 모든 것을 알며, 모든 것을 하는 지적 본성이라 할 수 있다."(*Discourse on the natural theology of the Chinese*)고 선교사들을 머쓱하게 했다.

그러나 이 이리는 초월적 인격은 아니어서, 인간의 운명을 시험하거나, 심판에 나서지 못한다. 그것은 다만 자연성 자체이다. 이리는 자연의 법칙을 넘어서 기적을 행사할 수도, 사후 세계에서 인간의 행동을 심판하지도 않는다. 그것은 이를테면 "그것이 있다면, 거기 이리가 있다"는 것에 가깝다. 주자의 선배 정이천은 이렇게 말했다.

"어떻게 선한 사람을 복주고, 악한 사람을 죄줍니까?" "이것은 자연의 이리일 뿐이다. 선한 사람을 복을 받고, 악한 사람을 화를 받는다." "천도天道는 어떻게 생각하십니까." "그 또한 이리이다. 이리가 곧 천도天道이다. '황천이 진노했다'고 할 때 저 위에 어떤 사람이 있어서 진노하는 것이 아니다. 다만 이리가 그렇다는 것뿐." "지금 사람들의 선악의 과보는 어떻습니까." "그건 운에 달려 있다."

棟問, 福善禍滛如何. 曰: 此自然之理. 善則有福, 滛則有禍. 又問天道如何, 曰: 只是理. 理便是天道也. 且如說皇天震怒, 終不是有人在上震怒, 只是理如此. 又問, 今人善惡之報如何, 曰: 幸不幸也.

앞에서 든 두 번째 항목을 눈여겨 보시기 바란다.

2) 인인위생물지리認仁爲生物之理 → 강서이구인强恕以求仁

인仁은 유교의 최고 이념이다. 천天이 근거였다면, 인仁은 목표이다. 근거를 서로 달리 읽었으므로, 목표 또한 서로 다른 길을 가게 되었다.

주자는 "인仁을 생명을 낳는 원리(생물지리生物之理)로 생각했다." 즉 주자는 인仁이 인간 내부에, 아니 인간만이 아니라 사물의 본성 속에 자리 잡고 있다고 말한다. 부언하자면 인간의 윤리적 행동은 자기 속에 있는 자연성의 발로이지 외적 강제가 아니라는 것.

앞에서 주자가 과학과 사물의 필연성 위에 윤리학을 구축했다고 말한 바 있다. 사람을 사랑하는 것은 인간 내부에 인仁의 존재가 있기 때문이며, 정의감 또한 인간 내부에 있는 의義의 본성이 발현된 것이라고 말한다. 인간뿐만 아니다. 동물들 또한 일부, 또는 불완전하게나마 이들 본성을 공유하고 있다. 가령 호랑이의 자식 사랑(인仁)이나, 개미나 벌들의 공동체의식(의義)은 인간보다 더 놀라운 바가 있지 않은가. 문제는 이들 본성들이 여러 사정으로 온전히 발현되지 않는 데 있다. 이 장애물은 여러 곳에서 온다. 생래적인 것도 있고, 후천적 환경에서 오는 것도 있다. 이들 '기질氣質'의 장애로 말미암아, 선한 본성은 가려지고, 방해를 받는다. 이를 제거하는 것이 덕성의 함양이고, 윤리학의 과제이다. 율곡이 이를 한마디로 '기질 고치기(교기질矯氣質)'라고 했다. 이를테면 본성을 자각하고, 성격적 결함을 고쳐 나가면 인간의 감정과 의지, 행동이 본래의 빛과 자연성을 발현해 나갈 것이라는 믿음이다. "솔개는 하늘에서 날고, 물고기는 연못에서 뛴다." 그 생명의 약동이 윤리학의 과제이다. 그 훈련의 중심에 명상과 자기정화의 노력이 있다는 것은 앞에서 말한 바 있다.

다산의 생각은 다르다. 그는 당위와 필연의 세계를 구분한다. 동물이 본능의 닫힌 기제 속에 있다면, 인간만이 윤리적 선택을 하며, 오직 거기서만 덕성을 말할 수 있다. 인간의 덕은 오직 인간과 인간 사이에서 일어난다. 그것을 형상화한 말이 바로 인仁이다. 이 유교의 이념은 주자처럼 인간 내부의 '본성'으로 주어진 것이 아니라, 글자가 가리키는 대로 인간 사이의 '관계(이인二人)' 속에서, 적절한 행위를 통해, 곧 이기적 선택이 아닌 타인에 대한 배려와 공동체의 고려를 행동화할 때(덕德=행직심行直心) 비로소 성립한다. 인仁은 타고난 선물이 아니라, 순간순간의 선택을 통해 구축되고 형성된다.

인仁은 자연성의 발현이 아니라 인위적 노력의 산물이다. 이를 집약하고 있는 말이 앞의 "강서이구인强恕以求仁"이다. "서恕를 강하게 밀어붙여 인仁을 구한다"라는 뜻이다. 서恕는 《논어》에서 공자가 말하듯이 "내가 원하지 않으면 남에게 시키지 마라." 또는 적극적으로 "내가 서고 싶은 곳에 남을 세워 주며, 내가 가고 싶은 곳에 남이 가게 한다."는 취지이다. 배려 또는 상호성으로 번역될 수 있다. 그것은 안회에게 말했듯이 극기복례克己復禮, 나를 넘어서는 길이고, 오직 행동을 통해서 발현된다.

다산은 주자가 이 최고 덕목을 자기 내적 본성으로 환원시킴으로써 유교의 도道가 묻혀 버렸다고 탄식한다. 이로써 진정한 덕성의 함양도 바람직한 정치적 질서도 기대할 수 없게 되었다는 것. 그 연장선에 조선조 정치의 실패가 있다고 그는 생각한다. 그가 경세학經世學보다 더 경학經學의 중요성을 말하는 까닭이 여기 있다. 다산은 자신을 아득해진

공맹 유교의 진실을 찾아, 선왕先王의 도道를 회복하려는 사람으로 정위
定位했다.

6. 《논어고금주》, 철학에서 정치로

다산은 신학적 명령(양심, 중세 교회의 법, 사회적 에토스)을 끌어들이
고, 법가적 규율(법과 제도, 감옥, 타인의 시선)을 고취했다.

주자학과 다산의 길은 여기서 갈라졌다. 주자는 철학자, 다산은 정치
가였다. 주자는 성자를 꿈꾸었고, 다산은 정치가를 육성시키고자 했다.
이 꿈이 현실에서 좌절되고, 자신이 바로 그 정치의 희생이 되었을 때,
그는 예언자가 되었다.

위의 세 번째 항목을 보자.

인용위평상認庸爲平常   → 우능환구이불식又能恒久而不息

철학자는 명상을 통해 자신을 정화해 나가며, 그 지평은 '일상(평상平
常)'을 떠나지 않는다. 그러나 정치가는 '나날의 노력(중용中庸)'을 통해
현실의 문제를 해결하고, 미래를 열어가야 한다. 그것은 남다른 식견에,
정치적 기술과 리더십의 발휘를 요한다.

두 사상가의 격렬한 대치는 《논어》에서 더욱 치열하다. 다시 정리하
자면 가령 인仁이라는 유교 최고의 이념을, 주자는 자기 정화(무사욕無私
欲)를 통한 회복의 대상으로 읽은 데 대해, 다산은 '사람을 사랑하는(애
인愛人)' 사회적 덕성의 지평을 역설했다.

이 대치는 《논어》 전체의 해석을 통해서 어김없이 드러난다. 《논어고
금주》에 나오는 몇 사례를 참고로 보여 드리고자 한다.

1) '정직한' 사나이

누가 식초를 빌리러 왔다. 마침 자기 집에 없을 때, 이웃집에서 빌려다 주어야 할까, 아님 그냥 "없다"고 정직하게 말해야 할까.

> **공자가 말씀하셨다. 누가 미생고가 정직하다고 말하나. 누가 식초를 구하러 왔을 때, 이웃에서 얻어다가 주었다.**
>
> 子曰, 孰謂微生高直. 或乞醯焉, 乞諸其鄰而與之.

주자는 공자보다 한발 더 나갔다. "없으면 없다 하고 말것이지... 이를 기회로[곡의순물曲意徇物], 선행을 노략질하고, 은혜를 팔았다[략미시은掠美市恩]"는 것이다.[3] 바늘 도둑이 소도둑 되고, 작은 일을 보면 큰일을 짐작할 수 있다는 예언(?)까지 했다.

주자의 질책은 무섭다. 바늘 끝 하나 들어갈 틈이 없어 보인다. 정색을 하고, 인간의 불순한 심리적 동기와 역동의 기미를 싹을 잘라 놓아야 한다고 다그친다.

다산의 평가는 좀 다르다.

> **이웃집에 가서는 당연히 "내가 쓸 것"이라고 말했을 것이다. 이웃은 생판 모르는 사람에게 식초를 내주지 않을 것 아닌가? '정직'보다 이웃을 위한 '배려'가 더 큰 덕이 아닐 것인가?**
>
> 案. 有人於此, 其父母疾困, 乞藥於我, 我之所無, 鄰則有之, 我與鄰好, 彼所不知, 則將乞諸鄰而與之乎, 抑隣而却之乎. 轉乞以應求, 自亦常事, 仍是厚風, 聲

---

3 朱子, 《論語集注》, "夫子言此, 譏其曲意徇物, 掠美市恩, 不得爲直也. 程子曰, 微生高所枉雖小, 害直爲大. 范氏曰, 是曰是 非曰非 有謂有 無謂無, 曰直. 聖人觀人於其一介之取予, 而千駟萬鍾從可知焉. 故以微事斷之, 所以教人不可不謹也."

罪致討, 恐非本意. 硜硜小信, 君子不取. 微生以一言無錯, 自命自標, 孔子戲拈
此事, 以證其不能盡直. 蓋其乞鄰之時, 不得不詐言其自用耳, 斯之謂不直.

(다산, 《논어고금주》)

다산은 공자의 언사가 미생고를 질타하고 쥐구멍으로 몰이넣는 어투
가 아니라고 생각한다. 미생고가 스스로 정직하다느니, 잘난 척을 하고
다니니, 슬몃 가랑이를 잡았다는 것이다. 그렇지만 미생고의 행동은 칭
찬 받을 일이지, 비난받을 일은 아니지 않은가.

다산은 말한다. "인仁이란, 누구에겐가 실질적으로 도움을 줄 때 비로
소 성립한다."

주자는 인仁을 '사욕 없음(無私欲)'으로 생각했다. 다산은 이에 대해
인仁이 '사람을 사랑하는 일(愛人)이라고 공자의 입을 빌려 말했다. 주자
가 이를테면 심정 윤리 쪽에 가깝다면, 다산은 책임 윤리를 강조했다.

2) 경敬이란 무엇인가?

《논어》〈학이學而〉편에는 리더십의 요체에 대한 언급이 있다.

> 공자가 말했다. "천승千乘의 나라를 이끌기 위해서는, 경사敬事하고, 신뢰
> 를 얻으며, 절용節用하고 애인愛人하며, 백성들을 때에 맞추어 부려야 한다."
> 子曰, 道千乘之國, 敬事而信. 節用而愛人. 使民以時.

위의 번역은 주자의 주석에 따른 것이다. 경敬은 주자 학문의 중심이
다. 《집주》는 이렇게 적고 있다.

> 敬者. 主一無適之謂. 敬事而信者. 敬其事而信於民也. …… 楊氏曰, 上不敬

則下慢. 不信則下疑. 下慢而疑. 事不立矣. 敬事而信. 以身先之也 …… 然此特論其所存而已. 未及爲政也. 苟無是心. 則雖有政. 不行焉. 胡氏曰, 凡此數者. 又皆以敬爲主. 愚謂五者反覆相因. 各有次第. 讀者宜細推之.

주일무적主一無適은 정신의 집중과 깨어 있음을 가리킨다. 즉 '명상'의 핵심이다. 이 정신의 성채가 견고하지[存存] 않으면, 유효한 정치를 기약할 수 없다고 주자는 강조했다. 그는 경사敬事를 정치적 실무를 다루기 전의, 정신의 자기 내적 태도로 읽은 것이다.

다산은 전혀 다른 해석을 제시한다. 경사敬事는 '정책을 신중하게 펼치는 것'이라는 것. "문제를 깊이 숙고하고, 정책을 펴되, 그 폐단까지 예측하고 대처해 나가는 정치행위"라는 것이다. 그런 책임을 감당할 때 백성들의 신뢰[信信]가 따라올 것이다.[4]

다산이 철학에서 정치로, 내면에서 외면으로 공자상을 이동시킨 흔적들은 《고금주》 곳곳에 낭자하다. 이것을 그의 '실학적' 면모라고 부를 수도 있겠다. 예를 하나 더 들어보자.

3) 불욕不欲이란?

계강자가 도둑을 걱정하며 공자에게 해결책을 물었다.

> **계강자가 도둑을 걱정해서 공자에게 물었다. 공자가 대답했다. "진정 그대가 '탐욕하지 않다면(不欲)' 비록 상을 주더라도 백성들이 도적질하지 않을 것입니다."**
>
> 季康子患盜, 問於孔子. 孔子對曰, 苟子之'不欲', 雖賞之不竊.

---

4 補曰, 敬事, 謂慮其始終, 度其流弊也. 然後行之, 無所沮撓, 則民信之矣.

이 번역 또한 주자의 해석을 따른 것이다. 둘의 주석 차이를 보자.

   -주자 (《집주》): 言子不貪欲, 則雖賞民使之爲盜, 民亦知恥而不竊.
   -다산 (《고금주》): 案無論聖人辭不迫切... 安得面罵之如是乎. 不欲, 謂康子不
     欲民之竊盜也. 誠能不欲其竊盜, 則必能淸化源而厚民生.【崇教化而薄賦斂】如
     是, 則雖賞之不竊也.

주자는 계강자의 탐욕을 문제 삼는다. "그대가 탐욕을 부리지 않는다
면, 백성들도 (그 모범에 감화되어) 도적이 되려 하지 않을 것이다." 다
산은 전혀 달리 해석한다. 면전에서 대놓고 탐욕을 질타하는 것은 예의
가 아니고, 무엇보다 "백성들을 도둑과 유랑민이 되지 않도록 지키는
것은 다름 아닌 정치의 힘"이라고 믿고 있기 때문이다. 즉 위의 《논어》
본문에서 '불욕不欲'은 "탐욕하지 않다면"이라는 뜻이 아니라, "(진정 그
들이 도적이 되기를) 원하지 않는다면"이라는 뜻으로 읽어야 한다는 것
이다. 정치를 통해 근원을 해결하고, 민생을 두텁게 해 나가는 리더십
을 발휘해 나가는 것이 도적을 근절하는 길이다.
   그는 이를테면 정치적 행동주의(political activism)를 무엇보다 강조한
다. 가령 순舜의 무위이치無爲而治에 대한 비평을 보자.

   4) 무위이치無爲而治

   공자가 말했다. "무위無爲로 정치를 한 사람은 순舜임금이다. 무엇을 따로
   할 것이 있었는가. 다만 자신을 공경히 하고, 남쪽을 향해 있었을 뿐이다."
   孔子曰, 無爲而治者, 其舜也與. 夫何爲哉. 恭己正南面而已矣.(《論語》,〈衛靈公〉)

주자가 이 구절을 액면 그대로 읽는데 대해, 다산은 이렇게 반발한
다. "순임금의 치적은 적재적소에 인재를 발탁하고, 그 성과를 살피며,
인사고과에 철저한 그 정치적 능력의 산물이다. 위 공자의 말은 그 철
저함과 치밀함에 대한 넘치는 찬사이지, 말 그대로 아무것도 하지 않고
손놓고 있으라는 권고가 아니다."

此謂舜得二十二人, 各授以職, 天下以治, 當此之時, 惟當恭己南面. 所以極言
人國之不可得人, 而贊歎欲羨之意, 溢於辭表, 其言抑揚頓挫, 令人鼓舞. 後之儒
者, 誤讀此文, 遂謂堯·舜之治, 主於無爲… 而庸陋菱劣之徒, 尸位竊祿, 務持大
體, 以文其短, 使萬機百度腐爛頹墮, 莫之振起, 皆此毒中之也. 嗚呼. 豈不悲哉.

무위無爲는 노장 이단의 지향이지, 유교는 위정爲政의 기술을 가르친
다. 그의 시선은 언제나 정치를 향해 있다. 그는 남녀의 로맨스까지 정
치적 맥락에서 읽는다.

7. 《논어고금주》의 전략

몇 가지 사례로도 주자와 다산의 《논어》가 서로 다른 길을 가고 있
음을 짐작할 것이다. 주자가 철학적이라면 다산은 정치적이다. 단순화하
자면, 주자가 개인과 내면에 치중하는 데 비해, 다산은 사회와 관계에
초점을 맞춘다.
　　주자가 《논어》의 맥락을 자신의 일상 위에서 재구축하고자 하는 데
견주어, 다산은 집요하게 발언의 맥락과 상대, 그리고 정황을 파고든다.

다산의 해석학이 빛나는 성취는 바로 이 근처에 있다.

다산의 《논어》는 기존의 인식을 크게 확장했다. 전략은 두 가지이다. 한편으로 이理에 근거하여 인仁을 내면화한 주자의 《집주》를 해체하고, 또 한편, 《논어》의 평면적 경화를 넘어서고자 한다.

요컨대 논어는 직설의 언어만 담아놓은 교훈집이 아니다. 공자는 상대와 상황에 따라, 역설과 반어를 썼고, 농담과 과장을 즐겼다. 때로는 변명조였고, 필요할 때에는 마음에도 없는 약속을 하기도 했다. 그동안의 논어 해석은 이 역동적 현장의 풍경을 놓친 것이 사실이다. 다산은 말한다.

> "《시》에 '농담도 잘하지만, 상처를 주지는 않아!'라고 했다. 성인께서도 때로, 농담(선학善謔)을 즐기셨다. 선유先儒들은 공자의 말씀을 오로지 진담(진실지언眞實之言)으로 받들어모셨다. 그건 아닐 것이다."
>
> 詩云, 善戲謔兮, 不爲虐兮. 聖人亦有時乎善謔, 先儒奉之爲眞實之言, 恐不然也.[5]

반죽이든 도자기든 새 형태를 빚으려면 밀가루와 흙이 말랑말랑해야 한다. 다산이 《논어》의 발언을 유연하게, 때로 농담과 거짓으로 해석함으로써, 한편, 공자의 상을 더 가변적으로 성형하고, 확장시킬수 있는 가능성을 크게 열어갈 수 있었다.

공자의 말은 때로 톤다운 해서, 때로는 허언 또는 농담으로 읽어야 한다, 거기 격앙과 과장도 있다는 것을 기억해야 한다.

이 유연과 확장이 《논어》를 역동적으로 읽고, 엇갈리는 공자의 발언들을 조화시킬 수 있게 해 준다. 그리하여 다산의 《논어》는 전혀 다른 독자적 해석의 지평을 열었다.

---

5 《논어고금주》 14-12, 子路問成人章

　조선에서 경전은 단순한 고전을 넘어, 일종의 헌법적 기능을 한다. 한 사회의 가치와 습속, 문화와 태도를 때로는 혁명적으로 바꾸는 도구이다. 실제 주자학이 행사한 역할을 보면 그 위력과 의미를 짐작할 수 있다. 다산의 경학 또한 그런 원대하고 근본적인 목표를 갖고 있다. 《논어》 해석이 주자의 《집주》의 권위를 대신했다면, 일상과 정치에서 어떤 변화가 일어났을까?

제9장

퇴계학맥(영학嶺學)과 다산의 성인聖人 담론, 그 이동異同의 문제

정순우

(한국학중앙연구원 전 석좌교수)

1. 서론

우리 학계의 다산에 대한 평가는 다양하다. 다산은 근본적으로 주자학적 세계관으로부터 크게 이탈하지 않았다는 주장에서부터, 《주례周禮》를 근간으로 하는 선진유학으로의 이행이라는 견해와, 한송유학의 절충적 성격을 지녔다는 논의로, 또는 서학적 경향성까지 실로 다양한 의견이 개진되고 있다. 다산의 사상적 특질을 두고 이러한 다양한 논의가 가능한 이유는 물론 다산 사상이 정초한 복합적이고 풍부한 토양에 기인한다. 이 논문에서는 이러한 논의의 토대를 살펴보는 작업의 일환으로, 퇴계 학맥과 다산 사상의 접합점을 그들의 성인담론을 중심으로 고찰해 보고자 한다. 종래에도 성호학파를 매개로 퇴계학맥의 적전을 잇는 영학嶺學과 근기남인의 학문인 기학畿學이 서로 사상적으로 접합되었다는 주장은 왕성하게 이루어졌다. 그러나 이러한 논의들은 아직 도통론적 차원의 계보학적 이해틀 안에서 다루어져 왔고, 특히 다산의 사상을 영학嶺學의 전체적인 흐름과 비교한 연구는 많지 않다.

특히 다산이 퇴계의 내성학內聖學을 어떻게 다루고 있는가 하는 점은 대단히 흥미로운 주제이다. 다산의 경세학적 측면, 말하자면 외왕학外王學의 독자적인 요소는 영학嶺學의 그것과 뚜렷하게 구별된다는 사실에 대해서는 이미 많은 논의가 축적되었다. 흔히 두 사람은 같이 유가의 이상인 '내성외왕內聖外王'의 실현을 꿈꾸나 퇴계의 철학은 '내성'에 무게 중심을, 다산은 상대적으로 '외왕'에 무게 중심을 둔 것으로 설명한다. 그러나 이러한 주장은 너무 논의를 단순화한 것이며, 다산 사상에 대한 일면적 이해에 지나지 않는다. 다산의 경학은 그의 고유한 내성학內聖學의 모습을 담고 있다. 그런 점에서 다산학에서 논의된 성인聖人 담론이 영학의 일반적인 흐름과 어떤 동이점同異点을 지니고 있는가 하는 점은 논의할 필요성이 있다.

다산은 〈도산사숙록〉을 통해 퇴계에 대한 존모의 뜻을 피력하였다. 그는 퇴계의 글을 평하면서, '그 깊은 뜻과 넓은 폭을 후생 말류로서는 감히 엿보거나 헤아릴 수 없는데, 이상스럽게도 마음이 편안해지고 생각이 가라앉아 혈육과 근맥이 모두 안정되어 안도감이 든다'고 하면서 '예전의 조급하고 거칠고 발월發越하던 기운이 점점 사라지니, 이 한 부의 책이 저의 병증에 맞는 약이 아닌가 싶습니다.'라고 술회하고 있다.[1] 그 스스로 퇴계의 글이 인간의 성숙과 수양에 관한 강한 힘이 있다는 사실에 동의하는 것이라 하겠다. 퇴계학이 그의 사상의 주요한 한 저수원이라는 사실을 스스로 밝힌 것으로 본다. 그럼 과연 그는 퇴계의 학설에 전면적으로 동의하는 것인가? 주자학에 대해 날카롭게 대립적 태도를 취하고 있으면서, 주자학에 바탕을 둔 퇴계학에 대해 존모의 자세를 취하는 것은 이론상 상호 모순적인 부분은 없는가?

이 문제에 대해 기존의 연구사에서는 매우 다양한 견해를 제출하고 있다. 먼저 이기론적 구도에서만 보자면, 다산의 학설은 퇴계보다는 율곡의 학설에 가깝다는 주장들이 대세를 이룬다. 특히 그가 만년에 쓴 《중용강의보》에서 퇴계의 견해인 '이발이기수지理發而氣隨之'의 입장을 거부하고, 오히려 율곡의 성리설에 찬동하는 모습을 대표적인 예로 든다. 이와 달리, 다산은 상제론上帝論의 성격을 논의하는 과정에서 퇴계 상제론과의 사상적 연속성을 강조하는 주장들을 다양하게 표출하고 있다.

---

1 《與猶堂全書》, 第1集 詩文集 第18卷, 書, 〈答李季受〉, "鏞近得退陶李先生遺集, 潛心紬繹. 其奧涯涘,固非後生末流所敢窺測, 而異哉神氣舒泰, 志慮恬降, 覺血肉筋脈, 都安靜帖息, 從前躁暴發越之氣, 漸漸下法, 無乃一部陳編, 是果此人對病之藥耶."

이 말은 퇴계의 상제관에서도 인격신적 요소를 찾아낼 수 있다는 것을 의미하는 것으로 깊은 논의를 필요로 한다. 이제 우리는 퇴계학단이 함께 간직한 도덕철학과 다산의 그것이 과연 모종의 연대성을 지니고 있는지 그들의 성인 담론을 중심으로 논의해 보려고 한다.

2. 도통론의 맥락에서 본 퇴계학과 다산학

가) 퇴계 도학의 심학화心學化와 다산의 반심학反心學

한말의 유학자 심재 조긍섭曹兢燮은 퇴계의 학문이 그의 사후 영학嶺學과 기학畿學으로 분열되었음을 알려 준다.

> 대개 퇴계 선생 이후 그를 종宗으로 삼아 공부하는 사람들로는 영학嶺學과 기학畿學의 두 파가 있다. 영학은 정수하고 엄정하며, 언제나 경經을 지키고 예법으로 돌이켜 집약하는 것을 주로 삼았다. 기학은 굉박하며 응용구시應用救時에 많은 힘을 쏟았다. 영학은 갈암 이현일을 거쳐 소호의 대산 이상정에서 정재 유치명으로 이어졌다. 기학畿學은 성호를 좇아 순암에서 성재로 이어졌다. 이에 그 물결의 흐름은 더욱 난만하고 문정門庭은 점점 넓어졌으나 서로의 믿는 바를 추창함에 따라 사이는 벌어지고, 각기 견문한 것만을 높이게 되었다.[2]

---

2 《巖棲先生文集》卷31, 墓碣銘, 〈朴晚醒先生墓碣銘〉, "蓋自陶山以後. 宗而學者. 有嶺畿之二派. 嶺學精嚴. 常主於守經反約. 畿學閎博. 多急於應用救時. 嶺學歷錦陽.蘇湖以至於定齋柳氏. 畿學從星湖.順庵以及於性齋許氏. 則波流益漫. 門庭寖廣. 然趍信旣別. 各邵所聞. 未或有決其藩而一之者. 獨先生遨遊二氏間. 均能承緖餘而守指要. 蔚爲一方之領袖."

영학嶺學은 '수경반약守經反約'하는 엄정한 학풍이 있고, 기학畿學은 굉박閎博하며 '응용구시應用救時'에 힘쓰는 경향성이 강하다는 말은, 영학은 내성內聖의 수양론에, 기학은 외왕外王의 경세론에 중점을 두고 있다는 것으로 오늘날의 일반적인 이해와 큰 차이가 없다. 또한 심재는 영학嶺學의 도통 흐름을 갈암—대산—정재로, 기학畿學의 그것을 성호—순암—성재로 연결하여, 실제적으로 다산을 도통의 계보도에서 언급하지 않고 있다. 아마도 서학과 깊은 연관성을 가진 다산의 학문적 배경이 당시 남인 집단으로부터 경원시 당하고 있었던 저간의 사정에 말미암은 것이 아닌가 한다.

그러나 우리가 여기에서 살펴보고자 하는 것은, 왜 같은 퇴계학에서 영학과 기학은 분리되었으며, 그 결과 다산의 내성론에는 어떤 영향을 주었는가 하는 점이다. 우리는 우선 퇴계학이 자체 분화된 그 한 원인을 퇴계학파 내부의 독특한 도통론에서 찾을 수 있으리라 본다. 퇴계는 조선사회에 주자 이후 완성된 도통론을 가장 적극적으로 수용하였다. 도통론은 유학의 학문적 정당성을 어디에 둘 것인가를 질문하는 것이다. 도통론은 궁극적으로 각자의 학문적 지향점을 설정하는 좌표의 구실을 한다. 조선시기 사상적 기반이 주자학 유일주의에 자리하게 된 것도 사실상 이 도통론에서 비롯되었다.

주자는 처음으로 도학과 도통 개념에 대한 학문적 논쟁에 불을 붙였다.[3] 처음 주자는 '도통'과 '도학'을 별개의 두 역사 단계로 나누었다. 즉 복희, 신농, 황제, 요, 순까지 상고의 성인부터 주공周公에 이르기까지를 '도통道統'의 시대로 두었다. 이 시기의 두드러진 특징은 내성內聖과 외왕外王이 합일된 상태였다. 도덕적 정당성을 지닌 성자 모형과 현

---

3 주자는 순희 8년(1181) 무렵에야 〈書濂溪光風霽月亭〉에서 처음으로 '도통'이라는 단어를 사용했으나, 이때에는 아직 '도통'의 관념을 완전히 확립하지 못했다(余英時, 《朱熹的歷史世界》上, 臺北: 允晨叢刊 96, 〈道學, 道統與 政治文化〉).

실적 권력을 지닌 왕권이 결합한 가장 이상적인 패턴인 것이다. 그러나 주공 이후에는 내성과 외왕이 나뉘어 둘이 되었기 때문에 '도통'은 다른 역사 단계에 진입하게 되었다. 즉 성자 모형과 왕권이 분리되는 역사 단계에 진입한 것이다. 유학자들로서도 풀기 어려운 역사적 딜레마였고, 그 어려운 소임을 담당한 인물이 바로 공자였다. 주자에 따르면 공자는 '도학道學'의 시대를 연 인물이었다.

주자가 보기에 송대의 주렴계, 장재, 이정二程이 직접 이어받은 것은 옛 성왕聖王이 대대로 전해 내려오는 '도통'이 아니었고 공자 이하의 '도학'이었다. 그러나 주자의 제자 황간黃幹 등은 주자를 중심으로 송대 도통의 개념을 재구성하였다. 그는 주자의 '도통'과 '도학'의 기본 관점은 계승하면서, 이를 도통이라는 한 개념 속으로 버무려 버렸다. 송대의 이학자들은 '도통'의 개념을 '덕德'은 있으나 '위位'가 없는 성현의 이름으로 다시금 호명하였다.[4] 도통이 공자와 맹자를 이어 주자로 정착되자, 순자와 그 후예인 법가뿐만 아니라 묵가와 형가 모두는 이단의 덫에 걸려 유학의 주류 담론으로부터 사라지게 되었다.

그러나 도통의 성립과정에서 아직 명확하게 해결하지 못한 문제가 남아 있었다. 즉 '내성內聖'과 '외왕外王'의 관계 설정을 어떻게 할 것인가의 문제였다. '내성'은 통상적으로 정신이 안쪽으로 수렴되는 상태(향내수렴向內收斂)인 것과 달리, "외왕"의 사업을 추진할 때에는 그 정신이 바깥쪽으로 확장(향외발서向外發舒)되는 심리적 반전을 경과해야 하는 것이다. 전자는 도덕적 완결성을 지향한다고 하면, 후자는 선의 현실화, 덕의 정치적 실현을 목표로 하는 왕도정치를 지향하는 것이다. 따라서 양자는 원리적으로는 결합되어야 하나, 현실적으로 쉽게 통일성을 담보할 수 없는 매우 어려운 난제다. 이것은 사실상 도학과 도통의 개념을

---

4 余英時, 앞의 책, 44쪽.

완벽하게 통일하지 못한 채 어정쩡하게 봉합했던 송대 유학사의 딜레마였다. 즉 내성에 대한 몰입이 반드시 성공적인 외왕의 실현을 보장해 주지 않는다는 것이다. 그 반대의 경우도 마찬가지였다.

그러나 초기 유학의 근본주의자들은 외왕보다는 내성에 더 무게 중심을 두었다. 주자뿐만 아니라 그와 동시대의 이학 종사宗師들, 예를 들어 장식, 여조겸, 육구연 등도 모두 '외왕'보다는 '내성'에 무게 중심을 두고 있었던 인물이다. 특히 신종대에 왕안석이 시도한 희령변법熙寧變法이 실패로 돌아가자, '내성'이 결핍된 '외왕'의 한계가 집중적으로 문제시되었다. 이런 흐름 속에서, 통치의 정당성, 즉 치통治統의 정당성을 둘러싼 그 유명한 왕패 논쟁이 순희 12년(1185) 주희와 진량陳亮 사이에 제기되었다. 정호程顥를 포함한 송대의 도학자들은 도통과 치통이 하나로 합쳐졌던 삼대는 '왕도'가 실현된 시기로 보았다. 이와 달리, 한, 당의 시기는 치통治統과 도통道統이 이미 분리된 상태로 그 '세勢'는 있지만 '이理'가 없는 상태가 되었기 때문에 '패도覇道'의 시기로 보았다. 남송의 도학가들은 이 논점을 극단적으로 밀고 가서 삼대는 '천리행天理行'의 시기이고, 한, 당은 '인욕행人欲行'의 시대라고 생각하였다.[5]

퇴계는 스스로 과연 어떤 학문이 가장 조선의 현실에 적합한 것인가를 고민하였고, 이 과정에서 당시 일반적인 사림들의 의도와는 뚜렷하게 구분되는 독특한 그의 도통의식을 선보였다. 앞질러 말하자면, 그는 송대의 도통론을 수용하는 과정에서 그의 독특한 심학적 공부론을 완성해 갔다. 퇴계는 《성현도학연원聖賢道學淵源》이나 《송계원명이학통록宋季元明理學通錄》 등의 저작을 통하여 그가 제시하는 학통의 이론적 근거를 밝히고자 하였다. 그는 《성현도학연원》에서 요순우탕 이래 주자까지 도학의 전수관계를 그들의 행적과 학문적 특성을 중심으로 기술하고

---

5 자세한 논의는 정순우, 〈정조의 통치이념에 깃든 순자적 사유〉, 《실학연구》 29호, 2015.6, 162쪽.

있다. 《송계원명이학통록宋季元明理學通錄》은 내용 가운데 많은 부분이 심학적 공부론에 관한 것이다.[6]

퇴계의 심학적 도통론은 남송 이학을 수용하는 과정에서 뚜렷하게 그 특징을 드러낸다. 그는 심학적 공부론에 근거해서 사상의 다원성과 현실성, 그리고 경세학을 표방하는 여조겸呂祖謙과 사공학파事功學派를 이끌었던 진량陳亮 등에 대해 그 사상의 순정성을 문제 삼아 배척하였다. 진량은 주자의 의리지학義理之學이 현실문제의 해결에는 매우 취약하다는 사실을 지적하고 주자의 '의리지학' 대신 '의리쌍행義利雙行'을, 그리고 '왕도정치王道政治' 대신 '왕패병용王覇竝用'을 내세웠다. 또한 그는 유학에서 추구하는 완성된 인간(성인成人)이란 '덕'을 완성한 사람일 뿐만 아니라, 사공事功을 이룰 수 있는 재능과 지혜와 용기를 갖춘 사람이라고 주장하였다.[7] 따라서 그는 자신이 종국적으로 추구하는 것은 '성인지도成人之道'이고 주자는 '성인지도成人之道'의 일부인 '유자지도儒者之道'를 추구하고 있다고 공박하였다. 그는 '일상' 속에서 살아 움직이는 '활경活敬'을 체인하기 위하여 욕망을 다스리는 법을 역사 속의 인물로부터 배우고자 하였고, 여타의 공리적功利的 학문은 이러한 참다운 학문에 방해가 되는 것으로 취급하였다.[8] 뒤에서 자세히 살펴보겠지만, 퇴계의 이러한 심학적 도통론은 그의 고제들인 월천 조목, 서애 유성룡, 학봉 김성일, 대산 이상정 등에 의해 영학嶺學의 가장 중심적인 가치 명제로 등장하게 된다.

영학嶺學의 이러한 심학적 도통론에 맞서 다산은 일종의 사공적事功的

---

6 예로 첫 부분에 실린 黃勉齋와 陳北溪에 관한 글과 말에서도 하학 공부와 상달공부를 어떻게 연결할 것인가의 문제나, 독서법, 혹은 持敬의 문제 등을 중점적으로 소개하고 있다.

7 朱子와 陳亮의 王覇論爭에 관해서는 이승환, 《유가사상의 사회철학적 재조명》, 고대출판부, 1998, 286-321쪽 참조.

8 정순우, 〈퇴계 도통론의 역사적 의미〉, 《퇴계학보》 제111호, 퇴계학연구원, 2002.6.

도통론을 내세운다. 그는 선진시대의 요,순, 우, 탕 등 상고시대 인물들에 대해서는 도통의 대상으로 삼는다. 그러나 송대 주자에 의해 확립된 도통론에 대해서는 근본적인 거부감을 갖고 있다. 그는 도통의 대상인 성인에 대해 과도한 초월적 의미를 부여하지 말 것을 주문한다. 성인들을 추존해서 신비롭고 황홀한 사람으로 만드는 순간, 그는 일상의 세계에서 이탈하고 배움의 대상에서 제외된다. 그의 독특한 '성범일여론聖凡一如論'이다.

> 후세에 성인을 말하는 사람들은 모두 그를 추존推尊해서 신이神異하고 황홀한 사람으로 여기기만 하고 그가 성취한 것이 어떤 일이 되는지는 까마득하게 알아보지를 못한다. 그리고 성인은 본래 높고 신성한 존재라서 나에게는 그렇게 될 분수가 아예 없으니 성인을 흠모한들 무엇하겠는가고 여긴다. 이것이 성인이 나오지 아니하는 원인이며 도道가 마침내 어두워지게 된 까닭이니, 아! 슬픈 일이다.[9]

그는 요순 같은 성인도 또한 사람이라는 사실을 환기시킨다. 비록 성인이라 할지라도, 만약에 긴 고래가 물을 마시듯 술을 마신다면 난亂에 이르지 않을 수 없음을 지적한다.[10] 다만 성인은 지공무사至公無私한 마음을 지니고,[11] 인간으로서의 성誠을 다 하는 존재일 뿐이다.[12]

다산은 새로운 도통론의 기준을 제시한다. 그는 종래 송유들의 도통론과는 전혀 다른 기준으로 그의 성인관을 피력한다. 퇴계의 평가 방식과도 이질적이다. 다산은 요순을 무위지치無爲之治의 상징으로 보던 기

---

9 《논어고금주》 권1, 〈爲政〉.

10 《논어고금주》 권5, 〈鄕黨〉, "聖人亦人也.飮若長鯨.未有不亂."

11 《논어고금주》 권4, 〈泰伯 下〉, "聖人之心 至公無私."

12 《中庸自箴》, "誠者聖人之別名."

존의 관점을 매섭게 질타하고, 성인이란 백성에게 실제적인 도움을 준 '유위有爲'의 인물임을 강조한다.

칭정무위淸淨無爲는 곧 한유漢儒의 황노학黃老學이며 진대晉代의 청허담淸虛談이니, 이는 천하를 혼란시키고 만물을 파괴하는 것으로 이단사술異端邪術 가운데서도 더욱 그 해독이 심한 것이다. 한漢나라 문제文帝는 이러한 도道를 썼다가 칠국七國의 난을 생기게 하였고, 진晉나라 혜제惠帝는 이러한 사술邪術을 숭상하였다가 오호五胡의 화란을 불러들였던 것이다. 어찌 일찍이 우리 유가의 대성大聖이 또한 '무위'로써 법을 삼았다고 말할 수 있겠는가. 대저 '무위'는 정사政事를 하지 않는 것이다. 공자는 분명히 '위정爲政'이라고 하였는데, 유자들이 '무위'라고 한다면 가하겠는가 불가하겠는가. …… 후세 유자들은 이 글을 잘못 읽고 드디어, '요순의 정사는 무위에 요점이 있었다'고 말하여, 이에 가의賈誼의 무위를 기쁜 일이라 여겼고, 급암汲黯의 무위를 도道를 아는 사람으로 여겼으며, 위상魏相과 병길丙吉의 무위한 것을 훌륭한 신하로 여겼으므로, 용렬하고 못난 무리들이 일은 하지 않고 벼슬자리만 차지하여 국록國祿을 훔치고 있으면서 체모를 유지하는 데 급급하여 자기 단점만을 꾸며 나가고 있음으로써 모든 정사와 제도가 부패하고 타락하게 되어 다시는 부흥할 수 없게 되었던 것도 모두 이 무위의 해독에 빠졌기 때문이다. 아, 어찌 슬픈 일이 아니겠는가.[13]

이 논란은 《논어》〈위령공〉편에 공자가 "무위로 다스린 이는 순舜임금이다. 무엇을 하였겠는가? 몸을 공손히 하고 바르게 남면南面하고 있

---

13 《논어고금주》 권1, 〈爲政〉, "淸淨無爲, 卽漢儒黃老之學. 晉代淸虛之談. 亂天下壞萬物. 異端邪術之尤甚者也. 文帝用此道,釀成七國之亂. 惠帝崇此術,召致五胡之禍. 曾謂吾家大聖,亦以無爲爲法乎? 夫無爲則無政. 夫子明云爲政,儒者乃云無爲. 可乎. 不可乎? 孔子曰: "無爲而治者. 其舜也與! 夫何爲哉? 恭己正南面而已矣.【〈衛靈公〉】此謂 '舜得二十二人. 各授以職. 天下以治. 當此之時. 惟當恭己南面'. 所以極言人國之不可得人. 而贊歎歆羨之意. 溢於辭表. 其言抑揚頓挫. 令人鼓舞. 後之儒者. 誤讀此文. 逐謂 '堯·舜之治. 主於無爲'. 於是以賈誼爲喜事. 以汲黯爲知道.″

었을 뿐이다.[14]"라는 구절에 대한 주자의 주석에 근거한다. 주자는 '무위
이치'를 "성인이 덕을 이룸이 커서 백성들이 저절로 교화되어 억지로
무엇을 하고자 함(작위作爲)을 기다리지 않는다.[15]"로 해석하였다. 무위를
작위함이 없는 상태로 규정한 것이다. 주자의 이런 해석에 대해 다산은
정면으로 반박한다. 그는 조선의 치자들이 현실에 대한 적극적인 개혁
의지를 가지지 않고 무위지치의 환상에 빠져 있음을 경계한다. 다산이
보기에, 사공事功에 분발한 이로는 요, 순만한 이가 없다. 그들은 5년에
한 번씩 제후국을 순행하고 해마다 제후에게 조회를 받으며, 그들이 하
는 정사에 대해 묻고 말대로 실천하는가를 살폈으므로 천하가 이미 활
기에 차 있었다는 것이다. 다산이 생각하기에 '무위'란 훌륭한 인재를
얻음으로써 편안하게 되었음을 공자가 찬양한 말이다. 그는 '무위'에 관
한 성리학자들의 견해를 반박하면서, 도통론에 대한 새로운 해석을 시
도하고 있는 것이다.

나) 다산의 경론敬論, 어떻게 달라지는가?

다산은 조선의 도통론이 지나치게 내성內聖의 심학론에 매몰되어 있
다고 판단하였다. 특히 그는 퇴계학파 내부에서 금과옥조로 여기는 경
敬의 공부론을 재해석하고자 한다. 이 경의 공부론은 정이천 이래 주자
와 송유들에 의해 마음 공부의 지결로 삼고 있는 것이다. 다산도 우선
경 공부의 필요성에 대해서는 공감한다. 그는 주공섭朱公攝이 어사가 되
어 홀을 단정하게 들고 바르게 서 있자, 소자첨이 사람들에게 "어느 때
나 이놈의 경敬자를 타파해 버릴까?"라고 한 일화를 예로 들어 소자첨
의 경박함을 비판한다. 즉 경의 태도가 지나치게 인간의 행위를 속박한

---

14 《논어》, 〈위령공〉, "無爲而治者 其舜也與 夫何爲哉 恭己正南而已矣."
15 위의 책, 聖人德盛而民化 不待其有所作爲也.

다는 비판에 대해 다산은 이를 거부하는 것이다. 그의 이러한 태도에서
는 퇴계 학단 내부에서 경을 바라보고 해석하는 모습과 별다른 차이를
발견할 수 없다. 그러나 그는 경이 덕으로 전환되려면 반드시 일에 응
하고 사물에 접한(응사접물應事接物) 이후에야 확보될 수 있는 것이라고
보았다.[16] 그는 경敬이 불가의 좌망坐忘과는 엄격하게 분리되어야 할 것
을 강조한다.

그가 조선의 성리학자들의 경 공부가 잘못되었다고 주장하는 이유는
그 공부의 무실성無實性에 있었다. 다산은 오학론에서, 성리학자들과는
끝내 같이 손잡고 요순堯舜과 주공周公·공자孔子와 같은 성인의 문하로
들어가지 못할 것이라고 말하였다. 다산은 주자학에서 성인을 성취할
수 없는 이유는 첫째, 천을 이理라 하고 둘째, 인을 만물을 살리는 이理
라 하고 셋째, 중용의 용庸을 평상平常이라고 하는 세 가지 점을 들었다.
이에 대해서 성인이 될 수 있는 방법은 첫째, 신독으로 하여 하늘을 섬
기고 둘째, 서恕에 힘써서 인을 구하며 셋째, 항구하여 중단됨이 없음을
제시하였다.[17]

그는 정자程子가 경을 주일主一의 상태와 연결하여 설명하는 것에도
부정적인 입장을 취한다. 그는 정자가 "하나됨을 주로 하는 것을 경이
라고 하며, 마음이 다른 데로 가는 바가 없는 것을 '하나一'라고 한다."
라는 말하는 것에 그 의미의 모호성을 들어 비판한다. 다산은 공자가
증자에게 '하나로 꿰뚫는다'고 말했을 때의 '하나'라는 것은 서恕이고,
《중용》에서 "그것을 행하게 하는 것은 하나이다."라고 했을 때의 '하나'
라는 것은 성誠을 명확하게 일컬었음을 환기시킨다. 즉 옛 경전에서 '하
나'를 말한 경우에는 모두 가리켜 일컫는 것이 있는데, 오로지 정이천

---

16 《심경밀험》 제5장, "敬之爲德, 必應事接物, 而後乃得施行."

17 《與猶堂全書》 2, 권2, 40 〈心經密驗〉 "今人欲聖而不能者 厥有三端 一認天爲理 一認
仁爲生物之理 一認庸爲平常 若愼獨以事天 强恕以求仁 又能恒久而不息 斯聖人矣."

이 '하나됨을 주로 한다'고 했을 때의 '하나'만이 당시에 분명한 설명이 없다는 것이다.[18] 그는 정이천을 들어 경 공부의 추상성과 모호성을 비판하는 것이다.

우리는 여기에서 경의 성격을 둘러싼 퇴계와 소재 노수신과의 오랜 논쟁을 환기할 필요가 있다. 이 논쟁을 통해 우리는 다산이 어떤 의미로 경 공부를 파악하고 있는지 가늠해 볼 수 있으리라 본다.[19] 퇴계는 경敬을 '일一'로 풀이한 노소재의 견해가 자칫 불가의 좌선 공부와 유사하게 될 것을 비판한다. 퇴계는 나정암의 설에 경도된 소재의 견해를 우려하였다.[20] 퇴계는 소재가 '경敬은 일一일 따름이다'라고 주장한 것에 대해, 이것은 소재가 능能으로서의 '경敬'과 소능所能으로서의 '일一'을 혼동한 것에서 온 병폐라고 주장하였다.

퇴계는 소재가 "경은 '일一'일 뿐이다(경자일이이의敬者一而已矣)"라고 단언한 것에 비판을 가하고, 이를 "경의 공부가 주일主一에 있음을 알 수 있다"로 바꿀 것을 권한다.[21] 퇴계 비판의 요점은 경을 곧 일一로 파악하는 데 있었다. 경敬을 곧 일一로 파악하게 되면, 경이 실천이나 행위 등 현상적 세계의 움직임과 분리되어 곧바로 본체론적 세계를 의미하게 된다. 경이 외물 세계와의 교섭을 단절하고 곧바로 일一의 세계, 곧 본질의 세계 또는 진여의 세계로 이행하는 것은 유가의 종지를 뒤흔들 수 있는 매우 충격적인 발상이 될 수 있다. 또한 외물의 세계를 무시함

---

18 《심경밀험》, "孔子謂曾子曰'一以貫之', 一者, 恕也, 《中庸》曰'所以行之者, 一也', 一者, 誠也. 古經言一, 皆有指謂. 惟伊川主一之一, 當時未有明說, 後來遂無의論. 一之爲何物, 旣不可認, 將如何主一耶?"

19 자세한 논의는 정순우, 《공부의 발견》, 현암사, 2007, 제2장 참조.

20 노수신은 그의 〈人心道心辨〉에서 주자가 도심을 인심과 동일한 차원의 이발의 情用으로 풀이한 것에 반대하고, 미발을 性體로 풀이한 나정암의 해석이 정당함을 주장할 정도로 그의 학문적 자부심이 대단하였다. 자세한 논의는 崔眞德, 〈주자의 인심도심 해석〉, 《철학논집》 제7집, 서강대학교출판부, 102쪽 참조.

21 《退溪集》卷10, 〈答盧伊齋 庚申〉, "敬之用工 在於主一可知".

으로써 육왕학적 이해 방식으로 쉽게 환원될 수 있는 소지를 안고 있는 것이다. 퇴계가 말한 바대로 "외물이 누累가 됨을 두려워하여" 객관세계의 움직임과 현상들을 완전히 무시해 버리고 "모두 본심으로 들어가 뒤섞어 버리는" 위험성이 있음을 우려한 것이다.

따라서 퇴계는 경을 운동의 개념이 함유된 '능能'으로 파악하였다. 이는 경을 지나치게 주정적主靜的 성격으로 파악하여 자칫 궁리窮理라고 하는 도문학적道問學的 공부와 분리될 위험성이 있음을 경계한 것으로 보인다. 또한 그가 '경의 공부는 주일主一에 있다'고 하여 '주일主一'의 의미를 강조한 것도 같은 맥락에서 이해될 수 있다. 주일主一은 '전일專一하게 되고자 애씀'이다. 즉 주일主一의 주主는 하나가 '되고자 하는 노력'을 의미하게 되어, 현실세계 속에서 실천적 노력을 중요시한다. 퇴계가 "일一자 위에 모름지기 '주主'자를 붙이거나, '일'자 아래에 모름지기 '지之'자를 붙여야만 능能이라고 할 수 있다."라고 주장한 것은, 그가 경을 철저히 일상의 생활과 연결시키고자 하는 의도에서 비롯된 것이다.

이런 퇴계의 언명을 보면, 다산의 경에 대한 생각도 퇴계와 그다지 멀지 않은 것으로 비친다. 즉 노불老佛의 좌망坐忘 공부의 위험성을 덜고, 실생활에서 마음 공부로 전환하고자 한 것에서 공통점을 찾을 수 있다. 그러나 다산은 성리학적 맥락 속에서 자라난 경론敬論은 근본적인 한계가 있다고 보았다. 우선 성리학에서는 천을 이로 해석함으로써 천의 선악에 대한 주재적 권능이 사라졌다고 보았다. 다산이 볼 때, 성리학자들에게 경이란 이러한 이를 마음속에 체인하는 것이다. 다산에 따르면, 이는 "사랑도 없고, 미움도 없는, 즐거움도 없고 분노도 없는, 이름과 예도 들어 있지 않은 텅 비고 막막한 것"[22]이다. 그는 이의 무실성無實性을 들어 성리학의 공부론을 공격한다. 다산은, "이를 가지고 만

---

22 《與猶堂全書》 2, 권 6, 〈맹자요의〉 "夫理字何物 理無愛憎 理無喜怒 空空漠漠."

물을 꿰뚫는다지만, 자기 행실의 선악과는 조금도 관련이 없음"[23]을 말한다. 하늘을 실체 없는 이로 추상화시킴으로써 인간의 선악을 감독할 인격천이 사라졌다는 것이다. 그는 하늘을 공경하는 경천敬天과 마찬가지로 보았다. 그는 "하늘을 공경하는 데 만약 생각과 사려를 끊어 버려〔절사절려絶思絶慮〕조심하거나 두려워하지 않고, 오로지 연못의 수면처럼 맑으면서 물결이 일어나지 않게 하는 데만 힘쓴다면 이것은 고요함〔정靜〕이지 경은 아니다."라고 한다.[24]

다산은 성인의 본질을 미발 심체의 명경지수에 두고자 하는 성리학자들을 비판한다. 미발 상태는 존양 시 경의 본체라고 할 수 있다. 따라서 다산은 미발 상태에서 경 공부는 헛된 것으로 본다. 다산은 성인도 역시 두려움과 같은 칠정이 있고, 욕망이 있는 인간으로 본다.[25] 그는 공자가 광匡의 창끝 앞에서도 두려워하지 않았다는 형병의 말을 비판하면서, 성인도 뉘우침과 욕심이 있는 인간임을 주장한다. 그는 "만약 성인이라고 해서 뉘우침이 없다면 성인이라는 자들은 우리와 같은 부류가 아니니, 무엇 때문에 흠모할 것인가."라고 반문한다. 그에 따르면, 뉘우침이 마음을 길러〔양심養心〕주는 것은 마치 분뇨가 곡식의 싹을 키워 주는 것과 같다.

그는 정좌 공부 중에는 반드시 생각하고 헤아림〔사량思量〕이 있어야 함을 강조한다. 만약 전혀 헤아림이 없다면 이것은 좌망坐忘과 다름이 없다는 점을 강조한다.[26] 그에 따르면 모든 사람사람이 성인이 될 수 있는가의 여부는 그가 어리석거나 노둔한가의 여부에 있는 것이 아니라, 얼마나 순과 같은 효우孝友를 행하는가에 달렸다.[27] 그렇지 않고 만

---

23 〈論語古今註〉, "以一理貫萬物 於自己善惡 毫無所涉."
24 《심경밀험》, "敬天若絶思絶慮, 不戒不懼, 惟務方塘一面湛然不波, 則此靜也, 非敬也."
25 〈다산시문집〉 권13, 記, 〈每心齋記〉.
26 《심경밀험》, "靜坐須有思量. 若絶無思量時, 亦是坐忘."

약 총명하고 지혜로운 사람만이 성인될 수 있다고 한다면, 우둔한 사람
은 스스로 자포자기하게 되고, 마침내 성인을 하늘처럼 치부하여 스스
로 한계를 짓고 상승의 의지를 가지지 않는 화근으로 작용한다는 것이
다.[28] 다산은 성인이 될 수 있는 방법으로 신독으로써 하늘을 섬기고,
강서強恕로써 인仁을 구하면서, 또 오래토록 쉬지 않고 중中의 자세를
취하는 세 가지 태도를 지적하였다. 성인이란 행동하는 지성인이라는
뜻이다.

3. 상제上帝 개념을 통해서 본 퇴계학과 다산학의 접점 문제

다산의 상제론이 어떤 철학적 기반 위에 정초하고 있는가 하는 점에
대해서 학계에서는 다양한 견해가 제출되고 있다. 교사례 분석을 통해
다산의 상제관은 원시유학의 상제관과 연결되어 있다는 주장에서부터,
조화造化와 주재성主宰性, 그리고 안양安養을 핵심으로 하는 마테오 리치
류의 서학적 해석이라는 논의에 이르기까지 광범위하게 펼쳐져 있다.
특히 근자에는 그 사상적 연원을 퇴계의 상제론에 기대어 설명하고자
하는 논의도 왕성하다. 이제 퇴계와 그의 고제高弟인 학봉 김성일의 상
제관을 통해 양측 사이의 차이점을 살펴보도록 하자.

우선 유학에서 도덕적 주재자로서 천天에 관한 해석에서 양자는 근

---

27 《論語古今註》〈陽貨〉"今使天下之人. 人人皆孝友如舜. 則雖至鈍甚濁之氣質. 未可曰行
不得而力不足. 特自畫而不肯爲耳. 則孟子謂人皆可以爲堯舜. 豈一毫過情之言哉."

28 《孟子要義》〈告子 第六〉"上智生而善, 下愚生而惡, 此其說有足以毒天下而禍萬世, 不
但爲洪水猛獸而已. 生而聰慧者, 將自傲自聖, 不懼其陷於罪惡. 生而魯鈍者, 將自暴自棄,
不思其勉於遷改. 今之學者, 以聖爲天, 決意自畫, 皆此說禍之也."

본적인 차이를 보여 주고 있다. 천에 대한 해석 방식은 상제에 관한 논의에서 가장 중심적인 역할을 담당한다. 잘 알려진 바와 같이, 퇴계는 이를 매개로 하여 천인합일의 세계관을 기획한다. 그는 '천리와 인사가 본래 두 가지 길이 아니다(천리인사본비이치天理人事本非二致)'라고 하여 이를 통해 우주적 질서와 인간을 연결하고자 한다. 양자의 조화로운 만남을 위해서는 마음 상태를 일종의 종교적 경건상태인 경敬의 상태에 두어야 한다는 것이 퇴계 수양론의 요지이다. 즉 매 순간 몸의 욕망을 벗어나 마음을 경의 상태에 두고, 오랜 기간 그 사물의 성격과 이치를 탐구하면, 언제인가 그 사물의 본질이 환하게 드러나게 된다는 것이다. 이 이자도理自到의 상태는 부단한 마음의 수양을 통해서 이 세계의 궁극적 실체를 통투通透할 때 가능한 것이다. 그런데 바로 이 '이자도理自到'의 세계가 실현되는 과정에서 퇴계는 항상 상제를 마주하고 그의 현존을 의식한다. 퇴계에게 상제는 이의 궁극적 실체 그 자체이기도 하고, 동시에 "저 높이 따로 떨어져 있는"〔고고재상高高在上〕 객관적 대상이 아니라, "언제나 임재하여 오늘 이곳을 살피는"〔일감재자日監在玆〕 감독자의 모습으로 이해되고 있다. 그는 일상생활에서 마땅히 해야 할 바를 묵묵히 행하는 것이 사천事天의 태도이지, 별다른 종교적 행위가 요구되지 않음을 주장한다.

그런데 여기에서 다산과 퇴계 사이에는 결별점이 자리한다. 다산은 기존의 천에 대한 생각은 매우 왜곡된 부분이 있고, 이것이 하늘에 대한 제천祭天의식에도 심각한 문제를 낳고 있다고 생각하였다. 다산은 푸르고 푸른 자연 천을 결코 '하느님〔帝〕'이라고 칭하지 않는다. 그는 아무런 영靈이 없는 자연 천은 단지 인간의 집에 지나지 않을 따름이고, 섬김이 대상이 될 수 없다고 본다. 그에 있어 상제란 천은 천이되 자연 천이 아니라, 영靈이 깃든 인격적인 천을 주재하는 존재이다. 다산은 귀신을 이와 기를 통해 해석하는 주자의 입장을 부정한다. 그는 "귀신은 이와 기를 통해서 이야기할 수 없다."고 분명히 이야기하였다.[29] 그는 귀신을 하늘과 동일시하였다.[30] 천에 관한 해석만을 놓고 보면, 성리학적 체계에 근거한 퇴계의 상제관과 성리학적 해석 체계를 부정하는 다산의 그것은 근본적인 차이점을 지니고 있다.

이런 견해에서 다산은 성리학적 세계에서는 결코 유학의 이상인 성인聖人을 이룰 수 없다고 보았다. 그는 신독을 통한 사천事天의 공부론을 주장한다. 상제가 주관하는 하늘, 그 하늘을 종교적인 믿음의 대상으로 복귀시키고자 하였다. 그에게 성인은 추상의 그림자 속에 숨어 있는 인물이 아니었다. 성인이란, "어렵고 고된 일은 남보다 먼저 하고, 소득이 되는 어려운 일은 남보다 뒤에 하는 서恕"[31]를 실천하는 인물일 뿐이다. 그는 심학화한 경의 공부를 통해서는 성인에 이르는 길이 없다고 보았다. 그에 따르면, "군자는 어두운 방 안에 있을 때에도 두려움에 떨면서 감히 나쁜 짓을 못하는데, 그것은 상제가 그대 곁에 있는 것을 알고 있기 때문"이라는 것이다. 그런데 성리학에서는 "명命·성性·도道·교教를 모조리 한 이理로 돌려 버리니 이란 본래 지각도 없고 위엄 있는 능력도 없는지라 무엇을 삼가 조심할 것이 있으며 무엇을 삼가 두려워할 것이 있겠는가?"라고 갈파한다.[32]

다산에게 상제란 영성이 깃든 초월적 존재라는 사실은 명확하다. 강력한 인격적 주재자로서 모습을 지니고 있다. 다산에 따르면 상제는 "하늘, 땅, 귀신, 사람의 바깥에서 하늘, 땅, 사람, 만물의 등속을 '조화造化'하고 재제宰制하고 안양安養하는 존재이다.[33] 이 개념은 마테오 리치의

---

29 《全書》, 第二集 經集 第四卷 《中庸講義補》, "鬼神不可以理氣言也."

30 위의 책, "鬼神非天乎."

31 〈論語古今註〉, 雍也, "艱苦之事先於人 得利之事後於人 則恕也."

32 《全書》, 第二集 經集第三卷 中庸自箴, "夜行山林者. 不期懼而自懼. 知其有虎豹也. 君子處暗室之中. 戰戰栗栗. 不敢爲惡. 知其有上帝臨女也. 今以命性道教. 悉歸之於一理. 則理本無知. 亦無威能. 何所戒而愼之. 何所恐而懼之乎."

《천주실의》에서 나타나는 상제의 모습과 가까운 거리에 있다. 상제의 초월성과 주재성을 명확히 드러내고 있다. 이러한 일치점에 근거해 "다산은 일단 창조 권능을 비롯한 기독교의 신 관념을 모두 상제에 반영"[34]시키고 있는 것으로 설명되기도 한다.

그러나 다산의 상제론에는 이러한 서학적 영향을 넘어서서, 선진 고학의 유학적 전통을 이어가는 요소도 함께 자리 잡고 있음을 유념할 필요가 있다. 상제가 지닌 '조화'의 권능을 말하고, 초월성과 주재성을 강조하는 것은 선진 유학의 전통 속에서도 충분히 발견된다. 다산의 상제관에서는 유학의 제례 속에서 그것을 부단히 재해석하고자 하는 태도를 찾을 수 있다. 다음의 두 사례를 비교해 보자. 다산의 상제에 대한 제사는 언제나 유학의 교사례 속에서 검토되고, 주례의 오제五帝와 함께 비교된다.

ㄱ) 황황상제皇皇上帝의 제사는 집안에서 지낼 수 없다. 아래로는 땅을 돋우지 않고 위로는 하늘을 가리지 않는다. 고로 전안氈案에는 막힘이 없게 하고, 역막帟幕은 설치하지 않는 것은 공경함의 지극한 것이다.[35]

ㄴ) 《예기禮記》에 이르기를, '지극히 공경하면 단壇을 묻지 아니하고 땅을 쓸고 제사祭祀한다.' 하였고, 한漢나라 원시元始연간의 의식에는 '상제上帝의 원단圓壇은 팔고八觚이니, 직경이 5장丈에 높이가 9척尺이라.' 하였고, 당나라 고조의 환구는 사성四成으로 되었는데, 한 성成의 높이는 각각 8척尺 1촌寸이고, 하성下成의 너비〔광廣〕는 20장丈이며, 재성再成의 너비는

33 《全書》, 第二集 經集 第三十六卷, 春秋考徵四, 凶禮, "上帝者何. 是於天地神人之外. 造化天地神人萬物之類. 而宰制安養之者也."
34 성태용, 〈다산 철학에 있어서 계시 없는 상제〉, 《다산학》 5, 2004, 107쪽
35 《全書》, 春秋考徵一, 吉禮, 郊六 "豈有皇皇上帝. 而祭之於屋下者. 祭帝之禮. 下不增地. 上不蔽天. 故氈案無障. 帟幕不設. 敬之至也."

15장丈, 삼성三成의 너비는 10장丈, 사성四成의 너비는 5장丈이었습니다. 그리고 송宋나라 고종 소흥紹興 13년에 환구圜丘를 수축하였는데, 그 단壇과 내유內壝의 장척丈尺은 모두 제도에 의하였으며, 중유中壝와 외유外壝는 지형에 따라 적당히 하였습니다.[36]

앞의 기록은 다산의 주장이고, 뒤의 것은 태종대에 예조에서 올린 원단의 제사 절차에 관한 의견이다. 《예기》에서는 상제를 존중하는 의미로 단을 쌓거나 높이지 않고 다만 땅을 깨끗이 쓰는 것으로 제단을 준비하였다. 그것은 다산이 아래로는 땅을 돋우지 않고 위로는 하늘을 가리지 않는 것으로 지극한 공경을 표시하는 행위와 성격을 같이하는 것이다. 교사례는 철저히 고례를 따르고 있었음을 당송 시기의 예와 비교를 통해 알 수 있다.[37]

상제의 초월성을 가지면서 동시에 인간 중심적인 요소를 강조하는 다산의 사유는 퇴계의 고제인 학봉 김성일의 상제관에서도 공히 발견된다. 학봉이 퇴계로부터 받은 심법의 요체는 경敬 공부에 있었다. 퇴계는 학봉에게 경 공부를 통하여 마음의 통일을 이루고 잡념을 가라앉히는 수양을 할 것을 적극 권하였다.[38] 그는 퇴계에게 이론적인 담론보다는 실제적인 수양 방법에 대해 자주 질문을 하였다. 가령 주자와 그의 스승인 연평延平 이동李侗의 정좌靜坐의 설에 관해 상의하기도 하고, 생각이 번잡해지는 까닭은 무엇인지 등에 관한 의문 등을 질의하였다.[39] 이런 의문들은 모두 마음을 과연 어떻게 경의 상태로 유지할 수 있는가에 고민으로부터 나타난 것이다. 그가 장남인 애경당愛景堂 김집金潗에

---

36 《朝鮮王朝實錄》, 太宗 卷21, 11年 3月 17日(丁丑).

37 정순우, 〈다산에 있어서의 천과 上帝〉, 《다산학》 통권 9호, 2006.12. 5~39쪽.

38 《鶴峯先生文集》 續集, 권5, 잡저, 〈퇴계선생언행록〉.

39 《퇴계선생언행록》, 〈論持敬〉.

게 준 글에는 상제에 관한 주목할 만한 내용이 있다.[40]

　　문충공께서 이르기를, "앉거라. 내가 너에게 황극皇極, 건극建極, 민이民彝,
　　오복五福에 대해서 말해 주겠다. 상제上帝께서 하민下民들에게 충衷을 내려
　　주시니, 충은 곧 극極이다. 하늘이 이 백성을 낳아서 선지자先知者에게 후
　　지자後知者를 깨우치게 하고, 선각자先覺者는 후각자後覺者를 깨우치게 하였
　　다. 옛날의 성인은 이 백성들의 선각자이니, 곧 극을 세운 것〔건극建極〕이
　　다. 임금과 스승이 되어 오륜五倫을 시행해서 서민庶民에게 주었으니, 오륜
　　은 바로 민이民彝인 것이다. 서민들은 어버이를 사랑하고 어른을 공경할
　　줄 알아서 이 마음을 보존하였는바, 이는 곧 극을 보존한 것〔보극保極〕이
　　다. 그러니 의당 수壽, 부富, 강녕康寧, 유호덕攸好德, 고종명考終命을 얻게
　　될 것이다. 이것을 일러 오복五福이라 한다. 몸은 혹 수壽하지 못하더라도
　　이 마음은 실제 수하고, 집은 혹 부富하지 못하더라도 이 마음은 실제 부
　　하고, 비록 환난이 있더라도 이 마음은 강녕康寧하고, 낭패스럽고 황급한
　　사이에도 도를 떠나지 않으니 이것이 유호덕攸好德이 되고, 혹은 나라를
　　위하여 전쟁에 죽기도 하고 혹은 자신의 몸을 희생하여 인仁을 이루는 것
　　도 고종명考終命인 것이다. 오복을 논하면서는 마땅히 사람의 한마음을 논
　　해야 하니, 이 마음이 바르면 복되지 않음이 없고, 이 마음이 사특하면
　　화되지 않음이 없게 된다. 너는 그것을 잘 알라."[41]

앞에서 학봉이 황극皇極의 주재자로서 상제上帝의 존재를 드러낸 것은

---

40 《鶴峯先生文集》 부록, 권3, 언행록.

41 《鶴峯先生文集》 부록, 권3, 언행록 "公嘗受尙書於文忠公. 一日旣受業. 退而侍立. 文忠
公曰. 坐. 吾語汝以皇極建極民彝五福也. 惟皇上帝. 降衷于下民. 衷卽極也. 天生斯民. 使
先知覺後知. 使先覺覺後覺. 古之聖人. 是民之先覺者. 卽建極也. 作爲君師. 用敷五倫. 錫
厥庶民. 倫卽民彝也. 庶民知愛親敬長. 能保有是心. 卽爲保極. 宜得壽富康寧. 攸好德. 考
終命. 此謂五福也. 身或不壽. 此心實壽. 家或不富. 此心實富. 縱有患難. 此心康寧. 顚沛
造次. 不離道. 此爲攸好德. 或爲國死事. 或殺身成仁. 亦爲考終命. 論五福. 當論人一心.
此心正無不福. 此心邪無不禍. 爾其識之. 公再拜以受. 終身佩服云. 出洗馬公溱家狀."

매우 흥미로운 사실이다. 그는 황극을 이법理法적인 실체인 태극과 연결하는 대신 인격신적 개념인 상제를 호출한다. 그는 상제上帝가 하민下民들에게 충衷을 내려 주니, 충이 곧, 극極이라고 하였다. 인간의 순수한 도덕적 본성을 내려 주는 주재자가 곧 상제라는 존재인 것이다. 여기에서 우리는 그가 상제를 호출하는 형식이 퇴계의 그것과 강한 연계성이 있음을 발견할 수 있다. 퇴계도 마음이 가장 경건한 상태에서 비로소 사람들은 상제上帝를 마주할 수 있다고 생각한다. 그러기 위해서는 생활 속에서 경敬의 상태를 유지하도록 언제나 몸과 마음이 중정中正의 상태가 되도록 잘 조섭하고 조절하는 것이 중요하다. 마음이 경敬의 상태를 유지할 때에만 사물과 객관세계에 스며 있는 진정한 이치가 드러나고, 상제의 임재를 경험하게 된다.

한편 학봉이 바라보는 성인은 저 멀리 떨어져 있는 비사실적이고 초월적인 존재가 아니다. 그에게 성인이란 단지 먼저 깨우치고 먼저 앎을 이룬 선각자 또는 선지자일 뿐이다. 그에 따르면 옛날의 성인은 백성들의 선각자로서, 그가 세운 도덕적 푯대를 따라 백성들은 삶의 방향을 잡아 갈 수 있는 것이다. 즉 성인이란 바로 궁극적 가치가 무엇인지 그 표준을 세워 주는 '건극建極'의 소임을 하는 자다. 이로 볼 때 그의 성인론은 기존의 성리학적 해석에서 흔히 나타나던 심학적 차원의 성인관과는 구별된다. 그의 성인관은 매우 현실적이다. 성인은 임금으로 또는 스승으로 그 모습을 드러내어 오륜의 덕목을 서민에게 주며, 백성들이 오륜이라는 중심 가치를 성실히 수행하는 것이 곧 극을 보존하는 이른바 '보극保極'이 되는 것이다. 이럴 때 비로소 하늘은 서민들에게 수壽, 부富, 강녕康寧, 유호덕攸好德, 고종명考終命이라는 오복을 내려 주게 된다.

그러나 현실 세계에서는 이러한 인과관계가 지켜지지 않을 때가 많다. 서민들이 하늘의 뜻을 충실히 따라도 수와 부를 누리지 못하는 경우도 있고, 덕을 즐기고 보람을 느낄 수 없는 상황은 수시로 발생한다. 학봉은 이러한 부조리한 상황을 익히 알고 있었고, 여기에 대한 마음가짐을 자손들에게 알려 주고자 한다. 그는 그러한 부조리한 현실에 맞설 수 있는 대안을 마음 공부에서 찾고 있다. 즉 몸은 혹 수壽하지 못하더라도 이 마음은 실제 수하고, 집은 혹 부富하지 못하더라도 이 마음은 실제 부하고, 비록 환난이 있더라도 이 마음은 강녕康寧하고, 낭패스럽고 황급한 사이에도 도를 떠나지 않으니 이것이 유호덕攸好德이 되고, 또는 나라를 위하여 전쟁에 죽기도 하거나 자신의 몸을 희생하여 인仁을 이루는 것도 고종명考終命이 된다는 것이다. 즉 인간은 상제가 명한 황극皇極의 길을 성인이 제시한 '건극建極'을 지남 삼아 성실하게 따라가면, 그것이 곧 참된 인간의 길인 '보극保極'의 실현인 것이다. 인간이 삶에서 보극保極을 실현할 수 있으면, 현실에서 성패와는 관계없이 그 자체로 이미 오복을 누리고 있다는 것이다. 여기에서 우리는 그의 심학의 특징이 내면 속으로 파고드는 향내적인 형식이 아니라, 오히려 적극적으로 현실의 모순과 갈등을 넘어서고자 하는 능동적인 형식을 취하고 있다는 사실을 발견할 수 있다. 우리는, 여기에서 학봉이 말하는 황극皇極의 주재자로서 상제上帝와 다산의 상제관이, 인간의 도덕과 덕성의 최종 감시자이자 최고심급이라는 점에서, 상당한 사상적 연계성이 있음을 발견할 수 있다. 다산에게는 상제가 좀 더 초월적이고 종교적인 대상이라고 한다면, 퇴계와 학봉에게 상제는 좀 더 일상적이고 윤리적인 감독자의 역할을 담당한 것으로 이해된다. 이런 점에서 볼 때, 퇴계학단 내부와 다산에게 상제는 일종의 요청적(Requesting) 성격이 강하다. 즉 상제는 그들의 내성內聖의 철학을 완성하는 가장 중요한 디딤돌 역할을 담당하고 있었다.

4. 영학嶺學과 다산학의 '욕망'에 대한 해석 문제

다산의 성기호론은 근대인에게 매우 매력적으로 다가온다. 다산의 성기호론은 조선의 성리학자들이 묶어 두었던 인간의 욕망을 풀어헤친 것이다. 다산의 성기호론에는 인간이 지닌 두 가지 경향성이 함께 스며 있다. 그는 기호에는 욕欲의 요소와 성性의 요소가 함께 들어 있음을 말한다. 그는 "내가 일찍이 성을 마음의 기호라고 하니 사람들이 모두 그것을 의심하였는데 지금 그 증거가 여기에 있다. 욕欲, 낙樂, 성性 세 글자를 맹자가 삼층으로 나누었는데, 가장 얕은 것이 욕欲이고 그 다음이 낙樂이며 가장 깊어서 드디어 본인이 각별히 좋아하게 되는 것이 성性이다. …… 욕欲, 낙樂, 성性 세 글자가 같은 류이다."[42]라고 하여 욕欲의 요소를 성性의 요소와 공존하게 한다. 다산의 욕망에 대한 견해를 좀 더 들어 보자.

> 우리의 영체靈體 안에는 본디 원하고자 하는 욕망의 일단이 있다. 만약 이런 욕망의 마음이 없다면, 천하만사의 일을 도대체 해 나갈 수가 없다. 오로지 이욕에 밝은 자의 욕망은 이욕에 쫓아서 꿰뚫어 나아가며, 의리에 밝은 자의 욕망은 도의에 따라서 꿰뚫어 나간다. 욕망의 지극함에 이르러서는 이 두 욕망은 최선을 다하되 후회하지 않는다. 이른바 탐욕의 인간은 재물을 위하여 몸을 바치고, 열사는 명예를 위하여 몸을 바친다. 내 일찍이 어떤 사람을 보았는데 그의 마음이 담박하여 욕망이 없으므로 선하지도 못하고 악하지도 못하여 학문도 이루지 못하고 산업도 하지 못한 채 곧바로 천지간에 버린 물건이 되었다. 인간이 어찌 욕망이 없을 수

---

42 《全書》, 〈孟子要議〉, "余嘗以性 爲心之嗜好 人皆疑之 今其證在此矣 欲樂性三者孟子分作三層 最淺者欲也 其次也樂也 其最深者而遂爲本人之癖好者性也 君子所性猶言君子所嗜好也. 但嗜好猶淺而性則自然之名也. …… 欲樂性三者旣爲同類則性者嗜好也."

있는가?[43]

다산에 따르면, 욕망이 없는 인간은 아무런 '행사行事'도 이룰 수 없는 죽은 인간에 지나지 않는다. 성리학자들의 무욕론이나 절욕론에 대한 비판적 언설이다. 그러나 그의 욕망론은 욕망의 철저한 자유를 요구하지는 않는다.[44] 그는 오히려 도심이라는 대체의 욕망을 따르도록 권고한다. 즉 그는 "대체는 형체가 없는 영명한 것(무형지영명無形之靈明)이며, 소체는 형체가 있는 육신(유형지구곡有形之軀殼)이다. 대체를 따르는 것은 성을 따르는 것(솔성率性)이고, 소체를 따르는 것은 욕망을 따르는 것(순욕循欲)이다. 도심은 향상 대체를 기르고자 하지만, 인심은 항상 소체를 기르고자 한다. 천명을 즐거워하고 알면 도심을 배양하게 되고, 극기克己하고 복례復禮하면 인심을 제재할 수 있으니 여기서 선과 악이 판가름 난다."[45]라고 선악의 분기점은 욕망을 조절하는 것에 있음을 밝히고 있다.

한편 하늘은 인간에게 '자주지권自主之權'을 부여해 줌으로써 그로 하여금 선을 행하고 싶으면 선을 행하고, 악을 행하고 싶으면 악을 행하게 하는 재량권을 주었다고 본다. 이에 그는 "선할 수도 있고 악할 수도 있는 권형權衡을 부여하여 사람의 자주적인 마음에 따라서 선을 행하려면 그를 따라 주고, 악을 따르려 해도 그를 따라 주기 때문에 공과

---

43 《全書》, 〈心經密驗〉, "吾人靈體之內本有願欲一端 若無此欲心則天下萬事都無可做 唯其喻於利者欲心從利祿上窄去 其喻於義者欲心從道義上窄去 欲之至極二者皆能殺身而無悔 所謂貪夫殉財烈士殉名也 余嘗見一種人其心泊然 無欲不能爲善不能爲惡不能爲文詞不能爲産業 直一天地間棄物 人可無欲哉"

44 자세한 논의는 이규성, 《내재의 철학 황종희》, 이화학술총서, 이대출판부, 1995 참조.

45 《全書》 2, 〈孟子要義〉, "大體者無形之靈明也 小體者有形之形殼也 從其大體也率性者也 從其小體者循欲也. 道心常欲養大而人心常欲養小 樂知天命則培養道心矣 克己復禮則伏人心矣 此善惡之判也."

죄가 일어나는 것이다. 하늘은 이미 덕을 좋아하고 악을 부끄럽게 여기는 인성을 부여하니, 그가 선을 행하든지 악을 행하든지 그로 하여금 유동성 있게 행위에 맞게 두니 이를 떨며 두려워해야 할 신권묘지神權妙旨이다."⁴⁶라고 주장한다.

'욕망[欲]'에 관한 다산의 이러한 해석은 퇴계학을 계승한 영학嶺學의 인물들에게는 도저히 화합할 수 없는 제안이다. 우선 17세기 영학의 최고 이론가였던 갈암 이현일의 경우를 살펴보자. 학봉 김성일 심학의 학통을 이어받은 갈암葛庵 이현일(李玄逸, 1627~1704)은 좀 더 이론적이고 내성적이다. 그는 퇴계의 이기론이나 심성론을 계승하고자 하였다. 이현일은 율곡의 혼륜설渾淪說에 맞서 퇴계의 분개설分開說이 지닌 의미를 드러내고자 노력하였다. 이현일은 사단과 칠정, 인심과 도심을 확연하게 구분하려고 하였다. 그는 사단은 이에서 발출하는 것이고, 칠정은 기에서 발출한다고 주장한다. 갈암은 칠정에도 이가 있고 사단에도 기가 들어 있다는 사실을 부정하지는 않는다. 그러나 칠정은 형기에 감촉되어 나타나는 것이고, 사단은 구체적인 현실태로 모습을 나타내지만 본성에서 직출하는 것으로 본다.⁴⁷ 그는 사단은 주리로, 칠정은 주기로 나누어진 것으로 설명한다.

그는 호굉胡宏이 인욕과 천리를 섞어서 혼륜된 것으로 본 커다란 오류를 저질렀다고 주장한다. 율곡에 대해 에둘러 비판한 것이다. 율곡이 "사단을 '주리'라고 할 수는 있지만, 칠정은 이기를 합한 것이기 때문에 '주기'라 일컫는 것은 잘못되었다고 퇴계를 비판한 것을 환기하고 있는 것이다. 그는 성인들은 결코 인욕 속에서 천리를 찾으려 하지 않았다고

---

46 《全書》 2, 〈論語古今註〉 "賦之以可善可惡之權 聽其自主欲向善則聽欲趨惡則聽此 功罪之所以起也. 天旣賦之以好德恥惡之性 而若其行善行惡令可遊移任其所爲 此其神權妙旨之凜然可畏者也."
47 《갈암집》 제18권, 잡저, 〈栗谷李氏論四端七情書辨〉.

주장한다.

　　호씨(호굉胡宏)는 사람들로 하여금 천리 속에서 인욕을 변별해 내고 또
　인욕 속에서 천리를 보게 하려고 하였기 때문에 병통이 있음을 면치 못한
　것입니다. 그러나 성인聖人은 일찍이 사람들로 하여금 인욕에 골몰한 속에
　서 천리를 구하여 알게 한 적이 없습니다. 지금 만약 사람들로　하여금
　사단과 칠정을 둘로 나누어 말하지 않게 하려고 하여, "사단은 바로 칠정
　가운데 선한 면이다."라고 한다면, 어찌 이른바 인욕에 골몰한 속에서 천
　리를 구하여 알려고 하는 것이 아니겠습니까.48

　이 구절은 잘 알려진 주자와 호굉과의 천리와 인욕에 관한 치열한
논쟁에 그 이론적 바탕을 두고 있다. 호굉이 천리와 인욕을 "동체이용同
體異用 동행이체同行異體"라고 하면서 성 자체에는 선악이 없다고 주장한
것과 달리, 주자는 천리와 인욕이 동일한 체라고 주장하는 호굉의 입장
에 반대해서 천리를 가리는 인욕을 제거하는 공부를 강조한다.49 물론
공부론의 주도권은 존천리尊天理 알인욕遏人欲을 강조하는 주자 계열로
넘어갔으나, 인간의 정감과 신체를 긍정하고 욕망의 구성체계를 승인하
는 적극적인 움직임도 왕용계나, 왕심재 또는 나근계와 이지 등에 이르
기까지 유학사의 흐름에서는 얼마든지 발견될 수 있는 것이다. 갈암은
여기에서 칠정을 사단에 분배하는 율곡식의 견해를 거부한다. 그는 사
단을 칠정이라는 정서 속에 담겨 있는 선적 요소, 곧 선일변善一邊이라
는 율곡의 생각을 부정한다. 오히려 칠정이란 사단이란 선의지가 사적

---

48 《갈암집》 제11권, 書, 〈答李粹彦〉. "又嘗斥五峯胡氏天理人欲同體異用之說曰. 天理則
　生而有之矣. 人欲者梏於形氣而後有者也. 今以天理人欲混爲一區. 恐未允當. 胡子蓋欲人
　於天理中揀別人欲. 又於人欲中見得天理. 故不免有病. 聖人未嘗敎人求識天理於人欲汨沒
　之中也. 今若不欲人將四端七情劈做兩片說. 乃曰. 四端是七情之善一邊. 則豈非所謂求識
　天理於人欲汨沒之中耶"
49 김미영, 앞의 논문, 86쪽.

의지로 말미암아 왜곡 또는 굴절된 상태로 이해한다. 그는 성인聖人은 사람들로 하여금 인욕에 골몰한 속에서 천리를 구하여 알게 한 적이 없다고 단언한다. 인욕의 근거로서의 칠정과 천리의 발현체로서의 사단을 확연하게 구분한 것이다. 성인은 인욕을 극복한 사람을 뜻한다. 이후 욕망의 문제에 대한 영학嶺學의 지결은 여기에 근거한다.

그의 경의 공부론은 바로 여기에 초점을 두고 있다. 그의 이러한 생각은 이기를 두 가지 상이한 층차로 파악하고자 하는 퇴계의 이른바 '이기불상잡理氣不相雜'의 이원론적 원칙을 묵수하려는 태도라 할 수 있다. 그는 또한 이도 동정이 있다는 사실을 강조한다. 그가 이도 운동성을 지니고 있다고 주장하는 것은, 인간에게는 현실과 역사의 변화라는 기氣적 세계의 움직임을 넘어서는 선험적 가치와 도덕원칙이 스스로 운동하고 있다는 것을 말한다. 즉 인간의 선이란 인위적인 선택이 아니라, 주어진 것이며 불변한 것이란 점에서 그것은 유교 윤리를 강제하는 장치로 작동하는 것이다.[50] 퇴계의 이발설을 좀 더 확장시킨 그의 이러한 생각은 그 뒤 퇴계 학단의 가장 중요한 정론이 되어 후학들에게 계승되었다. 이러한 이론적 토대 아래 영학의 주류 담론에서는 욕망은 금제되고 억제되어야 할 심적 요소로 간주하게 되었다.

영학의 엄격한 도덕중심주의를 이론적으로 한층 강화한 인물이 대산 이상정李象靖이다.[51] 이상정은 퇴계 성리설에 대한 새로운 종합에도 많은 노력을 기울였지만, 특히 그러한 이론적 모색이 인격 수양의 단계로 진

---

50 김낙진, 〈葛庵 李玄逸 성리설과 경세론의 특색〉, 《퇴계학》 20권, 2011.

51 그는 외조부 密庵 李栽의 문하에 나아가 수학함으로써, 鶴峯 金誠一에서 敬堂 張興孝를 거쳐 葛庵 李玄逸과 밀암 이재로 이어오는 퇴계학파의 정맥을 이어받게 되었다. 그는 소퇴계로 불릴 정도로 퇴계학의 적전을 이은 인물로 평가된다. 그는 사상적으로는 퇴계학과 율곡학의 종합을 시도하였다. 퇴계는 사단은 理發로, 칠정은 氣發이라는 分開說의 입장을 취하고 있었으나, 대산은 사단과 칠정은 분리되는 분개의 측면뿐만 아니라, 나눠지지 않는 渾淪의 측면도 있다고 보았다.

전되어야 할 것을 강조하였다. 그가 쓴 《제양록》은 대부분 금제禁制와
억제라는 긴장의 심리학이 주조를 이룬다. 왜 이렇게 심신을 스스로 구
속해야 하는가? 그는 그 이유를 이렇게 설명한다.

　　공부를 잘하는 사람은 반드시 형체가 있어서 볼 수 있는 외면적인 것부
　터 통제하고 다스리는 공부를 시행하여, 마음을 함양하고 내면을 안정시키
　는 근본으로 삼는다. 이것이 마음을 잡아가는 가장 좋은 방법이요, 수양과
　성찰의 중요한 길이다. 선천적으로 배우지 않고도 아는〔생이지지生而知之〕
　대성大聖의 자질이 아니고서는, 이로 말미암아 들어가지 않을 수가 없다.
　그러므로 《주역》에서는 '사악함을 막아서 성심誠心을 보존할 것〔한사존성閑
　邪存誠〕'을 분명히 하였고, 공자는 '후중하지 않으면 위엄이 없음〔부중칙불위
　不重則不威〕'을 가르쳤으며, 안연顏淵이 공자에게 청한 일과 증자曾子의 착한
　말도 모두 여기에 정성을 다한 것이니, 어찌 이것을 버리고 다른 데서 구
　하리오. 대저 마음은 은미隱微한데 그것을 침공하는 것은 많다. 무릇 내
　몸에서 일어나는 시각이나 청각이나 언어 및 행동의 작용과 외부에서 일
　어나는 사물의 분규紛糾에 대한 감정이 사이를 비집고 틈을 엿보아 번갈아
　침입하여 오래도록 반복하며 잡아끌면, 이치는 흐려지고 본성은 뚫려서 진
　실로 그 속마음이 함부로 표류하여 보전할 수 없게 된다. 이것이 군자가
　마음을 통제하고 수양하는 공부를 한순간 잠시라도 늦추어서는 안 되는
　까닭이다.[52]

이상정의 전략은 외면을 다스려 내면을 안정한다는 것이다. 마음은
은미한데 그것을 침공하는 것은 내외로부터 무수히 많다. 본성은 뚫려

---

52 〈制養錄序〉, "是以善學者. 必自其外面有形可見者而施其制治之功. 以爲養中安內之本.
　　此操存之妙法. 脩省之要道. 自非生知大聖之資. 未有不由此而入. 故易著閑存. 孔訓重威.
　　顏淵之請事. 曾氏之善言. 亦莫不致謹於斯. 則是豈可舍此而他求哉. 夫以一心之微而攻之
　　者衆矣. 凡視聽言動之作於身與夫事物紛糾之感於外者. 投間抵隙. 更侵迭鑽. 反復牽引之
　　久. 則理昏性鑿. 其中固漂蕩而不存. 此君子制養之工所以不可頃刻而暫緩者."

서 그 속마음이 함부로 표류하지 않도록 검속할 필요가 있다. 이것이 군자 수양법의 요체를 이룬다. 그에 따르면, "군자의 학문은 언제나 이 마음을 잘 보호하고 양육하는 것에 매진해야 하며, 이를 수신 근본으로, 일을 대응하는 벼리로 삼아야" 한다.[53] 이에 따라 그도 퇴계학파의 지결인 경敬 공부를 주목하였다. 그는 정자程子와 주자 이하 퇴계의 경에 관한 논설들을 취사선택하여 《경재잠집설》을 엮어 내고, 경에 관한 여러 철인들의 말을 오랜 기간 완색하고 그 뜻을 깊이 음미하면서 주체화하는 것이 가장 좋은 공부 방법임을 역설한다.[54]

《제양록》의 하편에서는 요·순·우·탕·문왕·무왕·공자 등 도통 계보에 속한 인물들의 행적과 어록을 싣고 있다. 그는 여기에서 각 성인 유형의 표준을 제시하였다. 예로 공자는 '시중時中의 성인〔성인시聖之時〕'으로, 안자顔子는 '성인 기상에 근접〔근성인기상近聖人氣像〕'한 인물로, 증자曾子는 '성인의 학을 전해 준〔전성인학傳聖人學〕' 인물로 소개한다. 맹자는 '청천백일青天白日'의 기상을 지녔다고 하였다. 그는 이어서 공자는 원기元氣며, 안자는 봄의 생동하는 기상인 춘생春生이며, 맹자는 가을의 숙살肅殺 기운까지 보인다는 정자의 말을 인용한다. 이상정은 퇴계에게서 정리된 도통론의 계보에 따라서 영학嶺學의 학문세계를 성격 지우는 것이 그의 시대적 소명이라고 보았다. 그 도학의 가장 중심되는 부분이 바로 인간의 사적 욕망에 대한 철저한 통제에 있었다.

---

53 〈制養錄序〉, "是以君子之學. 常急於保養此心. 以爲脩身之本. 應事之綱."
54 《大山先生文集》 卷43, 〈敬齋箴集說序〉.

5. 결어

다산은 퇴계학을 어떻게 수용 또는 극복하였을까? 다산은 퇴계를 같은 남인 계열 학자의 종장으로서 깊이 존경하였다. 다만 퇴계학설을 전면적으로 묵수한 영학嶺學 계열의 인물들과는 그 사상적 결을 달리 하였다. 이 논문에서는 그 분기점을 우선 송대 이후 도통론에 대한 다산의 전면적인 거부 또는 폐기에서 비롯되었다는 사실을 자세히 언급하였다. 퇴계학이 심학적 도학론에 근거하여 성립하였다면, 다산은 반심학反心學의 입장에서 당대 유학의 모순을 극복하고자 하였음을 살펴보았다. 다음으로는 퇴계학의 지결인 경敬의 공부론이 다산의 '행사行事'의 공부론에 의해 어떻게 해체되고 재해석되고 있는지 논의해 보았다. 또한 인간 심성의 근원에 자리한 '욕망'에 대한 양측의 화해할 수 없는 간극을 살펴보았다. 그러나 다산의 상제론은 퇴계학단의 일원인 학봉 김성일의 그것과 상당한 사상적 친화성이 있다는 사실을 확인하였다.

다산은 퇴계학이 성취한 도덕 형이상학의 가치를 절대 폄하하지 않는다. 그가 지은 〈도산사숙록〉이 그러한 사실을 잘 말해 준다. 그러나 또한 결코 일방적으로 묵수하는 태도를 취하지도 않는다. 그의 이기론에 대한 입장이나, 〈숙흥야매잠〉에 대한 해석 태도에서 그러한 징후가 특징적으로 드러난다. 〈숙흥야매잠〉은 퇴계가 심혈을 기울여 이룬 경敬 공부론의 관점을 재해석하였다. 다산은 이를 사실상 해체해 버렸다. 다산은 〈숙흥야매잠〉을 진백이 작성한 이유를 우리들이 날마다 하는 일에 정한程限을 정하기 위하여 만든 것으로 찾고 있다.[55] 다산이 〈숙흥야매잠〉을 이렇게 단순한 행사行事와 일상 중심으로 환원한 것은, 퇴계가

---

55 《全書》, 1-22, 〈陶山私淑錄〉, "吾人日用事 爲貴有程限 唯其無程限 故乍振旋壞 瓦解土崩."

이것을 그의 경론敬論의 가장 중심적인 해설서로 잡았던 것과는 근본적인 차이가 있다. 간단한 방식으로 성리학적 공부론의 프레임을 지양한 것으로도 이해된다.

이와 달리 다산이 유배지에서 그의 아들들에게 보내는 편지를 읽다 보면, 그의 일상적인 가정교육은 여느 평범한 성리학자의 그것과 큰 차이가 없었음을 발견할 수 있다. 효·제·자에 힘쓸 것을 강조하고, 소학 공부를 부지런히 할 것을 당부한다. 그는 주자의 거가사본居家四本을 집안을 다스리는 근본으로 삼을 것을 부탁하고, 자제들에게 정자나 주자의 책, 《성리대전》이나 《퇴계언행록》, 《율곡집》에서 좋은 구절을 뽑아 3, 4권의 책을 만들어 제가齊家의 기본으로 삼을 것을 부탁하고 있다. 오히려 성리학자들의 삶과 강한 친화성을 발견할 수 있다. 다산의 일상적 삶의 방식도 사실상 당대의 여느 성리학자들과 궤적을 함께하고 있었다.

이렇게 다산의 사유는 결코 단선적이거나 단일한 유형으로 한정되어 있지 않다. 그의 사유는 매우 중층적이며 다채롭고 풍요롭다. 이제 다산에 대한 연구도 단순한 '차이'와 '변화' 또는 '근대'라는 프레임에서 벗어날 때가 되었다. 이는 '근대' 프레임이 무용하다거나 전면적으로 폐기되어야 한다는 말이 아니다. 문제는 발전사관에 근거한 단일한 도식의 근대 프레임이 문제라 하겠다. 이 논문에서는 퇴계학과 다산학이 서로 조응하면서, 또는 상호 대립하면서 조선사회를 건강하게 하고자 했음을 밝히고자 하였다. 필자는 다른 글에서 다산에게 과도하게 집중된 밝은 조명은 상대적으로 성리학의 세계를 온통 중세적 어둠의 세계로 기록하게 하였음을 말하였다. 이제 우리는 다산이라는 높은 망루에 올라 조선조 유학의 다양한 인문적 가치를 넓게 조망할 수 있는 시기로 진입한 것이 아닌가 한다.

제10장

경학經學과 형정刑政, 윤기와 정약용의 속전론贖錢論

김호

(경인교육대학교 사회교육과 교수)

1. 서론[1]

조선 후기에 중앙과 지방을 막론하고 재정 보충을 위해 속전형이 남
발되고 있었다.[2] 많은 범죄자들이 속전으로 처벌을 면하였고, 무전유죄·
유전무죄에 대한 불만과 더불어 사법 정의가 손상되는 더 큰 문제가
발생하고 있었다. 속전제의 개혁을 주장하는 논의는 불가피했다. 허목
(許穆, 1595~1682)은 사형을 포함한 오형五刑을 속전함으로써 말폐를 낳
았다고 비판했고, 유수원(柳壽垣, 1694~1755)은 지방 감사의 자의적인
속전贖錢 유용을 문제 삼았다.[3] 조선 후기 속전제에 대한 부정적인 인식
은 널리 퍼져 있었다.

18세기 후반의 무명자無名子 윤기(尹愭, 1741~1826)는 주자학파(주희에
서 채침으로 이어지는)의 《상서尙書》 해석을 인용하여 사죄死罪를 돈으로
대신하는 수속收贖 제도를 일관되게 비판했다.[4] 그는 '주희의 입론'이 가
진 강력한 상징을 활용하여 속전제의 폐해를 방관했던 조선의 사법관
행을 공격했다. 또한 속전제 자체의 태생적 한계를 문제 삼는 동시에
운용 전반의 폐단을 집중적으로 비판했다.

윤기 말년의 글(《論刑法》)을 다산이 입수하여 읽었는지 확언할 수 없

---

1 이 글은 2018년 《한국실학연구》 35호에 수록된 원고를 일부 수정한 것임.
2 조윤선, 〈17·18세기 형조의 재원과 保民司〉, 《朝鮮時代史學報》 24, 2003 참조.
3 조윤선, 〈농암 유수원의 생애와 사법제도 개혁론〉, 《한국인물사연구》 10, 2008 참조.
4 윤기의 형정론을 수록한 〈論刑法〉은 1826년(순조26) 86세 때의 글로 추정된다. 윤
   기에 대한 전반적인 논의는 김병건, 《무명자 윤기 연구: 진실로 시대를 풍자한 독서
   인》, 성균관대학교출판부, 2012 참조.

지만, 그의 주장은 조선 후기의 지식인들 사이에 상당한 지지를 받았던 것으로 보인다. 특히 유전무죄·무전유죄의 세태에 대한 윤기의 날선 비판은 대부분의 범죄를 돈으로 해결하던 당시 관행에 대한 불만을 잘 보여 주고 있다.

정조와 경연 석상에서 《상서》를 논하던 홍이건 역시 죄의 경중을 논하지 않고 수속收贖한다면 부유한 자는 형벌을 면할 수 있으나 가난한 자는 죽게 될 것이라며, 성인이 형벌을 마련한 본의가 아니라고 비판했다. 아울러 속전제를 만들었다고 알려진 주목왕周穆王을 말세의 상징으로 몰아세우기도 했다.[5]

돈으로 죗값을 치루는 속전제에 대한 부정적인 생각은 19세기로 이어졌다. 당대 최고의 문장가로 알려진 미산眉山 한장석(韓章錫, 속전 자체를 성인의 뜻에 반하는 제도라고 비판했다.

> 속전보다 가벼운 법이 없다. 목왕穆王이 늙어서 황폐한 마음으로 만든 제도가 마침내 후세의 살옥을 돈으로 면하는 폐단을 열어 부자는 요행히 면하고 가난한 자만 고통받도록 했으니 결코 성인의 뜻이 아니다. 순전舜 典의 속금형은 관형官刑과 교형敎刑에만 시행된 것이다. 편복鞭扑으로 처벌 하려다가 의심스러워 사면하는데 갑자기 사면할 수 없는 경우 수속收贖케 하여 부끄럽게 했을 뿐이다. 죄가 대벽大辟[사죄]에 이르는데 어찌 의옥疑獄 이라면서 사면할 수 있는가?[6]

한장석은 살옥죄인을 수속하는 제도로 말미암아 유전무죄·무전유죄의 폐단이 발생했다고 비판했다. 원래 속전형은 관청과 학교에서 사용

---

5 《弘齋全書》 권94 經史講義31 〈書經〉2

6 《眉山先生文集》 권10 〈政論-用法〉 "法莫凉於罰鍰 穆王耄荒之制 適足以開後世獄 貨之弊 而使富者倖免 貧者受病 決非聖人之意也 舜典金贖之刑 施於官敎 鞭扑 之 疑赦而不可遽赦者 贖金以愧之耳 罪至大辟 寧有疑赦者乎"

하던 회초리 등〔鞭·扑〕 경범죄를 감형하던 수단일 뿐이며, 아무리 의옥 疑獄이나 과실 등 고의 없는 범죄라 해도 사죄에 처할 중죄인을 돈으로 대신할 수 없다고 주장했다. 조선 후기에 주자학파의 속전론을 수용한 학자들이 적지 않았다.

물론 조선 후기의 많은 학자들이 속전형을 부정적으로 바라보았지만 모두가 그런 것은 아니었다. 성호 이익은 문제가 많은 주목왕의 속전형을 《상서》에 남긴 이유를 숙고했다. 속전형이 태생적 한계가 있음에도 경전에 수록한 이유는 무엇일까?

> 죄는 살인보다 더 무거운 것이 없으니 살인자는 목숨으로 갚아야〔상명償命〕 마땅하다. 그럼에도 혹 생각 없이 과오를 범하거나 실정을 따져 보아 참작할 만한〔可矜〕 경우라면 어찌 방면하지 않을 수 있겠는가? 또한 관형·교형에 단지 편鞭·복扑만을 사용하고 오형五刑을 시행하지 않은 이유는 무엇인가? 생각건대 성인은 형벌을 완화하여 육형을 잘 쓰지 않았으며 육형도 대부분 유배형으로 감형〔宥〕하셨다. 이른바 유배와 극변으로 내쫓는 것〔流放竄殛〕이 그러한 예이다. 오직 호怙와 종終만을 사죄에 처했는데〔賊刑〕, 이는 고의로 사람을 죽인 자는 이치로 보아 마땅히 죽여야 했기 때문이다. 반드시 〈여형呂刑〉편의 속금을 병행하였다.[7]

이익은 사고나 과실 등 사면이 필요한 경우에는 상황을 고려하여 감형할 수 있으며 성인께서 육형을 좋아하지 않아 관용했던 연장선에서, 불가피하게 상명償命할 수 없는 경우 속금을 병행했다고 주장했다.

뒷날 다산은 성인의 호생지덕好生之德을 형정론에 적용한 이익의 입론을 더욱 정교하게 다듬었다. 이 과정에서 다산은 오형〔육형〕을 속금할

---

7 《星湖僿說》 권27 經史門 〈罰鍰〉"罪莫重拎殺人 其償命乃常刑 然或有無情誤犯 閱實可矜者 何可以不免哉 且官敎之刑 只言鞭扑 不及五刑 想聖人緩刑 罕用肉刑 而多在流宥之中 所謂流放竄殛是也 惟怙終者賊刑 其情實殺人者 理當戮死 呂刑之贖 亦必是并行也"

수 없다는 주희 이후 조선학자들의 논의를 비판했다.[8] 다산은 속전제가
오형을 대속하기 위한 제도였음을 논증한 뒤 "입법취지에 기초하여 정
확하게 시행"되어야 한다고 강조했다. 다산은 주목왕이 텅 빈 국고를
보충하려고 속전제를 만들었다는 부정적인 견해를 비판하고 속금의 입
법취지를 '인정仁政의 방편'으로 재해석했다.

　이 글에서 필자는 조선 후기에 많은 문제를 야기했던 속전제와 이를
둘러싼 윤기와 정약용의 서로 다른 입장을 검토할 예정이다. 나아가 주
희의 흠휼론에 기초하면서도 두 사람의 다른 이해가 어떻게 경세론經世
論 등의 차이로 나타났는지 설명할 것이다. 이를 통해 경전 해석학이
단지 경전에 대한 주석의 동이同異에 머물지 않고 정치현실의 서로 다
른 입론과 연결되어 있음을 밝히고자 한다.

　선행 연구에서 어느 정도 드러났듯이 다산의 경전 해석은 속전제를
호생지덕好生之德의 인정仁政과 연결함으로써 주희의 본의를 갱신한 측면
이 있다.[9] 앞으로 자세하게 논하겠지만, 정약용이나 윤기 모두 주희의
흠휼론에 입각하여 조선 후기의 관휼 풍속을 비판했다. 윤기는 주자학

---

8 속전과 관련한 주자학파의 흠휼론에 대해서는 김종수, 〈朱熹의 형벌관 一考〉, 《아주
　　법학》 4-1, 2010; 김종수, 〈蔡沈의 형벌고증 立論〉, 《民族文化》 47, 2016 참조.

9 정약용의 속전론과 관련하여 김종수의 선행 논문(〈17~19세기 형벌고증 담론과 인
　　권의식—朴世堂과 丁若鏞의 경우〉, 《2015 동아시아 實學 국제학술회의 논문집》, 2015)
　　이 있다. 김종수는 欽恤說을 寬恤과 矜恤의 두 가지로 구분하고 주희와 채침을 긍휼
　　설로 다산을 관휼설에 배속했다. 주희는 관휼설을 비판하고 긍휼설로 나아갔으나, 다
　　산은 주희의 긍휼설을 비판하고 관휼설로 나아갔다는 주장이다. 김종수는 다산의 학
　　문이 주자학을 극복한 '실학'이었다는 기왕의 논의에 기초하여 다산의 형정론을 주희
　　의 긍휼설을 극복한 근대적 인권 의식으로 평가했다. 본론에서 자세하게 언급하겠지
　　만, 우선 흠휼을 다산의 寬恤과 주희의 矜恤로 구분한 김종수의 논의에 동의하기 어
　　렵다. 흠휼을 둘러싼 주희와 다산의 차이는 본질적으로 긍휼이나 관휼의 대립 또는
　　반인권(엄형)과 인권의 문제가 아니었기 때문이다. 주희와 다산 모두 엄격한 법집행
　　을 강조했다. 이처럼 형정론을 둘러싼 입장의 분기는, 동아시아의 전통적인 법집행에
　　서 요구되었던 情·理·法의 시중에 대한 차이에서 기인한다(김호, 《정조의 법치》, 휴
　　머니스트, 2020 참조).

자답게 당시의 행형行刑 폐단을 개혁하기 위해 철저하게 주희의 논의를 따랐다. 그는 관용을 비판하고 정확한 법 집행의 방도로 엄형을 주장했다. 필요하다면 신체형도 불가피하다고 보았다. 엄중한 신체형이야말로 유전有錢·무전無錢과 상관없이 공평하다고 생각했다. 반면 다산은 관용을 일삼는 현실을 비판하고 정확한 법집행을 주장했다는 점에서 주희나 윤기와 동일했지만 육형〔신체형〕의 강화에는 부정적이었다. 다산에게 사법의 공정함은 율문에 의거한 법 집행의 영역이었지, 보복의 효과를 꾀하는 도덕감정에 대한 호소가 아니었다. 다산은 자신의 논의야말로 주희의 본의에 가장 가깝다고 주장했다.

윤기와 정약용 모두 '주희의 엄격한 형벌을 통한 사법 정의'를 강조했지만 윤기의 무게 중심이 '정情·리理에 입각한 중형의 실행'에 있었다면, 다산은 '입법취지에 따른 법 집행과 최소한의 재량'을 강조했다. 윤기와 다산 공히 조선 주자학의 자장 안에서 성장했으며 모두 주희의 흠휼론에 기초했지만 현실의 대안은 사뭇 달랐던 것이다.[10]

2. 윤기의 속전제 비판과 엄형론

다산의 형정 논의에 앞서 조선 후기 속전제를 포함하여 행형의 문제점을 강하게 비판한 윤기의 〈논형법論刑法〉을 검토하기로 하자. 윤기는 철저하게 주희(학파)의 논의를 인용하여 속전형 등 18세기 후반 형정의

---

10 주자학을 엄형론〔전근대/반인권〕으로, 다산을 관휼론〔근대/인권〕으로 구분하는 논의에 동의할 수 없다. 사실 다산은 '엄격한 형집행'이라는 의미에서 엄형을 주장했기 때문이다. 또한 다산의 학문은 '주자학의 조선 후기적 갱신'이지 주자학과의 전면적인 대결도 아니었다. 다산은 본인이야말로 주희의 흠휼론을 가장 정확하게 이어받았다고 자부했다.

폐단을 조목조목 꼬집었다.[11]

윤기는 먼저 조선 후기의 법관을 두 부류로 나누어 비판했다. 첫째, 무능한 법관으로 죄인들의 무고와 거짓에 넘어가거나 지나친 관용을 베풀어 오히려 피해자를 잔인하게 대하는 경우이다. 둘째, 부정한 법관으로 권세와 뇌물에 따라 법을 달리 적용하고 이를 기회로 장사하는 이들이다.

윤기는 '죄의유경罪疑惟輕'에 따라 관용을 일삼는 관리들을 강하게 비판했다. 그는 '신체를 상하게 하여 악을 징계하는 것'이 '불인인지정不忍人之政'의 일단으로 요순의 시대에도 형벌은 교화의 보조 수단으로 불가피했다는 주희의 형정론을 빌려 올바른 법 집행을 촉구했다. 아울러 엄형의 필요성을 강조했다. 윤기는 주희를 인용하여 사람을 죽이거나 음란한 행동을 한 중죄의 경우, 묵형〔墨〕·의형〔劓〕·비형〔剕〕·궁형〔宮〕·대벽大辟의 오형五刑이 불가피하다고 주장했다. 다만 참작이 필요한 몇 가지 예외적인 경우들은 '유형流刑'으로 감형할 수 있으며,[12] 편鞭·복扑과 같은 경범은 속전으로 감형할 수 있다고 보았다. 즉 편복형에 해당하지만 사건의 정황을 고려하여 법 적용에 이론의 여지가 있거나, 과오 또는 사고의 경우 속전으로 감형할 수 있다는 주장이었다.[13] 살인이나 인륜범의 경우 오형이 마땅하나 정상을 참작하여(각주12의 ①②③ 참조) 유형으로 관형寬刑할 수 있으며, 경범죄로 매질을 당해야 하나 정상을 참작하여 속전으로 감형할 수 있다는 것이다. 윤기 역시 오형〔사형을 포함한 신체

---

11 주자학파의 속전론에 대해서는 김종수(2016) 참조.

12 《無名子集》 권14 〈論刑法〉 "流宥所以待夫罪之稍輕　雖入於五刑　而①情可矜②法可疑與③夫親貴勳勞　而不可加以刑者也" 감형의 조건은 다음과 같다. ①사건의 정황상 참작이 필요하거나, ② 의심스러운 獄事〔疑獄〕이거나 ③ 議親과 議貴처럼 왕의 친·인척이거나 공로가 큰 전·현직 관료의 사례이다.

13 위와 같음. "鞭扑金贖者　罪之極輕　雖入於鞭扑之刑　而情法猶有可議者也　而若有過誤不幸者　則又不待流宥　金贖而直赦之"

형)은 오직 유형만으로 감형할 뿐 수속收贖할 수 없다는 주희의 논의를 그대로 따랐다.

> (주희는 말하기를) "유배로 감형한 것은 오형을 너그럽게 한 바이고 속 전은 채찍(鞭)이나 회초리형(扑)을 관대하게 한 것이다(流宥 所以寬五刑 贖刑 所以寬鞭扑). 성인聖人이 손익을 헤아리고 경중을 가늠하여 시행하는 데 천 리天理와 인심人心의 자연에 합치되지 않은 것이 없어서 털끝만한 오차도 없었다. 어떻게 성인의 일념이 오직 교화에만 있고 형벌은 급히 여긴 것 이 아니라고 말할 수 있겠는가? 만약에 죄를 범한 자가 있으면 반드시 형벌로 다스렸으니 어찌 그대로 내버려 두고 형벌을 쓰지 않았겠는가."[14]

물론 속전이라고 남발되어서는 안 되었다. 경범輕犯이지만 고의성이 짙 거나 재범의 가능성이 높을 경우 감형(속전)할 수 없기 때문이다.[15] 이 처럼 윤기는 오형의 죗값을 돈으로 대신하는 경우는 없었으며 경범이라 도 속전을 남발하지 않았던 것이야말로 주희의 본의라고 천명하고, 조 선 후기 관용과 감형의 남발이 가져온 사회문제를 통렬하게 비판했다.

윤기는 주희를 인용하여 순임금은 '정확한 형 집행'으로 죄인이 합당 한 처벌을 받도록 했을 뿐 용서와 관용을 일삼아 형벌을 무용지물로 만들지 않았다고 강조했다.[16] 그런데 많은 사람들이 '요순의 치세에는 관용하고 형벌을 쓰지 않았다.'고 말한다면 이것이야말로 성인의 마음 이 극악무도한 사람에게는 차마 잔인하게 대하지 못하고 원통해하는 선량한 백성에게는 도리어 잔인하게 대했다는 말인데 그럴 리 없다고

---

14 《無名子集》권14 〈論刑法〉, "又曰流宥所以寬五刑 贖刑所以寬鞭扑 聖人斟酌損益 低昂 輕重 莫不合天理人心之自然 而無毫釐秒忽之差 如何說聖人專意 只在敎化 刑非所急 聖 人固以敎化爲急 若有犯者須以刑治之 豈得置而不用"

15 위와 같음. "若有有恃與再犯者 則雖當宥當贖 亦不許而必刑之也 夫豈一於輕而已哉"

16 위와 같음. "又以舜命皋陶之辭考之 或刑或宥 亦惟其當宥而無以加矣 又豈一於宥而無刑哉"

비판했다.**17** 성인이 어떻게 가해자에게만 사랑을 베풀고 피해자를 돌보
지 않았겠는가? 과연 그렇다면 이른바 '고의범이나 재범은 사죄에 처한
다(怙終賊刑)'거나 '고의라면 죄가 비록 작아도 반드시 처벌한다(刑故無
小)'는 경전의 말씀이 모두 빈말일 터인데 그럴 수는 없다는 것이다.**18**

　그렇다고 형벌을 일삼을 수는 없었다. 윤기는 주자학자답게 형벌이
정치의 올바른 수단이 아님을 이미 성인군자들도 잘 알고 있었다고 전
제한 뒤, 충분히 심사숙고하여 교화에 치중했지만 그럼에도 신체형을
사용했던 것은 그만한 이유가 있다고 강조했다. 신체형은 불인인지정不
忍人之政의 하나로 필요악이었다는 것이다.**19**

　나아가 윤기는 도徒·유형流刑의 치죄 효과가 사라졌다는 주희의 논의
를 끌어와 조선의 현실과 교차시켰다. 사실상 도·유형은 사람의 목숨을
중히 여겨 가볍게 처벌했던 것인데 조선 후기에 도둑이나 음탕한 범죄
를 처벌하는 효력이 사라지고 말았다. 물론 사형이 해결책은 아니었다.
사죄를 남발하면 억울한 피해자가 생길 가능성이 높았기 때문이다. 과
연 어떻게 할 것인가? 신체형이 대안이었다. 발꿈치를 자르고 거세하는
등 신체를 불구로 만드는 처벌이야말로 상명償命하지 않으면서도 징벌
의 효과가 매우 뛰어났다. 신체형의 부활이야말로 당시 범죄행위를 막
을 수 있는 가장 효과적인 방안 가운데 하나였다. 윤기는 인정仁政을 강
조한 주희마저 신체형을 용인했다고 강조했다.**20**

---

17 《無名子集》 권14 〈論刑法〉, "今必曰堯舜之世 有宥而無刑 則是殺人者不死 而傷人者不
　　刑也 是聖人之心 不忍於元惡大憝 而反忍於銜寃抱痛之良民也"

18 위와 같음. "所謂怙終賊刑 刑故無小者 皆爲空言以誤後世也 其必不然也 亦明矣"

19 위와 같음. "夫刑雖非先王所恃以爲治 然以刑弼敎 禁民爲非 則所謂傷肌膚以懲惡者 亦
　　旣竭心思而繼之以不忍人之政之一端也"

20 위와 같음. "今徒流之法 旣不足以止穿窬淫放之姦 而其過於重者 則又有不當死而死 如
　　強暴贓賄之類者 苟采陳羣之議 一以宮刖之辟當之 則雖殘其支體而實全其軀命 且絕其爲
　　亂之本 而使後無以肆焉 豈不仰合先王之意而下適當時之宜哉"

한편 윤기는 속전형을 후대의 잘못된 법률로 비판했던 주희를 그대로 인용했다. 속전제는 《주례》에 없다가 훗날 《서경書經》 〈여형呂刑〉편에 처음 등장했는데 좋은 법이 아니라는 주장이다.[21] 주희에 따르면, 주 목왕이 순유巡遊에 절제가 없어 재물이 고갈되고 백성들은 고통스러워했다. 말년에 이르러 어떻게 할 방법이 없자 임시방편으로 스스로 풍족하려고, 단지 형벌을 가볍게 한다는 말에 가탁하여 정도를 어기고 명예를 구했을 뿐이라는 것이다.[22] 겉으로는 용서를 내세웠지만 사실상 명예를 팔아 주목왕의 배를 불리려는 꼼수에 불과했다는 비판이었다.

그런데 어떻게 속전형이 경전에 수록될 수 있었을까? 주희는 후대 사람들을 위한 '경계의 의미'였다고 주장했다.

> 공자께서 이를 남겨 둔 것은 경계를 보이기 위함이요, 정자程子의 책시策試에서도 일찍이 이에 대해 질문을 하였으니 그 뜻을 또한 알 수 있다. 이미 사람을 죽이거나 상해를 입혔는데 돈으로 속죄하도록 한다면〔贖錢〕, 재물이 있는 사람은 모두 사람을 죽이거나 상해를 입힐 수 있다는 것이니 무고한 피해자에게 어찌 큰 불행이 아니겠는가. 또한 사람을 죽인 자가 편안하게 향리에 살고 있다면 시친〔親〕의 원수를 갚으려는 효순孝順한 자손들이 어찌 이를 즐거이 받아들일 수 있겠는가? 범인들을 사방의 변방으로 내치고 먼 곳으로 유배한 일은 피차 양방〔범인과 피해자〕을 모두 온전히 하려던 뜻이었다.[23]

---

21 《無名子集》 권14 〈論刑法〉, "又曰 據經文則五刑有流宥而無金贖 周禮秋官 亦無其文 至呂刑 乃有五等之罰 疑穆王始制之 非法之正也"

22 위와 같음, "殆必由其巡遊無度 財匱民勞 至其末年無以爲計 乃特爲此一切權宜之術 以自豐而又託於輕刑之說 以違道而干譽耳"

23 위와 같음, "夫子存之 蓋以示戒 而程子策試 嘗發問焉 其意亦可見矣 夫旣殺人傷人矣 又使得以金贖 則有財者皆可以殺人傷人 而無辜被害者 何其大不幸也 且殺人者安然居乎鄕里 彼孝子順孫之欲報其親者 豈肯安於此乎 所以屛之四裔 流之遠方 彼此兩全之也"

오형을 받아야 할 중죄인에게 수속을 허락하면 무전유죄·유전무죄의 폐단이 일어날 것을 경계한 반면교사였다는 논리였다. 속전으로 가해자는 편안하게 살고 피해자의 자손들은 더욱 원통해질 뿐이니 이 때문에 중죄인은 수속 대신 유배를 보내 가해자와 피해자가 서로 마주치지 않도록 처분했다는 것이다. 한마디로 살인 등 중범 죄인을 속전하여 피해자와 한마을에 살지 않도록 한 이유는 '피해자의 원통함'에 대한 성인의 배려였다.

성인은 형법을 만들 때 형벌의 경중과 천심淺深을 두고 취사선택에 신중했을 뿐만 아니라 중죄인을 죽이거나 베는 데 용서가 없었으니, 범행의 참혹함을 되갚아 주기 위해서라도 중형이 불가피했기 때문이었다. 사실 잔인한 듯 보이나 신체형이야말로 가장 알맞은 형벌[宜]이라는 주장이었다.[24] 이상 주희의 주장은 곧 윤기의 입장이기도 했다. 주희의 흠휼欽恤은 범죄를 저지르지 않았는데 처벌받을지 모를 피해자를 염려하라는 뜻이지, 엄벌이 마땅한 죄인을 감형하라는 의미가 아니었다. 법집행은 신중해야 마땅하지만 피해자를 배려하여 엄형이 필요한 가해자는 반드시 엄벌해야 한다는 것이었다.[25]

정황을 참작하여 가볍게 처벌해야 할 경우가 있긴 하지만 성인께서

---

24 위와 같음. "聖人制刑 其於輕重淺深 出入取舍之際 亦已審矣 雖其重者 或至於誅斬斷 割而不少貸 然本其所以至此 則其所以施於人者 亦必嘗有如是之酷矣 是以聖人不忍其被酷 者銜寃負痛而爲是以報之 雖若甚慘而語其實則爲適得其宜"

25 주희의 형정론에 대해 윤기와 정약용은 모두 동의했다. 사실상 정의로운 형벌은 피의자의 범행에 대한 철저한 수사 위에서만 가능했다. 조사[옥정]가 확실하지 않으면 범행을 확신하기 어렵고 결과적으로 엄벌할 수조차 없었다. 다산이 《無寃錄》에 근거한 철저한 살옥 조사를 강조했던 이유 역시 '엄형할 자를 엄형하기 위한 근거' 확보 차원이었다. 조선 후기에 철저한 수사가 이루어지지 않아 감형이 남발되었고 가해자는 죄를 면하고 억울한 피해자는 늘어갔다. 윤기는 피해자의 억울함을 고려하여 엄벌이 필요하다고 주장한 반면, 다산은 철저한 수사와 정확한 법 집행을 강조했다. 피해자의 억울함을 풀어 주는 방법은 '무거운' 처벌이 아닌 '정확한' 형벌이었기 때문이다.

는 가해자를 먼 곳으로 유배보내 피해자와 만나지 못하도록 했다. 그 이유는 무엇일까? 중죄인들을 감형하여 귀향시키면 피해자의 과부와 고아들이 장차 범인과 마주칠 터인데 과연 그 심정이 어떻겠는가? 요행이 돈으로 죗값을 면한 범인들은 신체에 전연 손상이 없으며, 나아가 수속收贖을 믿고 전날의 악행을 반성하지 않을 것인데 이를 어찌할 것인가? 중죄인을 감형하더라도 유배형에 그칠 뿐〔流以宥之〕 속전할 수 없도록 한 이유는 충분했다.26

물론 주희 당대에도 주희의 입론에 대한 반박이 없지 않았다. 먼저 '상고上古에는 오직 신체형〔肉刑〕만 있었는데 순임금이 유형〔流〕·속전형〔贖〕·채찍형〔鞭〕·회초리형〔扑〕을 만들었으니, 이는 백성들이 참륙당하는 것을 차마 볼 수 없어 형벌을 가볍게 하신 것'이라는 논박이었다.27 즉 유형이나 속전형은 기본적으로 신체형〔肉刑〕의 불인不仁함을 수정하려는 취지였으므로 신체형을 속전해도 문제없다는 주장이었다. 재반론에 나선 주희는 그렇다면 순임금이 가벼운 범죄에도 신체형을 가했던 불인한 왕이고, 살인 등을 저지른 중죄인을 처벌하는 대신 피해자를 원통하게 만든 장본인이라는 주장과 다를 바 없다며 비판했다. 성인께서 그럴 리가 없다는 확신에 찬 주장이었다.28

한편 주희에 대한 또 다른 반박은 주목왕의 속전형이 순임금의 뜻을

---

26 《無名子集》 권14 〈論刑法〉, "雖以不忍之心畏刑之甚而不得赦也 惟其情之輕者 聖人乃得施其不忍畏刑之意而有以宥之 然亦必投之遠方 以禦魑魅 蓋以此等所犯 非殺傷人則亦或淫或盜 情雖輕而罪實重 若使既免於刑 而又得邌鄕 復爲平民 則彼之被其害者寡妻孤子 將何面目以見之 而此幸免之人髮膚肢體 了無所傷 又將遂其前日之惡而不悔 此所以必曰流以宥之而又有五流有宅 五宅三居之文也 然而流專以宥肉刑而不下及於鞭扑 贖專以待鞭扑而不上及於肉刑 則其輕重之間 又未嘗不致詳也"

27 다산의 속전론은 '或者의 논의'를 더욱 발전시킨 것이다("或者之論 乃謂上古惟有肉刑 舜之爲流爲贖爲鞭爲扑 乃不忍民之斬戮而始爲輕刑者").

28 위와 같음, "是自堯以上 雖犯鞭扑之刑者 亦必使從墨劓之坐 而舜之心乃不忍於殺傷淫盜之凶賊 而反忍於見殺見傷爲所侵犯之良民也 聖人之心 其不如是之殘忍偏倚而失其正 亦已明矣"

이은 인정仁政의 제도라는 주장이었다.[29] 이에 대해서도 주희는 사실이
아니라고 강하게 비판했다.

> (이러한 주장은) 순의 속전형이 처음부터 오형에 적용되지 않았음을 고
> 찰하지 않은 것이요, 또한 목왕의 법은 반드시 '의옥에 한해' 수속한 사실
> 을 살피지 않은 것이다. 아울러 한선제漢宣帝 때 장창張敞이 강羌을 토벌하
> 면서 병사들의 식량을 이을 수 없자 곡식을 바쳐 속죄하는 법을 건의하였
> 으니 애초에 살인과 도둑질에는 적용하지 않았다. 그런데도 소망지蕭望之
> 등은 '이렇게 할 경우[속전] 부자는 살고 빈자는 죽을 것이며 이익을 탐하
> 는 길을 열어 교화에 누가 될까 두렵다.'고 했으니 일찍이 삼대의 태평성
> 세에 이를 옳게 여긴 적이 있다는 말인가?[30]

주희의 주장은 속전형이 ① 오형에 적용하던 제도가 아니었으며, ②
편·복에 적용할 때조차 의옥疑獄에 한정했다는 것이었다. 사실 더 근본
적인 문제는 돈으로 속죄하는 제도 자체였다. 주희는 애초에 부자들에
게 유리할 수밖에 없었다면 인정의 발로일 리 없다고 비판했다.

> 《서경書經》(欽哉欽哉 惟刑之恤哉)을 해석할 때 휼恤자를 '관대하다[寬恤]'로
> 보는데 나는(주희) 그렇게 생각하지 않는다. 만일 관대함으로 해석하면
> 피살자는 (살인자의) 목숨으로 보상받지 못할 터이니 죽은 자는 무슨 죄
> 인가? 대저 형벌은 백성의 목숨을 다루는 것[司命]이므로 신중하지 않을
> 수 없다. 가령 (피의자의) 신체가 한번 잘리면 다시 붙일 수 없으니 이를
> 불쌍하게 여긴다[矜恤]는 뜻이다.[31]

---

29 《無名子集》 권14 〈論刑法〉, "又謂周穆王五刑皆贖 爲能復舜之舊者"
30 위와 같음. "固不察乎舜之贖 初不上及五刑 又不察乎穆王之法 亦必疑而後贖也 且以漢
宣之世 張敞以討羌之役 兵食不繼 建爲入穀贖罪之法 初亦未嘗及夫殺人及盜之品也 而蕭
望之等猶以爲如此則富者得生 貧者獨死 恐開利路以傷治化 曾謂三代之隆而以是爲得哉"
31 《朱子語類》 권78 尙書1 〈舜典〉 "多有人解書做寬恤之恤 某之意不然 若做寬恤 如被殺

윤기 역시 주희를 따라 진정한 '흠휼'의 의미를 강조했다. 이른바 흠
휼은 관대한 용서가 아니었다. 잘못된 판결로 죽을지도 모를 피의자를
불쌍하게 생각하는 차원에서 '신중하면서도〔欽〕 불쌍히〔恤〕 여기는 자세'
를 의미했다. 관용이 아니라 처벌받을 자를 처벌할 뿐이었다.

윤기는 주희의 흠휼론을 인용한 뒤 당대 조선의 현실을 격정적으로
개탄했다. 성인께서 형벌을 제정한 이유는 무엇인가? 무고한 자를 처벌
하지 않는 반면 죄지은 자를 관용이나 사면하지 않으려던 것이 아닌
가? 이것이 자연의 천리天理이자 후세가 본받아야 할 핵심이 아니던
가?[32] 윤기는 사법정의를 통해 피해자〔가족을 포함〕 위로는 물론 당대인
들의 도덕 감정에 호응하여 '교화'를 돕고, 아울러 범죄 예방의 효과를
거두어야 한다고 역설했다.

> 만약 무고하게 살해되었다면 법관은 응당 자세히 살피고 명백히 조사해
> 야 한다. 더 이상 의심의 여지가 없다면 반드시 그 목숨으로 보상해야 한
> 다〔償命〕. 이는 단지 죽은 자의 원통한 혼령을 위로할 뿐 아니라 과부와
> 고아의 복수하여 한을 풀려는 마음을 위무하는 것이다. 또한 단지 과부와
> 고아를 위무할 뿐 아니라 천리를 밝히고 나라의 윤리를 진작시키려 함이
> 다. 나아가 당대인〔보고 듣는 이〕의 마음을 통쾌하게 하고 후대를 징계할
> 수 있으니 또한 좋지 않은가.[33]

윤기에게 법이란 피해자를 위로하는 보복행위일 뿐 아니라 당대의
도덕 감정을 바로잡아 후세의 경계가 되는 교화의 수단이었다. 만일 살

者不令償命 死者何辜 大率是說 刑者民之司命 不可不謹 如斷者不可續 乃恤之恤"

32 《無名子集》권14 〈論刑法〉,. "余每讀至此 未嘗不廢書而歎曰 朱子之言 不但於聖經之
義 粲然明白 實得聖人之心於千載之下 蓋聖人制刑之意 未嘗濫及於無辜 亦未嘗寬赦於
有罪 此卽天理之自然 而後世之所當法也"

33 위와 같음. "夫人命至重 若無辜而爲人所殺害 則爲法官者 所當詳審明覈 無復可疑 則
必償其命 不但慰死者銜冤抱痛之魂 亦可慰寡妻孤子報讎雪恨之心 不但慰寡妻孤子 亦可
以明天理而振王綱 又可以快觀聽而懲來後 不亦善乎"

인자를 죽이지〔償命〕 않는다면 힘센 이들이 약자를 죽이고 부자들이 가
난한 자를 제거하여 일찍이 인류가 멸망했을 터이다. 때문에 성인이 교
화를 급선무로 여기면서도 교화를 따르지 않고 살인하거나 상처를 입
히면 형벌로 다스리고 관용하지 않은 이유가 여기 있었다는 것이다.[34]

그런데 조선의 현실은 어떠한가? 교화가 무너지자 인심은 거짓과 위
선을 일삼았고, 각자의 이익만을 추구하자 풍속은 퇴패했다. 이에 혹자
는 돈 때문에 사람을 죽이고 죽음을 무서워하지 않았고, 혹자는 하루아
침의 격분으로 칼을 휘둘렀다. 혹자는 향촌에서 무단으로 횡포를 부리
고 탐학했으며, 혹자는 강포하게 겁탈하여 사람들을 자살하게 만들었다.
살인의 단서가 한 가지로 모아지지 않는다며 많은 살인사건을 의옥疑獄
으로 처리하고, 혹자는 무고로 횡액을 당하였다면서 또 어떤 이는 과오
인데 정범이 되었다면서 감형했다.[35]

윤기가 보기에 조선 후기 법관들은 한심하기 그지없었다. 이들은 사
람이 다쳤지만 죽지 않았다는 말을 들으면 애초에 사건을 조사하지도
않았다. 벽을 뚫고 담을 넘어 도둑질한 경우에도 엄핵嚴覈한다는 말뿐
끝까지 조사하여 잃어버린 물건을 되찾아 준 적이 없었다. 음란을 자행
해도 남의 사적인 비밀을 들추어내냐며 도리어 고발한 자를 처벌했다.

---

34 《無名子集》 권14 〈論刑法〉, "若殺人者不死 則有力者皆欲殺孤弱 有財者皆欲殺貧殘 人
之類滅久矣 …… 是以聖人 雖以敎化爲急務 若有不率敎而至於殺人傷人 則又未嘗不用刑
以治之 不少饒貸 聖人豈故欲用刑哉 誠不得已也"

35 위와 같음. "今敎化陵夷 人心詐僞 各自利己 風壞俗敗 或顚越人于貨 瞥不畏死 或一朝
之忿 爰揮白刃 或武斷鄕曲 橫肆威虐 或强暴劫掠 逼致裁決 凡所以殺人者 不一其端 動
多疑晦 而又或有無辜而橫罹 或因過誤而成眞 故必欲其欽恤也"
　관용의 남발은 상당수의 사건이 제대로 조사되지 않은 채 疑獄이 되고, 罪疑惟輕의 원
칙에 따라 감형되는 데서 기인했다. 심지어 향촌의 豪强들은 疑獄으로 조작하여 사면을
받기도 했다. 이에 윤기는 疑獄을 收贖하는 대신 엄한 신체형이 공평하다고 보았다. 다산
은 철저한 수사 이후 의옥에 한해서만 收贖을 허락하도록 했다. 다산은 지나친 도덕 감정
의 발산이 가져올 사태를 우려했다(김호, 〈조선 후기 綱常의 강조와 다산 정약용의 情·
理·法〉, 《다산학》 20, 2012 참조).

결국 주자가 사람을 상해하거나 도둑질하고 음란한 자를 꾸짖은 취지
에서 벗어날 뿐더러 말속末俗을 징계하는 효과마저 사라지고 말았다.[36]

심지어 살인 사건의 경우는 더 문제가 많았다. 살인 사건은 반드시
체포한 뒤 검시해야 하지만 이 또한 형식에 그쳤다. 처음부터 철저히
조사하여 상명償命할 의지가 전연 없었기 때문이다. 당시의 목민관들은
'사자死者는 이미 죽었다. 그런데 또 한 사람을 죽일 수 있겠는가?'라며
실인實因이 명백하고 증언과 물증이 갖추어졌으며 범인이 자백했는데도
월삼동추月三同推[37]로 할 일을 다했다고 하거나 별도의 상처를 찾아내어
의옥의 단서로 삼을 뿐이었다. 그들의 마음을 추측해 보면 '내가 범인
과 불구대천의 원수도 아닌데 하필 앞장서서 법대로 살옥을 결단할 필
요가 있겠는가? 체직되면 내 알 바 아니다.'라는 데 지나지 않았다. 이
뿐 아니라 살인자를 감옥에 오래 가두면 백방으로 계략을 내어 뇌물과
청탁을 써서 드디어 도배형徒配刑으로 낮추고 얼마 지나지 않아 사면을
받고 귀향한 뒤 예전의 보통사람[平人]으로 살았다. 윤기가 보기에 조선
후기의 법 집행이 완전히 실패하고 있었다. '살인자상명殺人者償命'은 한
낱 헛된 말일 따름이었다.[38]

조선 후기에 살인자들은 처벌을 받지 않고 고향으로 돌아가는 일이
부지기수였다. 극악무도하여 온 세상이 미워하는 죄인은 나라의 제도에

---

36 《無名子集》 권14 〈論刑法〉, "今之爲法官者 若聞有傷人而不至於死則初不擧論 穿窬者
則名雖嚴覈而實未嘗到底窮治 推還失物 淫放者則以爲何必發人陰私 而反罪其發之者 此
非朱子幷傷人盜淫而言之之意 而又非所以懲末俗也 此所以傷人者自誇其能 盜者自以爲冤
淫者恣行所欲 而反謂人誣之也 豈不痛哉"

37 지방의 경우 한 달에 세 번 사또(추관)들이 모여 살옥 죄인을 심문하는 것을 말한
다. 죄인이 심문과정에서 충분히 고통을 받았다는 의미이다.

38 위와 같음. "至於殺人則雖囚繫檢驗 亦依例而已 初無詳覈償命之意 其言曰死者已矣 豈
可又殺一人乎 雖實因明的 詞證具備 渠又自服 而惟以月三同推 爲塞責之資 又尋出別處
疣痕 把作疑貳之端 其心以爲我於彼 非貿首茹涉之仇 則何必挺身獨決此獄 遞去之後則非
吾所知 其人仍作久囚 及其百計賂囑 遂得徒配 未幾遇赦而歸 依舊爲平人 所謂殺人者死
徒虛語耳"

따라 처벌받지 않았고 도리어 선량한 인민들은 남형을 면치 못했다. 대인大人에게는 법이 소홀하지만 소민小民에게는 잔인했고 호강豪强에게는 너그러운데 한렬寒劣에게는 각박했다. 같은 사건에 법이 다르게 적용되었고 같은 죄인데 처분이 달랐다. 간리姦吏들은 율문을 농단하고 이를 기회로 이득을 챙겼다. 이는 단순히 살인자상명殺人者償命의 원칙이 무너졌다는 수준을 넘는 폐단이었다.[39]

윤기는 역사를 증거로 살인자에 대한 강력한 처벌을 주장했다. 그는 기자箕子가 조선을 다스릴 때 팔조八條의 가르침을 만들어 살인한 자는 반드시 죽였으며(相殺以當時償殺), 한고조 역시 진秦의 법을 폐지하면서도 사람을 죽인 자는 반드시 사죄에 처했다고 강조했다.[40]

불공평으로 원망이 가득하고 사법 정의에 대한 희망이 사라졌다면 그 사회를 어떻게 유지할 것인가? 윤기는 대·소민이나 재산의 유무, 세력의 다소에 상관없는 공평한 법 집행을 강조했다. '법을 정확하게 지켜야 정의가 이루어진다.'는 주희의 말씀이 절실했다. 살인자를 속전할 수는 없었다. 감형하더라도 유배에 처하여 가해자와 피해자를 한마을에 살지 않도록 한 성인의 깊은 뜻을 헤아릴 필요가 커졌다. 속전은 매질[鞭扑]의 형벌에나 적용했고 그 경우도 의옥에 한정했을 뿐이었다. 이상은 모두 주희의 뜻이자 윤기가 동의하는 바였다.

그런데 조선 후기에는 살인자들이 돈을 내고 풀려나거나, 유배형에 처해졌다가도 얼마 지나지 않아 귀향하여 피해자와 대면하고 있었다. 이에 윤기는 주희의 논의를 끌어와 조선 후기의 사법정의를 촉구했던 것이다. 법을 엄격하게 집행함으로써 피해자의 억울함을 풀어줄 뿐 아

---

39 《無名子集》 권14 〈論刑法〉, "元惡大憝 不于我政人得罪 而善人良民 或未免淫刑以逞 又多失乎大人而忍於小民 恕乎豪强而刻於寒劣 一事殊法 同罪異論 姦吏舞文 因緣爲市 又不但殺人者不死之爲失刑而已 可勝歎哉"

40 위와 같음. "箕子治朝鮮 不過以殺人 傷人及盜 定一代之典 施八條之敎 漢高入關之初 除秦苛法而必以殺人者死 傷人及盜抵罪爲 三章之約"

니라 시대의 도덕〔감정〕에 통쾌하게 호응하라고 요청했다. 다시 말해 보복으로서의 법 본연의 임무에 충실함으로써 예방과 교화의 목적을 회복하라는 주문이었다.

윤기의 주장을 깊이 숙고할 필요가 있다. 법에 의거하면 자연스럽게 정의가 구현된다고 말하고 있지만, 그 안에는 법대로 집행하라는 주장과 억울함(피해자와 동시대인의 도덕 감정)을 해소해 달라는 요청이 공존하고 있었다. 형벌이란 단지 피해자 개인의 원한을 해소하는 문제에 국한되지 않았다. 시대의 공론公論과 공감하는 차원이었기에 필요악이면서도 교화의 수단이었다.

입법취지에 따른 의율과정에서 피해자의 원통함과 동시대인의 통쾌한 감정을 기대하자 시중時中의 재량을 둘러싼 논란이 불가피했다. '법의 도덕화'라는 문제가 더욱 불거졌다. 민심에 호응하고자 당시의 도덕 감정에 귀를 기울이다가 법을 굽히는 일들이 발생했다.[41]

3. 다산의 속전형 이해와 흠휼론欽恤論

조선 후기에 점차 다산이 우려했던 바가 현실이 되었다. 과잉의 도덕 감정이 법집행에 개입했다. 정情·리理와 법의 균형은 시중時中을 유지해야 했지만 그렇지 못한 경우들이 나타났다. 다산은 사법정의의 구현을 위한 두 가지 조건을 제시했다. 먼저 입법취지를 정확하게 파악한

---

41 정조는 당대의 많은 살인사건을 법의 원칙에 충실하게 처리했다고 믿었다. 그는 한 사람의 죄없는 이도 죽이지 않으려 했을 뿐 살리기를 좋아하지 않았다고 강조했다. 그런데 당시 많은 신하들은 정조를 보고 살리기를 좋아하는 왕이라고 칭송했다. 그들은 정조가 도덕교화를 위해 종종 법을 굽히는 사례를 보았기 때문이다(《與猶堂全書》文集 권14 〈跋祥刑攷艸本〉 참조). 정조의 법치와 이에 대한 다산의 비판은 김호, 2020 참조.

다음 입법취지를 고려하여 '재량'의 최소한도 안에서만 굴법屈法을 허용
해야 한다는 것이다. 율문의 입법취지를 오해하거나 재량의 한도를 잘
못 적용할 경우 쉽사리 법의 오·남용이 발생했다.

　다산의 속전론은 이상의 두 가지 조건을 고려하여 독해할 필요가 있
다. 다산은 속전제의 정확한 입법취지를 밝히기 위해 기왕의 논의(특히
주자학파)를 변석했다. 이를 기초로 다산은 의율과정의 재량을 최소한으
로 제한하고, 이로써 감정의 과잉 개입과 법의 도덕화를 막고자 했다.

　다산은 《흠흠신서欽欽新書》의 첫 장에 주희의 흠휼론을 인용했다. 주
희의 논의에 따라 관용의 남발을 비판하고 엄격하면서도 신중한 법 집
행을 촉구했던 것이다.[42] 그러나 다산은 윤기와 다른 대안을 내놓았다.
속전형의 폐단은 반드시 해결해야 할 문제이지만 그렇다고 신체형이나
유배형을 확대할 수 없었다. 다산은 속전형의 입법취지를 근본적으로
사유하고 이를 토대로 법에 따른 의율擬律을 주장함으로써, 조선 형정론
의 주요한 전통을 창신創新할 수 있었다.[43]

　〈순전舜典〉에 대한 다산의 해석을 따라가며 그의 흠휼론을 정리해 보
자. 《상서尙書》의 '유유오형流宥五刑~금작속형金作贖刑' 구절은 동아시아
형정론의 핵심문구였다.[44] 이 부분을 어떻게 이해할 것인가? 또한 사면
이나 처벌 조건을 제시한 '생재사사眚災肆赦 호종적형怙終賊刑'과 연관하

---

42 《欽欽新書》 권1 經史要義1 〈眚怙欽恤之義〉 "朱子曰 今之法家多惑於報應禍福之說 故
　多出人罪 以救福報 夫使無罪者不得直 而有罪者反得釋 是乃所以爲惡耳 何福報之有 今
　之法官 惑於欽恤之說 以爲當寬人之罪 而出其法 故凡罪之當殺者 莫不多焉可出之塗 以
　俟奏裁 旣云奏裁 則大率減等 當斬者配 當配者徒 當徒者杖 是乃賣弄條貫 侮法而受賕者
　耳 何欽恤之有"
43 다산이 이해한 조선의 법 전통 및 정조의 의지는 형벌의 위협이 아니라 好生之德
　의 교화였다.
44 김종수, 〈17~19세기 형벌고증 담론과 인권의식-朴世堂과 丁若鏞의 경우〉, 《2015
　동아시아 實學 국제학술회의 논문집》, 2015 참조; 《尙書古訓》 권2 堯典 "象以典刑
　流宥五刑 鞭作官刑 扑作敎刑 金作贖刑 眚災肆赦 怙終賊刑 欽哉欽哉 唯刑之恤哉"

여 어떻게 해석할 것인가?

다산은 '유유오형流宥五刑'을 고증하면서 특히 '유宥'자에 주목했다. 후한의 경학자 마융馬融은 유宥를 관寬, 곧 너그럽게 관용을 베푸는 것으로 풀이하고 유宥의 대상으로 유소幼少·노모老耄·준우惷愚 세 가지를 꼽았다. 어린아이(幼少), 늙은이(老耄) 그리고 태생적으로 어리석은 사람(惷愚)을 사면(赦宥)한다는 뜻이었다. 그런데 이들은(三宥) 애초에 형사처벌의 대상이 아니었다. 관용이나 감형의 대상이 아니었다는 뜻이었다. 정현鄭玄 역시 불식弗識·과실過失·유망遺忘을 유의 대상으로 보았다. 부지불식간의 범죄나 과실 그리고 사고사처럼 고의 없는 범죄는 모두 사면(赦宥)해야 했다.[45] 범의犯意 없는 사건이므로 감형과 관용의 대상이 아닌 사면에 해당했다. 과연 삼사三赦·삼유三宥는 과실(眚)이나 사고(災) 그리고 애초에 처벌할 수 없는 경우의 사면(肆赦)에 해당할 뿐이었다.

그렇다면 유유오형의 '유宥'자를 어떻게 해석할 것인가? 다산은 '유배형으로 오형을 감형한다(以流放之法 寬五刑)'고 풀이한 매색梅賾의 견해(宥를 寬으로 해석)를 따라야 한다고 보았다.[46] '유'를 사면(赦)이 아닌 감형(寬)으로 보아, '유유오형', 곧 (오형을) 유배형으로 감형한다(寬)고 해석한 것이다.

이제 오형이 무엇인지 정의할 차례이다. 문제는 고대의 문헌들마다 오형의 정의가 달랐다는 사실이다. 〈노어魯語〉는 갑병甲兵·부월斧鉞·도거刀鋸·찬작鑽笮·편복鞭朴을, 《주례周禮》〈대사구大司寇〉는 야형野刑·군형軍刑·향형鄕刑·관형官刑·국형國刑을 오형으로 정의했다. 그리고 범촉공范蜀公은 관官·교敎·유流·속贖·적賊을, 당률唐律은 태笞·장杖·도徒·유流·사형死刑으로

---

45 《尚書古訓》권2〈堯典〉"馬云 流放 宥寬也 一曰幼少 二曰老耄 三曰惷愚 馬云三宥也 五刑墨劓剕宮大辟〔見史注〕 〇鄭云三宥 一曰弗識 二曰過失 三曰遺忘〔見史注〕"
46 위의 책, "梅云 以流放之法 寬五刑 〇案 馬·鄭所引三赦三宥之法 是在眚災肆赦之中 豈所以釋此句乎 梅註是也"

오형을 삼았고 이는 대명율大明律로 이어졌다. 마지막으로 《상서》〈여형呂刑〉편은 묵형墨刑·의형劓刑·비형剕刑·궁형宮刑·대벽大辟을 오형으로 정의했다.

이상의 논의들을 살펴본 다산은 최종적으로 〈여형〉의 오형 정의를 받아들였다(五刑之目 當從呂刑). 즉 자자刺字를 가하고〔墨刑〕, 코를 베며〔劓刑〕, 발꿈치를 자르고〔剕刑〕, 성기를 없애고〔宮刑〕, 사형〔大辟〕에 처하는 신체형〔肉刑〕이 다산의 오형이었다. 가령 대명률처럼 태·장·도·유·사를 오형으로 보면 '유유오형', 곧 유배형으로 오형을 관용한다는 표현 자체가 성립할 수 없기 때문이다.47 오형 안에 유형이 있는데 '유형流刑을 유형流刑으로 감형'할 수는 없었다.

최종적으로 다산은 유유오형을 '오형을 관용하여 유형으로 감형한다'고 풀이했다. 그리고 신체형〔肉刑〕으로 처벌할 수 없을 때 유배형〔流〕으로 관용한 사례는 고대의 통법通法이라고 주장했다. 고대에는 대부大夫들에게 육형을 가할 수 없었으므로 유형을 적용했다는 것이다.

가령 《예기》에는 '형벌이 대부에 이르지 않는다.'고 했고 《가의신서》에도 '묵형과 코를 베는 형벌을 대부에게 시행하지 않았다.'고 기술했다. 물론 〈이훈〉편처럼 '신하가 나라의 잘못을 바로잡지 않으면〔匡正〕 묵형을 가한다.'는 문헌도 존재했다. 다산은 이를 위서僞書로 치부했다. 다산은 상앙商鞅이 태자부太子傅에게 묵형〔黥〕을 가했다는 구절 역시 어지러운 나라〔亂邦〕의 증거일 뿐이라고 비판했다. 한마디로 다산은 고대에 대부에게는 신체형을 가하지 않았다고 결론지었다.48

---

47 위의 책, "但五刑之目 諸文不同 魯語臧文仲 以甲兵 大刑也 斧鉞刀鋸 中刑也 鑽笮 韋昭云鑽臏也笮黥也 鞭扑 薄刑也 爲五刑 周禮大司寇 以野刑軍刑鄕刑官刑國刑爲五刑 案鄕刑 卽敎刑也 司刑則以呂刑所列爲五刑 呂刑以墨劓剕宮大辟爲五刑 漢書刑法志用國語之目 鑽笮曰鑽鑿 揚子法言謂唐虞無肉刑 法言云唐虞象刑唯明 夏后肉刑三千 唐律以笞杖徒流死爲五刑 明律同 范當公釋此經 以官敎流贖賊爲五刑 王應麟考異 然流在五刑之目 則豈得云流宥五刑 范說非矣 五刑之目 當從呂刑"

이상의 고증을 통해 다산은 유형이 신체형을 내릴 수 없는 대부들에게 베푼 관용〔寬〕의 수단임을 확인했다. 그런데 다산의 고증과 관련하여한 가지 더 주목해야 할 점이 있다. 유형〔유배형〕은 공식적인 형벌이 아닌 임시방편〔權〕이었다는 사실이다. 앞서 언급했듯이, 고대에는 신체형만이 존재했다. 처벌의 경〔편복〕과 중〔오형〕이 있을 뿐 형벌은 오직 신체형뿐이었다. 때문에 유형은 공식적인 형벌체계에 속하지 않았다. 따라서 뒤에서 상론하겠지만, 다산은《상서》의 '오형/유형/편복/속금' 구절을 형벌의 등급체계로 이해하면 안 된다고 강조했다. 이상 몇 가지 사실을 정확히 모른 채 범범하게 해석하다가는 임시방편의 권도權道로 활용되었던 '유유流宥'와 사면의 원칙〔經道〕이었던 '사유赦宥'를 혼동할 수밖에 없었다. 다산은 이러한 혼동이 결국 오형을 유배형으로 관용하고, 편복을 속전형으로 감형했다는 잘못된 견해를 도출했다고 강조했다.

다산은 〈순전舜典〉 12장의 공공共工을 유주幽州에 유배하고 환두驩兜를숭산崇山으로 방출한 사례를 들어 '유유'의 의미를 다시 한 번 설명했다. 알려진 대로 공공과 환두는 요임금 시절의 악인들이었다. 다산은 순임금이 이들을 처벌할 때 대부에게 신체형을 적용할 수 없었으므로 유형의 권도로 처분했다고 보았다. 즉 대부에게 육형을 적용할 수 없었고환두와 공공을 사면〔三赦·三宥〕할 수도 없었던 것이다. 따라서 임시조처의 유배형으로 감형〔宥〕했다는 것이다. 요컨대 유형은 육형을 가할 수도없고 그렇다고 사면할 수도 없는 경우의 권도였다는 것이 다산의 핵심적인 주장이었다.[49]

---

48 다산은 관료〔大夫〕를, 士를 포함하여 일반인과 동일하게 취급할 수 없다고 강조한
   바 있다. 김호, 〈다산 정약용의 '民主' 기획〉, 《다산과현대》 6, 2013 참조.
49 《尙書古訓》 권2 〈堯典〉 "流宥者 三古之通法也 禮曰刑不上大夫 賈誼新書曰黥劓之辠
   不及大夫 古之道也 伊訓曰臣下不匿 其刑墨 此僞書也 商鞅黥太子傅 此亂邦也 驩兜共工
   罪無可原 而亦必流放而止者 刑不上大夫也 驩兜共工 於三赦三宥之法 一無所當 而亦必
   流放而止者 刑不上大夫也"

다산의 주장대로 육형을 가할 수도 사면할 수도 없을 경우 권도로 유배형(流刑)을 사용했다면, 아울러 고대에는 신체형만 있었다면, 과연 속금형을 어떻게 이해할 것인지가 숙제였다.

흥미롭게도 다산은 속금이야말로 애초에 오형에 적용하던 제도였다고 주장했다. 기왕의 해석(주자학파)에 따르면 오형을 유형으로, 편복을 속금으로 감형할 수 있었다.

> 채침이 말하기를 ①오형을 유형으로 관용했으니 금속金贖하지 않았다. ②《주례》〈추관〉에 그러한 문장은 없었다. 〈여형呂刑〉편에 이르러 오등급의 처벌이 있었으니 의심컨대 목왕이 처음 제정한 듯하다. 마땅히 처벌할 죄인을 수속收贖한다면 잃는 것이 가볍지만, 의옥이라거나 사면해야 한다면서 〔역자: 오형의 중죄인을〕 수속한다면 잃는 것이 무겁다. 또한 부자들은 요행히 처벌을 면하고 가난한 자들만 형벌을 받을 것이다.[50]

채침은 처벌의 등급(오형/유형/편복/속금)을 설정한 뒤 오형을 유형으로 감형했을 뿐 등급을 넘어 속금할 수 없다고 보았다. 경범을 속전해도 문제인데(失之輕), 오형과 같은 중범죄를 등급을 뛰어넘어 속전한다면 더 큰 문제(失之重)라고 비판했던 것이다.

전통적인 주자학파의 해석에 따라 윤기는 오형의 중죄인을 돈으로 풀어줄 수 없다고 주장했던 것이다. 유배형으로 관용할 뿐이며 아울러 유배의 치죄治罪 효과가 사라졌다면 관용보다 엄형이 사법정의의 지름길이라고 보았다. 이것이야말로 피해자의 원통함은 물론 세상이 통쾌하게 여길 최선이었다.

다산 역시 그 누구보다 조선 후기 속전의 폐단을 잘 알았다. 엄격한

---

50 위의 책, "蔡云 五刑有流宥而無金贖 周禮秋官亦無其文 至呂刑乃有五等之罰 疑穆王始制之 當刑而贖則失之輕 疑赦而贖則失之重 又使富者幸免 貧者受刑也"

법 집행이 중요했다. 하지만 유전무죄가 문제라고 하여 오형을 속전할
수 없다거나 엄형을 늘려야 한다는 데 동의할 수 없었다. 다산에게 윤
기의 주장은 호생지덕에 기초한 선왕의 형정을 근본적으로 이해하지
못한 논의였다.

이에 다산은 오형을 속금할 수 없는 것이 아니라(①), 속전이야말로 오
형에 적용하던 제도였다고 주장했다. 그의 고증은 다음과 같다. 먼저 속贖
〔속續〕은 끊어진 무엇인가를 이어 붙인다는 의미라는 것이다. 그렇다면
속금贖金은 돈으로 이어 붙이는 것일 테고, 반드시 신체가 잘라지고 이
지러져야만 붙일 수가 있었다. 결국 속금은 잘라진 신체〔오형〕를 돈으로
붙인다는 의미가 분명했다. 정확하게 말하자면, 속금은 오직 신체를 훼
손하는 형벌〔오형〕을 대속代贖하기 위한 제도였다(正唯五刑有贖)는 것이다.[51]

심지어 다산은 고대에는 편복을 속전하지 않았다고도 주장했다. 원래
오형과 같은 무거운 신체형을 수속하다가 후대에 모든 신체형으로 확대
되었다는 것이다. 그는 과도한 매질로 신체의 훼손이 염려되자 후대에
그 불인不仁함을 우려하여 경범에까지 속전 적용을 확대했다고 보았다.[52]

다산은 속전이 꼭 돈〔金〕으로만 대속한 것은 아니라고 주장했다. 가
치 있는 모든 것이 가능했다. 도刀·포布·패貝·옥玉 등 값나가는 물건 모
두를 죗값에 충당할 수 있었다. 반드시 금붙이일 필요는 없었다.[53] 환금
가능하다면 노동(력)도 가능했다. 속전형은 사형과 같은 신체형의 불인
함을 피하려는 인정의 발로였기 때문이다. 《주례》를 보면 노비로 삼아
천역賤役에 복무시키거나 감옥에 가두었다가 3년 뒤 유배형에 처했는데,

---

51 《尙書古訓》 권2〈堯典〉"鋪案 贖者續也 謂以貨貝續其肉體之當斷者也 古字本相通 故
漢書緹縈上書云 斷者不可復續 史記須賈云擢賈之髮 以續賈之罪 古文以贖爲續者甚多 正
唯五刑有贖 若鞭扑之續 是乃因五刑之贖 而附生於其後也"

52 위의 책, "〔考訂〕梅云鞭扑雖輕 猶虧其體 亦容輸贖 故後言之"

53 위의 책, "案 禹貢之三品金 皆可以納贖 不必一定 故經不言某金也 …… 凡刀布貝玉之
類 皆令價値相當 以充鍰數 不必金銀銅是徵也"

조선의 절도극변의 유배형도 같은 경우었다. 이처럼 경전에는 모든 인정의 방안이 갖추어져 있었다.[54]

　아울러 속전제를 발명하여 유전무죄의 풍속을 만들었다고 비판받던 주목왕을 혼군으로 폄하할 이유도 사라졌다.[55] 다산은 고대에는 속금제가 없었다는 주장(②)을 일축했다. 《주례》에서 대속의 증거를 찾아낸 것이다.

> 　《주례》〈추관秋官〉에 사환司圜〔형관〕의 직책은 무릇 감옥〔圜土〕에서 사람을 처벌하는 데 신체를 이지러지게 하지 않았고 처벌하는 데 재산을 이지러지게 하지 않았다. 신체를 이지러지게 하는 것〔虧體〕은 코를 베는 형벌 같은 것이요, 재산을 이지러지게 하는 것〔虧財〕은 돈〔金〕으로 대속〔贖〕한다는 뜻이다. 옛날에는 오직 신체형만 있다가 이후에 속전형이 생겼다. 어찌 《주례》에 이러한 문장이 없겠는가?[56]

　그렇다면 다산은 왜 조선 후기에 벌어진 유전무죄의 불편한 현실을 목도하면서도 속전형의 유지를 그토록 강조했던 것일까? 다산의 고증으로 유전무죄의 우려가 더욱 불거지지는 않았을까?

　사실 다산은 '속전의 조건'을 매우 까다롭게 제한했다. 이른바 사죄에 처해야 하지만 그럴 수 없는 불가피한 경우로 한정했던 것이다. 앞서 언급한 바 있는 '사면〔赦宥〕의 조건'을 다시 한번 상기할 필요가 있

---

54 위의 책, "先王於此 必有以處之 不必過慮 且考周禮 或爲罪隷 使服賤役 或囚圜土 以至三年 又以流放 待其疑赦之類〔如今之絕島極邊〕貧不能贖者 處之有術 律應收贖 乃或用刑 必無是理 豈可以經無細目 爲玆開慮"

55 《尙書古訓》 권7 〈呂刑〉 "〔考訂〕蔡云耄 昏亂之稱 孟子曰從獸無厭謂之荒 穆王享國百年 車轍馬跡 徧于天下 史氏以耄荒二字發之 亦以見贖刑爲耄荒所訓耳 ○蘇云荒 大也 禹曰予荒度土功 荒屬下句讀 ○鏞案: 蘇讀極是也 耄者年高之稱 且是自言 不可病也 耄亂荒忽 自是僞者之誤注"

56 《尙書古訓》 권2 〈堯典〉 "周禮秋官 有司圜之職 凡圜土之刑人也不虧體 其罰人也不虧財 虧體者 劓剕之謂也 虧財者 金贖之謂也 古唯虧體之刑 而后乃有虧財之罰 曷謂周禮無文哉"

다. 사면[三赦·三宥]이야말로 《흠흠신서》 전편을 통해 다산이 가장 심혈
을 기울인 경사의 핵심[經史要義]이었다.[57] 마융은 유소·노모·준우를, 정
현은 불식·과실·유망을 사유의 대상으로 한정했다.[58] 어린이와 노인, 어
리석은 자의 범죄 그리고 불식간의 사고, 과실 등 고의 없는 사건만이
사면대상이었다.[59] 또한 의옥으로 범인을 확정할 수 없는 경우 피의자
를 사죄에 처할 수 없었다. 이처럼 다산은 사죄가 마땅하나 불가피하게
사면할 경우에 한해서 속전을 허용했다.[60]

> 속전은 의옥疑獄이나 사면에 해당할 때 비로소 허락했다. 의옥이 아니면
> 비록 도·의[61]의 부유함으로도 처벌을 요행히 면할 수 없으며, 의옥이나 사
> 면에 해당하면 영금처럼 가난한 자는 대속조차 필요 없다.[62]

다산은 속전형의 조건을 매우 까다롭게 제한함으로써 이외 어떤 경
우도 속전할 수 없도록 만들었다. 사실상 다산의 주장이야말로 속전을
둘러싸고 '엄형의 효과를 가장 극대화한 방안'이었다.

다산이나 윤기 모두 무겁게 처벌받을 자들을 엄하게 처벌함으로써
사법정의를 구현하고자 했다. 그리고 두 사람 모두 법의 원칙을 강조했
다. 그럼에도 다산은 윤기처럼 애초에 사죄는 속전할 수 없다든지, 유

---

57 김호, 〈흠흠신서의 일고찰: 茶山의 '過誤殺' 해석을 중심으로〉, 《조선시대사학보》
54, 2010 참조.

58 《尙書古訓》 권2 〈堯典〉 "案 馬鄭所引三赦三宥之法 是在眚災肆赦之中 豈所以釋此句
乎 梅註是也"

59 《欽欽新書》 권1 經史要義1 〈司刺宥赦之義〉 참조.

60 《尙書古訓》 권2 〈堯典〉 "賈疏云 刑人不虧體 對五刑虧體者也 其罰人不虧財 對五刑疑
出金罰虧財者也"

61 陶朱公과 猗頓으로 모두 貨殖에 능하여 부자가 되었다(《史記》 권129 〈貨殖列傳〉).

62 위의 책, "凡贖刑之法 罪在疑赦 然後方許收贖 罪無可疑則雖陶猗之富 必不幸免 罪在
疑赦 則雖縈黔之貧 必不就贖"

배의 효과가 사라진 이상 신체형의 엄형을 가해야 한다고 보지 않았다. 윤기의 주장이야말로 인정과 멀어질 뿐 아니라 경전의 참뜻을 계승하지 못한 속견俗見이었다.

다산이 보기에 부자나 권력을 가진 이들의 대속이 많다고 하여 속전 자체를 거부한다면 이는 당대의 일반적인 불만에 호응한 논의일 따름이었다. 속전은 부민富民이나 권력자 등 대민大民만을 위한 제도가 아니었다. 소민들을 포함하여 제도의 혜택을 입지 못한 자들이 많다고 하여 제도 자체를 없앨 수는 없었다. 조선 후기에 대·소민의 갈등이 깊어지자 정조는 억강부약抑强扶弱을 강조한 바 있다. 다산은 정조의 이러한 정책을 강하게 비판했다. 기본적으로 대민을 호강으로 전제하거나 소민이라고 모두 약자로 취급할 수 없다고 주장한 다산은 특히 소민들의 무분별한 울분(私嫌)에 대해 각별한 주의를 기울인 바 있다.[63] 18세기 후반 공의公議에 기초하지 않은 과잉된 도덕 감정의 분출이나 이에 부합하려는 법의 굴신을 다산은 가장 우려했다.[64]

기본적으로 교화에 기초한 주자학적 법치에 동의하면서도, 다산은 입법 취지를 벗어나지 않는 법치의 원칙을 강조했다. 법은 정의와 교화의 수단이었지만 율문(法)에 앞서 정·리의 도덕감정에 지나치게 기울어질 경우 사법정의와 교화는 그만큼 요원해질 뿐이었다.[65] 다산이 속전형을 철저하게 고증하고 이를 통해 엄격한 집행을 강조한 이유는 충분했다. 입법취지를 오해하고 감정에 치우친 법의 도덕화 현상이야말로 다산이

---

63 김호, 〈조선후기의 圖賴와 다산 정약용의 비판〉, 《한국학연구》 37, 2015.
64 김호, 2012 참조.
65 조선 후기 교화에 대한 강조는 도리어 엄형(론)을 가능케 하는 배경이 되었다. 성리학 사회의 교화(도덕)와 형정(법)을 지나치게 대립적으로 파악해서는 안 된다. 조선은 법치를 강화할수록 도덕적 교화 역시 강조되었으며, 성리학의 가치를 내면화하려 해도 법치에 따라야 하는 구조였다. 법치와 덕치는 상극이나 대립이 아니라 상보적 관계였다.

당대 가장 걱정했던 사태였다. 그리고 다산이 그토록 걱정했던 바는 19
세기 이후 점점 더 뚜렷하게 현실이 되어갔다.[66]

4. 결론

조선 후기 속전의 문제를 해결하기 위해 육형 등 엄형이 불가피하다
는 논의(윤기)에 맞서 다산은 속전이야말로 신체형의 불인不仁을 해결하
려던 선왕의 깊은 뜻이 담긴 제도임을 논증했다. 또한 그는 속전제의
운영이 문제라 해서 속전 자체를 부정하거나 육형을 강화하려는 시도야
말로 신체형과 같은 불인한 혹형으로부터 벗어나 교화敎化의 시대로 진
보해 온 인간의 역사를 거꾸로 되돌리는 반동에 불과하다고 비판했다.[67]

다산은 관용의 남발을 방지하기 위해서라도 정확하고 엄격한 속전제
의 집행이 중요하다고 보았다. 즉 의옥疑獄이나 사면조건에 해당하지 않
는다면 어떠한 범죄도 수속할 수 없도록 해야 했다. 그럼으로써 죽어
마땅한 범인이 돈으로 죄책罪責을 피해 나갈 수 없으며 동시에 어떠한
사죄도 속전할 수 없다는 주장의 문제점도 비켜 나갈 수 있었다.

이 지점이야말로 주희의 흠휼 논의를 둘러싼 윤기와 정약용의 다른
견해가 부딪히는 대목이다. 다산은 《흠흠신서》를 통해 아녀자의 관용도
문제이지만 그렇다고 군인의 엄혹함은 더욱 문제라면서 '시중時中'의 흠
휼을 강조한 바 있다. 주희의 흠휼론에 따라 윤기와 다산은 공히 흠휼
을 '단순한 용서'가 아닌 '정확한 법 적용'으로 이해했다. 조선 후기에

---

66 김호, 2013 참조.
67 다산은 채찍질처럼 가벼운 신체형이라도 수백 대에 이른다면 난세의 증거일 뿐이라
고 비판했다(《尙書古訓》 권2 〈堯典〉 "案 鞭至於五百三百 亦衰亂之世也").

흠휼을 관용이나 감형으로 오해함으로써 수많은 문제가 발생하고 있다
는 점에서 두 사람의 의견은 동일했다. 하지만 사법정의를 위한 속전제
개선 방안에 대해서는 의견차를 보였다.

사죄에 처할 중죄인을 절대 수속할 수 없다거나 심지어 유형 대신
처벌의 효과가 큰 육형을 집행해야 한다는 윤기의 주장과 달리, 다산은
속전제의 취지에 따라 사죄에 처할 수 없는 경우라면 호생好生의 기회
〔贖金〕를 주어야 한다고 보았다. 다산은 관용이 아니라 엄격한 법 집행
이 중요하다는 주희의 흠휼론을 당대의 감정에 호소하는 엄형으로 이
해한 윤기의 견해를 비판했다. 다산에게 관대함의 반대는 엄벌이 아니
었다. 다산은 조선의 속류 주자학자들이 주희의 진의를 제대로 파악하
지 못했다고 비판했다.

다산은 《흠흠신서》 전편을 통해 지나친 관형寬刑(조선 후기의 형정)과
혹형酷刑(명·청의 형정) 양자를 모두 비판한 바 있었다. 다산은 형정의
'시중'을 얻기 위한 가장 중요한 덕목으로 '(주희의) 신중하고도 정확한
법 적용'을 강조했다. 이는 입법취지를 정확하게 이해하고 의율擬律의
재량을 최대한 억제하는 것에 다름없었다.

다산은 속전제의 취지에 따라 범의犯意가 분명하다면 용서할 수 없지
만 고의가 아닌 경우라면 사면해야 하고, 법 집행 과정에서 정·리와 법
을 고려한 재량이 불가피하지만 정·리의 도덕감정의 개입을 최소화하려
고 했다. 다산은 속전의 취지를 정확히 알지 못한 채 의옥이나 과실 또
는 어리석은 자의 범죄마저 수속할 수 없도록 한다면, 억울한 피해자나
범죄 사실조차 모르는 이들을 엄하게 처벌할 수밖에 없게 되고 이것이
야말로 흠휼에 가장 어긋난 불인한 처사라고 비판했다. 다산에게 경전
해석은 글자 그대로의 뜻을 풀이하는 훈고에 머물지 않았다. 경전의 축
자 해석은 '진정한 흠휼'을 구현하기 위한 경세론의 기초였던 것이다.

조선의 주자학자들은 천자天子로부터 서인庶人에 이르기까지 모든 사

람이 명덕明德을 부여받았다고 전제하고, 불인한 형벌이 아닌 명명덕明明德에 기대어 정치공동체를 꾸리지 않았는가? 아무리 조선 후기의 현실이 말세라 해도 교화를 포기하고 엄벌에 기대거나 속전제가 문제라고 신체형을 주장한다면 이는 스스로 호생지덕의 정치를 저버린 꼴이 아닐 수 없었다.

물론 조선 후기에 피해자를 위로하려는 의지가 대단히 중요했다. 정의 실현의 욕망이 커질수록 입법취지의 한계를 넘는 도덕감정과 그에 따른 굴법屈法 현상도 심해졌다. 민인民人들의 감정은 끓어올랐고 주희의 해석은 여기에 힘을 실어 주고 있었다.[68]

다산에게 정의란 가해자를 처벌하려는 도덕감정이 아니라 법조문에 의거한 의율擬律로써 실현되었다. 속전의 입법취지를 근본적으로 이해하고 원칙에 따라 철저하게 적용할 때 비로소 현실의 폐단도 해결할 수 있었다. 목욕물이 더럽다고 통 속의 아이마저 쏟아 버릴 수는 없었다. 진정한 엄형은 감정이 아니라 법에 철저할 때 가능했기 때문이다.

다산의 경전해석은 고증을 위한 고증이 아니었다. 그는 지난 역사를 인간[明德]에 대한 신뢰 위에 구축해 왔던 교화와 형정의 진보과정이라고 보았다. 다산은, 주희의 흠휼론이 단순한 관용이 아니었던 만큼 엄형도 아니었다고 해석했다. 처벌받아 마땅한 자라면 유전·무전이나 기득권 여부를 가리지 않고 처벌하며, 용서받아 마땅한 경우라면 돈이 많다거나 기득권이라고 해서 역차별을 받아서는 안 되었다. 법은 그 취지에 따라 만인에게 공평하게 집행할 뿐이었다.[69]

---

68 19세기 초 홍경래난을 비롯한 민중의 동요에 대한 다산의 우려를 볼 수 있다(《목민심서》권4 禮典〈辨等〉). 19세기 士 개념의 형성에 대해서는 조경달, 《민중과 유토피아》, 역사비평사, 2009, 1장 참조.

69 《與猶堂全書》文集 권14〈跋祥刑攷艸本〉

제11장

다산 정약용의 전제田制 개혁론에 대해:

그 새로운 해석

미야지마 히로시宮嶋博史

(성균관대 초빙교수)

1. 들어가는 말

다산은 1799년에 집필한 〈전론〉에서 전제 개혁론으로 여전제閭田制와 《경세유표》에 수록한 〈전제〉에서 정전제井田制라는 두 가지 다른 방안을 주장하고 제시한다. 이들 개혁안을 어떻게 평가하는가에 관해서는 다산의 최종적인 도달점이 어느 쪽이었는지 연구자 사이에서 견해차가 있기는 하지만, 개혁안의 근대적인 성격을 찾으려는 주장이 공유되어 있다는 의미에서는 근본적인 대립이 존재하지 않는다.

이러한 기존의 연구에 대해서는 두 가지 문제점을 지적할 수 있다. 첫째로는 근대적이라고 할 때 그 기준이 애매하다는 문제이며, 둘째로는 조선시대 토지제도가 전근대적인 것으로 전제되어 있다는 문제이다. 즉 서구 근대를 기준으로 다산의 전제 개혁론을 평가하려고 하는 자세 자체가 근본적으로 잘못된 방법이라는 이야기이며, 그런 자세의 배경에는 연구자들의 근대에 대한 욕망을 발견할 수 있다.

그런데 최근에 와서 위와 같은 근대 지향적인 다산 이해를 비판하면서, 왕도王道정치론의 입장에서 다산의 전제 개혁론을 이해하려고 하는 견해가 제기되었는데, 이러한 견해 또한 근대에 대한 욕망에서 자유롭지못하는 것 같다.

그러면 다산의 전제 개혁론을 어떻게 평가해야 하는 것일까? 이 논문에서는 다산의 개혁론이 지향하는 바를 이상적 유교국가 건설을 위한 경제적 기반 구축에 있었다는 것을 전제하면서 그의 최종적인 개혁목표보다도 현실의 토지제도에 대한 비판을 중심으로 고찰한 다음, 그의 비판이 대한제국기의 광무 양전과 일제의 토지조사사업에서 해결되었음을 밝힘으로써 조선시대 토지제도의 독특한 성격에 대해 논할 것이다. 그리고 마지막으로 다산 전제 개혁론의 의미에 대해 필자 나름대로의 새로운 해석을 제시하려고 한다.

2. 연구사 개관: 연구자들의 근대에 대한 욕망의 궤적

다산의 전제 개혁론에 관해서는 많은 연구가 축적되어 왔지만, 여전히 기본적인 문제부터 연구자들의 견해차가 존재한다. 견해차는 주로 다음 두 가지 문제와 관련해서 존재하는데, 하나는 다산이 제기한 여전제와 정전제라는 두 가지 개혁안 가운데 어느 쪽이 다산의 최종적인 목표였는가의 문제이며, 다른 하나는 다산의 정전제 구상에서는 토지를 국유화하려고 했는가, 아니면 현실의 토지 사유를 기본적으로 인정하려고 했는가의 문제이다. 그리고 이 두 가지 문제는 서로 연결된 문제이기도 하다. 그러면 지금까지의 연구사를 간략하게 정리해 보기로 한다.

1) 여전제론자

여기서 여전제론자라고 하는 것은 다산의 두 가지 개혁안 가운데서 여전제를 높이 평가하고, 그것이 다산 전제 개혁의 최종적인 목표였다고 보는 연구자를 가리키는 말이다. 다산의 전제 개혁론에 대한 본격적인 연구는 최익한에 의해 시작되었다고 할 수 있는데, 그 최익한이 전형적인 여전제론자이다.

1930년대의 《여유당전서》 간행에 참여했고 해방 후 북한의 실학 연구를 주도했던 최익한은 1955년에 간행된 《실학파와 정다산》에서 다산의 저작에는 '합법적인' 것과 '비합법적인' 것이 있다고 주장하면서 《경세유표》는 다산의 이상을 제시한 저작으로 보는 일반적인 이해를 다음과 같이 비판한다.

> 그의 《경세유표》에 따르면 고대 정전제, 균전제와 한전제 같은 것을 실행하기가 불가능한 현재에는 공전균세제가 합리적인 세제라고 주장하였다. …… 그러나 이 공전균세제는 단순히 세제 형식으로 보아 평균 정책이라 할 수 있으나 토지사유제와 지주가 제거되지 않는 한 재산 불균등과 노역 불균등은 농민의 비참한 상태를 의연히 지속 혹은 격화시킬 것이었다. 그러므로 다산은 최후로 토지국유제의 기초 위에서 여전제 즉 촌락 집단농제를 창안하였다. 여전제는 토지공유의 기초 위에 또는 농민만이 토지를 가질 수 있고 농민 아닌 자는 토지를 가질 수 없다는 원칙 아래 촌락을 단위로 한 공동경작과 성원의 실지 노력 분량에 따라 수확물을 분배할 것을 내용으로 하였으므로 이러한 고안은 비록 공상적이기는 하나 과학적인 현실성도 내포하고 있다.[1]

최익한의 위와 같은 주장은 정전제에서 토지소유를 사적 소유로 보았기 때문에 토지의 국유화와 거기서의 집단적 농업 경영을 주장한 여전제를 다산의 최종적인 목표로 판단한 결과라고 할 수 있다. 이러한 그의 주장은 북한에서 진행된 농업 집단화와 깊은 관계를 가진 것으로 여겨지는데, 여전론을 다산의 최종적인 목표로 이해하는 견해는 한국의 연구에 대해서도 많은 영향을 주게 되었다.

한국의 연구자 가운데 여전제론자를 대표하는 연구자는 김용섭이다.

---

1 최익한, 《실학파와 정다산》, 2011, 한국판, 489~490쪽.

그는 여전론이 전개되어 있는 〈전론〉의 집필 연도가 1799년이었음을 밝혔을 뿐만 아니라 다산이 만년에 집필한 〈전론〉에 대한 보유에서 젊은 시절의 〈전론〉이 고전에 관한 충분한 연구 없이 집필된 것이었다는 반성을 소개하면서도 정전론보다 여전론을 높이 평가한다.

　　말하자면 그의 정전론井田論은 봉건적封建的인 지배층의 횡포橫暴를 체험體驗하는 가운데서, 그리고 농업생산農業生産의 실정實情과 농민農民들의 동태動態를 관찰觀察할 수 있었던 상황狀況속에서 모색摸索되고 체계화體系化된 농업론農業論이었다. 그러므로 이러한 과정過程에서 그는 현실적現實的으로 농업개혁農業改革의 시급時急함을 절실切實히 느끼고 그 실현實現을 위해서 연구研究를 하였던 것이지만, 동시同時에 그는 이러한 현실타개現實打開의 노력努力이 실현實現되기 위해서는, 당시當時의 시점時點에서 봉건지배층封建支配層이나 농민층내農民層內에서의 이해관계利害關係를 완전完全히 무시無視하는 것이어서는 아니되며, 그들이 수긍首肯할 수 있는 방안方案이 되지 않으면 아니된다는 것을 절감切感하였으리라고 생각된다. 그리고 그러한 생각을 하게 되었을 때 그는 그의 궁극적窮極的이고도 이상적理想的인 젊은 시절時節의 공동농장적共同農場的인 농업경영론農業經營論만을 주장主張하고 있을 수는 없다는 것을 알게 되었을 것이며, 그러한 이상적理想的인 농업경영農業經營에 이르는 하나의 과도조치過渡措置로서 어느 특정特定한 사회계층社會階層의 급격急激하고도 과도過度한 희생犧牲을 강요強要하지 않고서도 목적目的을 달達할 수 있는 절충안折衷案을 생각되었으리라고 믿어진다. 그것이 바로 정전제井田制를 통通해서 이룩하려는 독립자영농적獨立自營農的인 농업생산農業生産의 형태形態를 고안考案하고 제기提起케 한 연유緣由가 아닐까 필자筆者는 생각하는 것이다.[2]

　즉 정전론은 현실과 타협한 차선의 책이며 궁극적인 이상은 공동농

2 김용섭, 〈18·19세기의 농업실정과 새로운 농업경영론〉, 《대동문화연구》 9, 1972.

장적인 농업경영론이었다는 것이 그의 핵심적인 주장이다. 그리고 김용섭은 정전제 아래 농민을 '독립자영농'으로 이해하고 있는데, 이러한 이해는 최익한과 마찬가지로 정전제를 토지사유제로 해석하고 있기 때문에 가능한 것이다. 정전제는 토지 국유를 전제로 한 것임에도 불구하고 그것을 인정하지 않는 것은 아마도 사적 토지소유의 발전을 중시해 온 내재적 발전론의 주장과 깊은 관계가 있다고 여겨지는데, 나중에 언급하겠지만 다산은 오히려 사적 토지소유의 폐해를 제거하기 위해 토지국유론을 주장했다고 봐야 할 것이다.

2) 정전제론자

젊은 시절의 구상이었던 여전론에서는 정전제는 실시 불가능할 것으로 생각했던 다산은 유배기의 고전연구를 통해서 그 잘못을 깨닫게 된다. 그 결과 주장한 것이 〈전제〉의 정전제론인데, 따라서 연구의 현 단계로서는 정전제론이 다산의 도달점이었다고 보는 것이 타당하다. 그런데 그렇게 보는 연구자 사이에서도 정전제에서의 토지 국유론을 어떻게 이해하는가에 대해서는 다른 견해가 제기되고 있다.

정전제론자의 한 사람인 이영훈은 다산의 견해가 시기에 따라 변화한다는 전제 위에 초기의 소박한 왕토주의에서 유배 시절의 '순속順俗', 즉 현실에 대한 이해의 심화와 그에 따른 현실 나름대로의 합리성을 인정하는 입장으로 변화를 거쳐서 정전론에서는 '인민의 전산권'과 양립할 수 있는 '국토관령권'으로서의 왕토주의로 바뀌었다고 해석한다.

천자天子를 민중民衆이 추대해서 생긴 존재로 보는 이같은 군왕관에는 근대적 민주주의民主義의 기본 원리가 단순하나마 순수 원형으로 깃들어 있다. 말하자면 다산의 군왕관이 한편으로 이러했다면, 다른 한편으로 그

가 주창한 왕토주의가 '인민人民의 전산권田産權'을 부정하는 대립적 위치에
있다고는 이야기하기 곤란하다. 오히려 경제로서의 '인민人民의 전산권田産
權'을 전제하고 그것을 통치하는 정치로서의 '국토관영권國土管領權'쯤으로서
의 왕토주의가 다산의 본래의 취지가 아니었던가. 혹 그것은 비교사적으로
근대로의 과도기에 서유럽과 일본에서 출현한 절대주의絶對主義의 이데올로
기에 상응할지 모르겠다. 필자는 조선사회가 경제적 토대에서 그러한 단계
에 진입할 정도는 아니었다고 생각하지만, 특정한 천재天才의 사상思想은
그러한 토대에 구속되는 법이 아니기 때문에, 그와 같은 상정도 무용하지
만은 않을 것이다.³

　　김용섭의 정전제 이해가 '독립자영농'이라는 서구적 범주를 찾으려고
한 결과였다고 한다면, 이영훈은 정전제 구상에 서구나 일본의 절대주
의와 유사한 것을 찾으려고 한 것이다. 따라서 여전제론자와 정전제론
자 사이에는 다산의 전제 개혁론의 이해에서는 큰 차이가 있지만 근대,
그것도 서구나 일본의 근대를 기준으로 삼아 비슷한 것을 다산에서 찾
으려고 하는 입장에서는 대동소이한 셈이다.

　　김용섭의 '독립자영농'이라는 규정에 대해서도 그 근거가 무엇인지
분명하지 않기 때문에 수긍하기 힘들지만, 이영훈의 위와 같은 주장 역
시 논리의 비약, 혹은 연구자의 자의적인 독해이라는 의문을 느끼지 않
을 수 없다. 일본의 절대주의란 무엇을 두고 하는 말인지 이해하기 어
렵지만 그것보다 더 근본적인 의문으로 제기되는 것은 조선시대의 토
지제도를 개혁하려고 했던 다산을 서구나 일본과 비교한다는 것 자체
가 안고 있는 함정을 몰자각한다는 점이다. 이 문제에 대해서는 나중에
다시 검토하겠다.

　　정전제론자로서 이영훈과는 또 다른 해석을 한 연구자가 김태영이다.

3 이영훈, 〈다산의 정전제개혁론과 왕토주의〉, 《민족문화》 19, 1996.

그는 위에서 소개한 세 명의 연구자와 달리 다산이 주장하는 정전제는 토지의 국유화를 목표로 한 것이었음을 밝히면서 그러한 국가의 성격을 '공공성'이라는 면에서 파악하려고 한다.

　　다산의 정전제론은 이미 토지의 사유가 보편화해 있는 현실에서 우선 공전公田을 왕토王土로 확보하여 정전제를 시행하고, 결국에는 전국의 모든 전토를 '왕토'로 회복하기를 추구한다. 이는 혹 너무나 시대착오적인 발상이 아닐 터인가.

　　다산의 현실과 이상 사이의 모순이 가장 크게 드러나는 곳이 바로 이 대목이다. 그런데 인습과 비리로 끝없이 뒤얽힌 현실태를 극복하기 위해서는 전국의 토지 지배권을 '왕권'으로 귀일시킴으로써야 비로소 가능하다는 것이 다산의 확신이다. 그는 결국 전국 전지를 '왕토로 귀일'시킨다는 변법적 개혁을 통해 비리와 인습으로 가득 찬 지리멸렬한 현실태를 초극超克하고자 한다.

　　그것은, 수 천 년 누적되어 온 현실태의 암흑하고도 지리멸렬한 중층적으로 할거하는 비리와 인습을, 국가적 규모의 공공 규율을 통해 극복하고자 하는 '제도적 구속'인 것으로 해석된다. 다산의 왕권론은 무엇보다도 왕정을 구현하기 위해서는 국가 행정력이 선도하면서 추진해야 하는 것으로 구도화했음을 주의할 것이다. 그것은 국가 공권력에 의한 공공성의 극대화를 통해서야만 오랫동안 특권층의 자의에 맡겨져온 사적 권역의 할거적 농단을 근본적으로 지향할 수가 있는 것이라는 다산 자신의 소신에서 우러난 규정인 것으로 해석된다. 새로운 기준의 공공적 결속을 통해 지리멸렬한 현실태를 근본적으로 초극하고자 하는 의도인 것이다. 다산의 왕정론은 곧 새로운 역사시대를 지향하는 새로운 국가론으로 구상되고 있었다는 사실을 여기서 살필 수 있을 것이다.[4]

---

4 김태영, 〈조선 정법서의 전통과 '경세유표'〉, 《다산과 현대》 6, 2013.

위의 인용문에서 알 수 있듯이 김태영은 토지의 사적소유가 가져온 여러 폐해를 근절하기 위해 토지의 국유화를 주장하였다고 보는데, 이러한 해석은 강한 설득력을 가진 것으로 평가할 만하다. 그리고 그런 의미에서는 사적 토지소유의 발전을 중시해 온 내재적 발전론의 질곡에서 벗어났다는 면에서 연구사적으로 큰 의미를 인정할 수 있지만, 근대에 대한 욕망이라는 의미에서는 그 역시 자유롭지 못한 것 같다. 즉 다산의 왕정론이 새로운 역사시대를 지향하는 것으로 파악되고 있는데, 그 의미가 애매하고 국가론으로서는 너무나 추상적인 것임을 지적하지 않을 수 없다.

3) 근대 지향적이라는 함정

위에서 소개한 것처럼 다산의 전제 개혁론에 관해서는 다양한 연구가 이루어져 왔는데, 거기서 무언가 근대적, 혹은 근대 지향적인 성격을 찾으려고 하는 입장에 서 있다는 의미에서는 모든 연구가 비슷하다고 할 수 있다. 다만 근대적, 혹은 근대 지향적인 성격을 어디서 찾는가에 관해서 각양각색의 이해가 대립하고 있는 상황인데, 이러한 현상 자체가 연구자의 근대에 대한 욕망을 반영한 것이 아닐까 여긴다. 그런데 다산의 개혁 구상에서 근대적, 혹은 근대 지향적인 성격을 찾으려고 할 때 그 전제에는 조선시대의 토지제도가 전근대적인 것이었다는 이해가 존재해야 하지만, 그 전제에 대한 음미가 결여되어 있다는 인상을 피할 수 없다.

예를 들어 김용섭이 정전제 아래의 농민을 '독립자영농'이라는 범주로 파악하려고 할 때, 그 전제 조건으로써 조선시대의 농민이 '독립자영농'이 아니었다는 것을 밝혀야 되는데, 그러한 증명이 충분히 제시되어 있다고 보기 어려운 것이다. 서구의 '독립자영농'은 봉건적 예속 관계, 즉 농노적인 신분에서 해방된 이후의 농민을 가리키는 개념인데, 따라서 그것은 봉건 영주와 농노라는 계급관계가 존재해야 성립할 수 있는 개념이다. 그런데 조선시대의 농민을 봉건 영주에 사적으로 예속된 농노였다고 볼 수는 없을 터인데, 그렇다면 농민들이 무엇으로부터 해방되어서 '독립자영농'으로 변신했다고 할 수 있는가? 조선시대 농민은 원래가 '독립자영농'이었다고 할 수 있지 않을까? 이러한 의문을 금하지 않을 수 없다는 이야기이다.

이영훈의 논의에 대해서도 같은 문제점을 지적할 수 있다. 서구나 일본에서는 근대에 와서 처음으로 국가가 전국의 토지를 직접 파악할 수 있게 되었는데 견주어 조선왕조는 그 출발점부터 전국의 토지를 파악하려고 했으며, 15세기에는 그것을 실현시켰다고 할 수 있다. 물론 그 토지 파악이 얼마나 정확한 것이었는지의 문제는 별도로 검토되어야 하겠지만, 적어도 이념으로서는 조선왕조는 처음부터 '절대주의'적이었다고 해도 큰 무리가 없을 것이다. 그러한 조선의 토지제도를 개혁하려고 했던 다산을 서구적인 절대주의 개념으로 이해하려고 하는 방법은 근본적으로 잘못된 것으로 하지 않을 수 없다.

국가의 토지 파악 문제만이 아니라 조선시대 토지제도는 여러 가지 면에서 서구나 일본보다 '앞서가는' 측면을 가지고 있었다. 먼저 조선시대 토지제도에서는 16세기 중엽의 직전법職田法 폐지 이후 신분제와 결부된 특권적 토지소유가 존재하지 않게 되었다. 양반은 토지에 대한 특권을 가지지 못하는 존재로서, 양안에도 양민이나 노비와 마찬가지로 개별 토지의 소유자로 등록되어 있을 뿐이었다. 그런 의미에서는 서구의 봉건 영주나 일본의 무사와는 그 성격에서 큰 차이가 존재했으며, 농민과 양반 사이에 지주=전호관계가 맺어질 경우도 그것은 기본적으로 경제외적인 관계가 아니라 경제적인 계약관계였다고 볼 수 있다. 따라서 서구적인 '독립자영농'이라는 개념을 다산의 개혁론에서 찾으려고 하는 것은 처음부터 무의미한 시도라고 하지 않을 수 없다.

또한 조선시대는 토지의 사적 소유에 대한 제한이 거의 존재하지 않았는데, 그것은 세계사적으로 보아도 특이한 현상이었다고 할 수 있다.[5] 토지의 매매는 세종 때 이후 합법적인 것으로 되었는데, 이러한 현상도 세계사적으로 앞서간 현상이라고 할 수 있다. 그 뿐만 아니라 토지 매매에 관한 제한이 약했다는 면에서는 서구나 일본은 물론, 사적 토지소유가 일찍부터 발달했던 중국보다도 더 자유로웠다. 서구나 일본에서는 토지 매매 자체가 자유롭지 않았을 뿐만 아니라 매매할 경우도 공동체 구성원 이외에 토지를 방매하는 것이 쉽지 않았다. 중국도 친족 구성원이나 지역 주민 아닌 사람에 대한 토지 방매는 기피되었으며, 일단 토지를 방매해도 원래의 소유자가 언제든지 방매한 토지를 다시 회수할 수 있는 관습이 강고하게 존재하고 있었던 것이다. 그에 견주어 조선시대에는 그러한 토지 매매에 관한 제약도 미약했기 때문에 토지 소유권의 이동이 자주 이루어졌다.

다산이 문제 삼은 것은 바로 사적 토지소유가 일으킨 여러 폐해들이었다.

> 전지는 천자와 제후의 소유였다. 천자와 제후가 이 전지를 가지고 농부에게 갈라 준 것은 지금 부자가 전지를 가지고 소작인에게 나누어주는 것과 같다. 부자가 소작인에게 전지를 갈라줄 때에는 반드시 건장하고 부지런하며, 농사일을 도울 만한 아내와 자식과 머슴과 종이 있는 자를 택해서 준다. 천자와 제후가 백성에게 전지를 주는 것도 이것과 무엇이 다르겠는가?
>
> 옛날에는 천자와 제후가 전주였는데, 오늘날에는 뭇 백성들이 전주이니,

---

5 배항섭, 〈조선후기 토지소유구조 및 매매 관습에 대한 비교사적 검토〉, 《한국사연구》 149, 2010.

이것이 도모하기 어려운 바이다. 반드시 수백년 동안 흔들림이 없이 조금씩 거두어들이고 시행하는 일이 질서가 있어야 선왕의 법을 회복할 수 있을 것이다. 처음에는 한전, 명전 및 균전으로 하다가 오래된 연후에 태아의 자루를 회수하여 물병을 거꾸로 잡아 물을 쏟아내듯 해야 확 뚫려서 아마 막힘이 없을 것이다.

> 田也者, 天子諸侯之物也, 天子諸侯之有是田, 而頒之於農夫也, 猶今之富人, 有是田而授之於佃夫也, 富人之授田于佃夫也, 必擇其健壯勤嗇, 有婦子傭奴可助其功者授之, 天子諸侯之授田也, 何以異是, ……
>
> 古者, 天子諸侯爲田主, 今也, 羣黎百姓爲田主, 斯其所難圖也, 必持之數百年不撓, 收之有漸, 行之有序而後, 乃可以復先古之法, 其始也, 爲限田, 爲名田, 爲均田, 及其久也, 還太阿之柄, 瀉建瓴之水, 庶乎其沛然無闕矣.[6]

김용섭과 이영훈이 다산의 정전제론이 토지 국유를 전제로 하는 것이었음을 인정하는 것을 꺼리는 이유는 사적 토지소유의 실현이야말로 근대의 지표로 간주한 결과, 근대 지향적인 다산이 토지 국유를 주장했다는 것은 모순이 될 수밖에 없기 때문이라고 생각되는데, 역사적인 사실은 그 정반대였다. 다산이 문제 삼은 것은 사적 토지소유의 결여가 아니라 그 과잉이었다는 말이다. 그렇다면 다산의 개혁론을 반근대적인 것으로 이해해야 하는가? 아니다. 서구적인 근대를 기준으로 다산의 개혁론을 평가하려고 하는 그러한 방법 자체가 근본적으로 잘못된 방법이었다고 해야 하는 것이다.

김태영의 왕정론은 서구 근대를 기준으로 다산을 파악하려고 하는 견해에 대해서는 반대한다. 그리고 다산이 추구하려고 했던 것이 유교적인 이상 사회의 실현에 있었다는 것을 인정하면서도 새로운 시대(즉 근대)를 지향하는 것으로 해석한다. 이러한 해석은 다산이 살았던 시대

---

6 《經世遺表》 地官修制 田制一 井田論三.

가 한국의 중세 해체기에 있었기 때문에 다산의 개혁 구상이 본인의
의지와는 관계없이 근대 지향적일 수밖에 없다는 판단에 따른 것이다.

　김태영의 연구에 대해 의문으로 제기되는 것은 근대를 기준으로 다
산을 평가하는 종전의 연구를 비판하면서도 결국은 그 역시 근대에 대
한　욕망에서 자유롭지 못하다는 문제이다. 현실에 대한 비판이 반드시
새로운 시대를 지향해야 하는 것일까? 새로운 시대는 반드시 근대이어
야 하는 것일까? 아예, 다산의 개혁 구상이 하나의 유토피아였다면 그
의미가 없어지는 것일까? 이러한 의문을 금할 수 없는 것이다. 이 문제
에 대해서는 마지막 부분에서 다시 언급할 것이다.

3. 다산 전제 개혁론의 재검토

1) 다산 전제 개혁론의 두 가지 측면

　위에서 다산의 전제 개혁론에 관한 연구사를 연구자의 근대에 대한
욕망이라는 시각에서 검토했는데, 다음으로는 전제 개혁론에 대한 필자
나름대로의 해석을 제시해야 할 차례이다. 그런데 다산의 전제 개혁론
을 검토하기 위해서는 거기에 포함되는 두 가지 측면을 일단 분리하는
것이 필요하다고 생각된다. 즉 하나는 당시의 토지제도에 대한 다산의
비판과 당면의 개혁 방안이라는 측면이고, 또 하나는 정전제와 같은 다
산의 궁극적 개혁 방안이라는 측면이다. 후자의 측면은 다산이 최종적
으로 실현하려고 했던 것으로써 그 자체가 중요한 의미를 갖고 있지만,
그 실현을 위해서는 아주 긴 시간이 필요하다고 다산 자신도 예상했던
것이었을 뿐만 아니라 그 실현이 도대체 가능한 것이었는지 의심스럽

기도 하다. 그러나 후자의 측면이 그렇다고 해서 전자의 측면마저 의미
가 없다고는 할 수 없기 때문에 두 가지 측면을 분리해서 검토하는 것
이 더 생산적이라고 생각되는 것이다.

필자의 결론을 미리 밝혀 둔다면 전자의 측면은 상당히 설득력이 있
을 뿐만 아니라 나중에 다산이 제기했던 개혁이 실현되게 되었다고 할
수 있지만, 후자의 측면은 공상적인 구상으로서 그 실현 가능성은 대단
히 희박했다고 밖에 할 수 없다. 그러나 그 실현 가능성이 희박했다고
해서 다산의 구상이 무의미한 것이었다는 이야기는 결코 아니다. 그에
대해서는 마지막 부분에서 언급하기로 하겠다.

2) 현실의 토지제도에 대한 다산의 비판과 개혁 방안

(1) 결부제 비판

다산은 19세기 전반의 토지제도에 대해 여러 각도에서 그 문제점을
지적하고 있지만, 가장 큰 문제라고 생각했던 것은 결부제結負制에 따른
토지 파악과, 각 토지의 형태와 위치 관계를 파악할 수 있는 지적도地籍
圖 양식의 장부가 만들어지지 않았다는 문제였다고 여겼다. 그리고 이
들 두 가지 문제는 서로 관련된 문제이기도 했다.

먼저 결부제에 따른 토지 파악의 문제에 관해서 보면, 결부제는 조
선시대 토지제도의 근간을 이루는 제도였다. 다산은 그 근간에 큰 결함
이 있기 때문에 많은 문제가 생긴다고 생각했던 것 같다.

> 수령의 직분 54조 가운데서 전정田政이 가장 어렵다. 그것은 우리나라
> 전법田法이 본래 좋지 못하기 때문이다.
> 중국에서는 경무를 가지고 전지田地를 헤아리고 우리나라에서는 결부를
> 가지고 전지를 헤아린다. 길고 짧고 넓고 좁은 토지의 형태는 나타나나,

비옥하고 척박하고 기름지고 메마른 토지의 질은 나타나지 않는다. 나타나는 형태는 고금을 통하여 변하지 않으나, 나타나지 않는 질은 세월에 따라 달라지니, ―토질이 비옥해지고 척박해지는 것은 사람의 공력에 달려있다.― 결부로 전지를 헤아리는 것은 좋은 방법이 아니다.

살펴보건대, 전결이라는 명칭은 〈관자〉 ―금장편禁藏篇이다.― 에서 비롯하였고, 우리나라는 신라 때부터 이미 결부의 제도가 있었다. 그러므로 최치원의 사산비명四山碑銘에 '전지 10결을 하사하였다.'라는 말이 있고 《고려사》〈식화지〉에 '산전 1결'이니 '평전 2결'이니 하는 말들이 있다.

그러나 이른바 그 1결이니 1부負니 하는 것은 바로 1경頃이니 1무畝니 하는 것이요, 지금의 법처럼 토질의 비옥하고 척박함을 가지고 전지의 넓이를 체가하는 것은 아니었다. ―전제고에 자세히 보인다―

고려 말에 비로소 3등척을 제정하여 전지를 측량하였고, 국초國初(조선조 초기)에 5등척을 제정하니 그 차등이 더욱 많았으나 비옥하고 척박함의 5등급을 전안에 기재했을 뿐, 5등급의 전지가 그 실제 넓이는 다 같았던 것이다.

세종 만년에 6등척으로 고쳐 제정하고 전제상정소를 설치하여 전법을 크게 고쳤다. 그러나 넓이를 계산하는 방법은 지금과 같지 않았다. ―전제고에 자세히 보인다.―

그리고 효종 때에 와서 각 도의 전지를 다시 측량하고 나서 비로소 준수책을 반포하였다. 이래서 1등 1백 부, 2등 85부, 3등 70부, 4등 55부, 5등 40부, 6등 25부의 차이가 결국 철칙이 되었으니, 이러한 법은 옛날에도 찾아볼 수 없다.

황제가 들을 구획하고 우왕과 후직이 도랑을 파 밭이랑을 만들던 일에서부터 비옥한 평지를 정연하게 구획하던 제도와 상앙이 주장한 천맥의 법과 이회가 창안한 수리전의 제도에 이르기까지는 모두 실제 면적으로 계산하였으니, 그 비옥하고 척박한 차별은 저절로 등급이 구분되었을 뿐이다.

오늘날의 체가하는 법은 비록 예수가 계산을 맡고 이주伊周가 자를 살핀다 하더라도 진실로 그 도수를 밝히지 못할 것인데, 오늘날의 수령이 어떻게 그 농간을 적발할 수 있겠는가?

牧之職五十四條, 田政最難, 以吾東田法, 本自未善也,

中國以頃畝解田, 吾東以結負解田, 夫長短濶狹, 其體有形, 肥瘠膏磵, 其性無形,
然且有形之體, 今古不變, 無形之性, 時月以殊(土之肥瘠, 在人功), 結負經田, 非
善法也, 原夫田結之名, 起於管子(禁藏篇), 而新羅之時, 已有結負, 故崔致遠山寺
碑銘, 有賜田十結之語, 高麗史食貨志, 有山田一結, 平田二結諸語, 然其所謂一結
一負, 仍是一頃一畝, 非以土之肥瘠, 遞加其地, 如今法也(詳見田制考), 高麗之末,
始制三等之尺, 以之量田, 國初制五等之尺, 其差等益多, 而肥瘠五等, 載於田案而
已, 五等之田, 其實積皆同, 世宗末年, 改制六等之尺, 置田制詳定所, 大改田法,
然其籌積之法, 與今不同(詳見田制考), 至 孝宗朝, 改量諸路之田, 始頒遵守之冊,
於是一等百負, 二等八五, 三等七十, 四等五五, 五等單四, 六等二五之差, 遂爲金
石之典矣, 此法在古無徵, 黃帝畫野, 禹稷濬畝, 以至井地衍沃之制, 商君阡陌之法,
李悝水利之田, 並以實績, 打籌其肥瘠之差, 別自分等而已, 今此遞加之法, 雖隸首
握籌, 離朱察尺, 實無以昭其度數, 今之牧者, 將何以發其奸矣.[7]

여기서 다산은 토지를 파악하는 데서 중국에서는 경무頃畝, 즉 절대
면적을 사용하는 것과 조선에서는 결부, 즉 면적과 등급에서 산출되는
생산량 단위를 사용하는 것을 대비하면서 결부에 따른 토지 파악이 잘
못된 방법이라고 지적한다. 그리고 이러한 결부제는 처음부터 그랬던
것이 아니라 중국의 경무와 같은 의미로 사용되던 결부가 고려 말에
삼등척 제도에 따라 바뀌었다가 세종대에 다시 절대 면적에 따른 토지
파악으로 돌아간 다음, 세종 말년에 육등의 결부제로 변하고, 최종적으
로는 효종대에 지금과 같은 제도로 바뀌었다고 보고 있다. 그러면 이러
한 결부제에 따른 토지 파악이 왜 잘 못된 것으로 할 수 있는가? 다산
은 다음과 같이 말한다.

생각건대, 전지를 측량한다는 것은 천하의 큰일이다. 중국에서는 경·무

---

7 《牧民心書》 戶典六條 田政.

頃·畝로써 전지를 경계했으니 이것은 형체가 있는, 전지의 모양이 크고 작은 것을 살펴 경계한 것이고, 우리나라는 결·부로써 전지를 경계했으니 이것은 형체가 없는, 전지의 기름지고 메마른 것을 살펴 경계한 것이다. 전지를 측량할 적에 뇌물이 은밀히 오가고 온갖 간사한 일이 일어나 비록 우禹와 직稷이 감독하더라도 그 간사함을 밝혀낼 수 없을 것이다. 법에는 '20년 만에 개량한다.'고 되어 있으나 지금 100년이 다 되도록 개량하지 않음은 무슨 이유인가?

개량하게 되면 아전들의 농간이 일어나고 아전의 농간이 일어나면 백성의 저주가 일어나며, 백성의 저주가 일어나면 관원의 비방이 일어나서 죄벌이 따르게 되므로 개량하는 것은 오직 아전만이 원할 뿐, 백성과 관원은 모두 즐기지 않는다. 또 숨겨진 결수가 밝혀지게 될까 두려워하여 아전도 꺼린다. 이것이 100년이나 되어가도 전지를 개량하지 않는 이유이다. 대저 법을 세운 것이 좋지 못한 까닭으로 받들어 시행하는 자가 반드시 죄과에 빠지게 된다. 그러므로 나는 결·부로써 전지를 경계하는 법은 좋지 못하다고 주장한다.

又按. 量田者. 天下之鉅役也. 中國以頃畝經田. 此致察於有形之大小也. 吾東以結負經田. 此致察於無形之肥瘠也. 賄賂潛行. 變詐百出. 雖使禹稷監量. 無以昭其奸矣. 法曰二十年改量. 而今至百年未改量. 斯何故也. 改量則吏奸舞. 吏奸舞則民詛興. 民詛興則官謗作而罪罰隨之. 故改量者. 唯吏願之. 民與官皆不肯. 又恐隱結被覈. 吏亦憚之. 此所以百年未改量也. 夫唯立法未善. 故奉行者必陷於罪過. 臣故曰結負經田之法. 未善也.[8]

즉 결부라는 형태가 없는 것으로 토지를 파악하기 때문에 그 과정에서 여러 폐단이 생기게 되어서, 양전 자체가 정기적으로 실시되지 못하게 되었다는 것이다. 왕정은 경계經界로부터 시작된다는 성인의 가르침에 충실한 다산은 결부제 탓으로 양전이 제대로 이루어지지 않고 거기

---

8 《牧民心書》戶典六條 田政.

서 모든 폐단이 생긴다고 판단한 것이다.

이러한 다산의 진단을 어떻게 평가하는가를 검토하기 위해서는 결부제이라는 독특한 토지 파악이 생기게 된 이유부터 물어봐야 한다. 위에서 지적한 대로 절대 면적을 나타냈던 동적 이세同積異稅로서 결부가 왜 고려시대의 어느 시점에서 이적 동세異積同稅의 결부로 바뀐 이유, 또한 세종대에 경무제를 실시하려고 했다가 좌절된 이유, 이 두 가지가 문제의 핵심이다.

그런데 이러한 문제에 대해 다산은 별다른 검토를 하지 않은 채 경무제가 올바른 방법이고 결부제는 잘못된 것으로 이야기했을 뿐이다. 바꿔 말하면 결부제가 생긴 이유에 대해 다산은 역사적으로 검토하지 않았다고 할 수 있는데, 그 때문에 이적 동세로서 결부제가 왜 생겼는지, 또는 그것을 폐기할 수 있는 조건이 무엇인지에 대해 설득력이 있는 논의를 할 수가 없었다고 해야 할 것 같다. 물론 실록 같은 자료를 자유롭게 볼 수가 없었던 다산에게는 이러한 문제를 충분히 검토할 만한 방법이 없었다고 할 수 있으며, 더군다나 이 문제에 대해서는 지금도 연구자의 일치된 견해가 존재하지 않은 것으로 보아 어쩔 수도 없는 한계였다고 해야 된다. 그러나 다산의 개혁안을 평가하려면 이 문제를 검토하지 않을 수 없는 것도 부정하기 힘들다.

그러면 이적 동세로서 결부제는 왜 생겼는가? 이 문제를 생각할 때 그 실마리를 제공해주는 것이 세종 때의 공법貢法 제정을 둘러싼 경위이다. 다산도 지적한 것처럼 국초(정확하게는 세종 25년이다)에 제정한 공법에서는 토지를 비옥도에 따라 5등으로 나누었지만 1결의 면적은 똑같이 양전법을 채택하였다. 그러나 세종 말년(정확하게는 세종 26년)에 공법을 폐지하고 6등으로 된 이적 동세의 양전법으로 수정되고 이것이 조선 전기의 기본적인 제도로서 확립되고 《경국대전》에 명문화되기에 이르렀다. 세종은 이적 동세로서 결부제를 폐기하고 절대 면적 단위인 경무제를 실시하려고 하는 강한 의지를 갖고 있었음에도 그 시도가 좌절한 이유는 반대의견이 많았기 때문이었다.

반대의 이유는 여러가지였지만, 가장 핵심 이유는 이적 동세로서 결부제를 폐지해서 경무제로 바꾼다면 '과전科田, 출군出軍, 부역賦役 등의 계산이 너무나 어려워진다는 데에 있었다.[9] 왜냐하면 과전을 예로 들자면 과전법에서는 주지하듯이 관료의 품계에 따라서 수조권收租權을 분여하도록 되어 있었고 수조지는 결을 단위로 지급되었다. 1결의 토지는 면적에 있어서는 등급에 따라 차이가 있지만 같은 양의 수조를 할 수가 있기 때문에 이적 동세로서의 결부제는 과전을 공평하게 지급하기 위해서는 대단히 편리한 제도였던 것이다. 그것을 경무제로 바꾸면 과전을 공평하게 지급하기 위해서 복잡한 수속이 필요한데 경무제로의 개편이 쉬운 일이 아니라는 것이 반대 의견이고 주장이었다.

과전만이 아니라 그 이외의 수조권 분여지의 경우도 마찬가지이며, 부역제와 군역제의 운영도 결부제와 깊은 관계를 가지고 있었다. 요부徭賦의 운영에서는 8결 1부夫의 제도가 존재했었고, 군역의 복호復戶도 결수 혹은 정수丁數를 기준으로 운영되고 있었던 것이다. 그래서 이적 동세로서의 결부제를 폐기해서 경무제로 바꾸기 위해서는 엄청난 수속이 필요했기 때문에 세종도 결국 경무제 실시를 포기할 수밖에 없게 되었던 것이다.[10]

공법 실시를 둘러싼 위와 같은 사정은 이적 동세로서 결부제가 왜 생겼는지를 생각할 때 큰 도움을 준다. 지금까지 이적 동세로서 결부제는 지세 징수에 편리한 제도로써 도입되었다고 간주하여 왔다. 그러나 지세 징수를 위해서라면 면적과 등급을 알 수 있으면 그만이고 실제로

---

9 《世宗實錄》26年 11月 戊子.

10 세종대의 공법 제정을 둘러싼 경위에 대해서는 김태영, 〈조선전기 공법의 성립과 그 전개〉, 《동양학》 12, 1982 참조.

고려시대 초기에는 동적 이세로서의 결부제에 따라 지세가 징수되었었으며 그 때문에 별다른 문제도 생기지 않았었다. 이적 동세로서의 결부제가 편리한 것은 지세 징수가 아니라 수조권 분여와 같이 지세 수취량을 공평하게 분배하거나 지세 수취량에 따라 무언가를 부과할 경우이다. 이렇게 생각하면 동적 이세의 결부제가 고려시대의 어느 시점에서 이적 동세의 결부제로 바뀐 이유에 대해서도 새로운 해석이 가능해진다. 즉 수조권 분여의 발생과 함께 이적 동세로서의 결부제로 바뀌었다고 생각할 수 있는데, 구체적으로는 녹과전祿科田 제도의 실시가 그 계기가 아니었나 여겨진다.[11]

결부제의 변화를 위와 같이 파악할 수 있다면 이적 동세로서의 결부제를 폐지하기 위해서는 무엇이 필요한가에 대해서도 새롭게 생각할 수 있다. 즉 수조권 분야 같은 제도가 없어지면 결부제도 필요가 없게 되는 것이다. 그리고 실제로도 직전법의 폐지 이후 관료에 대한 수조권 분여는 사라졌을 뿐만 아니라 둔토나 위토 같은 정부 기관에 대한 수조권 분여도 조선 후기가 되면 대폭적으로 축소되기에 이르렀다. 물론 궁방전 같이 조선 후기에도 수조권 분여가 여전히 존재하기는 했지만, 그 비중은 전기와 비교가 안 되는 정도의 규모에 불과했다.

다산이 주장했던 경무제 실시는 따라서 충분히 현실적 근거가 있는 주장이었다고 할 수 있는데, 아쉽게도 다산은 결부제의 역사에 대해서 정확하게 알지 못했기 때문에 그 주장의 가능성에 대해 설득력이 있는 논의를 전개할 수 없었던 것이다.

(2) 어린도 작성

결부제와 함께 다산이 토지제도의 문제점으로 간주한 것이 지적도

---

11 박국상, 〈고려시대의 토지분급과 전품〉, 《한국사론》 18, 1988.

같은 양식의 장부가 결여되어 있다는 문제였다. 그리고 이 문제점은 이적 동세로서의 결부제와 불가분의 관계에 있는 것이었다.

조선시대 양안의 특색 가운데 하나로 지적할 수 있는 것은 각 토지의 면적을 기재하지 않았다는 데에 있다. 각 토지의 면적을 계산할 수 있는 정보는 양안에 기재되었지만, 그것으로 계산되는 면적 자체는 기재되지 않고 면적과 등급에서 계산되는 결부수만을 기재했던 것이다. 그러면 왜 면적을 기재하지 않았던 것일까?

조선시대 양전의 방식을 결정한 세종 26년의 제도에서는 토지를 6등급으로 나누어서 파악하되 양전을 할 때 토지의 등급에 따라 길이가 다른 양전척量田尺을 사용하도록 규정했다. 그래서 양안에 토지 면적을 계산하기 위한 척수를 기재해도 그 결과 계산되는 면적은 절대 면적이 아니고 결부 단위였던 것이다.

등급에 따라서 길이가 다른 양전척을 사용하는 방법(이것을 수등이척제隨等異尺制라고 했다)은 나중에 개정되고 모든 토지를 같은 양전척으로 양전하도록 되었지만,[12] 양안에는 여전히 면적을 기재하지 않고 결부수만을 기재하게 되었다고 생각된다. 이처럼 각 토지의 면적 자체가 양안에 기재되지 않았기 때문에 각 토지의 크기와 위치 관계를 파악하기 위한 지적도 양식의 그림을 그리는 일이 불가능했던 것이다.

다산은 이러한 문제점을 해결하고자 어린도魚鱗圖의 작성을 주장한다. 다산이 어린도 작성을 주장한 이유는 그것이 정전법의 전통을 계승한 것이기 때문이기도 하고, 각 토지의 형태와 크기를 정확하게 알 수 있다고 생각했기 때문이기도 하다. 다산은 남송의 소흥紹興 12년(1142)에 이춘년李椿年에 의해 실시된 경계법經界法을 소개하면서 다음과 같이 말한다.

---

12 수등이척제에서 단일척제로의 변화가 언제 일어났는지에 관해서는 이영훈, 〈'전제상정소 준수조획田制詳定所遵守條劃의 제정연도〉, 《고문서연구》 9-1, 1996 참조.

살피건대, 이춘년이 말한 경계하는 법도 또한 방전이었고 도본이 있었다. 그런 까닭으로 춘년의 말에, "예전 도본에 의거해서 부본簿本을 만든다."고 했다. 주자朱子의 아룀에도, "도적圖籍이 오히려 남아 있다."하고 "네 현 도장을 한 다락집에 저장한다." 하였다. 《송사宋史》 본전本傳에 바로 "방전 측량하는 법이다." 했은즉, 어린도魚鱗圖와 방전 측량하는 법은 모두 주자가 창시한 법이다. 대개 전지의 모양은 만 가지로 달라서, 더듬어 잡을 수 없으니, 도본을 그려서 장적을 만들지 않으면 그 속임과 숨김을 다 살필 수가 없을 것이다. 때문에 역대로 서로 이어서 모두 도장圖帳이 있었으니 홍무(洪武 : 명태조明太祖의 연호) 때의 어린도는 유래된 것이 벌써 오래였고, 홍무 때에 시작된 것이 아니다.

臣謹案. 李春年經界之法. 本亦方田. 得有圖畫. 故春年之言曰. 乞依舊圖畫造簿本. 朱子之奏曰. 圖籍尚存. 曰四縣編圖帳. 藏于一樓. 而宋史本傳. 直云方量之法. 則魚鱗方量. 皆朱子之法也. 大抵田形萬殊. 不可摸捉. 非有畫圖以爲帳. 則其欺隱藏冒. 不可盡察. 故歷代相承. 皆有圖帳. 洪武魚鱗之圖. 其來已遠. 非自洪武始也.[13]

토지의 형태는 아주 다양한데, 조선에서는 토지의 형태를 다섯 가지 기본형으로만 파악되었는데, 그것과 비교하면 이춘년의 경계법은 훨씬 정확한 측량 기술을 도입함으로써 그때까지 측량 수준을 극복한 획기적인 것이었다고 평가되고 있다.[14] 다산 역시 토지를 정확하게 파악할 수 있는 방법으로써 경계법을 높이 평가했던 것으로 여긴다.

그리고 위의 인용문에서도 언급되고 있듯이 명나라 홍무제가 작성하기 시작한 어린도책 역시 그 전통을 계승한 것으로서 그 경위도 소개하고 있으며, 만력제萬曆帝 시기에 장거정張居正에 의해 실시된 장량(丈糧, 토지조사)에 대해서도 긍정적으로 소개하고 있다. 다산의 생각으로는

---

13 《經世遺表》地官修制, 田制別考 二, 魚鱗圖說.

14 고석림, 〈남송 토지경계법상에 보이는 침기부砧基簿에 대하여〉, 《대구사학》15·16, 1978.

어린도야말로 정전제의 전통을 이은 것이며, 주희도 실시하려고 했을 뿐만 아니라 명나라에서 실제로 실시되고 큰 효과를 거둔 양전법이었던 것이다.

다산은 덧붙여서 숙종 때 유집일이 황해도에서 실시한 방전법을 소개하면서 그것이 어린도와 통하는 방법이었다고 높이 평가한다.

생각건대, 유집일이 말한 방전법이 천하에 좋은 법이었다. 그런데 네 고을에만 시행되는데 그칠 뿐, 능히 팔도에 공포公布되지 못한 것은, 소민은 균평함을 일컬어도 호족들이 불편하다고 말한 때문이다. 그 이른바, 구·정 양법이란 주周나라 제도에 4정井이 읍邑이 되고 4읍이 구丘가 되는 것인데, 병거兵車 따위 부과를 구·정에서 낸다. 《춘추전》에는 구부丘賦라 일렀고, 형법지刑法志에는 사마법司馬法이라 일렀다. 그런데 유집일이 구·정하는 법을 미루어서 방전하는 도圖를 만들었으므로 구·정 양법을 이른 것이다. 부負를 가른 것이 매우 평균했다는 것은, 또한 올려붙이고 낮춰붙이는 율이 반드시 있었던 것이요, 돈대를 설치한 것이 방위를 정했다는 것은 네 모서리에 기둥을 세우고 돈대를 쌓아서 표지했던 것이요, 각자 타량했다는 것은 여러 전부佃夫를 불러서 여러 배미를 각자 타량하도록 했던 것이요, 한 달 안에 일을 마쳤다는 것은 그 법이 간첩簡捷해서 족히 시각을 허비하지 않은 것이다. 그러한 효과가 벌써 이와 같았으니, 지금에 의심을 가질 필요가 없다.

臣謹案. 俞集一方田之法. 天下之良法. 其所以止行於四邑. 而不能公之於八路者. 小民稱其均平. 豪右言其不便故也. 其謂之丘井量法者. 周制四井爲邑. 四邑爲丘. 而兵車之賦. 出於丘井. 春秋傳謂之丘賦. 刑法志謂之司馬法. 俞集一推丘井之法. 以作方田之圖. 故謂之丘井量法也. 分負極均者. 必亦有上附下附之率也. 設墩定方者. 四角立柱. 而築墩以識之也. 各自打量者. 謂召致諸佃. 使各打量其諸耆也. 畢役於旬朔者. 爲其法簡易徑捷. 不足以費時刻也. 已然之效如此. 今不必持疑延也.[15]

15 《經世遺表》地官修制 田制別考三 魚鱗圖說.

어린도를 작성해야 한다는 스스로 주장을 불가능한 일이 아니라는 것을 유집일이 시도한 일을 소개하면서 뒷받침하려고 했다.

(3) 다산 개혁안의 행방

위에서 본 것 같이 다산은 결부제의 폐기와 어린도의 작성을 토지제도 개혁의 당면 과제로 제기했는데, 그것은 궁극적인 목표인 정전제를 실시하기 위해서도 반드시 선행되어야 하는 과제이기도 했다. 정전제 실시는 쉽지 않은 과제이며 다산도 그것을 충분히 자각하고 있었지만, 다산이 제기한 두 가지 급선무는 이후 실행되기에 이른다. 여기서는 그 과정을 간략하게 소개하기로 한다.

다산이 제기한 문제를 계승해서 그것을 실천하려고 노력한 사람은 해학海鶴 이기李沂이다. 광무 양전의 중심적인 담당자였던 이기에 대해서는 김용섭의 연구[16]에 의해 밝혀진 그대로인데, 이기는 결부제를 폐기해서 절대 면적을 파악하는 것과 어린도 양식의 지적도 작성을 주장했다. 그리고 광무 양전에서는 후자의 주장은 실행되지 않았지만 절대 면적을 파악하자는 주장은 받아들여졌다. 즉 광무 양전에서는 결부제에 따른 토지 파악이 여전히 계속되었지만, 동시에 절대 면적도 양안에 표기되게 한 것이다. 그뿐만 아니라 양지아문量地衙門에서 작성한 양안에는 각 토지의 형태를 표시하였는데, 그것은 어린도 작성의 제기를 부분적으로 받아들인 것으로도 볼 수 있다.[17]

광무 양전은 중간에서 좌절되고 말았지만, 그 뒤 일본이 실시한 토지조사사업에서 절대 면적의 파악과 지적도의 작성이라는 다산의 주장

16 김용섭, 〈광무년간의 양전사업에 관한 일연구〉, 《아세아연구》 11-3, 1968.

17 宮嶋博史, 《조선토지조사사업사의 연구朝鮮土地調査事業史の硏究》 第4章, 1991.

이 실현되었다는 사실은 대단히 흥미로운 현상이다. 토지조사사업에서는 결부제를 대신해서 일본식 토지면적 단위인 정·반·보町反步제가 도입되었고, 지적도 처음으로 작성되었던 것이다. 그리고 토지조사사업의 과정에서 큰 의미를 가진 것은 과세지 견취도課稅地見取圖의 작성이었는데, 그것은 지적도 양식의 장부가 결여된 상태에서 양안이나 결수연명부結數連名簿, 토지신고서土地申告書에 기재된 토지가 어느 토지인지 확인할 수 있는 수단을 가지지 못했던 일본이 처음으로 토지 장부와 실제 토지를 대조할 수 있는 수단을 갖게 되었던 것이다.[18]

토지조사사업에서 다산이 주장했던 개혁안이 실천되었다는 것은 우연한 결과이며 일본이 다산의 개혁안을 참고했다고는 전혀 생각할 수는 없지만, 이러한 우연의 일치는 바꿔 말하면 다산의 개혁안이 시대의 방향과 일치한, 선구적인 것이었음을 보여주는 대목이다. 그리고 이러한 현상은 토지조사사업 자체가 일본의 지배를 위한 사업이었음에도 조선시대 이래의 토지제도에 따라 규정된 것이었음을 보여주는 것이기도 하다.

4. 다산의 정전제론에 대해

마지막으로 다산의 정전제론에 대해서 검토하는 차례다. 다산의 정전제론에 대해서는 앞에서 소개한 것처럼 다양한 이해가 제시되어 왔지만, 대체로 다산의 근대적, 혹은 근대 지향적 측면을 찾으려고 하는 연구가 지배적이었다. 그 때문에 연구자의 자의적인 해석이 혼입되고 의

---

18 宮嶋博史, 위의 책, 第7章

견의 일치를 보지 못하는 상황이 여전한 곳도 위에서 지적한 그대로이다. 그렇다면 다산의 정전제론을 어떻게 이해해야 하는 것일까? 거기서 근대적, 근대 지향적 측면을 찾으려고 하는 연구에 동의하지 않는다는 것은 정전제론의 의의 자체를 부정한다는 것일까? 필자는 조금 다른 관점에서 정전제론의 의미를 찾으려고 한다.

이 문제를 검토하는데서 참고할 만한 것으로 주목하고 싶은 것은 일본의 문학평론가이자 사상가인 가라타니 고진柄谷行人의 보편종교론이다. 근대 일본문학의 비평가로서 한국에서도 잘 알려진 가라타니는 최근에와서 세계사에 대한 활발한 논의를 전개하고 있다. 그의 주장에는 음미할 만한 것이 많이 있다고 생각되는데, 여기서는 보편종교로서 유학에 관한 논의에 한정해서 소개하기로 한다.

먼저 2010년에 간행된 《세계사의 구조世界史の構造》의 기본적인 내용을 소개하면 다음과 같이 요약할 수 있다. ① 마르크스처럼 생산양식에 의해서가 아니라 교환양식에 의해 역사를 파악해야 한다는 것, ② 교환양식으로는 호수互酬교환(교환양식A), 약취略取와 재분배(교환양식B), 상품교환(교환양식C)이라는 세 가지 기본형태가 존재한다는 것, ③ 사회구성체로는 호수교환이 지배적인 씨족제 사회, 약취와 재분배가 지배적인 국가사회, 상품교환이 지배적인 근대 자본주의사회가 지금까지 존재했다는 것, ④ 어느 사회도 단독으로 존재할 수는 없는 것이며 항상 다른 사회와 관계되는 세계시스템 속에서만 존재할 수 있는데, 세계시스템의 유형으로는 미니 세계시스템, 세계—제국, 세계—경제이라는 세 가지 단계를 거쳐 왔다는 것, ⑤ 현재의 세계—경제시스템을 극복할 방향은 아직 존재한 적이 없는 네 번째 교환양식(교환양식X)을 실현하는 것으로써 그것은 호수교환을 고차원에서 회복하는 것이어야 된다는 것, 이상이다.

가라타니가 말하는 보편종교란 위의 교환양식X와 관계되는 것으로,

그것은 교환양식B의 국가가 제국으로 발전하는 것과 동시에 교환양식C
도 크게 확장되는 가운데 교환양식A가 갖고 있었던 평등주의가 파괴되
는 시점에서 그것에 대항하는 교환양식X로서 출현했다고 가라타니는
주장한다. 그는 또 보편종교가 일정한 인격에 따라 시작되었다면서 그
인격이란 예언자像言耆인데, 예언자로서는 윤리적 예언자와 모범적 예언
자 두 가지가 존재했다는 것, 공자나 노자는 모범적 예언자로 볼 수 있
다고 말한다. 그리고 중국에서의 보편종교의 성립에 대해서는 다음과
같이 설명하고 있다.

중국에서 보편종교의 개조는 공자와 노자이다. 앞서 서술한 것처럼 그들
은 춘추전국시대, 즉 폴리스가 난립하고 제자백가가 배출된 시대에 등장했
다. 그들은 그때까지의 공동체 종교가 기능하지 않게 된 시기에 그것을
근본적으로 다시 물었다. 그것들은 종교로써 이야기된 것은 아니다. 오히
려 항상 정치적 사상으로 말해지고, 그처럼 기능했다. 하지만 공자도 노자
도 각각 새로운 '신'을 도입했다고 해도 좋다. 그것을 공자는 초월적인
'하늘'에서, 노자는 근본적인 '자연'에서 발견했다.

먼저 공자가 설파한 것은 한마디로 말하면 인간과 인간의 관계를 '인仁'
에 기초하여 다시 세우는 것이다. 인이란 교환양식으로 말하면 무상의 증
여이다. 공자의 가르침(유교)의 에센스는 씨족적 공동체를 회복하는 것이
라고 해도 좋다. 물론 그것은 씨족공동체를 고차원적으로 회복하는 것으로
단순한 전통의 회복이 아니다. 특히 공자의 사상에서 그런 사회변혁적인
면은 맹자에 의해 강조되었다. 하지만 현실적으로 유교는 법이나 실력에
의해서가 아니라 공동체적 제사나 혈연관계에 따라 질서를 유지하는 통치
사상으로서 기능했다. ……

제자백가 가운데 가장 유효하고 유력했던 것은 법치주의로 진秦을 강국
으로 만든 법가이다. 특히 한비자는 진의 시황제에 봉사하여 씨족적 연대
를 배격하고 관료제와 상비군을 통한 중앙집권적 체제를 확립하는 정책을
추진했다. 진의 시황제는 제국을 확립하자 유교를 봉건적(지방분권적) 공

동체를 지향하는 반反법치주의적 사상으로써 철저히 탄압했다. 이른바 '분서갱유'를 단행했다.

하지만 진 왕조는 극히 단명했다. 다음 한 왕조의 초기단계에서는 '무위자연'을 설파한 노자의 사상이 국시國是가 되었다. 이것은 법과 공포를 통해 지배한 진 왕조 때문에 황폐해진 사회가 회복될 때까지는 유효했다. 하지만 3대째 황제인 무제는 유교를 씨족적 공동체의 기반에서 국가질서를 유지하는 이데올로기로 활용하려고 했다. 한편 그때까지 주周 왕조의 봉건적 사회를 이상화하고 집권적 국가를 부정하고 있었던 유교도 법가의 중앙집권주의를 받아들여 변용되었다. 이후 유교는 국가질서를 공동체적 의례나 혈연적 유대로 고착시키는 역할을 수행했다.[19]

이처럼 가라타니는 유교를 보편종교의 개념으로 파악하고 그것은 씨족공동체의 평등원리는 고차원으로(그가 고차원이라고 하는 것은 교환양식X에서는 씨족공동체처럼 공동체에 대한 개인 예속이 존재하지 않는다는 의미이다) 회복하려고 하는 것이었다고 말한다. 그리고 실제의 유교는 한나라 무제가 국교화한 이후 국가권력과 타협해서 그 지배를 뒷받침하는 기능을 수행했다고도 하는데, 그것을 가라타니는 보편종교의 세계종교화(세계—제국을 위한 종교)라고 보고 있다. 가라타니의 논의에서 한 가지 더 주목되는 것은 교환양식X는 세계—제국 단계에서도 세계—경제단계에서도 그것을 비판하는 움직임으로써 나타났다는 부분이다.

위와 같은 가라타니의 보편 종교론은 유교사상, 다산의 사상을 볼 경우도 시사하는 바가 크다고 여겨진다. 다산이 지향했던 유교적 이상사회라는 것은 가라타니가 말하는 보편종교라는 개념으로 이해할 수 있는 것 같고, 다산의 정전제론이 강대한 국가를 전제로 한 것이었다는

---

19 조영일 옮김, 《세계사의 구조》 2012, 231~233쪽.

문제도 보편종교와 세계종교의 모순, 충돌이라는 관점에서 이해할 수 있지 않을까 여긴다.

다산이 제기한 정전제 구상은 한편에서는 이상적인 사회의 설계도이면서도 다른 한편에서는 나라의 강성화를 가져올 수밖에 없는, 어찌 보면 모순된 양면을 가진 것이었다. 이것이 필자 나름대로의 해석이다.

5. 나가는 말

지금까지의 다산 연구, 더 나아가서는 조선 후기 실학 연구가 갖고 있었던 근대 지향적인 성격에 대한 비판은 이봉규에 의해서도 제기된 적이 있다.

경세론에 관련된 연구성과들에서 보듯이, 다산학에 대한 연구는 동아시아 사회가 근대사회로 이행하는 역사과정에 대한 연구와 깊이 연관해서 연구되어 왔다. 여기에는 동아시아가 향후 역사 속에서 어떤 인간 공동체를 실현해야 하는가에 대한 전망을 간접적으로 담고 있다. 그러나 유럽의 역사 속에서 시험되고 20세기 전 지구적으로 확산된 여러 정치체제들은 매우 불완전한 대안에 불과하다. 특정한 경로의 역사 발전론에 대한 집착이나, 양극화를 심화시키는 세계체제는 더 이상 우리의 대안이 될 수 없다. 경제—군사적 패권의 추구를 인권이라는 이데올로기로 포장해 온 근대의 행로에 휘말렸던 우리의 연구사는 이제 이들 주어진 대안으로부터 자유로워질 필요가 있다. 우리에게는 수천 년의 역사적 경험이 자산으로 주어져 있다. 우리는 이들 자산을 이용하여 인간 공동체에 대한 새로운 전망을 수립해야 하며, 그러기 위해서는 거꾸로 향후 역사에서 인간이 실현해야 할 공동체에 대한 우리 나름의 문제의식을 가지고 과거의 유산을

생산적으로 재해석해 낼 수 있어야 할 것이다.[20]

　이 논문도 이봉규의 주장에 공감하면서 미래에 건설되어야 할 공동체란 어떤 것인가를 고민하는 과정의 산물이다. 민생 문제를 무엇보다도 고민했던 다산의 고뇌에 공감하면서 무엇을 배워야 하는지, 우리에게는 쉽지 않은 과제일 것이다.

---

20 이봉규, 〈다산학 연구의 최근 동향과 전망: 근대론의 시각을 중심으로〉, 《다산학》 6, 2005.

제12장

《주례周禮》와 정약용의 《경세유표經世遺表》

송재윤

(맥매스터대학 교수)

1. 전통 시대 동아시아 지성의 공동체

정약용의 미완성 대작 《경세유표經世遺表》는 유가경전儒家經典에 제시된 통치의 전범典範을 조선(朝鮮, 1392-1897)의 현실에 맞게 창의적으로 적용한 국가개혁의 청사진이었다. 이 책은 당대當代 동아시아 공유가치 (shared values)의 창조적 확산(creative diffusion)과 지역적 적응(local adaptation)을 보여 주는 중요한 사례라 할 수 있다. 글로벌 시대의 인문학은 일국사─國史의 협애한 관점을 지양하고, 초국적(transnational), 동서양─상호적 (inter-hemispheric) 탐구로 나아가고 있다. 바로 그러한 관점에서 《경세유표》의 사상적 배경, 형성 과정 및 가치 지향을 분석해 정약용 국가개혁안의 세계사적(global historical) 의의를 동아시아 사상교섭(intellectual interactions) 맥락에서 재조명할 필요가 있다. 19세기 조선사상사의 대표작 《경세유표》는 동아시아 문명에서 유가儒家 경학經學이 갖는 보편사적 의의를 보여 주기 때문이다.

한국학계에 축적된 방대한 분량의 '다산 연구'는 주로 조선 후기 현실모순의 타개책으로서 정약용 사상이 갖는 '실용성', '근대성' 및 '개혁성'에 주목해 왔다. 반면 세계사적 관점에서 정약용 사상의 의의를 밝히는 연구는 그리 많지 않다. 이 글에선 소략하나마 정약용의 경세론의 근간을 이루는 동아시아 전통의 사상적 뿌리를 찾아 '보편'(유교경학)과 '구체'(경세유표)의 사상사적 상호작용을 밝히려 한다.

동아시아 2천 년의 유가경학의 전통에서 《경세유표》가 갖는 의의는 무엇인가? 정약용 정치사상의 세계사적 의의는 무엇인가? 국제학계에 정약용 사상을 소개하고 그 의의를 설명하기 위해선 반드시 이 두 질문에 대한 답안을 마련해야 한다. 세계사적 관점에서 정약용의 《경세유표》는 우선적으로 경전적 기초 위에 치국治國의 경세관經世觀을 세운 대표적 사례(case)로서 중요한 의의를 갖는다. 따라서 《경세유표》는 전통시대 동아시아 헌정사상憲政思想의 발전(development), 변형(transformation) 및 확산(diffusion)의 과정을 보여 준다. 다시 말해, 《경세유표》는 유교이념의 지역화(localization), 토착화(indigenization) 및 문화적 적응력(cultural adaptability)을 보여 주는 중요한 사례다. 한국학의 세계화를 위해선 구체적 '사례 연구'(case studies)의 방법으로 조선 사상사의 세계사적 의의를 밝힐 필요가 있다.

2. 《주례周禮》와 유교의 정치적 이상

기원전 2세기 이래 동북아 역사에서 유가 경전經傳은 국가 공인의 관서官書로서 현대국가의 헌법에 필적하는 성전聖典으로 동북아시아 문명의 '공유 문헌'이었다. 유가 경전 가운데 특히 《주례周禮》는 고대국가 (archaic state)의 관료조직과 행정체계가 세밀하게 기술된 최고最古의 경전이다. 실증주의 역사학자들은 흔히 《주례》가 전국시대(戰國時代, 기원전 475-221) 또는 그 이후의 위서僞書라는 판단 아래 그 중요성을 폄하하는 경향을 보인다. 그러나 텍스트의 진위眞僞 문제와 그 텍스트의 역사적 중요성을 혼동하는 방법론적 착오일 뿐이다. 설령 《주례》가 위서일지라도 전통시대 동아시아의 많은 경학자들은 그 텍스트가 서주시대 주공의 예제를 탐구하는 중요한 문헌이라 굳게 믿고 있었다. 바로 그러한 믿음 위에서 전통시대 사상가들은 《주례》를 참고하고 주공周公의 권위를 빌어 스스로의 정치적 의제를 정식화했다. 그들은 《주례》의 통치 이념을 탐구해서 시대에 맞는 정치개혁의 청사진을 도출했다.

전통시대 정치사상이나 통치철학을 이해하기 위해선 경학적 탐구가 필수적이다. 동서고금을 막론하고 대부분의 정치철학자들은 텍스트(헌법, 고전, 권위서 등)와의 상호작용을 통해 새로운 아이디어를 계발해 간다. 전통시대 동아시아의 학자들은 일차적으로 유가 경전(텍스트)의 주석으로써 자신들의 견해를 우회적으로 피력했다. 또한 동북아시아의 많은 사상가들은 주석注釋의 한계를 넘어 경전에 제시된 통치원리와 보편 이념을 활용해 적극적으로 치국책治國策과 경세론經世論을 계발해 갔다.

3. 정약용의 《주례》 활용

중국 전한(前漢, 202 BC - 9 AD) 이래 유가오경儒家五經은 동아시아 여러 국가들에 인류적 보편가치, 사회윤리 및 국가 철학의 이념적 기초를 제공해 왔다. 전통시대 동아시아의 사대부士大夫 행정가들은 유가 경전(經傳, 경문과 주석)을 활용해서 정치 철학을 계발하고 국가의 정책과 제도를 입안했다. 그들이 유가 경전의 권위를 인정했던 이유는 무엇일까? 가장 중요한 이유는, 유가 경전을 근거로 삼아 그들이 제기하는 논리와 제도의 이념적 합법성을 확보하기 위함이었다.

전통시대 중국의 사상가들에겐 무엇보다 벤자민 엘만(Benjamin Elman)이 말하는 "경전을 읽고 쓰는 능력(classical literacy)"이 요구됐다. 경학의 공동 언어를 통해서 전통시대의 사상가들은 각 지방의 조건에 맞게 정치의 주요 의제를 논의하고, 국가 개혁의 구체적 대안을 제시할 수 있었다.[1] 유가 경전에 제시된 고대국가의 전범을 근거로 전통시대의 사상가들은 현실의 문제점을 비판하고, 이상적인 통치의 모델을 탐구하며, 국가 제도의 개혁안을 제시할 수 있었다. 그 점에서 유가 경전은 동아시아 문명에선 국가의 헌법憲法과도 같은 기능을 수행했다 볼 수 있다.

정약용의 미완성 대작 《경세유표》(1817-22년 집필)는 유가 경전을 근거 삼아 국가개혁의 청사진을 구상한 동아시아 지적 전통의 대표적 사례라 할 수 있다. 《경세유표》는 관료 조직의 모든 방면에 걸친 포괄적이고 체계적인 국가 개혁의 플랜이었다. 정약용은 《경세유표》의 집필에 경서, 역사서, 유서類書, 문집文集 등의 다양한 서책을 활용했다. 그 많은 서책 가운데 정약용은 《주례》의 육관六官 구조를 그대로 옮겨서 《경세유표》의 기본 골격을 짰다.

서주(西周, 대략 기원전 1046-771) 시대 주공(周公, 대략 기원전 11세기)의 통치이념과 관료행정의 전범이 제시된 《주례》는 특히 동아시아 정치 개혁가들에게 공동의 정치언어를 제공했다. 중국 북송대 신법개혁의 기수 왕안석(王安石, 1021-1086)이 국가개혁의 청사진으로 활용한 이래, 《주례》는 동아시아 정치사에서 헌정적憲政的 지위를 얻었다. 비록 정약용은 〈추관秋官〉과 〈동관冬官〉은 완성하지 못했지만, 책의 체제와 구성은 《주례》의 전범을 그대로 따랐음엔 의심의 여지가 없다. 왕망(王莽, 재위 9-23)과 왕안석의 부정적 선례先例 때문에 《주례》의 경전적 권위는 의심받았으며 특히 오늘날 학계에선 《주례》가 전국시대 또는 그 이후의 위서僞書라 비판되고 있다. 정약용은 그러나 《주례》가 서주 초기 주공의 예제禮制가 구현된 중요한 경전이라는 사실을 의심하지 않았다.

정약용은 《주례》에 제시된 고대국가의 이상적 관제官制를 당시 조선의 관제와 면밀하게 비교함으로써 국가 개혁의 합법성을 확보할 수 있었다. 만약 《주례》라는 경전을 전거로 내세우지 않았다면, 정약용의 과

---

1 Elman(2013), Chapter 2.

감하고도 급진적인 포괄적 개혁안은 국체國體의 근본적 변혁을 도모한다는 비판을 면할 수 없었을 듯하다. 그 점에서 《주례》는 정약용의 급진 개혁안에 '헌정적 정당성(constitutionality)을 부여했다고 할 수 있다.

조선의 한계를 넘어서 정약용은 당시 동아시아 여러 나라에서 초국적(transnational)으로 형성된 지성적 공동체에 적극적으로 참여하고 있었다. 동아시아 여러 나라의 경학자들, 정치·행정가들, 사상가들이 장구한 세월 동안 집체적 노력으로 경학의 세계를 구축했다. 동아시아 주례학周禮學의 공동체에는 많은 학자들이 집체적으로 참여했다. 중국의 대표적 인물로는 후한後漢의 거유巨儒 정현(鄭玄, 127-200), 당대(唐代, 618-907) 경학자 가공안(賈公彦, 대략 7세기), 북송(北宋, 960-1127)의 개혁 사상가 이구(李覯, 1009-1059), 북송 신법개혁의 영수 왕안석, 명대(明代, 1368-1644) 송렴(宋濂, 1310-1381), 방효유(方孝孺, 1357-1402), 명·청교체기의 황종희(黃宗羲, 1610-1695), 청말淸末의 경학자 손이량(孫詒讓, 1848-1908) 등을 꼽을 수 있다. 도쿠가와 시대 일본의 경우, 오규소라이(荻生徂徠, 1666-1728), 다자이 순다이(太宰春臺, 1680-1747), 후기 미토水戶학파의 후지타 유코쿠(藤田幽谷, 1774-1826), 아이자와 세이시자이(會澤正志齋, 1782-1863) 등이 주례학의 공동체에 참여했다.[2] 조선사상사에선, 정도전(鄭道傳, 1342-1398), 윤휴(尹鑴, 1617-1680) 그리고 정약용이 대표적이다.[3]

4. 《주례》와 예치禮治의 합법성

만년의 정약용은 유형원(柳馨遠, 1662-1673)과 이익(李瀷, 1681-1763)

---

2 Nakai(2010), pp.279-292.

3 Haboush(2010), pp.309-313.

등 조선시대 경세학의 전통에 따라 국가개혁안의 마련에 절치부심했다. 체계적인 개혁안의 완성을 위해 정약용은 《주례》의 육관六官 구조를 그 대로 따랐다. 조선의 사대부들은 일반적으로 《주례》의 경전적 권위를 인정했지만, 주례에 관한 많은 주석서를 남기진 않았다.[4] 19세기 조선에 서 《주례》를 근거로 국가 개혁안을 마련한 경우는 정약용의 《경세유표》 가 유일해 보인다. 만년 귀향지에서 정약용은 개혁안을 밝히기 위해서 《주례》의 연구에 몰두했다. 정약용은 일생에 걸쳐 《주례》보다는 《상서尙 書》와 《주역周易》에 더 깊은 관심을 보였다. 그는 왜 만년에야 《주례》의 연구에 몰두하게 됐을까?

유가경학사에서 《주례》는 가장 논쟁적인 텍스트였다. 20세기 중후반까 지도 여러 학자들은 《주례》의 성립 시기와 진위 여부에 관한 복잡한 논 쟁을 벌였다. 중국사에서 《주례》는 신新나라를 세운 왕망(王莽, 재위 9-24), 선비족의 북위(北魏, 386-534) 정권뿐만 아니라 북송(北宋, 960-1127) 신 법개혁의 주창자 왕안석이 정면에 내세웠던 경전이었다. 왕망과 왕안석 의 비판자들 중에는 《주례》 자체가 가짜 경전이라는 주장을 펼치는 사 람들도 있었지만, 주희(朱熹, 1130-1200)를 비롯한 다수의 경학자 및 사 상가들은 《주례》의 경전적 권위를 의심하진 않았다. 특히 왕안석의 신 법 개혁에 관한 체계적인 비판을 개진했던 남송(南宋, 1127-1279)의 학 자들은 《주례》의 권위를 인정한 상태에서 왕안석의 국가주의적 《주례》 해석이 근본적인 오류라 주장했다.

정약용은 물론 중국사상사에서 《주례》가 차지하는 논쟁적 지위를 숙 지하고 있었다. 조선에서도 《주례》의 활용은 왕안석류의 답습이란 상투 적 비판이 널리 퍼져 있었다. 《주례》를 전면에 내세워 포괄적인 국가개 혁의 모델을 창안하기는 쉽지 않았으리라 사료된다. 조성을의 연구에

---

4 앞의 책, p.311.

따르면, 정약용은 학술활동의 전 과정에 걸쳐 《주례》의 경전적 권위와 가치를 신뢰하고 있었다.[5] 정현鄭玄 이래 다수 경학자들의 입장을 따라 정약용은 《주례》 속에 주공의 "태평지적太平之迹"이 담겨 있다고 확신했다. 다만 정약용은 정현의 《주례》 주석은 70% 이상 오류이며, 왕안석의 접근법은 잘못이라 생각했다. 정약용은 실제로 한당漢唐 경학 전통을 넘어 조선의 실정에 맞게 《주례》의 함의를 적극적으로 해석하려 했던 큰 포부를 갖고 있었다.

《경세유표》의 서문에서 정약용은 예禮와 법法 사이의 긴장에 착목한다. 동아시아 사상사에서 예와 법의 관계 규명은 핵심적 주제였다. 진秦제국의 법가를 대신해 유가가 한제국의 국가이념으로 채택된 뒤, 국가의 통치는 예치禮治를 지향했다. 정약용은 《주례》가 근본적으로 예치의 전범典範임을 강조한다. 그는, 이 경전이 주법周法이라 불리지 않고 주례라 불린 까닭은 "선왕이 예로써 국가를 다스리고, 예로서 백성을 이끌었다."는 점을 강조한다.[6] 정약용은 예치는 자연적 질서에 근거하고 인간의 감정과 조화롭게 공명하지만, 법은 강압으로 인민을 통제하는 수단이라 생각했다. 그는 "예가 쇠락한 뒤에야 법의 명칭이 생겨났다."고 주장한다.[7]

> 하늘의 섭리에 비춰볼 때 부합하고, 인간의 정서에 놓고 보면 협응하는 것을 예라 한다. 사람들이 두려워하는 바로 위협하고, 괴로워하는 바로 압박하여 이 백성들이 무섭고 불안해 아무도 감히 할 수 없도록 하는 것을 법이라 한다. 선왕은 예를 법으로 삼았고, 후왕은 법을 법으로 삼았다.[8]

---

5 앞의 책.

6 《경세유표》 1.1. "先王以禮而爲國.以禮而道民."

7 《경세유표》 1.1. "至禮之衰而法之名起焉."

8 《경세유표》 1.1. "揆諸天理而合, 錯諸人情而協者, 謂之禮; 威之以所恐, 迫之以所悲, 使斯民兢兢然莫之敢干者, 謂之法. 先王以禮而爲法, 後王以法而爲法.

유가경학사에서 《주관周官》이 《주례》로 개칭된 사실은 법가의 전체적 지배에 대항하여 유가의 예치禮治를 확립하기 위한 해석학적 일대 전환이었다. 후한대 정현은 당시까지 축적된 경학의 전통 위에서 《주례》가 서주 초기 주공이 7년의 섭정을 완료한 뒤 자신의 조카 성왕成王을 위해 밝힌 예치의 전범이라 해석했다.[9] 정현이 《주관》을 《주례》라 해석한 뒤, 후대의 경학자들은 《주례》를 《예기禮記》·《의례儀禮》와 묶어서 삼례三禮로 인식했다. 정약용은 바로 그러한 경학사의 전통을 그대로 따라 법에 대한 예의 우위를 인정했다. 그는 예를 자연 질서, 정치 제도, 사회 윤리 및 인간 본성까지 세상 모든 것에 깃든 질서라 여겼다. 이를 위해 그는 법과 예를 구분하는 다소 단순한 이분법을 사용하지만, 이는 《주례》의 경전적 지위를 확보하기 위함이었다. 그는 《주례》가 주공이 고안한 합리적이고도 정당한 예제의 총화라 여겼다. 그가 《경세유표》의 서두에서 이 점을 강조한 까닭은 유가 경전을 근거로 합법적 국가개혁의 밑그림을 그리기 위함이었다.

5. 유위有爲의 통치 철학

《주례》의 전범을 조선의 현실에 적용하는 역동적인 경전 해석을 통해서 정약용은 유위有爲의 통치 철학을 구성하려 했다. 상고시대 요·순堯舜은 흔히 관대하고도 유순한 무작위無作爲, 불간섭不干涉의 성왕聖王들로 알려져 있다. 이에 반해 정약용은 정반대의 논리를 펼친다.

"세속에서 요순堯舜 시대를 말하는 자들은 이른바 당우지치(唐虞之治, 요

---

9 《周禮注疏》, 1.2.

순의 통치)가 '모두 팔짱을 끼고 공손한 모습으로 묵연히 초가지붕 밑에 앉아 있어도, 그 덕화德化가 흡사 훈훈한 바람이 사람을 감싸는 것과 같다고 묘사한다. 그리하여 희희(熙熙, 화락한 모양)한 것을 순순(淳淳, 순박한 모양)하다고 하고 호호(皞皞, 만족하게 여기는 모양)한 것을 거거(蓮蓮, 만족하게 여기는 모양)하다 하고, 무릇 무엇인가 펼쳐서 (세상을) 움직이고 (대사를) 일으키면, 당우唐虞를 끌어와서 좌절시킨다. 그러면서 '한비韓非·상앙商鞅의 술법術法이 각박하고 정심精深한 것은 실로 말세末世의 풍속을 다스릴 만한 것이건만, 요순堯舜은 어질고 영진(嬴秦, 진시황)은 포악하였으므로, 엉성하고 느슨한 것을 옳게 여기고 정밀하고 각박한 것을 그르게 여기지 않을 수 없다.' 한다.

그러나 내가 살펴보건대, 마음을 분발하고 일을 일으켜서 천하 사람을 바쁘고 시끄럽게 노역勞役시키면서, 한번 숨 쉴 틈에도 안일하지 못하도록 한 이는 요순이요, 정밀하고 각박하여 천하 사람을 조심하고 송구하여 털끝만큼이라도 감히 거짓을 꾸미지 못하도록 한 이도 요순이었다. 천하에 요순보다 더 부지런한 사람이 없었건마는 하는 일이 없었다고 속이고, 천하에 요순보다 더 정밀한 사람이 없었건마는 엉성하고 우활하다 속인다. 그래서 임금이 언제나 일을 하고자 하면 반드시 요순을 생각하여 스스로 중지하도록 한다. 이것이 천하가 나날이 부패해져서 새로워지지 못하는 까닭이다. 공자가 '순은 하는 일이 없었다.' 한 것은, 순이 현명하고 성스러운 신하를 22인이나 두었으니, 또 무슨 할 일이 있었겠느냐는 뜻이다.[10]

---

10 《經世遺表》序. 국문 번역은 "한국고전번역 DB"에서 발췌하고, 수정·보완했음.
"世俗言唐虞之治者曰堯與舜, 皆拱手恭己, 玄然默然以端坐於茅茨之屋, 而其德化之所漸被, 若薰風之襲人. 於是以熙熙爲淳淳, 以皞皞爲蓮蓮. 凡有施爲動作,輒引唐虞以折之, 謂韓非商鞅之術. 刻覈精深, 實可以平治, 末俗特以堯舜賢而嬴秦惡. 故不得不以疎而緩者爲是, 密而急者爲非云爾. 以余觀之, 奮發興作, 使天下之人, 騷騷擾擾, 勞勞役役, 曾不能謀一息之安者, 堯舜是已. 以余觀之, 綜密嚴酷, 使天下之人, 夔夔遬遬, 瞿瞿悚悚, 曾不敢飾一毫之詐者, 堯舜是已. 天下莫勤於堯舜, 誣之以無爲, 天下莫密於堯舜, 誣之以疎迂, 使人主每欲有爲, 必憶堯舜以自沮, 此天下之所以日腐而不能新也. 孔子謂舜無爲者, 謂舜得賢聖至二十二人, 將又何爲."

정약용은 유위有爲에 대한 전형적인 유가의 비판이 유가경전에 대한 편향적 오독에 기인한 것으로 생각했다. 진제국과 법가 비판을 위해서 유가의 사상가들은 정부의 적극적 활동에 대해선 한비자와 상앙의 답습이라 비판한다. 정약용에 따르면 선정善政의 기본 원리는 "소(疎, 느슨함)"과 "완(緩, 완만함)"이 아니라 "밀(密, 치밀함)"과 "급(急, 긴급함)"이다. 여기서 "밀密"이란 정부가 국가 조직 및 사회 제도에서 발생하는 모든 구체적인 문제들의 해결방안을 치밀하게 마련해야 한다는 원칙이다. "급急"이란 정부가 백성의 요구에 긴급하게 대응해야 한다는 당위를 이른다. 다시 말해, 국가의 기본 책무는 구체적 제도를 마련하여 사회의 각종 문제들을 해결함으로써 현상(現狀, status quo)을 개선하는 것이다. 흔히 유생들은 성왕聖王 통치가 무위無爲의 자유방임주의(laissez faire)라 해석하지만, 정약용은 국가가 모든 사회·경제적 현안들에 적극적으로 개입하고 해결책을 제시해야 한다는 유위有爲의 원칙을 천명한다. 요순은 뒷짐지고 방임하는 무위의 통치자가 아니라 세상을 살피고 고치고 바꾸는 적극적인 유위의 통치자라 주장한다. 결국 그는 정부의 역할은 바로 조선 후기 국가의 부패한 구조를 일소하는 국가주의 개혁의 추진이라 보았다.[11]

6. 《경세유표》의 《주례》 구조

《주례》는 육관 366개 관직에 9만 3천 명의 관료집단을 배치한 고대 관료국가(archaic bureaucratic state)의 구조를 갖추고 있다. 또한 각 직관

---

11 《경세유표》 1.1.

의 구체적 책무를 밝히고, 관료집단 내부의 명령 계통 및 소통 구조를 명시한다. 주례의 직관을 살펴보면, 인사행정, 재정 관리, 지방 규찰, 국토 방위, 대민조직, 치안 유지, 토지제도, 사법질서, 대외관계, 외교 의례 등 정부의 모든 방면이 망라돼 있다. 또한 놀랍게도 하급관리의 소소한 책무까지 상세하게 기술하고 있다. 유가 경전 가운데 이처럼 국가의 전 조직을 포괄적으로 일관되게 다룬 텍스트는 없다. 나아가 세계사적 견지에서도 《주례》는 고대 관료국가의 행정 구조를 보여 주는 가장 정교한 텍스트라 할 수 있다. 바로 그런 이유 때문에 동아시아 역사에서 《주례》는 정부에 의한 국가의 구조적 개혁을 시도한 유위의 사상가들에게 큰 영감의 원천이 되었다.[12] 수(隋, 581~618)제국 이래 중화제국은 《주례》의 육관 체제를 그대로 계승해서 육부의 정부조직을 구성했다. 게다가 《주례》는 《한서漢書》〈백관지百官志〉 이래 정사正史의 관료제 기술의 전범이 되었음은 잘 알려진 사실이다.

국가 개혁의 제안서로서 《경세유표》는 매우 야심찬 기획이었다. 동아시아 지적 전통에서 이에 필적하는 개혁안은 결코 흔치 않다. 이 책을 통해서 정약용은 조선조의 기존 관료조직을 근본적으로 바꾸려는 의도를 숨김없이 드러냈다. 정약용은 《주례》는 "천자지례天子之禮이기 때문에 360여 개의 관직을 담고 있지만, 조선은 번국藩國이기 때문에 120개의 관직만으로 족하다고 여겼다.[13] 《주례》의 구조에 근거해서 정약용은 "천지도수天地度數"의 개념에 입각하여 기존의 관제를 《주례》 체제의 6관 120관제로 재편할 것을 주장한다.[14]

정약용이 《주례》를 내세운 까닭은 어렵잖게 설명된다. 왕조의 창건 이래 400년 동안 지속된 조선의 관제를 재편하기 위해선 창건주의 훈시

---

12 Song(2015), "Introduction."
13 《경세유표》 1.1. "周禮, 天子之禮, 我國家, 藩國也, 制度宜小."
14 《경세유표》 1.1.

訓示를 넘어서는 국가 개혁의 정당성을 주장해야 한다. 정약용은 《주례》를 비롯한 유가경전의 권위를 빌지 않고선 과감한 국가 개혁을 주장하기란 불가능하다고 생각했다. 물론 정약용은 《주례》의 전범을 그대로 모방하거나 답습할 생각은 전혀 없었던 듯하다. 고대 관료국가의 이상적 질서를 제시했다는 점에서 《주례》는 국가조직의 전범일 뿐이었다. 그 전범을 조선의 현실에 맞게 구현하기 위해선 경전의 축어적 해석에 머물지 말고 경전의 행간에 깔린 정치적 함의를 적극적으로 해석해야만 한다.

예컨대 정약용은 16세기 이래 비변사備邊司가 핵심 권력기구가 되면서 의정부議政府 대신들의 권위가 추락한 상황을 비정상이라 보았다. 위기 상황에서 비상조직의 비대화는 권력의 과도한 집중을 낳고, 그 결과 관료행정의 합리적 의사결정 절차는 무너지기 때문이다. 이 문제를 해결하기 위해서 정약용은 《주례》뿐만 아니라 《상서尚書》〈주관周官〉에 제시된 "삼공삼고三公三孤"에 주목했다.[15] 여기서 삼공이란 태사太師, 태부太傅, 태보太保, 삼고란 소사少師, 소부少傅, 소보少保로 중앙행정 최고最高의 의결기구를 말한다. 360여 직관을 총괄하는 《주례》〈천관天官〉의 태재太宰 직책과는 달리 "삼공삼고"는 집단 지도체제를 띤다. 《주례》를 맹신하는 대신 정약용은 유가경전 전체의 합리적 실용성을 신뢰했다. 정약용은 조선 관제에 합리적인 집단 지도의 의결기구를 도입해야 된다고 생각했다. 요컨대 그는 조선의 의정부가 《상서》〈주관〉에 제시된 삼공삼고의 전범에 따라 전면적으로 개편돼야 한다고 믿었다. 권력의 독점과 전횡을 막고 합리적인 의사결정 구조를 확립하기 위함이었다.

---

15 《경세유표》 1.1.

결론: 유가경학과 유가헌정론

정약용은 조선 정부의 근본적 개혁안을 제시하기 위해 《주례》의 권위에 의존했는가? 《주례》는 그에게 무엇을 주었나? 나아가 전통시대 동아시아 역사에서 행정가와 사상가들은 유가경학을 어떻게 활용했나? 2천 년 지속되며 진화해 간 유가경학은 동아시아 여러 나라의 관제 개편에 과연 어떤 기여를 했는가? 경학자들은 경전과 국가의 관계를 어떻게 인식했는가?

동아시아 역사에서 유가 13경은 정치사상의 유일한 합법적 준거(準據, reference)였다. 중화제국의 정부가 유가경전을 공식적으로 채택했기 때문에 국가권력의 후원이 경전의 권위를 만들었다고 착각하기 쉽다. 그 때문에 많은 학자들은 유가경전이 전제적 지배체제의 이념이라 생각했다. 통념과는 달리 유가경학의 긴 역사를 살펴보면, 수많은 지식인들이 자발적으로 방대한 분량의 주석서를 집필하고 출판했음을 발견하게 된다. 그들의 대다수는 정부의 지령에 따라 수동적으로 유가경학을 답습한 게 아니라 국가와의 긴장 속에서 자력에 의해 경전의 권위를 지켰던 자생적 지식인이었다. 유가경학은 그들에게 국가 개혁의 "헌정적 의제(憲政的 議題, constitutional agenda)를 계발하고, 발전시키고, 표출하는 매개적 수단이었다.

정약용도 예외는 아니었다. 그는 《주례》를 이념적 준거로 삼아 전면적이고도 포괄적인 국가 개혁의 청사진을 그릴 수 있었다. 《주례》는 그에게 정치사상의 합법적 포럼을 제공했다. 《주례》 모델을 통해서 그는 조선의 국가 제도를 근본적으로 개편할 수 있는 정당한 이념적 근거를 확보했다. 그런 점에서 유가경학은 그에게 정치사상의 "헌정적 합법성(constitutonality)"을 제공했다. 바로 그 점에서 유가경전은 전통 시대 사상가들과 관료들을 제약하고 억압하는 전제정의 매체가 아니라 그들이 자신들의 이상을 자유롭게 펼칠 수 있는 열린 사상의 포럼으로 작용했다. 유배지의 정약용은 유가경전의 권위를 빌어서 조선 국가제도의 근본적 개혁안을 제시할 수 있었다.

참고문헌

안병직, 《경세유표에 관한 연구》, 동서문화사, 2021.

丁若鏞, 《經世遺表》, 서울: 한길사, 1997.

丁若鏞, 《與猶堂全書》(http://www.krpia.co.kr)

金春峯, 《周官之成書及其反映的文化與時代新考》(臺北: 三民出版社, 1993)

鄭玄/賈公彦, 《周禮注疏》(上海: 上海古籍出版社, 2010).

Bol, Peter K. *Neo-Confucianism in History*. Cambridge, MA: Harvard University Asia Center: Distributed by Harvard University Press, 2008.

Elman, Benjamin A. *Civil Examinations and Meritocracy in Late Imperial China*. Cambridge, MA: Harvard University Press, 2013.

Song, Jaeyoon. *Traces of Grand Peace: Classics and State Activism in Imperial China, ca.1030s-1120s*. Cambridge, MA: Harvard University Asia Center: Distributed by Harvard University Press, 2015.

김용섭, 〈18·9세기의 농업실정과 새로운농업경영론〉, 《대동문화연구》 9, 성균관대
　　학교 대동문화연구원, 1972.

이정철, 〈丁若鏞 田制改革論의 歷史的 脈絡〉, 《韓國史學報》 47, 2012.5, 109-133쪽.

이헌창, 〈茶山 硏究의 새로운 摸索; 茶山 丁若鏞의 國家制度論에 관한 一考察〉, 《韓
　　國實學硏究》 24, 2012, 9-73쪽.

鄭允炯, 〈茶山丁若鏞의 井田制論〉, 《韓中實學史硏究》, 한국실학연구회, 민음사, 1998.

조성을, 〈정약용의 토지제도 개혁론〉, 《한국사상사학》 10, 사상사학회, 1998.

조성을, 〈丁若鏞의 周禮硏究와 改革思想〉, 《한국중세의 정치사상과 주례》, 연세국학
　　연구원 편, 서울: 혜안, 2005.

최윤호, 〈조선후기 토지개혁론과 토지공개념〉, 《역사비평》 66, 역사문제연구소, 2004.

Bol, Peter K. "Wang Anshi and the *Zhouli*." In *Statecraft and Classical learning:
　　The Rituals of Zhou in East Asian History*, edited by Benjamin A. Elman & Martin
　　Kern, Leiden-Boston: Brill, 2010, pp.229-251.

Haboush, JaHyun Kim. "Yun Hyu and the Search for Dominance: A
　　Seventeenth-Century Korean Reading of the Offices of Zhou and the Rituals of
　　Zhou." In *Statecraft and Classical Learning: The Rituals of Zhou in East Asian History*,
　　edited by Benjamin A. Elman & Martin Kern, Leiden-Boston: Brill, 2010,
　　pp.309-329.

Nakai, Kate Wildman. "Tokugawa Approaches to the Rituals of Zhou: The Late Mito
　　School and 'Feudalism'." In *Statecraft and Classical Learning: The Rituals of Zhou in
　　East Asian History*, edited by Benjamin A. Elman & Martin Kern, Leiden-Boston:
　　Brill, 2010, pp.279-308.

Song, Jaeyoon. "The *Zhou Li* and Constitutionalism: A Southern Song political theory."
　　Journal of Chinese Philosophy: 36(3), 2009, pp.424-438.

Song, Jaeyoon. "Tension and Balance: Changes of Constitutional Schemes in Southern
　　Song Commentaries on the Rituals of Zhou." In *Statecraft and Classical learning: The
　　Rituals of Zhou in East Asian History*, edited by Benjamin A. Elman & Martin Kern,
　　Leiden-Boston: Brill, 2010, pp.252-278.

Song, Jaeyoon. "Redefining Good Government: Shifting Paradigms in Song Dynasty
　　(960-1279) Discourse on *Fengjian*." *T'oung Pao* 97, 2011, pp.301-343.

제12장

Classics for Reform:

The Zhouli model and Jeong Yak-yong's Vision of Land Redistribution in the Gyeongse yupyo

Jaeyoon Song

(McMaster University 교수)

Part I: Jeong Yak-yong's Uses of the Classics

In East Asian history, "traditional" political thinkers expressed their political visions with reference to the Confucian Classics. By invoking the canonical authority of those documents, they could represent their plans for government as legitimate. By traditional political thinkers I mean a majority of scholars and statesmen who spelled out their political visions with what Benjamin Elman calls "classical literacy."[1] Using the common language of classical learning, these thinkers participated in the transnational forum of debate over major issues of good government based in their own local surroundings. The ancient models of good government in the Confucian Classics enabled them to criticize the status quo, develop their theories of government, and propose plans for reforming state institutions. In this sense, I would argue that the Confucian Classics functioned almost as the "constitution" of East Asian civilizations.[2]

---

[1] Benjamin Elman, Civil Examinations and Meritocracy in Late Imperial China (Cambridge, MA: Harvard University Press, 2013), especially, Chapter 2: "······ an authorized classical language, which as an instrument of social and political policy, which also functioned as the lingua franca of classically educated literati."

[2] I use the term "constitution" in a broad sense in distinction with the constitutional law of the modern state. Admittedly, the constraining power of the Confucian Classics was much weaker than the constitutional law of the modern state; however, the traditional state also worked on a set of political norms, traditions, practices, statutes, and principles, both tacit and explicit, which formed the basis of political stability. For this reason, I would argue that the Confucian Classics was the constitution of the traditional state in post-Qin(221-206BC)

Jeong Yak-yong's unfinished magmum opus, the Gyeongse Yupyo經世遺表
(Last Memorials on Ordering the World), written during the period 1817-22,
offers an extraordinarily rich case in which a traditional political thinker
invoked the Classics to propose a comprehensive set of reforms. In this
comprehensive work of statecraft, Jeong draws upon a number of Chinese
sources: The Confucian Classics, histories, encyclopedias, as well as literary
collections. Amongst these sources, the Rituals of Zhou(the Zhouli周禮;
hereafter Zhouli), one of the Thirteen Confucian Classics, is by far the most
important because Jeong organized the structure of this book following the
Zhouli model: the Offices of Heaven, Earth, Spring, and Summer(although the
other two, Autumn and Winter, were left undone). The Zhouli is attributed
rather controversially to the legendary law-giver the Duke of Zhou(ca. 11th
Century BC). By comparing the existing systems of the Joseon state with the
idealized model of an archaic bureaucratic system in the Zhouli, he could
propose a set of policies designed to transform the established institutions of
the dynasty. With reference to the Zhouli, obviously, he could gain the
constitutionality of his plans for a fundamental reform. Therefore, this paper
will begin with Jeong's view of the Zhouli: what it gave him, how he used it,
and what he intended to achieve by using it.

Beyond the context of late-Joseon Korea, Jeong Yak-yong participated in
the transnational community of Zhouli studies. In this community, a long line
of renowned classicists, statesmen, and political thinkers in East Asian history
actively participated, collaboratively constructing the growing body of exegetical
studies. In Chinese history, we can think of such luminaries as the late Han

East Asian history. Moreover, the Confucian Classics seems to have functioned as
the ideological buffer between the elite and the state in traditional East Asia.

classicist Zheng Xuan(鄭玄, 127-200), the Tang classicist Jia Gongyan(賈公彦, ca. 7th century), the reform-minded scholar Li Gou(李覯, 1009-1059), the reform councilor Wang Anshi(王安石, 1021-1086), the early Ming legislators Song Lian(宋濂, 1310-1381) and Fang Xiaoru(方孝孺, 1357-1402), the thwarted reformer of the late Ming and early Qing Huang Zongxi(黃宗羲, 1610-1695), the late Qing classicist Sun Yirang(孫詒讓, 1848-1908), to name but a few. In Tokugawa Japan, Ogyū Sorai(荻生徂徠, 1666-1728) and Dazai Shundai(太宰春臺, 1680-1747) as well as the scholars of the late Mitō school such as Fujita Yūkoku(藤田幽谷, 1774-1826) and Aizawa Seishisai(會澤正志齋, 1782-1863) also participated in this community.[3] In Joseon Korea, we can think of Jeong Tojŏn(鄭道傳, 1342-1398), Yun Hyu(尹鑴, 1617-1680), and lastly, Jeong Yak-yong.[4]

Jeong Yak-yong's Approach to the Zhouli in the Last Memorials

Jeong Yak-yong devoted his late years to the compilation of the Gyeongse yupyu, carrying on the statecraft tradition of Joseon Confucianism represented by such luminaries as Yu Hyeyong-won(柳馨遠, 1662-1673) and Yi Yik(李瀷, 1681-1763). To articulate his plans for reform in a systematic way, Jeong Yak-yong used the Zhouli as an overarching framework of reference. JaHyun Haboush's research has shown that the Joseon literati, while showing respect and interest in the Zhouli, produced but a few commentaries on it.[5] Jeong's

---

3 Nakai(2010), pp.279-292.

4 Haboush(2010), pp.309-313. Jeong Dojeon authored the Statutes for the Governance of Joseon(Joseon Gyeongguk jeon朝鮮經國典) and Yu Hyu authored A Diagrammed Treatise on the Offices of Councilors and Mentors(Konggo chickchang tosŏl公孤職掌圖說).

use of the Zhouli in the Gyengse yupyo was arguably the only such project in the nineteenth century Joseon. In his late years in exile, he decided to take up this classic for articulation of his reform agenda.[6] Throughout his life, Jeong was more concerned with the Book of Documents and the Book of Changes.[7] Why, then, did he decide to use the Zhouli, a problematic classic often associated with Wang Mang(王莽, 45BC-23AD) and Wang Anshi(王安石, 1021-1086), the two most widely condemned reformers in Chinese history?

In the history of classical learning, the Zhouli has remained a controversial text up to the present times. In Chinese history, it was used twice by illegitimate political reformers and once by alien regimes during the Period of Disunity(220-589). Especially in Northern Song(960-1127) China, the reform councilor Wang Anshi's commentary on the Zhouli held sway as one of the three imperially sanctioned standard classics of the New Policies government. With the fall of the Northern Song and the subsequent cessation of the New Policies, Wang Anshi's scholarship was suppressed to the degree irrecoverable. Southern Song(1127-1279) literati took the Zhouli back by redefining it as the constitution of a smaller laissez faire government. Jeong Yak-yong was, of course, well aware of the Zhouli's place in Chinese history. He had to defend his use of the Zhouli against critics who would readily disparage it as repeating

---

5 Ibid., p.311.

6 The Last Memorials was originally a transcribed version in forty-four chapters under the title of the Manuscript of the Rituals of an Enfeoffed State in 1817, and was printed for the first time in the 1910s. For one hundred years this book was kept in the original hand-transcribed version. In other words, this book never influenced the Choson Dynasty per se. For this reason, this book has been compared to Huang Zongxi's Waiting for the Dawn which, though written in the early Qing, would influence the reformists of the early twentieth century.

7 Jo Seong-eul(2005), pp.226-228.

Wang Anshi's error in the late Joseon context.

Jo Seong-eul's research shows that Jeong Yak-yong trusted the canonical authority of the Zhouli throughout his career.[8] Following a majority of Chinese classicists since Zheng Xuan, he believed that the Zhouli contained "the traces of grand peace"(Taiping zhi ji太平之迹) achieved by the Duke of Zhou in the Western Zhou(ca. 1046-771 BC) founding. Jeong was, however, at fundamental odds with both Zheng Xuan and Wang Anshi. He thought that more than seventy percent of Zheng's fastidious comments on the Zhouli were erroneous, and believed that Wang Anshi's approach was simply wrong-headed. Jeong was, in fact, ambitious enough to use the Zhouli without relying on the Han and Tang scholia.

In "the Introduction," Jeong Yak-yong begins by addressing the tension between ritual and law, a long-standing issue in the history of East Asian political thought. Confucianism, as when it ascended to become state orthodoxy in the early Han(206 BC-AD 220), was an alternative to the Legalist doctrine of the Qin Empire(221-206 BC). Jeong advocates the Zhouli by elaborating on the concept of ritual. This classic is called the rituals, rather than laws, of the Zhou, explains Jeong, because the central idea of good government in antiquity was "to lead the people through the means of rituals(以禮而道民)." The sage kings of antiquity ruled the state and edified the population by means of ritual. Whereas the rule of ritual is in accordance with the natural order of things and harmonizes with human feelings, Jeong contends, law is the means of controlling the people by coercion and pressure. "When these rituals of

---

8 Ibid.

antiquity fell into disuse," he argues, "the name of law began to arise."[9] He defines the meaning of ritual as: "that which is coherent when viewed in light of Heavenly Principle and that which is harmonious with human sentiment when applied to realities."[10] He concludes: "The Former Kings made rituals the basis of law whereas the Later Kings regards laws as laws."[11]

In the history of Confucian classical learning, the transformation of the Zhouguan(Offices of Zhou) into the Zhouli(Rituals of Zhou) was a hermeneutical turn. Based on cumulative commentaries, Zheng Xuan declared that the old-script document we now call the Zhouli is the rituals the Duke of Zhou created in the seventh year of his regency for his nephew King Cheng.[12] Following Zheng Xuan's lead, Han and Tang classicists viewed the Zhouli as one of the Three Rituals in the corpus of the Thirteen Confucian Classics. Jeong acquiesces to this view, yet he argues for the superiority of ritual to law. As shown above, he understands ritual as a broad concept, the underlying principle of order in things, natural, political, social, anthropological. As he does so, he puts forward a rather simplistic dichotomy between ritual and law: government that rules by "ritual" prizes the harmony between nature and man whereas government by legal coercion disrupts the harmonious order of things.

Jeong apologetically defends the canonical authority of the Zhouli itself. To rescue the Zhouli from its critics was the first statement of the Gyeongse

---

9 Gyeongse yupyo 1.1: "至禮之衰而法之名起焉."

10 Ibid.: "揆諸天理而合, 錯諸人情而協者, 謂之禮; 威之以所恐, 迫之以所悲, 使斯民兢兢然莫之敢干者, 謂之法."

11 Ibid.: "先王以禮而爲法, 後王以法而爲法."

12 Zhouli zhushu 1.2.

yupyo. In his view, the Zhouli is a legitimate set of "rituals" as designed by the Duke of Zhou, not a system of laws. He stresses this point at the outset in order to redefine good government within the legitimate boundary of the Confucian Classics.

In Jeong Yak-yong's view, good government consists in state activism, the state's active engagement with social and economic plans: he wrintes that Kings Yao and Shun, often viewed as being non-activist, were indeed activist rulers. In his own words:

> Those in the world who discuss the government of the Tang and You(=Yao and Shun) period say that "they all sat back with their arms folded and kept silent; although they just sat under the roof, their moral suasion permeated[the people] as the fragrant wind enwraps the people. " …… When there is a new policy or a movement, they suppress it by referring to the Tang and You period, and say: "the harsh and detailed methods of Hanfeizi(韓非子, 280-233 bc) and Shang Yang(商鞅, 395-338), which were appropriate for governing the decadent customs of a chaotic era; however, as Yao and Shun were benevolent and the Yings of the Qin state were cruel, they regarded what is loose and lax as correct and what is tight and urgent as wrong.
>
> 世俗言唐虞之治者曰堯與舜, 皆拱手恭己. 玄然默然, 以端坐於茅茨之屋, 而其德化之所漸被, 若薰風之襲人, 於是以熙熙爲淳淳, 以皥皥爲蓮蓮. 凡有施爲動作, 輒引唐虞以折之, 謂韓非商鞅之術, 刻覈精深, 實可以平治末俗, 特以堯舜賢而嬴秦惡, 故不得不以疏而緩者爲是, 密而急者爲非云爾."

In my view, Yao and Shun stoop up and did their best to have the people of all-under-heaven work to the utmost without pursuing convenience even when they took rest; moreover, Yao and Shun had the people of all-under-heaven respectfully crouch themselves in fear so that they would not harbor untruthful thoughts. Although Yao and Shun were the most diligent in the world, they misrepresent them as practising non-action; although nobody was more precise than Yao and Shun, they misrepresent them as being lax and far-fetched. They have the ruler not desire activism and give up on such idea by thinking about Yao and Shun. This is why all-under-heaven has become corrupt without renewal. When Confucius said that Shun did nothing, he meant that "since Shun had twenty-two bright and sagely ministers what else should he do?" His words had far-reaching implications and conflicting effects so as to gain exquisiteness beyond words, people today only stick to that particular phrase and say that Shun sat back with his arms folded without moving a finger, yet all-under-heaven was transformed (by his ruling) spontaneously, and they thoughtlessly forget "the Canon of Yao" chapter and "the Counsels of Kaoyao" chapter in the Book of Documents. How lamentable!

以余觀之, 奮發興作, 使天下之人, 騷騷擾擾, 勞勞役役, 曾不能謀一息之安者, 堯舜是已. 以余觀之, 綜密嚴酷, 使天下之人, 夔夔遬遬, 瞿瞿悚悚, 曾不敢飾一毫之詐者, 堯舜是已. 天下莫勤於堯舜, 誣之以無爲, 天下莫密於堯舜, 誣之以疏迂, 使人主每欲有爲, 必憶堯舜以自沮, 此天下之所以日腐而不能新也. 孔子謂舜無爲者, 謂舜得賢聖至二十二人, 將又何爲, 其言洋溢抑揚, 有足以得風神於言外者, 今人專執此一言, 謂舜拱默端坐, 一指不動, 而天下油油然化之, 乃堯典皐陶謨, 皆浩然忘之, 豈不鬱哉.[13]

In Jeong's view, the classic Confucian critique of state activism is based upon a particular non-activist misreading of the Confucian Classics. In critique of Legalism and the Qin Empire, critical thinkers disparaged even the slightest attempt of government action as the technique of Hanfei zi and Shang Yang. He believes that good government consists in "tightness(密)" and "urgency(急)" as opposed to "looseness(疎)" and "slowness(緩)." By "tightness" he means the

---

13 Gyeongse yupyo 1, "yin."

making of specific institutions for addressing the existing problems of the state and society at large, and by urgency, the government's responsiveness to the needs of the people. In other words, the state should address the existing problems of society by installing specific institutions for the improvement of the status quo. In denial of a classic laissez faire view of the state, he calls on the state to act on the world. This view contradicts the long-standing belief that Kings Yao and Shun opted for "non-action(wuwei)." Simply put, he argues that given the way in which their activities are recorded in the Book of Documents, Yao and Shun should be viewed as activist rulers. By representing the government of Yao and Shun as activist, he redefines good government for his time: the state should assume the role of transforming the corrupt structures of the Joseon administration.[14]

By invoking the Zhouli model of institution-building and bureaucratic structuring, he intended to represent his reform policies as being in harmony with the fundamental spirits of the ancient sage rulers. In opposition to the traditional conservative visions of laissez faire government, Jeong Yak-yong argues that the state ought to take responsibility for resolving problems in society. His purpose seems to have been straightforward: to present a systematic method of reforming the corrupt structures and failing institutions of the existing Joseon administration. Four hundred years after the founding, he diagnosed, the Joseon dynasty was nearing a systemic breakdown. The bureaucratic structure of the Joseon dynasty was in disarray, and the discipline of the bureaucracy, lax and loose. The ruling elite of the dynasty had misused "the ancestral laws of the founders" to serve their interests; intensifying the

---

14 Ibid., 1, "yin," 1.

exploitative systems of government, they monopolized economic resources at the detriment of the population at large.[15]

Calling for a fundamental reform, Jeong pointed to an ideal world of antiquity, in which the sage rulers governed with a comprehensive set of institutions. These institutions he believed were not invented by a political genius overnight, but evolved through trials and errors, as shown in the Book of Documents. At the outset of the Last Memorials, he emphasizes how ancient kings and ministers created institutions one by one, reflecting cumulative lessons learned from the actual processes of establishing government in reality. In his own words:

> The rituals of the Xia dynasty were not invented by the Xia alone, but created by Kings Yao, Shun, Yu, and (their ministers) Ji, Xi, Yi, Gaoyao, et al., who, with all their spirits, earnestness, and intelligence, established the standard systems for ten thousand generations. How could anyone change any of those clauses and examples? However, when the people of the Yin dynasty replace the Xia, there must have been increases and decreases. When the Zhou people replaced the Yin, there must have been increases and decreases. How so? The ways of the world shift as the flowing rivers and streams; if established for eternity without changes, it cannot be naturally so.
>
> 夏后氏之禮, 非夏后氏之所獨制也. 卽堯, 舜, 禹, 稷, 契, 益, 皐陶之等所聚精會神. 竭誠殫智, 爲萬世立法程者也. 其一條一例. 豈人之所能易哉! 然殷人代夏, 不能不有所損益, 周人代殷, 不能不有所損益, 何則? 世道如江河之推移, 一定而萬世不動, 非理之所能然也.[16]

15 Ibid., 1, "yin," 1.

16 Ibid., 1, "yin," 2.

In the Last Memorials, Jeong Yak—yong constructs his grand constitutional vision of restructuring the Joseon state. By referring to an ideal model suggested in the Zhouli, he gains the constitutional legitimacy of reforming the state. As the blueprint of the Duke of Zhou's government, the Zhouli provides the administrative model of an archaic bureaucratic state. For this reason, a long line of political thinkers and statesmen in Chinese history had formulated their own constitutional agenda by explicating the models of good government in the Zhouli.

The Zhouli Structure of the Last Memorials

As one of the Thirteen Confucian Classics, the Zhouli offers the bureaucratic listings of 366 offices, staffed with an army of over 93,000 officials and functionaries, divided into the Six Ministries(Offices). It defines the specific duties and staff members of each of these 366 offices with the chain of command and lines of communication. On the summit of its bureaucratic structure stands the King, aided by the Six Ministers, namely, the premier(heaven) and the five other ministers of education(Earth), ritual (Spring), war(Summer), justice(Autumn), and works(Winter). These offices in the Zhouli are systematically organized to perform the basic tasks of government including personnel administration, fiscal management(collection of taxes and allocation of resources), education, social organization, local control and surveillance, the maintenance of the defense system including recruitment and training of local troops, police control, court administration, foreign relations, diplomatic protocols, etc. At the same time, it also describes the petty bureaucracy of low—ranking officials and functionaries such as eunuchs, court women, medical doctors, cooks, servicemen, etc., in painstaking detail.

In global historical perspective, we might say that among the ancient documents describing the archaic bureaucratic states, the Zhouli is probably the most detailed and systematic one.[17] In Chinese history, the Zhouli provided the ancient reference for the organization of the basic government structure: from the Sui(581−618) dynasty onward the imperial government continued to adopt the Six−Ministry system which was obviously modeled after the Six Ministries of the Zhouli. Moreover, the Zhouli was a primordial form of the normative bureaucracy for the traditional Chinese intellectuals: since Ban Gu(班固, 32−92) wrote "the Treatise on Hundreds of Offices" in the Hanshu, the official dynastic histories all followed the basic format of the Zhouli in terms of describing the bureaucratic structures of their dynasties. In short, the Zhouli functioned as one of the important references for showing the ancient prototype of state administration and bureaucratic organization in Chinese history.

As a proposal for state reform, the Last Memorials is perhaps the most ambitious of its kinds in East Asian traditions. Jeong Yak−yong proposed a fundamental restructuring of the existing bureaucratic structure of the Joseon state by explaining the purposes of the 120 offices he re−introduces for the Joseon by finding their prototypes in the offices of the Zhouli. The number 120 symbolizes the size of the state administration for "an enfeoffed state that the Joseon was in Jeong's view: "The Zhouli is the rituals of the Son of Heaven. Our country is an enfeoffed state(fanguo 藩國). Its institutions should be less."[18] Whereas the Zhouli as "the rituals of the Son of Heaven(tianzi zhi

---

17 Jaeyoon Song, Traces of Grand Peace: Classics and State Activism in Imperial China, ca. 1030s−1120s, "Introduction."

18 Gyeongse yupyo, 1.1: "周禮, 天子之禮, 我國家, 藩國也, 制度宜小."

li 天子之禮)" gives the number of three hundred sixty offices, the offices of the Joseon dynasty should be around 120. With the Zhouli model in mind, Jeong also referred to the old statute of the Joseon dynasty. He reorganized the 110 existing offices assigned to the central government in the capital into a six-part government, each ministry with twenty offices, overall 120 offices patterned after what he thought was "the institutional number of Heaven and Earth(tiandi dushu 天地度數).[19]

Why did Jeong try rather forcibly to fit the existing bureaucratic system into the prototypical mold of the idealized government of the Duke of Zhou's regency? As a minister in exile, he seems to have been under pressure to provide the canonical grounds of his reformist plans. As the blueprint of an archaic bureaucratic state, the Zhouli was indeed the most effective for his purposes. Even as he proposes a set number of offices for the Joseon bureaucracy, he was flexible enough to consider it alternable.

Noting that the number of offices in the Zhouli itself is not numerically perfect, he believes that it would be possible to formulate the optimal system of government for eternity by amending a few offices as required by the conditions of time. However, his proposed scheme for restructuring of the Joseon administration must have been a ground-breaking provocation for those in power at the time. Based on a harsh evaluation of governance in the dynasty at the time, Jeong points out how from the very beginning the government system of the Joseon dynasty was ill-conceived. He invoked the Zhouli in the first place to trump the ancestral laws of the Joseon dynasty itself.

---

19 Ibid.

Jeong Yak-yong thought that the Border Defense Council(pipyŏnsa 備邊司) since the early 16th century came to monopolize powers at the eclipse of the State Council(ŭiJeongbu 議政府), traditionally the superlative administrative organ of public deliberation comprised of the highest ranking ministers. To address this problem, he points to the Three Gong(sangong 三公) and the Three Gu(sangu 三孤) given in "the Officers of Zhou" chapter in the Book of Documents.[20] The Three Gong(the Grand-Master, the Grand-Assistant, and the Grand-Guardian) and the Three Gu(the junior Master, the junior Assistant, and the junior Guardian) combined formed the collective leadership of the Zhou government, according to "the Officers of Zhou." This is in conflict with the Grand Steward(taizai 太宰) of the Zhouli system; however, Jeong invokes the paragon of collective leadership as the model for the Joseon bureaucracy.

The State Council of the Joseon, he proposes, should be reorganized to fit the Three Gong and Three Gu model. With the State Council as the summit of the Joseon bureaucracy, Jeong matches the ideal model of the Zhou bureaucracy with the overall 120 offices of the Joseon bureaucracy. By using the Zhouli model, he could re-examine the objectives of each office and propose a new way of restructuring the existing offices of the Joseon bureaucracy. The ultimate aims of his proposed bureaucratic reform were to guard against the concentration of power, to remedy the corruptive structures of bureaucracy, to call for the restoration of the six-ministry system, and to rationalize the bureaucratic system predicated upon occupational specialization.

With this general understanding of the Zhouli model in the Last Memorials,

---

20 Ibid., 1.1.

let us now turn to the central issue of our inquiry: Jeong's plan for land redistribution.

Part II: Jeong Yak-yong's Plan for Land Reform

For a case study, let us now turn to his proposal for land-reform: how Jeong invoked the Zhouli to propose his reform plan as the solution for economic inequalities. Jeong Yak-yong was as much a product of Chinese classical learning as of eighteenth and nineteenth century Joseon society. In order to remedy the social evils of 'landlordism,' he systematically developed his land-reform plans by reference to the ancient Confucian Classics; moreover, he articulated his own scheme of the well-field system through an in-depth critical survey of Chinese debates on the well-field system.

In the Gyeongse yupyo, Jeong Yak-yong cites from a wide range of Chinese sources including the Confucian Classics, dynastic histories, encyclopedias, and literary collections.[21] He constructed his view of the well-field system in connection with those Chinese thinkers. In order to convince the king of the soundness of his policy, Jeong Yak-yong routinely briefs on the general history of Chinese political thought. By examining the trials and errors of Chinese institutional history, Jeong Yak-yong designs the opital polices for Joseon Korea. To locate Jeong's place in the history of East Asian political thought, a general survey of traditional Chinese debates on the well-field system seems necessary.

---

[21] Among the encyclopedias, Jeong Yak-yong routinely references Ma Duanlin's Wenxian tongkao.

Jeong Yak-yong's place in East Asian Political Thought

The following is a list of representative thinkers in Chinese history who either advocated or criticized the attempt to reinstate the well-field system.[22]

Restorationists and sympathizers	Modernists and critics
The Han Dynasty	
• **The Literati** 文學(《鹽鐵論》) praised the WFS as the foundation of good government based on their agrarian communitarian visions.[23]	• **The Lord Grand Secretariat** 大夫(《鹽鐵論》) emphasizes the importance of commerce and trade, and disparage the idea of restoring the WFS.[24]
• **Zhong Zhangtong**(仲長統 179-220) who served Cao Cao(曹操 155-220) defended the WFS as the basis of "grand peace (*taiping*)," the means by which to equalize the people's wealth and correct customs.[25]	• **Xun Yue**(荀悅 148-209)argues that the WFS could not be restored in the Later Han because the population had increased and the powerful families had already seized the vast area of cultivable land. [26]
Tang(618-907) and Northern Song Song(960-1127)	
• **Bai Juyi**(白居易, 772-846), the renowned Tang poet, proposes the restoration of the WSF as the fundamental solution to the widespread landgrossing of the day.[27]	• Liu Zongyuan(柳宗元 773-819) criticizes the restorationalist idealization of the ancient institutions in his most famous essay, "On Fengjian(封建論)
• **Li Gou**李覯 argues that the reinstatement of the WFS would increase the productivity of land by incentivizing the farmers to reclaim the frontier areas.[28]	• **Su Xun**(蘇洵 1009-66)is well known for having proposed the theory of limiting the ownership of land. In lieu of reinstating the ancient ideal of the WFS, he proposes as a moderate alternative that the state should cap the amount of land to be owned by the individuals.[29]
Southern Song and Yuan	
• **Fan Rukui**(范如圭, 1102-1160) proposes in the early Southern Song(1127-1279) to rearrange the frontiers of the Jing 荊 and Huai 淮 regions by adopting the ancient	• **Zhu Xi**(朱熹, 1130-1200) praises the well-field system in his commentaries on the Four Books; however, he argues that due to historical change the attempt to revive the WFS should create

---

22 Lai Jiangcheng賴建誠, Jingtian bian井田辨, chapter 9, "復井田論與井田不可復論."

well-field model.[30]	tremendous social unrest and chaos. For this reason, he argues that the realistic solution should be found in the transparent cadastral survey of land and the fair imposition of taxes on land. In his view, the state should implement a gradualist reform policy through prudent negotiations with the rich people. • **Ye Shi**(葉適, 1150-223) 1is probably the most systematic proponent of the private ownership of land. By noting the vast social and economic changes of the so-called Tang-Song transition, Ye Shi develops envisions a new theory of good government based on elite participation, social diffentiation, and economic growth. • **Ma Duanlin**(馬端臨, ca. 1254-1323) also criticizes the restorability of the WFS and endorses Ye Shi's view by noting historical change over time.[31]
Ming and Qing Periods	
• **Fang Xiaoru**(方孝孺, 1357-1402), the martyr of the Jianmen建文 regime (1399-1402) opposes the widely held belief that the WFS could not be restored.[32]	• **Qiu Jun**(丘濬 1420-95)also argues that to restore the WFS is impossible for later times. As to the view that it would be possible to reinstate the WFS in the founding of a new dynasty, he argues that it would be more realistic to realize the intents of the former kings of antiquity by devising feasible institutions on a local basis.[33]
The Late Qing and the Republican Periods	
• **Tan Sitong**(譚嗣同 1865-1898)explicitly calls for the reinstatement of the WFS as as the fundamental solution to social and economic problems in China at the time.[34]	• **Hu Shi**(胡適 1891-1961),the icon of the May Fourth Movement(1919), refuted the historicity of the WSF itself as the unfounded idealism of traditional thinkers in opposition to those who argued for the the historicity of the WFS such as Hu Hanmin(胡漢民 1879-1936), the leader of the GMD government in the 1920s.[35]

---

23 Yantie lun 1.29. "文學曰, 故理民之道, 在於節用尚本, 分土井田而已."

24 Ibid., "大夫曰, 富國何必用本農, 足民何必井田也?"

• Wang Anshi(王安石 1021–1086) does not propose the full reinstatement of the WSF; however, he praises the WSF and tries to emulate its ideal in his New Policies.[36]

25《後漢書》〈仲長統傳〉, "今欲張太平之紀綱, 立聖代之基址, 齊民財之豊寡, 正風俗之奢儉, 非井田莫由也."

26 荀悅,《申鑒》2〈時事〉"或曰: 復井田歟? 曰: 否. 專地非古也, 井田非今也. 然則如之何? 曰: 耕而勿有.以俟制度可也."《漢紀》8, "且夫井田之制, 不宜於人眾之時, 田廣人寡, 苟為可也. 然欲廢之於寡, 立之於眾.土地布列在豪强, 卒而革之, 并有怨心, 則生紛亂, 制度難行."

27《白居易集》64.1349–1351,〈議井田阡陌〉, "自三代之後, 厥制崩壞, 故井田廢, 則游隨之路啟；阡陌作, 則兼併之門開.…臣以爲井田者廢之頗久, 復之稍難, 未可盡行, 且宜漸制."

28 Jaeyoon Song, Traces of Grand Peace, Chapter 4.

29 蘇洵（1009–66),《蘇老泉先生全集》卷5〈田制〉, "周之時用井田, 井田廢, 田非耕者所有, 而有田者不耕也, 耕者之田資于富民.…其弊皆起于廢井田. 井田復, 則貧民有田以耕, 穀食粟米不分于富民, 可以無飢；…是以天下之士爭言復井田.…夫井田雖不可為, 而其實便於今. 今誠有能為近井田者而用之, 則亦可以蘇民矣乎！…夫端坐于朝廷, 下令于天下, 不驚民, 不動眾, 不用田之制, 而獲井田之利, 雖周之井田, 何以運過于此哉."

30《宋史》361〈范如圭傳〉: "今屯田之法, 歲之獲官盡征之, 而田卒賜衣服廩食如故. 使力穡者無贏餘之望, 惰農者無飢餓之憂. 貪小利, 失大計, 謀近效, 妨遠圖, 故久而無成功. 宜籍荆淮曠土, 畫爲丘井, 倣古助法, 別爲科條令政役法, 則農利修而武備飭矣."

31 Jaeyoon Song, "Debates on Just Taxation."

32 Fang Xiaoru, "且人之言曰: 古法有不可行於今者, 若井田是也. 斯言甚惑. …若井田者, 更三四聖人而始大備, 酌古今之中, 盡裁成之理, …流俗之謂不可行之者, 以吳越言之, 山溪險絕.而人民稠也. …今未知天下之故.而且井田不可行者.是橋井之蛙之類也. 且僕鄙之意, 以為不行井田, 不足以行仁義者, 非虚語也. …是殆不然, 井田之行, 則四海無閑民, 而又有政令以申之, 德禮以化之, …僕故曰井田之廢, 亂之所生也. 欲行仁義者, 必自井田始. 吾子欲舍井田而行仁義, 猶無釜而炊也, 決不得食矣."

33 丘濬,《大學衍義補》14.12, "井田已廢千餘年矣, 決無可復之理. 說者雖謂國初人寡之時, 可以為之, 然承平日久, 生齒日繁之後, 亦終歸于壞廢. 不若隨時制宜, 使合于人情, 宜于土俗, 而不失先王之意."

34 譚嗣同,《譚嗣同全集》, "盡改民主以行井田.則地球之政.可合而爲一。…西人深贊井田之法, 爲能禦天災, 盡地利, 安土著, 平道路, 限戎馬, 均貧富.…西人又極拜服中國井田之法, 其治河用之, 頗收奇效. 又言欲地球皆太平, 非井田封建不可. 故行井田封建, 兼改民主, 則地球之政可合爲一."

35 Lai Jiancheng, Jingtian bian井田辨: 諸說辯駁, chapter 2.

36 Higashi, Ichio東一夫, Ō Anseki shinpō no kenkyū王安石新法の研究 /東一夫,

- Zhang Zai(張載 1020-1077) famously eulogizes the reinstatement of the WFS, and argues that it was inseparable from the fengjian system.[37]

- Yang Jian(楊簡 1141-1226), who was closely affiliated with Lu Jiuyuan(陸九淵 1139-1193), proposes the gradual reinstatement of the WFS:[38]

- Lin Xun(林勛 years unknown) invoked the WFS to reinstate its ideals through a fundamental land rearrangement in the early Southern Song countryside(1129).[39]

- Neo-Confucians such as Hu Hong(胡宏 1102-1161), Hu In(胡寅 1098-1156), Lü Zuqian(呂祖謙 1137-1181), Zhu Xi commonly praised the WFS and deplored the collapse of the Tang equal-field system.[40]

- Hai Rui(海瑞 1514-87) calls for the flexible application of the well-field model to restribute land to the populace.[41]

- Wang Ao(王鏊 1450-1524) argues that it would be possible to reinstate the WFS in the north China plain although such attempt would fail in the Lower Yangzi area.[42]

- Huang Zongxi(黃宗羲 1610-1695)specifically argues that the state could reinstate the WFS by redistributing the vast territory of land, either state-owned or newly purchased, to the population.[43]

Tōkyō: Kazama Shobō, 1970.

37 《張載集》, "井田至易行.但朝廷出一令.可以不笞一人而定."

38 《宋史》 卷407 〈楊簡傳〉有〈論治道〉共13 條.其中2 條是:〈一日募兵屯田以省養兵之費;二日限田以漸復井田.〉 這兩種見解基本上是空論.雖無可行性.但也可以看出耕地的急迫性. 以及耕地分配的公平性. 在當時所構成的壓力. 讓士大夫一再地聯想到理想中的井田制.

39 For further analysis, see Jaeyoon Song(송재윤, "田賦의 公共哲學"), p.250.

40 Ibid., pp.248-252.

41 《明史》 〈海瑞傳〉 493, "聖王之治遍天下而井里之矣, 于以爵祿夫天下也, 于井里之中養焉. …… 井田之政, 又嘗遍天下而程督之矣. 欲天下治安.必行井田."

42 王鏊, 《震澤長語》卷上 〈食貨門〉, "井田之法.後世不復行.愚以爲江南信不可行矣。北方平原沃野.千里彌望.皆不起科.使勢要得占爲莊田。於此略倣井田之法.爲之溝洫畎澮.公私有分.旱潦有備.不亦善乎？而世以爲不可行. …… 姑於此先試之：自一鄉漸推之一州、一郡.以至一省. …… 天子親命之.使民曉然知此意.乃或有濟."

- Gu Dazhang(顧大章 1567–1625), one of the Six Worthies of the Donglin Party, also criticizes the attempts to restore the WSF in reality.

- Hu Peihui(胡培翬 1772–1849) argues that the reinstatement of the WFS should entail the redistribution of wealth, and create uncontrollable social chaos.

- Kang Youwei(康有爲 1858–1927) includes the adoption of the WSF as one of his reform policies in 1888.

- Liang Qichao(梁啓超 1873–1929) writes in 1899 that "China's ancient jingtian stands on the same plane as modern socialism."[44]

- Hong Xiuquan(洪秀全 1814–1864), the leader of the Taiping Uprising (1805–1864) attempts at the equitable redistribution of land for collective farming, which resembles the WSF, as one of the social economic policies of the Taiping Heavenly Kingdom.[45]

- Sun Yat-sen(孫文 1866–1925) praises the WFS and applies its principle to his "principle of livelihood"(minsheng 民生).[46] However, Sun denies the restorability of the WFS for modern China while being influenced by the Confucian idea of equalization(jun 均). ⟨Table 1: On the Restorability of the ancient well-field system(WSF)⟩

As shown on Table 1 above, throughout Chinese history a long line of critical thinkers praised the well-field system as the basis of social equity and economic stability. Since the Han dynasty(206 BC–AD 220) political thinkers and statesmen invoked the well-field system to promote "the Confucian ideal of equalization," in Yü Ying-shih's words.

---

43 黃宗羲, 《明夷待訪錄》⟨田制⟩.

44 Chinese History and Culture, edited by Yü Ying-shih et al., p.171.

45 Cui Zhiqing and Hu Chenyou, Hong Xiuquan pingzhuan洪秀全評傳, pp.174–181

46 Chinese History and Culture, edited by Yü Ying-shih et al., Vol.2, pp.170–171.

Roughly put, debates on the private ownership of land grew more intense during the Tang Song transition. The Tang equal–field system collapsed in mid–eighth century, which marked the beginnings of vast socio–economic changes, the Tang–Song transition or "the medieval economic revolution."[47] The Tang imperial state legalized the private ownership of land, and relinquished standard per household taxes in favor of taxing property.[48] Subsequently, a class of large–scale estate–owners emerged.[49] As the commercial economy grew, private land transactions in the countryside grew apace, without much state interference. Wang Anshi tried to alleviate economic inequality through his interventionist, state–directed New Policies. In opposion to the New Policies model of income redistribution, Southern Song thinkers and statesmen counseled a variety of solutions of their own: 1) reinstating the Tang equal–field system, 2) imposing limits on the size of landholdings, or 3) clarifying farm boundaries. Some emphasized the mutual reliance between rich and poor, and some emphasized the positive functions of the wealthy as the natural pillars of society.[50]

For our purpose, we should note Huang Zongxi's fundamentalist argument in

---

47 Miyazaki, Chūgokushi vol.1, chapter 5; Sudō, Chūgoku tochi seido shi kenkyū, chapter 1; Elvin, The Pattern of the Chinese Past.

48 Twichett, *Financial Administration under the T'ang Dynasty*, chapters 1–3; Pulleyblank, *The Background of the Rebellion of An Lu–shan*, chapter 2.

49 For the development of estates in the late Tang onward see Sudō, Chūgoku tochi seido shi kenkyū, chapters 2–3.

50 For the descriptions of general Southern Song opposition to state activism and elite voluntarism, see von Glahn, "Community and Welfare" and Hymes, "Moral duty and self–regulating process" and "Introduction," in Hymes and Schirokauer, Ordering the World. For literati voluntarism and community–building from Southern Song to Ming, see Bol, *Neo–Confucianism in History*, chapter 7.

favor of the well–field system. By calculating the overall area of official and private land, Huang concludes that by redistributing official land(30% of the total land under cultivation), "each household would receive fifty mou and there would still be 170,325,828 mou left over."[51] Based on a meticulous reckoning, Huang tries to prove the feasibility of the well–field system. As we shall see, Jeong Yak–yong's actual plans to reinstate the well–field system in Joseon society echo Huang Zongxi's plan.

We should also note that during the late Qing and Republica periods, a large number of reform thinkers and statesmen began to reflect on the well–field system as the indigenous Chinese doctrine of social equality and economic equalization. Their discourses on the well–field system attest to the intellectual tendency of modern Chinese thinkers and activists toward social equity, which helps explain the rise of socialism and communism in modern China. Amongst these thinkers and statesmen should be found Jeong Yak–yong's place in East Asian intellectual history; although not directly related to these thinkers, Jeong Yak–yong's mode of thinking shows a remarkable similarity with their political visions. Instead of viewing Jeong Yak–yong as a modern thinker, I would think of him as an indigenous campion of the long–standing Confucian idea of equalization(jun).

With these views in mind, let us now turn to Jeong Yak–yong's plan for land reform in general and his strategies of reinstateing the well–field sytem in particular.

---

[51] Huang Zongxi, *Waiting for the Dawn: A Plan for the Prince*, translated by William Theodore de Bary, pp.131–133.

Jeong Yak-yong's Plan for Land Reform

Existing scholars are still divided as to whether Jeong Yak-yong was for or against the privatization of land. Since the 1930s, scholars have constinously argued that Jeong Yak-yong constructed his own theory of land reform without challenging the existing mode of land-ownership in Joseon society. Korean historians have generally viewed that Jeong Yak-yong promoted the equitable imposition of taxation.[52] In critique of such views, An Byeong-jik has recently argued that Jeong did not simply promote the theory of equitable taxation, but called for the reinstatement of the well-field system.[53] Jeong Yak-yong tried to secure the state-ownership of land for the reinstatement of the well-field system. In other words, the state should "nationalize" the total land of the country. The state system Jeong envisioned was, although not exactly modern, akin to an absolutist model transitioning to a modern state.[54]

Jeong Yak-yong devoted one third of the Gyeongse yupyo on "the Institutions of Land"(jeonje 田制). He composed this work through an extensive survey of the Chinese Classics and the land institutions of the Joseon dynasty. For this reason, it discusses the theories of the well-field system itself, the land system of the Joseon dynasty, and the strategies of reinstating the well-field system in Korea. In other words, "the Institutions of Land" discuss the actual plans for the implementation of the well-field system in Joseon society.

---

52 I am grateful that Professor An Byeong-jik allowed me to read his draft "the well-field system and land ownership"(井田法과 土地所有). In this paper, Professor An offers an extensive survey of secondary researches on Jeong Yak-yong's view of land reform since the 1930s.

53 Ibid.

54 Ibid., "Conclusion."

Without considering the well−field system, it would be completely misleading.

① Theoretical approaches to the well−field system(chapter 1−5, probably in the early 1810s).

② Survey of Joseon land institutions(chapters 6−8, 1816−1817)

③ Discussions on how to reinstate the well−field system in Joseon (chapter9∼12, after 1817).[55]

In 1799, when Jeong Yak−yong articulated his initial visions of land reform in "On Field"(jeonron 田論), he emphasized the importance of redistributing the land only to the peasantry as the economic basis for the bottom−up construction of good government. Scholarship to date has emphasized his earlier essays such as "Tracing the magistrate to its root"(wŏnmok 原牧) and "On King Tang"(tangron 湯論)" as being central to his political thought. In these essays, Jeong expressed what might strike us as the inkling of modern republicanism: Jeong argues that the sage rulers of antiquity were selected from among the people at the local level and rose upward through various levels of political order; the government of the sage rulers in antiquity was consolidated through popular participation at the various levels of human society.

In "On field," which was written around the same period, Jeong also articulates his visions of land redistribution. Instead of the well−field system, he envisioned a cooperative commune system, according to which thirty households should be grouped into one Lü閭, the basic unit of local state administration. Lü had the communal ownership of land, and the Chief of Lü appointed by

---

the state should be in charge of managing man power at this level.[56] Yi Hyeongchang's argues that Jeong's plan for land redistribution was not in perfect harmony with this seemingly republican ideal described in "the Original Magistrate." Whereas the village chief(lizheng 里正) in "Tracing the Magistrate to its root" is the democratically selected senior representative of the villagers, the Chief of the Lü 閭 in "On the field" is a salaried official appointed by the state for the purpose of collecting taxes and managing the military system.[57] With the introduction of the Lü system, Jeong also envisioned economic development; by giving the tillers the freedom of movement, he thought, the tillers would move to reclaim the land and maximize agricultural productivity.[58]

"On Field" reflects Jeong Yak−yong's early idea of land redistribution. When he proposed this plan at the age of thirty−eight, he was skeptical as to the reinstatement of the well−field system for Joseon society. His view of the well−field system would gradually change over time. During the time of exile in Kangchin康津 the southernmost part of the Korean peninsula, he extensively read the Classics and articulated his own views on major issues of statecraft. Based on the evidential survey of the ancient literature, he gradually formed a firm faith in the well−field system as the fundamental solution to the social evils of landlordism in Joseon society.

Let us now turn to his mature ideas in the Gyeongse yupyo. In "On the Well−field (1)," Jeong makes it clear that by investigation the ancient model of the well−field system it would become possible to restore it to the economic realities of the Joseon at the time. The well−field system, he declares, is the

---

56 Pak Chanseong(1986), pp.105−112.

57 Yi Heongchang(2012), pp.16−17.

58 Ibid., p.17.

universal institution for human society, ancient or modern. With this fundamentalist zeal in mind, he sets out to dispute the two most widely spread skeptical views: that the conditions of land are unsuitable for the well−field system, and that the number population is unstable. In Northern Song China, as discussed above, Su Xun famously made these two arguments against the restorability of the well−field system itself.[59] In Su Xun's view, to reinstate the well−field system, the state had to level the mountains and fill up the waters. Jeong disputes Su Xun's idea by emphasizing that the natural terrains of the earth have not changed much since the ancient times.

Having declared his convictions in the restorability of the well−field system for the modern times, Jeong investigates into its origin through an in−depth literary survey of the Classics. Based on his close survey of the Book of Documents and the Zhouli, he attempts at the reinstatement of the well−field system. As he called for reinstatement of the well−field system, Jeong either blinded himself to the widespread privatization of land in the late Joseon or called for a social revolution. His idea was modeled after the ancient Confucian idealism that the well−field system would form the basis of economic stability in society, which was the sine qua non for moral suasion, the ultimate aim of good government in early Confucian thought. For this reason, Jeong proposed a systematic set of policies combined with the well−field system: the reformation of landownership, the management of mountains and waters, the construction of the road network, the reorganization of land, etc. In other words, he proposed the well−field system in combination with other plans as fundamental solutions for a complex set of socio−economic problems such as economic inequality,

---

[59] Gyeongse yupyo, 5.1.163.

social disorder, and the decrease of agricultural productivity and taxation.

As regards the well—field system, Jeong Yak—yong was also well aware that the equitable segmentation of land into a unit of nine part; he thought that to attempt to allocate land in this model in the Korean peninsula would not be possible. For this reason, he thought out several methods of realizing the original intent of the well—field system by rearranging different types of land, especially in the mountains or marshland. He offers ten diagrams, each showing a different method of realizing the de facto well—field system designed to fit the geographic terrains of the Korean peninsula, as shown below:

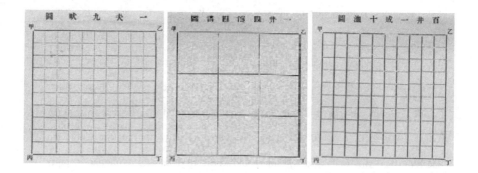

The diagram on the left signifies the basic unit pu(fu夫) of one hundred myo(mu畝; ca. 154.3㎡ in the traditional Korean measure).[60] In the middle is the unit of Jeong(jing 井), comprised of nine pu. On the right is the unit of seong(cheng 成) comprised of one hundred Jeong. These three units form the basic structure of the well—field system. On a higher level, one hundred Jeong makes one dong(tong同). Jeong reconstructed the well—field system into a

60 Gyeongse yupyo, 5.14.176.

nested hierarchy of segmented land units: pu, Jeong, sŏng, t'ong, respectively. Then Jeong Yak-yong addresses the special areas whose geographic contours do not allow for the standard well-field system. As shown below, each diagram describes how to realize apply the well-field system in the areas with the waters or by the mountains.

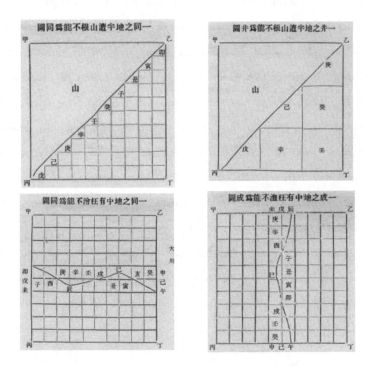

The diagram on the left illustrates a specific terrain with a meandering stream in the middle which makes it impossible to constitute a complete unit of dong.[61] The diagram on the right shows the method by which Jeong calculates the area of land at the foot of a mountain.[62]

---

61 Gyeongse yupyo, 5.20.182.

Conclusion: Classics, Constitution, and Political Philosophy

This paper is a preliminary research into Jeong Yak-yong's constitutional agenda as articulated in his magnum opus, the Last Memorials. The main purpose of this paper is not to illuminate the overall structure of his plans but to address the relation between the Classics and his political thought. Why did Jeong invoke the Zhouli for the purpose of proposing his own constitutional agenda for a fundamental overall of the Joseon state? What did the Zhouli give Jeong? Instead of looking for answers within the context of Joseon Korea, in broader perspective, we might raise some larger questions: what roles did the Confucian classics play in East Asian traditions? How did the enduring tradition of Confucian classical learning contribute, if it did, toward shaping the administrative structure of the state in East Asian history? How did a long line of classical commentators(the Confucian exegetes) understand the relationship between their classics and their government?

In East Asian history, the Confucian Classics was probably the only legitimate reference of political thought. The standard imperial compendia compiled in the Han and Tang Dynasties might create the impression that the imperial court took initiatives in apotheosizing the Confucian Classics.[63] For

---

62 Ibid., 5.22.184.

63 The Five Classics rose to preeminence in the early Han(206 BC-220 AD) under the auspicious of the imperial court; in the early Tang, the imperial course compiled the Correct Meanings of the Five Classics(Wujing zhengyi 五經正義); the corpus of the standard classics expanded overtime: to become the Nine Classics by the mid-Tang(b/w 713-741), twelve by the late Tang(b/w 836-839), finally the Thirteen Classics by the late 12th century(b/w 1190-1194). In fact, traditional political thinkers in East Asia were under the constraint of the Confucian Classics, more specifically, the Thirteen Confucian Classics with

this reason, a number of scholars have viewed the Confucian Classics as the ideology of autocracy. The actual contents of the original Han and Tang classical commentaries, however, tell us otherwise. It was a long line of classicists and thinkers who voluntarily wrote commentaries on those classics for various purposes. Scholars of the Confucian Classics had their own constitutional agenda. Traditional as they were, they were not mere exegetes in service of the Classics or doctrinaire ideologues reproducing the standard views of the state. As self-motivated political thinkers, they put the Classics in service of their political visions. Throughout history, we find that the Classics offered the forum of debate for traditional political thinkers to develop, formulate, and propose their constitutional agenda.

Jeong Yak-yong was no exception on this point. He chose to invoke the Zhouli as an overarching frame of reference for his comprehensive plans for government. As he notes in "the Introduction," the Zhouli serves the purpose of legitimating "state activism." It was a burdensome claim because he had before him the condemned cases of Wang Mang and Wang Anshi. He even deplores that those conservatives in power who envisioned Kings Yao and Shun as the champions of laissez faire government identified themselves as Han Qi 韓 琦(1008-1075) and Sima Guang 司馬光(1019-1086), the anti-reformist ministers of Northern Song politics. In factional struggle, Jeong Yak-yong could effectively use the Classics as the legitimate grounds of his political thought. He derived from the Zhouli a certain set of values such as the public ownership of land, the communal management of economic resources, the roles and responsibilities of the state vis-à-vis the people, the efficiency of bureaucracy,

Commentaries and Sub-commentaries(Shisanjing zhushu 十三經注疏).

so forth and so on. By emphasizing the legitimate foundation of state activism implied in the very structure of the Zhouli model government, he could propose his plans for a fundamental overall of the Joseon state. The Classics provided him the constitutionality of his political thought.

In my opinion, we might further argue that Jeong Yak-yong's use of the Classics seem to have exemplified a particular mode of thinking that is quite common to diverse traditions of political philosophy and constitutional thought, regardless of East and West or pre-modern and modern. Most political thinkers tend not to be idiosyncratic outliers in isolation but the individuals in context, members of communities. More often than not, they develop their own ideas of good government in dialogue with their peers: they contextualize their individual views in relation to the shared texts of significance. Conscious or not, most political theorists today also play the roles of 'exegetes' explicating the important books of our time. The exegetical mode of thinking, that is, the method of developing one's ideas with reference to a particular text, is still around us in various forms of political or constitutional discourses today. In short, political thinkers tend to build up their arguments upon layers of cumulative traditions.

In this regard, the Confucian Classics seems to have secured, rather than limited, a certain realm of political freedom for traditional political thinkers and statesmen to express their political visions. Jeong Yak-yong's Gyengse yupyo shows how an "outcast" scholar-official in exile could rely on the Classics, the shared "constitution" between the elite and the state in traditional East Asia, to propose his own constitutional agenda for a fundamental restructuring of the existing Joseon state.

In nineteenth century East Asia he was not alone: in fact, he was among a number of contemporary political thinkers and activists who called for the equitable redistribution of land according to the ideal model of antiquity. By placing Jeong Yak–yong among the radical reformist thinkers of nineteenth century East Asia, we can illuminate how they rekindled the ancient ideal of land redistribution toward the end of "traditional society," and how their ideas prepared the way for the rise of the socialist and communist movements in modern East Asia.

第13章

在经典与历史之间：丁若镛《周礼》学及相关问题初探

王启发

（中国社会科学院历史研究所）

在中国历史上，与《周礼》的六官制度有着直接而密切的关系．一个是北周宇文泰实行的六官制度．这从当代学者王仲荦所著《北周六典》中即可见其面貌；另一个是唐代玄宗御撰，李林甫等所注的《唐六典》的修纂．其中"以令式入六司．像《周礼》六官之制"；这可以说是《周礼》对后世政治影响深远的集中体现．

在近世的朝鲜．儒学者丁若镛(1762年-1836年)著述《经世遗表》一书．也呈现出与《周礼》六官制度有直接而密切的关系这样的一个面貌．对于其中内容的具体考察．一方面可以透析丁若镛的经世致用的学术立场．另一方面可以感知丁若镛的作为儒家政治思想继承者和传播者．乃至发扬光大者之身份存在的意义．固然．从文本上说．《经世遗表》一书．只是体现丁若镛的学术与政治思想的一个局部．但是作为个案中的个案研究．依然可以从比较的视野而多方面展开．也是判断丁若镛《周礼》学的历史地位和思想价值的基础性考察．以往相关研究有彭林《丁茶山礼学与清人礼学之比较研究》一文中《以〈周礼〉为经国之具》一节有所考察可以参考．

一. 《经世遗表》的撰作及丁若镛对《周礼》的认识

即如学者已有研究所示．丁若镛《经世遗表》(丁若镛自称《邦礼草本》)一书的撰作及其与《周礼》的关系．主要出自两方面的缘故．一是作为近世朝鲜官修法典《经国大典》一书．呈现出与中国官制之经典《周礼》的密切关系．丁若镛对《经国大典》中的职官设计，职官执掌等有着不同的认识和理解；二是丁若镛对《周礼》一书在中国礼学经典当中的地位及其重要性．乃至在官制方面的可借鉴性都有自己的认识和理解．出于对这两个文本之间在官制系统上的认识和理解方面固然是丁若镛的关注点所在．而另一方面则是与丁若镛的政治情怀和对近世朝鲜的国计民生的观察及思考所形成的思想意识有着密切关系.

我们知道.《经国大典》是15世纪李氏王朝官修的一部官制法典. 也成为后来朝鲜王国治官理政的规范性依据.《经国大典》于世祖十二年(1466)年. 修纂完成. 于成宗二年(1471年)颁行. 标志着朝鲜王朝以"建诸天地四时而不悖. 考诸前圣而不谬"(徐居正《经国大典序》)的精神为原则的治官理政的法典依据的确立. 然而. 早在李朝太祖三年(1394)由郑道传奉旨编纂的《朝鲜经国典》所确立的开国性官制法典当中. 即已呈现出以中国儒家经典《周礼》为典范,以六官掌六典的职官体系化思想而设计. 分为治典, 赋典, 礼典, 政典, 宪典, 工典. 也颇类于中国自隋代以后朝官设为三省六部当中的吏, 户, 礼, 兵, 刑, 工的六部体系.《经国大典》则对这样的《周礼》体系有所继承. 直接以吏典, 户典, 礼典, 兵典, 刑典, 工典. 诚如徐居正《经国大典序》中所言"其曰六典.即周之六卿；其良法美意. 即周之夎睢, 麟趾. 文质损益之宜. 彬彬郁郁. 孰谓大典之作. 不与《周官》,《周礼》而相为表里乎." 由此可见. 作为朝鲜王朝官修官制法典在精神原则上和形式上都与《周礼》有着直接的关系. 也表现出以《周礼》为代表的儒家政治思想体系对朝鲜王朝政治的实际影响.

再来看. 丁若镛作为朝鲜王朝后期一位对近世东西方思想文化兼通的独特思想家又是如何看待中国古典的儒家经典《周礼》的呢？

> 三礼虽晚出. 都非伪书.《周礼》是周家大典. 虽其中或有未及施行者及后来废格不行者. 然文字最高古. 断非春秋以后之笔. 若《仪礼》一部. 明是春秋时行用之礼. 如聘礼及冠昏诸礼. 皆与《春秋传》诸文相合. 至如《礼记》诸篇. 明亦孔子之后子游, 子夏之门人若公羊, 谷梁之徒. 各述旧闻者. 断断非汉初儒者之所得为也.(《与犹堂全书》第一集《诗文集》第十四卷《文集·题毛奇龄丧礼吾说》)

> 镛尝读《周礼》. 知周公致治之才乎. 精义入神. 故规模节目. 粲然森整. 后之从政者. 内怀粗浊. 外持大体. 何以致治哉.(《与犹堂全书》第二集《经集》第四十卷《周易四笺》卷四《咸卦·九四》)

> 《周礼》者. 周公致太平之书也. 以其不用于科场. 故今亦为废书. 不读《周礼》. 则先王致治之规模节目. 无所考验. 况今《乐经》全亡.《周礼》六篇之中. 其用乐之法. 犹多可考. 以《周礼》而代《乐经》. 以备六经. 抑所宜也(《经世遗表》卷十五《春官修制·科举之规一》"每一式年之间"条下).

从以上几段出自不同篇章的丁若镛的议论．可见其对《周礼》的重视和熟读．那么．当他面对如《经国大典》以及后来的《续大典》这些官修政典的时候．首先想到的．当然就是其中与《周礼》的联系．以及如何依据《周礼》而可以有所补充和修正的内容。

作为《经世遗表》一书．丁若镛则是以"邦礼"来定名的．撰作此书的思想主旨．在《经世遗表》卷首的《邦礼草本引》当中．有比较详细的论述．这篇两千多字的引言性文字．集中体现出丁若镛的礼法思想，历史意识，政治主张等多方面内容．通过对这篇文字的解读和分析．我们还可以了解到丁若镛著述《经世遗表》的历史背景和思想背景。

二. 《邦礼草本引》所见丁若镛的礼法思想与历史意识

《邦礼草本引》作为一个篇章．浓缩了丁若镛研究历史，考察现今政治与社会，提出制度变革方案和撰著《经世遗表》的多方面思考．特别以一种历史主义的眼光．集中表述了其所关注的朝鲜王朝的国计民生问题和强调有所作为及实行制度变革的主张。

(一)礼法关系论

丁若镛首先明确地提出了他撰著此书所要论及的根本．就是在于"法"的文本及其内容与思想．所以他开篇即言"兹所论者．法也"．然而．有关这个"法"的文本．为什么又与"礼"产生联系呢？ 也就是如他所设问的："法而名之曰礼.何也？"他给出的回答是．礼与法的联系性是从古典的先王政治时代就已经形成了的．所谓"先王以礼而为国．以礼而道民．至礼之衰．而法之名起焉"．按照我们今天的历史知识．有关礼法关系的学说先后形成于中国的先秦时代．前有春秋时代孔子认为三代以礼相承继．从而指出"殷因于夏礼．所损益可知也；周因于殷礼所损益可知也．其或继周者．虽百代可知也"；并主张"周监于二代.郁郁乎文哉．吾从周"；后有战国时代商鞅认为"三代不同礼而王．五伯不同法而霸"．主张变法图强；由此显出儒家，法家两个不同学派学说基础上的差异．而丁若镛则直截了当地指出"法"与"礼"的根本性不同.“法非所以为国.非所以道民也. 揆诸天理而合. 错诸人情而协者. 谓之礼. 威之以所恐. 迫之以所悲. 使斯民兢兢然莫之敢干者. 谓之法. 先王以礼而为法. 后王以法而为法. 斯其所不同也.” 正是因为有了这样的对礼和法的认识. 所以丁若镛则更主张用“礼”来称后世的文本性的“法”. 这也是合乎对三代先王之礼以及春秋战国后王之法的认识的.

既然是“先王以礼而为法”. 那么这些“礼”的法典化的文本形式又如何体现的呢？ 这就是丁若镛所追述和确信的“周公营周.居于洛邑. 制法六篇. 名之日礼. 岂其非礼而周公谓之礼哉？” 由此可见. 丁若镛是接受《周礼》六官制度形成于周公时代这样的一个历史认识. 而且. 在《经世遗表》正文之下的具体解说和论证中. 丁若镛对周公制礼的深刻意识一直都在贯彻. 时常提出来作为理据来引证. 因此可以说是《经世遗表》中最重要的关键词之一. 例如：在《天官吏曹·观象监》条下有云：“臣谨按《周礼》有族葬之法.【墓大夫】 则周公不令百姓观风水以葬亲也.” 在《天官吏曹·量衡司》有云：“《明堂位》记. 周公摄政之初. 第一大政日制礼乐. 颁度量.”《秋官刑曹·掌域署》条下有云：“臣窃伏念 周公族葬之法. 载之经礼. 赫然如此.”在《天官修制·东班官阶·从二品嘉善大夫》条下有云：“臣谨按 周公制礼. 最严于大夫,士之等级.”如此等等. 都是强调周公制礼的历史意义的.

此外. 作为先王之法在历史经典中得以传世的. 在丁若镛看来则唯有《尚书》中的篇章和《周礼》一书. 如其在《井田议一》中就说：“古法之存于今者. 唯有《尧典》,《皋陶谟》,《禹贡》三篇及《周礼》六篇而已. 臣于此九篇. 研精覃思. 盖有年所.” 丁若镛也正是以此作为经典的和历史的依据而提出其涉及多个方面的变法主张的.

(二)先王政治论

既然讲到先王. 总是要从尧舜讲起. 才是合乎经典的历史意识. 而丁若镛正是保持着这样的历史意识. 所以在这篇引言随后的议论中. 尧舜之治就成为一个主要的话题. 先是丁若镛指出有人认为尧舜之治是无为政治. 并以此对“有施为动作者”加以阻止；也有人认为韩非商鞅之术本来“可以平治末俗”. 就因为有在“无为”的判断下将尧舜与嬴秦作贤恶对比. 所以政治上就只能呈现出尚“无为”而非“有为”了. 然而. 丁若镛本人并不认同这些说法.

世俗言唐，虞之治者曰："尧与舜皆拱手恭己．玄然默然．以端坐于茅茨之屋．而其德化之所渐被．若熏风之袭人。"于是．以熙熙为淳淳．以皞皞为蓬蓬．凡有施为动作．辄引唐，虞以折之．谓韩非，商鞅之术．刻核精深．实可以平治末俗．特以尧，舜贤而嬴秦恶．故不得不以疏而缓者为是．密而急者为非云尔．

以余观之．奋发兴作．使天下之人．骚骚扰扰．劳劳役役．曾不能谋一息之安者．尧，舜是已．以余观之．综密严酷．使天下之人．夔夔遨遨．瞿瞿悚悚．曾不敢饰一毫之诈者．尧，舜是已．天下莫勤于尧，舜，诬之以无为；天下莫密于尧，舜，诬之以疏迂；使人主每欲有为．必忆尧，舜以自沮．此天下之所以日腐．而不能新也。

在丁若镛看来．尧舜之治不仅不是"无为"．反倒是"奋发兴作"的"有为"之治．一方面是尧舜使得天下之人"曾不能一谋一息之安"，"曾不敢饰一毫之诈"．另一方面是"天下莫勤于尧，舜"，"天下莫密于尧，舜"．后世有用尧舜无为之说来劝阻君主有所作为之意．就会造成天下日益走向政治衰败而不能除旧图新。

确实．孔子曾经说过："无为而治者．其舜也与？夫何为哉？恭己正南面而已矣。"《论语·卫灵公》)但那是因为正如《论语注疏》宋代邢昺《正义》所言"案《舜典》命禹宅百揆．弃，后稷，契作司徒．皋陶作士．垂，共工，益作朕虞．伯夷作秩宗．夔典乐教胄子．龙作纳言．并四岳十二牧．凡二十二人．皆得其人．故舜无为而治也。"而于此篇引言当中．丁若镛也认为："孔子谓舜无为者．谓舜得贤圣至二十二人．将又何为．其言洋溢抑扬．有足以得风神于言外者。"由此而论．"今人专执此一言．谓舜拱默端坐．一指不动．而天下油油然化之．乃《尧典》，《皋陶谟》皆浩然忘之．岂不郁哉？"丁若镛进一步说："《易》曰'天行健．明明尧，舜与天同健．曾不能有须臾之息．并其禹，稷，契，益，皋陶之等．亦奋迅猛烈．以作帝股肱耳目．而今居大臣之位者．方且得'持大体'三字．欲以了天下之万事．不亦过乎？"我们从"今居大臣之位者"这样的话语就可以知道．丁若镛显然是针对当时朝鲜王朝内部的政治生态有感而发的．体现出一种借着思古代之圣王理想而抒发对当下政治的诉求这样的古今对比意识。

不仅如此．丁若镛在《经世遗表》的不少论述中．时常将具体的法治．归结为尧舜三王时代所创．以此作为可以依据的历史资源．例如．在《天官修制·考绩之法·每至大比之年》条下. 丁若镛说道："唐, 虞之制. 三载考绩. 三考黜陟. 盖此时. 神圣相承. 功庸奋发, 其所作为. 皆开辟以来初有之大举措. 若治水, 经田, 平赋, 作贡诸事. 皆非三年之所能定功者. 故必九年而后. 乃行黜陟."(《经世遗表》 卷四) 所以在《天官修制·考绩之法》最后的论说中. 丁若镛又说："尧, 舜之所以为尧, 舜之治. 不外乎考绩一事."(同上) 又如. 在《常平仓条例》中"常平者.先王之良法也"一语之后. 丁若镛又说："常平之法. 今人皆以为本起于李悝, 耿寿昌. 臣窃思之 如此良法. 不起于尧, 舜, 三王之世. 无是理也."(《经世遗表》 卷十二) 而且. 丁若镛在《井田论一》中还提出："何尧, 舜, 三王之能沛然行之. 而今终不可效也？ 嗟呼！ 天下之理一也. 今人之所必不能. 亦尧, 舜, 三王之所不能. 尧, 舜, 三王之所已能. 亦今人之所必能. 岂有疑哉？"(《经世遗表》卷五《地官修制·田制一》) 还有. 在丁若镛的思想上. 只有效法先王之法. 才能达到大同或小康的社会. 其云："故尧, 舜, 三王之法. 不可不遵. 十遵其十则大善. 如不能然. 十遵二三. 犹能为小康."(《经世遗表》·卷七《地官修制·田制八》) 另外. 在将先王尧舜等与后世唐宋君王进行比较时. 也可以看到丁若镛崇先王的基本判断. 例如他说："今人有问尧, 舜, 文, 武与唐太宗, 宋仁宗孰贤. 莫不大嗔. 顾于设官分职. 必欲舍虞, 周而取唐, 宋. 其亦惑之甚矣."(《经世遗表》卷一《弘文馆》条下)

由以上可见. 丁若镛正是将尧舜先王时代当作有为之世和创法时代来看待的. 所以要效法和能够效法的就是先王时代的政治.

(三) 历史人物论

就历史上的无为之治. 汉初的所谓"萧规曹随". "清静无为"最为闻名. 丁若镛则有自己的判断. 他认为："曹参以清净居相位者. 汉无德而兴. 以承秦苛. 少挠之. 则民将群起而为乱. 其势不得不以烹鲜为法耳. 陈平大奸也. 以理阴阳, 顺四时为大臣之职. 以弥缝人短." 在丁若镛看来. 汉初实行清净无为. 是形势所迫不得不采取的策略而已. 若继续实行秦朝苛政. 稍有触动. 就会引发民乱. 所谓"烹鲜"之道. 就是老子主张的舒缓有度的无为政治. 《后汉书·循吏列传》赞曰："政畏张急.理善亨鲜." 崇尚的也就是这个道理. 说到陈平. 尽管史称其"少时家贫. 好读书. 治黄帝, 老子之术". 然而丁若镛判其"为大奸也". 出自如此的一段故事．陈平与周勃分别作为汉惠帝的左，右丞相．惠帝"益明习国家事"时，先后询问右丞相周勃"天下一岁决狱几何"，"天下钱谷一岁出入几何"．周勃均致歉地表示不知．"汗出洽背，愧不能对"．也问到左丞相陈平．陈平回答说："各有主者．"惠帝又问："主者为谁乎？"陈平答日："陛下即问决狱，责廷尉；问钱谷，责治粟内史．"惠帝追问："苟各有主者，而君所主何事也？"陈平则谦歉地回答说："主臣！陛下不知其驽下，使待罪宰相．宰相者，上佐天子理阴阳，顺四时，下遂万物之宜，外填抚四夷诸侯，内亲附百姓，使卿大夫各得任其职也．"惠帝追问陈平宰相的职责，而陈平的回答得到惠帝首肯，却令周勃大为惭愧．出来怪罪陈平说："君独不素教我乎！"陈平笑着反问周勃："君居其位，独不知其任邪？且陛下即问长安盗贼数，又欲强对邪？"于是，周勃自知其能力远不如陈平．"居顷之，勃射免相，而平颛为丞相．"（《汉书·陈平传》）．由这个记载，我们也可以看到当时陈平狡猾的表现和反而对其有利的结果．丁若镛当然并不欣赏这种表现，认为正是其用一番看似有道理的言语而"以弥缝人短．"其人品并无可取．

丁若镛还进一步提到魏相和丙吉，为他们也是"皆工谋而巧宦，再执陈平之旧诀，以自掩其空疎之陋，而素食于潭潭之府．其视唐，虞之际，胼胝以奔奏者，顾诚何如？"何以有这样的评价呢？我们知道，在《汉书》中魏相和丙吉同传，班固则作"孝宣中兴．丙，魏有声"的美誉．显然，丁若镛有自己的视角将魏相和丙吉与陈平相类比．如在别处也说："魏相，丙吉不亲细务，则自以为调二气顺四时，而癏废三公之职．"倒是对贾谊有很高的评价．其言称："贾谊言之于可言之时，然以帝王兴衰之运，而欲有所制作，则可言之时也，以将相贤愚之品，而欲望其寅协，则不可言之时也．故得少年喜事之目，含幽愤而死．"在丁若镛看来，贾谊虽然有言，但是他倡导礼治的理想与抱负无法实现，故"含幽愤而死．"这里显出丁若镛的同情之感．

就《周礼》而言，丁若镛还对北宋王安石用《周礼》而行变法进行了一番评价．他说道："王安石饰清苦以厉其行，援经传以文其奸，其实二帝三王之道，未尝了然于胸中，徒以其一时之浅见，牵天下而羁之以商贾之利，欲与元老大臣为万夫之望者战，虽空朝廷而莫之恤焉，斯其所以为天下僇也．"在丁若镛看来："《周礼》何尝言青苗，保甲？"认为《周礼》不能成为王安石变法的依据．但是，却有人"以青苗，保甲诬《周礼》，以王安石作殷鉴，凡言法可以小变者. 群起而力击之. 目之为王安石. 而自居乎韩琦, 司马光. 斯则天下之巨病也." 如此一段. 也同样应该是丁若镛对自己当时所处的政治氛围有感而发的. 那么. 在《邦礼草本引》中如上述所涉及的这些历史人物. 一方面. 是否有丁若镛用来比拟自己所处的朝鲜王朝官场内外的各方面意见不合或不为其欣赏的人物. 大概是可以想见的. 另一方面. 特别是丁若镛以批评王安石的态度. 似乎也有用来打消人们将自己著《邦礼草本》并主张按照《周礼》进行变革而类比于王安石那样的质疑的考虑.

值得注意的是. 在对经典的解读和相关历史意识上. 丁若镛一以贯之地坚持这样的认识. 比如在另外的篇章中. 他也表达了相近的言论: "余观奋发事功. 莫如尧, 舜. 五载一巡. 比年受朝. 询事考言. 天下既纷纷矣. 重之以凿山浚水. 浚畎疏浍. 立教明刑. 制礼作乐. 诛凶退佞. 以至上下草木. 鸟兽鱼鳖. 莫不择人授任. 计功责成. 其用心用力. 可谓奋矣. 后世言治道者. 误解《鲁论》'舜恭己无为'一语. 遂谓守成之法. 莫如静镇. 汉文躬修玄默. 则自以为薄三王遵五帝. 而酿成七国之乱. 魏相, 丙吉不亲细务. 则自以为调二气顺四时. 而瘝废三公之职. 庸陋蔑裂之徒. 务持大体. 戒在兴作. 以贾谊为少年, 以王安石为殷鉴. 惩羹而吹齑. 因噎而废食. 以至我邦今日. 此论渐痼. 委靡颓堕, 苟且洇涩. 一毛一发. 无不受病. 而操药石者为妄人. 一榱一桷. 无不破坏. 而谈绳墨者为喜事. 诸如是者. 请把'有能奋庸'一句. 三复玩味."(《与犹堂全书补遗·尚书知远录》)

这里可见. 尧, 舜以"奋发事功"而"凿山浚水. 浚畎疏浍. 立教明刑. 制礼作乐. 诛凶退佞"的形象出现. 汉文帝以"躬修玄默"以至"酿成七国之乱"的形象出现. 魏相, 丙吉以"不亲细务"以至"而瘝废三公之职"的形象出现. 同时. 批评那些"庸陋蔑裂之徒"以各种的借口无所作为才是"惩羹而吹齑. 因噎而废食". 这里用到两个成语. 前一成语出自屈原《九章·惜诵》的"惩于羹者." 意思是指曾经被热汤烫过嘴. 所以在吃冷食时也要吹一吹. 是讲做事过分地谨慎小心; 后一成语. 字面上很清楚. 就是讲怕失败而不敢做事. 正是这样的一些人和各种各样借口性的说法. 使得朝鲜王朝政治风气"委靡颓堕. 苟且洇涩." 就像一个人的身体一样. 全身上下连毛发都处于有病状态. 却将拥有治病良药的人视为无知妄为的人; 房屋的各种椽子都已经遭到破坏了. 却被空谈绳墨当作喜事来看待和谈论. 对于这样的人. 丁若镛不禁发出警示说. 请诸位把《尚书·尧典》"有能奋庸"一句的含义反复地琢磨体会一番吧. 丁若镛真的是想振聋发聩地提出警醒. 再这样下去可是不行的.

顺带而言的是. 丁若镛在《经世遗表》正文中. 也提到《尧典》中的这四个字. 并有所解释说："夫尧, 舜之所以为尧, 舜者. 其力量弘大也. 《尧典》曰：'有能奋庸.' 奋者. 迅也. 发也. 鸡絶有力曰奋. 羊絶有力曰奋. 奋者. 絶有力也. 欲正经界. 非唯人主力量弘大, 奋发兴作. 乃作可为也."(卷七《地官修制·田制九·井田议一》)可见. 丁若镛对于尧舜奋发有为的历史业绩. 完全是如同孔子"祖述尧舜"那样地"念兹在兹"的.

(四) 道统意识和变法意识

在丁若镛的历史意识中. 先王当然不会缺位. 这也有一种道统意识的体现. 所以在《邦礼草本引》中他还说："夏后氏之礼. 非夏后氏之所独制也. 即尧, 舜, 禹, 稷, 契, 益, 皋陶之等. 所聚精会神. 竭诚殚智. 为万世立法程者也. 其一条一例. 岂人之所能易哉？然殷人代夏. 不能不有所损益. 周人代殷. 不能不有所损益. 何则？世道如江河之推移. 一定而万世不动. 非理之所能然也. 秦人之法. 是秦人之法. 非千圣百王之所传流也. 然而汉兴. 悉因秦故. 曾不敢动其一毛. 甚则以十月为岁首. 以挟书为极律. 以至百年. 得武帝以后. 始微变其一二. 若是者何也？殷, 周之人. 哲谋睿圣. 其才识所及. 虽舜, 禹之所作为. 能损益以合宜. 汉人椎卤愚蠢. 其才识所及. 虽鞅, 斯之所作为. 一冒之而不知脱. 由是观之. 法之不能改. 制之不能变. 一由夫本人之贤愚. 非天地之理原欲其无改无变也."

如此一段我们可以看到. 尽管丁若镛也关注到夏商周三代之礼的沿革. 但是更强调其"不能不有所损益"的特点. 犹如一种自然之势的变化更新. 即"世道如江河之推移. 一定而万世不动. 非理之所能然也." 这就是一种损益与变化更新的哲学和道理的认识. 在这个认识的基础上. 再来看秦代之法何以在汉初依然有所保留. 如"以十月为岁首.以挟书为极律." 亦即所谓汉承秦制长达百年之久. 只是到了汉武帝以后才稍有改变. 那么. 殷周时代能够对前代之礼. 即便就是虞舜, 夏禹之所作为. 而有所损益以合时宜. 而汉初对于哪怕是如商鞅, 李斯之所作为. 也不能够尽力地加以摆脱. 在丁若镛看来. 实在是时代之人"其才识所及". 一方面是"殷, 周之人.哲谋睿圣." 另一方是"汉人椎卤愚蠢." 尽管其中不免显出一种浓重的崇古

意识. 但是丁若镛所要强调的还在于时代之人本身的"贤愚"与否. 才会导致"法之不能改. 制
之不能变." 而"非天地之理原欲其无改无变也." 这样, 丁若镛就从思想意识上为变法图新
找到了具有自然法意义的历史根据和天地之理的根据.

　　作为道统意识和变法依据的体现. 在《经世遗表》正文中也有言说. 如在《九赋论》中丁若
镛就说:"为国家者. 有大经大法. 尧,舜,禹,汤,文,武,周公. 相传相受. 厥有遗文. 见于《禹
贡》. 见于《周礼》. 奉而行之. 尚有典刑.顾何必求法于无法之世.而求道于非道之国哉？"(《经
世遗表》卷十《赋贡制一》) 而且与此相关. 在具体制度的变革主张中也有表述. 例如他所说：
"赋者. 尧,舜,三王之法. 非后世聚敛之臣所自创也. 我国本无赋法. 所谓田税. 亦近貊法.
国用,官用. 自然不足. 于是.无名之赋. 日增月衍. 皆以田结征之, 古之貊法. 今桀法也.
…… 先王什一. 今什七,八.民何以聊生乎？"(《经世遗表》卷一《平赋司》条下) 可见. 如果
说在形而上的精神层面和形而下的制度层面都有一个承自先王的道统存在的话. 那么在丁若
镛的意识上是完全认同和肯定. 并主张在朝鲜王朝的国家政治及各种制度变革上加以继承和
发扬光大.

　　综上所述. 在丁若镛的思想意识上和具体的论说中. 有关礼法关系论,先王政治论,历史人
物论,道统意识和变法意识这四个方面. 形成了一种带有指导思想意义而又合乎逻辑关系的
价值判断. 也成为丁若镛《经世遗表》变革思想体系的立论基础. 重礼法,倡有为,崇先王,祖尧
舜,承道统,思变革. 就是《经世遗表》思想体系的核心内容.

三. 丁若镛对历朝法制改革的追述及其纲领性主张

（一）丁若镛对历朝法制改革的追述

　　从以上的叙述中可以看到, 丁若镛是主张奋发有为和变法图新的. 那么. 说到朝鲜王朝
的礼法制度, 丁若镛追述了李朝第十七代君主孝宗李淏(1619年—1659年. 1649年-1659年
在位)和第二十一代君主英宗李昑(1694年—1776. 1724年—1776年在位)所推行的多次法制

改革．"洪唯我孝宗大王.改贡法为大同．亦唯我英宗大王．改奴婢法．改军布法．改翰林荐法．斯皆合天理而协人情．如四时之不能不变."这里，丁若镛提到了四个方面的法律政策的改革．包括纳税制度方面的大同法．身份制度方面的奴婢法．雇佣兵役所收的军布法．荐官制度方面的翰林荐法．这里我们参考朝鲜王朝历史的有关著作进行一些简要的梳理.以见丁若镛的历史视野和政治视野．

(1)关于改贡法为大同法

这是由仁祖李倧开始实行．到孝宗李淏全面推行的一种按照土地面积而统一以大米来缴纳的纳税制度．以代替过去实行的贡物制度．因为进入到十六世纪以后．旧有的贡物制度及贡法越来越显出弊端．于是朝臣中就有主张修改或废除贡物制度者．如赵光祖,李栗谷等．壬辰抗倭期间的1594年．仁祖即根据柳成龙的建议废除了原来的贡物制度．开始实行收米法．随后不久即废除．壬辰抗倭战争之后．1608年韩百谦提出实行新收米法对柳成龙的收米法作了修改．并在京畿道试行．即将以往用棉布或粮食谷物折价交纳的"常贡"改用大米交纳．这就是"大同法."税米则称"大同米."以每结田地征收十六斗米．由此逐渐保障了李朝政府的税收．继而到1623年．吏曹正郎赵翼建议在各道全都实行大同法．实际上到1708年．经过了约100年．各道才逐步实行了大同法．大同法的特点．一是按土地征收．土地多的多征收．土地少的少征收．从而减轻了土地少的农民的税收负担．土地多的富豪无法淘米纳税；二是农民可以用自己的农产品交纳大同税．不用自行赴远地去采买贡物；三是政府用税米购买特产贡物．从而促进了商品流通．手工业的发展．

显然．丁若镛是了解到大同法的实施所带来的的各种有利之处．才给以"合天理而协人情"的评价的．

(2) 关于改奴婢法

这应该是指一系列针对奴婢制度而不断进行的改革．李朝建立的时候．奴婢问题是一个很重要的问题．李朝初期设立了专管奴婢的机构．从1395年至1414年先后设置奴婢辨正都监.

进行奴婢清理工作. 主要是使隶属于地主个人的奴婢改变为良人. 同时确保国家的公奴婢. 因为当时的私奴婢身份或属于奴隶. 或处于农奴或隶属民地位. 那么私奴婢变成公奴婢或良人. 则使其身份地位有所改善. 也使得国家获得更多的纳税,服兵役和徭役的人员对象,对社会生产的发展有促进意义. 到了孝宗时期. 为了加强国家对良人和奴婢的控制,对那些别居的奴婢进行调查和整顿. 并且向他们征收身贡. 这就是所谓"推刷." 其间,李朝政府还允许奴婢通过交钱交粮食就可以成为良民从而为奴婢转变为良民打开的门路. 显宗时期. 即1667年. 将奴婢的身贡各减半匹. 但是各种附加的税收还是很重的. 到英宗李昑时期. 进行了身布法的修改. 由于奴婢身份的农民所受身贡和劳役的加重. 导致奴婢的逃亡和反抗. 为此. 李朝政府或放慢推刷. 或允许其"赎良." 在英祖时期. 1731年李朝政府宣布实行奴婢"从母法." 1755年将奴婢的身贡减半匹. 还实行了道比总法. 1774年,奴贡再减半匹. 废除婢贡. 由上可以看到. 应该说. 李朝从十七,十八世纪的这一系列涉及奴婢制度的法律政策的修改. 或多或少地减轻了奴婢身份农民的生存生活压力. 因此,也是得到丁若镛的肯定的. 从中可见. 丁若镛思想上的进步意识和重视劳苦农民生存生活的意识.

(3) 关于改军布法

李朝进入十六世纪以后. 农民的兵役负担加重. 轮流服役的军人依靠雇佣他人来抵兵役. 按照十六世纪初的行情. 步兵两个月支付十七到十八匹的棉布. 水兵则要支付二十多匹. 如此的高价负担导致大批的农民逃避兵役. 甚至发动反抗活动. 于是,李朝政府从1537年中宗时期即开始实行"军籍收布法." 凡是已经登记军籍者. 不服兵役就要交纳两匹布, 这就是军布法. 政府用军布招募士兵和解决政府经济之用. 军布制的实行也是从府兵制向雇佣兵制度过渡的一种措施. 到了十八世纪. 军布法已经成为身布发之外造成农民与李朝政府之间矛盾最深重的法规制度. 为了缓和矛盾. 减轻农民负担. 李朝政府对军布法也有所改革. 这也就是均役法的实行. 李朝政府通过制定"良役变通"将军布减少一半. 即为一匹布. 并且确定采用新的征税项目即以田结为单位来征收结米或结钱来补充. 还有一部分的税额分摊到一部分上层良人身上. 从而扩大了军布的负担范围. 这样的改革. 也或多或少地减轻了下层农民的负担. 所以同样得到丁若镛的肯定.

(4) 关于改翰林荐法(暂略)

针对上述诸项法律政策和制度的改革. 在丁若镛看来. 当时的朝廷内部并不是没有反对的声音. 如其所言."当时集议之臣. 发言盈庭. 盛气力谏. 至有以牵裾折槛自居者."但是终究没有阻止诸多的变革. 所以这些改革"及行之数百年. 享其乐. 受其赐. 而后民志少定."也就是说给民众带来了很多好处. 民心才有所安定. 丁若镛也假设说:"若使二祖. 惑于浮议. 荏苒而莫之改. 则其利害得失. 终亦不白于千古矣."丁若镛认为. 如果仁祖,英祖听从了那些劝阻者的议论. 而不能够实行相应的变革. 那么. 最终的利害得失. 在历史上就说不清楚了. 但是. 正像在英祖确立实行均役法时. 有人劝阻. 而英宗坚定的说:"国虽亡. 此法不可以不改."对此. 丁若镛不免感叹性地称颂说:"於乎！此大圣人之大言. 时君世主. 所不能黾勉出口者也." 这里丁若镛所要表达的是. 应该以勇于变革者为榜样. 积极地促进对已经不合时宜的旧法旧制实行变革. 而批评那些阻止改革者的因循守旧和不思进取.

丁若镛还认为. 在变法改革的问题上. 古今从来就是两种态度和立场. 一方面是"改法修官.《春秋》贵之." 这可以说是一种经典性的思想依据；另一方面. 阻止变革的人. "其必以王安石而叱之者. 庸夫之俗言. 非明主之所宜恤也."那么. 当今对于变法改革. 阻止者同样会有他们的理由和说法. 即"今之沮事者辄曰:'祖宗之法未可议.'" 丁若镛又具体分析了往往在改朝换代. 政权更替之后的历史时期. 多有强调"祖宗之法"这样的情况出现. 成为一种政治现象. 如其所言:"祖宗之法.多作于创业之初. 当此之时. 天命有未及灼知. 人心有未及大定. 元勋将相. 多龌豪武夫. 百官士卒. 多反侧奸人. 各以其私. 求其自利. 小有不厌. 必群起而作乱. 是故. 圣主贤臣. 密谋于帷幄之中. 而左瞻右顾. 前拘后掣. 终于无为而后已. 夫无为则因其故. 因其故者. 寡怨之道也. 虽有未当. 非我为也. 故凡创业之初. 不能改法. 因循末俗. 以为经法. 此古今之通患也."这一段. 可以说是丁若镛政治史观的具体表述. 应该是从对历代政治史研究和思考的思想结晶. 毋宁说是一种史论性的政治批判意识的体现.

在对比仁祖. 英祖的多项法制变革之后. 丁若镛还进一步就李朝的各项制度方面存在的弊端性问题有所指摘. 他一方面强调. "我邦之法. 多因高丽之旧. 至世宗朝. 小有损益." 另

一方面又指出. "自壬辰倭寇以后. 百度堕坏. 庶事抢攘. 军门累增. 国用荡竭. 田畴紊乱. 赋敛偏辟. 生财之源. 尽力杜塞. 费财之窦. 随意穿凿"; 从而提出"唯以革署减员. 为救急之方"; 并且提出警示说: "所益者升斗. 而所损者丘陵. 百官不备. 正士无禄. 贪风大作. 生民憔悴. 窃尝思之. 盖一毛一发. 无非病耳. 及今不改. 其必亡国而后已. 斯岂忠臣志士所能袖手而傍观者哉？" 丁若镛的这一番文字. 意在对身居朝廷政治核心的人物以振聋发聩的提醒. 应该有不变革必亡国的忧患意识和急迫感才行. 作为一个实学思想家. 丁若镛有着一种居安思危. 经世济民的情怀与使命感和政治抱负. 所以才有如此的洞察和清醒的思索. 也成为他明确主张以《周礼》为蓝本进行缩小版的官制设计与变革的思想基础.

(二)丁若镛学说的自我定位及纲领性主张

我们知道. 丁若镛自28岁(1789年)科举登科及第后开始历任各种职官. 到1801年他40岁时遭受诬告之后经历了入狱, 发配和流放共计18年. 那么. 先是前面一段十多年的官宦生涯使丁若镛十分了解李朝政治的各方面情况. 为他后来的思索提供了现实的经验; 而后一段的不公遭遇和远离官场政界. 十多年的流放生活反倒令他身居基层社会. 深知农民疾苦. 由此可以说. 其生涯中前期后期这两个方面的独特经历. 使丁若镛在思想上具有很强的变革意识. 至其在56岁写成的《邦礼草本》(后称《经世遗表》)也是长期积累的研究与思考的思想结晶. 不过. 丁若镛也深深地明确意识到自己当下的身份和地位. 所以他才引述儒家先哲的话语而不免自问: "《易》曰: '思不出其位.' 君子曰: '不在其位. 不谋其政.' 罪累之臣. 其又敢议邦礼乎？" 而后坚定地回答: "曰然." 表明其自信以他上述的两个方面的经历是有资格来讨论有关国计民生的邦国之礼与制度的. 这和前面引述过的其所反问"斯岂忠臣志士所能袖手而傍观者哉"一语. 正好相互呼应. 也就是说. 丁若镛仍然自视是为一个忠臣志士. 面对王朝政治, 社会经济以及民众生活上出现各种问题. 当然是不能作袖手傍观者的. 至少可以像磻溪柳馨远那样. "议政法而无罪.其书刊行于国中. 宁适不用.其言之者无罪也."

丁若镛这里所提到的柳馨远(1622~1673). 号磻溪. 是17世纪朝鲜实学思想的代表人物. 著有《磻溪随录》. 对于整个国家的土地, 财政, 官僚, 行政, 教育, 国防等方面的制度有所考察. 并提出相应的改革方案. 应该说. 丁若镛不仅勇于效法柳馨远的思想作为而参与议论国政. 而且从实学思想继承与发展的视角来看. 丁若镛对柳馨远的思想学说也是有继承和发展的.

即使是其学说主张不为王朝政府所用.也不至于因言获罪. 而且.在《经世遗表》中. 丁若镛也多处称述柳馨远的著述和主张. 并有与之相契合之处. 例如. 在提到柳馨远所确定的"以下稻种一斗地.定其等第"方面. 丁若镛说："臣谨考柳馨远分等之法. 与臣所拟定者. 如合符契."(《经世遗表》卷九《地官修制·田制别考二》)

至于讲到自己所著《邦礼草本》之所以称作"草本". 体现了丁若镛对自己著述的学说定位. 他说到："其谓之草本者. 何也？ 草之也者. 有待乎修润之也. 识浅焉. 智短焉. 践历少焉. 闻见陋焉. 居处僻焉. 书籍阙焉. 虽圣人择焉. 不能不使善者修润之也. 不能不修润之者. 岂非草乎？" 显然. 此书作于丁若镛颠沛流离的流放生活过程中. 处于"居处僻焉. 书籍阙焉"的境地是可以想见的. "识浅焉. 智短焉. 践历少焉. 闻见陋焉"当然是丁若镛的自谦之词. 但是其言"有待乎修润之也". "不能不使善者修润之也". 确实是丁若镛期望能够完善这一著述的真情之语. 然而. 即使是一个"草本". 无论在文字上还是在思想上. 也还是体现出丁若镛有体系. 成系统的思考与设计. 将其制度变革的主张融汇在合理化设计和具体的解释说明当中. 以一种古典的文本形式和经典性的制度载体. 呈现出其多方面的变革设想及主张.

那么. 《邦礼草本》即《经世遗表》当中所体现的丁若镛的核心主张是什么呢？ 就是如其《邦礼草本引》所概括的共计十五条的"斯不可易也". 兹列举如下. 以见其详. 之后我们再加以分析：

第一. "唯限官于一百二十. 使六曹. 各领二十.斯不可易也."

第二. "定官于九品. 无正从之别. 唯一品二品. 乃有正从. 斯不可易也."

第三. "以户曹为教官. 以六部为六乡. 以存乡三物. 教万民之面目. 斯不可易也."

第四. "严考绩之法. 详考绩之条. 以复唐. 虞之旧. 斯不可易也.

第五. "革三馆. 三荐之法. 使新进勿分贵贱. 斯不可易也."

第六. "守陵之官. 勿为初仕. 以塞侥幸之门. 斯不可易也."

第七. "合大小科以为一. 取及第三十六人. 三年大比. 罢增广, 庭试, 节制之法. 使取
　　　人有限.斯不可易也."

第八. "文科武科. 其额相同. 使登科者. 悉得补官. 斯不可易也."

第九. "于田十结. 取一结以为公田. 使农夫助而不税. 斯不可易也."

第十. "罢军布之法. 修九赋之制. 使民役大均. 斯不可易也."

第十一. "立屯田之法.使京城数十里之内. 皆作三军之田. 以卫王都. 以减经费. 使邑城
　　　数里之内. 皆作牙兵之田. 以护郡县. 斯不可易也."

第十二. "定社仓之限. 立常平之法. 以杜奸滥. 斯不可易也."

第十三. "铸中钱, 大钱. 铸银钱, 金钱. 辨九圜之等. 以塞走燕之路. 斯不可易也."

第十四. "定乡吏之额. 禁世袭之法. 以杜其奸猾. 斯不可易也."

第十五. "开利用之监. 议北学之法. 以图其富国强兵. 斯不可易也."

从上引十五条的主张来看. 涉及到了朝鲜王朝国家政治经济军事社会保障等方方面面的
职官法, 田制与田税法, 均役法, 社仓法, 铸钱法, 禁世袭法. 这其中有包括其前面曾经追
述过的仁祖, 英祖时期实行过的变革之法. 也有丁若镛根据自己的考察和研究而认为可行的
制度设计. 其中有相当部分的内容又是与《周礼》有着或多或少的联系.

还可以说. 这十五条就是丁若镛主张制度变革的十五条纲领. 纲举目张. 一部《邦礼草
本》就是依据这十五条纲领而展开的具体的设计和论证. 丁若镛的理想就是对这些纲领性制
度变革能够得到具体的实施. 所以他说: "凡如此类. 诚愿其断而行之矣."

当然. 丁若镛还是深刻地自我意识到其中必有不成熟. 不完善的方面. 即如其所说的:
"若夫小小条例. 琐琐名数. 其或有掣碍而难通者. 顾何敢胶守己见. 谓不可易其一字乎?
其有孤陋者.恕之焉. 其有固滞者. 平之焉. 修之焉. 润之焉."而关键则在于: "或行之数十
年. 以验其便否焉. 于是. 作为金石之典. 以垂后世. 斯不亦至愿大乐哉?"这里. 丁若镛
强调了变革之法的实践性.就像驾驭车马一样." 以既攻之车. 驾之于既熟之马. 既轭既衡.
犹复左拥右卫. 前行数百步. 试其调合. 然后乃缚焉. 乃驱焉". 那么. "王者之立法驭世.

何以异是". 丁若镛是说王朝的各项立法也是需要有实践的检验. 才能够知道其是否合乎实际. 不合时宜的当然就要实行变革.

按照丁若镛的本意. 一部《邦礼草本》. 终究就是给王朝国家提供一个制度变革的蓝图或蓝本性的设计方案. 这就是"此草本之所以名也. 嗟乎！ 斯岂非草本哉"作为《邦礼草本引》终篇之句的意义所在.

四.《经世遗表》一书的结构,形式及与《周礼》的关系

根据我们采用的《定本与犹堂全书》中的第24, 25, 26卷《经世遗表》一书有十五卷. 这里可以简要地说明一下其整体结构.

卷一和卷二. 是有关六官六曹的序官方面的内容. 涉及到各官各曹之下的官署机构以及官员的名目和职官人数.

卷三和卷四. 为天官修制. 分别涉及东班官阶, 西班官阶, 宗亲·勋戚, 外命妇, 外官之品, 三班官制, 郡县分隶, 郡县分等, 考绩之法等九个部分的内容.

卷五至卷十三. 共九卷都是地官修制.

其中五至八卷分别涉及田制一(包括井田论一, 二, 三), 田制二, 田制三, 田制四, 田制五(包括官田别考,补遗), 田制六(邦田议), 田制七, 田制八, 田制九(井田议一), 田制十(井田议二), 田制十一(井田议三), 田制十二(井田议四).

卷九为田制别考一(包括结负考辨, 诸录量田考, 步亩考, 方田始末), 田制别考二(鱼鳞图说), 田制别考三(鱼鳞图说).

卷十和卷十一为赋贡制一(九赋论), 赋贡制二, 赋贡制三(船税考), 赋贡制四(盐铁考), 赋贡制五(包括盐铁考下, 草冶考, 材木考, 榷茶考), 赋贡制六(榷酒考, 猥琐考, 力役之征, 弛舍之例), 赋贡制七(邦赋考).

卷十二为仓廪之储一, 仓廪之储二, 仓廪之储三, 常平仓条例.

卷十三为户籍法, 教民之法.

卷十四为均役事目追议一(包括海税, 鱼税, 霍税, 盐税, 高丽盐法论), 均役事目追议二(包括船税), 总论, 战船使用议.

卷十五为春官修制有科举之规一, 科举之规二(包括治选之额, 乡选莠言)和夏官修制有武科, 镇堡之制.

以上就是带有篇目性质的内容. 大体上可以了解到《经世遗表》整体的以及核心的内容. 不仅如此. 全书还附有若干的表和诸多的图. 值得注意的是.按照《周礼》六官的结构来说. 《经世遗表》中没有秋官和冬官方面的内容设置. 究竟是丁若镛有意为之还是属于未竟之作. 还有必要通过考察来确定.

应该说. 从现有这样的篇章结构来看. 是与前述《草本引》中丁若镛主张的十五条纲领紧密联系在一起的.这些内容就是对其十五条纲领的具体论证. 或者说是实现十五条纲领的具体保障.

(一) 丁若镛对六曹官署职官体制的设计与《周礼》的联系

当我们直观地研读《经世遗表》一书. 并进行相应的考察的时候. 在其文本中可见的, 最显著的.就是与《周礼》的密切关系.

《经世遗表》一开篇就有一段犹如《周礼·天官序官》部分的文字.即:

> 唯我国家. 创业垂统余四百年. 纲弛纽解. 庶事不振. 宜改法修官. 以昭祖烈.
> 请命三公·三孤. 弘敷六典. 以诏六官. 乃命六官. 修厥职事. 分其属司. 以佐王
> 平邦国(《经世遗表》卷一).

这里. 丁若镛开宗明义地提出时至当时是李朝建立四百年左右. 但是已经是"纲弛纽解".诸事不振的局面和形势. 所以应该实行"改法修官"的变革才能改变这样的情况. 值得注意的是. 在这段文字中所提到的"六典". 实际上就是"六官制度"之典. 首先.这令我们想到的是中国历史上北周的六官制度和唐代李林甫等所所撰的《唐六典》. 而所谓"三公,三孤". 也见于北周的官制设置和《唐六典》当中．其次．正如彭林对古代朝鲜礼学的研究所见．在朝鲜时代(十四,十五世纪)官方政府修纂而成的《朝鲜经国典》和《经国大典》两部文献．也都是以《周礼》六官制度为蓝本的．体现了《周礼》对古代朝鲜职官政治的影响．

丁若镛对六官六曹形式的职官体制的设计．一方面按照《周礼》职官执掌的范围来区分．另一方面又以人数上比《周礼》大幅度地缩减为特点．

> 一曰天官吏曹．其属二十掌邦治．二曰地官户曹．其属二十掌邦敎．三曰春官礼曹．其属二十掌邦礼．四曰夏官兵曹．其属二十掌邦政．五曰秋官刑曹．其属二十掌邦刑．六曰冬官工曹．其属二十掌邦事．凡六属之官．大事关于曹．小事专决之．(《经世遗表》卷一)

就这一段．我们可以与《周礼·天官》小宰之职的文字作对比．其中提到的"天地春夏秋冬"之"六官"和分别所掌的"邦治"的"治，敎，礼，政，刑，事"的六个方面．在小宰职文则是：

> 以官府之六属举邦治：一曰天官．其属六十．掌邦治．大事则从其长．小事则专达．二曰地官．其属六十．掌邦敎．大事则从其长．小事则专达．三曰春官．其属六十．掌邦礼．大事则从其长．小事则专达．四曰夏官．其属六十．掌邦政．大事则从其长．小事则专达．五曰秋官．其属六十．掌邦刑．大事则从其长．小事则专达．六曰冬官．其属六十．掌邦事．大事则从其长．小事则专达．(《周礼·小宰》)

那么．将以上六官归为"吏，户，礼，兵，刑，工"之所谓"六曹"．并将属官数额减作三分之一．从而就成为了丁若镛的缩编版的职官设计．

在上述两个部分的正文之下．就是丁若镛以"臣谨案"，"臣窃伏念"，"臣伏念"，"臣又按"的表述方式．对正文进行根据性的解说和论证并阐述各种思想主张的内容．也就是说．在形式上．《经世遗表》一书是以"正文"和"臣谨案"的两个部分所构成的．那么．根据其《序官目次》可见六个部分的职官名目如下：

议政府(在六曹之上)

天官吏曹第一

承政院, 宗亲府, 仪宾府, 敦宁府, 司饔院, 司䆃寺, 内资寺, 内赡寺, 司膳监, 义盈库, 凌人署, 宗簿寺, 观象监, 内医院, 典医监, 惠民署, 命妇司, 内需司, 内侍府, 掖庭署

地官户曹第二

汉城府, 六部, 六学, 典粢署, 典牲署, 司畜署, 平市署, 司禄仓, 司饩仓, 司饷仓, 职贡司, 常平司, 平赋司, 版籍司, 经田司, 漕运司, 司圃署, 司矿署, 六保署, 算学署

春官礼曹 第三

太常寺, 通礼院, 典壝司, 典庙司, 守陵司, 齐礼监, 司谏院, 弘文馆, 侍讲院, 太史院, 校书监, 国子监, 掌乐院, 承文监, 贡举院, 尚衣院, 尚瑞院, 养老司, 养贤库, 哀荣署

夏官兵曹 第四

中枢府, 司勋府, 武举院, 太驭寺, 乘舆司, 牧圉司, 翊卫司, 左掖司, 右掖司, 中卫司, 宣教局, 仪仗局, 守御局, 龙骧卫, 虎贲卫, 羽林卫, 都统营, 左御营, 右卫营, 管城卫

秋官刑曹 第五

义禁府, 司宪府, 监察院, 禁制司, 掌理署, 讨捕营, 巡警司, 路鼓院, 礼宾寺, 行人司, 绥远司, 司译院, 掌胥院, 掌隶院, 量衡司, 券契司, 津关司, 职金署, 掌域署, 律学署

冬官工曹 第六

山虞寺, 林衡寺, 泽虞寺, 川衡寺, 缮工监, 利用监, 司兵寺, 修城司, 典圜署, 典堵司, 典轨司, 典舰司, 甄瓦署, 燔瓷监, 织染局, 典设司, 掌苑署, 司筵署, 造纸署, 图画署

首先. 上述六官所属都在二十之数. 而不同于《周礼》六官"其属各六十"的设计. 何以如此.丁若镛是有所说明的.

臣谨案《周礼》六官. 其属各皆六十.【小宰文】郑注谓:"六官之属三百六十. 象

天地, 四时, 日月, 星辰之度数. 天道备焉."

其次. 上述六曹所属都是以官署机构的名称与执掌归类的. 按照丁若镛的说法. 是经过"溯考古典"而归纳整理确定的. 所以他接着又说：

> 臣窃伏念《周礼》. 天子之礼. 我国家. 藩国也. 制度宜小. 且考旧典. 京官职司之数. 百有一十. 或分而析之. 或聚而合之. 或增而补之. 于是. 溯考古典. 各以其类. 分于六曹. 六曹之属各为二十. 则其数一百二十. 一百二十. 亦天地度数之象也.

由此可知. 丁若镛一是以藩国"制度宜小"为理由. 二是将以往设立过的京官职司的名数进行统合增补. 六曹各为二十. 合计一百二十. 三是一百二十也恰好合乎"天地度数之象".

此外. 对于《周礼》当中六官之属各为六十. 合计三百六十职官也有进一步的解说：

> 臣伏念国之庶事. 纷纶错综. 顾何必三百六十哉？ 然周公制礼. 必以三百六十定为大限. 加减不得者. 诚以物无定数. 乱之本也. 世道之嬗变无常. 人主之逸欲无限. 若于立法之初. 破碎散漫. 无天成铁铸之象. 则不过数世. 增之减之. 废之兴之. 纲纪紊乱. 端绪莫寻. 小有不察.必土崩而瓦解矣.
>
> 今以六官之属. 限之于一百二十者. 非谓国之庶事. 必于是加减不得也. 为如是. 然后成法制也. 制乡者曰："五族为州.五州为党.五党为乡." 其法制之斩截如是也. 制军者曰："五卒为旅.五旅为师.五师为军." 其法制之斩截如是也. 制官者何独不然？ 制法之后. 如有不得不变通者. 宜于二十之内. 或分而二之. 以黜其一. 或合而一之. 以受其一. 唯其大数. 不得加减. 则于千万年. 永为不刊之宪章矣.

这里. 丁若镛以古今对比而论证了周公制礼"以三百六十定为大限"和如今的"限之于一百二十者". 在"唯其大数.不得加减"上的必要性和一致性. 也给了《周礼》"于千万年. 永为不刊之宪章"的评价. 所以才成为后世效法的典章和《邦礼草本》的法制依据.

至于从《周礼序官》中所列来看. 六官所属职官有不足六十. 或者超过六十之数者. 比如天官为六十三. 地官达七十九. 丁若镛认为应该还是以《小宰》职文的定数"为法制之大准"才

是合乎经典的. 如其所言：

　　臣又按《周礼》序官. 或不满六十.【如天官】或差过六十.【如地官】必其中有合众
　　而为一者.【如质人等七官.皆当合之于司市】有分一而为众者.【如司会·甸师之属.非
　　必一官而已】今不可详. 当以〈天官·小宰〉之文. 为法制之大准也.

(二)以《周礼》为标准来调整和规范今制

　　作为以职官体系的整体设计以及附有具体的解释说明和论证的《经世遗表》卷一，卷二的
内容. 当然是以《周礼》为标准和规范的. 也就是说. 在就具体职官官署的归属范围和具体
人员人数多少的设置方面. 丁若镛都是以是否合乎《周礼》来对《经世大典》为代表的今制的相
关方面进行调整和规范的. 如果我们以关键词的形式加以区分的话. 在丁若镛的表述中，除
了《周礼》，《周官》之制，六官，先王之礼之外. 还有原典，旧典，续典，原编，古制，中国，
我国，国朝，我邦，国制，今法，今制. 以及今拟，今亦依之. 如此等等的表述. 那么这些
关键词之所指. 当然是代表了不同的意思.
　　所谓"古制". 应该就是指以《周礼》为代表的经过周公制礼而集成了的三代礼制；所谓"国
制"，"原制"，"原典"，"今制"，"今法". 则是指包括《经国大典》，《续大典》以及具体实行的
朝鲜王朝的职官体制.也就是丁若镛认为应该调整，规范和修改的相关制度；针对这些. 丁
若镛就是要提出其所认同和主张确立的新的设计. 举例而言. 在《天官吏曹》首先出现的官署
"议政府"的职官设计上：

　　三公之职. 论道经邦.寅亮天工. 议政府. 领议政公一人. 左议政，右议政公二
　　人. 都赞成孤一人. 左赞成，右赞成孤二人. 舍人上士一人. 检详中士二人. 司录
　　下士二人. ○录事庶下士六人. 书吏十二人. 皁隶三十人.
　　臣谨案古制. 皆三公，三孤. 国制. 政府佐贰之臣. 实古三孤之官. 而今置四员.
　　不与古合. 又三孤之位. 尊于正卿. 今左，右参赞. 与六曹判书同品. 亦恐有差.
　　臣谓赞成增一员. 而左，右参赞减之似宜. ○又按古制. 必中士多于上士. 下士多
　　于中士. 礼则然也. 故曰舍人一员. 检详二员.

以上既提到"古制"，"国制"．也提到与古制不合和有差的情况．还提出了自己对官员有所增减的主张．再如：

> 治官之属．吏曹．判书卿一人．参判中大夫一人．参议下大夫一人．正郎上士二人．佐郎中士四人．○书吏十二人．皂隶二十四人．

> 臣又按原制．六曹郎官．其正郎，佐郎．员数相等．今考《周礼》．中士必倍于上士．下士必倍于中士．大抵贵少而贱多．尊少而卑多者．天地之常经也．今诸司员额之数．每存此意．故正郎二人．佐郎四人也．

> ○又按原制．皂隶之数极少．而书吏之数．或相倍蓰．斯亦仓卒定制．因循未改者也．《周礼》徒隶之数．什倍于府史．楚芋尹无宇之言曰："王臣公．公臣大夫．大臣士．士臣皂．皂臣舆．舆臣隶．隶臣僚．僚臣仆．仆臣僮．马有圉．牛有牧."【昭七年】古之道也．今之书吏．即周之府史．今之皂隶．即周之徒隶【史者．今之书写也】然则吏多隶少．非制也．今正之．

以上既提到"原制"．也有按照《周礼》来加以修正的主张．又如：

> 承政院．都承旨中大夫二人．左，右承旨下大夫四人．注书下士四人．○书吏二十四人．皂隶六十人．

> 臣谨案承政院者．古之纳言．后世之尚书省也．其官不必属于吏曹．然《周礼》太宰之下．即有宫正．宫正之职．专掌王宫之戒令纠禁．以察宫中之官府次舍．书其名版【如今之省记】发其政令．与今政院所职．十分相似．冢宰之职．本掌王宫之事．【即宫，府一体之义】则政院为天官之属．审矣．此之谓官联．

> ○臣又按原制．都承旨一人．诸承旨五人．与《周礼》员额之例不同．且六承旨．其数人常以嘉善为之．故今拟中大夫二人也．既曰都矣．又可二乎？都摠管有数人．都巡察有数人．不以是为嫌也．然则下四员当云左承旨，右承旨，左副承旨，右副承旨．无同副之称也．

> ○臣又按原制．注书有二人．然有所谓事变假注书．已三员矣．下番翰林．常在后堂．【今所云堂后】则四员也．今增一员．非无据也．注书之室．本谓之四仙阁．

名不可不副也. ○又按书吏, 皁隶之外. 又有驱从之名. 他司亦有库直, 厅直诸
名. 不可殚述. 此编姑略不言. 如果施行此等. 在所润色也.

臣谨按虞之纳言. 即今之谏官也. 然则其职掌之内. 宜以谏争之责. 明示条例.
○又按承旨之兼经筵官, 知制诰. 当如原制. 未可变也.【知制诰.宜作例兼】

此例前两段丁若镛提到与《周礼》的联系或不同. 后两段提到对原制的调整和保留的不同
处理. 还有：

宗亲府. 典签上士一人.典簿中士二人. ○书吏十人.皁隶二十人.

臣谨案 宗亲府, 忠勋府, 仪宾府, 敦宁府, 中枢府. 谓之五上司. 不属于六曹.
然先王之法. 百工, 庶官. 皆属六官. 唯三公在六官之上. 王者立法. 宜严简如是
也.《周礼》都宗人, 家宗人. 皆属春官. 都司马, 家司马. 皆属夏官. 都者. 王子
弟之所宅也. 家者. 先王子弟之家也.【见郑注】然则五上司虽尊. 其郎官之属于吏
曹. 抑又何害？

这里. 丁若镛是强调依据《周礼》把不属于六曹的五上司的郎官也归入吏曹. 认为这是符
合先王立法严密和简略的原则及精神的.

由以上的例证可见. 丁若镛在具体的官署与职官的设计中. 呈现出了很多与《周礼》有关
的方面. 具体来说. 对于《周礼》(《周官》)包括《秋官》,《地官》一类的称述和称引. 在《经世
遗表》卷一和卷二当中. 天官吏曹部分有26处. 地官户曹部分有15处. 春官礼曹部分有14处,
夏官兵曹部分有6处, 秋官刑曹部分有15处, 冬官工曹部分有18处. 在《经世遗表》卷三和卷
四的天官修制部分. 称述和称引《周礼》的内容相对减少. 只是在涉及官品以及考绩之法的部
分对周制,《周礼》略有不多的称述. 然而到了从卷五开始的地官修制部分. 涉及田制以及《井
田论》的内容时. 则大量的称述周制和引述《周礼》当中的内容包括郑玄注. 进行对比, 考证
和论说. 卷十以下的赋贡制. 包括九赋论等. 在称引《周礼》中的相关内容包括郑玄注的同
时. 结合中国周汉以下至于明清的历代制度. 与朝鲜李朝各代所实施的以及《经国大典》,《续
大典》,《大典通编》,《国朝宝鉴》等官修典籍当中的相关制度进行对比, 考证和论说. 从而
提出自己的相应主张. 在卷十二以下的《地官修制·仓廪之储》,《常平仓条例》的部分也是如

上.在称引《周礼》相关内容的同时. 结合中国后周, 隋, 宋明清的历代制度. 对比高丽, 李朝历朝相关制度进行论说. 实际上. 从卷十三以后《地官修制》的《户籍法》,《教民之法》的内容. 到卷十四的各种有关税收的内容. 还有卷十五《春官修制》的《科举之规》以及《夏官修制》的《武科》,《镇堡之制》的部分. 称述和引述《周礼》的内容越来越少. 更多是引述中国历代的史书, 典籍. 来论证丁若镛提出的各种设想和主张. 也就是说. 当围绕着官制所展开的《经世遗表》的其他广泛内容.越来越和中国历史上实施过的各种制度以及李朝历代和当下实施的制度. 密切地结合起来的时候. 就超出了《周礼》所包含的内容. 丁若镛则从实际出发.就这些方面进行论证而提出自己的主张. 并不强求一定要从《周礼》中寻找根据了. 而后世的制度, 典籍中的相关方面倒成为丁若镛认为可以参考和对比的变革依据. 例如. 有关赋役制度. 丁若镛就主张说："今宜上考《禹贡》,《周礼》之本法. 下稽汉, 唐, 宋, 明之遗制.定为九赋. 以平民役. 断不可已也."(《经世遗表》卷一《平赋司》条下)

最后就是. 从《经世遗表》当中引证的中国自先秦《孟子》,《管子》,《国语》(《齐语》,《晋语》,《周语》). 到《史记》,《汉书》,《新唐书》,《宋史》,《明史》. 自《礼记·王制》, 唐杜佑的《通典》, 元马端临的《文献通考》. 到《大明律》, 明代丘濬《大学衍义补》,《大清会典》, 大清《户部则例》等史书, 典籍, 诸子著述. 以及朝鲜的思想家星湖李瀷, 柳馨远(《历代揔录》,《田制录》)《高丽史》,《东京续志》,《国朝汇言》, 正宗《湖南策》, 先朝《御策》等各种文献中的相关制度与学说. 如此看来可以说是广征博引. 围绕着官制, 田制, 赋役, 仓储, 税制, 选举等方面的问题而展开论论证. 其中有认同和肯定. 也有否定和批评. 呈现出一种历史主义和经世致用思想指引下的经典解读与诠释. 制度继承, 变革与创新的系统化, 体系化的学说风貌. 尽管在形式上表现出一种古典的注疏学样式的书写体例和论证方式.但是并不影响其思想呈现的丰富性和涉及方面的确定性. 这些就构成了丁若镛《经世遗表》一书的基本特色. 对于涉及上述多个方面的思想内容及其历史价值. 还有待我们进行具体的考察研究来加以论述.

제14장

다산 정약용 철학에서 자주지권:
선의지, 도덕결단 그리고 책임의 인간학

김선희

(이화여자대학교 철학과 조교수)

1. 서학으로 읽는 다산

서로 다른 사유 체계 사이의 사상적 대화는 타자를 대상화하는 데서 시작한다. 이는 타자의 세계관과 지식을 '전달'받아 '수용'하는 단순한 이식이 아니라 모종의 학문적 목표를 향한 선별적 '선택'과 내부로 환원하는 '변용'의 방식으로 진행된다. 16세기 말 중국에 진출한 예수회 선교사 마테오 리치(Matteo Ricci, 1552~1610)와 그의 동료와 후임자들의 지적 활동이 동아시아에 남긴 파장 역시, 타자의 세계관과 지식이 어떤 이유와 논리에서 선별되고 어떤 맥락에 접합되어 변용되는지를 보여주는 사상사의 중요한 연구 주제다.

당연한 말이지만 서학, 곧 예수회 선교사들이 도입한 다양한 서구의 지적 체계는 동아시아의 지식인들에게 경계와 비판을 받았다. 그러나 동시에 동아시아인들에게 서학은 자기의 지적 전통을 새롭게 바라볼 수 있는 조망의 거리와 각도를 제공하는 일종의 거울과도 같았다. 중국과 조선의 지식인들은 서양에서 유래한 지식을 자신들의 지적 체계에 비추어 보았고, 같은 범주에서 더 정교한 지식으로 받아들였다. 다시 말해 동아시아 지식인들은 동아시아의 지적 전통 안에 자신들에게 필요한 새로운 지식을 도입하고 변용하여 활용하고자 했던 것이다. 이들이 당대 유럽의 학술 언어인 라틴어나 예수회의 공식 문서에 사용된 포르투갈어가 아니라, 자신들의 학술 언어, 곧 한문으로 번역된 지식을 접했다는 점도 간과할 수 없다.

번역 과정에서 중국의 지적 전통과 합류하거나 절충되는 매개의 과정을 거치면서 새롭게 조어造語된 개념어들에 대해 지적 주도권을 가졌던 것은, 자신들의 고유한 언어에 담긴 낯선 지식들을 접한 동아시아 지식인들이었다. 이들은 서양 선교사들이 전한 지식 전체 또는 그 세계관 자체를 수용해야 할 필연적인 이유가 없었고, 자신들의 필요와 지적 관심에 따라 선별적으로 외래의 사유를 수용했을 뿐이다. 이런 맥락에서 서학의 동아시아 유입에 관한 연구의 핵심은, 동아시아 지식인들이 어느 정도 영향을 받았는가 또는 얼마나 원본에 가깝게 이해했는가가 아니라, 무엇 때문에 외래의 사유인 서학에 접근했고 이를 어떻게 자기 학문 안에 변용해 넣었는가 하는 점이다.

이러한 질문의 전환은 당대의 어떤 유학자보다 다산 정약용에게 중요하다. 무엇보다 다산은 누구보다 뛰어난 수준에서 서학의 이론들을 유학―성리학적 체계와 절충하려 했고 자신만의 독특한 방법으로 전통적 이론들을 돌파해 나갔다. 이 지점에서 우리 학계는 다산의 선택과 지향을 일종의 근대적 지향으로 읽어 내고 싶어한다. 그가 외래의 사유를 경유해 성리학을 극복했으며, 이 과정에서 당대 누구도 쉽게 성취하지 못했던 근대적 성격을 간취했다고 평가하는 것이다.

그러나 다산의 지적 도전의 '결과'에 대한 평가들은 그의 실질적 사상적 동기와 세부적 지향을 덮기 쉽다. 왜 다산은 서학을 향했는가? 이 질문에 대한 하나의 온전하고 기본적인 답은 다음과 같다. 아마도 다산에게 서학은, 그가 자신만의 학적 체계와 세부를 구축하는 과정에서 찾아낸 일종의 우회로나 돌파구였을 것이다. 질문은 다시 시작된다. 다산은 서학이라는 낯선 길을 경유해 자기 세계의 어떤 문제를 왜 다시 쓰려고 했던 것일까.

가능한 답변 가운데 하나는, 적어도 그가 인간관의 맥락에서 유산으로 받은 유학의 전통적인 인간 이해의 개념들을 대부분 그대로 사용하면서 주희가 이기론 위에 구축한 심성론을 해체하고 성리학의 필터링을 거치기 전의 유학 개념들과 외부로부터 차용한 서학의 개념을 연결하며 새로운 심성론을 구성하고자 했다는 것이다. 다산의 인간 이해를 독특하게 만드는 주제 가운데 하나가 '자주지권自主之權' 문제이다.[1] 이 개념이 유학의 전통에 비추어 매우 독특한 용어라는 점에서도 그렇지만, 이 개념을 통해 그의 도덕철학과 철학적 인간학의 흥미로운 이론적 돌파를 확인할 수 있기 때문이다.

2. 이성과 의지 그리고 자유 결단

다산은 인간이 금수와 달리 '자주지권'이라는 독특한 권능權能을 가지고 있어 선과 악의 상황에 도덕적 주도권을 가지고 있다고 말한다.

> 그러므로 하늘은 사람에게 스스로 주관할 수 있는 권능〔自主之權〕을 주었으니 …… 그 권능이 나에게 있는 것은 금수에게 (본능에 따라) 정해진 마음이 있는 것과는 다르다. **그러므로 선을 행하면 진실로 나의 공이 되고 악을 행하면 진실로 나의 죄가 된다.**[2]

'자주지권'이라는 표현이 사용되지는 않았지만 유사한 맥락에서 인간이 선악에 대해 선택할 수 있는 능력이 있다는 주장은 다산의 저작 여러 곳에서 찾을 수 있다.

---

1 필자는 이 주제를 《마테오 리치와 주희 그리고 정약용》, 심산, 2012; 〈영명으로서의 인간: 《성학추술》을 통해 본 정약용의 인간론〉, 《동양철학연구》 60집, 2009 등에서 이미 다룬 바 있다. 이 연구는 선행 연구들을 종합하여 보완한 것이다.
2 《孟子要義》 권1, "故天之於人, 予之以自主之權 …… 其權在己, 不似禽獸之有定心. 故 爲善則實爲己功, 爲惡則實爲己罪."

사람은 선악에 대해 모두 스스로 결과를 만드는 것이므로 스스로 주장
〔自主張〕할 수 있다.[3]

사람이 선을 행할 수도, 악을 행할 수도 있는 것은, 그 주장이 자기로부
터 말미암는 것〔主張由己〕으로 활동하는 바가 정해져 있지 않다.[4]

다산은 인간이 스스로 자신의 행위를 결정할 수 있다고 보는 듯하다.
이러한 문맥에 대해 여러 선행 연구들은 일종의 자유의지 나아가 자유
를 읽고자 한다. 한 선행 연구에 따르면, 자주지권은 주자학적 인간관
의 선험적 결정론과 대척점에서 인간의 '자유'를 천명한 개념의 성격을
띠는 것이다.

자주지권은 가치판단과 실천에 대한 인간의 주체적인 능력이라고 할 수
있으므로 다산은 자주지권설을 통해 인간은 어떠한 선험적 요소에 의해
결정되지 아니한 '자유'의 존재임을 천명한 것이다. 즉 다산은 인간의 본질
을 '자유'로 규정하고 그 대척점에 주자학적 인간관의 선험적 결정론이 있
음을 지적하고 이를 비판한다.[5]

이 인용문에 담긴 생각은 다산의 철학에서 '자주지권'을 검토하는 대
부분의 연구자들이 일반적으로 동의하는 입장이라고 할 수 있다. 이러
한 평가에 따르면 다산은 대단히 근대적인 인간관의 소유자임에 틀림
없다. 이 맥락에서 말하는 '자유'가 무엇인지, 어떠한 범주까지 포괄하
는지에 대한 정밀한 개념적 접근이 필요하겠지만 상식선에서 이 문장

---

3 《孟子要義》 권1, "人之於善惡, 皆能自作, 以其能自主張也."

4 《孟子要義》 권1, "可以爲善, 可以爲惡, 主張由己, 活動不定."

5 이영경, 〈다산 정약용의 심성론에서 자유의지론의 문제와 윤리적 특성〉, 《대동철학》
38집, 2007, 5쪽.

을 해석한다면, 다산은 근대성의 핵심을 선취한 철학자일지도 모른다. 그러나 사실 이러한 평가는 다산의 의도와 다를 뿐더러 다산이 취하고 있는 학문적 구조에 대한 오해를 불러일으킬 수 있다.

만약 이 문장대로 인간이 '자유'로운 존재라면 가장 먼저 도덕적으로 인간을 지도하고 감시하며 천명을 내리는 상제의 존재부터 의심해야 할 것이다. 내면에 '이理'라는 선험적 또는 결정적 원리가 내재되어 있지 않다는 사실과, 그리하여 인간이 '자유롭다'는 사실은 결코 동일한 명제가 아니다. 사실 이러한 과도한 해석은 연구자들이 자주지권을 곧바로 근대적 자유의지로 읽은 데서 비롯되는, 더 나아가 자유의지에서 지나치게 자유를 강조한 데서 생긴 문제라고 할 수 있다. 이런 맥락에서 자주지권 또는 같은 문맥에서 해석된 '권형'을 곧바로 근대적 의미의 '자유의지' 심지어 '자유'로 보는 관점에는 신중한 태도가 요구된다.

한 가지 더 유의할 점은 다산의 자주지권의 '권權'을 신중한 검토 없이 곧바로 '권리權利'로 해석하는 방식이다. 선행 연구들이 다산의 자주지권에서 지나친 주체성과 근대성을 읽고자 하는 이유 가운데 하나는 '권'을 '권리'라는 근대적 의미로 읽는 관행 때문이라고 생각된다. 자주지권을 권형이라는 맥락과 연결해서 읽을 때 이 개념은 주체적인 선택의 '권리'가 아니라 주체적인 결단 '능력'으로 해석하는 편이 타당할 것이다.[6]

질문은 다시 시작된다. 다산에게 자주지권은 무엇인가? 적어도 전통적인 성리학 체계에서 사용된 적 없는 이 낯선 개념을 다산은 어디서 끌어왔으며 이를 통해 무엇을 설명하고자 했던 것일까? 물론 '자주自主' 또는 이와 유사한 의미의 '자전自專'은 다산이 만든 신조어가 아니다. 우선 이 표현들은 유학—성리학의 전통에서 새로운 용어가 아니다. 예를

---

[6] 이 점은 다산이 참조한 스콜라 철학에서도 마찬가지다. 그런 맥락에서 이 글은 자주지권의 권을 일관되게 '權能'이라는 의미로 해석할 것이다.

들어 《논어집주論語集註》의 '아버지가 살아 계실 때는 자식이 자기 뜻대로 하지 못하니 그 뜻을 알 수 있다.(父在, 子不得自專, 而志則可知)', '당시의 정권은 삼가三家에게 있었으니 애공이 자기 뜻대로 할 수 없었다(時政在三家, 哀公不得自專)' 같은 문장에서 볼 수 있듯 '자전自專'은 '자기 뜻대로 한다'는 의미로 사용되던 서술적 표현이었다.

한편 부정적인 의미로 사용되는 용례도 있다. '공자가 말씀하셨다. 어리석으면서도 자기 의견 쓰기를 좋아하며, 천하면서도 자기 마음대로 하기를 좋아하고, 지금 세상에 나서 옛날의 도를 어기니 이러한 자는 재앙이 그 몸에 미치게 될 것이다.(子曰, 愚而好自用, 賤而好自專, 生乎今之世反古之道, 如此者, 災及其身者也)'라는 〈중용中庸〉의 문장이 그 예이다.

'자주自主'의 경우, '소소한 군대의 일은 추밀원에서 스스로 주관하는 것이 옳다(小小兵事, 樞密自主之可也. 《주자어류朱子語類》 권132)'라는 문장에서 볼 수 있듯, 어떤 일에 대해 온전히 책무를 맡는다는 의미로 해석되는 경우도 있다. 다산의 문장에 보이는 '자주장自主張' 역시 《주자어류》에 자주 보이는 표현으로, 일반적으로는 자신의 의견을 개진한다는 의미로 사용되는 경우가 많다. 이러한 용례들에서 확인할 수 있는 것은, '자전'이나 '자주'가 이미 사용되던 표현이었음은 분명하지만, 하나의 서술적 표현이지 명사적 개념이 아니라는 점이다.

전통적 용례들과 달리, 다산은 유학–성리학의 문맥과 개념망을 넘어서 이를 일종의 개념어로 사용하고 있는 것으로 보인다. 잘 알려졌듯 자주지권의 도입에 다산이 활용한 지적 자원이자 그 활용 방식을 제공한 것은 예수회원들의 서학서였다. 마테오 리치의 후임자 가운데 한 사람이었던 줄리오 알레니는 《삼산론학기》에서 이성혼의 두 가지 기능인 이성과 의지, 그리고 의지의 결단 능력을 다음과 같이 소개한다.

　　천주는 지극히 선하니 어찌 악성의 이치를 부여했겠습니까. 그러므로 사

람이 태어날 때 천주는 이성[명오明悟]의 지혜를 부여하여 선악을 분별하게
했고 또 의지[애욕愛欲]의 능력을 부여하여 좋은 것은 좇고 나쁜 것은 피
하게 하였습니다. (이성의) 지혜와 (욕구의) 능력이 각기 갖추어져 있어서
스스로 주관하는 바[자전自專]를 따르게 됩니다. 다만 그 원죄의 더러움이
제거되지 않았기 때문에 본성의 바름은 이미 이성을 잃어 어두워지고 욕
구도 치우치게 되어 이 때문에 따르고 피하는 길이 점차 나뉘어져 선악을
행하는 것이 하나가 되고 말았습니다.[7]

그리고 스콜라 철학의 영혼론을 소개한 《성학추술》에서 이를 '자전지
권'이라는 용어로 설명한다.

선한 자, 악한 자, 현명한 자, 어리석은 자의 구별은 각자가 스스로 쌓
은 바에 따라 이루어집니다. 조물주는 분명히 스스로 주관할 권리[**자전지
권**自專之權]를 부여하셨고 스스로 택한 바에 맡기셨습니다.[8]

또 다른 영혼론 관련 서학서 《영언여작》 역시 '자전'이라는 개념을
통해 인간에게 이성적 욕구가 있음을 설명한다.

어떠한 것을 스스로 주관[자전自專]한다고 하는가? 스스로 선택한다는
것은 오직 이성적 욕구[영욕靈欲]를 가리키는 것이다. 인간에게 있는 이성
적 욕구는 스스로 능히 주재할 수 있다. 대개 이성이 노정하는 일체의 대
상 가운데는 좋아할 만한 것도 있고 싫어할 만한 것도 있다. …… 좋아하고

---

7 《三山論學紀》, "天主至善, 豈有賦子惡性之理, 故人之生也. 天主賦以**明悟**之知, 使分善惡,
   又賦以**愛欲**之能, 使便趨避 知能各具, 聽其**自專**, 第其原罪之染未除(原罪見之別染篇詳)則
   本性之正已失明悟一昏, 愛欲頓僻, 由是趨避之路, 因而漸岐, 其爲善惡之分者一也."

8 《性學觕述》 권1, "至於善惡賢不肖之別, 乃繇各人自所習成. 造物主分明畀人以自專之權,
   而聽其所自擇."

싫어할 만한 것들은 허공에 매달린 채 버리고 취함을 기다린다. …… 오직 인간에게 있는 이성적 욕구만이 먼저 그것이 이치에 합당한지 안 연후에 행위를 하는 것이다. 그러므로 **스스로 주관하는 행위**〔自爲主之行〕가 된다.[9]

이 문장에서 '자전지권自專之權'이라는 표현은 아마도 《천주실의》의 '자주지의自主之意'를 발전시킨 개념일 것이다.

(조수들은) 상제의 명령에 따라 그렇게 하지 않을 수 없는 것이지 그 이유는 알지 못합니다. 그것들은 스스로 주관하는 의지〔자주지의自主之意〕가 없습니다. 우리 인간들은 스스로 주장을 세울 수 있으니 일을 행할 때 모두 본래 가지고 있는 이성적인 능력〔영지靈志〕을 사용합니다.[10]

예수회원들의 이러한 개념들은 당연하게도 그들이 참고한 스콜라 철학의 교과서 《신학대전》 82문 1절에 담긴 아퀴나스 주장에 근거한 것이다.

의식이 없는 행위자들은 돌이 땅으로 떨어지는 것처럼, 판단 없이 행동한다. 동물들과 같은 어떤 행위자들이 판단에 기초해서 행동하는 것은 사실이지만, 그렇다고 자유로운 판단에 기초해서 행동하는 것은 아니다. 양이 늑대를 보게 되면 (자유로운 판단에 의해서가 아니라) 자연적인 판단에 의해서 도주하는 것이 상책이라고 판단한다. 양은 논거들을 검토해서가 아니라 자연적인 본능에 의해서 판단을 내린다. 이것이 모든 동물들의 판단양식이다. 그러나 인간 존재자들은 인식 능력을 통하여 어떤 것을 피해야

9 《靈言蠡勺》 권2, "何謂得自專. 得自專者, 亦獨指靈欲也. 靈欲在人, 自能主宰. 凡明悟所 呈, 一切所向, 雖有可愛有可惡. …… 或可愛可惡, 虛懸以待其去取 …… 惟靈欲在人, 先知其合理與否而後行之. 故自爲主之行."

10 《天主實義》 권4, "上帝之命, 出于不得不然, 而莫知其然, 非有自主之意. 吾人類則能自 立主張, 而事爲之際, 皆用其所本有之靈志也."

하는지 아니면 추구해야 하는지를 경험에 기초하여 판단한다. 그리고 특수한 실천적 평가는 타고난 본능의 일이 아니라 근거들을 따져 본 결과이기 때문에, 인간 존재자는 자유로운 판단에 기초하여 행동하고 여러 가지 수단을 강구할 수 있다. 우연적인 문제들에서 이성은 어느 쪽이든 다 선택할 수 있고, …… 특정 상황에서 무엇을 할 것인지는 우연적인 문제이다. 그래서 이런 경우들에서 이성의 판단은 대립적인 선택지에 개방되어 있지, 어느 한쪽으로 규정되어 있지 않다. 이리하여 인간들은 이성적 존재자라는 바로 그 사실로부터 자유 결단을 누린다.[11]

영혼을 생명체의 원인(causa)이며 원리(principium)로 소개하는 아리스토텔레스는 영혼을 세 유형으로 나눈다. 가장 낮은 단계의 영혼은 '식물적 영혼(anima vegetabilis)'[12]이고 동물의 경우 이보다 상위의 감각적 영혼인 '동물적 영혼(anima animalis)'[13]을 소유한다. 인간은 이 두 영혼의 능력을 모두 포함하되, 더 고차원적인 혼을 별도로 소유하고 있다. 이것은 지성과 추리력을 가진 '이성적 영혼(anima rationalis)'이다. 아리스토텔레스의 영혼론을 스콜라 철학의 맥락에서 발전시킨 토마스 아퀴나스의 영혼론은 더 심층적인 차원에서 인간을 인간으로 만드는 영혼의 구조, 영혼의 능력으로써 감각과 사고, 영적 능력으로는 이성(intellectus)과 의지(voluntas)의 문제 등을 다룬다.[14]

아퀴나스에 따르면 이성에 의한 인식은, 행위를 완성시키는 단계가 아니라 인간 행위의 방향을 정하는 일종의 나침반과 같은 역할을 한다. 이성이 인식한 바를 포착할 때 인간에게는 이성에 의해 포착된 대상을

---

11 《신학대전》 82문 1절. 번역은 성바오로 출판사에서 간행된 정의채 역, 《신학대전》을 따른다.
12 소화 및 생식 활동에 해당하는 식물적 영혼의 능력은 모든 생명체가 자기 존속을 하기 위해 필수적이다.
13 감각 지각과 욕구, 공간 이동, 상상 등이 감각적 영혼에 속하는 능력들이다.
14 상세한 것은 김선희, 《마테오 리치와 주희 그리고 정약용》, 287~299쪽 참조.

자유롭게 선택하고 실천하는 의지가 반드시 그리고 동시에 요구된다. 이러한 맥락에서 의지는 이성의 인식에 근거해서 대상을 추구하는 합리적인 충동 또는 욕구의 의미를 갖는다.[15] 인간의 이성이 의지의 나침반 역할을 하기 때문에 동물처럼 대상을 향한 내적 충동을 가지고 있음에도 동물과 구별될 수 있다.

이처럼 이성이 의지를 인도하는 역할을 한다면 의지는 이성에 종속되어 있는가? 물론 아퀴나스는 그렇게 생각하지 않았다. 의지는 이성이 제공한 인식의 정보를 참고하기는 하지만 결코 이성의 지시에 종속되지 않으며, 그것을 따를지 말지를 스스로 결정하는 자유로운 능력을 갖는다. 이성이 의지를 인도하기는 하지만 이 인도보다 앞에서 일종의 선택의 자유를 갖는 것은 이성이 아니라 의지라는 의미이다. 따라서 의지는 이성의 인식에 근거해 대상을 추구하는 합리적 차원의 충동이라는 성격을 띠게 된다. 의지가 합리적 차원의 충동인 것은 그 대상이 도덕적 선이기 때문이다. '의지는 이성적 욕구이고 필시 선으로 향한다.'[16] 스콜라 철학에서 말하는 합리성(rationalitas)이란, 의지가 이성의 명령에 일치하는 것이며 이것이 곧 도덕적 선이라는 의미이다.[17]

이러한 이성의 인식과 의지의 자유 선택의 결합은 인간에게 본성적이지만 더 본질적으로 이 본성은 신의 은총에 의해 주어지는 것이다. 따라서 이성과 의지의 작동을 보장하는 더 근원적인 힘은, 다시 말해 인간의 본성을 결정하는 것은 오직 신이다. 결과적으로 이성이 인도하는 의지를 움직이는 진정한 동인은 신이다. '신은 최종 목적으로서 그리고 제일 원인으로서 의지를 움직인다.'[18]

---

15 김선희, 앞의 책, 393쪽.
16 G. 달 사쏘 외, 《성 토마스 아퀴나스의 신학대전 요약》, 이재룡 외 역, 가톨릭대학
　교출판부, 1993. 141쪽.
17 장욱, 《중세철학의 정신》, 동과 서, 2002, 202쪽.

결과적으로 인간이 의지에서 자유롭다는 것은 신이라는 최종 목적을 향해 이성에 반영된 신의 영원법으로서 자연법을 구현해 나가는 과정이라고 할 수 있다. 이러한 맥락에서 인간의 자유로운 선택이란 이성과 의지가 갈등 없이 조합되어 신이 내린 자연법의 도덕원리를 구현하는 과정과 같다. 아퀴나스가 '인간의 행위는 바로 내적 원리로부터 목적을 인식하면서 전개되는 의지적 행위이다. 왜냐하면 인간 안에 이성적이고 완전한 목적 인식이 있을 때 그 목적을 향해 자유롭게 나아갈 수 있기 때문이다.'[19]라고 말할 때 그 목적은 궁극적으로 항상 신만을 향하는 것이다.

이 대목에서 우리는 스콜라 철학에 입각해 영혼론을 전달한 서학서의 관점이나 서학서의 영혼론에서 지적 계발을 받아 성리학과 유학이 구축한 인간론을 재구성한 다산의 입장을 곧바로 근대적 의미의 '자유의지'나 '자유'로 해석하지 않도록 신중해야 한다. 이들이 복잡하고 정교한 이론화를 통해 설명하고자 했던 것은, 보편적인 인간 존재의 자유나 모든 것에 개방된 의지가 아니라 도덕적 결단에서 신이라는 제일 원인을 향한 인간의 역정歷程, 곧 선악에 대한 선택이기 때문이다.

토마스 아퀴나스에게 의지의 자유는 곧 신앙의 가능성을 의미한다. 이성을 넘어서는 의지의 자유로부터 신앙의 가능성이 도출되기 때문이다. 의지가 오로지 이성이 제공하는 정보에 의해 제한되는 것이라면 신앙은 불가능할 것이다. 그러나 인간은 자유로운 선택을 할 수 있는 독립적 주체성을 보장받았기 때문에 자유로운 결단인 신앙을 통해 진리를 향한 이성의 활동을 한 차원 더 끌어올려 신의 세계로 향할 수 있다. 따라서 토마스 아퀴나스에게 이성과 의지 그리고 그 관계 속에서의 자유는 목적으로서 신을 자기의 인식과 실천의 구조에서 확인하는 도

---

18 G. 달 사쏘 외, 앞의 책, 142쪽.
19 《신학대전》 2부 6문 1절; G., 달 사쏘 외, 앞의 책, 140쪽

덕적 실천과 신앙의 도상으로 연결되어 있다.

결론적으로 아퀴나스의 의지―자유 결단은 신의 섭리를 알고 선을 지향하고 악에서 벗어날 종교적―도덕적 능력, 곧 신의 섭리 안에서의 자유의지로 번역될 수 있다. 이때 이 자유의지는 최종적으로는 신을 목적으로 하는, 선에 대한 의지와 결단이라는 점에서 윤리적 선택을 넘어서 모든 상황에 적용되는 현대적 의미의 자율성이나 의지의 자유와 다르다.[20] 인간에게는 신앙을 선택할 자유만 있을 뿐 신앙을 벗어나거나 거부할 자유는 없다. 충실히 《신학대전》을 따랐던 예수회 회원들이 전한 서학서 속의 의지―자유 결단의 개념 또한 선악을 선택하는 이성적 판단―욕구/의지라는 의미를 넘어서지 않는다. 이 점은 신학대전을 따랐던 예수회원도, 서학서의 이론과 개념을 유학에 통합한 다산에게도 중요한 문제였다.

앞에서 살펴보았듯 다산의 자주지권은 '이성의 판단은 각기 다른 것들에 대해 열려 있어 하나로 결정되어 있지 않다. 이렇게 인간은 이성적으로 바로 그것 때문에 자유 결단을 가져야 한다.'[21]는 《신학대전》의 구절과 《천주실의》의 '자주의지自主之意', 《성학추술》의 '자전지권自專之權'을 떠올리게 한다. 그러나 여기서 중요한 것은, 표현이 비슷하다거나, 다산이 이 서학서들을 참고했다는 사실 자체가 아니다. 다산이 자주지권을 어느 이론적 맥락이나 개념적 구조에서 도출하고 이를 통해 무엇을 재구성하려는가 하는 점이다.

---

20 현대적 의미의 보편적 자유의지 개념은 르네상스 인문주의자들 이후에 일반화되었다는 것이 연구자들의 평가이다. 진원숙, 〈르네상스 휴머니스트들의 의지자유와 운명론〉, 《계명사학》 Vol.9, 1998, 157~183쪽 참조.
21 《신학대전》 83문 1절.

3. 도덕적 실천의 추동: 이理를 넘어 의지로

예수회원들에게 이성혼의 또 다른 기능인 의지—자유 결단 문제를 소개하는 것은 중요한 과제였다. 의지의 추동과 결단으로 말미암아 선과 악이 결정되기 때문이다. 스콜라 철학의 문맥에서도 이성과 신앙의 조화는 강조되어 왔지만 기독교를 모르는 중국인들을 신앙으로 이끌기 위해서는 신앙을 선택할 그들의 의지와 결단이 필요했다. 이 과제를 풀어 가기 위해 마테오 리치는 성리학의 근본 테제인 성性 개념에 도전한다. 스콜라 철학의 영혼을 전달하는 일은 수많은 어려움을 만나는 험한 여정이었지만, 논리적 철학적 차원에서 가장 결정적인 걸림돌이 되었던 것은, 신과 마찬가지로 세계의 구성 원리이자 도덕적 가치였던 성리학의 이理와, 그 이가 내재화되어 있다는 성性이었다.

스콜라적 영혼 개념을 중국인들에게 납득시키기 위한 마테오 리치의 일련의 시도 가운데 하나가 바로 전통적 인성人性 개념을 다르게 해석하는 것이었다. 먼저 그는 중국에 성性에 관한 정론이 없었다고 주장하면서(吾觀儒書, 嘗論性情, 而未見定論之結) 인성을 새롭게 규정한다.

> 본성이란 다른 것이 아니라 각각의 사물이 속한 류의 본체일 뿐입니다. …… 그 자체로 존재하는 것(자립자)은 본성도 그것 자체로 존재하지만 다른 것에 의존하는 것(의뢰자)은 본성도 다른 것에 의존해서 존재합니다. …… 이치를 추론할 수 있음은 사람을 자신의 본래 부류로 만들어 주고 그 본체를 다른 사물들과 구별하게 해 주기 때문에 이를 일러 인성이라고 합니다.[22]

---

22 《天主實義》 권7, "夫性也者, 非也, 乃各物類之本體耳……但物有自立者, 而性亦爲自立, 有依賴者, 而性兼爲依賴. …… 能推論理者, 立人於本類, 而別其體於他物, 乃所謂人性也. 仁義禮智, 在推理之後也."

마테오 리치에게 본성이란 그 사물이 속한 류의 본체에 해당한다. 마테오 리치는 '성'을 보편적 인간의 본질적 구조로 간주하고 인간의 본성을 다른 것과 구별짓는 핵심을 '이치를 추론할 수 있음'이라고 설명한다. 사실 성리학에서 이치를 '추론'할 수 있는 능력, 다시 말해 인식하고 사유하며 판단하는 능력은 마음에 부여되어 있었다. 성리학에서는 만물의 존재와 당위를 결정하는 이치가 외부에 존재하는 것이 아니라, 자신 안에 '성性'으로 존재하며, 이를 감지하고 인식하는 능력은 마음(심心)에 배속되어 있다.

이를 종합하자면, 인간은 이치 그 자체는 만물과 공유하지만 추론할 수 있는 능력은 인간에게만 허락된 것이며, 실제로 자신의 본성(성性)에 들어와 있는 이理를 인의예지와 같은 도덕적 이치로 감지하는 것은 마음이라고 말할 수 있다. 이때 마음은 자기 안의 보편자 또는 신성을 감지한 뒤 이를 적극적인 실천으로 바꿀 수 있는 능력을 가진다. 마음은 보편적 근원으로서의 태극과 구체성 그 자체인 기질의 현실 세계 양자를 매개한다.[23]

이처럼 이理가 세계의 원인이라면 사실상 기독교적 초월신이 들어올 여지가 없고 따라서 신앙으로 연결될 가능성이 없었다. 이런 세계관적 차이 앞에서 마테오 리치는 인성 개념과 '이'를 분리시키는 전략을 사용한다. 그는 이를 실체에 부수적인 의뢰자라고 규정함으로써 그리고 이의 위상을 낮춤으로써 이와 성을 분리한다. 이는 인성이 될 수 없다는 것이다(理也乃依賴之品, 不得爲人性). 마테오 리치의 문맥에서 '인성人性'은 성리학적 체계와 달리 형이상학적 근원과 분리된다. 인성과 이가 다른 것(不同性於理)이라며 양자를 분리한 마테오 리치의 다음 전략은 성리학에서 이에 근본적으로 내재되어 있다고 간주되던 도덕적 가치들을

---

23 김선희, 앞의 책, 346쪽.

분리하는 것이다. 특히 마테오 리치는 이 가치들의 소재지를 인간의 내
부가 아니라 외부에 두고자 한다.

> 이치를 추론할 수 있음이 사람을 자기 본류로 만들어 주고 다른 존재들
> 과 그 본체를 구별하게 해 주기 때문에 이를 일러 인성人性이라고 합니다.
> 인의예지는 이치를 추론한 뒤에나 있는 것입니다.[24]

보편적인 도덕적 가치 그 자체이기도 한 이가 한낱 속성으로 읽히는
순간, 당연히 인성과 도덕적 가치는 별개의 것이 된다. 이때 인의예지
는 인간에게 내면화된 고유한 가치가 아니라 추론 활동의 결과물, 곧
대상에 지나지 않게 된다. 사실 마테오 리치에게는 다른 목표가 있었
다. 그의 더 큰 전략은 도덕적 행위의 근거를 보편적 근원인 본성이 아
니라, 상황에 따라 달라지는 '의지(의意, 지志)'에 두는 것이었다.[25]

> 무릇 세상에 존재하는 것들은 이미 자기의 의지를 가지고 있으니 또한
> 그 의지를 펼치거나 그만둘 수 있어야 그 뒤에 덕과 부덕, 선과 악이 있
> 게 됩니다. 의지는 마음에서 발동하는 것입니다. …… 가령 짐승에게도 짐
> 승의 마음과 의지가 있다고 할 수 있습니다. 그러나 다만 옳은지 그른지
> 를 변별할 수 있는 영심靈心이 없어서 느낀 바에 따라 멋대로 즉각적으로
> 발하는 것이니 이치를 따져서 절제할 수 없습니다. 짐승이 하는 바는 예
> 에 맞건 그르건 어쩔 수 없어서 한 것일 뿐 또한 스스로 알지 못합니다.
> 선악을 따질 수 있겠습니까? 이 때문에 천하 나라에 제정된 법 가운데

---

24 《천주실의》 권7, "能推論理者, 立人於本類, 而別其體於他物, 乃所謂人性也. 仁義禮智,
　　在推理之後也."

25 '의지적 능력'(voluntas)은 '지성적 능력'(intellectus)과 더불어 'anima intellectualis'
　　또는 'anima spiritualis'라고 불리는 이성혼의 중요한 기능이다.

금수의 악을 처벌하는 경우도, 금수의 덕을 상 주는 경우도 없습니다. 오직 사람은 짐승과 달라 그렇지 아니하니 행한 바는 밖에 있고 이성적인 마음은 안에 있어서 일의 옳고 그름, 마땅함과 부당함을 일찍이 스스로 알 수 있어서 따를 수도 그만둘 수도 있습니다.[26]

마테오 리치는 '오직 사람만이 육신의 주인이 될 수 있어 자신의 의지가 하고자 하는 대로 따를 수 있다(獨人之魂能爲身主, 而隨吾志之所縱止. 《천주실의天主實義》)'고 말하며 특별히 의지를 강조한다. 리치는 도덕적 선이 본성에 따른 필연적인 것이 아니라, 상황에 따라 발동하는 '의지'를 바탕으로 한 실천이라고 주장하려는 것이다. 도덕성이 인간의 내면에 새겨진 본질이라면 그래서 모든 인간에게 보편적인 조건이라면 구체적 선의 실현은 불가능하다고 보기 때문이다.

만일 세상 사람들이 태어나면 (누구나) 반드시 선을 행하게 되어 있다면 무엇을 따라 선을 이룬다고 말할 수 있겠습니까? 세상에는 선을 행하려는 의지[의意]가 없음에도 선을 행하게 되는 경우는 없습니다.[27]

도덕적 실천은 가치를 담지한 본성이 프로그램된 대로 발현되는 과정이 아니라 오직 외부의 가치를 실현하고자 하는 의지[意]의 차원에서 발생한다. 마테오 리치는 덕이 스스로 우리들이 새롭게 알아낸 것이 아

---

26 《天主實義》 권6, "凡世物既有其意, 又有能縱止其意者, 然後有德有惡有善有惡焉. 意者心之發也. 若禽獸者, 可謂有禽獸之心與意矣. 但無靈心以辯可否. 隨所感觸任意速發, 不能以理爲之節制. 其所爲, 是禮非禮, 不但不得已, 且亦不自知. 有何善惡之可論乎? 是以天下諸邦, 所制法律, 無有刑禽獸之惡, 賞禽獸之德者. 惟人不然, 行事在外, 理心在內, 是非當否, 嘗能知覺, 兼能縱止."

27 《天主實義》 권7, "苟世人者, 生而不能不爲先, 從何處可稱成善乎. 天下無無意于爲善而可以爲善也."

니고 단지 처음(性)으로 돌아가는 것이라면, 이미 상실했다는 것 자체가 죄이기 때문에 회복은 그다지 큰 공이 될 수 없다고 말한다. 진정한 공로란 신이 기본적으로 제공한 것이 아니라 스스로 쌓아 올린 것에 있다는 것이다.[28]

4. 기호하는 성의 도덕적 지향성

이 맥락에서 확인해야 할 것은 다산의 자주지권이 '성'에 대한 재해석 과정에서 도출된 개념이라는 점이다. 다산은 '성을 말하는 사람은 반드시 기호에 중점을 두고서 말해야 그 뜻이 세워진다.'[29]며 성을 새롭게 정의한다. 마테오 리치가 의지 문제를 성의 맥락에서 개념화하듯 다산 역시 자주지권을 '성'에 대한 재해석 과정에서 개념화하고 논제화한다. 잘 알려져 있듯, 다산은 형이상학적 본체로서의 성을 거부하고 성을 도덕적인 선에 대한 기호의 문제로 이해한다. 다산에게 성은 인간에 내재한 형이상학적 원리가 아니라 단지 선과 악을 향한 자연적 경향성이라는 의미를 갖는다. 그러나 이 지향성이 궁극적으로는 동물과는 다른 '선악'에 대한 기호라는 점에서 완전히 자연화되지 않는다.[30]

만약 인간이 선을 좋아하고 악을 싫어한다면 동물이 일부러 자신을 위험이나 고통에 이끌지 않듯, 인간도 궁극적으로는 자연적 조건 안에서 얼마든지 선을 실현하고 살 수 있지 않을까? 물론 이에 대한 답변은 어느 정도 정해져 있다. 선악을 택해야 하는 상황은 좋은 먹이와 편

---

28 김선희, 앞의 책, 349쪽.
29 《孟子要義》 권1, "言性者, 必主嗜好而言."
30 김선희, 앞의 책, 519-522쪽.

한 잠자리를 구하는 동물처럼 단순하지 않다. 수많은 계기적 변수들, 인간을 위험에 빠뜨리고 잘못된 선택을 하게 만들 수도 있는 상황적 조건들, 다산의 표현대로라면 세勢를 감당해야 하기 때문이다. 그러나 이는 충분한 답변이 아니다. 인간에게 있다는 선을 좋아하고 악을 싫어하는 경향성은 말 그대로 경향성, 곧 잠재적 상태에 지나지 않는다. 이 경향성을 '실현'하는 것은 다른 문제이다. 이 대목에서 이와 성의 관계를 끊으면서 인간을 새롭게 보려는 다산은 인간의 특성과 도덕적 실천의 기제를 설명하기 위해 복잡하고 정교한 설명의 부담을 지게 된다. 이에 대한 다산의 대답이 자주지권과 권형일 것이다.

이 시점에서 먼저 물어야 할 것이 있다. 다산은 '왜 낯선 용어인 자주지권을 도입하고자 하는가?' 이 질문은 다산은 '왜 도덕적 실천의 기제를 새롭게 제안하고자 했는가?'로 바뀔 수 있다. 다음의 문장이 이 질문에 대한 하나의 단서를 제공할 수 있을 것이다.

> 인의예지가 일을 행함으로써 이루어지는 것임을 안다면 사람마다 열심히 노력하여 그 덕을 이루기를 바라지 않는 자가 없을 것이다. (이와 달리) 인의예지가 본심의 온전한 덕이라고 안다면 사람들의 직분은 다만 벽을 향해 앉아 마음속을 들여다보고 빛을 돌이켜 근원을 비추면서 이 심체 心體로 하여금 허명하고 통철하도록 하여 마치 인의예지의 네 알맹이가 어렴풋한 듯 있으면서 나의 함양을 받아들이는 것뿐이라고 여기는 것과 같을 것이다. 이것이 어찌 옛 성인들이 힘쓰던 일이겠는가.[31]

다산은 인의예지가 본성에 내면화되어 있다는 성리학의 선언을 도덕

---

31 《孟子要義》 권1 "仁義禮智, 知可以行事而成之, 則人莫不傀焉孳孳, 冀成其德。仁義禮智, 知以爲本心之全德, 則人之職業, 但當向壁觀心, 回光反照, 使此心體, 虛明洞澈, 若見有仁義禮智四顆, 依俙髣髴, 受我之涵養而已。斯豈先聖之所務乎?"

적 실패로 읽는다. '성과 심을 논하는 것은 행사를 위한 것'[32]이라고 말하듯 다산에게 문제가 되었던 것은 실제의 도덕적 실천을 이끌어 낼 이론적 토대였다. 그에게 중요한 것은 본성이 완전하다는 이념적 낙관이 아니라 도덕적 실천의 실질적 '추동'이었던 것이다. 물론 당시 다산만이 도덕적 실천에 관심을 두었다고 말할 수는 없다. '실천'은 동시대 유학자들뿐 아니라 유학의 보편적 강령이자 근본 이념에 가깝다. 그러나 다산이 일반적인 유학자들과 달랐던 것은, 성리학의 이론만으로는 도덕적 실천의 현실화를 이끌어 낼 수 없다고 생각한 점이다.

인간이 도덕적 성향을 자연적으로 가지고 태어났다는 사실이 인간의 도덕적 실천을 보장하지 않는다는 분명한 인식 속에서 다산은 전통적인 심성론에 작동하는 스위치를 만들고자 한 것으로 보인다. 다산은 심과 성, 인심과 도심 등 전통적인 용어들 위에 다른 개념들을 활용하여 본성의 가능태를 현실화하는 기제를 새롭게 쓰고자 한다. 인간이 선을 좋아한다는 자연적 성향만으로는 도덕적이지 않다. 이 성향을 실제로 작동시키는 것이 자주지권이라는 선과 악에 대한 선택과 결단의 능력이다.

사실 다산이 말하는 자주지권自主之權은 이성혼의 기능인 의지(voluntas)와 비슷하다.[33] 특히 자주지권이 도출된 맥락을 살펴보면 더 근본적인 연관성을 확인할 수 있다. 다산이 말하는 선에 대한 '기호'는 서학서에 등장하는 애욕愛欲 또는 기욕嗜欲, 곧 스콜라 철학의 욕구(appetitus)와 유사하다.

지각의 욕구도 있고 영명의 욕구도 있다. 무엇을 일러 지각의 욕구라고

---

32 〈答李汝弘〉, "論性論心者. 將以行事."

33 다산의 기호를 알레니의 이성적 욕구와 비교하는 이 논의는 선행 연구에 근거한 것이다. 김선희 앞의 책, 517~519쪽.

하는가? 대개 욕구는 앎으로부터 생긴다. 좋은 것을 알면 반드시 욕심이 생겨난다. 좋지 못한 것을 알면 반드시 싫어하는 마음이 생긴다. 앎은 본래 두 가지다. 하나는 오관에서 말미암는 것으로, 보고 듣고 맛보고 냄새 맡고 만지고 더듬는 것이니 내적인 사직四職과 함께 하는 것이다. 이것을 일러 지각의 기욕이라 한다. 다른 하나는 의리의 이성[明悟]으로부터 말미암으니 영성靈性이 발하는 바로, 결국 영명靈明의 기욕이 된다.[34]

알레니는 도덕성[의리義理]을 지향하는 이성적 욕구가 곧 영명의 기욕이라고 말하면서 이를 영성의 능력이라고 설명한다. 이성에서 말미암은 욕구는 영성, 곧 지성적 영혼이 발하는 능력이며, 이때 이성적 욕구는 선을 지향하는 '의지(voluntas)'이며 또한 자유 결단이다. 다산이 말하는 자전지권도 이와 비슷한 구도로 선을 지향하는 기욕嗜欲—욕구, 다산식으로 말하면 '기호嗜好'를 바탕으로 성립하는 것이다.

> 성性을 말하는 사람은 반드시 기호에 중점을 두고서 말해야 그 뜻이 세워진다. 그렇지 않으면 만약 이 허령하고 무형한 것은 그 본체가 혼연하여 지극히 선한 것으로 조금도 악이 없다고 말한다면 갓난아이가 처음 태어났을 때 단지 울고 젖을 찾고 안아 주기를 바랄 뿐인데 어떻게 억지로 순수한 선이라고 말하겠는가? 만일 스스로 주관할 수 있는 권능[자주지권능自主之權能]으로 말한다면 그 형세는 선을 행할 수도 있고 역시 악을 행할 수도 있다.[35]

---

34 《性學觕述》 권6, "有知覺之欲, 有靈明之欲, 何謂知覺之欲. 蓋欲由知生, 知其美, 必生欲心, 知其不美, 必生惡心, 而知固有二. 一繇五官, 見聞嘗嗅觸模, 與其內四職者, 此謂知覺之嗜欲也. 一繇義理之明悟, 靈性所發, 遂爲靈明之嗜欲矣."

35 《孟子要義》 권1, "言性者, 必主嗜好而言, 其義乃立. 若謂此虛靈無形之物, 其體渾然至善, 一毫無惡, 則赤子始生, 但知啼哭索乳求抱, 安得硬謂之純善乎. 若以其自主之權能而言之, 則其勢可以爲善, 亦可以爲惡."

기호란 선악의 선택 능력에 대해 도덕적 전제 구실을 한다. 다시 말해 자주지권은 오로지 선을 좋아하고 악을 미워하는 도덕적 경향 위에서만 의미 있는 개념이다. 자유롭다는 것은 오직 선을 좋아하는 자연적 성향을 '자신의 의지에 따라' 현실에서 선으로 바꾸도록 선택한다는 의미이다.

> 하늘이 영지를 부여했으니 (그 실현은) 재질[재才]이나 상황[세勢], 본성[성性]에 달려 있다. 기린이 선한 일을 하도록 정해져 있으므로 선을 행해도 공로가 되기에 부족하고 승냥이는 악한 일을 하도록 정해져 있으므로 악을 행해도 죄가 되지 않는다. 사람은 그 재질이 선할 수도 있고 악할 수도 있어서 능히 (선을) 행할 수 있는 것은 자력에 달린 것이요, (선을 택하는) 권한은 스스로 주동하는 데 달려 있는 것이다.[36]

다산은 인간의 이성적 능력을 영지靈知라고 보면서 이 영지가 선을 욕구하는 과정이 스스로 주관하는 의지를 통해 진행될 때만 진정으로 선을 실천하는 것이라고 간주한다. 스콜라 철학에서 이성혼의 이성적 능력과 의지적 욕구를 연결시켰듯 다산도 의지의 문제를 이성적 능력과 연결 짓고 있다. 그러나 사실 이 지점에서 다산의 자주지권은 스콜라 철학의 이성혼의 기능으로서의 의지와 달라진다. 영지가 의지를 추동하는 것이 아니라 실제로는 기호로서의 성과 개인적 능력차, 그리고 외부의 상황이 도덕적 실천의 조건이기 때문이다.

다산은 도덕적 실천을 해야 하는 인간의 조건을 다음과 같이 배열한다. 인간에게는 선을 좋아하고 악을 싫어하는 기호로서의 성이 있으며

---

36 《梅氏書平》, 〈南雷黃宗羲序〉 "天之賦靈知也, 有才焉有勢焉有性焉. 才者其能斯霍也. 麒麟職定於善, 故善不爲功. 豺狼定於惡, 故惡不爲罪. 人則其才可善可惡, 能在乎自力, 權在乎自主."

사람마다 각기 다른 재질의 차이가 있다. 다산은 이의 형이상학이 아니라 자연화된 성을 도덕적 실천의 가장 근본적인 토대로 상정하고 있다. 물론 선에 대한 본성의 경향성만으로 도덕적 실천이 어렵다. 개인적 재질의 차이도 있고 언제나 바뀌는 가변적 조건들도 있기 때문이다. 특히 세는 인간을 둘러싼 환경이 항상 유동적이며, 이를 인간이 의지로 통제할 수 없음을 보여 주는 개념이다. 본성의 의욕만으로 도덕적 실천이 현실화되기 어려운 이유가 여기 있다.

대신 인간에게는 하늘에서 부여받은 지성적인 추론 능력(영지靈知)이 있다. 영지는 선을 지향하는 본성의 경향성을 실현시킬 자력自力이자 주동력(자주自主)이다. 이것은 육체에서 비롯된 자연적 성향의 차원이 아니라 상제와 직통하는 영명, 곧 영지로서의 심의 문제다. '그러므로 하늘은 사람에게 스스로 주관할 수 있는 권리(自主之權)를 주었으니 …… 바로 마음의 권리로 이른바 본성이 아니다.'[37] 다산은 성에 선을 향한 경향성을, 추론 능력을 가진 영명한 마음에 도덕적 선택 능력을 각각 부여한다.

> 총괄해 보면 영체靈體의 안에는 모두 세 가지 이치가 있다. 성性으로 말하자면 선을 좋아하고 악을 부끄러워하니 이는 맹자가 말하는 성선性善이다. 권형權衡으로 말하자면 선할 수도 있고 악할 수도 있으니, 이는 고자가 단수湍水의 비유를 든 것이나 양웅의 선악혼재설이 나온 까닭이다. 그 행사行事로 말하면 선을 행하기는 어렵고 악을 행하기는 쉬우니 이는 순자의 성악설이 나온 까닭이다. 순자와 양웅은 성性자에 대한 인식이 원래 잘못되어 그 설에 잘못이 있게 되었지만, 우리의 영체 안에 이러한 세 가지 이치가 원래 없는 것은 아니다.[38]

---

37 《孟子要義》권1, "故天之於人, 予之以自主之權, ...此心之權也, 非所謂性也."

38 《心經密驗》〈心性總義〉, "總之靈體之內, 厥有三理. 言乎其性則樂善而恥惡, 此孟子所謂

인간은 본래 선을 의욕하는 존재지만 실천이 이루어지기 위해서는 선을 선택하는 능동적 선택의 과정이 필요하다. '그 권형[權]은 자기에게 있으니 금수가 고정된 마음을 가진 것과는 같지 않다.'[39] 그런데 도덕적 결단 능력으로서의 권형은 그 자체로 도덕적 결과를 만들 수 없다. 여기서 한 가지 확인할 것은 권형이 도덕적 실패로 연결될 수도 있는 중립적 기능이라는 점이다.

'인심은 오직 위태로우니 내가 말하는 권형이다. 마음의 권형은 선할 수도 있고 악할 수도 있으니 천하의 위태롭고 불안함은 이보다 더 심한 것이 없다.'[40]는 문장에서 보듯 마음의 능력으로서 권형은 도덕적 실패로 연결될 수 있다. 권형은 선을 좋아하는 본성의 성향을 따라갈 때 그것을 따를지 결정하는 결단의 능력이지만 권형만으로는 도덕적 실천이 보장되지 않는다는 뜻이다. 만약 권형이 그 자체로 도덕적 실천이었다면 권형이 성공하는 한 어떤 도덕적 실패도 발생하지 않을 것이다. 그러나 우리는 권형, 곧 결단 능력이 있음에도 도덕적 실패를 경험한다.

5. 의지와 도덕적 결단 그리고 책임의 귀속

결론적으로 말하자면, 다산은 선을 좋아하는 자연적 경향성[性], 그 자연적 경향성을 현실화하는 과정에서 요구되는 결단의 능력[권형權衡],

---

性善也. 言乎其權衡則可善而可惡, 此告子湍水之喩, 揚雄善惡渾之說所由作也. 言乎其行事則難善而易惡, 此荀卿性惡之說所由作也. 荀與揚也, 認性字本誤, 其說以差, 非吾人靈體之內, 本無此三理也."

39 《孟子要義》권1, "其權在己, 不似禽獸之有定心."

40 〈大學講義〉, "人心惟危者, 吾之所謂權衡也. 心之權衡, 可善可惡, 天下之危殆不安, 未有甚於是者."

결단을 현실화할 구체적이고 물리적인 실천 등의 형태로 도덕적 결단을 현실화하는 능력(행사行事)을 세분화한다. 결국 이 세 가지 조건은 영체로서의 마음이 실제로 도덕적 실천을 해 나가는 계기적 단계 또는 과정들이라고 볼 수 있다. 다산은 성을 선에 대한 의지—욕구로 자연화하면서 이理를 배제하고도 인간의 도덕성을 설명할 새로운 길을 낸다. 그리고 이 선에 대한 자연적 경향성에 '의지적 결단'이라는 단계를 새롭게 도입한다. 여기서 확인할 것은 이제까지 유학도 성리학도 도덕적 실천에서 의지적 결단에 크게 주목하지 않았다는 것이다. 사실 성리학처럼 도덕적 실천에서 마음의 절제를 통한 본성—이理의 회복을 강조하는 이론에는 '의지'와 '결단'이 개입할 여지가 크지 않다.

스스로 주관한다는 것은, 인간이 모든 상황에 대해 자율적인 주도권을 가졌다는 것을 의미하지 않는다. 이런 의미에서 다산이 말하는 자주지권은 보편적인 자유의 문제도 아니고 일반적인 의지의 문제도 아니다. 오로지 도덕적 의지와 그에 따른 선택의 문제일 뿐이다. 다산은 의지—욕구가 살아 있는 모든 존재에게 공통된 본성이지만 특별히 인간에게만 선의지가 있다는 점을 근거로 인간과 비인간 존재자를 분명히 구분한다. 본능이 아니라 보편적 선의지를 가지고 있는 존재에게만 책임을 묻고 그리하여 도덕적 실패를 전환시킬 수 있기 때문이다. 이때 자주지권은 책임을 자신에게 귀속시키는 중요한 전제다. 이 맥락에서 자주지권의 핵심은 의지의 '자유'가 아니라 의지적 '결단'과 그에 대한 '책임'으로 전환된다. 자주지권이 작동한 결과는 책임의 대상이 되는 도덕적 행위들로 나타난다. 이때 공로가 된다는 것은 동시에 실패했을 때 역시 책임을 져야 한다는 의미이다.

이 점은 짐승에게도 의지는 있지만 본능에 따를 뿐이므로 어떤 나라도 짐승에 대해 상벌을 주지 않는다고 말하는 마테오 리치의 설명 방식과 일치한다.[41] 그러나 다산은 마테오 리치와 다른 길을 간다. 《신학대전》과《천주실의》에서 자유로운 의지의 결단이 인간이 어떤 것을 피해야 할 것인지 추구해야 할 것인지를 판단하는 이성의 인식 능력 위에 세워진 것이라면, 다산의 자주지권은 이성적 능력뿐 아니라 좋아하고 싫어함이라는 자연적 성향에 토대를 두고 있기 때문이다. 이 지점에서 다산은 스콜라 철학의 주지주의와는 다른 방향으로 향한다.

성은 선을 의지하고 지향하지만 선에 대한 자주적 결단과 실천은 성의 차원에서 발생하지 않는다. 구체적 실천의 맥락에서 상황을 지성적으로 판단하고 선택하는 구체적인 역할을 하는 것은 성이 아니라 마음이기 때문이다. 이렇게 본다면 다산은 영혼론에서 하나의 영혼에 속한 두 가지 능력을 성과 심으로 나누어 설명한 셈이다.42 이러한 이론적 월경이 가능했던 전제 가운데 하나는 다산이 선에 대한 의지를 마음이 아니라 '성'에 곧바로 배속시켰다는 것이다. 토미즘Thomism의 영혼론에서 욕구—의지는 영혼의 기능에 속하는 것이지만 다산은 영혼과 유사한 영명의 마음에 선에 대한 욕구를 바로 연결하지 않고 도덕적 실천의 토대로서의 기호—성을 인정함으로써 성을 해소시키지 않고 나름의 이론적 위상을 확보한다.

다산은 도덕적 실천의 기제를 마음의 능력으로 모두 환원하지 않고 전통적으로 천명과 연결되어 있는 것으로 간주된 성의 위상을 이론적으로 확보함으로써 성리학을 비판하면서도 천명지성, 도의지성 등 성에 연관되어 있던 유학의 핵심적 개념과 이론들을 담보하는 절충적이면서 종합적인 이론화에 도달했던 것이다.43

41《天主實義》권6, "가령 짐승에게도 짐승의 마음과 의지가 있다고 할 수 있습니다. 그러나 다만 옳은지 그른지를 변별할 수 있는 靈心이 없어서 느낀 바에 따라 멋대로 즉각적으로 발하는 것이 것이니 이치를 따져서 절제할 수 없습니다."(若禽獸者, 可謂有禽獸之心與意矣. 但無靈心以辯可否. 隨所感觸任意速發, 不能以理爲之節制)

42 김선희, 〈영명으로서의 인간:《성학추술》을 통해 본 정약용의 인간론〉,《동양철학 연구》60집, 2009, 103쪽.

다산은 서학과 유학, 성리학을 종합해서 양측의 약점을 보완하는 새로운 인간론을 구성하고자 한다. 도덕적 행위를 위한 의지의 결단 과정에서 스콜라 철학의 주지주의적 성격은 약화되고 기호로 해석된 성은 자연화의 방향성을 띤다. 그러나 다산은 최종적으로 성을 자연화하지 않고 도덕적 의욕으로 재해석한다. 의지—욕구의 차원에서 성은 도덕적 지향성을 갖는 특수한 능력이 된다. 이는 근대적 의미에서 의지의 자유와는 구분되지만, 다산의 자주지권은 도덕적 욕구의 선천적 지향성을 인정했다는 점에서 의지—의욕의 주체로서의 인간과 그 책임을 선명하게 부각시키는 이론적 효과가 있다.

특히 인의예지가 추론 후에 성립한다고 말하는 대목에서 마테오 리치가 주지주의적 성격을 보인다면, 행사 이후에 인의예지가 성립한다는 다산의 문장에서 다산이 어디에 더 초점을 두고 있는지를 확인할 수 있다. 두 사람의 문장은 모두 '이'에 대한 비판과 거부에서 나온 것이지만 마테오 리치는 이성에, 다산은 실천에 더 초점을 두고 있는 것이다. 여기에 유학에서 강조되지 않았던 도덕적 실천에서의 의지적 결단과 책임이 강조된다.

결과적으로 다산은 초월적 신을 도입하지 않아도, 주지주의적으로 이성의 개입을 강화하지 않아도 선을 좋아하는 자연적 경향성의 토대 위에서 도덕적 실천의 기초를 세울 수 있다는 사실을 보여 주었다. 그리고 도덕적 실천에서 의지와 결단 그리고 책임의 귀속을 보강함으로써 '이'라는 우주적 가치의 지도가 없어도 도덕적 실천이 가능하다고 설득할 수 있었다. 물론 다산에게도 상제는 있다. 다산에게 상제는 모든 선의 목적인 신앙의 대상으로서의 초월자도 아니지만 완벽한 도덕적 이념의 지도를 내 안에 주입하는 존재도 아니다. 인격적인 상제로 소통하

---

43 이에 대한 상세한 논의는 다음을 참조. 김선희, 앞의 책, 523~526쪽.

는 능력은 언제나 자기 자신에 대한 반성과 교정으로 나타날 뿐, 상제의 천명 역시 성으로 부여받았다는 선의 경향성일 뿐 나머지는 모두 인간이 떠맡아야 한다. 이 대목에서 다산은 선을 향하는 자연화된 성과 인간에게 성의 선함을 명령한 상제를 동시에 인정할 수 있게 된다.

다산은 도덕적 실천을 본성에 내재된 이를 따르는 과정이 아니라 행위에 대해 책임을 물을 수 있는 주체적 의지와 결단의 문제로 전환하고자 한다. 여기서 확인할 것은, 다산의 자주지권은 선악에 대해 추론하는 능력과 선악을 의지—욕구하는 능력이 결합되어 나타나는 능력으로, 결코 선의지와 관계없는 일반적인 의지—결단의 상황에 적용되지 않는다는 점이다. 자주지권은 오직 도덕적 결과나 그에 따른 평가가 가능한 곳에서만 작동한다.

다산은 가치의 원천이자 추동력으로서의 이가 인간의 성으로 내재되어 있다는 성리학의 테제에서 도리어 인간의 도덕적 실패와 무능을 읽는다. 이미 내재되어 있다는 어떤 적극적 실천도 정해진 값의 현실화에 지나지 않는다면 도덕적 선택에 따른 현실화에 특별한 가치를 둘 이유가 없기 때문이다. 이런 맥락에서 다산이 이와 성을 분리시킴으로써 얻고자 하는 것은 도덕적 선과 인간의 관계를 의지와 책임의 차원에서 설명하려는 이론적 전환이다.

6. 나가며

다산은 도덕적 성취의 토대를 '이'가 아니라 본성의 성향으로 자연화함으로써 유학의 근본적 전제인 천명天命으로서의 성선性善을 계승한다. 이 자연화는 식, 색 등의 생물학적 방향으로 향하지 않는다. 성에서 촉발되는 것은 생물학적 욕구가 아니라 도덕적 지향성이자 도덕적 욕구이기 때문이다. 성즉리와는 다른 방식으로 모든 인간을 근원적 힘에 연결하여 도덕적 실천의 예비자로 삼는 고대 유학의 이념이 승계된다. 그러나 동시에 서학의 자원을 활용해 유학과 성리학에 요구되지 않았던 도덕적 의지와 결단을 도덕적 실천의 중요한 단계로 삽입함으로써 스스로 결단해서 행한 일에 책임을 지는 책임귀속적 주체를 형상화해 낸다. 다산은 서학의 주지주의적 경향을 따르지도 않고, 초월적 신에 대한 신앙을 떠맡지 않으면서도 서학의 자원을 유학 안에 도입하여 유학—성리학에 없었던 도덕적 실천의 단계를 세분화해서 설정한 것이다. 근대성을 비롯해 다산 철학의 의의에 대한 평가는 이 지점에서 시작해야 한다.

다산이 근대적이라면 그것은 근대적 가치인 '자유'를 말했기 때문이 아닐 것이다. 다산의 새로운 철학적 인간학은 도덕적 성공과 실패의 기제를 인간의 결단에서 찾고자 했다는 점에서, 다시 말해 본성에 이미 내재되어 있는 가치의 외화가 아니라 누구나 가지고 있는 선의지를 실질적 결단을 통해 실현함으로써 스스로 도덕적 책무를 자임하는 인간형을 제안했다는 점에서 평가받아야 한다. 그러므로 자주지권에서 중요한 것은 자유가 아니라 의지이며, 일반 의지가 아니라 선의지이며, 그에 대한 결단이며, 결단에 대한 책임이자 자임이다. 다산은 스스로 판단하고 결정하며 그 결과에 책임을 지는, 어떤 면에서 대단히 근대적인 도덕 주체를, 근대적 이념이나 가치를 목표로 삼지 않고도 자기 언어와 철학을 통해 새롭게 구성해 낸 것이다.

참고문헌

李之藻(等編), 《天學初函》 전6책, 台北: 學生書局. 1965.

丁若鏞, 《與猶堂與猶堂全書》 전6책, 《韓國文集叢刊》, 민족문화추진회, 2002.

Nicolas Standaert. Adrian Dudink ed., 《耶穌會羅馬檔案館明淸天主敎文獻》, 台北: 利氏學社, 2002.

마테오 리치, 《천주실의》, 송영배 외 역, 서울대학교 출판부, 1999.

토마스 아퀴나스, 《신학대전》, 정의채 역, 1권, 10권, 11권, 바오로딸, 2001.

김선희, 《마테오 리치와 주희 그리고 정약용》, 심산, 2012.

潘鳳娟, 《西來孔子艾儒略》, 台北: 聖經資源中心, 2002.

요셉 드 프리스, 《스콜라 철학의 기본 개념》, 신창석 역, 분도출판사, 1997.

에머리히 코레트, 《철학적 인간학》, 진교훈 역, 종로서적, 1986.

장욱, 《중세철학의 정신》, 동과서, 2002.

G. 달 사쏘 외, 《성 토마스 아퀴나스의 신학대전 요약》, 이재룡 외 역, 가톨릭대학교출판부, 1993.

금장태, 〈다산의 사천학과 서학수용〉, 《철학 사상》 16집, 2003

금장태, 〈다산의 심 개념과 마테오 리치의 영혼론〉, 《종교와 문화》 8집, 2002

김선희, 〈영명으로서의 인간: 《성학추술》을 통해 본 정약용의 인간론〉, 《동양철학연구》 60집, 2009.

송영배, 〈다산철학과 천주실의 의 패러다임 연구〉, 《한국실학연구》 2집, 2000

송영배, 〈정약용철학과 성리학적 리기관의 해체〉, 《철학사상》 13집, 2001

안영상, 〈천주교 영혼설이 조선 후기 사상계에 끼친 영향〉, 《한국사상사론》 19집, 2002

안영상, 〈토미즘과 비교를 통해서 본 정약용의 인심도심설〉, 《한국실학연구》 제9집, 2005.

오문환, 〈다산 정약용의 근대성 비판: 인간관 분석을 중심으로〉, 《정치사상연구》 7집, 2002.

이영경, 〈다산 정약용의 심성론에서 자유의지론의 문제와 윤리적 특성〉, 《대동철학》 38집, 2007.

정인재, 〈서학과 다산의 성기호설〉, 《다산학》 7호, 2005.

제15장

다산역학에서 우연성·결정론·자유의지의 문제

방인

(경북대학교 철학과 명예교수)

1. 들어가는 말

이 논문의 목적은 다산 정약용의 역학易學에서 우연성과 결정론과 자유의지自由意志의 관계를 해명하는 데 있다. 최근에 다산 경학의 분야에서 '자주지권自主之權'의 개념에 주목하는 여러 편의 논문이 발표되었다.[1] 이희평은 다산의 자주지권과 상제上帝의 권능이 모순된다는 점을 지적하였다. 만약 인간이 스스로의 행위를 결정할 수 있다면 상제의 주재主宰는 무의미해지기 때문에 상제의 주재권主宰權과 인간의 자주지권은 형식논리학적으로 볼 때 양립할 수 없는 개념이며, 결정론과 자유의지의 모순을 불러일으킨다는 것이다.[2] 그러나 백민정은 선천적 도덕감정을 인정하더라도 그 도덕감정을 따르지 않을 수 있는 가능성을 가지고 있기 때문에 선천적 도덕감정과 그 기원으로서의 본성은 자유의지自由意志라는 윤리적 요소에 대해 양립 가능할 뿐 아니라 오히려 선행善行을 이끌어 내는 추동력推動力이 될 수 있다고 주장하였다.[3] 그리고 이영경은

---

* 이 논문은 이 책이 출간되기 전인 2020년 《다산 정약용의 역학서언: 주역의 해석사를 다시 쓰다》(예문서원, 79-110쪽)에 게재된 적이 있다.

1 다산 경학에서 자주지권 혹은 자유의지론을 다룬 논문은 다음과 같다.
    이희평, 〈다산의 천인상관에 관한 일고 ─상제의 주재권과 인간의 자주지권을 중심으로〉, 《한국철학논집》 제3집, 한국철학사연구회, 1993; 백민정, 〈다산 심성론에서 도덕감정과 자유의지에 관한 문제〉, 《한국실학연구》 14, 2007; 이영경, 〈다산 정약용의 심성론에서 자유의지론의 문제와 윤리적 특성〉, 《대동철학》 제38집, 대동철학회, 2007; ___, 〈정약용의 윤리사상에서 도덕적 자율성과 상제의 문제〉, 《대동철학》 제54집, 2011.

2 이희평, 〈다산의 천인상관에 관한 일고─상제의 주재권과 인간의 자주지권을 중심으로〉, 《한국철학논집》 제3집, 한국철학사연구회, 1993.

"천天이 인간에게 자주지권自主之權을 부여했다"는 다산의 주장이 자유의 지의 문제에 의문을 불러일으킨다고 주장하였다. 만약 인간이 감시자監視者인 상제에 대한 두려움으로 도덕적 실천을 하게 된다면 이는 타자他者의 규제를 인정하는 것이 되기 때문에 자유自由가 온전히 담보되기 힘들다고 주장하였다.⁴ 그러나 이영경은 후속 논문에서 상제의 감시와 경고가 도덕적 자율성을 훼손하는 측면이 있는 것처럼 보이는 것은 사실이지만, 상제가 부여한 도덕적 자율성을 제한하지 않는다고 주장하였다. 설령 상제가 인간의 행위에 대해 상벌賞罰을 내린다고 하더라도 그것은 인간이 자율적으로 도리를 실천할 수 있고, 그에 따른 책임이 온전히 인간 자신에게 있음을 전제로 한다는 것이다.⁵ 위에서 언급한 관점은 대략 세 가지 견해로 요약할 수 있다. 첫째, 다산의 사유체계에서 자주지권과 결정론의 개념이 모순을 일으킨다는 주장(이희평), 둘째, 선천적 도덕감정과 자유의지는 양립 가능할 뿐 아니라 오히려 선행善行을 이끌어 내는 가장 중요한 추동력이 될 수 있다는 주장(백민정), 셋째, 상제의 감시와 경고가 인간의 도덕적 자율성을 훼손하는 측면이 있지만, 상제가 인간에게 부여한 도덕적 자율성을 제한하지 않는다는 주장(이영경) 등이다.

이상에서 언급한 선행 연구자들의 관점에서 자유의지와 결정론의 양립 가능성 문제가 중요한 문제로 떠오른다. 결정론과 자유의지가 서로 상충되는 것이 아니라 동시에 성립될 수 있다는 주장을 철학에서는 양립가능론(compatibilism)이라고 부른다. 양립가능론에서는 결정론과 자유

---

3 백민정, 〈다산 심성론에서 도덕감정과 자유의지에 관한 문제〉, 《한국실학연구》 14, 2007.

4 이영경, 〈다산 정약용의 심성론에서 자유의지론의 문제와 윤리적 특성〉, 《대동철학》 제38집, 대동철학회, 2007, 11~12쪽.

5 이영경, 〈정약용의 윤리사상에서 도덕적 자율성과 상제의 문제〉, 《대동철학》 제54집, 2011, 1쪽.

의지가 서로 충돌하는 측면이 있음을 인정하지만 그렇다고 해서 양립 불
가능한 것은 아니라고 주장한다. 일반적으로 강한 결정론(hard determinism)
에서는 자유의지를 완전히 배제하지만 약한 결정론(soft determinism)에서
는 자유의지를 용인한다.[6] 따라서 전자에서는 자유의지와 양립이 불가
능하지만, 후자에서는 자유의지와 결정론이 양립가능하다.[7] 다산의 사유
체계에는 결정론과 자유의지의 두 측면이 모두 존재한다. 다산의 〈자찬
묘지명〉에는 "인생의 흥망성쇠에 어찌 정명定命이 없다고 하겠는가?(人
生否泰可曰無定命乎?)"라는 구절이 나오는데, 여기서 정명은 결정론을 전제
로 하는 개념이다. 다산의 상제上帝와 천명天命에 관한 견해에는 결정론
적 사유가 지배하고 있다. 다산의 《주역》 해석도 역시 결정론적 사고의
바탕 위에서 행해지고 있다. 다산은 복서卜筮를 천명을 품부稟賦받는 수
단으로 간주했는데, 이러한 관점에는 결정론이 포함되어 있다. 이와 달
리 다산이 《맹자요의》에서 언급한 '자주지권自主之權'과 《심경밀험心經密
驗》에서 언급한 권형權衡은 자유의지自由意志의 개념을 함축한다. 이처럼
다산은 정명定命과 자주지권을 동시에 주장하고 있기 때문에 다산의 관
점도 양립가능론으로 분류될 수 있다.

　만약에 결정론과 자유의지가 동시에 성립가능하다면 그것이 《주역》
해석에서 갖는 의미는 무엇인가? 다산에 따르면 복서卜筮는 천명天命을
품부稟賦받는 수단이다. 그리고 《주역》의 점사占辭는 운명을 예단해 주는
기능을 갖는다. 다산은 〈역론易論〉에서 복서를 행하기 위해 충족시켜야
할 조건으로 우연성(偶然性, contingency)과 도덕성이라는 두 가지 조건을
제시하였다. 미래가 이미 결정되어 있는 상황에서는 점을 칠 필요가 없
다. 미래에 대한 불확실성은 실존적 불안을 가져오며, 점술은 바로 이
러한 불안을 해소하기 위해 생겨난 것이다. 우연성은 미래에 어떤 일이

---

6 안건훈, 《자유의지와 결정론》, 집문당, 2006, 27쪽.
7 같은 책, 95쪽.

발생할지 모르는 불확실한 상황에 관여한다. 따라서 우연성은 복서를 행하기 위한 전제가 된다. 그리고 도덕성은 점사의 해석에 참여하는 주체의 도덕적 자율성과 자유의지에 관여한다. 다산의 관점에서 본다면 점사가 아무리 좋은 의미를 포함하고 있더라도 점치는 사람이 그에 부합하는 도덕성을 갖추지 못했다면 그 점괘는 효력을 갖지 못한다. 그런데 도덕적 가치에 대한 판단은 전적으로 점치는 자의 도덕적 자율성에 의존하며, 도덕적 자율성은 도덕적 행위 주체의 자유의지를 전제로 한다.

이 글에서 본론은 크게 두 부분으로 구성된다.

먼저 제2장 '우연성과 결정론의 관계'에서는 다산의 결정론적 관점이 상수학象數學의 해석 방법에 어떻게 반영되어 있는지를 분석할 것이다. 역리사법易理四法과 삼역지의三易之義 등은 《주역》의 해석 방법이면서 동시에 미래 예측을 위한 기호모형記號模型을 구성한다. 이러한 기호모형은 결정론과 우연성의 관계를 분석하는 데 매우 유용하다. 추이설은 전통적 벽괘설을 수정해서 만든 이론으로서 64괘를 14벽괘와 50연괘라는 두 부분으로 구성하고 있다. 14벽괘와 50연괘는 모두 결정론적 예측모형으로 사용되지만, 14벽괘가 표상하는 것은 천도天道의 변화이며, 50연괘가 표상하는 것은 천도天道의 영향을 받아 형성되는 만물萬物의 변화이다. 전자는 자연의 순환적 질서를 나타내기 때문에 12개월과 윤달의 변화 등 거시적巨視的 변화양상에 상응하는 반면에 후자는 천변만화千變萬化하는 인간사人間事의 길흉화복을 나타내기 때문에 미시적微視的 변화양상에 상응한다. 우연성과 관계에서 본다면, 14벽괘의 단계에서 변화는 순차적이며 질서 있게 진행되기 때문에 우연성이 제한되어 있으나, 50연괘에서는 여러 단계를 거치면서 변화는 복잡해지며 일정한 유형[전요典要]을 찾을 수 없게 된다.

그 다음으로 제3장에서는 도덕적 자율성과 결정론의 관계를 다룬다. 일반적으로 점사占辭는 결정론적 예언을 담고 있지만 해석자의 주관이 개입되게 되면 결정론적 의미가 약화되게 된다. 더구나 도덕적 판단은 자유의지를 전제로 하는 개념이기 때문에 도덕적 판단이 개입하게 되면 결정론으로부터는 더욱 멀어지게 된다. 《춘추좌씨전》에 나오는 남괴南蒯와 목강穆姜의 서례筮例에서 점사는 매우 길吉한 의미를 포함하고 있었으나 유감스럽게도 두 사람은 그 점사의 의미에 합당한 도덕성을 갖추지 못했기 때문에 점사의 예언은 적용되지 못했다. 도덕성을 갖추고 있는지에 대한 판단은 도덕적 행위자의 자율성에 의지한다. 도덕적 자율성은 자주지권과 권형權衡을 포함하는 개념이기 때문에 자유의지는 도덕적 실천에서 당연히 요청되는 개념이 된다. 문제는 점사의 해석에서 도덕성의 문제가 개입되게 되면 그 점사는 더 이상 결정론적 의미를 갖지 못하게 된다는 데 있다. 뿐만 아니라 점사의 해석에서 해석자의 주관이 개입된다면 자의적恣意的 해석의 문제가 발생한다. 해석의 자의성은 비결정성(indeterminacy)의 문제와 밀접하게 연관되어 있다. 해석이 비결정적이라면 점사의 의미가 확정될 수 없다. 만약에 점사의 의미가 불확정적이라면 그것은 결정론(determinism)이 될 수 없다는 것은 너무나 당연하다. 따라서 불확정성은 우연성(contingency)의 또 다른 이름이 된다. 우연성은 복서卜筮가 행해지기 위한 전제조건을 형성하지만, 결정론을 약화시키는 요소로 작용하며, 자유의지가 개입할 수 있는 공간을 형성해 준다.

2. 우연성과 결정론의 관계

동아시아에서 운명 개념을 형성하는 데 핵심적 단어로 사용된 것은 명命이었다. 명命자의 기원은 갑골문甲骨文에까지 거슬러 올라간다. 갑골

문에서 명命자는 지위가 높은 사람이 무릎 꿇은 사람에게 명령을 내리
는 모습을 상형象形하고 있다.[8] 고대의 신분제적 사회에서 높은 지위에
있는 사람이 내리는 명령은 함부로 거역하거나 변경할 수 없는 것이었
다. 명命의 용어가 결정론적 의미를 함축하게 된 것은 바로 이 때문이
다. 유가儒家 경전 가운데 《주역》은 다른 어떤 유가 문헌보다도 결정론
의 성격을 강하게 지니고 있다.[9] 《주역》의 결정론적 성격을 이해하기
위해서는 고대인의 종교적 생활 세계에서 복서의 역할에 대해 깊은 이
해가 요구된다. 종교학적 관점에서 본다면 복서는 초월적 존재로부터
계시(revelation)를 받는 행위로 정의될 수 있다. 복서는 제정일치祭政一致
형태로 유지되던 고대사회에서 신탁(神託, oracle)을 위해 사용되던 방법
이었다.[10] 복서는 실존적 상황에 처한 인간이 절대자인 신에게 운명을
계시啓示해 줄 것을 요청하고 그 뜻에 따르기 위한 수단으로 만들어졌
다.[11] 다산에 따르면 성인이 《주역》을 만든 이유는 바로 천명天命을 청청請請
하기 위한 데 있다.[12] 천명은 저절로 알려지는 것은 아니기 때문에, 천

---

8 命字의 변천과정은 다음과 같다.

9 《주역》에서 命字는 《易經》과 〈易傳〉에 모두 나타난다. 師卦 九二의 爻辭 "王三錫命"
에서 命자의 용례는 지위가 높은 자가 내리는 명령이라는 原義에서 벗어나지 않는
다. 그러나 无妄卦 〈彖傳〉의 "大亨以正.天之命也"와 革卦 〈彖傳〉의 "湯武革命"과 〈계
사전〉의 "窮理盡性以至於命"과 "樂天知命" 등에서 命자는 天命의 의미로 쓰이고 있
다.

10 점술(divination)은 신성한(numinous) 성질이 깃든 물질적 대상의 수단을 통해 보
이지 않는 권능과 소통하는 것이라고 정의될 수 있다(Michael Loewe, *Divination,
Mythology and Monarchy in Han China*, Cambridge University Press, 1994, 189쪽).

11 "古人事天地神明, 以事上帝, 故卜筮以聽命."(〈卜筮通義〉,《易學緖言》,《定本 與猶堂全
書》第17卷, 280쪽)

12 "易何爲而作也? 聖人所以請天之命, 而順其旨者也."(〈易論〉,《周易四箋 I》,《定本 與猶

명을 품부稟賦받기 위해서는 상제천上帝天에게 간절히 청하지 않으면 안
된다. 다산은 상제에게 천명을 알려 달라고 요청하는 행위를 청명請命이
라고 하였다.[13] 다산은 〈역론易論〉에서 복서를 통해서 청명請命을 행하기
위한 두 가지 조건을 제시하였다. 첫째, 미래는 예측할 수 없는 불확실
한 상황이어야 하며, 둘째, 복서를 행하는 자가 도덕적 선의지善意志를
갖추어야 한다는 것이다.

> ❶ 만약에 어떤 사안事案이 공정公正한 선善으로부터 나왔고, 하늘의 도움
> 을 받아 성공하고, 나에게 복福을 가져다 줄 것이 분명하다면 성인은
> 하늘에 다시 청하지 않는다.
> ❷ 만약에 어떤 사안이 공정한 선으로부터 나왔으나, 상황과 시기가 너무
> 나 불리하여 실패할 것이고, 하늘로부터 복을 받지 못할 것이 틀림없다
> 면 성인은 하늘에 다시 청하지 않는다.
> ❸ 만약에 어떤 사안이 공정한 선으로부터 나온 것이 아니며, 천리天理에
> 거스르고 심지어 인륜人倫의 질서마저도 해친다면, 그 사안이 성공할 것
> 이 틀림없고, 곧바로 복福을 가져다 줄 것이 분명하더라도 성인은 하늘
> 에 다시 청하지 않는다.
> ❹만약에 어떤 사안이 공정한 선으로부터 나왔고, 그 성공과 실패, 또는
> 화禍와 복福을 미리 예측할 수 없을 때에만 그때에 천명을 요청하는 것
> 이다.[14]

堂全書》第15卷, 328쪽)

13 '請命'이라는 단어가 《주역사전》과 《역학서언》에 나오는 것은 아니다. 그러나 〈易論
(2)〉에는 '請天之命'이라는 말이 네 차례 나오는데, 이는 '請命'과 동일한 개념이라고
할 수 있다. "易何爲而作也? 聖人所以請天之命, 而順其旨者也."(〈易論〉, 《周易四箋 I》,
《定本 與猶堂全書》第15卷, 328쪽)

14 ❶夫事之出於公正之善, 足以必天之助之成, 而予之福者, 聖人不復請也. ❷事之出於公正
之善, 而時與勢有不利, 可以必其事之敗, 而不能受天之福者, 聖人不復請也. ❸事之不出
於公正之善, 而逆天理, 傷人紀者, 雖必其事之成而徼目前之福, 聖人不復請也. ❹唯事之
出於公正之善, 而其成敗禍福, 有不能逆睹而縣度之者, 於是乎請之也.(〈易論〉, 《周易四箋

앞의 ❶❷❸의 세 가지 조건은 점술을 행해서는 안되는 상황이며, 마지막 ❹가 청명請命할 수 있는 유일한 상황이 된다. 그런데 ❹는 두 가지 조건을 충족시켜야 한다. 첫째, 예측 가능하지 않은 불확실한 상황이어야 하며, 둘째, 점치는 자가 도덕적 선의지善意志를 갖추어야 한다. 만약에 좋은 결과이든지 나쁜 결과이든지 간에 미래의 사건을 예측할 수 있다면 점을 쳐야 할 이유가 없다. 그리고 선의지善意志가 결여된 상황에서 점을 친다면 미래를 예측하는 것이 가능하더라도 천리天理를 거스르고 인륜人倫을 해치는 행위가 된다. 예측이 불가능한 상황이란 곧 우연성(偶然性, contingency)이 지배하는 상황을 가리킨다.[15] 예측 불가능성은 우연이라는 단어 속에 담긴 가장 평범하고 보편적인 의미요소이다.[16] 우연성의 개념은 필연성과 모순대당(矛盾對當, contradictory opposition)의 관계에 있다. 모순 대당의 관계에서는 한쪽 명제가 참이면 다른 한쪽의 명제는 반드시 거짓이 된다. 만약에 어떤 사건의 발생을 예측 가능하다면 그것은 필연적 사건이다. 이와 달리 어떤 사태가 발생할 수도 있고, 발생하지 않을 수도 있으면 그것은 우연적 사건이다. 우연적 사건은 불확실성이 지배하는 상황에서 발생한다. 우연성의 개념에 내포된 예측 불가능성의 의미요소는 불확실성, 위기, 위험, 파국 등을 불러올 수 있는 부정적인 위험 요소로 간주된다.[17] 불확실성은 미래를 위협하는 원인이 되기 때문에 유가가 가장 두려워하던 것이었다. 점치는 자는 점술에 의존하여 미래를 예측함으로써 불확실성으로부터 벗어나려고 시도

I),《定本 與猶堂全書》15, 328쪽;《譯註 周易四箋》, 제4권, 136쪽)

15 'contingency'는 우연성, 우발성, 불확실성을 뜻하는 단어로서, '함께 접촉하다', '함께 맞아 떨어지다'라는 의미를 지니는 라틴어 동사 'contingere'에서 유래한 단어다. 철학적 의미로는 "불가능하지도 않고 불가피하지도 않은 것", 혹은 "필연적이지 않은 것"이라는 의미로 사용되었다(최성철,《역사와 우연》, 도서출판 길, 2016. 25쪽).

16 최성철, 위의 책, 478쪽.

17 위의 책, 479쪽.

한다. 다산이 언급한 "성공과 실패, 또는 화禍와 복福을 미리 예측할 수 없는 경우(其成敗禍福有不能逆睹而懸度之者)"가 바로 이러한 우연성(contingency)이 지배하는 상황에 해당된다. 그러나 미래를 예측할 수 없는 것은, 어디까지나 인간의 인식능력이 제한되어 있기 때문이다. 초월적 절대자인 상제의 관점에서 본다면 미래는 예측 가능하기 때문에 우연이란 존재하지 않는 것이 된다.

이제 복서가 행해지기 위한 두 가지 조건, 곧 우연성(contingency)과 도덕적 선의지善意志가 갖추어졌으므로 청명請命이 이루어질 수 있다. 일단 청명이 이루어지면 상제上帝는 거기에 응해서 천명을 내려 주게 된다. 이때 복서를 행하는 자가 천명을 받아들이는 행위를 품명稟命이라고 한다.[18] 품명을 하기 위해서는 천명을 공경하는 마음으로 받아들여야 한다.[19] 《주역》의 서술筮術은 천명을 품부稟賦받기 위한 도구적 수단이다. 그런데 천명을 품부받기 위해서 요구되는 것이 청명이다. 그러나 청명이라고 해서 하늘[天]의 육성肉聲을 직접 듣는 것을 의미하는 것은 아니다. 하늘은 음성을 통해 자신을 드러내지 않고, 다만 기호(記號, sign)를 통해 자기 자신을 드러낼 뿐이다.[20] 따라서 천명을 파악하기 위해서는 먼저 하늘이 보내는 기호를 해독하지 않으면 안 된다. 기호의 해독이 이루어지면 그 명命에 따라야 하는데 그것을 순명順命이라고 한다.[21] 만

---

18 '稟命'이라는 단어는 《역학서언》의 〈卜筮通義〉에 나온다. "總之, 卜筮之法, 其始也, 稟天命以前民用也. … 稟命之義逢晦, 而探命之志先躁, … 是稟命乎?, 是探命乎?"(〈卜筮通義〉, 《易學緒言》, 《定本 與猶堂全書》 第17卷, 285쪽)

19 '稟'이라는 단어는 본래 '賦子'와 '承受'의 개념을 동시에 갖고 있는 말이다. "天稟其性"(《漢書·禮樂志》)이라고 할 때는 '賦與'의 뜻으로 쓰인 것이지만, "臣下罔收稟命" (《書經·說命》)이라고 할 때는 '承受'의 뜻으로 쓰인 것이다.

20 '聽命'이라는 단어는 《역학서언》의 〈卜筮通義〉에 나온다. "古人事天地神明, 以事上帝, 故卜筮以聽命."(〈卜筮通義〉, 《易學緒言》, 《定本 與猶堂全書》 第17卷, 280쪽)

21 '順命'이라는 단어는 《주역사전》에서는 履卦 九二의 注에서 "高潔順命"(《定本 與猶堂全書》 第15卷, 188쪽), 蠱卦 六五의 注에서 "巽以順命"(《定本 與猶堂全書》 第15卷,

약에 명命을 주어지는 대로 따르지 않고, 개인의 이기적 목적을 위해 천명을 조작하려고 한다면 그것은 품명稟命이 아니라 탐명探命이 된다.[22] 다산에 따르면 탐명에는 개인의 영화榮華를 구하기 위한 사심私心이 개입되어 있다. 이렇게 해서〔청명請命→품명稟命→청명聽命→순명順命〕의 과정이 이루어진다. 결국 사심이 개입되느냐 않느냐에 따라서 품명稟命과 탐명探命의 길이 갈라진다. 그런데 사심은 결국 도덕성의 결핍을 나타내는 용어이기 때문에 도덕성을 갖추는 것이 품명稟命을 위한 기본적 전제가 된다.

그러면 복서卜筮는 어떻게 미래의 예측을 위한 기제(機制, mechanism)로 쓰이는 것일까? 다산은 《주역》의 해석을 위해 추이推移·효변爻變·호체互體·물상物象의 역리사법易理四法과 교역交易·변역變易·반역反易 등의 방법을 활용하였다. 이러한 방법들은 해석을 위한 도구이면서 동시에 미래 예측을 위한 기제로 활용된다. 역리사법 가운데서 추이推移는 《주역》의 기호모형(semiotic model)의 기본 구조를 형성한다. 다산의 추이설은 벽괘辟卦를 토대로 전개되는 이론이다. 벽괘란 경방京房이 십이월괘十二月卦에 붙인 명칭으로서, 십이월괘를 소식괘消息卦라고도 부른다. 다산의 추이설의 특징은 12벽괘에 소과小過와 중부中孚의 두 괘를 추가하여 14 벽괘설을 전개하였다는 데 있다. 12벽괘는 복復·림臨·태泰·대장大壯·쾌夬·

246쪽) 등 여러 차례 빈번하게 나온다. 《역학서언》에서는 〈班固藝文志論〉에 나온다. "文王以諸侯, 順命而行道."(〈班固藝文志論〉, 《易學緒言》, 《定本 與猶堂全書》 第17卷, 74쪽) 그리고 '順命'이라고는 하지 않았지만 〈易論〉에서 "易何爲而作也? 聖人所以請天之命, 而順其旨者也."(〈易論〉, 《周易四箋》, 《定本 與猶堂全書》 第15卷, 328쪽)이라고 한 것은 '順命'의 개념을 드러낸다.

22 "總之, 卜筮之法, 其始也, 稟天命以前民用也. … 春秋之世, 此法已濫. 卜其身命者, 不出於榮祿位名之慕, 卜其謀議者, 不揆夫義利逆順之辨. 稟命之義遂晦, 而探命之志先躁, 則眩惑妖幻之術, 狡獪支離之說, 得以交亂於其間, 而不自覺, 其陷入於慢天瀆神之咎矣. 法旣亡, 則無以爲筮. 然, 苟欲筮之, 須先查察, 曰, "是稟命乎?, 是探命乎?" 苟其深矣. 斯速已之. 斯古義也."(〈卜筮通義〉, 《易學緒言》, 《定本 與猶堂全書》 第17卷, 285쪽)

건乾·구姤·둔遯·비否·관觀·박剝·곤坤으로 이루어져 있다. 12벽괘와 명칭과 괘상을 도표로 표시하면 다음과 같다.

12벽괘	復	臨	泰	大壯	夬	乾	姤	遯	否	觀	剝	坤
괘상	䷗	䷒	䷊	䷡	䷪	䷀	䷫	䷠	䷋	䷓	䷖	䷁

12벽괘는 춘春·하夏·추秋·동冬 사시四時의 운행運行을 상징하기 때문에 사시지괘四時之卦라고도 부른다. 이와 달리 소과(䷽)와 중부(䷼)는 5년에 두 번 있는 윤달을 상징하기 때문에 재윤지괘再閏之卦라고 부른다. 12벽 괘는 점진적으로 증가와 감소를 되풀이하면서 순환운동을 한다. 그러나 재윤지괘는 12벽괘와는 달리 사시四時의 순환 운동에는 참여하지 않는 다. 사시지괘四時之卦와 재윤지괘再閏之卦를 도표로 표시하면 다음과 같다.

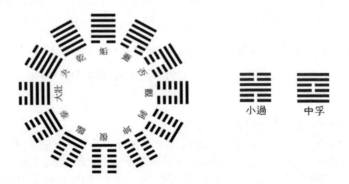

다산에 따르면 소과와 중부는 윤달을 정하는 과정에 관여한다. 윤달 을 정하는 방법을 치윤법置閏法이라고 하고, 5년에 2번 윤달을 두는 방 법을 오세재윤五歲再閏의 원리라고 부른다. 치윤법에서는 64괘 가운데서 천天·지地를 상징하는 건乾·곤坤을 일단 제외하고, 나머지 62괘를 5년의

월수月數에 상응시키는 방법을 사용한다. 즉 1년은 12개월로 되어 있으므로 5년은 60개월이 되는데, 5년에 두 번의 윤달을 두게 되므로 합치면 62개월이 된다(12×5+2=62). 따라서 일단 60개월에 60괘를 배당하고, 그 다음으로 두 번의 윤달에 중부中孚·소과小過를 배당하면 62괘가 된다(60+2=62). 여기에 앞서 제외시켰던 건乾·곤坤을 다시 합치면 모두 64괘가 된다(2+{5×12}+2=64). 이것을 도표로 표시하면 다음과 같다.[23]

지시대상	구성요소	괘의 수	총수
天地	乾·坤	2	
五歲	64 − 乾·坤	12×5=60	2+60+2=64
再閏	小過·中孚	2	

다산은 〈계사전〉의 '방이유취方以類聚'·'물이군분物以群分'의 용어를 사용하여 64괘를 두 가지 유형으로 분류하였다. '유취類聚'는 14벽괘의 유형적 특징을 나타내며, '군분群分'은 50연괘衍卦의 유형적 특징을 나타낸다. 12벽괘의 경우에는 음陰과 양陽이 동류同類에 속하는 무리끼리 모여 있기 때문에 유취類聚의 특성이 명확하다. 그러나 소과小過와 중부中孚의 경우에는 음과 양이 유취되어 있기도 하지만 분산分散되어 있기도 하다. 다산은 소과와 중부를 중취지괘中聚之卦로 분류하였는데, 이것은 6획괘의 3·4위를 기준으로 삼아 소과는 양의 세력이 모여 있고, 중부는 음의 세력이 모여 있는 특징을 취한 것이다.[24] 결국 12벽괘와 재윤지괘再閏之卦가 합쳐져서 방이유취괘方以類聚卦를 구성한다. 반면에 50연괘衍卦에서는 군집群集된 무리가 분산分散되어 있기 때문에 물이군분괘物以群分卦가 된

---

23 방인, 《다산 정약용의 《주역사전》 기호학으로 읽다》, 예문서원, 2014. 257쪽.
24 《周易四箋 II》, 《定本 與猶堂全書》 제16권, 273쪽; 《譯註 周易四箋》 제8권, 26~27쪽.

다. 14벽괘가 추이推移하여 50연괘로 되면, 유취類聚되어 있던 음陰·양陽
의 무리는 분산되게 된다. 이렇게 해서 14벽괘와 50연괘衍卦의 두 부분
으로 구성된 기호모형記號模型이 만들어진다. 이상에서 설명한 기호모형
의 유형을 도표로 나타내면 다음과 같다.

영역	기호모형	유형적 특성
천도天道=벽괘辟卦	십이벽괘十二辟卦=사시지상四時之象	방이유취方以類聚
	재윤지괘再閏之卦=오세재윤五歲再閏	
만물萬物=연괘衍卦	오십연괘五十衍卦=만물지상萬物之象	물이군분物以群分

《주역》의 기호모형(semiotic model)에서 14벽괘와 50연괘는 각각 상부
구조와 하부구조에 해당한다. 전자前者는 천도天道와 관련되고, 후자는
만물萬物과 관련된다. 14벽괘 가운데서 12벽괘의 추이推移는 천도天道의
순환적 운행을 상징한다.[25] 군자君子는 사시四時의 운행를 통해 드러나는
천도天道의 건장健壯함을 본받으려 한다. 건괘乾卦〈대상전大象傳〉에서 "하
늘의 운행은 굳건하니, 군자는 이 괘상卦象을 관찰함으로써 스스로 굳건
히 하여 쉬지 않는다(天行健, 君子以自彊不息)."고 한 것이 바로 이것을 뜻
한다. 자연현상에 대한 예측은 순환적 질서가 갖는 규칙성으로 말미암
아 가능해진다. 《주역》의 예측이 주로 사시四時의 질서와 연관되어 이루
어지고 있는 것은 바로 이 때문이다. 《주역》에서 월수月數를 점칠 경우
에는 12벽괘를 사시四時에 배정하는 방법을 쓴다.[26] 예를 들면 임괘臨卦
의 괘사卦辭에서 "팔월八月에 흉한 일이 있을 것이다(팔월유흉八月有凶)"라
고 한 것은 임괘가 12벽괘에 속하기 때문에 벽괘辟卦와 사시四時를 연계

---

25 "天一日一周, 固亦行健之象, 然, 易之爲道, 專主十二辟卦."(《周易四箋 II》, 《定本 與猶
堂全書》 제16권, 246쪽; 《譯註 周易四箋》 제7권, 298쪽)

26 "十二辟卦, 旣配四時, 則可以占月"(《周易四箋 I》, 《定本 與猶堂全書》 제15권, 345쪽;
《譯註 周易四箋》 제4권, 178쪽)

辟卦	息卦						消卦					
	復	臨	泰	大壯	夬	乾	姤	遯	否	觀	剝	坤
月建	子	丑	寅	卯	辰	巳	午	未	申	酉	戌	亥
周曆	正月	二月	三月	四月	五月	六月	七月	八月	九月	十月	十一月	十二月
殷曆	十二月	正月	二月	三月	四月	五月	六月	七月	八月	九月	十月	十一月
夏曆	十一月	十二月	正月	二月	三月	四月	五月	六月	七月	八月	九月	十月

시키는 방법을 사용한 것이다.[27]

그러나 연수年數와 일수日數를 점칠 경우에는 〈설괘전〉의 방위方位에 의거해서 순서를 헤아린다.[28] 《주역》의 결정론적 예언은 대부분 〈설괘

---

27 周曆에서는 八月이 遯卦의 달에 해당되지만, 夏曆에서는 八月이 觀卦의 달에 해당된다. 다산은 《주역사전》의 臨卦의 注에서는 "八月有凶"의 八月이 遯卦의 달에 해당한다고 보았다. 그러나 동시에 胡炳文이 八月을 觀卦의 달이라고 한 주장도 소개하고 있다. 〔臨卦－遯卦〕의 관계는 變易의 관계이지만, 〔臨卦－觀卦〕의 관계는 反易의 관계가 된다. 이론적으로는 어느 설을 취해도 모순이 되는 것은 아니다. 실제로 정약용은 《역학서언》의 〈孔疏百一評〉에서 周曆의 八月인 遯卦로 본 何氏의 학설과 夏曆의 八月인 觀卦로 본 褚氏의 학설을 나란히 소개하고 있다. 그리고 《주역사전》의 〈계사전〉의 注에서는 "八月有凶"에 대하여 〔臨卦－觀卦〕의 反易 관계를 적용하여 설명하기도 하였다(交易反對之義【如臨觀倒, 則"八月有凶"】; 《周易四箋》 II, 《定本》 제16권, 284쪽). 그러나 두 경우가 모두 이론적으로는 성립가능하다고 하더라도 다산은 〔臨卦－遯卦〕, 곧 周曆의 八月을 가리키는 것으로 보는 것이 옳다고 보았다. 왜냐하면 만약 胡炳文이나 褚氏처럼 夏曆의 八月인 觀卦로 볼 경우에는 臨卦의 〈象傳〉에 나오는 "消不久"를 해석하기 힘들기 때문이다. 뿐만 아니라 臨卦의 〈象傳〉에 나오는 "浸而長"이 遯卦의 〈象傳〉에도 나오는 文句라는 것을 볼 때, 〔臨卦－遯卦〕의 관계, 곧 周曆의 八月로 보는 것이 더 설득력이 있다.

28 "易例, 占歲占日, 皆以〈說卦〉方位, 順序數之."(《周易四箋 I》, 《定本 與猶堂全書》 15, 345쪽; 《譯註 周易四箋》 제4권, 175쪽)

전〉의 방위方位에 의존해서 행해진다. 〈설괘전〉의 방위는 지형地形과 시간이라는 두 가지 요소가 결합된 중국인들의 결정론적 이해방식을 반영하고 있다. 〈설괘전〉의 방위에 의거하여 점칠 때 장구長久한 사안[永貞]에 대해서는 한 개의 궁宮을 한 해[歲]로 치고, 가까운 일[近事]에 대해서는 한 개의 궁을 일로 친다. 다산은 〈설괘전〉의 문왕후천방위文王後天方位는 인정하였으나 복희선천괘위伏羲先天卦位에 대해서는 부정하였다. 〈설괘방위도說卦方位圖〉에서 방위方位와 팔괘八卦를 다음과 같이 연관시켜 배치하고 있다.

설괘방위도說卦方位圖

이처럼 수數를 이용하여 월수月數·연수年數·일수日數 등을 예측하는 방법은 수리적數理的 결정론(numerological determinism)에 속한다. 결정론에서는 만약 어떤 사건이 다른 사건의 필연적 원인이라면 전자가 발생했을 때 후자의 발생은 피할 수 없는 것이 된다. 《주역》에는 자연 현상과 관련된 명제에 결정론적 의미를 함축한 것이 많이 있다. 예를 들면 곤초육坤初六의 "이상견빙지履霜堅氷至"는 "서리를 밟으면 단단한 얼음이 어는 때가 이르게 된다"는 뜻으로서 결정론적 의미를 포함하고 있다. 24

절기로 서리가 내리기 시작하는 시기는 상강霜降이며 대략 10월 23일~24일쯤에 해당된다. 상강이 지나면 입동立冬·소설小雪·대설大雪 등이 잇따라 오기 때문에 얼음이 얼게 되는 시기가 다가오는 것은 필연적 사건이 된다. 반면에 소축小畜 괘사卦辭의 "밀운불우密雲不雨"는 "짙은 구름이 끼여 있으나 비가 오지 않는다"는 뜻인데, 이것은 필연적으로 발생할 사태를 예측한 것이 아니라 단지 상황을 설명한 것이다. 왜냐하면 짙은 구름이 끼여 있을 때 비가 오지 않을 수도 있지만 비가 올 수도 있기 때문이다. 따라서 "밀운불우密雲不雨"에는 "이상견빙지履霜堅氷至"의 경우와는 달리 우연성이 개입되어 있다. 우연성의 요소가 전혀 없으면 강한 결정론(hard determinism)이 되지만, 우연성이 많아질수록 결정론은 약화된다.

《주역》의 기호모형에서 14벽괘는 자연의 질서 있는 변화를 상징하며, 50연괘는 자연의 영향을 받아 형성되는 인간사人間事의 길흉화복吉凶禍福과 흥망성쇠興亡盛衰를 상징한다. 14벽괘는 질서 있고 순차적順次的인 변화를 표현하지만 50연괘는 천변만화千變萬化하고 복잡다기複雜多岐한 변화를 표현한다. 다산에 따르면 〈계사하전繫辭下傳〉 제8장에서 언급한 '누천(屢遷, 여러 단계의 변화)'·'변동불거(變動不居, 변동하여 잠시도 머무르지 않음)'·'주류육허(周流六虛, 변화가 어느 특정한 방향을 취하지 않음)'·'상하무상(上下無常, 상승하거나 하강하는 데 일정한 규칙이 없음)'·'강유상역(剛柔相易, 음과 양이 서로 반대방향으로 바뀜)' 등은 50연괘의 단계에서 발생하는 불규칙적 변화를 표현하는 용어들이다. 50연괘의 단계에서는 변화가 무작위(無作爲, random)하게 일어나기 때문에 '고정된 유형[典要]을 찾을 수 없으며[不可爲典要]', '오직 변화를 좇을 뿐[唯變所適]'이다.[29] 다산

---

29 "《주역》이란 책은 멀리할 수 없으니, 그 道는 자주 變遷함에 있다. 변동하여 한자리에 머물지 않으며, 六虛에 두루 흐르고, 오르고 내림에 일정한 규칙[常]이 없고, 剛과 柔가 서로 자리를 바꾸니, 고정된 유형[典要]이 없으니, 오직 변화를 따르는 것

은 이 구절을 해석하면서 변화의 과정을 "벽괘辟卦로부터 추이推移→본
괘本卦의 생성→본괘로부터 효변爻變→변괘變卦의 생성←추이에 따른 변
괘의 생성근원의 소급遡及"의 단계로 설명하고 있다.[30] 이 과정을 도표
로 표시하면 다음과 같다.[31]

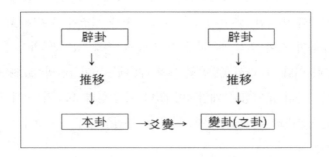

14벽괘 가운데서 12벽괘의 변화는 순차적이고 질서정연한 방식으로
일어난다. 재윤지괘再閏之卦에서 나타나는 변화의 양상은 12벽괘의 추이
에 비교하면 상대적으로 복잡하지만 규칙성에서 벗어난 것은 아니기
때문에 결정론의 법칙이 적용된다. 우연성의 측면에서 본다면 방이유취
괘方以類聚卦인 14벽괘의 단계에서 우연성의 정도程度는 제한되어 있다.

이다(易之爲書也, 不可遠. 爲道也, 屢遷. 變動不居, 周流六虛, 上下无常. 剛柔相易, 不
可爲典要, 唯變所適";《周易四箋 Ⅱ》,《定本 與猶堂全書》제16권, 294쪽;《譯註 周易四
箋》제8권, 108~109쪽)

30 "乾道變化, 爲姤爲坤爲復爲乾. 卽十二辟卦, 旣又遷之. 以爲衍卦. 屯蒙等, 又一遷動. 爻
變爲卦. 如乾之姤等. 又於變卦之中, 泝其推移, 如屯之比. 又自復剝來, 以觀物象, 此之
謂, 變動不居, 上下無常也. 屢遷不已, 陰陽奇偶, 互換交翻, 此, 剛柔相易也. 卦不推移,
爻不變動者. 非易也. 死法也."(《周易四箋 Ⅱ》,《定本 與猶堂全書》제16권, 294쪽;《譯
註 周易四箋》제8권, 109쪽)

31 일반적으로 推移의 과정은 [辟卦]→推移→[衍卦]의 단계로 변화한다. 圖表에서 [辟
卦]→推移→[本卦] 또는 [辟卦]→推移→[變卦(之卦)]로 표시한 것은 12벽괘 자체의
내부적 순환에 의해서 [本卦] 또는 [變卦(之卦)]가 衍卦가 아닌 辟卦가 되는 가능성
을 고려했기 때문이다. 만약에 12벽괘의 내부적 추이가 아니라면 [本卦] 또는 [變卦
(之卦)]는 당연히 衍卦가 된다.

방이유취괘에서는 같은 종류끼리 모여 있을 뿐 아니라 변화가 시간적 순서에 따라 순차적으로 발생하기 때문에 연속성連續性을 지닌다. 동일한 종류는 동일한 특징을 공유共有하기 때문에 유형화類型化가 가능하게 된다. 뿐만 아니라 시간의 순환적 질서는 예측을 가능하게 해 주는 요소가 된다. 그러나 14벽괘에서 50연괘의 단계로 옮아 가게 되면 시간의 순환적 질서로부터 벗어나며, 변화는 더 이상 항구적 패턴을 따르지 않고, 우발적 방식으로 일어난다. 물이군분괘物以群分卦에서는 방이유취괘에서 순환적 질서로부터 벗어나게 되면서 변화의 연속성連續性은 단절되며 파괴된다. 뿐만 아니라 동일한 종류끼리 모여 있던 것이 분산됨에 따라 변화의 양상이 다양하고 복잡해지며 우연성이 증가하게 된다. 우연성의 증가는 예측 불가능성을 확대시키기 때문에 유형類型을 형성하는 것을 방해한다. 만약에 우연성이 무한정으로 증가한다면 변화를 예측하는 것이 불가능해지며, 결정론은 아무런 의미도 갖지 못하게 될 것이다. 그러나 우연성이 무한대로 증가하는 상황은 상상하기 어렵기 때문에 대부분의 경우에는 우연성이 증가한다고 하더라도 결정론의 법칙으로부터 완전히 벗어나는 것은 아니며, 단지 변수變數가 증가하면서 정확한 예측이 어려워질 뿐이다. 요약하자면, 14벽괘의 단계에서는 강한 결정론(strong determinism)이 적용되는 반면에 50연괘에서는 약한 결정론(weak determinism)이 적용된다.

3. 도덕적 자율성과 결정론의 관계

《중용》에 "천명지위성天命之謂性"이라고 했으니, 성性과 명命의 개념은 밀접하게 연관되어 있다. 하늘이 명命한 것이 성性이므로 명이 결정론을

함축한다면 성도 또한 결정론적 요소를 지니게 된다는 것은 당연한 이
치이다. 명을 상제로부터 받은 명령으로 이해하는 다산의 관점은 결정
론적 관념을 내포한다. 왜냐하면 명이 상제천上帝天으로부터 주어진 것
이라면, 상제의 명령을 변경하거나 거역한다는 것은 상상하기 어렵기
때문이다. 다산의 기호지성嗜好之性의 개념도 역시 하늘(天)로부터 부여
받은 내재적 경향성이라는 점에서 역시 결정론을 전제로 한다. 만약에
다산의 주장이 거기에서 멈추었다면 그는 결정론자로 간주되어야 할
것이다. 그러나 다산은 명命 개념과 더불어 자주지권自主之權과 권형權衡
도 주장하였는데, 두 용어는 모두 자유의지自由意志의 개념을 함축한다.
자주지권은 선善과 악惡 가운데 선택을 할 수 있는 권한을 의미하는 개
념이기 때문에 도덕적 자율성을 전제로 한다. 다산은 《맹자요의》에서
자주지권을 선택의 자유를 갖는 권리로 정의한다.

> 하늘은 사람에게 자주지권을 주었다. 선을 행하고 싶으면 선을 행하고,
> 악을 행하고 싶으면 악을 행할 수 있어 방향이 유동적이고 정해지지 않
> 아 그 권능이 자신에게 있어 금수禽獸에게 정해진 마음이 있는 것과 같
> 지 않다. 그러므로 선을 행하면 실제로 자신의 공功이 되고 악을 행하면
> 실제로 자기의 죄가 된다. 이것은 마음의 권능(心之權)이지 성性(의 권능)이
> 아니다.[32]

다산의 경학 체계에서 권형權衡은 자주지권의 개념과 밀접하게 연계
되어 있는 또 다른 개념이다. 권형이란 선악을 판단하기 위해 균형을
재는 저울추(權)와 저울대(衡)를 의미한다. 다산은 《심경밀험心經密驗》에
서 권형을 다음과 같이 정의한다.

---

32 "天之於人, 予之以自主之權, 使其欲善則爲善, 欲惡則爲惡, 游移不定, 其權在己, 不似禽
獸之定心, 故爲善則實爲己功, 爲惡則實爲己罪, 此心之權也. 非所謂性也."(《孟子要義》,
〈滕文公 第三〉,《定本 與猶堂全書》제7권, 94쪽)

하늘은 이미 사람에게 선할 수도 있고, 악할 수도 있는 권형을 주었다. 그리고 아래로는 또 선을 행하기는 어렵고 악을 행하기는 쉬운 육체를 부여하였으며, 위로는 또 선을 즐거워하고 악을 부끄러워 하는 성性을 부여하였다. 만약 이 성이 없었다면 인간 가운데서 예로부터 아주 조그마한 선이라도 행할 수 있는 사람이 없었을 것이다. 그러므로 "성性을 따른다 〔奉性〕"라고 하고, "덕성을 받든다〔尊德性〕"라고 하였다. 성인이 성을 보배로 여겨 감히 떨어트려 잃어버리지 않은 것도 이 때문이다.[33]

위의 인용문을 통해 자주지권自主之權과 권형權衡이 모두 선택가능성이라는 개념을 포함하고 있기 때문에 실제로 같은 개념이라는 것을 알수 있다. 선악을 판단하고 선택하기 위해서 사용하는 저울이 바로 권형이며, 또한 자주지권이다. 상제上帝의 주재권主宰權과 인간의 자주지권自主之權은 서로 모순 관계에 있는 개념인 것처럼 보인다.[34] 그러나 자주지권을 천天으로부터 위탁받은 권리라고 정의한다면 두 개념이 반드시충돌하는 것은 아니다. 다산의 관점에서 본다면 자주지권은 어떤 것이든지 할 수 있다는 무조건적 자유라기보다는 상제의 의지나 자연의 질서에 위배되지 않는 범위 안에서 행사할 수 있도록 위임받은 권리이다. 기호지성嗜好之性과 자주지권自主之權은 모두 하늘이 부여한 것이지만, 둘의 성격은 근본적으로 다르다. 기호지성은 선善으로 향한 경향성이 이미 부여되어 있기 때문에 가치 지향적指向的이지만, 자주지권은 선과 악사이에서 선택을 해야 하기 때문에 가치 중립적中立的이다. 이처럼 기호지성과 자주지권은 그 성격이 근본적으로 다르기 때문에 개념적으로

---

33 "天旣子人以可善可惡之權衡, 於是就其下面, 又予之以難善易惡之具, 就其上面, 又予之以樂善恥惡之性."(《心經密驗》,《定本 與猶堂全書》제6권, 199~200쪽; 丁若鏞 著, 이광호 外 역,《大學公議·大學講義·小學枝言·心經密驗》, 470~471쪽)

34 이희평, 〈다산의 천인상관에 관한 일고—상제의 주재권과 인간의 자주지권을 중심으로〉,《한국철학논집》제3집, 한국철학사연구회, 1993.

충돌한다. 만약 다산이 자주지권과 권형을 성性에 함께 배속配屬시켰더라면 성性이 명命 또는 천명天命과 연계되어 있기 때문에 명백한 모순을 피할 수 없었을 것이다. 그러나 다산은 자주지권을 성지권性之權이 아니라 심지권心之權에 배속시킴으로써 개념적 충돌을 피해 나가고자 했다.35 저울추〔權〕와 저울대〔衡〕가 어느 한쪽으로 기울어져 있으면 선과 악 사이에서 계량計量하는 기능을 할 수 없다. 따라서 다산은 자주지권과 권형을 어느 한 방향으로 기울지 않은 심心의 중립지대에 배치한 것이다.

그렇다면 자주지권과 권형이 《주역》의 해석에서 하는 역할은 무엇인가? 앞서 밝힌 것처럼 다산은 복서卜筮를 행하기 위해서는 우연성이 전제되어야 한다고 보았다. 그런데 자주지권과 권형도 선과 악이 아직 결정되어 있지 않은 상태에서 자유의지를 행사하기 때문에 우연성을 전제로 하는 개념이다. 이러한 상태에서는 선과 악이 모두 가능하며, 우연적이다. 가능성으로서의 우연 개념은 예측 불가능성으로서 우연보다도 더 근원적 개념이다.36 자유는 가능성으로서의 우연 개념으로부터 나온 가장 중요한 철학적 파생물이다. 우연은 그 자체로 자유를 의미하는 것은 아니지만 희망·꿈·해방 등의 가능성으로 열려 있는 기회를 제공한다.37 또한 우연성의 개념은 자주지권과 권형이 도덕적 판단에 개입할 논리적 근거를 확보해 준다. 다산에 따르면 성인이 《역》을 만든 이유는 개과천선改過遷善, 곧 허물을 고쳐서 의義로 나아가기 위한 것에 있다.38 인간은 허물을 범할 수도 있고, 허물을 뉘우치고 의義로 나아갈

---

35 《孟子要義》, 〈滕文公 第三〉, 《定本 與猶堂全書》, 94쪽, "天之於人, 予之以自主之權, …… 此心之權也, 非所謂性也."

36 최성철, 앞의 책, 480쪽.

37 위의 책, 482쪽.

38 《周易四箋 I》, 《定本 與猶堂全書》 제15권, 84쪽; 《譯註 周易四箋》 제1권, 183쪽, "易者, 聖人所以改過而遷義也. 故孔子曰 假我數年, 卒以學易, 庶無大過矣. 斯可驗也. 改過曰悔, 不改過曰吝, 悔吝者, 易家之大義也"

수도 있는 존재이다. 《주역》은 회悔와 인吝을 근간으로 하는 책이다. 과
거의 잘못된 허물을 고치는 것을 '회悔'라고 하고, 허물이 있는데도 고
치지 않는 것을 '인吝'이라고 한다.[39] 허물을 뉘우치고〔悔〕 고쳐서 의義로
나아갈 것인지 아니면 허물을 고치는 데 인색함〔吝〕에 머무를 것인지는
전적으로 자유의지의 결단에 달려 있다. 만약에 허물을 뉘우치고 고쳐
서 더 이상 '인吝'함이 없게 되면 이것을 '무구无咎'라고 한다. 《논어論語·
술이述而》에서 "나에게 몇 년을 더 빌려 주어 마침내 《주역》을 배울 수
있다면 거의 큰 허물이 없을 것이다.(假我數年, 卒以學易, 庶無大過矣)"라고
한 공자의 발언을 통해서도 회悔와 인吝이 역가지대의易家之大義에 속한
다는 것을 깨달을 수 있다.[40]

그러면 다산이 도덕성을 강조한 이유는 무엇인가? 다산에 따르면 점
서占筮는 미래의 상황이 불확실할 경우만 행할 수 있다. 그러나 다산의
관점에서 본다면 점사의 효력은 오직 점치는 사람의 도덕성과 부합하
는 경우에만 한정된다. 따라서 아무리 점사가 길한 내용으로 되어 있더
라도 점치는 사람이 그에 부합하는 도덕성을 갖추고 있지 못하다면 그
점사는 효력을 갖지 못한다. "길하다"라는 점사는 "좋은 결과를 얻게 될
것이다"를 의미하는 명제이지만 거기에는 "만약에 도덕성을 갖추고 있
다면"이라는 전제가 요구된다. 《춘추좌씨전》에 나오는 남괴南蒯와 목강
穆姜의 서례筮例에서 점사는 분명히 매우 길한 의미를 포함하고 있었지
만 남괴와 목강이 도덕성을 갖추지 못했기 때문에 그 점사를 적용시키
지 않았던 경우이다. 그러면 《주역사전》의 〈춘추관점보주〉의 '남괴지서

---

39 '悔'자는 '每'와 '心'자가 합쳐진 글자로서 마음에 늘 잊지 않는 것을 뜻한다. 그리
고 '吝'이란 그 허물을 고치는 데 인색한 것이다. '吝'은 '文'과 '口'가 합쳐진 글자로
서 口舌로써 허물을 文飾하는 것을 가리킨다.

40 《論語古今註》, 〈述而〉, 《定本 與猶堂全書》 제8권, 269쪽; 이지형 역주, 《譯註 論語
古今註》, 〈述而〉 제2권, 202~203쪽, "補曰, 易之爲書, 主於悔吝. 悔者, 改過也, 吝者,
不改過也. 能悔則改過不吝, 故曰, 學易則可以無大過."

南蒯之筮'와 '목강동궁지서穆姜東宮之筮'를 통해 도덕성과 결정론의 관계를 해명해 보기로 하자.

첫째, 남괴의 서례는 〈춘추관점보주〉의 '남괴지서'에 나온다. 남괴는 노魯나라 계손씨季孫氏의 가신家臣으로서 춘추시대 비읍費邑에서 읍재邑宰를 지냈다. 그런데 계평자(季平子, 이름은 계손의여季孫意如)가 후계자가 되면서 남괴를 예우하지 않자 남괴는 소공昭公 12년(기원전 530년)에 비성費城에서 반란을 일으켰다. 남괴가 반란이 성공할지 궁금해서 《주역》으로 점을 쳤는데 '곤지비坤之比'가 나왔다. 이것은 곤괘坤卦 육오六五에 해당되는데, 그 효사에 "황상원길黃裳元吉"이라는 말이 나온다. "황상"은 군주가 입는 의상衣裳이고, 제5위는 군주의 지위에 해당되기 때문에 남괴는 역모逆謀가 성공할 것이라고 생각하고 기뻐하였다. 그러나 노魯나라 대부大夫였던 자복혜백子服惠伯은 자신에게 의견을 물어온 남괴에게 다음과 같이 말하였다.

나는 일찍이 이렇게 배웠거니와 충성스럽고 신의가 있는 일은 잘될 것이고, 그렇지 않으면 반드시 실패할 것입니다. 밖으로 강직하지만, 안으로는 온유한 것이 충忠이며, 화목하면서도 곧음을 행하는 것이 신信입니다. 이것을 가리켜 "황상원길黃裳元吉"이라고 한 것입니다. …… 무릇 《주역》은 도리에 어긋나는 위험한 일을 놓고 점칠 수는 없는 것인데, 장차 어떤 일을 하려고 하십니까? 속마음[中]이 아름다워야, (선善의 으뜸인) '황黃'의 덕에 해당될 수 있고, (아랫사람에 대해) 윗사람의 역할이 아름다워야 '원元'이 될 수 있고, (윗사람에 대해) 아랫사람의 역할이 아름다워야 곧 '상裳'의 덕에 해당될 것이니, (이처럼 황黃·원元·상裳의) 세 가지가 갖추어져야 점괘대로 이루어질 것입니다. 만약 (이 가운데서 하나라도) 빠진 것이 있으면 점쳐서 비록 길하다고 나와도 그렇게 되지 못할 것입니다.[41]

---

41 〈周易四箋 II〉, 《定本 與猶堂全書》 第16卷, 238~239쪽; 《譯註 周易四箋》 제7권,

자복혜백子服惠伯은 역모를 꾀하고 있었던 남괴의 심중을 꿰뚫어 보았기 때문에 이렇게 말한 것이다. 남괴는 자복혜백의 충고를 듣지 않고 반란을 일으켰으나 실패로 돌아가자 제齊나라로 도망갔다. 자복혜백의 점괘 해석은 결과적으로 적중한 셈이 되었다.

둘째, 목강穆姜의 서례는 〈춘추관점보주〉의 '목강동궁지서穆姜東宮之筮'에 나온다. 목강은 춘추시대에 노선공魯宣公의 부인婦人이며, 성공成公의 어머니이자 동시에 양공襄公의 조모祖母였다. 목강의 출생연대는 알 수 없으나 공자(B.C.551~B.C.479)가 태어나기 13년전 양공襄公 9년(기원전 564년)에 사망했다는 것은 분명하다. 노나라 재상이었던 숙손교여叔孫喬如가 노나라 대부大夫인 계문자季文子와 맹헌자孟獻子를 제거하고 성공成公을 폐위시키려는 음모를 꾸몄다. 목강은 숙손교여와 정情을 통하고 있던 관계였기 때문에 숙손교여의 음모에 가담하였다. 그러나 숙손교여가 꾸민 역모가 실패하자 숙손교여는 쫓겨나게 되고, 목강은 성공成公 16년(기원전 575년)에 동궁東宮에 유폐幽閉되었다. 목강이 언제 동궁에서 풀려날 수 있을지 궁금하여 시초蓍草로 점을 쳤는데, '간지팔艮之八'을 얻었다. 태사太史가 말하기를 "이것은 '간지수艮之隨', 곧 '간괘艮卦가 수괘隨卦로 변하는 것'에 해당되는데, 수괘에는 '나간다〔出〕'는 의미가 있습니다. 그러므로 마마께서는 틀림없이 곧 나가게 될 것입니다.(是謂艮之隨.隨其出也.君必速出)"라고 하였다. 그러나 목강은 사관史官의 해석에 동의하지 않고, 그 이유를 다음과 같이 밝혔다.

이에 목강이 말했다. "그런 일은 없을 것이다. 이것을 《주역》에서 말하기를, "수, 원형이정, 무구(隨, 元亨利貞, 无咎)"라고 하였으니, '원元'은 (덕德을) 체현함이 으뜸인 것이요, '형亨'은 (예禮에 맞게) 즐겁게 만남이요, '이利'는 의로움이 조화를 이룬 것이요, '정貞'은 일〔事〕을 처리함의 근간根幹이다. 인仁을 체현體現해야만 사람들의 우두머리〔長人〕가 될 수 있고, 훌륭한

262~268쪽, "惠伯曰 "吾嘗學此矣. 忠信之事則可, 不然, 必敗. 外強內溫, 忠也. 和以率貞, 信也, 故曰 '黃裳元吉' …… 且夫易, 不可以占險, 將何事也? 中美能黃, 上美爲元, 下美則裳, 參成可筮. 猶有闕也, 筮雖吉, 未也.'"

모임〔嘉會〕이라야 예禮에 부합될 수 있으며, 만물을 이롭도록 해야 의로움 〔義〕이 조화를 이룰 수가 있고, (마음이) 바르고 굳건해야 일을 잘 처리할 수 있는 것이다. 이러한 까닭에 (그런 덕을 갖춘 사람에 대해서는) 모함을 하거나 업신여길 수가 없는 것이다. (실제로 원형이정元亨利貞의 덕을 갖추는) 이런 때에만 비록 수괘隨卦라 할지라도 허물이 없는 것〔无咎〕이 되는 것이다. 지금 나는 부인婦人의 몸으로 난亂에 가담하였고, 오로지 미천한 신분에 있었던 데다가, 더구나 착하지도 못하니 '원元'이라고 할 수 없다. (혼란을 조성하여) 나라를 평안하게 못했으니 '형亨'이라고도 할 수 없으며, (난을) 일으켜서 자신의 몸마저 망쳤으니 "이利"라고 할 수도 없으며, (군주의 부인婦人이라는) 지위를 팽개치고 음란한 짓을 일삼았으니 "정貞" 이라 할 수도 없다. (이러한) 네 가지 덕德을 갖춘 사람이라야만 수괘를 얻어서 허물이 없음〔无咎〕이 될 터인데, 나에게는 (사덕四德이 모두) 없으니 어찌 수괘(의 덕)에 해당한다고 하겠는가! 내가 추악한 짓을 일삼았으니, 어찌 허물이 없을 수가 있으리오? (내가) 반드시 여기서 죽게 되지, (동 궁東宮에서) 나가지 못할 것이다."[42]

이렇게 해서 목강은 동궁에 그대로 머물렀고 마침내 양공襄公 9년 (B.C.564)에 죽었다. 목강은 숙손교여叔孫喬如와 간통했을 뿐만 아니라 아들 성공成公을 폐위시키려고까지 했기 때문에 그녀의 행위는 도덕적으로 비난받아야 마땅하다. 그러나 다산은 목강이 도덕적이지 못한 행위를 했다고 해서 목강의 발언에 포함된 철학적 의미마저 평가절하되어서는 안 된다고 생각했다. 목강이 시초점에 대해서 전문적 지식을 갖

---

42 "姜曰, 亡, 是於周易, 曰, 隨元亨利貞. 無咎. 元.體之長也. 亨.嘉之會也. 利.義之和也. 貞.事之 幹也. 體仁足以長人. 嘉德足以合禮. 利物足以和義. 貞固足以幹事. 然故不可誣也. 是以雖隨無咎. 今我婦人而與於亂. 固在下位. 而有不仁. 不可謂元. 不靖國家. 不可謂亨. 作而害身. 不可謂利. 棄位 而姣. 不可謂貞. 有四德者. 隨而無咎. 我皆無之. 豈隨也哉. 我則取惡. 能無咎乎. 必死於此. 弗得出 矣."(〈周易四箋 II〉,《定本 與猶堂全書》第16卷, 231~232쪽;《譯註 周易四箋》, 제7 권, 226~230쪽)

고 있었던 것은 아니었지만, 다산은 목강의 발언이 역리易理에 심오하게 부합한다고 평가하였다.

> 목강의 발언은 《역易》의 이치에 심오하게 부합한다. (그녀가) 음란한 행동을 했다고 해서, (그녀의 발언을) 사소하게 여겨서는 안 된다. 남괴南蒯의 점서占筮에서 길하다고 나온 것을 도리어 흉하다고 한 것도 역시 이와 같은 뜻이다.[43]

위의 주注를 통해 다산이 남괴와 목강의 서례를 동일한 맥락에서 파악하고 있음을 알 수 있다. 두 경우는 모두 점사에서는 크게 길한 것으로 나왔으나, 그에 부합하는 도덕성을 갖추지 못했기 때문에 도리어 흉한 것이 된 경우이다. 이러한 사례에서 점사는 운명을 점단占斷해 주는 기능을 전혀 하지 못한다. 점사의 의미를 문자 그대로 이해하지 않고 거기에 도덕성이라는 조건을 부가한다면, 운명을 판정해 주는 예측기제豫測機制로서 《주역》의 효용성을 의심할 수밖에 없게 된다. 왜냐하면 예측기제가 진정으로 신통력神通力을 발휘한다면 우회적으로 말하는 대신에 나쁜 결과가 예상된다고 직설적으로 말할 수도 있었을 것이기 때문이다. 남괴와 목강의 서례에서 점사의 유효성有效性을 의심했던 이유는 두 사람이 도덕적 자격을 갖추지 못했다는 데 있었다. 점사가 점치는 사람에게 해당되는지 않는지를 판단하기 위해서는 도덕적 자율성이 필요하다. 이 경우 도덕적 자율성은 운명을 스스로 결정한다는 뜻이라기보다는 오히려 도덕적 판단력을 주체적으로 내릴 수 있다는 의미이다.

그렇다면 점사의 해석에 도덕성이 개입되어야 하는 이유는 무엇인가? 필자의 견해로는 그것은 유가儒家의 명命 개념과 관계가 있다. 유가

---

43 "穆姜之言, 深合易理, 不可以其淫姣, 而少之也. 南蒯之筮, 以吉爲凶, 亦此義也."(〈周易四箋 II〉, 《定本 與猶堂全書》第16卷, 232쪽; 《譯註 周易四箋》, 제7권, 230~231쪽)

는 천명天命을 받아들였지만 그렇다고 해서 운명이 우연적으로 결정된다는 부조리不條理마저 수용한 것은 아니었다. 《맹자孟子》〈진심盡心〉상에서 "명命을 아는 자는 위태로운 담장 밑에 서지 않는다.(知命者, 不立乎巖牆之下)"라고 한 것은 우연적으로 결정되는 의미없는 죽음을 거부했기 때문이다. 죽어야 할 이유가 없는 데 단지 담장 밑에 서 있었기 때문에 죽는다면 그것은 정명正命이 아니다. 유가의 군자가 천명天命을 알려고 노력하는 것은 삶의 올바른 의미를 찾으려고 하기 때문이다. 명命은 주어지는 대로 받아들여야 하지만 거기에는 합당한 명분名分이 있어야 한다. 만약 남괴와 목강이 도덕적으로 결함이 있었는데도 성공을 거두었다면 그것은 단지 요행에 불과하다. 남괴는 계손씨季孫氏의 가신家臣으로서 군주를 배반했지만 정변政變을 일으켜서 성공하는 요행을 바랐다. 그러나 목강은 자신의 부도덕성을 자각했기 때문에 동궁東宮에서 나갈 수 있을 것이라는 점사의 판단을 믿지 않았다. 목강은 운명을 거부한 것이 아니라 납득할 수 없는 우연성을 거부한 것이다. 자복혜백子服惠伯과 목강穆姜이 점사占辭를 문자 그대로 해석하지 않은 것은, 운명이 단지 우연적 원인에 의해서 결정된다는 부조리를 수용할 수 없었기 때문이었다. 만약 운명이 우연적 원인에 따라서 결정되는 것이 아니라면 운명을 형성하는 원인은 과연 무엇일까? 유가의 명命은 오로지 선천적 원인 또는 초월적 절대자에 의해서 결정되는 것이 아니라 도덕적 주체의 후천적 행위에 의해서도 형성된다. 목강은 "내가 추악한 짓을 일삼았으니, 어찌 허물이 없을 수가 있으리오? 내가 반드시 여기서 죽게 되지 동궁東宮에서 나가지 못할 것이다.(我則取惡, 能無咎乎, 必死於此, 弗得出矣.)"라고 하였다. 목강은 결국 자신에게 닥쳐온 불행을 초래한 원인이 바로 자기 자신에 있다고 본 것이다. 그러나 화와 복을 불러오는 원인을 제공하는 것은 개인의 도덕적 행위이지만, 화와 복을 판정하고 결정하는 주체는 천天이다. 《서경書經》의 〈상서商書〉 탕고湯誥에서 "천도天道는 선善한 자에

게 복을 내리고, 음탕한 자에게 화를 내린다.(天道福善禍淫)"는 말이 나온
다. 이처럼 하늘이 인간의 덕德에 따라 복을 내린다는 복덕일치福德一致
의 관념은 중국 고대의 운명관의 기본 전제를 형성했다. 이 경우 복과
화를 내리는 것은 하늘이지만, 하늘이 복과 화를 결정하는 기준은 인간
에게 달려 있기 때문에 결국 인간의 운명을 결정하는 원인을 제공하는
것은 인간 자신이다. 따라서 이러한 복선화음론福善禍淫論에서는 자유의
지와 운명은 서로 모순되지 않는다.[44]

《주역》의 해석에서 고려해야 할 또 하나의 문제는 해석의 주관성의
문제이다. 《주역》의 점사占辭는 상징象徵이기 때문에 무엇을 지시하는 지
가 분명치 않은 경우가 많다. 상징의 해석은 항상 애매성을 수반할 뿐
아니라 그 의미를 풀어내는 작업에는 해석자의 주관이 필연적으로 개
입된다. 어떤 사태에 대해 점을 쳐서 얻은 점괘에 대해 어떤 해석자는
그것을 길하다고 풀이할 수도 있고, 또 다른 해석자는 그것을 흉하다고
풀이할 수도 있다. 예를 들어 〈춘추관점보주〉의 최저취강지서崔杼取姜之
筮의 경우를 통해 이 문제를 다루어 보기로 하자. 《춘추좌씨전》 양공襄
公 25년에 제齊나라 당읍棠邑을 맡아 다스리던 관리가 죽자 최저崔杼가
조문을 하였는데, 상가喪家에서 그 아내인 강씨姜氏를 보고 첫눈에 반하
였다. 마침 최저는 상처喪妻하여 홀아비로 있던 처지였기 때문에 그녀를
재취再娶로 맞으려고 하였지만, 그녀의 동생이면서 최저의 가신이었던
동곽언東郭偃이 강하게 반대하였다. 이에 점을 쳐서 곤지대과困之大過, 곧
곤괘困卦가 대과괘大過卦로 변하는 괘를 얻었는데, 사관史官들이 모두 길
하다고 하였다. 최저가 진문자陳文子에게 그 점괘를 보이자, 진문자는 반
대하면서 다음과 같이 말하였다.

---

44 이택용, 《중국 고대의 운명론》, 도서출판 문사철, 2014. 128쪽.

지아비〔夫〕가 바람〔風〕을 따르고, 바람은 그 처妻를 떨어뜨리는 형국이니, 그녀를 아내로 맞을 수 없습니다. 곤괘困卦 육삼六三에 "돌에 걸려 곤경을 당하며 가시덤불에 의지하는지라 그 집에 들어가더라도 아내를 보지 못하니, 흉하다.(困于石.據于蒺藜.入于其宮.不見其妻.凶.)"라고 하였으니, 여기서 "곤우석困于石"은 가더라도 물을 건너가지 못함을 가리키며, "거우질려據于蒺藜"는 믿는 것에 상해傷害를 당할 것을 가리키며, "입우기궁, 불견기처, 흉.(入于其宮.不見其妻.凶.)"은 돌아갈 곳이 없음을 가리킵니다.[45]

그러나 최저崔杼는 강씨姜氏의 죽은 남편이 이미 흉사凶事를 당했기 때문에 자기에게는 해당되지 않는다는 논리를 펴면서 진문자陳文子의 해석을 반박하고, 마침내 강씨姜氏를 아내로 맞아들였다.[46] 이러한 예는 역사易詞가 해석자의 주관에 따라 얼마든지 달리 해석될 수 있다는 점을 보여 준다. 상징어象徵語는 본질적으로 다의어(多義語, polysemi)이다. 상징이 지시하는 대상對象은 분명치 않은 경우가 많으며, 그 해석은 종종 애매성을 수반한다. 따라서 상징의 다의성多義性으로 말미암아 개방적 해석이 용인된다. 일반적으로 《주역》은 결정론으로 이해되고 있으나, 만약 해석자의 주관에 따라 점사의 해석이 여러 가지로 달라질 수 있는 것이라면 그것은 결정론이 될 수 없을 것이다. 다양한 해석가능성이 열려 있다면 점사에 대해서는 항상 자의적恣意的 해석의 문제가 따라 다닌다. 점사가 자의적으로 해석되는 한에서 점사의 의미는 불확정적인 것이 되며, 결정론도 의미를 상실하게 될 것이다.

---

45 "文子曰, "夫從風, 風隕妻, 不可娶也." 且其繇曰, "困于石, 據于蒺藜, 入于其宮, 不見其妻, 凶." "困于石", 往不濟也. "據于蒺藜", 所恃傷也. "入于其宮, 不見其妻, 凶", 無所歸也."(〈周易四箋 Ⅱ〉, 《定本 與猶堂全書》第16卷, 232쪽; 《譯註 周易四箋》제7권, 231~234쪽)

46 "崔子曰 蔡也. 何害? 先夫當之矣. 遂取之."(〈周易四箋 Ⅱ〉, 《定本 與猶堂全書》第16卷, 233쪽; 《譯註 周易四箋》제7권, 235쪽)

4. 나오는 말

이 논문에서는 다산 정약용의 역학易學에서 우연성과 결정론과 자유
의지의 관계를 밝히고자 시도하였다. 다산의 경학사상에서 상제上帝의
주재권主宰權은 결정론과 연관된 개념이다. 이와 달리 자주지권自主之權과
권형權衡은 자유의지에 해당되는 개념이다. 선행 연구자들은 상제上帝의
주재主宰와 상제가 인간에게 부여한 자주지권이 서로 충돌을 일으킨다
는 점에 주목하고, 이처럼 서로 상충되는 것처럼 보이는 두 요소가 어
떻게 다산의 사유체계 안에서 양립 가능한지의 문제를 해명하고자 하
였다. 필자는 선행 연구자들에 따라 이미 다루어진 바 있는 결정론과
자유의지의 양립 가능성 문제를 다산 역학의 분야로 가져와서 해명을
시도하였다. 우연성(contingency)은 결정론과 자유의지의 관계를 해명하
기 위하여 도입된 매개媒介 개념이다. 다산은 복서를 행하기 위해서는
미래의 불확실한 상황이 전제되어야 한다고 보았는데, 이것이 바로 우
연성의 개념에 해당된다. 우연성은 복서卜筮가 행해지기 위한 전제조건
을 형성하지만, 동시에 결정론을 약화시키는 요소로 작용한다. 다산의
관점에서는 복서를 천명天命을 품부稟賦받는 수단으로 보고 있는데, 이
러한 관점에서 본다면 《주역》은 결정론적 성격이 강하다. 필자는 다산
의 결정론적 관점이 상수학象數學의 해석방법론에 어떻게 반영되어 있는
지를 분석하였다. 다산의 추이推移의 이론에서는 64괘를 14벽괘와 50연
괘라는 두 부분으로 구성하고 있다. 이러한 기호모형記號模型은 결정론
적 예측을 위한 도구로 쓰인다. 14벽괘가 표상하는 것은 천도天道의 변
화이며, 50연괘가 표상하는 것은 천도天道의 영향을 받아 형성되는 만물
萬物의 변화이다. 우연성과의 관계에서 본다면, 14벽괘의 단계에서는 변
화가 질서 있게 진행되기 때문에 우연성이 제한되어 있다. 그러나 50연
괘의 단계에서는 변화가 복잡한 방식으로 일어나면서 우연성이 증가하

게 된다. 다산은 복서를 행하기 위한 조건으로 우연성과 더불어 도덕성을 언급했는데, 도덕성은 자유의지와 관련되는 문제이다. 《춘추좌씨전》에 나오는 남괴와 목강의 서례筮例에서 점사는 매우 길吉한 의미를 포함하고 있었으나 남괴와 목강이 그 점사의 의미에 합당한 도덕성을 갖추지 못했기 때문에 점사의 예언을 적용시키지 않았다. 점사에 부합하는 도덕성을 갖추었는지를 판단하기 위해서는 도덕적 자율성이 요구된다. 다산 경학에서 자주지권自主之權과 권형權衡은 도덕적 자율성에 해당하는 개념이다. 《주역》을 통해서 추구하는 도덕적 목표는 개과천선改過遷善에 있으며, 도덕적 행위주체는 도덕적 실천을 위해서 자유의지를 필요로 한다. 그런데 자유의지가 가능하기 위해서는 우연성이 전제되어야 한다. 복서를 행하기 위한 전제 조건으로 요구되었던 것은 예측 불가능성으로서 우연성의 개념이었으나, 자유의지를 가능하기 위한 전제 조건으로 요구되는 것은 가능성으로서 우연성의 개념이다. 그리고 가능성으로서 우연성의 개념은 예측 불가능성으로서의 우연성의 개념보다 더욱 근원적이다. 따라서 우연성은 복서를 행하기 위해서 필요한 전제가 될 뿐 아니라, 도덕적 실천을 위해서도 요청되는 개념이 된다.

제16장

《주역周易》 제례祭禮에 대한 다산의 인식:
《주역사전周易四箋》을 중심으로

임재규

(서울대학교 인문학연구원 객원연구원)

1. 여는 말

1) 연구의 목적

다산은 그의 경학 연구에서 훈고와 고증을 통해 경전의 원래적인 의미를 탐구하고자 했다. 경학 연구에서 나타나는 다산의 이러한 특징은 역학 연구에서도 그대로 나타난다. 다산은 《주역周易》의 원래적인 모습을 찾고자 《설문해자說文解字》, 《이아爾雅》, 《강희자전康熙字典》 등 문자학적 고전을 원용하였으며, 《주례周禮》, 《예기禮記》, 《춘추좌전春秋左傳》 등 여러 경전을 철저히 조사하였다. 이를 통해 다산은 《주역》의 원래 모습을 복구하였으며, 이는 그의 《주역사전周易四箋》에 고스란히 담겼다.

이 연구는 다산의 《주역사전》을 통해 다산이 《주역》의 제례祭禮를 어떻게 인식하였는지 살펴보고자 한다. 주지하듯이 중국 고대는 제사와 전쟁이 매우 중요한 국가 행사였으며, 《주역》이 주나라 초기의 문헌임을 고려하면 《주역》에 제사와 전쟁과 관련된 서사가 많이 포함되어 있

사전》의 〈역례비석易例比釋〉에는 '제사' 항목이 있어 다산도 또한 《주역》의 역례 가운데 '제사'와 관련된 항목을 역례의 매우 중요한 유형으로 생각하고 있었음을 알 수 있다.

이러한 문제의식에 따라 본론에서는 우선 《주역사전》의 〈역례비석〉 가운데 제례의 내용을 분석하고, 둘째, 이와 관련하여 《춘추고징》의 제례에 대한 다산의 해석을 살펴보고, 셋째, 위의 고찰을 통해 《주역》의 역사易辭 가운데 이 연구와 관련된 '교郊'에 대한 다산의 독창적 해석을 살펴보고자 한다.

2) 선행연구에 대한 검토

이 연구와 관련된 선행 연구로는 정길웅鄭吉雄 선생의 〈정다산丁茶山
《역易》학여례학관계초탐學與禮學關係初探〉[1]이 있다. 이 논문은 《주역》이 점
서 기록이 아니라 점서를 위해 성인이 지은 경전이라는 점을 전제로
하고 있다. 사실 《주역》이 점서 기록이라는 주장은 근대에 들어서 고사
변파 학자들이 주로 제기한 것으로, 근대 이전 경학이 지배이데올로기
로 작용했던 전근대 사회에서는 거의 제기될 수 없었던 주장이다. 왜냐
하면 풍우란의 이른바 '경학시대'에서는 경전의 전통에 대해 의심하지
않았으며 따라서 경전은 성인이 지은 것으로 당연시하였기 때문이다.

그렇다면 성인은 왜 《주역》을 지었는가? 정길웅 선생에 따르면 하늘
의 명을 청해서 그 뜻을 따르기 위해 지은 것이다.[2] 이는 다산의 〈역론
易論〉을 인용한 것으로 정길웅 선생의 인식과 일치하는 것이다. 그러므
로 《주역》은 단순한 점서 기록일 수 없으며 점서를 위해 성인이 만들
어낸 성스러운 경전이다.

그런데 성인이 지은 《주역》은 어떻게 하늘의 뜻을 나타낼 수 있는
가? 이것은 성인이 천지자연의 운행과 인간 만사의 모습을 본떠 《주
역》을 지었기 때문이다. 따라서 《주역》에는 자연과 인간의 다양한 모습
이 모두 담겨 있다. 바로 이러한 점이 《주역》과 예禮의 관계를 논할 수
있는 전제가 된다. 즉 《주역》에는 정길웅 선생이 언급한 광의의 예제禮
制가 다 포함되어 있는 것이다. 사실 《주역》에는 광의의 예제뿐만 아니
라 세상 모든 존재의 모습이 다 포함되어 있다고 해도 지나친 말이 아
니다. 이는 다산의 《주역》에 관한 인식이기도 하다. 따라서 다산은 《주

---

1 鄭吉雄, 〈丁茶山《易》學與禮學關係初探〉, 다산학술문화재단, 〈다산학〉 26권, 2015,
   51~70.
2 鄭吉雄, 위의 논문에서 '《주역》, 卜筮와 禮의 관계를 논함' 참조.

역》을 해석하면서 의도적으로 《주역》과 예제의 관계를 의식할 필요가
없었으며, 매우 자연스럽게 《주역》 해석에 예제의 내용이 담기게 된 것
일 뿐이다.

정길웅 선생은 이 논문에서 《주역》과 예禮의 관계라는 관점을 가지
고 다산의 《주역사전》과 《역학서언》을 검토하였고 그 결과 다산의 역학
易學에서 《주역》과 예禮의 상관관계의 구체적인 사례를 찾아냈다. 필자
는 정길웅 선생의 이러한 주장에 동의하며 그리고 지금까지의 선행 연
구에서 다산 역학易學과 예학禮學의 관계에 관한 연구가 거의 없었다는
점에서 이 논문의 의의가 있다고 생각한다.[3]

필자의 이 논문은 이 선행 연구의 연구성과에 기반하여, 선행 연구
에서 논의되지 못했던 주제라 할 수 있는, 역학易學과 제례祭禮에 대한
다산의 인식이라는 더 전문적인 연구를 시도했다는 점에서 선행 연구
와의 차이점이 있다.

---

3 다만 정길웅 선생의 '象'에 대한 해석에 대해서는 동의하지 않는 측면이 있다. 정길
웅 선생은 이 논문에서 '象'의 개념에 吉凶과 悔吝까지 포함하고 있는데, 물론 《주
역》의 핵심이 '象'이라는 점은 동의할 수 있지만 길흉과 회린까지 '象'에 포함될 수
있는지는 논의의 여지가 있다고 생각한다. 즉 이 논문의 禮制의 다양한 측면을 '象'
으로 설명할 수 있다는 주장에는 동의할 수 있지만 그렇다고 해서 《주역》의 핵심적
인 2요소인 '象'과 '占'을 하나로 설명한다면 《주역》에 대한 이해에 혼란을 초래할
수 있지 않을까 우려된다. 원대의 학자인 오징이 그의 역학저서인 《역찬언》에서 《주
역》 괘효사를 '象'과 '占'으로 나누어 설명하고 있는 점에서도 알 수 있듯이 '象'과
'占'은 《주역》을 형성하는 핵심적인 두 요소이다. 따라서 '象' 하나로 《주역》을 설명
하기는 어렵지 않을까 판단된다.

2. '역상易象', 《주역周易》, 그리고 주례周禮

1)《춘추좌전春秋左傳》의 '역상易象'

《춘추》소공昭公 2년 조에 다음과 같은 말이 있다. "2년 봄, 진晉나라 제후가 한기韓起를 사신으로 보내왔다."[4] 이에 대해 좌구명左丘明은 다음과 같이 해설했다. "2년 봄, 진晉나라 제후가 한선자韓宣子를 사신으로 보내왔고, (한선자가) 집정자가 되었음을 알리고 찾아뵙는 것은 예이다. (한선자가) 대사씨大史氏에서 '역상易象'과 '노춘추魯春秋'를 보고 '주周나라의 예가 모두 노魯에 있구나. 나는 지금 주공周公의 덕德과 주나라가 다스려진 까닭을 알겠도다.'라고 했다."[5] 《춘추좌전春秋左傳》의 이 조목은 자주 인용되는 대목이고 특히 '역상易象'의 해석에 대해 의견이 분분하다. '역상易象'을 서명으로 볼 때 '역상易象'과 《주역周易》은 어떤 관계에 있으며, 서명으로 해석하지 않으면 '역상易象'은 어떻게 해석해야 하는지 등등 여러 이견의 소지가 있다. 좌구명의 해설은 문맥에서 서명으로 읽힌다. 즉 '역상易象'은 '노춘추魯春秋'와 대등한 관계의 명사이며, '노춘추魯春秋'가 서명이라는 해석에 이견이 거의 없는 상황에서 '노춘추魯春秋'와 대등관계에 있는 '역상易象'도 서명으로 해석하는 것은 문맥상 자연스럽다. 이러한 측면에서 당唐의 공영달孔穎達도 '역상易象'을 서명으로 해석한다.[6]

---

4 晉杜預注, 唐陸德明音義, 孔穎達疏, 《春秋左氏傳注疏》 권42, 1 《(乾隆御覽本)四庫全書薈要(經部第十冊)》, 吉林人民出版社 影印本, 1997, 360쪽, "二年春,晉侯使韓起來聘."

5 晉杜預注, 唐陸德明音義, 孔穎達疏, 《春秋左氏傳注疏》 권42, 1–2 《(乾隆御覽本)四庫全書薈要(經部第十冊)》, 吉林人民出版社 影印本, 1997, 360~1쪽, "二年春, 晉侯使韓宣子來聘, 且告爲政, 而來見, 禮也. 觀書於大史氏, 見易象與魯春秋, 曰:"周禮盡在魯矣. 吾乃今知周公之德與周之所以王也.""

6 晉杜預注, 唐陸德明音義, 孔穎達疏, 《春秋左氏傳注疏》 권42, 3 《(乾隆御覽本)四庫全書

'역상易象'을 서명으로 해석하지 않을 때,《역易》의 상象으로 해석하는
경우가 대부분이다. 진晉나라 두예杜預는 '역상易象'을 '역상상하경지상사
易象上下経之象辞'7로 해석했다. 즉 "'역상易象'은 상하 경経의 상사象辭이다."
다시 말하면 '역상易象'을《주역》의 상사象辭로 해석했다. 여기서 '상하경
上下經'이라고 한 것은《주역》64괘가 상편과 하편으로 나누어지고, 뒤에
공자가《십익十翼》을 지어《주역》을 해석하여《주역》을 경経이라고 하고
《십익》을 전傳이라 했기 때문이다.8 그리고 '상사象辭'라고 한 것은《주
역周易》의 괘효사가 괘의 물상을 본떠 지어졌기 때문이다.9

참고로 현대 중국의 대표적인《춘추좌전》역주인《좌전역주左傳譯注》
(이몽생李梦生 찬撰, 상해고적출판사, 1998)는 '역상易象'을 서명으로 해석
하고 있으며,10 이와 달리 또 다른 현대 중국의 대표적인《춘추좌전》주
석서인《춘추좌전주春秋左傳注》(양백준杨伯峻 편저, 중화서국, 1990)는 '역상
易象'을《주역》과 정령政令으로 해석한다.11

'역상易象'에 대한 위와 같은 여러 해석 가운데 필자는 공영달의 해석
에 동의하는 편이다. 즉 '역상易象'을 서명으로 보는 견해에 동의한다.

蕎要(經部第十册)》, 吉林人民出版社 影印本, 1997, 361쪽, "正义曰易象文王所作春秋周
公垂法"

7　晋杜預注, 唐陸德明音義, 孔穎達疏,《春秋左氏傳注疏》권42, 2《(乾隆御覽本)四庫全書
蕎要(經部第十册)》, 吉林人民出版社 影印本, 1997, 361쪽 참조.

8　晋杜預注, 唐陸德明音義, 孔穎達疏,《春秋左氏傳注疏》, 권42, 2《(乾隆御覽本)四庫全書
蕎要(經部第十册)》, 吉林人民出版社 影印本, 1997, 361쪽, "正義曰:《易》有六十四卦, 分
爲上下二篇. 及孔子, 又作《易傳》十篇以翼成之. 後世謂孔子所作爲傳, 謂本文爲經, 故雲
上下經也."

9　晋杜預注, 唐陸德明音義, 孔穎達疏,《春秋左氏傳注疏》권42, 2《(乾隆御覽本)四庫全書
蕎要(經部第十册)》, 吉林人民出版社 影印本, 1997, 361쪽, "《易》文推演爻卦, 象物而爲
之辭, 故《易·系辭》雲: "八卦成列, 象在其中." 又雲: "易者, 象也." 是故謂之"易象". 孔
子述卦下總辭, 謂之爲"彖", 述爻下別辭, 謂之爲"象". 以其無所分別, 故別立二名以辨之.
其實卦下之語, 亦是象物爲辭, 故二者俱爲象也."

10　李梦生,《左傳譯注》, 上海: 上海古籍出版社, 1998, 932쪽 참조.

11　杨伯峻,《春秋左傳注》, 北京: 中華書局, 1990, 1227쪽 참조.

그 이유는 앞에서도 언급하였지만, 좌구명의 해설이 문맥상 '역상易象'을 서명으로 해석하는 것이 자연스럽고 또 필자가 《주역》의 본질을 '상象'으로 보기 때문이다. 따라서 춘추시대에 《주역》이 《역상易象》이라는 서명으로 불리었다고 판단된다. '역상易象'을 서명으로 보는 견해는 다산 정약용의 견해이기도 하다.

2) 역상易象과 주례周禮

《춘추좌전》의 '역상' 관련 조목에 대해 다산은 〈답중씨答仲氏〉에서 다음과 같이 말한 바 있다. "한선자韓宣子가 노魯를 방문했을 때, 《역상》을 보고 '주周나라의 예禮가 노魯에 있도다.'라고 했다."[12] 〈답중씨〉에서 다산은 주나라의 예禮에 대해 논하면서 주나라의 예를 알기 위해서 《주역》을 참고해야 한다고 말하고 있는 것이다. 즉 다산은 《춘추좌전春秋左傳》의 이 대목에서 '역상易象'을 《주역》으로 인식하고 있는 것이다. 또 〈답중씨答仲氏〉에서 다산은 더 분명하게 《주역》을 공부해야 하는 이유를 밝히고 있다. "《주역》은 주인周人의 예법禮法이 담겨 있기 때문에 유자儒者는 그 미언묘의微言妙義가 발휘發揮된 바를 밝히지 않으면 안 된다."[13]

다산이 '역상'을 《주역》으로 보는 관점은 그의 역학 체계에서도 잘 드러난다. 잘 알려져 있듯이 다산의 역학 체계는 '역리사법易理四法'이다. '역리사법易理四法'은 《주역》을 해석하는 네 가지 법칙이 추이, 물상, 호체, 효변이라는 것이다. 그런데, 이 네 가지 법칙에서 핵심은 물상이고 나머지 3가지 추이, 호체, 효변은 이 물상을 도출하기 위한 방법에 지나지 않는다. 따라서 다산의 역학 체계는 '물상'을 하나의 법칙으로 설

---

12 《文集Ⅲ》 권20, 《定本 與猶堂全書 4》, 다산학술문화재단, 2012, 195쪽, "韓宣子聘魯, 見《易象》曰:"周禮在魯."

13 위의 책, 195쪽, "《周易》者, 周人禮法之所在, 儒者不可以不明其微言妙義在所發揮也."

명할 수 있다. 이렇게 본다면, 다산이 《춘추좌전》의 '역상'을 《주역》으로 이해하는 것은, 다산의 역학 체계와 하등의 모순이 되지 않는다. 《춘추좌전》의 '역상'을 《주역》으로 이해하는 다산의 관점은 《계사전繫辭傳》의 "역자易者, 상야象也."에 대한 해석에서도 분명하게 드러난다. 다산은 이에 대해 "역易의 도道는 상象을 본뜨는 것에서 벗어나지 않는다."[14]고 해석한다. 그러므로 다산의 역학에서 《주역》은 '역상'인 것이다. 그리고 다산이 '역상'을 통해 추구하고자 하는 바는 주나라의 예법이다.

사실 《주역周易》과 주례周禮의 관련성에 대한 연구는 한漢나라 정현(鄭玄, 127~200)에서부터 시작되었으며, 우번(虞飜, 164-233)에 이르러 그 연구가 상당한 정도로 진척되었다.[15] 특히 우번의 역례易禮에 대한 연구는 청대 장혜언(張惠言, 1761~1802)의 《우씨역례虞氏易禮》에서 매우 자세하게 고찰되었다.[16] 그리고 근대의 유사배(劉師培, 1884~1919)가 '주역주례상통론周易周禮相通論'으로 정리하였다.[17]

'주역주례상통론'의 관점으로 《주역周易》을 해석하는 것은 매우 유효한 틀이라 할 수 있다.[18] '주역주례상통론'에 따르면, 《주역周易》 해석에서 많은 난제들이 해결된다. 예를 들어, 중부괘中孚卦의 괘사 "중부中孚, 돈어豚魚, 길吉."에 대한 해석에서 '돈어豚魚'를 '하돈河豚'이나 '강돈江豚'으로 해석하는 경우가 있는데, 이는 잘못된 해석이다. '주역주례상통론'에 따라 해석을 하게 되면, '돈어豚魚'는 새끼돼지나 물고기로 해석할 수 있

---

14 〈繫辭下傳〉, 《周易四箋 II》 권8, 《定本 與猶堂全書 16》, 다산학술문화재단, 2012, 292쪽, 《易》之爲道, 不外乎像象也."

15 정현 및 우번의 易禮에 대한 연구는 이번 연구의 후속 연구로 기획하고 있다.

16 張惠言 撰, 《虞氏易禮》, 《續修四庫全書(第26册)》, 上海: 上海古籍出版社 影印本, 1995 참조.

17 劉師培, 〈群經大義相通論〉, 《劉申叔先生遺書》, 寧武南氏校印本, 1934 참조.

18 필자는 '周易周禮相通論'을 劉師培에 한정하지 않고 다산을 포함해서 周易을 周禮의 관점으로 접근하는 모든 경우에 대하여 사용하고자 한다.

으며, 이는 제사를 드릴 때 가장 낮은 단계의 희생에 해당한다.[19] 이렇게 해석해야 '돈어豚魚'의 원래 의미가 정확하게 드러나게 된다.

3. 《주역사전》의 〈역례비석〉 가운데 제례

앞에서 논의하였듯이, 《주역》이 주나라의 예법을 담고 있고, 다산은 《주역》 연구를 통해 주나라의 예법을 복원하고자 했다. 이 연구에서는 주나라의 예법 가운데 '제례'에 한정하여 논의를 전개하고자 한다.

《주역사전》의 〈역례비석〉 가운데 '제사' 조는 다산의 《주역》 제례에 대한 인식을 연구하는 데 출발점이 되는 부분이다. 따라서 이 '제사' 항목에 정리된 곤구이困九二, 곤구오困九五, 췌지단萃之彖, 환지단渙之彖, 수상륙隨上六, 승륙사升六四, 췌육이萃六二, 승구이升九二, 기제구오既濟九五 등의 괘효사에 대한 다산의 주석을 통해 다산의 《주역》 제사에 대한 인식이 어떠하였는지를 고찰할 필요가 있다. 우선 〈역례비석〉의 '제사례祭祀例'를 정리하면 다음과 같다.[20]

〈祭祀例〉

困九二	利用享祀.	
困九五	利用祭祀.	[受福也]
萃之彖	王假有廟.	[致孝享也]

19 〈風澤中孚〉, 《周易四箋 II》 권7, 《定本 與猶堂全書 16》, 다산학술문화재단, 2012, 188쪽 참조.

20 〈易例比釋下〉, 《周易四箋 I》 권4, 《定本 與猶堂全書 15》, 다산학술문화재단, 2012, 341쪽.

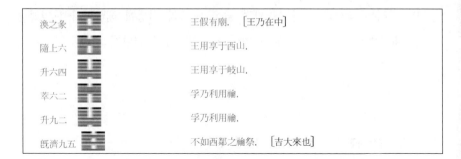

渙之象		王假有廟. 〔王乃在中〕
隨上六		王用享于西山.
升六四		王用享于岐山.
萃六二		孚乃利用禴.
升九二		孚乃利用禴.
旣濟九五		不如西鄰之禴祭. 〔吉大來也〕

위의 표를 해석하면 다음과 같다.

1) 곤구이困九二, 이용향사(利用享祀, 제사를 지내면 이로울 것이다).[21]

2) 곤구오困九五, 이용제사(利用祭祀, 제사를 지내면 이로울 것이다).【수복야 受福也(복을 받을 것이다)】[22]

3) 췌지단萃之象, 왕격유묘(王假有廟, 왕이 종묘에 이르다).【치효향야致孝享也 (효성스러운 제사를 드리다)】[23]

4) 환지단渙之象, 왕격유묘(王假有廟, 왕이 종묘에 이르다).【왕내재중王乃在中 (왕이 곧 그 가운데에 있다)】[24]

---

21 〈澤水困〉,《周易四箋Ⅱ》권5,《定本 與猶堂全書 16》, 다산학술문화재단, 2012, 85~6 쪽, "九二, 困于酒食, 朱紱方來. 利用亨祀. 征凶, 无咎.", "巽潔离誠,【兩互象】祭祀之卦 也. 剛自外來,【上之二】以射坤牲,【下本坤】利用亨祀也."

22 〈澤水困〉,《周易四箋Ⅱ》권5,《定本 與猶堂全書 16》, 89~90쪽, "九五, 劓刖, 困于赤 紱, 乃徐有說. 利用祭祀. ○〈象〉曰:"劓刖, 志未得也. 乃徐有說, 以中直也. 利用祭祀, 受福也.","小過之時, 上下齊潔,【上倒巽】移之爲解,【三之二】則离誠乃孚,【今互离】坤牛受 射,【臨之移】利用祭祀. 困之本象, 利於祭祀.【見九二】"

23 〈澤地萃〉,《周易四箋Ⅱ》권5,《定本 與猶堂全書 16》, 71~2쪽, "萃, 亨, 王假有廟, 利 見大人. 亨, 利貞. 用大牲, 吉, 利有攸往.","萃之兩互, 其卦爲漸. 漸自否來,【三之四】艮廟 之上,【否互艮】乾爲先王.【以艮終】移之爲漸, 則王之長子,【乾之第一畫】立於艮廟之門,【四 之三】巽以潔齊,【上今巽】殺坤大牲,【下本坤】坎敬旣直, 离誠乃恪,【漸兩互】王假有廟也."

24 〈風水渙〉,《周易四箋Ⅱ》권6,《定本 與猶堂全書 16》, 175쪽, "渙, 亨. 王假有廟. 利 涉大川, 利貞.", "今之上巽, 昔之乾王也.【否之時】艮廟之上,【三五互】奉此先王,【終乎艮】 王之長子,【乾之第一畫】今爲震主,【二四互】立於艮廟之內,【二今剛】王假有廟也. 巽以潔齊,

5) 수상육隨上六, 왕용향우서산(王用亨于西山, 왕이 서산에서 제사를 올리다).²⁵ [25]

6) 승육사升六四, 왕용향우기산(王用亨于岐山, 왕이 기산에서 제사를 올리다).²⁶ [26]

7) 췌육이萃六二, 부내이용약(孚乃利用禴, 믿음이 있으면 이에 약제도 이로울 것이다).²⁷ [27]

8) 승구이升九二, 부내이용약(孚乃利用禴, 믿음이 있으면 이에 약제도 이로울 것이다).²⁸ [28]

9) 기제구오旣濟九五, 불여서린지약제(不如西鄰之禴祭, 서쪽 이웃의 약제만 못하다). 【길대래야吉大來也(길함이 크게 올 것이다)】²⁹ [29]

【〈說卦〉文】坎以敬之,【又大离】祭祀之象也.”

25 〈澤雷隨〉,《周易四箋 I》권3,《定本 與猶堂全書 15》, 238~9쪽, “上六, 拘係之, 乃從維之. 王用亨【享】于西山.”, “互艮之山,【二四互】在於兌方,【上本兌】此西山也.【兌爲西】离誠·巽潔,【三五巽】本具祭享之象,【又坤牛受射】乃上之變爲乾,【上今乾】是祭天也. 天子之震,【乾天之長子】實主是祭,【下今震】王用亨于西山也.【震帝在西山之下”】

26 〈地風升〉,《周易四箋 II》권5,《定本 與猶堂全書 16》, 81쪽, “六四, 王用亨于岐山, 吉, 无咎.”, “卦自小過來,【四之二】小過之卦, 本取倒象,【無反對】正艮·倒艮,【上倒艮】山出兩支,【艮爲山】岐山之象也. 移之爲升,【四之二】震王親齊,【震降而爲巽】將以祭也. 變而爲恒,【四今剛】恒自泰來,【一之四】王乃登山,【乾王升于四】躬薦坤牲,【牛受矢】王用享于岐山也.”

27 〈澤地萃〉,《周易四箋 II》권5,《定本 與猶堂全書 16》, 74~5쪽, “六二, 引吉, 无咎. 孚, 乃利用禴.”, “漸之未變, 王假有廟, 祭祀之卦也.【見〈彖〉詞】用大牲吉, 殺牛之象也.【見〈彖〉詞】不意, 漸二之動, 其卦爲巽, 巽者, 草也.【九家《易》】蘋蘩蘊藻, 雜然其列, 下卦上卦, 唯榮是饌.【上下巽】斯何故也? 巽之潔齊,【〈說卦〉文】离乃虛中,【三五互】誠之旣孚, 物薄何咎? 利用禴也. 禴者, 淪也. 淪榮以祭也.【義見下】重巽之草, 坎以淪之,【大坎水】其象禴也.”

28 〈地風升〉,《周易四箋 II》권5,《定本 與猶堂全書 16》, 80쪽, “九二, 孚乃利用禴, 无咎.”, “此升之謙也. 升之兩互, 是成歸妹. 王射坤牛,【三之四】宜用大牲.【如萃之六二】不意, 二爻之動, 又變爲震, 震者, 草也.【九家《易》】蘋蘩蘊藻, 雜然其列, 下卦上卦, 唯榮是饌.【上下震】斯何故也? 本以离誠,【歸妹本互离】今又虛中,【震大离】誠之旣孚, 物薄何咎? 利用禴也. 荐雷之草, 坎以淪之,【互坎水】其象禴也.”

29 〈水火旣濟〉,《周易四箋 II》권7,《定本 與猶堂全書 16》, 207~8쪽, “九五, 東鄰殺牛不如西鄰之禴祭, 實受其福.”, “此旣濟之明夷也. 明夷自小過來,【四之一】震者, 東鄰也.【小過之上震】亦自臨來,【二之三】兌者, 西鄰也.【臨下兌】大坎之矢,【小過本大坎】是殺坤牲,【坤中矢爲坎】東隣殺牛也. 大震之菜,【臨大震】燴於离火,【一·二·三位.离】西鄰禴祭也. 移之明夷,【四之一】東鄰則震主云亡,【上爲東】坤國遂墟,【坤無主】西鄰則有隕自上,【四之一】

위의 제사례에 대한 다산의 전체적인 설명은 다음과 같다.

"고대의 제사는 모두 그날을 점쳐서 거행했다. 위의 예들이 그 요사繇辭
이다. 제사의 뜻은 오직 정성과 재계에 있으므로 (어떤 괘는) 리离로서 정
성을 나타냈고, (어떤 괘는) 손巽으로서 재계를 나타냈다. (이처럼 제사의
점은 정성과 재계를 나타내기 때문에) 그 점이 길한 것이다. (제사의 요사
를 살펴보면) 간艮으로 묘廟를 나타내는 예도 있고, 곤坤으로 희생犧牲을
나타낸 예도 있고, 감坎으로 공경함을 표시한 예도 있고, 태兌로 희생을
바침을 표시한 예도 있다. (따라서, 제사를 의미하는 요사는) 오직 그 괘덕
을 보아야 하고, 하나의 고정된 패턴은 없다고 할 수 있다. ○ 제사의 점
은 단지 이것만이 아니다. 예를 들어, 희생을 점친 것과 관련된 것은 중
부中孚와 구姤가 있다. (이외) 여기서 모든 것을 나열할 수는 없다. 그 가
운데 특히 유부有孚의 예는 모두 제사의 점으로 봐야 한다."[30]

다산의 이 설명을 보면, 《주역周易》의 제사祭祀를 나타내는 소성괘는
기본적으로 '이离', '손巽', '간艮', '태兌'의 4괘라 할 수 있다. 앞에서도 논
의했지만, 《주역》은 역상易象이므로 각 괘는 각각 나타내는 상징이 있
다. '이离'는 정성을 상징하고, '손巽'은 재계를 상징하고, '간艮'은 묘廟를
상징하고, '태兌'는 희생을 바치는 것을 상징한다. 이 네 가지 상징은 제
사와 관련이 있고, 따라서 이러한 4괘를 포함하고 있는 괘는 제사와 관
련된 괘라 할 수 있다. 물론 상징의 속성상 이 4괘가 있다고 해서 모두
제사와 관련된 괘라 할 수는 없지만, 제사와 관련된 괘는 반드시 이 4

离福大至.【下今离】 東隣殺牛, 不如西鄰之受福也. 我以离誠.【下今离】 彼以坤貪.【上今坤】
福所異也. 東鄰者, 紂也. 西鄰者, 文王也."

30 〈易例比釋下〉, 《周易四箋 I》 권4, 《定本 與猶堂全書 15》, 341~2쪽. "古人祭祀, 皆
筮日而行之. 此其繇也. 祭祀之義, 唯誠唯潔. 故离以孚格, 巽以潔齊. 其占乃吉也. 或以艮
爲廟, 或以坤爲牲, 或坎以敬之, 或兌以饋之. 唯視卦德, 不一例也. ○ 祭祀之占, 不止是
也. 或係筮牲, 中孚姤, 茲不具著. 又凡有孚, 皆祭祀之占也."

괘 가운데 최소한 1괘 이상을 포함하고 있어야 한다. 따라서 이 4괘는 제사를 나타내는 괘의 필수조건이라 할 수 있다. 예를 들어, 곤구이困九二는 곤지췌困之萃가 되고 위의 4괘 가운데 '태兑'가 존재하고, 곤구오困九五는 곤지해困之解가 되고 위의 4괘 가운데 '태兑'가 존재하고, 췌지단萃之彖은 위의 4괘 가운데 '태兑'가 존재하고, 환지단渙之彖은 위의 4괘 가운데 '손巽'이 존재하고, 수상육隨上六은 수지무망隨之无妄이 되고 위의 4괘 가운데 '태兑'가 존재하고, 승육사升六四는 승지항升之恒이 되고 위의 4괘 가운데 '손巽'이 존재하고, 췌육이萃六二는 췌지곤萃之困이 되고 위의 4괘 가운데 '태兑'가 존재하고, 승구이升九二는 승지겸升之謙이 되고 위의 4괘 가운데 '손巽'이 존재하고, 기제구오旣濟九五는 기제지명이旣濟之明夷가 되고 위의 4괘 중 '이离'가 존재한다.

다산의 이 〈제사례祭祀例〉를 분석해 보면 또 일정한 분류의 기준이 있음을 알 수 있다. 즉 1)과 2), 3)과 4), 5)와 6), 그리고 나머지 7), 8), 9)가 하나의 분류를 구성한다. 1)과 2)는 제후나 대부의 제사를 분류한 것이고, 3)과 4)는 종묘례를 분류한 것이고, 5)와 6)은 교제郊祭를 분류한 것이고, 7), 8), 9)는 시제時祭 가운데 약제禴祭를 분류한 것이다. 위의 분류를 《춘추고징》의 길례吉禮 분류에 따라 구분해 보면,[31] 5)와 6)은 교郊에 해당하고, 7), 8), 9)는 시형時享에 해당한다. 다만 1)과 2), 3)과 4)는 《춘추고징》의 기준에 따라 분류하기는 어려울 것 같다. 그리고 1)과 2)를 왕조례가 아닌 제후나 대부의 제사로 본 것은 다산의 해석에 근거한 것이다. 다산은 1) 곤구이困九二, "술과 음식에 곤궁하지만 주홍색 폐슬이 곧 올 것이다. 제사를 지내면 이로울 것이다. 정벌은 흉할 것이나 허물은 없을 것이다."[32]에 대한 주석에서 "어려운 때 이 관복을

---

31 《春秋考徵》, 《定本 與猶堂全書 14》 참조.

32 〈澤水困〉, 《周易四箋 II》 권5, 《定本 與猶堂全書 16》, 85쪽, "九二, 困于酒食, 朱紱方來. 利用亨祀. 征凶, 无咎."

얻을 것이니, 또 기쁠 것이다."[33]라고 하여 이 제사의 예禮가 제후의 예임을 밝히고 있다. 또 2) 곤구오困九五의 "의월劓刖의 형벌을 받을 것이고 붉은 폐슬로 인해 곤궁할 것이지만 곧 서서히 벗어날 것이다. 제사를 지내면 이로울 것이다. 〈상象〉에서 말했다. "의월劓刖의 형벌을 받는 것은 뜻을 얻지 못했기 때문이고, 곧 서서히 벗어나는 것은 마음이 정직하기 때문이고, 제사를 지내면 이로울 것이다고 한 것은 복을 받기 때문이다.""에 대한 주석에서도 "적불赤紱이 삼백이나 되니 조曹나라 사람의 비난을 받을 것이다."[34]라고 하여 이 제사의 예가 대부의 예임을 밝히고 있다. 현대 중국의 고형高亨도 적불赤紱을 대부가 착용하는 폐슬로 보고 있다.[35]

위의 제사례 가운데 3)과 4)의 묘제廟祭, 그리고 7), 8), 9)의 약제禴祭에 대해서는 역대의 주석과 다산의 해석에 큰 이견이 없는 것 같다. 그런데 5)와 6)의 제례에 대해서는 역대의 주석과 다산의 해석 사이에 차이가 있다. 주자는 5)와 6)의 제례에 대해 분명하게 산천제로 해석한다. 5)의 "왕이 서산에서 제사를 올리다."에 대해 "형亨은 마땅히 제향祭享의 향享이다. 주周를 기준으로 했을 때, 기산岐山은 서쪽에 있으므로 서산이라 했다. 산천山川에 제사 지내는 자가 이를 얻을 경우 그 정성이 이와 같다면 길할 것이다."[36]라고 했다. 그리고 6)의 "왕이 기산에서 제사를 올리다."에 대해 "순함과 올라감의 형상이니, 산에 제사하는 상이다."[37]

33 〈澤水困〉, 《周易四箋Ⅱ》 권5, 《定本 與猶堂全書 16》, 86쪽, "否塞之時,得此命服.【見 〈玉藻〉】亦可喜也."

34 〈澤水困〉, 《周易四箋Ⅱ》 권5, 《定本 與猶堂全書 16》, 89쪽, "赤紱三百,曹人之所譏也."

35 高亨, 周易大傳今注, 濟南: 齊魯書社, 1998, 301쪽, "赤紱,赤色之蔽膝,大夫所服,此赤紱象徵服赤紱之大夫."

36 朱熹 撰, 廖名春 點校, 《周易本義》, 北京: 中華書局, 2009, 92쪽, "亨,亦當作祭享之享.自周而言,岐山在西,凡筮祭山川者得之.其誠意如是,則吉也."

37 위의 책, 171쪽, "以順而升,登祭於山之象."

라고 했다. 반면에 다산은 5)와 6)을 교제郊祭로 해석한다. 특히 6)의 "왕이 기산에서 제사를 올리다."에 대해 "시망柴望의 제사로(산에서 제사를 올리는 것) 하늘을 섬기기 위함이다. 손巽으로 순종하고(지금 하괘가 손巽이다) 건乾의 하늘에 제사를 올리니(지금 호괘가 건乾이다) 순종하고 섬기는 것이다. 수상육隨上六을 마땅히 참고해야 한다."[38]고 해석했다. 다산은 이곳에서 분명히 시망柴望으로 해석하고 있으며, 시망을 하늘에 제사하는 것으로 규정하고 있다. 따라서 주자의 주석과 다산의 해석은 제사의 대상에서 분명한 차이가 존재한다.

위에서 서술한 〈역례비석〉 가운데 제사례祭祀例 9조 외 사실《주역사전周易四箋》에는 더 많은 제사례祭祀例가 존재한다. 제사례祭祀例에 대한 다산의 설명에서도 나왔지만, 유부례有孚例는 기본적으로 제사와 관련된 역사易詞이다. 그리고 다산이 제사례祭祀例를 설명한 중부괘中孚卦와 구괘姤卦는 희생을 점친 예에 해당한다. 그 밖에 제기祭器와 관련된 예는 손괘損卦, 정괘鼎卦, 비괘比卦, 진괘震卦가 있으며, 궤식례饋食禮와 관련된 예는 규괘睽卦가 있으며, 교제郊祭와 관련된 예는 익괘益卦, 수괘需卦, 소축괘小畜卦, 동인괘同人卦, 소과괘小過卦가 있으며, 기타 제사괘로 관괘觀卦, 대과괘大過卦, 진괘晉卦, 정괘井卦가 있다. 이 제사례를 정리해 보면 다음과 같다.

1) 中孚, 豚魚,[39]

---

38 〈地風升〉,《周易四箋Ⅱ》권5,《定本 與猶堂全書 16》, 81쪽, "柴望之祭,【祭于山】以事天也. 巽以順之,【下今巽】用享乾天,【今互乾】是順事也. 隨上六, 宜參看."

39 〈風澤中孚〉,《周易四箋Ⅱ》권7,《定本 與猶堂全書 16》, 188~9쪽, "中孚, 豚魚, 吉. 利 涉大川. 利貞.", "此中孚之不變者也. 內外齊潔,【下倒巽】中以离孚,【二五夾】祭祀之卦也. 卦以大過交易.【澤風交】大過之卦, 通體爲坎,【上下夾】是爲大豕.【坎爲豕】下巽上巽,【上倒巽】亦有魚鱻.【虞《易》,巽爲魚】交而中孚, 則魚雖如舊【上下巽】昔之大豕, 今爲小豶,【大畜以巽爲豬豕】豕小曰豚,【豕之子】祭之所薦, 豚魚而已, 牲羞之薄, 莫此若也.【義見下】雖然大過之時, 誠信未孚,【大坎疑】今也大离之誠,【兼畫三】虛中以治,【〈祭義〉文】中旣孚矣. 雖豚魚而亦吉. 此筮牲之占也."

2）姤 初六, 羸豕孚蹢躅.**40**

3）損, 二簋可用享.**41**

4）鼎卦**42**

5）比 初六, 有孚盈缶.**43**

6）震, 不喪匕鬯.**44**

7）睽 六五, 厥宗噬膚**45**

40〈天風姤〉,《周易四箋 Ⅱ》권5,《定本 與猶堂全書 16》, 65~6쪽, “姤 初六, 繫于金柅,
貞吉. 有攸往, 見凶. 羸豕孚蹢躅.”, “巽之潔齊,【《說卦》文】上承乾宗,【《易》例乾爲宗】祭祀
之卦也. 牲貴肥腯, 不用瘠癵【見《左傳》·隨人季梁之言】然离誠旣明,【小畜之互离】巽齊克
潔,【下今巽】雖羸豕蹢躅,【瘠敗不能行】亦可以孚格神明. 如其不然, 雖三牲博碩, 九鼎豐
滿, 神亦不顧矣. 此筮牲之占詞也.”

41〈山澤損〉,《周易四箋 Ⅱ》권5,《定本 與猶堂全書 16》, 40~1쪽, “損, 有孚, 元吉, 无
咎, 可貞, 利有攸往. 曷之用? 二簋可用享.”, “艮廟之下,【艮爲鬼】兌食陳饋,【食音嗣】离
誠中虛,【上大离】坤養乃備,【上互坤】祭享之卦也. 震以黍稷,【震爲稼】兼爲竹器,【蒼筤塞其
下】其象簋也.【黍稷器】泰三陽之漸進也. 每得一震,【自復·臨】以成一陽,【義見乾之〈彖〉】
是三簋也.【一震爲一簋】今損其一,【三之上】二簋而用享矣.【下二陽】”

42〈火風鼎〉,《周易四箋 Ⅱ》권6,《定本 與猶堂全書 16》, 107쪽, “鼎, 鋪案, 鼎者, 升牲
之器也. 古者煮牲以鑊, 升之于鼎, 出之以匕, 薦之用俎,【薦骨膚】餘瀋在鼎,【肉汁也】調和
五味, 以爲芼羹,【芼曰芼】薦之用鉶, 祭祀燕饗, 其禮同也.【見《儀禮》諸篇】大牢九鼎七鼎,
少牢五鼎,【羊·豕·魚·腊·膚】特牲三鼎,【豕·魚·腊】特豚一鼎,【用豕子】鼎爲之綱, 簋·豆·
簋·鉶, 皆視鼎而爲差, 鼎之重如是也.”

43〈水地比〉,《周易四箋 Ⅰ》권2,《定本 與猶堂全書 15》, 172쪽, “比, 初六, 有孚比之,
无咎. 有孚盈缶, 終來, 有他, 吉.”, “屯自臨來,【二之五】大震之缶,【兼畫三】上乃坤虛,【臨
上坤】移之爲屯, 則震缶之上,【下今震】坎酒旣盈,【上今坎】是盈缶也. 大离之誠,【下大离】
二五逢應, 有孚盈缶也. 本以坤土,【下本坤】今爲震器,【塞底以受物】其象缶也,【缶, 土器】祭
禮門外用缶,【尙質也】君用瓦甒,【見《禮器》】今艮門之內,【三五艮】有此瓦甒, 祭祀之占也.”

44〈重雷震〉,《周易四箋 Ⅱ》권6,《定本 與猶堂全書 16》, 115~6쪽, “震, 亨. 震來虩虩,
笑言啞啞, 震驚百里, 不喪匕鬯.”, “下震, 俎也,【俎, 木器】坤四陰, 肉也,【坤爲膚】遂以震
木,【四之剛】揷於坤肉之中,【二之四】其象匕也,【卽棘匕】又下震, 卣也,【震爲樽】上大坎,
酒也,【虞氏云】遂以震草,【四之剛】和於坎酒之中,【二之四】其象鬯也. 震之長子,【主器者在
下】立於艮廟之中,【下互艮】以祀先王,【上震爲先王】當此之時, 忽有雷聲, 震驚百里,【義見
上】艮手堅操,【三五艮】中剛猶直,【四之剛】不喪匕鬯也. 坎則爲敬,【坤〈文言〉】敬以直也.”

45〈火澤睽〉,《周易四箋 Ⅱ》권5,《定本 與猶堂全書 16》, 25~6쪽, “睽 六五, 悔亡. 厥
宗噬膚, 往, 何咎?”, “乾則爲父,【《說卦》文】父黨爲宗也.【見同人】履自夬來,【上之三】夬
之時, 宗人在下,【夬下乾】羊膚在上,【《易》例凡柔畫爲膚】移之爲履, 則乾宗開口,【下今兌】

8） 益 六二, 王用享于帝.⁴⁶

9） 初九, 需于郊.⁴⁷

10） 小畜, 自我西郊.⁴⁸

11） 上九, 同人于郊.⁴⁹

12） 小過卦 六五, 自我西郊.⁵⁰

13） 觀, 盥而不薦.⁵¹

14） 大過 初六, 藉用白茅.⁵²

15） 晉 六二, 晉如愁如.⁵³

羊膚來入,【互巽入】厥宗噬膚也. 曷然哉？ 艮廟之中,【中孚之互艮】羊豕俱陳,【兌羊而坎豕】离誠孚格,【上·下离】祭祀之卦也. 祭祀之禮, 宗人在下, 祭畢分胙,【卽分】則宗人升而噬膚, 【〈饋食禮〉】此其禮也. 少牢·特牲禮, 皆有膚鼎. ○履自夬來. 柔降在下,【上之三】剛往成乾, 【上今乾】往无咎也. 祭祀之禮, 所以聚合宗族, 叙其敦睦也. 大壯之時, 宗族相聚,【下四陽】自暌以來, 離散極矣. 今又宗族相聚,【上三陽】离以合禮,【二四互】又何咎焉？"

46 〈風雷益〉,《周易四箋Ⅱ》권5,《定本 與猶堂全書 16》, 50~1쪽, "益 六二, 或益之, 【句】十朋之龜, 弗克違. 永貞, 吉. 王用享于帝, 吉."

47 〈水天需〉,《周易四箋Ⅰ》권2,《定本 與猶堂全書 15》, 151쪽, "初九, 需于郊, 利用恒, 无咎."

48 〈風天小畜〉,《周易四箋Ⅰ》권2,《定本 與猶堂全書 15》, 177쪽, "小畜, 亨, 密雲不雨, 自我西郊."

49 〈天火同人〉,《周易四箋Ⅰ》권2,《定本 與猶堂全書 15》, 213쪽, "上九, 同人于郊, 无悔."

50 〈雷山小過〉,《周易四箋Ⅱ》권7,《定本 與猶堂全書 16》, 200쪽, "小過卦 六五, 密雲不雨, 自我西郊. 公弋取彼在穴."

51 〈風地觀〉,《周易四箋Ⅰ》권3,《定本 與猶堂全書 15》, 253쪽, "觀, 盥而不薦. 有孚顒若.", "此觀之不變者也. 卦爲大艮,【兼畫三】艮爲宗廟,【鬼所居】巽爲潔齊,【〈說卦〉文】下陳坤牲,【坤爲牛】祭祀之象也.【與渙同】"

52 〈澤風大過〉,《周易四箋Ⅰ》권4,《定本 與猶堂全書 15》, 309쪽, "大過 初六, 藉用白茅, 无咎.", "此大過之夬也. 卦以中孚交易,【本風澤】离誠旣孚,【本大离】巽齊又潔,【上下巽】祭祀之卦也. 卦自大壯,【五之一】大兌之牲,【兌爲羊】下無所藉,【全卦只是羊】移之大過, 【五之一】則兌牲之下,【上今兌】巽草爲苴,【下今巽】是何物也？ 本以震草,【自五來】有乾三春,【本下乾】其象茅也.【三春草】今以巽白,【〈說卦〉文】是白茅也."

53 〈火地晉〉,《周易四箋Ⅰ》권4,《定本 與猶堂全書 15》, 378쪽, "晉 六二, 晉如愁如, 貞吉, 受茲介福于其王母.", "此晉之未濟也. 未濟自否來. 柔進上行,【二之五】离日乃明.【上今离】日進曰晉,【此卦義】此晉如也. 剛來爲坎,【五之二】坎則爲愀,【義見下】愁如者, 愀如也.

16) 井 上六, 有孚, 元吉.**54**

17) 六五, 有事.**55**

위 17조의 제사례 가운데 특별히 언급할 만한 예는 8) "益 六二, 王用
享于帝."이다. 이 효사에 대해 다산은 다음과 같이 해석했다. "익괘益卦는
부괘否卦에서 추이해 왔다. 진震의 군주가 땅을 정결히 하고 곤坤의 소
를 올리고 건乾의 천天을 제사하는 상이니, 교향郊享의 괘이다. 효변하여
중부괘中孚卦가 되면 아래 위가 모두 재계함의 뜻이 되어 마음의 정성
과 믿음이 하늘에 이르니, '왕이 상제를 제사한다'고 했다."**56** 이 익육이
益六二는 《주역周易》 고경 가운데 '제帝'가 등장하는 유일한 곳이다.**57** '제
帝'는 물론 '상제上帝'를 뜻하고, 교제郊祭의 제사 대상이 된다. 이 제사례
의 '왕王'은 교제를 올리는 제사 주체가 되고, 다른 말로 천자天子가 된
다. 즉 이 제사례는 교제의 제사 주체와 제사 대상을 매우 분명하게 설
명해 주고 있다.

한편 위의 제사례를 통해 서주 초기 제사의 희생도 살펴볼 수 있다.

【字相通】艮廟之下,【本互艮】坤牛受矢,【《禮》所云'射牲'】祭祀之卦也. 筮而遇是, 則离誠上
格,【此晉如】坎敬愀然, 其占吉也."

54 〈水風鼎〉, 《周易四箋Ⅱ》 권5, 《定本 與猶堂全書 16》, 97~8쪽, "井 上六, 井收, 勿
幕. 有孚, 元吉.", "卦旣有孚, 祭祀之占也.【中孚本祭祀之卦】遯移爲巽【二之四】則下井上
泉,【上下坎】潔而又潔,【上下巽】神所享也. 誰其尸之？ 乾王之祭也.【遯上乾】王祭旣潔,【今
重巽】其占元吉【君之吉】"

55 〈重雷震〉, 《周易四箋Ⅱ》 권6, 《定本 與猶堂全書 16》, 119~120쪽, "六五, 震往來,
厲. 億无喪, 有事.", "有事者, 祭祀也. 否之時, 上乾王也. 移之爲隨, 則王乃射牲【上之一】
艮廟之內,【二四艮】巽以潔齊【三五互】祭祀之卦也. 逢爲大坎,【三六夾】是有事也.【坎者,事
之固】案 《春秋傳》, 凡祭祀皆云'有事'.【如云'有事于新宮'】"

56 〈風雷益〉, 《周易四箋Ⅱ》 권5, 《定本 與猶堂全書 16》, 50~1쪽, "卦自否來,【四之一】
震主除地,【下本坤】奉其坤牛,【下互坤】上祭乾天,【否上乾】郊享之卦也. 變而中孚, 則上下
齊潔,【下倒巽】中誠字格,【中大离】王用享帝也. 曷然哉？ 祭天祈年, 亦所以益民也."

57 물론 豫卦의 《대상전》과 鼎卦의 《단전》에도 '上帝'가 등장하지만, 이 논문은 《周易》
고경에 한정하여 논의를 전개하고자 하기 때문에 이에 대한 논의는 제외하기로 한다.

1) "중부中孚, 돈어豚魚"의 돈豚은 다산에 따르면 "시소왈돈豕小曰豚(시지자豕之子)"⁵⁸, 곧 "작은 돼지를 돈豚이라 한다.(새끼돼지)"라고 해석하고 있다. 이를 통해 보면 돼지가 희생 가운데 하나임을 알 수 있다. 물론 "중부中孚, 돈어豚魚"의 '어魚', 곧 물고기도 희생 가운데 하나이다. 다산의 물상론에 따르면, 감坎은 돼지를 상징하고 손巽은 물고기를 상징한다. 7) "규睽 육오六五, 궐종서부厥宗噬膚"의 '부膚'는 다산에 따르면 "쾌夬 때 종인宗人이 아래에 있고 양고기가 위에 있다"⁵⁹라 하여 양고기로 해석한다. 다산은 역례易例에서 유화柔畫는 고기를 상징한다는 점을 들어 '부膚'를 해석하고 있으나, 필자가 판단하기에 쾌괘夬卦의 상괘가 태兌이므로 양고기로 해석한 것 같다. 그리고 기제괘旣濟卦의 구오九五 효사에 "동쪽 이웃이 소를 잡아 (제사를 지내지만) 서쪽 이웃의 약제만 못하니"⁶⁰라는 말이 있는 것으로 보아 소가 당시 제례의 주요한 희생 가운데 하나였음을 알 수 있다. 이렇게 보면 서주 초기의 제사에 쓰인 희생이 소, 돼지, 양, 물고기 등임을 확인할 수 있다.⁶¹

4. 《춘추고징春秋考徵》의 제례

앞에서 언급한 《춘추좌전》의 소공 2년 조의 인용문은 다산 정약용의

---

58 〈風澤中孚〉, 《周易四箋Ⅱ》 권7, 《定本 與猶堂全書 16》, 189쪽.

59 〈火澤睽〉, 《周易四箋Ⅱ》 권5, 《定本 與猶堂全書 16》, 26쪽, "夬之時, 宗人在下,【夬下乾】羊膚在上,【《易》例凡柔畫爲膚】"

60 〈水火旣濟〉, 《周易四箋Ⅱ》 권7, 《定本 與猶堂全書 16》, 207쪽, "九五, 東鄰殺牛不如西鄰之禴祭, 實受其福."

61 孫希旦 撰, 沈嘯寰, 王星賢 點校, 《禮記集解》, 北京: 中華書局, 1989, 954쪽, "其禮, 大牢則以牛左肩, 臂, 臑折九個, 少牢則以羊左肩七個, 犆豕則以豕左肩五個."

《춘추고징春秋考徵》 서문에도 그대로 인용된다. "한선자韓宣子가 (노나라에) 와서 《역상易象》과 《춘추春秋》를 보고 "주周나라의 예禮가 모두 노魯나라에 있도다."[62] 앞에서는 주나라의 예법을 알기 위해서 '역상易象', 곧 《주역》을 연구할 필요가 있다는 의미에서 이 부분을 인용하였지만, 《춘추고징》에서는 주나라의 예법을 알기 위해서 《춘추》를 연구해야 한다는 의미에서 이 부분을 인용하고 있다.[63] 이러한 점은 《춘추고징》의 서문에서도 분명히 드러난다. "《춘추》는 주례周禮를 징험할 수 있는 책이니, 주례를 알고자 하는 자가 어찌 《춘추》에서 고증하지 않을 수 있겠는가?"[64] 따라서 《춘추고징》은 《춘추》를 연구하는 데 목적이 있는 것이 아니라, 주례를 고증하는 데 그 목적이 있다. 이러한 연유에서 《춘추고징》은 《주례》의 오례五禮 체제에 따라 구성되었다. 즉 《춘추고징》은 길례吉禮, 흉례凶禮, 빈례賓禮, 군례軍禮, 가례嘉禮의 오례 체제에 따라 구성되었다. 다만 오례 가운데 빈례賓禮, 군례軍禮, 가례嘉禮는 역대로 이견이 많지 않아서 거의 다루지 않고 있으며, 주로 길례吉禮와 흉례凶禮를 중심으로 고증을 진행하였다.[65]

이 논문은 《주역》의 제례에 관한 논의이므로 이와 관련된 부분은 《춘추고징》의 길례吉禮에 해당한다. 우선 이 부분의 목차를 정리해 보면 다음과 같다.[66]

---

62 《春秋考徵》, 《定本 與猶堂全書 14》, 다산학술문화재단, 2012, 33쪽, "《左傳》云: "韓宣子【起】來聘, 觀《易象》·《春秋》, 曰, '周禮盡在魯矣.'【昭二年】"

63 즉 다산은 周禮, 곧 주나라의 예법의 원형을 파악하기 위해서 《周易》과 《春秋》를 읽어야 한다고 강조하고 있다. 따라서 다산에 따르면 周禮와 《周易》, 《春秋》는 서로 불가분의 관계를 가지고 있는 것이다.

64 《春秋考徵》, 《定本 與猶堂全書 14》, 다산학술문화재단, 2012, 32쪽, "《春秋》者, 周禮之所徵也. 欲知周禮者, 其不考之於《春秋》乎？"

65 《春秋考徵》, 《定本 與猶堂全書 14》, 다산학술문화재단, 2012, 32쪽, "然其事類繁賾, 條例浩汗, 無以悉擧, 先執吉·凶二禮, 別其大綱, 以正歸趣, 略其零碎, 以示推通. 至於賓·軍·嘉三禮, 擧一可以反三, 苟有同好, 庶其補成, 今不論也."

〈吉禮〉

郊 一, 郊 二, 郊 三, 郊 四, 郊 五, 郊 六, 郊 七, 郊 八, 郊 九

社 一, 社 二, 社 三, 禘之說

禘 一, 禘 二, 禘 三, 禘 四, 禘 五, 禘 六, 禘 七, 禘 八, 禘 九, 禘 十,

禘 十一, 禘 十二,

時享 一, 時享 二, 時享 三, 時享 四, 時享 五, 時享 六, 時享 七,

朔祭 一, 朔祭 二, 朔祭 三,

廟制 一, 廟制 二, 廟制 三, 廟制 四, 廟制 五,

이 목차를 보면, 다산이 길례吉禮를 교교郊, 사社, 체체禘, 시향時享, 삭제朔祭, 묘제廟制로 분류하고 있음을 알 수 있다. 교교郊는 중국 고대의 제천의례 가운데 정제正祭로 경칩驚蟄에 행하고 그 날짜는 신일辛日을 쓴다. 나라에 변고가 있어 상제에 고하는 제사는 여旅라 하고, 천자가 장차 출정에서 상제에 고하는 제사는 류類라 한다.[67] 사社는 사직례社稷禮로 중국 고대에서는 봄에 한 번 지내고 날짜는 갑일甲日을 쓴다.[68] 체체禘는 오제五帝에 대한 제사를 말하고, 이 오제五帝는 상제가 아닌 인제人帝이다.[69] 시향時享은 사시제四時祭로 사祠, 약禴, 상嘗, 증烝을 말한다.[70] 삭제朔祭는 왕이 매월 초하루 묘廟에서 고삭告朔을 고하는 제사로 조향朝享이

---

66 《春秋考徵》, 《定本 與猶堂全書 14》, 다산학술문화재단, 2012, 27~8쪽.

67 〈鄭氏六天之辨〉, 《春秋考徵》, 《定本 與猶堂全書 14》, 287쪽, "鏞案, 古者祭天之禮, 其正祭日郊, 啓蟄而行之, 其日用辛,【見原篇】 有事而告日旅,【臚陳也】 將出而告日類,【見 《詩》·《書》】"; 孫希旦 撰, 沈嘯寰, 王星賢 點校, 《禮記集解》, 北京: 中華書局, 1989, 329~333쪽 참조.

68 《春秋考徵》, 《定本 與猶堂全書 14》, 107쪽. "鏞案, 社稷之禮, 古者春一祭而已, 日用 甲. 其春·秋二祭, 自東漢始也, 日用戊, 自元魏始也."

69 《春秋考徵》, 《定本 與猶堂全書 14》, 114~5쪽 참조.

70 《春秋考徵》, 《定本 與猶堂全書 14》, 149쪽, "《周禮·大宗伯》:'以祠春享先王, 以禴夏享 先王, 以嘗秋享先王, 以烝冬享先王.'"

라 했다.[71] 묘제廟制는 천자天子의 묘제廟制가 삼소三昭, 삼목三穆, 태조太祖
의 7묘임을 밝힌 것이다.[72]

《춘추고징》의 교郊, 사社, 체禘, 시향時享, 삭제朔祭를 제사의 대상으로
나누어 보면, 교郊는 상제上帝나 천天에 대한 제사이고, 사社는 사직社稷,
곧 토신土神과 곡신穀神에 대한 제사이고, 체禘는 인제人帝로서 오제五帝
에 대한 제사이고, 시향時享과 삭제朔祭는 선왕先王에 대한 제사라 할 수
있다. 그런데 다산은 《춘추고징》에서 특히 체禘에 대해 중국 전통의 견
해와 달리한다. 이 체禘에 대한 다산의 논변은 《춘추고징》에서 매우 중
요한 내용 가운데 하나이며, 다산의 상제관을 엿볼 수 있다는 점에서
의미심장하다.

> 체禘는 제帝를 제사한다는 뜻으로 (글자는 시示를 따르고 제帝를 따른다)
> 오제五帝의 제사이다. 《주례周禮》 여섯 편에 모두 체禘자가 없는데 가령 대
> 제大祭가 《주례周禮》에 누락되었다면, 이러한 이치가 있겠는가? 만약 체제
> 禘祭가 주공周公의 제례制禮 뒤에 생겼다면, 유우씨有虞氏가 황제黃帝에 체제
> 禘祭를 드리고, 은인殷人이 곡譽에 제제禘祭를 드리고, 주인周人이 곡譽에 체
> 제禘祭를 드리는 것 또한 체禘이니 어찌 《주례周禮》에 누락되었겠는가? 그
> 러니 《주례周禮》에 상제上帝에 제사하는 것 외에 오제五帝의 제제禘祭가 있다.
> 〈소종백小宗伯〉에 "사교四郊에 오제의 조兆를 설치한다."고 하였고, 〈천관天
> 官·총재冢宰〉에 "오제五帝를 제사 지낼 때 백관百官의 서계誓戒를 관장한다."
> 고 하였고, 〈장차掌次〉에 "오제五帝를 제사 지낼 때, 대차大次와 소차小次를
> 관장한다."고 하였고, 〈춘관春官·사복司服〉에 "상제上帝를 제사 지낼 때 대

---

71 《春秋考徵》, 《定本 與猶堂全書 14》, 166쪽, "鏞案, '朝于廟', 謂祭也. 《周禮》朔祭謂之'朝
享'.【〈司尊彝〉】"; 孫詒讓 撰, 王文錦·陳玉霞 點校, 《周禮正義》, 北京: 中華書局, 1987,
1514쪽, "凡四時之閒祀追享朝享."

72 《春秋考徵》, 《定本 與猶堂全書 14》, 170쪽, "鏞案, 〈王制〉云:"天子三昭三穆,與太祖之
廟而七."

구大裘를 입고, 오제五帝를 제사 지낼 때도 이와 같다."고 하였고, 〈대사구
大司寇〉에 "오제五帝를 제사 지낼 때 백관百官의 서약을 관장한다."[73]고 하
였고, 〈소사구小司寇〉에 :"오제五帝를 제사 지낼 때 가마솥에 물을 채운다."
고 하였는데, 이 모두가 체제禘祭의 분명한 기록이다. 오제五帝는 인제人帝
이며 반드시 상제上帝를 짝한 뒤에 제사하는 것이다. 그러므로 그 예가 융
숭하여 교제郊祭와 동등하였다. 초楚의 관사부觀射父가 매번 체禘와 교郊를
병칭하였는데, 이러한 이유 때문이다. 정현鄭玄이 (이를) 잘못 해석하여 오
제五帝의 제제祭祭를 모두 오방천제五方天帝로 보았는데, 이 잘못된 제례祭禮가
오늘에까지 이어진 것이다.[74]

다산의 이 〈체지설禘之說〉은 정현의 체지설禘之說을 비판하고 자신의
독자적인 견해를 내세웠다는 점에서 의미가 있다. 특히 다산은 체제禘祭
의 대상을 상제上帝가 아닌 인제人帝로 명확하게 제시함으로써 상제의
유일무이성을 강조했다.

다산에 따르면, "체제禘祭는 대략 요순시대로부터 시작되었다. 요순시
대에 호천상제昊天上帝에 짝하여 오제五帝(희義·농農·헌軒·호昊·전顓)를 제
사하였고, 또한 호천상제에 짝하여 조상을 제사하였다. 오제五帝와 조상
을 제사하는 것을 '체禘'라 이름했고, 호천상제를 제사하는 것을 '교郊'
라 이름했다. 또 오제五帝에 보답한다는 뜻에서 '제오제祭五帝'라 이름했
고, 상제를 섬긴다는 뜻에서 '사천祀天'이라 이름했다. 이에 또 별도로

---

73 孫詒讓 撰, 王文錦, 陳玉霞 點校, 《周禮正義》, 北京: 中華書局, 1987, 2758쪽 참조.
74 《春秋考徵》, 《定本 與猶堂全書 14》, 114~5쪽, "禘者, 帝祭也.【字從示從帝】五帝之祭
也. 《周禮》六篇都無禘字, 如許大祭漏於《周禮》, 有是理乎? 若云禘祭作於周公制禮之後,
則有虞氏禘黃帝, 殷人禘嚳, 周人禘嚳, 是亦禘也, 又何以漏於《周禮》也? 乃《周禮》祭上
帝之外, 並有五帝之祭.〈小宗伯〉云:"兆五帝於四郊."〈天官冢宰〉:"祀五帝, 則掌百官之誓
戒."〈掌次〉:"祀五帝, 則張大次·小次."〈春官·司服〉:"祀上帝, 則服大裘. 祀五帝, 則亦如
之."〈大司寇〉:"祀五帝, 則涖誓百官."〈小司寇〉:"祀五帝, 則實鑊水." 斯皆禘祭之明文也.
五帝者, 人帝也, 亦必配上帝而後祭之. 故其禮崇隆, 遂與郊等, 楚之觀射父每禘·郊並稱,
以是也. 鄭玄差謬, 凡五帝之祭, 皆指爲五方天帝, 壞亂祭禮, 式至于今."

비궁閟宮을 지어 그 시조의 소자출所自出을 제사지냈는데, 또 '체禘'라 이
름했다. 〈대전大傳〉·〈소기小記〉·〈제법祭法〉에서 말한 것이 모두 이 '체禘'
이다. 그 시조의 소자출所自出이 제帝가 아니면 안 되니 그 제사를 '체禘'
라 해도 또한 불가한 것은 아니다. 이 두 가지의 '체제禘祭'와 다른 모
든 '체제禘祭'는 후세의 남칭濫稱이다."[75] 이러한 근거로 다산에게 오제五
帝는 인제人帝이며, 상제上帝일 수 없다. 물론 정현의 오방제설五方天帝說
에 대한 다산의 이러한 비판은 왕숙(王肅, 195~256)이래 양복楊復, 마단
림馬端臨, 진혜전秦蕙田 등 여러 학자들이 지적한 바이기도 하다.

다산의 정현 오방천제설五方天帝說 비판은 다산의 유일무이성의 상제
설과 관련이 있다. 다산에 따르면, 상제는 천지天地와 신인神人의 외부에
서 천지天地와 신인神人, 만물萬物 등을 창조하고 주재하며 안양安養하는
존재이다. 그러므로 '제帝'를 '천天'으로 일컫는 것은 '왕王'을 '국國'으로
일컫는 것과 같다. 따라서 창창유형蒼蒼有形의 '천天'을 가리켜 '상제上帝'
라 할 수 없는 것이다.[76] 이처럼 다산은 '제帝'와 '천天'을 엄격하게 구분
하고 있다. 그리고 다산의 이 엄격한 구분은 그의 정현鄭玄 육천지설六
天之說 비판과도 연결된다. 다산에게 천天은 물리적 존재로 지극히 둥글
고 왼쪽으로 끊임없이 돈다. 또 지地도 둥글어서 반복해서 돈다. 그러니
천天은 원래 동과 서가 없고, 목木이 동東이고 금金이 서西라는 이치도
없다.[77] 이러한 연유로 천天이 여섯일 수가 없는 것이다. 즉 다산에게

---

75 《春秋考徵》, 《定本 與猶堂全書 14》, 304쪽, "蓋自堯·舜之時, 崇祀五帝,【羲·農·軒·昊·
顓】配食於昊天上帝, 特祀其祖, 亦配食於昊天上帝. 彼名曰禘, 此名曰郊. 彼所以報五帝,
故名之曰'祭五帝'. 此所以事上帝, 故名之曰'祀天'. 於是別作閟宮, 祭其祖之所自出,【周人
別有后稷廟.是魯閟宮之類】亦名曰禘. 〈大傳〉·〈小記〉及魯展禽〈祭法〉之所言, 皆此禘也.
其祖之所自出, 未嘗非帝, 則名其祭曰禘, 不亦可乎? 此二禘祭之外凡禘, 皆後世之濫稱."
76 《春秋考徵》, 《定本 與猶堂全書 14》, 301쪽, "鏞案, 古今大病全在乎認天爲帝, 而堯·
舜·周·孔不如是錯認. 故以今眼釋古經, 一往多誤, 凡以是也. 上帝者, 何? 是於天地·神
人之外, 造化天地神人萬物之類, 而宰制安養之者也. 謂帝爲天, 猶謂王爲國, 非以彼蒼蒼
有形之天, 指之爲上帝也."

상제는 유일무이한 초월적인 존재이다.

　다산의 이러한 상제관은 물론 유교 전통의 연속성으로 이해할 수 있
지만, 또한 서학의 영향으로 볼 수도 있다. 특히 위에서도 언급하였지
만, 《춘추고징》에서 다산이 정의한 상제의 개념은 사실 마테오 리치의
상제 개념과 서로 상통한다. 즉 《춘추고징》에서 다산이 서술한 상제의
개념은 “上帝者, 何？ 是於天地·神人之外, 造化天地神人萬物之類, 而宰制安養之者
也.”[78]이고, 《천주실의天主實義》에서 마테오 리치가 서술한 상제의 개념은
“天主始制天地萬物而主宰安養之”[79]이다. 이 두 서술을 비교해 보면, 각각 상제
의 초월성, 창조성, 주재성이 갖추어져 있다. 즉 두 서술이 표현에서 약
간의 차이가 있지만, 그 내용의 함의는 동일하다. 그리고 특별히 주목
할 만한 점은 두 서술에 모두 ‘안양安養’이 들어 있다는 것이다. 이 ‘안
양安養’이라는 개념은 유교 전통에서는 거의 사용하지 않는 용어이고,
실제로 유교 경전인 13경을 살펴보더라도 이 용어를 찾아볼 수 없다.[80]
‘안양安養’이라는 용어는 오히려 불교에서 쓰이는 용어라 할 수 있다.
《사해辭海》를 살펴보면, ‘안양安養’은 불교 용어로 극락세계를 가리킨다고
나와 있다.[81] 이러한 점에서 《춘추고징》에 나타난 다산의 상제관은 서학
의 영향을 받았다고 판단할 수 있다.[82]

　다산의 유일무이성의 상제관은 《주례》의 신관神觀에 대한 인식에도

77 《春秋考徵》, 《定本 與猶堂全書 14》, 289쪽, “鏞案, 天體至圓, 左旋無端, 地體渾圓, 繞
行而復, 夫豈有東·西乎？ 本無東·西, 又安有木東·金西之理？ 旣無木·金之定方, 又安有木
德·金德？”
78 《春秋考徵》, 《定本 與猶堂全書 14》, 301쪽.
79 마테오 리치 지음, 송영배 외 옮김, 《천주실의》, 서울: 서울대학교출판문화원, 1999,
39쪽, “首篇: 論天主始制天地萬物而主宰安養之.”
80 葉紹鈞 編. 《十三經索引》, 北京: 中華書局, 1983 참조.
81 夏征農, 陈至立 編者, 《辞海》, 上海: 上海辞书出版社, 1998, 38쪽, “即极乐世界. 佛
教认为众生生此世界, 可安乐颐养,故名.”
82 아울러 《春秋考徵》에 서술된 地動說도 서학의 영향으로 추정할 수 있다.

반영된다. 《주례》에 나타난 제사의 대상은 크게 천신天神, 지신地示, 인귀
人鬼로 대별된다. 진몽가陳夢家가 정리한 《주례》〈춘관종백春官宗伯〉편 대
종백大宗伯 조의 제사 대상에 따른 분류는 다음과 같다.[83]

> 甲, 神, 天神, 大神 昊天, 上帝；日, 月, 星辰；司中, 司命, 風, 雨.
> 乙, 示, 地示, 大示 社, 稷, 五祀, 五嶽；山, 川, 林, 澤；四方, 百物.
> 丙, 鬼, 人鬼, 大鬼 先王

《주례》에 나타난 천신天神, 지신地示, 인귀人鬼의 분류는 유교 전통에
서 천天·지地·인人에 대한 제사가 보편적으로 계승되었다는 점에서 큰
이견이 없다. 그런데 다산은 이러한 《주례》의 전통을 계승하지 않고, 독
자적인 체계體系를 구성한다. 즉 다산에게 천신天神, 지신地示, 인귀人鬼의
분류는 천신天神과 인귀人鬼의 두 가지 분류로 재편된다. "지금 살펴보건
대, 《주례》〈대종백大宗伯〉에 제사 지내는 귀신鬼神은 삼품三品이 있다.
천신天神, 지신地示, 인귀人鬼로 천신天神은 호천상제昊天上帝, 일일·월월·성
星·신辰, 사중司中, 사명司命, 풍사風師, 우사雨師 이고, 지시地示는 사직社
稷·오사五祀·오악五嶽·산림山林·천택川澤이고, 인귀人鬼는 선왕先王·선공先
公·선비先妣이다. 제사祭祀의 질서에 비록 삼품三品이 있지만, 실제로는
천신天神과 인귀人鬼일 뿐이다."[84] 왜냐하면 지시地示로 분류되는 욕수蓐
收·귀망句芒·축융祝融·현명玄冥·后土후토 등이 《춘추외전春秋外傳》에서 모두
천신天神으로 기록되어 있고, 이러한즉 천天이 이들을 천신天神으로 삼아
각각 수水·화火·금金·목木·토土·곡穀·산山·천川·임林·택澤 등을 관장하게

---

83 陳夢家, 《殷墟卜辭綜述》, 北京: 中華書局, 1998, 562쪽 참조.

84 《中庸講義補》, 《定本 與猶堂全書 6》, 315쪽, "今按, 《周禮·大宗伯》, 所祭鬼神, 厥有
三品, 日天神, 二日地示, 三日人鬼. 天神者, 昊天上帝, 日·月·星·辰, 司中·司命, 風師·
雨師, 是也. 地示者, 社稷·五祀·五嶽·山林·川澤, 是也. 人鬼者, 先王·先公·先妣之廟,
是也. 祭祀之秩, 雖有三品, 其實天神·人鬼而已."

한 것으로 볼 수 있기 때문이다.[85] 이를 통해 볼 때, 다산은 지시地示를 인정하지 않고 천신天神과 인귀人鬼만 인정하고 있음을 알 수 있다. 귀신鬼神에 대한 다산의 이러한 인식은 결국 천신天神의 세계를 상제를 중심으로 재편한 것으로 볼 수 있으며, 이는 또 상제의 유일무이한 성격을 강조한 것으로 볼 수 있다.

5. 《주역》 '교郊'에 대한 다산의 독창적 해석

앞에서 《춘추고징》의 체제禘祭 분석을 통해 다산이 상제의 유일무이성을 강조하고 있음을 확인한 바 있다. 이 장에서는 《춘추고징》의 상제의 유일무이성에 대한 다산의 인식이 《주역사전》에 어떻게 나타나 있는지 분석하고자 한다. 다산에게서 《주역》, 《춘추좌전》, 《주례》는 각각 따로 떨어져 있는 것이 아니라 통일성 속에 서로 유기적으로 연관되어 있다. 이러한 이유에서 《춘추고징》에 나타난 제례에 대한 인식은 《주역사전》에도 그대로 반영되어 있다. 《춘추고징》에서 다산이 체제禘祭 분석을 통해 상제의 유일무이성을 강조한 것은 '교郊'에 대한 다산의 강조라고 할 수 있다. 결국 주례에서 제천의례는 '교郊'가 유일하고, 그래서 '교'가 주례周禮 가운데 가장 중요한 제례일 수밖에 없다. 다산의 이러한 인식이 《주역사전》에도 철저하게 반영되어 있다. 필자는 특히 《주역》의

---

85 《中庸講義補》, 《定本 與猶堂全書 6》, 315~6쪽, "何者？ 蓐收者, 五祀之神, 明係地示, 而《春秋外傳》史嚚之言, 乃以蓐收謂之天神, 則句芒·祝融·玄冥·后土, 都是天神, 可知也. 重·該·修·熙者, 少皥氏之四叔也, 黎者, 顓頊氏之子也, 句龍者, 共工氏之子也, 柱者, 烈山氏之子也, 棄者, 高辛氏之子也. 社稷五祀, 是祭是祀, 則地示之本人鬼, 可知也. 天以天神, 各司水·火·金·木·土·穀·山·川·林·澤. 人主亦使人臣分掌是事. 及其後世, 乃以人臣之有功者, 配於天神, 以祭社稷, 以祭五祀, 以祭山川, 則名雖地示, 其實皆天神·人鬼也."

'교郊'에 대한 다산의 해석에서 이러한 인식이 잘 드러난다고 본다. 《주역사전》에서 찾아볼 수 있는 '교郊'와 관련된 역사易詞는 다음과 같다.

1) 需 初九, 需于郊.
2) 小畜, 自我西郊.
3) 同人 上九, 同人于郊.
4) 小過 六五, 自我西郊.

《주역》 고경에 등장하는 '교郊'는 위 네 곳이 전부다. '교郊'의 원래 의미는 《설문》에는 '나라 밖 100리'[86]라고 되어 있고, 《이아爾雅》〈석지釋地〉에는 '읍邑의 밖'[87]이라고 되어 있다. 그래서 《주역》의 '교郊'에 대한 역대 주석가의 해석은 대체로 《설문》과 《이아》〈석지〉의 풀이에 기준하였다. 예를 들어 신유학을 대표하는 주자의 해석을 살펴보면 다음과 같다.

1) 초구初九, 수우교需于郊.(초구, 郊에서 기다림이니)
  "교郊는 멀리 떨어진 곳이니 아직 험난함에 이르지 않은 상이다. 그리고 초구初九는 양강陽剛이고 또 자신의 위치를 평상심으로 유지할 수 있는 상이다. 그러므로 점치는 자가 능히 이와 같이 할 수 있다면 허물이 없을 것이라고 경계한 것이다."[88]

2) 소축小畜, 자아서교自我西郊.(나의 서쪽 교외로부터)
  "구름이 모인 것은 음물陰物이고 서쪽 교외는 음방陰方이고 아我는 문왕

---

86 许慎 撰, 《说文解字》, 长沙: 岳麓书社, 2006, 132쪽, "郊,距國百里爲郊."

87 (晋)郭璞 注, (宋)邢昺 疏, 《十三经注疏·尔雅》, 北京: 北京大学出版社, 1999, 196쪽, "邑外謂之郊"

88 朱熹 撰, 廖名春 點校, 《周易本義》, 北京: 中華書局, 2009, 57쪽, "郊, 曠遠之地. 未近於險之象也. 而初九陽剛, 又有能恒於其所之象. 故戒占者能如是, 則無咎也."

자신이다. 문왕文王이 유리羑里에서 《역易》을 연역할 때 기주岐周가 서방西方이 되니 바로 소축小畜의 때이다."[89]

3) 동인同人 상구上九, 동인우교同人于郊.(교외에서 사람과 함께하나)
"바깥에 거하면서 응함도 없어 더불어 함께할 수 없는 상이지만 또한 후회함도 없으니, 그 상象과 점占이 이와 같다. 교郊는 들판의 안에 있으며 아직 멀리 떨어진 곳이 아니지만, 황벽荒僻하여 더불어 함께할 수 없을 뿐이다."[90]

이처럼 주자는 위 세 곳에서 모두 '교郊'를 '광원지지曠遠之地', 곧 '멀리 떨어진 곳'으로 해석하고 있다. 이는 앞에서 언급한 《설문》과 《이아》〈석지〉의 풀이와 다르지 않다. 이러한 해석은 주자뿐만 아니라 역대의 대부분 주석가들의 공통적인 해석이라 할 수 있다. 그런데 다산은 역대의 해석을 따르지 않고 독자적인 해석을 가하고 있다. 이 부분은 이 논문의 중요한 논거이므로 위 세 가지의 역사에 대한 다산의 해석을 차례로 살펴볼 필요가 있다.[91]

1) 초구初九, 수우교需于郊.(초구, 郊에서 기다림이니)
"이는 수괘需卦가 정괘井卦로 변한 경우이다. 정괘井卦는 태괘泰卦로부터 왔는데 유柔가 밖으로부터 들어온 것이니 숨어서 나가지 않는 상이 되고(정괘井卦의 하괘는 손巽) 그 뜻은 기다림이 된다. (태괘泰卦 봉괘의 때에) 건천乾天이 지금은 손巽이 되니 재계함이 있고, (태괘泰卦에서 정괘井卦로 추이함에 일一의 화살이) 곤우坤牛를 죽이는 상이니, 제천祭天의 괘

89 朱熹 撰, 廖名春 點校, 《周易本義》, 앞의 책, 68쪽, "蓋密雲陰物, 西郊陰方. 我者文王自我也. 文王演《易》於羑里, 視岐周爲西方, 正小畜之時也."
90 위의 책, 81쪽, "居外無應, 物莫與同, 然亦可以無悔, 故其象占如此. 郊, 在野之內, 未至於曠遠, 但荒僻無與同耳."
91 '4) 小過 六五, 自我西郊.'는 2)와 효사가 같으므로 생략한다.

가 된다. 제천祭天을 교郊라 하니, 교郊에서 기다린다고 한 것이다. 무엇을 기다린다는 것인가? (《구가역九家易》을 보면) 손巽이 천명天命이니 교郊에서 기다리는 것은 천명天命이다. 무왕武王이 상商의 교郊에서 진을 치고 천명天命을 기다렸는데, 이 점에 해당한다."[92]

2) 소축小畜, 자아서교自我西郊.(소축, 우리가 서쪽 교외에서 하늘에 제사를 지낸다.)

"소축괘小畜卦는 구괘姤卦에서 왔다. (구괘姤卦의 때에) 손巽으로써 재계하여 위로 건乾인 하늘에 제사 지내는 형상이니 그 상이 교郊이다(제천祭天은 반드시 교郊에서 지냈다). (소축괘小畜卦는) 또한 쾌괘夬卦에서 왔다. 태兌는 서방西方을 상징하니 이것이 서교西郊가 된다.(건乾이 교郊가 된다)"[93]

3) 상구上九, 동인우교同人于郊.(상구, 교제사에 사람들이 함께하니)

"이는 동인괘同人卦가 혁괘革卦로 변한 경우이다. 혁괘革卦는 대장괘大壯卦에서 왔다. (대장괘大壯卦의 상괘가 진震이니) 상제는 진震에서 나오고 건乾의 왕王이 아래에 있으니, 왕이 상제를 대면하는 괘이다. (대장괘大壯卦가) 추이하여 혁괘革卦가 되면 건乾의 왕이 정성을 다하고 이에 상제가 기뻐하는 상이 된다. 즉 손巽으로써 재계하여(혁괘革卦의 하호괘가 손巽이므로) 송아지를 바치는(리离가 소가 된다) 형상이니 제천祭天의 상이다. 제천祭天을 교郊라 하니, '교제사에 사람들이 함께한다'고 했다."[94]

---

92 〈水天需〉, 《周易四箋 I 》 권2, 《定本 與猶堂全書 15》, 151쪽, "此需之井也.井自泰來, 柔自外入,【五之一】 伏而不出,【下今巽】 其義需也.【不前進】 乾天之下,【下本乾】 巽以潔濟,【下今巽】 殺彼坤牛,【一之五】 祭天之卦也.祭天日郊,【見同人】 需于郊也.需者何也？ 巽爲天命,【九家易】 待于郊者,天命也.武王陳于商郊,俟天休命,當此占也."

93 〈風天小畜〉, 《周易四箋 I 》 권2, 《定本 與猶堂全書 15》, 177쪽, "卦自姤來,【一之四】 巽以潔齊,上祭乾天,【天風姤】 其象郊也.【祭天必於郊】 亦自夬來,【上之四】 兌爲西方,【夬上兌】 是西郊也.【乾爲郊】"

94 〈天火同人〉, 《周易四箋 I 》 권2, 《定本 與猶堂全書 15》, 213쪽, "此同人之革也.革自大壯來,【五之二】 帝出乎震,【上本震】 乾王在下,【雷天卦】 對越之卦也.移之爲革,則乾王致誠,【下今离】 帝心是悅,【上今兌】 巽以潔齊,【下互巽】 薦其离犢,【离爲牛】 祭天之象也.祭天日郊,【又上爲天位】 同人于郊也."

다산은 위의 세 곳에서 자신의 사법四法 이론에 따라 '교郊'의 의미를 제천祭天으로 해석해 내고 있다. '교郊'를 제천祭天으로 해석하기 위해서는 마땅히 '천天'의 상징이 존재해야 하고, 이러한 점에서 위의 1) 수초구需初九(수지정需之井), 2) 소축괘小畜卦, 3) 동인상구同人上九(동인지혁同人之革)는 각각 괘상에 '건乾'을 포함하고 있어서 다산의 물상物象 이론에 잘 부합된다. 또 '교郊'를 제祭로 해석하기 위해서는 마땅히 제사를 상징하는 '이离', '손巽', '간艮', '태兌'의 4괘 가운데 최소한 하나가 존재해야 하는데, 이러한 점에서도 위의 세 괘효는 다산의 물상 이론에 잘 부합한다.

《주역》 '교郊'에 대한 다산의 이러한 해석은 물론 《춘추고징》에서 '교郊'를 가장 중요한 주례周禮로 보고 있다는 점과 서로 연결된다. 《주역》에 주례가 담겨 있음을 확신하는 다산에게 《주역》에 주례의 가장 중요한 제례인 '교郊'의 내용이 빠진 건 받아들일 수 없는 것이다.

6. 맺는말

이 논문은 《춘추좌전》에 나오는 한선자韓宣子에 관한 기록에서부터 출발하였다. 다산의 이 기록에 대한 관점은 주례周禮를 알기 위해서는 《주역》과 《춘추좌전》을 연구하지 않으면 안 된다고 하는 것이다. 이는 중국 근대의 학자인 유사배劉師培의 '주역주례상통론周易周禮相通論'과 '주관좌씨상통론周官左氏相通論'과 맥락이 상통하는 관점이다.[95] 필자는 다산의 이러한 관점을 통해 《주역사전》과 《춘추고징》에 나타나 있는 주례,

---

95 劉師培, 〈群經大義相通論〉 《劉申叔先生遺書》, 寧武南氏校印本, 1934 참조.

특히 제례에 대해 고찰하였다.

《춘추고징》은 서문에서도 알 수 있듯이, 다산의 이러한 문제의식이 분명하게 드러나 있고, 그래서 《춘추고징》의 주요 내용도 《춘추좌전》을 통한 주례의 고증이 중심이다. 《주역사전》은 《춘추고징》에 견주어 이러한 문제의식이 명확하게 드러나 있지는 않지만 그럼에도 《주역사전》의 여러 곳에 주례와 관련된 해석이 포함되어 있다. 이 논문은 이러한 문제의식에서 《주역사전》에 나타난 주례 가운데 특히 제례를 고찰하였다.

필자의 고찰에 따르면, 《주역사전》의 〈역례비석〉 가운데 '제사례祭祀例'의 9조 외에 17조의 '제사례祭祀例'가 존재하는 것으로 파악되었다. 즉 중부괘中孚卦, 구괘姤卦, 손괘損卦, 정괘鼎卦, 비괘比卦, 진괘震卦, 규괘睽卦, 익괘益卦, 수괘需卦, 소축괘小畜卦, 동인괘同人卦, 소과괘小過卦, 관괘觀卦, 대과괘大過卦, 진괘晉卦, 정괘井卦 등이다. 이 17조의 '제사례祭祀例'는 대략 제사祭祀의 희생犧牲, 제기祭器, 궤식례饋食禮, 교제郊祭 등과 관련된다. 특히 이 가운데서 교제郊祭와 관련된 제사례祭祀例가 중요한데, 이것은 다산의 상제사상과 관련이 있기 때문이다. 이 '교郊'에 대한 해석은 기타 제사례祭祀例와 달리 다산만의 독특한 해석을 더하고 있으며, 이는 '교郊'가 상제에 대한 제사이기 때문으로 판단된다. 다산의 제례 인식에서 가장 중요한 것이 교제郊祭이고 《춘추고징》에서도 이는 명확하게 드러난다. 따라서 주례를 이해하기 위해 《주역》을 연구한 다산의 처지에서 《주역》에 교제郊祭에 대한 사례가 담겨 있지 않다는 것은 상상할 수 없었을 것이다.

그리고 이 논문은 《춘추고징》의 제례 분석을 통해 다산의 상제관의 특징이 그 유일무이성에 있다고 보았다. 그리고 다산 상제관의 유일무이성은 서학의 영향을 받았음을 조심스럽게 추정하였는데, 그 근거를 상제를 규정하는 개념에 '안양安養'이라는 용어를 사용한 점에서 찾았다. '안양'은 유교 전통에서는 거의 찾아볼 수 없는 용어이고 마테오 리치의 《천주실의天主實義》에서 '천주天主'를 규정하는 용어로 쓰이고 있다. 이러한 점에서 다산의 상제관은 서학의 영향으로 볼 수 있다고 판단된다.

다산의 상제관이 다산 경학에서 매우 중차대한 문제인 이유는 다산 경학의 핵심이라 할 수 있는 수기修己의 문제와 직결되어 있기 때문이다. 다시 말하면, 다산 경학의 도덕적 또는 윤리적 문제의 초월적 근거로 작용하고 있는 것이 바로 상제이기 때문이다. 그리고 다산 상제관의 형성과 서학의 연관성 문제는 김영호 선생이 제기한 제3기 유학으로서의 다산학을 규정하는 문제에서도 아주 중요한 근거가 된다.

제17장

소옹의 선천학과 다산의 변위辨偽

린종쥔林忠军

1. 선천도 형성과 청초 역학의 변위

소옹邵雍의 선천학先天学은 다산 정약용 역학에서 늘 논의되는 문제이다. 관련된 사료의 기록에 따르면, 소옹이 선천도식으로 건립한 선천학은 도가학자인 진단陈抟에 근본한다. 남송 초의 주진朱震은 "진단이 선천도를 종방种放에게 전하고, 종방이 목수穆修에게 전하고, 목수가 이지재李之才에게 전하고, 이지재가 소옹에게 전했다."(《한상역전표汉上易传表》)라고 했다. 송나라 사람 왕칭재王称在의 《동도사략东都事略》 중에도 유사한 기록이 있다. 그러나 진단의 선천도가 어떠한 것인지에 대해서는 자료의 결핍으로 말미암아 알 수 없다. 그 그림은 주희의 《주역본의周易本义》에 보존되어 있다. 이러한 이유로 소옹의 선천도와 진단의 선천도 사이의 관련성은 학계의 큰 현안이 되었다.

주희의 해석에 의거하면, 소옹은 《계사전》의 "역유태극易有太极"한 절의 해독을 통해 "가일배법加一倍法"을 깨달았고, 이 법을 유추하여 "복희선천팔괘도伏羲先天八卦图"와 "복희선천육십사괘도伏羲先天六十四卦图" 도식을 만들었고, 《설괘전说卦传》의 "천지정위天地定位"한 절에 대한 해독을 통해 "복희팔괘방위伏羲八卦方位"를 그렸다. "복희선천팔괘도伏羲先天八卦图"와 "복희팔괘방위"는 서로 상통하며 서로 증명이 된다. 선천팔괘의 수는 "역유태극易有太极"한 절에 근본하고, "복희팔괘방위"는 《설괘전》의 "천지정위"한 절에 근본한다. 《설괘전》의 "제출호진帝出乎震"한 절로부터 유추하여 "문왕팔괘방위文王八卦方位"를 만들었다. 소옹의 학설에 따르면, 복희 시대에 이미 복희씨가 팔괘와 육십사괘도를 그렸고, 복희팔괘방위도伏羲八卦方位图, 복희팔괘차서伏羲八卦次序, 복희육십사괘방위도伏羲六十四卦方位图, 복희육십사괘차서도伏羲六十四卦次序图라 이름했다. 복희의 역학易学은 단지 도식만 있었고 문자는 없었다. 이것이 이른바 선천학先天学이다. 문왕文王의 역학은 도식뿐만 아니라 문자도 있었다. 그 도식은 문왕팔괘방위도, 문왕차서도를 포괄하고, 문자는 육십사괘와 그 괘사이며, 이를 일러 후천학后天学이라 한다. 복희의 선천역先天易은 "마음"이 되고, 문왕의 후천역后天易은 "흔적"이 된다. 후천后天은 선천先天에 근본한다.

그러나 소옹은 《황극경세皇极经世》에 선후천도를 싣지 않았기에, 소옹의 선후천도의 존재를 의심하는 사람이 있었다. 그럼에도 그는 "그림에 글이 있지 않지만, 나는 종일 말을 함에 이를 벗어나지 않았는데, 왜냐하면 천지 만물의 이치가 모두 그 가운데에 있기 때문이다."(《관물외편观物外篇》), "선천학은 심법이다. 때문에 그림은 모두 마음로부터 나오고 만사의 변화도 마음에서 생긴다."(《관물외편》), "선천도는 세상의 중심이다."(《관물외편》)라고 명확하게 말한 적이 있다. 이러한 논술을 볼 때, 소옹의 역학에 선후천도가 확실하게 있음을 증명할 수 있다.

소옹 선천학은 송대 역학가가 새로운 깨달음 속에서 한당 전주학箋注学 형식을 변혁하고 새로운 《주역》 해석 방식을 찾고자 노력한 것으로, 이는 직관과 수리의 도식을 통해 한대 상수역학을 부활하고자 한 것이며 또한 상수에 기초하여 역학의 원류와 《주역》 원문의 뜻을 해석하고자 한 새로운 시도이다. 따라서 선천학은 경학 해석의 창신을 개척한 선하라 할 수 있다. 때문에 주희의 창도와 전파를 통해, 소옹의 선천학과 유목의 하락학河洛學은 당시 역학 창신과 상수 역학의 주류가 되었다. 아울러 송 이후의 역학에 심원한 영향을 끼쳤으며, 《주역》을 말하는 자는 모두 도서학을 언급했다.

그러나 선후천학의 진위 문제는 후세의 의혹을 받았다. 선천학은 역

사의 사실에 부합하는가? 선천도는 복희가 지은 것인가? 문왕은 복희
에 근본하여 후천도를 지은 것인가? 선후천도의 근거와 그 해석은 원
본의 본의에 부합하는가? 그래서 명말청초의 사상가는 명조의 멸망 원
인과 반청복명의 희구를 탐구했고 송학에 대한 반성을 통해 도서학을
주요 대상으로 하는 변위 사조를 일으켰다. 고염무, 모기령, 황종희, 황
종염, 호위를 대표로 하는 역학가 또는 사상가는 송대 구양수와 명대
중후기 양신 등의 변위 사조를 계승하여 창끝을 송대의 소옹과 주희가
창도한 도서학에 직접적으로 겨누었다. 송대 하락학을 비판하는 것 외
에 송대 소옹의 선천학을 청산하는 것에 중점을 두었다. 그들은 도서학
이 역학의 원본을 오독했을 뿐만 아니라 역리에도 정통하지 못했고, 또
한 원본에 이러한 그림이 존재하지 않으며 그리고 이러한 그림은 도가
와 도교의 산물이라는 점을 근거로 소옹 선천학의 진실성을 부정했다.

　복희 팔괘도와 육십사괘도에 관해 모기령은 복희팔괘도가 "易有太极.是
生两仪.两仪生四象.四象生八卦"의 한 구절을 근거로 하였다는 것에 대해 이
단락은 "설시揲蓍를 밝힌 것"이지 괘를 그린 뜻이 아니라고 보았고 나아
가 송유가 선천도를 창작한 이론적 근거에 대해 반박했다.[1] 모기령은
소옹의 복희팔괘도에 대해 여덟 가지 오류의 뜻인 "팔오八誤"로 귀결시
켰다. "첫째, 그림이 번잡하다. 둘째, 4와 5는 이름이 없다. 셋째, 3과 6
은 주법住法이 없다. 넷째, 인과성이 없다. 다섯째, 아버지와 아들, 어머
니와 딸이 함께 생성된다. 여섯째, 아들이 어머니에 앞서고 딸이 아들
에 앞서고 연소자가 연장자를 앞선다. 일곱째, 괘위卦位가 부합하지 않
는다. 여덟째, 괘수卦數가 마음대로 지어져 근거가 없다. 이러한 팔오八
誤에 근거해 볼 때, 복희가 괘를 그린 순서가 이와 같다고 여기는 것은
통할 수 없다."[2]

---

1 [清]毛奇齡 《仲氏易》, 上海：上海古籍出版社, 1990, 第270页.
2 [清]毛奇齡, 《仲氏易》, 上海：上海古籍出版社, 1990, 第4页。

황종희는 '태극이 양의를 낳는다.'는 말이 일음일양—阴—阳을 가리키는 것으로 보아 64괘 384효는 음과 양이 각각 192개로 이것이 곧 일음일양이라고 여겼다. "384획이 양의가 되는 것이지 두 개의 획을 양의로 본 것이 아니다. '양의가 사상을 낳는다.'는 말이 음과 양으로 구성된 삼획괘가 노양老阳·노음老阴·소양少阳·소음少阴이 되는 것으로 보았는데, 건乾은 노양이 되고, 곤坤은 노음이 되고, 진震·감坎·간艮이 소양이 되고, 손巽·리离·태兑가 소음이 되는 것으로 여겼다."(《역학상수론易学象数论·선천도先天图》), "삼획으로 이루어진 팔괘가 곧 사상이다." 황종희의 이해에 따르면, 태극·양의·사상·팔괘는 표현 형식이 서로 같지 않은 점이 있지만 실은 하나의 유기체가 된다. 팔괘는 양의·사상으로 나눌 수 있고, 양의·사상을 통해 표현할 수도 있다. 양의·사상은 팔괘의 양의·사상이며, 팔괘가 없으면 양의·사상도 없다. "이를 통해 말한다면, 태극·양의·사상·팔괘는 전체에 근거하여 보아야 한다. 자세하게 미루어 보면, 팔괘의 가운데에 모두 양의·사상의 이치가 있고, 그리고 양의·사상은 처음부터 괘의 바깥에 있지 않았다." 그리고 《계사전》이 단락의 '생生'자는 실제로는 생생불식生生不息의 뜻이 된다. "'생生'이라고 말한 것은, 곧 '생생위역生生谓易'의 '생生'으로 순서에 따라 낳는다는 말이 아니다." 소옹은 '가일배법加—倍法'으로 해석했지만 《역전易传》과의 거리가 지극히 멀다. "소강절의 '가일배법'은 이 장으로부터 얻은 것이지만 실제로는 이 장의 뜻이 아니니, 16을 낳고 32를 낳는다는 것은 경문의 뜻에서 벗어난 것이다." 소옹은 "희황의 빠진 부분을 보충한 것이 선천이다."라고 스스로 말했으니, 진실로 그 잘못이 바로 여기에 있음을 알지 못했다. 《계사전》의 "관상제기观象制器"장은 복희의 시대에 이미 64괘가 존재했음을 설명하고 있다. "'복희씨가 처음 팔괘를 지었을 때' 그 아래 문장인 익괘부터 쾌괘까지의 10개의 괘가 그 가운데에 있으니, 팔괘에서 육십사괘까지 존재했음은 분명하다." 소옹은 "이 장에서 64괘가 이미 자체적으로 완전히 구비되어 있음을 알지 못했기 때문에 도리어 중복된 문장으로 보았다."《계사전》이 팔괘를 중첩하여 육십사괘가 성립되었음을 명확하게 설명하고 있기 때문에, 《계사전》의 "인이중지因而重之"는 절대로 '가일배법加一倍法'으로 육십사괘가 성립되지 않았음을 말해 주고, "16을 낳고, 32를 낳고, 64를 낳는다는 것은 누적한 이후 성립된다는 것이므로 어찌 중첩이겠는가." 따라서 "2를 낳고 4를 낳고 8를 낳는 문장에 근거해 보면, 횡도가 잘못임을 알 수 있다."(《역학상수론·선천도》)

황종염黃宗炎은 모기령·황종희 등의 관점을 받아들여 64괘는 8괘를 중첩해서 얻은 것으로 보았다. "건乾·곤坤·육자六子는 하나의 괘가 주가 되고 여기에 각각 8괘를 더하면, 즉 삼획을 얻으면 육획이 되고 8괘를 얻으면 64괘가 된다." 선천횡도先天橫圖는 '가일배법加一倍法'으로 《역전易傳》의 '팔괘를 서로 중첩한다'의 방법과 모순된다. 《주역周易》에는 단지 삼획괘와 육획괘만 존재하고, 사획·오획의 상, 곧 16·32의 순서는 존재하지 않는다. '가일배법'은 단지 사획·오획의 상에 대해 합리적 설명을 할 수 없을 뿐 아니라 팔괘의 법상法象을 드러내주지 못한다. 그는 또 주희의 복희도에 괘기의 내용이 있음을 비판한다. 주희는 원도圓圖가 괘기의 뜻을 함유하고 있다고 보았다. 이른바 "건乾이 자子의 중심에서 태어나 오午의 중심에서 다한다. 곤坤이 오午의 중심에서 태어나 자子의 중심에서 다한다. 리离는 묘卯의 중심에서 다하고, 감坎은 유酉의 중심에서 다한다." 황종염이 볼 때, 괘기가 단지 복괘《상전象傳》의 '지일폐관至日閉矣' 구절에 보일 뿐만이 아니다. 그리고 "구姤가 하지夏至가 되는 것에 대해 분명한 해석을 보여 주지 못하고, 반드시 그러함을 믿지 못한다." 다른 소식괘도 "고지식함을 면하지 못하고 우매함에 가깝고", "모호함을 갖추고 있어도 그 까닭을 말해 주지 않는다." 사실상 송유가 괘기로 원도圓圖를 논한 경우를 여러 곳에서 볼 수 있다. 예를 들어, 복괘의 하나의 양이 처음으로 생겼을 때 동지에 해당하는데, 열여섯 괘를 지나 림괘에 이르렀을 때 12월이 되고 묘반卯半으로 춘분에 해당한다. 또 여덟 괘를 지나 태괘에 이르렀을 때 정월이 되고, 사초巳初로 입하에 해당한다. 또 네 괘를 지나 대장괘에 이르면 2월이 되고, 사반巳半으로 소만에 해당한다. 대유괘·쾌괘 두 괘는 3월이 되고 오초午初로 망종에 해당한다. 건괘 한 괘에 이르면 4월이 되고 오반午半으로 하지에 해당한다. 오른쪽 반원은 구괘로부터 곤괘에 이르기까지 이와 같다. 구괘는 열여섯 괘를 지나 둔괘에 이르면 6월이 되고, 유반酉半으로 추분에 해당한다. 여덟 괘를 지나 비괘에 이르면 7월이 되고, 해초亥初로 입동에 해당한다. 또 네 괘를 지나 관괘에 이르면 8월이 되고, 해반亥半으로 소설에 해당한다. 또 두 괘를 지나 박괘에 이르면 9월이 되고, 자초子初로 대설에 해당한다. 곤괘 한 괘는 10월이 되고 자반子半으로 동지에 해당한다. 모든 괘가 나타내는 월과 소재하는 위치, 해당하는 절기가 서로 부합하지 않으니, 선천원도가 '교묘하게 조작하여 괘의를 취할 바가 없고 시령과 부합하지 않는다.'는 것을 알 수 있다.(《도학변혹圖学辯惑》).

    호위는 소옹·주희·채원정의 관점을 비판했다. 그는 《계사系辞》·《설괘説卦》에서 모두 육십사괘는 팔괘를 서로 중첩하여 얻는 것으로 이미 분명하게 말했는데, 소옹·주희·채원정 등이 오히려 이를 고려하지 않고 '가일배법'으로 해석했다고 지적했다. "부자夫子가 '중重'이라 하고 '겸兼'이라 한 것에 따르면, 분명히 3을 두 배하면 6이 된다는 것이지, 효를 쫓아서 점차적으로 생성된다는 것이 아니다. 《본의本义》는 오히려 옛 해석을 따라서 '인이중지因而重之'를 '각각 한 괘를 팔괘의 순서에 따라 중첩하면 육십사괘가 된다.'고 했고, 또 '삼획이 이미 갖추어져, 삼재를 중첩하면 육이 된다.'고 했고, 도설에 이르러서는 소옹의 뜻을 병존시켜 소옹의 뜻이 좋다고 했고, 채원정이 초고를 지었다고 전해지는 《계몽启蒙》에 대해서는 《관물외편》을 주로 하여 경문과 현저히 위배되었지만, 또한 살펴본 바가 없었다." "강절 선생의 선천학은 그 병폐의 뿌리가 온전히 소횡도小橫图에 있다. 팔괘의 순서가 어그러지니, 방위를 논한 것도 오류이고, 육십사괘의 순서와 방위는 더 말할 필요도 없다. 내가 생각하기에 이러한 오류는 《계몽》의 설에 그 책임이 있다. 가일배법을 여러 번 활용하면 백·천·만·억까지 그 미루어 나감이 무궁할 수 있다." (《역도명변易图明辨》 권7)

호위는 황중黃中이 횡도의 음양효 그림이 장단이 같지 않음에 대해 비판한 점에 동의했다. "진실로 소강절이 그린 것이라면, 초획이 제일 길고 중획은 그 반이고 종획은 또 그 반이니, 나는 복희씨가 이 상을 그릴 때 여덟 부분으로 잘라서 보여 주고, 연결된 부분을 다시 연결하여 사람들이 스스로 식별하게 한 것인지 모르겠다."(《역도명변》 권6) "사정에 비추어 보면, 결코 이러한 이치는 없다. 채계통이 어찌하여 그 묘함을 극찬했고 주자도 주관을 버리고 그것을 따랐는지 모르겠다."(《역도명변》 권6) 그는 선천횡도가 어머니와 아들의 관계를 갈라놓았다고 보았다. 태극·양의·사상·팔괘는 층층이 어머니와 아들과 같은 관계를 포함하고 있다. 소횡도는 초획이 양의가 되고, 중획이 사상이 되고, 상획이 팔괘가 된다. "양의·사상·팔괘는 모두 아들이 어머니 바깥에 있다. 초획이 의儀가 되고, 중획이 상象이 되고, 종획이 괘卦가 되는데, 태극 일획이 다시 그 앞에 있으니, 이는 한 해의 바깥에 별도로 한서寒暑가 있고, 한서의 바깥에 별도로 사시四时가 있고, 사시의 바깥에 별도로 팔절八节이 있는 것과 같으니, 그 오류가 이미 심한 것이다."(《역도명변》 권6) 그는 선천횡도는 오히려 수로부터 상象을 생성하고 있는 것으로 보았다. "괘卦는 상象이고, 시著는 수数이다. 《좌전左传》에 한간韩简이 말하기를 '물物이 생성된 뒤 상象이 있게 되고, 상象이 있은 뒤 자滋가 있게 되고, 자滋가 있은 뒤 수数가 있게 된다.'고 했으니, 수数는 곧 상의 분한分限과 절도节度가 있는 부분으로 상象에서 생성되는 것이지 상象을 생성할 수 없다. 소강절의 가일배법은 수数로 괘卦를 생성시키고자 했으

니, 잘못이다."(《역도명변》 권6)

소옹과 주희는 선천원도의 음양소장과 괘기의 뜻을 밝히고자 했다. 호위는 이러한 선천도의 음양소장과 괘기에 대한 논술과 《참동계參同契》의 월체납갑설月体纳甲说이 서로 부합한다고 여겨 선천도가 도교에서 나왔으며 절대로 《역易》의 본의가 아니라고 보았다. 그는 《관물외편》과 《참동계》의 상관성을 비교한 뒤 "'진震이 처음으로 음阴과 교류한 뒤 양阳이 생성되었다.'는 말은 진震이 곤坤과 접하여 하나의 양阳이 아래에서 생성되었다는 것이다. 3일 저녁에 달이 나오니 경庚이 진震을 납입하고 하나의 양의 기운이 된다. 이는 곧 《참동계》의 '3일에 달이 나와 밝아지고, 경진庚震의 방향인 서방에 나타난다.'는 말이다. '손巽은 처음으로 양이 줄어들고 음이 생성된다.'는 것은 손巽이 건乾과 접하여 하나의 음阴이 아래에서 생성된다는 말이다. 16일 아침 달이 물러나니 신辛이 손巽을 납입하고 하나의 음의 기운이 된다. 이는 곧 《참동계》의 '16일에 달이 갈피가 잡히고 손신巽辛의 방향에서 새벽에 보인다.'는 말이다. 진震에서 하나의 양이 생기고 태兑에서 두 개의 양이 생기고 건乾에서 세 개의 양이 생긴다. 이는 보름 전의 삼후三候로 달의 밝은 면이 생기고 어두운 면이 없어지는 상이다. 손巽에서 하나의 음이 생기고 간艮에서 두 개의 음이 생기고 곤坤에서 세 개의 음이 생긴다. 이는 보름 뒤의 삼후三候로 달의 어두운 면이 생기고 밝은 면이 없어지는 상이다."(《역도명변》 권6) 이를 통해 선천방위는 실제 《참동계》의 월체납갑月体纳甲에 근본하는 것을 알 수 있다. "한 달 가운데 월체月体의 소장으로 말하면, 건乾이 남방이고 곤坤이 북방인 방위가 이것이다."

소옹의 선천팔괘방위도에 관해 고염무는 소옹의 선천팔괘도가 《설괘전》의 "지나간 것을 세는 것은 순顺이고 다가올 것을 아는 것은 역逆이다. 이런 까닭에 역은 역수逆数이다."는 말을 왜곡하여 복희와 문왕의 역학 관계를 분열시켰다고 보았다. 그는 "이미 일어난 것은 왕往이 되고, 왕往은 순順의 뜻이 있다. 아직 일어나지 않은 것은 래来가 되고, 래来는 역逆의 뜻이 있다. 소옹의 설과 같다면, 복희와 문왕의 《역易》이 이미 판연히 둘이 되는 것이다. 그리고 진震·리离·태兑·건乾은 이미 생겨난 것을 세는 괘이고 손巽·감坎·간艮·곤坤은 아직 생겨나지 않은 것을 미루어 세는 괘이니, 이는 억지로 공자의 저작을 자기의 설로 삼는 것을 면하지 못하는 것이다."(《일지록日知录》 권1)

황종희는 복희선천방위와 《설괘说卦》가 부합하지 않는다고 보았다. "천지정위" 한 절은 선천방위와 무관하다. 이른바 "천지정위"는 하늘이 위에 거하고 땅이 아래에 거한다는 것을 가리킨다. "산택통기山泽通气"는 산과 못이 서로 도와 기를 통한다는 것을 가리킨다. "뢰풍상박雷风相薄"은 진震이 정동正东이고 손巽이 동남东南으로 방위가 서로 가까워 합한다는 것을 가리킨다. 때문에 상박(相薄, 서로 합하다)의 뜻이 있다. 멀리하면 합할 수 없다." "수화불상역水火不相射"은 남방은 덥고 북방은 추우며, 겨울은 춥고 여름은 더움을 가리킨다. 소옹은 이에 밝지 못하여 《설괘》의 "천지정위" 한 절을 근거로 선천팔괘방위도를 지었으니, 그 오류는 생각하면 알 수 있다. 황종희는 소옹의 이른바 노老·소少·음阴·양阳의 사상四象과 《계사系辞》의 "양괘阳卦는 음阴이 많고, 음괘阴卦는 양阳이 많다."의 설이 서로 모순되고, 또 건乾1·태兑2·리离3·진震4·손巽5·감坎6·간艮7·곤坤8의 순서도 《설괘》와 서로 부합하지 않는다고 지적했다. "소강절은 두 괘를 하나의 상이라 했는데, 건乾·리离·감坎·곤坤은 사상四象의 자리를 얻었지만, 태兑가 노양老阳이 되고, 진震이 소음少阴이 되고, 손巽이 소양少阳이 되고, 간艮이 노음老阴이 되는 것은 질서와 법도가 없는 것이다. 《역易》에 '양괘阳卦는 음阴이 많고, 음괘阴卦는 양阳이 많다.'가 했으니, 진震·간艮이 양괘가 되고 손巽·태兑가 음괘가 되는 것은 의심할 것이 없다. 반대로 배치했으니 경문에 위배됨이 분명한데, 학자가 잘못이라 여기지 않으면 어찌하는가? 팔괘의 순서에 대해, 건乾·곤坤·진

震·손巽·감坎·리离·간艮·태兌의 순서는 《설괘说卦》에 있으니 근거할 수 있는데, 건乾1·태兌2·리离3·진震4·손巽5·감坎6·간艮7·곤坤8의 순서는 그림의 왼쪽을 음으로 오른쪽을 양으로 한 것이니, 학자가 경문을 믿어야 하는가 전주传注를 믿어야 하는가?"(《역학상수易学象数·논선천도论先天图》)

호위는 이 장이 "선천방위가 되는 것을 볼 수 없고", "여덟 방위와 무관하다"고 보았다. "소강절은 오로지 수에 정밀하여 때때로 시수蓍数를 괘상卦象으로 여겼는데, 이는 경문의 뜻에 위배된다. 횡도에 근거해 가운데로부터 절취하여 진震부터 건乾까지는 순수顺数의 이미 생성된 괘가 되고 손巽부터 곤坤까지는 역추逆推의 아직 생성되지 않은 괘가 되므로, '역易은 역수逆数이다'라고 했는데, 그렇다면 어찌 오로지 손巽·감坎·간艮·곤坤만을 쓰고, 건乾·태兌·리离·진震을 쓰지 않는가? 따라서 이 말에 근거해 해석한다고 해도 이미 통할 수 없는 것이다(《역도명변》 권6).

선후천의 구분에 대해 황종희는 후천방위가 《역易》의 본의이고 괘를 그릴 때 이미 존재했으므로 문왕에서 비롯되지 않았다고 믿었다. "리离가 남방이고 감坎이 북방이라는 방위는 경문에 보이고 괘·효가 가리키는 방위 또한 이것과 서로 부합하니, 의심할 것이 없다. 괘를 그릴 때, 즉 이러한 방위가 존재했으니, 《역易》은 문왕에서 시작하지 않았고 방위 또한 문왕에서 시작하지 않았다. 그러므로 문왕팔괘방위라고 명칭한 것은 부당하다. 강절은 선천의 건乾이 남방이고 곤坤이 북방인 방위 때문에 문왕의 이 그림을 그리고자 했다."(《팔괘방위八卦方位》) 호위는 선후천의 구분이 일종의 착오라고 보았다. 《역전易传》은 단지 복희가 '우러러 보고 굽어 살펴서' 팔괘를 지었다고 했지 어떻게 팔괘를 그렸는지는 언급하지 않았는데, 어찌 복희가 괘를 그릴 때 효를 쫓아 한 효씩 그렸고 세 효를 함께 그리지 않았다고 단정할 수 있겠는가? 어찌 "건乾·곤坤이 여섯 자식을 낳는다"는 말이 복희가 지은 것이 아니고 문왕이 지은 것임을 알 수 있겠는가? 공자의 《역전易传》에는 복희에 근본을 두었

다는 말이 한 마디도 없는데, 이미 복희에 근본을 두었다고 하니, 어찌
양의·사상이 복희가 그린 것이고 '건乾·곤坤이 여섯 자식을 낳는다'는
말이 문왕이 연역한 것임을 알 수 있겠는가? …… 효가 하나씩 생성되
었다는 말이 오류임을 알면, 세 효를 함께 그리고 교역하여 여섯 자식
이 된다는 것은 진실로 복희역이고 문왕역이 아님을 알 수 있다. 이를
이해하는 것은 많은 말이 필요 없다."(《역학상수·논선천도》) 그의 견해에
의거하면, 소옹·주희 등의 선천·후천의 구분은 이론적 근거가 없고, 문
왕역이 곧 복희역이 된다. 후천도는 문왕에서 나온 것이 아니고, 복희
의 때에 이미 존재했다. 문왕·후천의 명칭은 곧 소옹이 만든 것이다.
"건乾·곤坤이 여섯 자식을 낳는 순서는 진震·손巽의 방위로 복희역이 본
래 이와 같다. 소옹이 홀로 문왕역으로 여겨 후천이라 이름하고 선천학
을 높였는데, 순서와 방위는 모두 맞지만 그 이름이 잘못되었다."(《역학
상수·논선천도》)

    선천학의 본질에 대해 그들은 보편적으로 선천학이 도가의 산물이지
유가의 작품이 아니라고 여겼다. 고염무는 "희이의 도圖와 강절의 서書
는 도가의 역이다."(《일지록》 권1)라고 지적했다. 황종희는 주진朱震이 기
록한 도서圖書의 전승에 근거해서 소옹의 도圖는 진단陳抟에 근본하므로
"선천 4도는 그 설이 소옹에게서 나온 것이 아니다." "천근天根·월굴月窟"
설은 도교의 성명쌍수性命双修의 학으로 《역》과 관련이 없다. "강절의 뜻
에 따르면 이른바 천근天根은 성性이고, 월굴月窟은 명命이다. 성명쌍수는
노자의 학으로 그 이치는 《역》에는 없다. 그러므로 그 수數와 《역》은 무
관하다." 황종염도 같은 입장이다. 그는 "《역》에 도학圖学은 예부터 존재
한 것이 아니고, 주소注疏에 존재한다."고 했다. 위·진·당 시기에 쓰여진
저서는 이를 언급한 것이 없다. 송나라의 도학圖学 3파는 진도남陳圖南
에서 나왔고 양생과 기를 제어하는 술을 《역》에 가탁하고 건乾·곤坤·수
水·화火의 이름을 빌려 그 설을 펼쳤으니, 《참동계参同契》·《오진편悟真篇》

과 같은 류는 《역》의 도와 부합하는 바가 없다."(《역학상수·논선천도》)

호위는 건乾은 남방이고 곤坤은 북방, 리离는 동방, 감坎은 서방인 그림에 대해 주자가 《참동계》에서 나온 것을 알았지만 전부 말하고자 하지 않았다고 보았다. "내가 생각하기에, 단도丹道는 《역》에 의지할 수 있지만, 《역》은 단도丹道를 위해 지은 것이 아니다."(《역도명변》 권6) 또 "'《역易》의 도는 포함하지 않는 바가 없지만, 문왕이 우환의식을 가진 것과 공자가 큰 허물이 없을 것이라고 한 사상을 벗어난다면 우리 유학의 《역易》은 아니다.'라고 한 것은 진실로 천고의 옳은 말이다."(《역도명변》 권6) "소옹의 4도를 논할 것 같으면, 횡도橫图는 뜻이 통할 수 없고 원도圓图는 별도로 지극한 이치가 있는데, 무엇인가? 그것에는 단도丹道가 들어 있다. …… 때문에 나는 선천도와 성인의 《역》은 서로 떨어져야 둘이 아름답지 서로 결합하면 둘 다 상하게 된다. 이천이 경전의 앞에 배치되지 못한 것은 진실로 성인을 존숭한 까닭이자 또한 진단·소옹을 온전하게 해 주기 위한 까닭이다. 나의 책을 보는 자가 그를 서산西山의 융수戎首·자양紫阳의 죄인으로 여긴다면, 오백년 이래 나보다 앞서 그것을 담당한 자이니 나는 마지막에 감형될 수 있을 것이다." 아울러 "육십사괘원도와 '천근天根·월굴月窟'의 설은 같고, '소원도小圆图'도 같으니, 실제로는 《참동계》의 월체납갑의 다른 판본이 된다."고 보았다. "내가 생각하기에, 천근天根·월굴月窟의 설은 곧 《참동参同》의 납갑설纳甲说이다. 하늘은 양이고 달은 음이다. 팔괘로 달을 말할 것 같으면, 3일은 경庚에서 밝기 시작하고 진震에 납입하고 일양一阳의 기에 해당한다. 경庚은 건乾이 끝나고 손巽이 시작하는 것에 해당한다. 그러므로 '건乾이 손巽을 만났을 때, 월굴月窟을 만나게 된다.'고 했다. 진震의 일양一阳이 처음으로 갑甲과 교역을 시작할 때, 건乾 초구初九의 기인 갑甲에 납입하고, 곤坤이 끝나고 진震이 시작하는 것에 해당한다. 그러므로 '땅이 우레를 만나는 곳에서 천근天根을 보게 된다.'고 했다. 육십사괘로 말할 것 같으면, 순건純乾이 손巽의 일음—陰을 만나면 구姤가 되고, 달로 치면 생백生魄이 되고, 양이 소멸하고 음이 성장하는 것이 여기에서 시작한다. 그러므로 월굴月窟이라 한다. 즉 '건乾이 오午의 중심에서 다하다'가 되고 음이 생기는 것을 말한다. 순건純坤이 진震의 일양—陽을 만나면 복復이라 한다. 달로 치면, 합삭合朔이 되고, 음이 소멸하고 양이 성장하는 것이 여기에서 시작한다. 그러므로 천근天根이라 한다. 즉 '곤坤이 자子의 중심에서 다하다'가 되고 양이 생기는 것을 말한다. 36궁에 대해서는 주자의 뜻이 비교적 좋다. 사람의 천근天根은 미려尾閭에 있고 월굴月窟은 니환泥丸 있다. 수련법에서는 야자夜子에 심신心神을 기해气海에 집중하는 것을 생약生药이라 하고, 자후子后에 미려에서 화기를 내어 니환에 이르고, 오중午中에 니환에서 미려로 환원한다. 복復·구姤로부터 나아가면 모든 괘에 이른다. 위로 아래로 가고 오고 끝나면 다시 시작하며 화기和气가 충만한 까닭에 '36궁이 모두 봄이다.'고 했다. 소옹은 수련에 힘쓰지 않았지만 그 이치에 대해서는 투철하게 깨달았고 단가丹家의 비보秘宝를 모두 드러냈다."(《역도명변》 권6)

2. 다산의 소옹 선천학에 대한 변위

조선 후기(대략 중국 건가시기에 해당)의 학자인 다산 정약용은 청대의 변위 사조의 기초 위에 자신의 견해에 근거하여 소옹의 선천도에 대한 검토를 통해 자신의 변위학을 만들었다. 그는 먼저 소옹의 선천팔괘차서도와 선천팔괘방위도를 검토한 뒤 경전의 원문으로부터 출발하여 소옹의 선천학을 비판했다. 그 주요 관점은 아래와 같다.

1) 소옹 선천팔괘차서도 ─"천지음양의 기에는 이러한 상이 없다."

"역유태극易有太极" 한 절은 본래 서법筮法을 말한 것으로 보았다. 다산은 "태극은 50책이 아직 나누어지지 않은 것이고, 양의는 설시 때 둘로 나누기 때문에 둘을 상징하는 것이고, 사상은 설시 때 넷으로 세기 때문에 넷을 상징하는 것이고, 팔괘는 내괘·외괘가 때에 따라 진震이 되기도 하고 태兌가 되기도 하는 것을 말한다."(《시괘전蓍卦傳》《주역사전周易四笺》권8) 그 철학적 의의는 태극을 혼돈의 미분 상태로 보고 태극이 음과 양으로 나뉘어 음양청탁의 기가 양의가 됨을 말한 것에 있다. 음양의 기는 천天·지地수水·화火를 생하여 사상이 된다. "하늘과 불은 바람과 우레를 생하고, 땅과 물은 산과 못을 생하는데" 이것이 팔괘이다. 이 '양两'과 '사四'는 "모두 형질이 있어 볼 수 있고 만질 수 있는 사물이다." 따라서 "실질을 위배하지 않는다." 그러나 소옹은 이것으로 선천차서도를 지었는데, 태극이 나뉘어 음이 되고 양이 된다고 했는데, 그 양은 순양이고 그 음은 순음이다. 순양은 음을 생할 수 없고, 순음은 양을 생할 수 없다. "하나의 양이 이미 순양인데, 어찌 소음少阴을 생할 수 있겠는가?"(《역학서언易学绪言·소자선천론邵子先天论》) 만약 양의 내부에 음을 함유하고 있고 음의 내부에 양을 함유하고 있다면 순양과 순음이 아니고, 음양 미분의 태극이 된다. 따라서 선천팔괘도 중의 순양纯阳인 건乾이 나뉘어져 태양太阳과 소음少阴이 되고, 곤坤이 나뉘어져 태음太阴과 소양少阳이 되니, 건乾이 나뉘어 하나의 음과 하나의 양이 되고 곤坤이 나뉘어 하나의 음과 하나의 양이 되는 것은 건乾이 순양纯阳이 되지 않고, 곤坤이 순음纯阴이 되지 않는다는 의미이다. 건乾이 생성한 태양太阳은 하나의 음阴을 포함한 태兌를 생성하고, 곤坤이 생성한 태음太阴은 하나의 양阳을 포함한 간艮을 생성한다. "순纯을 일러 태太라 한다." 태양太·태음太阴은 "본래 순물纯物이 아닌데 어찌해서 태太라고 하는가?"

이를 통해 태양太阳·태음太阴은 명칭이 타당하지 않음을 알 수 있다. 그러므로 그 도圖는 자연의 상에 위배된다. 그는 모기령과 황종희 등의 관점을 받아들여 소옹의 선천도가 역학의 "양괘는 음이 많고, 음괘는 양이 많다."는 예를 위배했다고 보았다. "이 도圖는 진震·감坎이 음괘가 되고 손巽·리离가 양괘가 된다고 했는데, 양이 변해서 음이 되고, 여자가 변해서 남자가 되니, 《설괘说卦》에서 말한 바와 서로 괴리된다." "1·2·3·4의 순서로 말하면, 곤坤의 어머니가 아직 태어나지 않았는데 여섯 자식이 먼저 생육되고, 진震의 형兄이 아직 태어나지 않았는데 태兑의 여동생이 먼저 태어난 것이니, 모자와 형제의 순서가 어지러워 계통이 없다. 이 어찌 천지의 이치가 본래 이와 같다고 할 수 있겠는가?" (《역학서언·소자선천론》) 그러므로 "인륜의 질서와 생물의 이치에 모두 부합하지 않는다."(《역학서언·소자선천론》)

2) 소옹 팔괘방위도 ─명칭과 실제가 서로 괴리된다.

복희 팔괘방위는 건乾이 남쪽이고 곤坤이 북쪽이며, 감坎이 서쪽이고 리离가 동쪽이며, 간艮이 서북西北에 위치하고, 손巽이 동남东南에 위치한다. 다산은 《역》과 선진 경전을 고찰하여, 리离가 남쪽이고 감坎이 북쪽이며 진震이 동쪽이고 태兑가 서쪽이고 손巽이 동남쪽이고 간艮이 동북쪽이며 건乾이 서북쪽의 방위가 된다고 보았다. 《주역周易》 고경은 "서남방에서 친구를 얻고 동북방에서 친구를 잃는다.", "동방의 이웃은 소를 희생으로 올리지만 서방의 이웃이 약제禴祭를 올린다.", "남방을 정벌하는 것이 길할 것이다.", "귀방鬼方을 정벌하다." 등이 모두 리离가 남쪽이고 감坎이 북쪽이며, 진震이 동쪽이고 태兑가 서쪽이며, 손巽이 동남쪽이고 간艮이 동북쪽의 방위가 된다고 보았다. 《의례仪礼·근례觐礼》를 살펴보면, "태양이 남문 바깥에 있을 때 예를 올리고, 달이 북문의 바깥에 있을 때 예를 올린다."고 했으니, 태양이 남쪽이고, 달이 북쪽이 된다. 《상서尚书·요전尧典》에 "너는 명을 능히 이행하였으니, 제위를 양보하고 자 하노라."라고 했는데, 다산은 "고례에 빈객은 서북에 앉고 주인은 동 남에 앉는다. 동남은 손방巽方이다. 주인은 빈객에게 양보하고 손방에 앉는다. 그러므로 손량巽让이라 했다. 이를 통해 보면, 요순 이전에 손巽 이 동남이 되고 건乾이 서북이 되는 것은 이미 확연히 증거가 있다."라 고 해석했다(《역학서언·소자선천론》).

선천팔괘는 역리易理에 부합하지 않는다. 소옹은 선천팔괘의 음양소 장阴阳消长을 해석할 때 "진震이 처음으로 음과 교류하여 양을 생하고, 손巽이 처음으로 하나의 양을 소멸시켜 음을 생한다. 태兑는 양이 성장 하는 것이고 간艮은 음이 성장하는 것이다. 진震·태兑는 하늘의 음이고, 손巽·간艮은 땅의 양이다. 그러므로 진震·태兑는 위가 음이고 아래가 양 이고, 손巽·간艮은 위가 양이고 아래가 음이다."라고 했다(《역학서언·소자 선천론》). 다산은 이에 대해 다음과 같이 비판했다. 《설괘전说卦传》에 근 거하면, 리离가 남방이고 감坎이 북방이며, 진震이 동방이고 태兑가 서방 이며, 손巽이 동남방이고, 간艮이 동북방이다. 이는 음양소장阴阳消长을 반영한다. 일양一阳이 생하여 진震이 되고 이양阳)이 생하여 태兑가 되고 삼양三阳이 생하여 건괘乾卦를 이룬다. 일음一阴이 생하여 손巽이 되고 이음二阴이 생하여 간艮이 되고 삼음三阴이 생하여 곤괘坤卦를 이룬다. "이는 진실로 팔괘의 근본 원리이고 12벽괘의 뿌리이다." 그러나 복희팔 괘도는 진震과 태兑의 사이에 리离가 들어가 있고, 손巽과 간艮의 사이 에 감坎이 들어가 있다. 바야흐로 생겨나는 기가 리离에 의해서 단절되 고 바야흐로 소멸되는 기운이 감坎에 의해서 막히니, 이것을 음양소식阴 阳消息의 상이라 할 수 있겠는가?"(《역학서언·소자선천론》) 자연의 물상 에 따르면, 바람과 우레는 하늘에서 행해지고 산과 못은 땅에 붙어 있 고, 또 진震·간艮은 양괘阳卦가 되고, 손巽·태兑는 음괘가 된다. 그런데

"진震·태兌는 하늘의 음에 있고, 손巽·간艮은 땅의 양에 있다."는 것은 "일상의 물리와 부합하지 않는다." 다산은 《설괘전》에서 말한 리离는 남방이고 감坎이 북방이며, 진震은 동방이고, 태兌는 서방이며, 손巽은 동남방이고 간艮은 동북방이며, 건乾은 서북방의 방위가 되는 후천팔괘방위를 인정하고 아울러 이것으로 이른바 복희팔괘도를 비판한 것이다.

3) 소옹과 주희의 선천학 《설괘전说卦传》 오독 ─경문에 증거가 없다

소옹 선천학의 주요한 근거는 《설괘전》 가운데 "천지정위天地定位" 한 절이다. 즉 "하늘과 땅이 자리를 정하고, 산과 못이 기를 통하고, 우레와 바람이 서로 합하고, 물과 불이 서로 꺼리지 아니하니, 팔괘는 서로 교역한다. 지나간 것을 세는 것은 순順이고 다가올 것을 아는 것은 역逆이다. 이러한 까닭에 역은 역수逆数이다." 이 가운데 '순順'과 '역逆'에 대한 이해에 대해 소옹은 "이는 복희팔괘의 방위로 이른바 선천학이다.", "이 한 절은 복희팔괘를 밝힌 것이다. …… '지나간 것을 세는 것은 순順이다.'라는 말은 하늘의 도를 따라 행하는 것으로 좌선左旋이고 모두 이생지괘已生之卦이다. 그러므로 '지나간 것을 센다.'라고 했다. '다가올 것을 아는 것'은 하늘을 거슬러 행하는 것으로 우행右行이고 모두 미생지괘未生之卦이다. 그러므로 '다가올 것을 아는 것'이라 했다." 주희도 이 설을 찬동했고, "진震에서 시작하여 리离·태兌를 거쳐 건乾에 이르니, 이생지괘已生之卦를 세는 것이다. 손巽에서 시작하여 감坎·간艮을 거쳐 곤坤에 이르니 미생지괘未生之卦를 유추하는 것이다. 《역》의 생괘生卦는 건乾·태兌·리离·진震·손巽·감坎·간艮·곤坤이 순서가 되므로 모두 역수逆数이다."라고 주장했다.

다산은 이 절을 팔괘가 서로 교역하여 육십사괘를 이루는 것을 말하는 것으로 보았다. "이것은 천天·지地·수水·화火·풍风·뢰雷·산山·택泽의 실제적인 이치를 말하여 팔괘의 교역으로 육십사괘를 이루는 본의를 밝힌 것이다."(《주역사전周易四箋》 권8) 그는 "이 경문이 만약 선천의 방위를 말한 것이라면, 경문에서 마땅히 천天·지地를 먼저 말하고 그 다음 수水·화火를 말하는 것이 사정괘의 위치를 바르게 하는 것인데, 어찌 잘못 말함이 이와 같은가? 이는 곧 사물의 이치를 보아 괘덕을 증험해 보면, 방위의 설이 아니다."(《역학서언·소자선천론》)고 보았다. 소옹의 선천설과 공자의 사상은 서로 위배된다.

"역수逆數"가 음양이 아래에서부터 위로 소멸하고 성장하는 것을 가리키는 것에 대해 다산은 "아래에서부터 세어 육六이 상이 되니, 이것이 역수逆數이다. 구姤에서 곤坤까지 복復에서 건乾까지 그 음양이 각각 위에서부터 아래로 소멸하고 성장하는 것이 또한 역수이다."(《역학서언·소자선천론》)라고 보았다. 다산은 방위를 가지고 "좌선左旋"과 "우선右旋"을 비판했다. 그는 소옹의 설인 '좌선'은 남쪽에서 동쪽으로 '우선'은 서쪽에서 북쪽으로 운행하는 설에 대해 "소옹의 그림을 보면, …… 만약 좌반左半의 1·2·3·4를 좌선左旋이라 하고 우반右半의 5·6·7·8을 우선右旋이라 한다면 남쪽에서 동쪽은 우선이 되고 좌선이라 할 수 없고, 서쪽에서 북쪽은 좌선이 되고 우선이라 할 수 없다. 하물며 1·2·3·4는 1에서 세어 미생지괘未生之卦가 되는 것과 5·6·7·8도 그 사정이 다르지 않은데 어찌하여 하나는 순順이라 하고 다른 하나는 역逆이라 하겠는가? 그 설은 서로 모순되나 더 따져 물을 수도 없다."라고 했다. 수로써 말한다면, 소옹과 주자가 말한 '순'과 '역'은 경문과 괴리됨이 있다. "겨울에서 여름이 '순'이 되는 것이 진震·리离·태兌·건乾을 말한다면 4에서 3으로, 그리고 2에서 1이 된다. 여름에서 겨울이 '역'이 되는 것이 손巽·감坎·간艮·곤坤을 말한다면 5에서 6으로, 그리고 7에서 8이 된다. 무릇 《역》의 도됨은 우러러 천문을 관찰하고 굽어 지리를 살피는 것인데, 겨울에서 여름은 순행이 되고 여름에서 겨울은 역행이 된다는 것은 도대체 그 법상法象이 어디에 있는 것인가? …… 그리고 4·3·2·1은 그 세가 정역正逆인데 이름하여 '순'이라 하고, 5·6·7·8은 그 세가 정순正順인데 이름하여 '역'이라 하는 것은 모두 이름과 실제가 서로 괴리되어 궁구할 수 없다. 역사로써 말한다면, '순'이라는 것은 앞에서 뒤로 세는 것을 말하고 '역'이라는 것은 뒤에서 앞으로 세는 것을 말한다. 예를 들어, 지나간 것을 세는 것을 순이라 한 것은, 요임금의 갑진년에서 아래로 공자 말년의 임술년까지 1879년이 되는 것을 말하고, 그 세는 것이 '순'이라는 의미이다. 다가올 것을 아는 것을 역이라 한 것은, 한나라 고조 기해년에서 위로 공자 말년 임술년까지 278년이 되는 것을 말하고, 그 세는 것이 '역'이라는 의미이다." 그러므로 "소옹의 선천학은 고경에 증거가 없다."라고 말했다.

3. 소옹 변위학의 의의

종합하면, 다산의 소옹 선천학에 대한 변위는, 한편으로 청초 역학의 변위 사유와 방법, 관점을 계승했다. 예를 들어, 경전의 원문에서 출발하여 소옹의 선천학을 검토하고 그 결과 소옹의 선천학이 경전의 원문을 오독하여 경전의 원문에는 증거가 없다고 지적한 것이다. 역학의 '팔괘를 서로 중첩한다.', '건乾·곤坤과 육자六子'의 관계, 그리고 '양괘는 음이 많고, 음괘는 양이 많다.' 등의 가장 기본적인 이론을 이용하여, 소옹 선천학과 역학 이론이 서로 부합하지 않고, 서로 모순되며, 성인의 뜻을 위배했다는 점을 비판했다. 따라서 광의의 측면에서 다산의 소옹 선천학에 대한 검토는 청초 역학의 변위학을 뛰어넘지 못했다고 할수 있다. 다른 한편으로 다산은 자신의 독자적인 견해를 가지고 있었다. 예를 들어, 그의 《설괘전》의 "천지정위天地定位" 한 절에 대한 이해와 그리고 이를 근거로 한 소옹 선천학에 대한 비판을 들 수 있다. 음양 개념으로부터 선천팔괘차서도를 분석한 것은 모두 자신의 관점이 있었다. 더 귀한 관점은, 그가 선진 전적에 대한 고찰을 통해 이른바 소옹의 '선천팔괘방위'가 선진 전적에 확실한 증거가 없는 점을 제시한 것이다. 최근 출토된 청화간淸华简 《서법筮法》에 팔괘방위도가 존재한다. 이 그림은 감坎과 리离가 전도된 것 외에 다른 괘는 모두 《설괘전》의 "제출호진帝出乎震" 한 절에서 말하고 있는 팔괘방위와 서로 부합한다.

다산 역학의 변위辨伪와 청초 역학의 변위辨伪는 서로 같다. 그 의의는 역학에서 원전과 유리된 해석이 만연하고 훈고를 생략하고 의리에 편중된 경향을 바로 잡고, 이를 통해 엄밀하고 실학적인 학풍을 다시 일으키고 아울러 고증 방법을 운용하여 송대 이후 유행한 도서학과 선천학을 검토하여 《주역》 원전의 권위성과 합법성을 지키고, 역학의 원류를 변정하여 역학 원전의 형성을 검토하고 그 본의를 제시하는 데 중대한 학술 의의가 있다고 하겠다. 더 중요한 점은, 다산이 소옹과 주희 등의 선천학에 대한 비판과 검토를 통해 한대漢代 상수학을 회복하고 중건하려는 목표를 확립했다는 것이다. 그리고 그의 전체적인 역학 체계는 한대와 송대의 상수역학을 비판하고 흡수하는 기초 위에서 건립된 것이다.

당연한 얘기지만, 다산의 소옹 선천학에 대한 연구는 청초 역학가와 서로 같은 점에서 피할 수 없는 결함이 존재한다. 즉 오늘날의 철학적 해석학의 시야에서 볼 때, 역학의 원전으로 회귀하고자 하는 것은 진실로 중요하지만, 원전에 대한 창조적 해석은 더 중요하다 할 것이다. 선천학은 더욱 소옹이 스스로 발명한 것으로 《주역》의 본의와 무관하다. 그러나 학술사의 측면에서 볼 때, 경전 문헌의 충분한 근거를 가졌는지의 여부와 그 학술 가치의 높고 낮음은 별개의 완전히 다른 문제이다.

즉 송역宋易의 선천학이 '위학僞学'에 속한다고 하여 일률적으로 폐기한
다면 이는 분명 온당하지 않다. 문제의 관건은 '도서图书'의 진위에 있
지 않고, 이러한 학설의 문제의식을 핵심으로 하여 원본에 대한 새로운
해석을 통해 성인의 뜻을 밝히는 데 있다. 이렇게 함으로써, 역학과 경
학 연구에 거대한 활력을 불어넣을 수 있고 새로운 형식이 발전하고
번영하도록 할 수 있다.

主要参考文献:

1. 邵雍《皇极经世》四库全书本

2. 朱熹《周易本义》四库全书本

3. 朱熹《易学启蒙》四库全书本

4. 茶山《易学绪言》茶山学术文化财团

5. 茶山《周易四笺》茶山学术文化财团

6. 毛奇龄《仲氏易》四库全书本

7. 黄宗羲《易学象数论》四库全书本

8. 黄宗炎《易学辨惑》四库全书本

9. 胡渭《意图明辨》四库全书本

10. 林忠军《象数易学发展史》第二卷山东齐鲁书社

第17章

邵雍先天学与茶山之辨伪

林忠军

一. 先天图形成及清初易学辨伪

邵雍先天学是茶山丁若镛易学经常谈论问题. 按照有关史料记载. 邵雍以先天图式而建构的先天学本之道学家陈抟. 南宋初的朱震指出: "陈抟以先天图传种放. 放传穆修. 修传李之才. 之才传邵雍."(《汉上易传表》) 宋人王称在《东都事略》中也有类似的记载. 然而陈抟的先天图是什么样. 因为资料缺乏. 不得而知. 其图却保留在朱熹《周易本义》中. 因此. 邵雍先天图与陈抟的先天图关系. 成为学界一大悬案.

依据朱熹解释. 邵雍通过《系辞传》"易有太极一节"解读. 悟出"加一倍法". 以此法推演出"伏羲先天八卦图"和"伏羲先天六十四卦图"图式. 通过解读《说卦传》"天地定位"一节画出"伏羲八卦方位". "伏羲先天八卦图"与"伏羲八卦方位"相互贯通与印证. 以先天八卦数本之"易有太极一节". "伏羲八卦方位"本之《说卦传》"天地定位"一节. 从《说卦传》"帝出乎震"一节推出"文王八卦方位". 按照邵氏的说法. 伏羲时代已有八卦和六十四卦图. 为伏羲所作. 称为伏羲八卦方位图, 伏羲八卦次序, 伏羲六十四卦方位图, 伏羲六十四卦次序图. 伏羲易学只有图式. 而无文字. 此所谓先天之学. 文王易学不仅有图式. 而且有文字. 其图式包括文王八卦方位图, 文王次序图. 文字是六十四卦及其文辞. 称为后天之学. 伏羲先天易为"心". 文王后天易为"迹". 后天本之先天.

但邵氏《皇极经世》书中未载先后天图. 有人怀疑邵氏先后天图的存在. 不过他明确说过. "图虽无文. 吾终日言未离乎是. 盖天地万物之理尽在其中矣."(《观物外篇》) "先天学. 心法也. 故图皆自中起. 万化万事生乎心也."(同上) "先天图中. 环中也."(同上) 从其论述看. 印证邵氏易学确有先后天图.

邵雍先天之学是宋代易学家在新语境下力图改变汉唐笺注之学形式而重新寻找新

的解易方式所作努力. 是以清新直观, 内涵数理的图式复活汉代象数易学的一种方式. 也是立足于象数探索易学源头和解释文本意义所做的新的尝试. 因而. 先天之学开启了经学解释创新之先河. 因此经过朱熹的倡导与传播. 邵氏先天之学与刘牧河洛之学. 成为当时易学创新点和象数易学的主流. 并深深影响了宋以后易学. 凡言易者. 皆言图书之学.

然而. 先后天之学真伪问题受到后世质疑: 先天之学是否符合历史事实? 先天图是否为伏羲所作? 文王是否本之伏羲而作后天图? 先后天图式依据及其解释是否符合文本本义? 故明末清初思想家借助于探讨明代灭亡原因与反清复明诉求. 由反思宋学而兴起一股以图书之学为主要内容的辨伪思潮. 以顾炎武, 毛奇龄, 黄宗羲, 黄宗炎, 胡渭为代表易学家或思想家秉承宋代欧阳修和明中后期杨慎等人辨伪之风. 把矛头直指宋代以邵雍, 朱熹所倡导的图书之学. 除了批判宋代河洛之学外. 重点清算宋代邵氏先天之学. 他们主要以图书之学是误读易学文本, 于易理不通, 文本无此图和是道家道教产物等为据. 否定了邵氏先天之学真实性.

关于伏羲八卦与六十四卦图. 毛奇龄认为. 伏羲六十四卦图.以"易有太极. 是生两仪. 两仪生四象.四象生八卦"一语为据. 认为此段是"申言揲筮"而非画卦之意. 进而驳斥了宋儒创作先天图的理论依据.[1]　毛奇龄把邵氏伏羲六十四卦图归结为"八误":"一, 画繁;二, 四五无名;三, 三六无住法;四, 不因;五, 夫子母女并生;六, 子先母, 女先男, 少先长;七, 卦位不合;八, 卦数杜撰无据. 据此八误. 而以为伏羲画卦次第如是. 不可通矣.[2]"

黄宗羲认为. 太极生两仪是指一阴一阳. 六十四卦三百八十四爻. 阴阳各一百九十二. 此即一阴一阳. "以三百八十四画为两仪. 非以两画为两仪也"; 两仪生四象. 是指由阴阳构成的三画卦分为老阳, 老阴, 少阳, 少阴. "乾为老阳. 坤为老阴. 震, 坎, 艮为少阳. 巽, 离, 兑为少阴"(《易学象数·论先天图》). "三画八卦即四象也". 按照黄宗羲的理解. 太极, 两仪, 四象, 八卦的表现形式虽有不同. 但实为一有机整

---

1 〔清〕毛奇龄《仲氏易》, 上海：上海古籍出版社, 1990, 第270页.

2 〔清〕毛奇龄《仲氏易》, 上海：上海古籍出版社, 1990, 第4页.

体. 八卦可分为两仪, 四象. 通过两仪, 四象而表现; 两仪, 四象则是八卦的两仪, 四象. 没有八卦就没有两仪, 四象. "由是言之. 太极, 两仪, 四象, 八卦. 因全体而见. 盖细推八卦之中. 皆有两仪四象之理; 而两仪四象. 初不画于卦之外也." 而《系辞》此段的"生"字. 实为生生不息之意. "其言生者. 即生生谓易之生. 非次第而生之谓". 邵雍以"加一倍法"解之. 遂距《易传》不啻天渊. "康节加一倍之法从此章而得. 实非此章之旨. 又何待生十六, 生三十二. 而后出经文之外也." 邵雍自谓"补羲皇之阙. 亦谓之先天". 殊不知其误即在于此. 《系辞》"观象制器"章说明伏羲时已有六十四卦. "牺氏始作八卦. 其下文自《益》至《夬》所取之十卦已在其中. 则八卦之该六十四亦明". 邵雍"不知此章于六十四卦已自全具. 补之反为重出". 他认为. 《系辞》明言八卦相重而成六十四卦.故《系辞》"因而重之"绝非加一倍法而成六十四卦. "生十六, 生三十二, 生六十四. 是积累而后成者. 岂可谓之重乎?"故"据易之生两, 生四, 生八而后知横图之非也"(同上).

黄宗炎接受毛奇龄, 黄宗羲等人观点. 认为六十四卦是由八卦相重而得. "乾坤六子以一卦为主.各以八卦加之. 得三画即成六画. 得八卦即有六十四卦. "先天横图"加一倍法". 显然与《易传》"八卦相重"的说法矛盾. 《周易》只有三画卦和六画卦. 绝无四画, 五画之象即十六, 三十二之次第. "加一倍法"不仅无法对四画, 五画之象作出合理说明. 更不见八卦之法象. 他还批评了朱熹伏羲图有卦气的说法. 朱熹认为圆图涵具卦气之意. 所谓"乾生子中尽午中.坤生午中尽子中. 离尽卯中. 坎尽酉中". 而在黄宗炎看来. 卦气仅见于《复》卦《象传》"至日闭关"一语. "姤为夏至.未见明训. 未敢信为必然". 其他消息卦更"不免按图索骥. 近于颟愚"."俱含糊而不言其故". 事实上.宋儒以卦气论圆图.破绽处处可见. 如复卦一阳始生. 值子半冬至. 历十六卦至临为十二月. 值卯半春分. 又历八卦至泰为正月. 已是巳初立夏. 又历四卦至大壮为二月. 已是巳半小满. 大有, 夬两卦为三月. 值午初芒种. 至乾一卦为四月. 值午半夏至. 右半圈从姤至坤与此类同. 姤经十六卦至遁为六月. 值酉半秋分. 历八卦至否为七月. 值亥初立冬. 又历四卦至观为八月. 已是亥半小雪. 又历两卦至剥为九月. 已是子初大雪. 坤一卦为十月. 值子半冬至. 显见. 诸卦所示月份与所在位置, 所值节气不相符合. 可知先天圆图"矫揉造作. 卦义无取.时令不合"(《图学辩惑》).

　　胡渭批评了邵雍, 朱熹, 蔡元定的观点. 他指出.《系辞》《说卦》皆已明言六十四卦因八卦相重而得. 邵雍, 朱熹, 蔡元定等人却视而不见. 偏以"加一倍法"解之."按夫子曰'重'曰'兼'. 明是倍三为六. 非逐爻渐生之谓.《本义》犹从旧解. 云'因而重之'谓各因一卦而以八卦次第加之为六十四'. 又云'三画已具. 三才重之.故六'. 至图说则与邵义并存. 而以邵为善. 及蔡氏草《启蒙》则专主《观物外篇》而显背经文. 亦有所不顾矣.""康节先天之学. 其病根全在小横图. 八卦之次序既乖. 则其论方位亦误. 六十四卦之次序方位. 更不待言矣. 而吾窃有怪于《启蒙》之说也. 数用加一倍法. 可以推之百千万亿而无穷."(《易图明辨》卷七)

　　胡渭赞同黄中对横图阴阳爻画长短不一的批评. "信如康节所图. 则初画最长. 中画半之. 终画又半之. 吾不知伏羲既作此象. 将截为八段. 以示人乎？ 将连者仍连. 而听人之自为识别乎？"(《易图明辨》卷六)"揆诸事情. 决无是理. 鲲溟之辩良足解颐. 吾不知季通何以极赞其妙. 而朱子舍己从之也."(同上) 他认为. 先天横图割裂了母子联系. 太极, 两仪, 四象, 八卦层层包含有如母子. 小横图则以初画为两仪, 中画为四象, 上画为八卦."两仪, 四象, 八卦皆子在母外. 初画为仪. 中画为象. 终画为卦. 而太极一画更居其先. 是犹一岁之外别有寒暑. 寒暑之外别有四时. 四时之外别有八节也. 其谬不已甚乎"！(同上) 他认为. 先天横图却是由数生象."卦. 象也. 蓍. 数也.《左传》韩简曰：'物生而后有象. 象而后有滋. 滋而后有数.' 盖数即象之分限节度处. 生于象. 而不可以生象. 康节加一倍法欲以数生卦.非也."(同上)

　　邵雍, 朱熹还阐发了先天圆图的阴阳消长及卦气之意. 胡渭认为. 这种对先天图阴阳消长和卦气的论述与《参同契》的月体纳甲说相合. 即源出道教. 绝非《易》之本义. 他在比较《观物外篇》与《参同契》的相关思想之后认为. "震始交阴而阳生'.谓震与坤接而一阳生于下. 三日夕.月出庚纳震.一阳之气也.即《参同契》所谓'三日出为爽. 震庚受西方'.'巽始消阳而阴生'. 谓巽与乾接而一阴生于下. 十六日旦. 月退辛纳巽. 一阴之气也. 即《参同契》所谓'十六转就绪. 巽辛见平明'也. 自震一阳进. 而纳兑之二阳. 至乾三阳而满. 此望前三候明生魄死之月象也. 自巽一阴退. 而纳艮之二阴. 至坤三阴而灭. 此望后三候魄生明死之月象也"(同上). 由此可知. 先天方位实本自《参同契》之月体纳甲. "以一月中月体之消长言之. 乾南坤北之方位是也".

关于邵氏先天八卦方位图. 顾炎武认为. 邵氏先天八卦图. 歪曲《说卦传》"数往者顺. 知来者逆；是故. 易逆数也." 割裂伏羲与文王易学关系. 他说："已然者为往. 往则有顺之之义焉；未然者为来. 来则有逆之之义焉. 若如邵子之说. 则是羲, 文之《易》已判然二. 而又以震, 离, 兑, 乾为数已生之卦. 巽, 坎, 艮, 坤为推未生之卦. 殆不免强孔子之书以就已之说矣."(《日知录》卷一)

黄宗羲认为. 伏羲先天方位与《说卦》不合. "天地定位"一节. 则与先天方位无关. 所谓"天地定位". 是指天居于上, 地位于下；"山泽通气". 是指山泽相资而通气；"雷风相薄". 是说震正东, 巽东南. 方位相近而合. 故有相薄之意. "远之则不能薄矣"；"水火不相射". 是说南方炎, 北方寒. 冬冷夏热. 邵雍不明乎此. 而据《说卦》"天地定位"一节作先天八卦方位图. 其谬可想而知. 黄宗羲指出. 邵雍所谓老少阴阳四象与《系辞》"阳卦多阴. 阴卦多阳"之说矛盾. 乾一, 兑二, 离三, 震四, 巽五, 坎六, 艮七, 坤八的次序亦与《说卦》不符："康节均二卦为一象. 乾离坎坤于四象之位得矣. 兑之为老阳. 震之为少阴. 巽之为少阳. 艮之为老阴. 无乃杂而越乎.《易》言'阳卦多阴. 阴卦多阳'. 震艮之为阳卦. 巽兑之为阴卦. 可无疑矣. 反而置之.明背经文. 而学者不以为非. 何也？至于八卦次序. 乾, 坤, 震, 巽, 坎, 离, 艮, 兑. 其在《说卦》者亦不可据矣. 而易为乾一, 兑二, 离三, 震四, 巽五, 坎六, 艮七, 坤八. 以缘饰图之左阴右阳. 学者信经文乎？信传注乎？"(《易学象数·论先天图》)

胡渭认为.此章 "未见其为先天之方位". "与八方之位无涉". "康节则专精于数. 故往往以著数为卦象. 与经旨背. 至于据横图从中折取.以自震至乾为顺数已生之卦. 自巽至坤为逆推未生之卦. 然则'易逆数也'. 岂专用巽坎艮坤而不用乾兑离震乎？就其言解之. 已有不可得通者矣"(《易图明辨》卷六).

先后天区分. 黄宗羲深信后天方位为《易》之本意. 画卦时既已有之. 并非始于文王. "离南坎北之位见于经文. 而卦爻所指之方. 亦与之相合. 是亦可以无疑矣. 盖画

卦之时. 即有此方位. 易不始于文王. 则方位亦不始于文王. 故不当云文王八卦方位也. 乃康节必欲言文王因先天乾南坤北之位改而为此."(《八卦方位》) 胡渭认为先后天区分是一种错误,《易传》只说伏羲"仰观俯察"而作八卦. 并未言及如何画卦. 怎能断定伏羲画卦是逐爻生出. 而非连画三爻? 如何知道"乾坤生六子"不是伏羲所作. 而是文王所为? "孔子之传无一语推本伏羲者. 则已既有推本伏羲者. 则何以知两仪, 四象为伏羲之所画. 而乾坤三索为文王之所演邪? …… 知彼逐爻生出之为谬. 则知一连扫出三画而交易以成六子者. 真伏羲之易而非文王之易矣. 晓人自解.无庸辞费也."(《易学象数·论先天图》) 依他之见. 邵雍, 朱熹等人的先天, 后天之分毫无理据. 文王易即是伏羲易. 后天图并非出于文王. 伏羲时既已有之. 以文王, 后天名之乃邵雍所为. "乾坤三索之次序出. 震齐巽之方位. 伏羲之易本是如此. 而邵子独以为文王之易. 名之曰后天. 以尊先天之学. 序位皆是. 而其名则非."(同上)

关于先天之学实质. 他们普遍认为先天之学而是道学的产物. 非儒家作品. 顾炎武指出:"希夷之图, 康节之书. 道家之易也."(《日知录》卷一) 黄宗羲还根据朱震所载图书传承推断邵雍之图本于陈抟. 故"凡先天四图. 其说非尽出自邵子也"."天根月窟"说则是道教性命双修之学. 与《易》无涉:"盖康节之意. 所谓天根者. 性也. 所谓月窟者. 命也. 性命双修. 老氏之学. 其理为易所无. 故其数与易无与也."黄宗炎也有同论. 他说:"《易》有图学. 非古也. 注疏犹是. 魏, 晋, 唐所定之书. 绝无言于此者. 有宋图学三派. 出自陈图南. 以为养生驭气之术. 托诸大《易》. 假借其乾坤水火之名. 自申其说. 如《参同契》《悟真篇》之类. 与《易》之为道. 截然无所尖合."(《易学象数·论先天图》)

胡渭指出:"乾南坤北, 离东坎西之图. 朱子虽知其出于《参同契》而不欲尽言. 至熊与可始发箨其隐. …… 渭按:"丹道可以倚《易》.《易》不为丹道作."(《易图明辨》卷六) 又云: "易道无所不包. 而离于文王处忧患孔子无大过. 即非吾儒之《易》". 此真千古格言."(同上)"就邵子四图论之. 则横图义不可通. 而圆图别有至理. 何则? 以其为丹道之所寓也. …… 故吾谓先天之图与圣人之易. 离之则双美. 合之则两伤. 伊川不列于经首. 固所以尊圣人. 亦所以全陈, 邵也. 观吾书者. 如以为西山之戎首. 紫阳之罪人. 则五百年来有先我而当之者矣. 吾其可末减也夫."并认为.
六十四卦圆图及"天根月窟"说同"小圆图"一样. 实为《参同契》月体纳甲之翻版. "按
天根月窟.即《参同》纳甲之说. 天阳也. 月阴也. 以八卦言之月. 三日生明于庚. 纳震
一阳之气. 庚当乾终巽始. 故曰'乾遇巽时观月窟'. 震一阳始交于甲. 纳乾初九之气
甲. 当坤终震始. 故曰'地逢雷处见天根'也. 以六十四卦言之. 纯乾遇巽之一阴是为
姤. 于月为生魄. 阳消阴息自此始. 故谓之月窟. 即'乾尽午中'而阴生之谓也. 纯坤
遇震之一阳是谓复. 于月为合朔. 阴消阳息自此始. 故谓之天根. 即'坤尽子中'而阳
生之谓也. 三十六宫. 朱子之义较长. 盖人身之天根在尾闾. 月窟在泥丸. 修炼之法.
夜子以心神注气海谓之生药. 子后则自尾闾进火以达于泥丸. 午中则自泥丸还元以
迄于尾闾. 从复姤用功而诸卦皆到. 上下往来. 终而复始. 和气满腔. 盎然流溢. 故
曰'三十六宫都是春'也. 邵子虽不事修炼. 而其理固已洞彻. 丹家秘宝和盘托出矣."
(同上)

二. 茶山对于邵氏先天之学辨伪

生活在李朝时期(大约相当于中国乾嘉时期)的茶山在清人已经基础上. 按照自己
的理解. 通过检讨邵氏先天图式. 形成自己的辨伪之学. 他先邵子先天八卦次序图和
先天八卦方位图入手. 然后又从文本出发. 总体上驳斥邵氏先天之学. 其主要观点
如下:

(一) 邵子先天八卦次序图. "天地阴阳之气断无此象."

"易有太极一节". 本为言筮法.如他指出:"太极者. 五十策之未分也. 两仪者. 分
而为二.以象两者也. 四象者. 揲之以四. 以象四者也. 八卦者. 内卦外卦之或震或兑

者也."(《蓍卦传》《周易四笺》卷八）其哲学意义是. 是太极混沌未分. 分阴分阳. 为阴阳清浊之气. 为两仪. 由阴阳之气. 生天地与水火. 为四象."天火生风雷.地水生山泽."是谓八卦. 此"两"与"四"."皆有形有质. 可见可摸之物. 不可"违于实". 而邵子以此作先天次序图. 言太极分阴分阳. 其阳是纯阳. 其阴是纯阴. 纯阳不能生阴. 纯阴不能生阳."一阳既是纯阳. 如何生得少阴？ 一阴既是纯阴. 如何生得少阳？"(《周易绪论·邵子先天论》）如果阳内涵阴. 阴内涵阳. 则不是纯阴纯阳. 为阴阳未分的太极. 因此先天八卦图中纯阳乾分出太阳少阴. 坤分出太阴少阳. 乾坤分别为一阴一阳. 则乾不为纯阳. 坤不为纯阴. 而由乾生出的太阳. 包一阴生兑. 由坤生出太阴包一阳生艮."纯者谓之太". 太阳太阴"本非纯物. 何以谓之太？"可见. "太阳太阴"称呼不妥. 故其图违背自然之象. 他接受了毛奇龄与黄宗羲等人的观点. 认为邵子先天图违背了易学"阳卦多阴, 阴卦多阳"之例."此图以震坎为阴卦. 巽离为阳卦. 则阳变为阴. 女化为男. 与文王《说卦》之所言. 显相乖谬.""以一二三四之序言之. 坤目未生而六子先育. 震兄未生而兑妹先产. 母子兄弟之序. 杂乱无统. 何得云天地之理本自如此乎？"(同上）故"其于人伦之序, 生物之理俱未合"(同上）

(二)邵氏八卦方位图"名实乖错"

伏羲八卦方位. 以乾南坤北. 以坎离东西. 艮居西北. 巽居东南. 茶山考之《易》与先秦经典. 则皆以离南坎北, 震东兑西, 巽东南, 艮东北, 乾西北为方位. 如《周易》古经言"西南得朋. 东北丧朋";"东邻杀牛·西邻禴祭";"南征吉. 伐鬼方"等皆以以离南坎北, 震东兑西, 巽东南, 艮东北为方位. 考之《觐礼》"礼日于南门之外. 礼月于北门之外. "则以日为南. 月为北. 《尚书尧典》云："汝能庸命. 巽朕位." 以茶山理解. "古礼坐宾于西北. 主人坐东南. 东南者.巽方也. 主人让于宾而坐巽. 故谓之巽让. 由是观之. 尧舜之前. 巽为东南. 乾为西北. 已确然有证."(同上）

先天八卦不符合违于易理. 邵雍解释先天八卦阴阳消长时指出："震始交阴而阳生. 巽始消阳而阴生. 兑. 阳长；艮. 阴长也. 震兑在天之阴也. 巽艮在地之阳也.

故震兑. 上阴而下阳. 巽艮上阳而下阴."(同上) 茶山对此批判之. 他以《说卦传》为据. 说明言离南坎北, 震东兑西, 巽东南, 艮东北. 反映阴阳消长：震一阳生. 兑二阳生. 以成乾卦. 巽一阴生. 艮二阴生. 已成坤卦."此固八卦之本理, 十二辟卦之根基." 然而. 伏羲八卦图."震兑之间. 以离介之. 巽艮之间. 以坎格之. 方生之气. 以离断之. 方消之运. 以坎直之. 此可谓阴阳消息之象乎？"(同上) 按照自然之象. 风雷行天. 山泽附地. 又震艮为阳卦. 巽兑为阴卦. 而曰"震兑在天之阴也. 巽艮在地之阳也." 则"彦之物理而不合." 显然. 茶山认同《说卦传》所说以离南坎北, 震东兑西, 巽东南, 艮东北乾西北为方位. 所谓后天八卦方位. 并以此批判所谓伏羲八卦图.

(三). 邵雍与朱熹先天之学误读《说卦传》. 于经文"绝无证据."

邵氏先天之学主要依据是《说卦传》中"天地定位"一节. 即"天地定位. 山泽通气. 雷风相薄. 水火不相射. 八卦相错. 数往者顺. 知来者逆是故. 易逆数也."

其中对于"顺""逆"的理解. 邵氏认为"此伏羲八卦之位. 所谓先天之学.""此一节. 明伏羲八卦也. …… 数往者顺. 若顺天而行. 是左旋也. 皆以已生之卦. 故云数往也. 知来者拟. 若逆天而行. 是右行也. 皆未生之卦也. 故云知来者."朱熹也赞同此说. 主张"起震而历离兑. 以至于乾. 数已生之卦也. 自巽二历坎艮. 以至于坤. 推未生之卦也.《易》之生卦. 则以乾兑震巽坎艮坤为次. 故皆逆数也. "

以茶山理解. 此节是言八卦相交成六十四卦."此言天地水火风雷山泽之实理.以明八卦交易. 以成六十四卦之本义."(《说卦传》《周易四笺》卷八) 他认为."此经若为先天之方位. 则经宜先言天地, 次言水火. 以正四正之位. 乎乃错言之如是哉？ 此乃观物理. 以验卦德.非方位之说也."(《周易绪论·邵子先天论》) 邵子先天之说与孔子思想相违背.

至于"逆数"指阴阳消长自下而上. 他说"自初数之. 以六为上. 此逆数也. 自姤至坤. 自复至乾. 其阴阳消长. 每自上达下. 亦逆数也."(同上) 茶山以方位驳邵子"左旋""右旋"之论. 他认为. 以邵子之说.左旋是自南至东. 右旋是自西至北. 他说："观

邵子之图. …… 若云左半之一二三四为左旋.右半之五六七八为右旋. 则自南而东者.
是为右旋. 不可曰左旋. 自西而北者. 是为左旋. 不可曰右旋也. 何况一二三四. 自一
而数之. 则其为未生之卦. 与五六七八. 其情不殊. 又何云一顺一逆？ 其说矛盾. 不
可究诘."以数言之. 邵氏朱子所言顺逆. 有悖于经文."冬至夏为顺者. 谓震离兑乾.
自四而三. 而二一也. 夏至冬. 谓巽坎艮坤. 自五而六. 而七而八也. 凡易之为道. 仰
观天文. 俯察地理. 冬至夏为则顺行. 夏至冬则逆行. 其法象安在乎？ …… 然且四
三二一. 其势正逆.而名之顺. 五六七八. 其势正顺. 而名之曰逆. 皆名实乖错不可寻
究. "以历史言之. 顺是自前往后数. 逆是自后往前数. 如"数往者顺. 谓唐尧甲辰.
下距孔子末年壬戌. 为一千八百七十九年. 此其数顺也. 知来者逆.谓自汉高祖己亥.
上距孔子末年壬戌, 为二百七十八年. 此其数逆也."故曰"邵子先天之学. 其在古经.
绝无证据."

三. 邵氏辨伪之学意义

　　总之. 茶山对于邵氏先天学的辨伪. 一方面. 继承了了清初易学辨伪之思路，方法
和观点. 如从文本出发. 检讨邵氏先天之学. 指出了邵氏先天之学. 误读文本. 绝无
文本证据；用易学"八卦相重"，乾坤与"六子"关系及"阳卦多阴阴卦多阳"等最基本的
理论. 驳斥邵氏先天之学与易学理论不符. 自相矛盾. 违背了圣人之旨. 因此. 宏观
上. 茶山对于邵子先天之学的检讨. 未超越清初易学辨伪之学. 另一方面. 茶山有自
己的独到见解. 如他对于《说卦传》"天地定位"一节的理解. 以及以此为据对于邵氏先
天之学的批判；从阴阳概念分析先天八卦次序图.皆有自己观点. 　更可贵的是他通过
考察先秦典籍. 提出所谓邵氏"后天八卦方位". 在先秦典籍. "确然有证". 近几年出土
的清华简则是明证. 　清华简《筮法》有八卦方位图.其图除了坎离颠倒外. 　其他皆与

《说卦传》"帝出乎震"一节所言天八卦方位吻合.

茶山易学辨伪与清初易学辨伪相同. 其意义是纠正了易学解释脱离文本繁衍滋生及忽略训诂, 偏重义理的倾向. 重塑严谨笃实的学风. 并运用考证方法检讨宋代以来流行的图书, 先天之学. 捍卫了《周易》文本的权威性和合法性. 辨清易学源流. 对探讨易学文本的形成和揭示其本意有着重大的学术意义. 更为重要的是. 茶山透过反思与批判邵子朱熹等人的先天之学. 确立了恢复和重建汉代象数之学的目标. 而其整个易学体系正是在批判和吸收汉宋象数易学基础上建构起来的.

当然. 茶山对于邵氏先天之学研究. 与清初易学家同. 有其不可避免的缺陷. 即以哲学解释学的视野观之. 回归易学文本固然重要. 而对于文本创造性解释更重要. 先天之学更是邵雍的自家发明. 皆与《周易》本义无涉. 但从学术史的角度评价. 是否拥有充足的经典文献依据与其学理价值的高低乃是两个完全不同的问题. 即便宋易先天属于"伪学". 也不应因此一概摈弃之. 问题的关键并不在于"图书"之真伪. 而在于这种学说以问题意识为核心, 透过文本词句阐发圣人之意. 为易学和整个经学研究注入了巨大活力. 使之以新的形式发展, 繁荣.

제18장

다산 불교 관련 일문佚文 자료의 종합적 정리

정민

(한양대학교 국문과 교수)

1. 서론

　　다산은 강진 유배 기간 18년 동안 대둔사 및 백련사의 승려들과 지속적으로 긴밀한 접촉을 가졌다. 벗으로 또는 사제의 인연으로 만남과 교유를 이어갔다. 다산은 이들 승려들을 진두지휘해 《대둔사지大芚寺志》와 《만덕사지萬德寺志》를 편찬하였는데, 그 가운데는 《대동선교고大東禪教考》와 같은 독립 저술도 포함되어 있다. 그 밖에 여러 승려의 탑명과 호게, 비문과 시문집 서발 등을 지었고, 개별적으로 상당한 분량에 달하는 증언첩과 서간문을 따로 지어 주었다.

　　먼저 《다산시문집》에 수록된 시문만 해도 그 분량이 상당하다. 하지만 문집에 누락된 불교 관련 시문 자료는 문집에 수록된 것보다 훨씬 더 많다. 이들 자료는 다산 저작의 중요한 부분임에도 불구하고 잊힌 채 사각지대에 방치되어 왔다. 사정이 이렇게 된 것은, 유배 죄인으로 강진에 내려와 있던 다산의 입장에서 근신하지 않고 불승과 어울려 지낸다는 공연한 구설을 만드는 것을 원하지 않아, 불교와 관련해 쓴 글을 대부분 문집에 수록하지 않았던 데 1차적인 이유가 있다.

　　일부 문집에 실린 글도 처음 써 준 글과 문집에 수록된 내용 사이에 차이가 상당해, 문집에 수록할 때 일종의 자기 검열과정을 거쳤음을 보여준다. 문집에 실리지 않은 글에도 몇 가지 층위가 존재한다. 자신이 썼으나 별호別號로 발표한 뒤 갈무리하지 않아 문집에 실리지 않은 경우, 혹은 자신이 써놓고 다른 사람의 이름을 빌려서 발표한 경우, 아예 처음부터 대작으로 써 준 경우 등이 그것이다. 어느 경우든 모두 한자리에 모아서 근거와 함께 자료를 제시하겠다.

필자는 그간 강진 시절 다산 일문佚文 자료의 발굴과 정리 작업을 지속적으로 진행해 왔다. 이에 관해서 발표한 글도 적지 않다.[1] 이제 그동안 수집 정리한 자료 가운데 불교와 관련된 것만 추려서 전체 원문을 제시한다. 향후 이어질 다산과 불교 관련 연구의 기초 자료로 활용될 수 있기를 기대한다. 원문과 출전, 전후 경과에 대한 설명을 중심으로 자료를 제시하고, 구체적인 내용 분석은 앞선 연구와 함께 이어질 후속 연구에 미루기로 한다.

2. 문집에 수록된 불교 관련 다산 시문

먼저 문집에 수록된 다산의 불교 관련 시문을 정리한다. 《다산시문집》 수록 글을 권별로 표시하여 정리하면 다음과 같다. 먼저 산문은 다

---

[1] 정민, 〈다산 정약용의 이상주거론〉, 《동아시아문화연구》 제47집, 한양대 동아시아문화연구소, 2010. 5, 125~150쪽; ____, 〈다산과 은봉의 교유와 《만일암지》〉, 《문헌과해석》 2008년 가을호(통권 44호), 11-27쪽; ____, 〈다산의 선문답〉, 《문헌과해석》 2008년 겨울호(통권 45호), 13~31쪽; ____, 〈신헌의 《금당기주》와 다산의 일문〉, 《문헌과해석》 48호, 문헌과해석사, 2009년 가을호, 151~170쪽; ____, 〈일민미술관 소장 《다산송철선증 언첩》에 대하여〉, 《문헌과해석》 51호, 문헌과 해석사, 2010년 여름호, 229~264쪽; ____, 〈초의에게 준 다산의 당부〉, 《문헌과해석》 41호, 문헌과해석사, 2007년 가을호, 49~69쪽; ____, 〈초의의 눈보라 속 수종사 유람〉, 《문헌과해석》 40호, 문헌과해석사, 2007년 가을호, 12~26쪽; ____, 〈한국교회사연구소 소장 다산친필 서간첩 《매옥서궤》에 대하여〉, 《교회사연구》 제33집, 한국교회사연구소, 2009. 12, 539~84쪽; ____, 〈다산 일문을 통해본 승려와의 교유와 강학〉, 《한국한문학연구》 제50집, 한국한문학회, 2012.12, 101~127쪽; ____, 〈다산의 선문답—순암, 의순, 법훈, 자굉 스님과 강학〉, 《선과 문화》, 2011년 여름호, 98~105쪽; ____, 〈우둔하고 졸렬해야 한다—기어 자굉에게 준 다산의 증언첩〉, 《선과문화》 2011년 가을호, 74~81쪽; ____, 〈다산이 승려에게 준 증언첩과 교학방식〉, 《한국실학연구》 제27호, 2014년 6월호, 231~257쪽.

음 15편이 수록되었다.

권12: 〈普照國師畫像贊〉
권13: 〈雲潭詩集序〉, 〈重修挽日菴記〉, 〈游水鍾寺記〉
권14: 〈題藏上人屛風〉, 〈題天頙國師詩卷〉, 〈題晶菴尺牘〉
권17: 〈華嶽禪師碑銘〉, 〈兒菴藏公塔銘〉, 〈祭兒菴惠藏文〉, 〈爲草衣僧意洵贈言〉, 〈爲騎魚僧慈弘贈言〉, 〈爲沙門謹學贈言〉
권22: 〈挽日菴重修上梁文〉, 〈金剛山歇惺樓重修序〉

젊은 시절에 쓴 한두 편을 빼고는 대부분 유배 이후 대둔사와 백련사 승려에게 준 글이나 이곳 승려들에 대한 비지문 등이다.

시는 이보다 훨씬 많은 다음 53제題 91수首가 실려 있다.

권1: 〈游水鍾寺〉, 〈讀書東林寺〉, 〈贈有一上人〉, 〈智異山僧歌, 示有一〉, 〈登聖住菴〉, 〈奉和家大人韻, 簡寄有一上人〉, 〈春日游水鍾寺〉, 〈早秋陪仲氏遊奉恩寺〉, 〈宿寺〉, 〈寺居雜詩〉 5수, 〈宿奉恩寺〉 2수, 〈宿水鍾寺〉

권2: 〈宿中興寺〉, 〈過龍鳳寺〉, 〈登天井菴〉, 〈訪皐蘭寺〉, 〈登神勒寺東臺〉, 〈游資孝寺〉, 〈獨游高達寺, 懷李察訪, 再用前韻〉, 〈夜游資孝寺〉 3수, 〈四月三日, 游觀寂寺, 二兒隨之〉

권4: 〈又爲五言示僧〉, 〈四月十七日, 游白蓮寺〉, 〈贈惠藏上人〉, 〈次韻寄惠藏〉, 〈寄贈惠藏上人乞茗〉, 〈藏旣爲余製茶, 適其徒賾性有贈, 遂止不予, 聊致怨詞, 以徼卒惠. 用前韻〉, 〈謝賾性寄茶〉, 〈山居雜興〉 20수, 〈憶昔行寄惠藏〉, 〈懷檜七十韻寄惠藏竝序〉, 〈惠藏至高聲寺, 遣其徒相報. 余遂往逆之, 値小雨留寺作〉, 〈送惠藏〉, 〈滯寺六月三日値雨〉, 〈病鍾〉, 〈晩晴〉, 〈抵寺〉, 〈絶句〉, 〈題石峯賢長老房〉, 〈題寶恩山房〉, 〈立春後三日, 余在寶恩山房, 藏上人見過. 小雪初霽, 山夜淸寂, 戲爲聯句, 以述其事, 學稼與焉.〉, 〈將學稼在寶恩山院, 遂値歲除. 除之夜, 心緖怊悵, 牽爾成篇示兒〉, 〈宿修道菴, 惠藏不期而至〉, 〈五

月七日, 余在寶恩山房, 藏公攜酒相過, 厚意也. 拈周易坎六四韻, 與之酬酢〉
9수, 〈久雨, 次曉上九韻〉 **4수**, 〈贈賀鎰上人〉, 〈惠藏至. 丁卯春在康津〉,
〈四月一日, 惠藏至, 欲偕游白蓮社, 爲念供具已之, 悵然有作〉, 〈四月三日,
游白蓮社〉, 〈轉游水精寺〉, 〈春日游白蓮寺〉, 〈再游白蓮寺〉

권7: 〈龍門寺〉

권1과 권2에 수록된 시는 주로 유람이나 독서를 위해 절을 찾았을
때 지은 작품들이다. 권4는 아암 혜장과 주고받은 시들이 대부분을 차
지하고, 나머지는 인근 사찰을 유람할 때 지은 작품들이다.

종합하면 산문이 15편, 시가 53제 91수에 달하는 자못 방대한 분량이
다. 이들 작품은 이미 원문이 DB화되어 있으므로 따로 원문은 제시하
지 않는다.

3. 1차 자료 속의 불교 관련 다산 일문佚文

다산의 불교 관련 일문은 1차 사료에 수록된 것, 승려 개인에게 별
도로 써 준 증언첩 및 호게첩, 그리고 서간문과 각종 비지 및 의식문
등이 있다. 여기서는 먼저 1차 사료에 수록된 불교 관련 다산 일문을
소개하겠다.

다산의 불교 관련 일문이 다수 실려 있는 1차 사료로는 송광사 승려
금명錦溟 보정(寶鼎, 1861~1930)이 대둔사에 잠시 머물 때 그곳에서 본
각종 전적 가운데 의미 있는 자료들을 필사해서 묶은 《백열록栢悅錄》과,
조선 후기 승려들의 열전을 묶은 범해梵海 각안覺岸의 《동사열전東師列
傳》, 그리고 다산이 실제적인 총괄 편집기획자로 작업을 진두지휘했던

《대둔사지大苞寺志》와 《만덕사지萬德寺志》 등이 있다. 이들 1차 자료 속에는 곳곳에 이제껏 알려지지 않은 다산의 일문들이 산재해 있다. 독립된 글도 적지 않고, 어떤 사안에 대해 자신의 생각을 펼친 안설 형식의 글도 포함된다. 일괄 정리해서 소개하겠다. 이 가운데 문집에 수록되었지만 문집본과 사뭇 다른 것이 적지 않아, 다산이 문집에 실으면서 개작한 현황을 파악할 수 있다.

1) 《백열록》 소재 다산 일문

《백열록栢悅錄》은 송광사 승려 금명錦溟 보정寶鼎 스님이 대둔사에 보관된 전적 가운데 자료 가치가 높은 7책을 추려 옮겨 적은 책이다.[2] 송광사박물관에 보관된 《다송자시순록茶松子時順錄》 가운데 〈다송자보茶松自譜〉에는 26세 때인 1886년 송광사의 젊은 승려들이 대둔사로 건너와 8개월 동안 합숙하며 범해 각안의 강의를 듣고, 《범망경》 법회를 열어 구족계를 받고 돌아온 일을 기록했다.

백열栢悅은 육기(陸機, 260~303)가 〈탄서부歎逝賦〉에서 "참으로 소나무가 무성하매 잣나무가 기뻐하고, 아! 지초가 불타자 혜초가 탄식하네.(信松茂而栢悅 嗟芝焚而蕙歎)"라 한 데서 나왔다. 송무백열松茂栢悅은 뜻을 같이하는 벗이 잘되는 것을 기뻐해 함께 축하해 주는 뜻으로 쓰고, 지분혜탄芝焚蕙歎은 동류의 불행을 같이 슬퍼한다는 의미다. 또는 백열무기栢悅無己라 하여 좋은 것 앞에서는 기쁠 뿐 아상我相을 두지 않는다는 의미로도 쓴다. 금명은 대둔사에서 좋은 글을 보자 기뻤던 나머지 동료들과 같이 보면서 공부 자료로 삼으려고 한 권의 책으로 묶은 뒤, 이 같은

---

2 금명 보정, 〈다송자보〉, 《다송자시순록》(송광사박물관 소장), "二十六丙戌. 與圓海法海混溟京溪諸法侶南行. 至海南大芚寺, 參梵海律師, 讀古文博議四山碑朱書. 而手自所書諸記凡七册."

뜻을《백열록》이란 제목에 담았다.

《백열록》에 담았다고 한 7책은 명확하게 구분이 안 된다. 내용 중심으로 살펴보면, 1.〈김추사선생증백파서金秋史先生證白坡書〉로 시작되는 한 묶음과, 2. 초의의《동다송》외 몇 편 글, 3. 다산이 대둔사에 써준 각종 기문과 탑명 및 치제문致祭文 모음, 4. 백파白坡 신헌구申獻求가 대둔사 승려들에게 준 찬문과 암자 제영 연작, 5. 범해 각안의 문집에서 간추린 글 묶음, 6. 철경 응언이 쓴《금강경삼십이분게찬金剛經三十二分偈贊》묶음, 7. 다산이 대둔사 승려들과 원나라 승려 석옥 청공의〈산거잡영〉시에 차운한 시집 등이었다.

원본 소책자 필사본 7책 가운데 3과 7이 다산의 글 묶음이다. 그 글은 다음과 같다.

① 〈대둔만일암기大芚挽日菴記〉
② 〈철경당게병인掣鯨堂偈并引〉
③ 〈철우당게병인鐵牛堂偈并引〉
④ 〈현해탑명懸解塔銘〉
⑤ 〈은봉당제문隱峰堂祭文〉
⑥ 〈표충사제문表忠祠祭文〉
⑦ 〈선문답禪問答〉
⑧ 〈고성암모연문高聲庵募緣文〉
⑨ 〈만아암挽兒菴〉 2수
⑩ 〈산거잡영山居雜詠〉 7언율시 12수
⑪ 〈산거잡영山居雜詠〉 7언절시 12수

차례대로 원문에 표점을 찍어 제시한 뒤 주요 내용을 간추려 본다.

① 〈대둔만일암기大芚挽日菴記〉

다산은 1809년 대둔사 승려 은봉隱峰 두운斗芸과 가깝게 왕래하면서 그가 새로 중건한 대둔사의 시원始原 암자인 만일암挽日菴을 위해 여러 편의 글을 써준 바 있다. 이 〈대둔만일암기〉도 그 가운데 한 편이다.

> 十日而棄弃者, 蚕之繭也. 六月而棄者, 燕之窠也. 一年而棄者, 鵲之巢也. 然方其經營而結搆也, 或抽腸爲絲, 或吐涎爲泥, 或拮据茶租, 口瘡尾譙, 而莫知疲, 人之見之者, 無不淺其知, 而哀其生. 雖紅亭翠閣, 彈指灰塵, 吾人室屋之計, 無以異是也. 使吾人必百年而棄之, 猶不足爲, 矧脩短未定哉? 使吾人必廕其妻孥, 傳之雲仍, 猶不足爲, 矧剃染爲僧哉? 僧之繕室屋者, 其非自爲身謀可知也. 浮屠斗雲, 新其室而大之, 旣竣 過余于茶山之館而語之曰: "蘭若之存域中者, 如某布鐘鼓之聲相聞, 無適而非吾室也. 而吾之髮已種種, 吾雖愚, 豈爲是哉? 聊繕之以遺後人." 余善其言而識之, 詢其室, 曰頭輪山之挽日庵也.

이 글은 《다산시문집》 권13에 수록된 〈중수만일암기重修挽日菴記〉와 내용이 같다. 《동사열전》 권4 〈은봉대사전隱峰大師傳〉에도 이 글이 실려 있으나 글자 차이가 다소 있다. 특별히 중간 부분에 "雖紅亭翠閣, 彈指灰塵, 吾人室屋之計, 無以異是也. 使吾人必百年而棄之, 猶不足爲, 矧脩短未定哉? 使吾人必廕其妻孥, 傳之雲仍, 猶不足爲, 矧剃染爲僧哉?"가 《동사열전》에는 "雖紅亭翠閣, 彈指灰塵, 吾人室屋之計, 無異是也, 使吾人必百年而棄之, 猶不足爲, 矧剃染爲僧者哉."로 간략하게 되어 있다. 만일암을 중수하는 의미를 설명하고, 치하의 뜻을 담았다.

② 〈철경당게병인掣鯨堂偈并引〉

아암 혜장의 제자인 철경掣鯨 응언(應彦, 1782~?)에게 지어준 호게號偈다. 호게는 승려의 법호에 얹어 이름의 의미를 되새기고 훈계의 뜻을 담은 글이다. 이글은 문집에는 없고 《백열록》과 《동사열전》에 다산의 글로 소개되어 있다. 《동사열전》에 실린 글에는 오자가 많아, 두 본을 대조하여 원문을 교감해 바로 잡았다.

鯨者勍也, 其力勍也. 鯨者彊也, 其脊彊也. 鯨之奔於海也, 吼氣成雷, 歕水爲虹. 吞巨艦如游魚之仰餌, 排洪波如飛鳥之凌空. 一擧萬里, 溟渤生風. 方其時也, 雖龍伯投其釣, 蘇烈操其緡, 誰能掣而還之哉. 新薰之見物也, 六根挽乎前, 五濁推乎後, 塵勞堀堁, 以蔽天魔, 障揶藏, 而左右躔踔勇徃, 若長鯨之直走, 嗟眞如之微弱, 掣而還之否. 能掣而還之, 斯賁育弗能耦矣. 沙門應彦, 兒庵藏公之徒也. 悍然攘其捥, 而號於衆曰: "吾師有訣, 吾有所受之, 吾能掣之." 衆從而呼之曰掣鯨. 紫霞山人聞其言而壯之, 授之以伽陀之詞. 其辭曰: "生物之大無如鯨, 朱翹奤張霹靂聲. 濤山直立坤軸傾. 夫癯枯毛骨淸, 獨立岸上愁屛營. 有眉如髮簹車縈, 因風歔去其飛輕. 黏鯨之尾無相攖, 順受提掣如孩嬰. 鉗龍絡虎不足并, 瓠巴長庚堪齊名. 本然微弱五蘊勍, 有能掣者斯豪英."

生物之大無如鯨, 齒若雪山鰭金城. 仰鼻嘘吸倒滄瀛, 朱翹奤張霹靂聲.
滿牢震怖海若驚, 濤山直立坤軸傾. 有夫癯枯毛骨淸, 獨立岸上愁屛營.
有眉如髮簹車縈, 因風歔去其飛輕. 黏鯨之尾無相攖, 順受提掣如孩嬰.
鉗龍絡虎不足并, 瓠巴長庚堪齊名. 本然微弱五蘊勍, 有能掣者斯豪英.

아암 혜장은 제자의 이름을 모두 어족魚族에서 따와 지어 주었다. 수룡袖龍 색성(賾性, 1777~1806), 기어騎魚 자홍(慈弘, ?~?), 철경掣鯨 응언(應彦, ?~?), 침교枕蛟 법훈(法訓, ?~1813), 일규逸虬 요운(擾雲, ?~?)이 그들이다. 소매 안에 용을 감추고 있는 수룡, 물고기 등에 올라타고 가

는 기어, 고래조차 마음대로 부리는 철경, 이무기를 베개 삼고 자는 침
교, 빼어난 규룡처럼 날쌘 일규 같은 식이다. 다산은 혜장이 몹시 아꼈
던 세 제자 철경 응언과 수룡 색성, 기어 자홍을 위해 모두 호계號偈를
지어 주었다. 수룡과 기어의 호계는 뒤에서 따로 살펴보겠다.

철경 응언은 속성이 김씨로 영암 사람이다. 만덕산에서 출가했다. 어
려서부터 강개한 뜻을 품어 연파 혜장을 찾아가자 혜장은 그를 보고
"어찌 서로 만나봄이 이다지도 늦었던가? 오래도록 기다렸노라."고 하
며, 바로 그를 인가하고 제자로 받아들였다고 한다. 철경은 몸이 야윈
데다 약질이었다. 그런 그가 세상에서 제일 힘센 고래를 제멋대로 끌어
당길 수 있다는 의미의 철경이란 호를 갖게 되자, 다산은 철경을 위해
서 그 뜻풀이를 겸해서 위 글을 지어 주었다.

③ 〈철우당게병인鐵牛堂偈幷引〉

철우鐵牛 표운表芸의 호계다. 역시 문집에는 누락되고 없다. 다산이 편
집한 《대둔사지》 상권의 주석에는 그가 현해懸解 모윤慕潤의 문도로 사
람됨이 박실하고 스승에게 충성을 다해 스승의 탑을 세우고 사리를 안
치했다고 적고 있다.[3] 그는 강진 백도白道 출신으로 수룡 색성의 법형法
兄이었다.

> 如是我聞. 四大之變, 觸物成形. 幻質雖美, 本體更尊. 故土牛送寒, 石牛招雨,
> 木牛輸粮於劍閣, 金牛躪險於洞庭. 不必尾血者, 爲靈牯也. 故逍遙太能之詩曰:
> '鐵牛無角陟虛空, 擺尾搖頭雪嶺風.' 妙悟之言也. 沙門表云, 撲實無華, 保其本
> 質. 比丘大衆, 號之曰鐵牛禪師. 偈曰:

---

3 《대둔사지》 상책 105쪽, "慕潤有徒曰表芸, 爲人朴實, 號曰鐵牛. 忠於其師, 建塔安珠."

頭在黃河南, 尾在黃河北. 千人鞭不動, 六丁挽不得.

是爲奇異獸, 色空空則色. 無號又无角, 背負千鈞力.

不似泥牛體, 入水隨水洫. 不似李軍頭, 再號旋風黑.

不念阿彌陀, 不願極樂國. 回向紫霞山, 欣慕無終極.

이 글은 《동사열전》 권4 〈철우선덕전鐵牛禪德傳〉에도 전체가 모두 수록되어 있다. 다만 게송의 마지막 두 구절이 "回看紫霞山, 欣慕無窮極."으로 두 글자가 차이 난다. 글 끝에 '다산정승지찬茶山丁承旨撰'이라고 찬자를 명시했다.

다산은 불가에서 깨달음의 비유로 쓰는 소의 상징적 의미를 나열하고, 소요逍遙 태능太能의 시에 등장하는 뿔 없는 철우의 비유를 들어 큰 깨달음을 얻게 되기를 축원했다. 이 글에도 철우가 사람됨이 박실撲實하여 꾸밈이 없는 데다 본바탕을 잘 지키므로 사람들이 그를 철우로 부른다고 썼다.

④ 〈현해탑명縣絲약탑塔銘〉

이 글은 현재 대흥사 부도밭에 비석으로 새겨져 있다. 그런데 비석에는 이 글의 찬자가 아암 혜장으로 되어 있고, 《대둔사지》에도 아암이 지었다고 적었다. 《백열록》의 기록을 통해 다산이 지은 것임이 확인된다. 당시 다산은 불교 관련 글에 자신의 이름을 올리는 것을 꺼렸으므로 아암 혜장의 이름으로 비문에 새기게 했던 것이다.

生而嘉善其爵, 死而懸解其號者, 頭崙山僧慕閏也. 生而翳肥, 死而超骨. 生而高貴, 死而淸名, 論者奇之. 銘曰: 骨無超塔斯屹, 跡則然理難詰.

《동사열전》 권4에 〈현해선사전懸解禪師傳〉이 실려 있는데, 그는 해남 온수동溫水洞 출신으로 속성은 이씨다. 두륜산에서 출가했고, 재물이 많아 가선대부에 증직되었고 주지를 지냈다. 입적 후 다비를 하자 사리가 나왔으므로 사리탑을 세웠다. 이 글에서도 사리를 보고 산중의 권속들이 기뻐하며 다산 정 선생에게 탑명을 청했다고 썼다. 탑명의 본문도 글 속에 수록되어 있다.[4] 또한 〈현해선사전〉 끝에 "그 법을 받은 자는 화성花城 문암聞庵이다. 유상遺像을 두어 제사를 받드는데, 정 선생이 또한 화상찬畫像贊도 지었다(受其法者, 花城聞庵, 設像奉奠. 丁先生亦撰像贊.)"고 한 것을 보면, 〈현해선사화상찬懸海禪師畫像贊〉이란 별도의 글이 있었음이 확인된다. 이 글은 현재 전하지 않는다.

　　⑤ 〈은봉당제문隱峰堂祭文〉

　은봉 두운은 앞서 만일암을 중수했던 승려다. 뒤에 《대둔사지》의 편찬과 대둔사 중창 사업에도 앞장섰던 승려로, 다산과는 교분이 두터워 다산이 그에게 보낸 친필 편지 7통이 따로 전한다. 편지는 뒤에 따로 소개하겠다.

　　　殼純美棄而去, 噫!
　　　屋精敝棄而去, 噫!
　　　山回抱棄而去, 噫!
　　　鼓寂寂不復鼓, 噫!
　　　鐸寥寥不復鐸. 噫!
　　　蓮花世界在何處, 噫!

---

4 범해 각안, 〈현해선사전〉, 《동사열전》 권4: "山中齊會, 眷屬歡喜, 向受戒師靈谷靈前, 拈香受號, 請茶山丁先生塔銘, 銘曰: 生而嘉善其爵, 死而懸解其號者, 頭輪山僧慕閣也. 生而䯊肥, 死而超骨, 論者奇之."

尙饗.

은봉 두운을 제사 지낼 때 다산이 지어서 보낸 제문이다. 《동사열전》에 실린 〈은봉대사전隱峰大師傳〉에 앞서 본 〈중수만일암기〉와 이 글이 실려 있다. "스님이 입적해 다비할 때 정약용이 축문을 써서 말하기를(사입적다비師入寂茶毘, 정약용축지일丁若鏞祝之日)"이라 하고 이 제문을 적어놓았다. 여기에 따르면 이 글의 제목은 〈은봉대사다비축문隱峰大師茶毘祝文〉이 맞다. 《백열록》의 표기에 따른다. 3구의 '포抱'를 '포包'라 하고, 5구의 끝자가 '탁鐸'이 아닌 '어語'로 된 것만 다르다. 은봉이 훌쩍 세상을 떠난 뒤 가눌 길 없는 적막한 심사를 노래했다.

⑥ 〈표충사제문表忠祠祭文〉

표충사는 해남 대둔사 경내에 있는 서산대사 휴정(休靜 1520~1604)을 모신 전각이다. 1789년 정조로부터 표충사 편액을 하사받아 사당을 세우고, 임진왜란 이후 대둔사 앞으로 서산대사 휴정 스님의 의발衣鉢이 전해진 뒤 대둔사는 선교禪敎 양종을 겸비한 팔도의 종원宗院으로 그 위상을 높였다. 다산이 주도하여 편찬한 《대둔사지》 권4는 모두 이 표충사와 서산유의西山遺意와 관련된 내용이다.

이 〈표충사제문〉은 표충사에서 제례를 올릴 때 사용하도록 상용제문으로 지어 준 글이다.

> 伏以定慧具列, 忠義并隆. 大德授旨, 二徒承風. 獲魄孔阜, 王用記功. 鼎彝無銘, 俎豆斯崇. 春物敷業, 悵慕愈緬. 喜薦淖式, 宣寵典. 謹以弘濟尊者, 泗溟堂禪師, 佑世尊者, 雷默堂禪師, 配食于左右. 尙饗.

4언체를 기본으로 표충사의 의미와 이곳에서 제사 지내는 일의 의의
를 적고, 사명당과 뇌묵당을 좌우에 모신 배위를 설명했다. 절의 요청
으로 다산이 지었으나, 문집에 싣지 않았던 글이다.

⑦ 〈선문답禪問答〉

다산이 만순萬淳과 의순意洵, 법훈法訓 등 세 승려와 주고받은 짧막한
선문답이다. 만순萬淳은 보림사 승려 인허印虛 만순萬淳으로, 생몰이나 행
적은 알려진 바 없다. 법맥으로 청허淸虛 휴정休靜의 11대손이다. 편양鞭
羊 언기(彦機, 1581~1644)를 거쳐 보림사의 계맥으로는 상봉霜峰 정원(淨源,
1627~1709)에서 경월敬月 민준敏俊과 서운瑞雲 수희守禧의 법을 이었다.
초의는 다산이 가장 아꼈던 제자이다. 다산이 그에게 준 글이 가장 많
다. 법훈法訓은 아암 혜장의 법제자인 침교枕蛟 법훈(法訓, ?~1813)이다.

> 淳也須灑脫塵勞, 洵也須踐踏實地, 訓也須超透悟關.
> 淳問: "如何是灑脫塵勞?" 師曰: "秋雲一片月."
> 洵問: "如何是踐踏實地?" 師曰: "飛花滿帝城."
> 訓問: "如何是超透悟關?" 師曰: "鳥影渡寒塘."

다산은 세 사람에게 각각 '쇄탈진로灑脫塵勞'와 '천답실지踐踏實地', '초
투오관超透悟關'을 주문하고, 그 방법을 묻자 시 한 구절을 끌어와 대답
했다. 각자의 개성에 맞춰 경책警策이 될 만한 가르침을 내린 것이다.
다산은 세 승려의 질문에 친절한 설명을 보태는 대신 시 한 구절만 제
시해 선문답이 성립되었다.

이 밖에도 다산은 승려 제자들과 선문답 방식의 대화를 글로 쓴 것
이 여럿 더 있다. 뒤에서 제시하겠다.

⑧ 〈고성암모연문高聲庵募緣文〉

고성암高聲庵은 강진 읍내의 뒷산 우두봉牛頭峰에 자리한 백련사에 속한 암자다. 다산은 1805년 겨울 아암 혜장의 주선으로 이곳 고성암의 보은산방寶恩山房에서 아들 학연과 함께 겨울을 났다. 이 글은 이 같은 인연으로 당시 고성사를 중수하려고 모금을 할 때 다산이 지어 준 모연문募緣文, 곧 모금을 청하는 글이다.

伏以民之所重者邑, 邑之所依者山. 萬落千村, 仰金城而爲極, 重樓疊閣, 跨碧峀而成基. 然則保民者, 必顧其邑, 顧邑者, 必勝其山. 此自然之勢也. 唯玆菴, 實據牛頭, 在本邑, 素稱龍脉, 雙峯如角, 神僧指藍艸之形, 九浦當頭, 道士傳飮泉之訣. 蒲牢夕吼, 警春睡而催耕, 木鯉晨鳴, 滌秋場而收獲. 地靈人傑, 咸被陰功, 野稼山農, 率由宜佑. 不幸樑摧而棟折, 嗟乎澗愧而林慚. 檀鉢宵奔, 石廠能師之杵. 桐徽暮絕, 金沙毀聰老之琴. 飛蝙蝠而黃昏, 舊僧流涕, 騰魍魎於白日, 過客齋呑. 貧道等粥飯殘生, 枇糠賤品. 竊慕禽昧之塡海, 志雖切於圖功, 殆同蚊背之負山. 力奈綿於興役, 伏願十八坊諸君子, 旣諸島僉尊位, 深念邑基之重, 快捐塵利之輕. 大發仁心, 洪施巨貨, 則碧瓦朱欄, 煥伽藍而生色. 金穰玉粒, 峙窖粟而呈祥, 豈唯一寺之僧, 叨沾大惠, 抑亦萬家之邑, 永奠名基. 凡在瞻聆, 莫不欣聳, 得遂大願, 不勝幸甚.

변려문으로 짜여 문식성文飾性이 뛰어나다. 고성암이 강진읍을 지켜주는 진산임을 들어서 이곳의 지형과 풍수적 위치를 설명한 뒤, 모금을 통해 훌륭한 건물을 지어 이름난 터전을 세우자고 촉구한 내용이다. 문집에는 빠지고 없다.

⑨ 〈만아암挽兒菴〉 2수

가깝게 지내던 승려 아암 혜장이 1811년 겨울에 40세의 젊은 나이로 급작스레 세상을 뜨자, 그의 죽음을 애도하여 지은 만시 2수다.《다산시문집》권20에 수록된 1811년 겨울에 보낸 〈상중씨上仲氏〉에도 다산이 혜장을 추도한 만시 2수가 실려 있는데, 제1수는 같고, 제2수는 다르다. 결국 다산은 아암의 만시로 모두 3수를 지은 셈이다. 시집에는 모두 수록하지 않았다.

墨名儒行世俱驚, 怊悵華嚴舊土盟.
一部魯論頻盥手, 九家周易細硏精.
凄凉破衲風吹去, 零落殘灰雨洒平.
帳下沙彌三四五, 攀輀猶復喚先生.
淨掃鐘山十笏房, 爲君料理水雲鄉.
溪留瓔珞穿花逕, 渚繫袈裟汎月航.
素約只今魚墨幻, 碧天無際鴈聲凉.
尻輪風馬無行蹟, 淚洒長春第五章.

첫수의 제8구는 〈상중씨〉에서 "곡림유복환선생哭臨猶復喚先生"으로 바꿔어 있다. 그리고 그 풀이에 "근년 들어 《논어》와 《맹자》를 몹시 좋아하였으므로, 여러 승려들이 이를 미워해 김 선생이라고 불렀다(年來篤好論孟, 諸僧嫉之, 號曰金先生.)"이라는 내용이 보인다. 만년에 혜장은 다산과의 만남 이후 불문에 몸을 둔 것을 후회하는 듯한 행동을 자주 보였는데 이 일을 적었다.

한편 〈상중씨〉에 수록된 다른 한 수의 만시는 다음과 같다.

青山紅樹颯秋枯, 殘照傍邊有數烏.
柞炭可憐銷傲骨, 楮錢那得買冥塗.
觀魚閣上書千卷, 養馬廐中酒百壺.
知己一生惟二老, 無人重作藕花圖.

3구 끝에 "오만한 병통이 있었다(有傲病)", 5구 끝에 "다산을 말한다
(謂茶山)", 그리고 6구 끝에 "진도 감목관 이태승李台升은 이서표李瑞彪의
아들인데 한번 보고는 벗이 되어 밤낮없이 술을 퍼 마셨다.(珍島監牧官李
台升, 卽李瑞彪之子. 一見與之爲友, 痛飮窮日夕.)"는 주석을 달았다. 끝에는 "결어
에 소동파와 승려 참료의 일을 인용했다(結語用東坡參寥事.)"고 추기해 두
었다. 이 세 수 모두 다산의 시집에는 빠지고 없다.

⑩ 〈산거잡영山居雜詠〉 7언율시 12수

《백열록》의 끝부분에 다산이 대둔사의 승려들과 함께 원나라 고승
석옥石屋 청공(淸珙, 1272~1352)의 〈산거잡영〉에 차운한 연작시 24수가
실려 있다. 1814년 즈음에 지었다. 당시 대둔사의 여러 승려들이 함께
차운작을 남겨, 이를 묶어 《산거육로영山居六老詠》이란 책으로 정리한 것
이 별도로 남아 있다. 7언율시 12수와 7언절구 12수로 구성되었고, 이
12수는 춘하추동 4계절에 맞춰 각 3수씩 안배한 사시사四時詞의 형태를
띠었다. 《다산시문집》에는 모두 누락되고 없는 작품들이다. 먼저 7언율
시 12수를 제시한다. 《산거육로영》과 《백열록》에 실린 시에 자구의 출
입이 상당한데, 둘을 교합하여 정리했다. 하나하나 자세한 교감 내용은
적지 않는다.[5]

---

5 다산의 〈산거잡영〉 24수의 내용과 배경에 대해서는 정민, 〈새로 찾은 다산의 산거
잡영 24수〉, 《문헌과해석》 2008년 봄호, 통권 42호, 185-209쪽에서 전문을 소개한

〔1〕

竹閣蕭蕭蓮寺西,　書香墨色枕寒溪.　山坡地急開庭窄,　瀛海風多結屋低.
園設石槽通暗水,　階留木屐待春泥.　一年榮悴邇時物,　行且花濃百鳥啼.

〔2〕

去住悠悠夢覺關,　故鄕雖在不求還.　閱世旣多雙眼大,　著書今癈一身閑.
谷深愛有摩雲木,　地瘴欣看頂雪山.　已道春聲承臘味,　白鷗飛下綠波間.

〔3〕

一自庵居與世分,　本然淸淨絶新薰.　書中大訟欣初決,　塵裏交爭利不聞.
澗起竹聲收夜雨,　山嘘花氣作春雲.　蒲團美睡朝慵起,　何苦泥靴盡日奔.

〔4〕

雨歇山庭露白沙,　矮簷一半裊垂蘿.　探黃心急看蜂沸,　籍碧痕留覺麝過.
屋後巡園新筍密,　溪邊移席落花多.　岩扉客去渾無事,　茶碾旋旋手自磨.

〔5〕

半生胸裏小池臺,　畢竟天敎此地開.　一枕睡中花雨積,　三盃酒後竹風來.
屯軍總入江淹恨,　寡鶴空令杜甫哀.　萬物自生還自滅,　上穹於此有分裁.

〔6〕

本來身在卽吾家,　草草園池備物華.　旣有碧山非旅泊,　須知白髮是生涯.
一林同處休防虎,　萬物無猜不擊蛇.　沈李浮瓜送殘暑,　涼飇拂拂已昏鴉.

〔7〕

數畦荏菽綠層層,　園趣全同范至能.　雨霽屋頭生紫菌,　林深樹打頂掛紅藤.
前村曉賃耕田婦,　隣寺時來問字僧.　老去醫方專養胃,　小池叮囑護荷菱.

〔8〕

新秋玉宇曉來澄,　筇杖消搖逸氣騰.　菜圃瓜園經雨大,　花園林藪逐年增.
吟時蓬勃如狂客,　病後淸癯似老僧.　向晚呼兒曬書卷,　先生於此未忘情.

〔9〕

妻子團圞爾莫誇,　淸閒不似旅人家.　經霜澗路鮮鮮葉,　衰草山坡熠熠花.
谷響曉聽風落石,　樵歌夕唱浪淘沙.　朱泥點易工纔了,　獨倚枯松看落霞.

바 있다.

〔10〕

僧房無事偶相尋, 不是禪機問少林. 晚景收功唯繕性, 初年學道悔鉤深.

芳池日賴疑濠上, 破甕時隨作沃陰. 怊悵孔門仁恕字, 恭唯千載月如心.

〔11〕

勢道寒暑本相推, 日月無多一局碁. 萬物皆忙閑者笑, 六經奇味老來知.

松罥皓月侵琴嶽, 竹送輕風漾硯池. 總爲逢飄無俗累, 異恩天賜讀書時.

〔12〕

杞籬芋坎盡規模, 誰作寒岩小隱圖. 磽土舊治成沃壤, 石泉新鑿近香廚.

山中地凍松猶摘, 冬至霜深菊始枯. 淸掃兩庭無一物, 牆根安挿煮茶鑪.

《백열록》에는 석옥 청공의 〈산거잡영〉 12수 원운에 매수마다 다산과 철경 응언의 차운시가 나란히 실려 있다. 그리고는 이를 이어 수룡 색 성과 침교 법훈, 철선 혜즙(惠楫, 1791~1858), 범해 각안(覺岸, 1820~1896) 의 차운시를 나란히 실었다.

⑪ 〈산거잡영山居雜詠〉 7언절구 12수

다시 이어지는 〈산거잡영〉 7언절구 12수의 원문이다. 역시 순서대로 3수씩 춘하추동 네 계절에 안배해 산거사시사山居四時詞의 형태를 띤다.

〔1〕 落盡油茶始展茶, 雨前因繼雪中花. 春來海上饒魚膾, 淸飮翻同肉食家.

〔2〕 數卷殘書七尺身, 山家無所作柴門. 行過一曲雲溪外, 犬吠鷄鳴處處聞.

〔3〕 山庭焚雜起黃烟, 目送煙飛到半天. 菜圃今年灰糞足, 經綸只在數畦間.

〔4〕 自從流落學無爲, 吏橫民愁我不知. 書了鶴銘還洗硯, 綠陰初漲日遲遲.

〔5〕 書樓淸絕白雲間, 粉壁橫施淡墨山. 試看彼中山下屋, 數株風柳隱松關.

〔6〕 分根復裂前年菊, 砌石新封太古松. 已識浮生都是客, 治圃仍與在家同.

〔7〕 數家籬落水村低, 山裏樵蔬只一磎. 暴雨今年多破缺, 石梁新補杏園西.

〔8〕 一鉤新月始生西, 竹影襪褵蔭小溪. 閒坐曲欄誰與語, 秋蟲無數草根啼.

〔9〕油茶葉葉露流光, 氈褥今宵代竹床. 栭似牛心留不食, 上頭紅熟待經霜.

〔10〕橡林黃葉雨霏霏, 竹戶深局讀馬蹄. 戶外紅梅曾手種, 如今高與屋頭齊.

〔11〕一端賞雪靑筇矗, 池角臨風白髮斜. 不識來年去留事, 又從隣寺丐移花.

〔12〕天際浮雲接杳冥, 舥稜瑞雪悵流情. 宜雷去住渾閑事, 只是端居念聖明.

다산이 석옥 화상의 〈산거잡영〉 연작 24수를 차운한 것은,《육로산거영》의 서두에 실린 철경 응언의 〈석옥선사율시봉화서石屋禪師律詩奉和序〉에 자세한 설명이 보인다. 고려 말 태고太古 보우普愚가 직접 중국에 가서 석옥 청공의 법을 받아와 임제종의 선맥을 이었다. 그 법이 7세로 이어져 부용芙蓉 영관(靈觀, 1485~1571) 스님에 이르러 청허 휴정 스님과 부휴浮休 선수(善修, 1543~1615) 스님으로 선맥이 둘로 나뉘어 크게 번성하였다. 철경 응언을 비롯해 차운에 참여한 승려들은 소요逍遙 태능太能을 거쳐 혜장으로 이어진 법계에 속한다. 따라서 석옥은 그 선조가 말미암아 나온 보본報本인 셈이다. 그러므로 대둔사 승려로 석옥 화상의 시에 차운한다는 것은 선의 정맥을 이은 적통이란 자부심을 확인하는 행위이기도 했다. 이 밖에도 다산은 석옥 청공과 관련된 글을 남겼는데, 자세한 내용은 해당 글을 소개할 때 설명하겠다.

2)《동사열전東師列傳》수록 다산 일문

《동사열전》은 1894년에 범해 각안이 편찬한 역대 고승의 전기를 모은 책이다. 6권 2책 분량의 필사본으로 199인의 승전僧傳이 실려 있다. 기존에 있던 비명과 전기 등 관련 자료를 수집하여 정리했다. 다른 사람이 지은 글을 인용할 경우는 누가 지은 글인지를 밝혔다.

이 책 속에 뜻밖에 다산의 일문이 많이 수록되었다. 다산은《대둔사지》와《만덕사지》를 펴내면서 여러 승려의 비지문과 탑명 등을 직접 지었다. 그 가운데는 다른 사람의 이름으로 대필代筆해 다산작이 아닌 줄로 알았던 것을 《동사열전》의 기록을 통해 원작자를 확인하게 된 것이 적지 않다. 《동사열전》으로 새롭게 확인한 다산의 일문은 다음과 같다.

① 〈해운선사비명海運禪師碑銘〉[6]
② 〈취여대사탑명醉如大師塔銘〉
③ 〈화악대사비명華岳大師碑銘〉
④ 〈정암대사비명晶巖大師碑銘〉
⑤ 〈아암장공비명兒菴藏公碑銘〉
⑥ 〈여철선與鐵船〉

이제 차례로 해당 작품의 원문과 전후 상황을 정리해 본다.

① 〈해운대사비명海運大師碑銘〉

《동사열전》 권2에 수록되었다. 해운海運 경열(敬悅, 1580~1646)은 소요 태능의 문하로 《만덕사지》 하책에 만덕사 8대사의 제2로 이름을 올린 승려다. 《만덕사지》에는 승정원 우승지 홍기섭(洪基燮, 1776~1831)이 쓴 〈해운대사비〉가 수록되어 있다. 그런데 《동사열전》에 홍기섭의 비문과 같은 글을 실은 뒤 다산의 글로 소개했다. 《만덕사지》 편찬 당시 만덕사 8대사로 선정한 승려들의 비문을 실으면서, 애초에 비문이 없는 경우, 다산의 주도 아래 급하게 비문을 새로 지어 넣은 정황이 포착되는데, 《만덕사지》에 실린 홍기섭과 한치응의 비문이 이에 해당한다.

---

6 覺岸 편, 《동사열전》(민창문화사, 1994). 불교기록문화유산 아카이브에 전문이 DB화되어 있다.

《동사열전》에 수록된 〈해운선사전海運禪師傳〉의 전문은 이러하다.

> 茶山翁曰: 海運禪師之沒, 今已百六十九年矣. 其姓氏鄉里, 皆無可考. 惟蓮坡
> 惠藏, 嘗見師門古記, 曰: '青蓮圓徹大師, 大芚大會之時, 逍遙太能亦至芚寺. 海
> 運敬悅, 以是年受衣鉢於太能, 時年二十八, 至六十七而寂.' 今考青蓮大會之年,
> 乃萬曆三十六年丁未之冬也. 然則敬悅而萬曆八年庚辰生, 崇禎甲申之越三年丙戌
> 寂. 其受衣也, 逍遙之年四十六, 其歸寂也, 逍遙之年八十五. 逍遙八十八而終,
> 則敬悅其先逝矣. 其師弟二人, 相與之際, 猶如見賢. 其小事雖逸, 奚傷焉? 逍遙
> 門徒, 數百餘人, 惟敬悅獨得其宗. 故號之曰海運, 海運者, 鵬徒也. 鵬徒者, 逍
> 遙也. 逍遙之傳, 非即海運乎? 故其傳心傳法之偈曰: '飛星爆竹機鷄峻, 裂石崩
> 崖氣象高. 對人殺活如王劍, 凜凜威風滿五湖.' 又曰: '金鎚影裡裂虛空, 驚得泥
> 牛過海東. 珊瑚明月冷相照, 古今乾坤一笑中.' 拈花微笑, 顧不在是乎? 敬悅有
> 詩, 逍遙必和之. 其詩曰: '胷中法海幽難測, 篇內玄樞遠莫酬.' 又曰: '禪綱敎骨
> 誰能敵, 華月夷風孰敢酬.' 又曰: '水泡大地遺塊起, 春夢空身妄識興.' 又曰: '威
> 音那畔更那畔, 滿目烟光入水皆. 生死涅槃迷夢隔, 劣形殊相病眸來.' 其全篇, 皆
> 載逍遙集中, 斯可以徵海運也. 海運有法嗣, 曰醉如三愚, 三愚之嗣華岳文信, 信
> 之嗣曰雪峰懷淨, 淨之嗣曰松坡覺喧, 喧之嗣曰晶巖即圓, 圓之嗣曰蓮坡惠藏, 噫,
> 宗在是矣! 銘曰:
>
> 大翼南徙, 水擊三千. 匪運曷遊, 是受是傳.
> 星飛竹爆, 光燭長天. 六燃其燈, 遂至晶蓮.
> 苟求眞諦, 視彼梓鐫.
> 門人十七人, 醉如居首. 丁公追記而論之.

서두의 '다산옹 왈(茶山翁曰)'은 홍기섭의 이름으로 된 글에는 없는 글
자다. 범해 각안은 해운대사의 비문을 옮겨 적어 오면서 앞에 이 네 글
자를 첨부함으로써 전체 글이 다산이 지은 것임을 분명히 했다. 글 끝
에도 "정공이 추가로 기록하여 논하였다.(정공추기이론지丁公追記而論之.)"

는 말을 덧붙였는데, 다산이 홍기섭의 이름으로 지은 비문은 명銘에서 끝이 나고, 이에 문인 17명 가운데 취여 삼우가 으뜸을 차지한다는 말 또한 다산의 추가 기록이라는 뜻이다.

그러니까 실제 다산이 쓴 〈해운대사비명〉은 첫줄 '다산옹왈' 다음부터 명사銘辭가 끝나는 데까지이다. 이 글의 첫머리는 "해운대사가 세상을 떠난 지가 지금에 이미 169년이다.(海運師之沒, 今已百六十九年矣.)"로 시작한다. 해운은 1646년에 세상을 떴고, 여기에 169를 더하면, 이 글을 지은 것이 《만덕사지》가 완성되기 직전인 1815년임을 알 수 있다. 실제로 홍기섭은 1815년 8월에 승지가 되었으므로 직함으로도 시기가 일치한다. 8대사라 해 놓고 비문조차 없을 수 없었으므로 서둘러 비문을 지은 것이다. 다산이 대신 짓고 홍기섭의 이름을 빌렸다. 홍기섭의 문집에는 당연히 이 글이 없다.

《만덕사지》는 고려 8국사와 조선 8대사를 선정해 '8'이란 숫자를 안자眼字로 삼아 집필의 골격을 틀 지웠다. 이 8의 구도를 구성하고 완성한 사람은 다산 자신이었다. 실제로 조선 8국사의 계보는 위 글에서도 나오듯 연파 혜장의 직계로 8대를 선정한 것에 지나지 않았다. 다산은 연파 혜장의 윗대로 소요 태능까지 이어지는 8대를 꼽아서 만덕사의 종통宗統을 여기로 돌렸다. 글에서 "아! 종통이 여기에 있도다.(噫, 宗在是矣!)"라고 선언한 것이 바로 이 뜻이다. 하지만 《만덕사지》에 실린 홍기섭의 이름으로 된 비명에는 이 단락이 통째로 빠져 있다. 다산이 설정한 8국사와 8대사 선정은 여러 가지로 문제가 많다. 8대사 가운데 6명이 실제로 아암 혜장의 선대였을 뿐 대부분 만덕사와는 아무 인연도 없던 승려들이었기 때문이다.

다산은 《대둔사지》와 《만덕사지》 모두에서 40세 한창 나이에 술에 빠져 승려의 품행을 잃고, 불문에 든 것을 후회하는 듯한 언행으로 마지막을 보내 큰 파란을 일으킨 아암 혜장을 높여, 그의 사찰 내 위상을

확실하게 복권시키려 했던 것으로 보인다. 이에 대해서는 별도의 논의
가 필요하다. 요컨대 홍기섭의 이름으로 발표한 〈해운대사비명〉은 다산
이 지은 글이 분명하다. 다산의 일문에 포함시킨다.

　② 〈취여대사탑명醉如大師塔銘〉

　취여醉如 삼우(三愚, 1622~1684) 만덕사는 조선 8대사 가운데 제3대다.
위로 해운 경열을 이었다. 《만덕사지》에 예문관 직제학 한치응(韓致應,
1760~1824)이 지은 〈취여대사탑명醉如大師塔銘〉이 실려 있다. 이 또한 다
산의 대찬代撰으로 보인다. 왜냐하면 이때 동시에 한치응이 지은 〈화악
대사비명〉이 다산의 글이기 때문이다.
　먼저 《동사열전》에 수록된 〈취여종사전醉如宗師傳〉의 전문을 싣는다.

　　師名三愚, 號醉如, 姓鄭氏, 康津寶岩坊九亭里人也. 幼年出家, 落髮於萬德山
　白蓮社, 歷參諸師, 淹過內典. 拈香於海運敬悅之室, 敬悅逍遙太能之親徒. 師也
　顔如渥丹, 故海運錫號曰醉如子, 盖戱之也. 顧善談論, 聽者心醉. 嘗於大芚之上
　院樓, 演說華嚴宗旨, 聽講者數百人. 有一僧負田器, 歇樓板下, 竊聽一二句, 立
　地頓悟, 捨擔升堂, 泣下如雨. 陳其罪悔, 請受妙詮, 師撫而誨之, 卒傳衣鉢, 是
　爲華岳文信. 昔陸象山於鵝湖講席, 講義利二字, 四座垂泣, 六祖慧能, 本於槽廠
　下舂米, 卒授五祖衣鉢, 斯足以匹美也. 師生於天啓二年壬戌, 卒於康熙二十三年
　甲子, 壽六十三. 六月五日示寂. 有影二本, 一在白蓮社, 一在大芚寺. 銘曰:

　　世人皆醉師亦如. 如而不醉愚不愚. 龍穴淸風猶有餘, 流涕之席稍鵝湖.
　　舂而受鉢行者盧, 醉之旣醒邀雲車. 璘霏者石萃龜趺, 乞銘者誰孫騎魚.

　이 글은 《만덕사지》에 한치응의 이름으로 된 글보다 중간에 한 단락
이 더 들어 있고, 명사銘辭에도 누락이 없는 온전한 글이다. 다만 《동사

열전》에서는 다른 경우와 달리 글 끝에 "탑명은 도승지 한치응이 지었다(塔銘都承旨韓致應撰)"고 밝혔다. 한치응은 다산과 죽란시사를 함께 했던 절친한 벗이었다. 다산은 급하게 8대사의 비문을 작성하면서 한치응과 홍기섭의 양해를 구해 그들의 이름으로 대필했던 것으로 보인다. 그 확증은 다음 글에서 논의하겠다.

③ 〈화악대사비명華岳大師碑銘〉

화악華岳 문신(文信, 1629~1707)은 만덕사 8대사의 제4이다. 《만덕사지》에 성균관 대사성 한치응이 지은 것으로 나온다. 한치응이 성균관 대사성에 오른 시점은 1813년 12월 10일이다. 이로 보아 〈화악대사비명〉은 1814년과 1815년 사이에 지어졌다.

전체 원문은 다음과 같다.

祖師名文信, 號華岳, 姓金氏, 海南華山人. 出家於大芚寺落髮. 顧椎鹵不識字, 爲貿田器, 且行且鬻, 以取飽. 一日憊甚, 至上院樓下, 捨擔而休焉. 時醉如三愚禪師, 集大衆, 講華嚴宗旨. 師在樓板下, 竊聽之, 立地頓悟, 悉以所負田器, 付其伴, 升樓而跪, 涕簌簌, 請受課程, 三愚大奇之, 許其所願. 是日四座灑然. 每夜拾松子爲燎, 讀書達五更. 旣三年, 同列皆殿. 雲遊四方, 參伍印證. 學旣成, 遂於醉如室中拈香. 於是沙彌輻輳, 芚寺講會之日, 衆至數百人. 時北方月渚禪師, 南遊至芚寺, 與論禪旨, 知其可宗, 悉以所領大衆, 讓于月渚, 學者大駭. 師喩之曰: "微爾等之所知也." 挈以予之, 自掃一室, 杜門面壁, 俾終其會. 月渚歸語人曰: "吾至南方, 見肉身菩薩."云. 師生於崇禎二年己巳, 以康熙四十六年丁亥六月二十六日示寂, 壽七十九. 方示寂之時, 頭輪雷鳴. 旣茶毘, 得舍利二枚. 銘曰:

有嗈買鉋, 鳴彼中林. 有嘒者蟬, 旣蛻旣唫.
黃梅依法, 舂者受之. 少林有壁, 遂撤皐比.
是謂能讓, 匪伊有詘. 卑不可踰, 號爲生佛.

惟淨惟暄, 惟圓惟藏. 燈燈相繼, 五世其昌.

百歲之後, 始刻貞珉. 繫茲伽陀, 以詔後人.

《만덕사지》와 《동사열전》의 글은 서로 간에 상당한 출입이 있어, 문맥에 맞춰 교합했다. 교합의 내용은 일일이 정리하지 않겠다. 이 글 또한 글 끝에 "비문은 한치응이 지은 것이다.(碑乃韓致應所撰也)"라고 분명히 적었다. 이렇게 보면 사실 위 두 편의 글은 한치응이 지은 것으로 보는 것이 맞다. 하지만 전혀 엉뚱하게 《다산시문집》 권17에 〈화악선사비명華嶽禪師碑銘〉이 실려 있다.

그런데 이 글은 서두의 시작부터 위의 글과 전혀 다르다. 다산의 〈화악선사비명〉 전문을 다시 싣는다.

沙門惠藏, 過余于寶恩山院, 爲余言其祖華嶽事, 丐余文其石. 余悲其人豪邁不遇, 是故許之. 藏之言曰: 華嶽禪師者, 塞琴縣之花山坊人也. 幼年出家, 於大芚寺落髮. 顧椎鹵不識字, 爲貿鏵舂鑶辮之屬, 行且粥以取飽. 雖捆屨者, 皆賤之. 一日憊甚, 至上院樓下, 舍擔而休焉. 時醉如三愚禪師, 集大衆講華嚴宗旨. 禪師在樓版下竊聽之, 立地頓悟, 悉以其所負田器, 付其伴而歸之, 升而跽, 涕簌簌請敎, 是日四座洒然. 適大芚寺有土木之役, 禪師晝相斥堊, 暮歸拾松子爇于竈, 徹夜讀佛書. 旣三年, 同列皆殿. 雲游四方, 參伍印證, 遂於醉如三愚室中拈香. 於是沙彌輻湊, 芚寺之會, 學者千有餘人. 時北方月渚禪師, 亦聞風來謁, 與論禪旨. 禪師悉以其所領大衆, 讓于月渚, 學者大驚擾亂. 禪師喻之曰: "微爾等所知也." 挈以予之, 自掃一室, 杜門面壁. 月渚歸曰: "吾到南方, 見肉身菩薩." 云. 晚年縱酒, 每夜沈醉, 執大杵, 繞寺行十百遍, 以杵搏階阤庭霤, 其聲亟胡嚕吰, 震動山谷. 學者悚息不敢出, 暈而請其故, 哂而不答. 方示寂, 頭輪雷鳴, 旣茶毗, 得舍利二粒. 禪師姓金氏, 法名文信, 康熙年間人. 其燈燈之緒, 上游西山四㸃鈺𣆶, 下至惠藏四見跋, 而禪師中焉. 銘曰:

有趙鑞買錠, 迺釋其劇. 涕洟衡從, 飢不值饌.
害餲害籤, 蝃蝀夜隮. 碧落穹隆, 槽廠閴寥.
醉杵鑿鑿, 知爾者寡. 褻如其聾, 不若大驚.
萬壑生風, 百年而逅, 昭若發矇.

　명사銘辭의 마지막 세 구절은 착간과 누락이 있는 듯하나, 단정하기 어렵다. 다산의 이 글과 한치응의 글을 비교해 보면 한 사람이 쓴 같은 글임을 대번에 알 수 있다. 다산의 글은 도입 단락에서 1806년 겨울 아암 혜장이 보은산방에 머물 당시 다산에게 자신의 선대인 화악 문신의 자취를 들려주며 비문을 청한 이야기가 추가되어 있다. 그리고 화악 문신의 인적 사항에 대한 설명을 아암의 말을 인용하는 방식으로 처리한 점이 다르다. 이 글을 한치응이 지은 것으로 바꾸면서 첫 부분의 수정이 불가피해졌고, 만년에 화악 문신이 밤마다 술에 취해 절구공이를 들고 나가 밤새도록 바닥을 쿵쿵 다지며 돌아다닌 이야기는 비문에서 삭제하였다. 또한 한치응의 글로 바꾸면서 명사銘辭가 전면 교체되었다. 다산의 비명은 화악 문신의 일대기 요약에 중점을 둔 것과 달리, 고친 한치응의 글은 화악이 5세의 의법을 이은 사실에 역점을 두어 8대사의 맥락 속에서 이해할 수 있도록 설명을 붙였다.

　특별히 이 글은 다산이 지은 원래 글을 한치응의 이름으로 손보면서 어떤 방식으로 자신의 글을 수정하고 있는지를 잘 보여 주는 예시에 해당한다. 《동사열전》에서도 이 글을 한치응이 쓴 것으로 적었지만, 정작 다산은 고치기 이전 상태의 글을 자신의 문집에 버젓이 실음으로써 이 글의 저작권이 자신에게 있음을 분명히 밝힌 것이다. 따라서 이와 같은 이유로 앞서 본 제3 취여 삼우의 탑명 또한 한치응이 아닌 다산의 일문으로 보아도 무리가 없다.

④ ⟨정암대사비명晶巖大師碑銘⟩

제7 정암晶巖 즉원(卽圓, 1738~1794)의 비명 또한 승정원 우승지 홍기섭이 지은 것으로 나온다.《동사열전》의 문장을 바탕으로 정리하면 원문이 이러하다.

師名卽圓. 字離喁, 姓金氏. 弁故王之裔, 世居靈岩松旨坊. 以乾隆戊午生, 三歲而喪其母. 九歲而穀於寺, 美黃再心之恩也. 十六薙而名, 二十遊而學, 四集四敎, 松坡覺暄之誨也, 大敎玄談, 蓮潭有一之授也. 未而立, 授法於松坡, 旣不惑. 叅禪於雪峰, 弟子之從學者, 如雪如霧, 受號者, 如稻如麻. 乾隆甲寅, 五月十三日, 示寂于弓福島之中庵. 後五年, 兒庵惠藏, 設像而拈香, 是其嫡傳也. 晶岩雖領衆說經, 乃其心專以慈悲爲務, 舍施爲業. 破帽壞衣, 捉衿見肘, 望若寒乞. 然親戚弟子, 或贈以袍襧, 欣然受之, 未幾出游, 以故衣還. 間之從者, 施於寒矣. 一日有丐者, 至性多虱. 衆共出之戶外, 晶岩引入丈室, 與之溫處, 同衿而宿焉. 凡以人爲名者, 一開口無不獲其所求. 以故笥無餘衣, 瓶無儲粟. 於是乞人數十, 會于松旨之市, 約曰: "有徃求絲穀於晶岩禪師之室中者, 衆共棄不齒. 其以舍施名如此. 嘗日暮獨歸, 有於兎隨之, 攀衣爲戲, 一似畜狗之迎. 其主者晶岩, 以杖撓止之. 及門徊徨, 搖尾而去. 其慈悲感物, 又如此. 佛法貴割根, 故以世尊爲乾屎橛. 旣得法浩然相忘, 例也. 乃一游晶岩之門者, 皆終身愛慕, 語及之, 必戚色含涕, 說其慈不已, 有深緣焉. 晶岩又善尺牘, 隻字半句, 有足以感動人心. 筆體紆回奇怪, 非俗流可及. 弟子知名者, 曰蓮坡惠藏. 每五月十二日, 以忌設齋. 而顧議立晶岩之碑, 是以遣人千里, 乞余銘. 余銘曰:

六牖不扃主人馳, 五濁胥汩貪嗔痴. 貙虎可伏猶有私, 潮聲八萬行則陂.
疇其力行圓禪師, 寒自煖他飢救飢. 擾者來攀哼夫慈, 嗟于曲經不于逵.
是悼是惜鑱丁碑.

《만덕사지》에는 홍기섭의 찬이라 했지만,《동사열전》에서는 글의 끝에 "비문은 열수 정약용이 지었다(碑洌水丁若鏞撰)"고 분명하게 밝혀 놓았다. 또한 중간의 "弟子知名者, 曰蓮坡惠藏. 每五月十二日, 以忌設齋. 而顧議立晶嵒之碑, 是以遣人千里, 乞余銘. 余銘曰" 부분을 《만덕사지》에서는 "弟子知名者, 十三人, 銘曰"로 간결하게 줄여 놓았다. 원래대로라면 천리 길에 사람을 보내서 비명을 청했다고 쓴 것인데, 당시 다산은 강진에 머물 때이므로 천 리라함은 합당치 않다. 이를 통해 이 글이 처음 지을 때부터 홍기섭의 이름을 가탁해 그의 입장에서 기술되었던 것인 줄을 짐작할 수 있겠다.

글의 끝부분에 정암선사의 척독尺牘이 대단히 훌륭해서 읽는 이를 감동시켰다고 한 부분이 있다. 이에 대해서는 다산이 《다산시문집》 권14에 〈발정암척독跋晶菴尺牘〉이란 글을 따로 남겼다. 그 글은 이렇다.

> 右晶巖尺牘一, 沙門宗印之有也. 余不見晶巖, 然凡從晶巖游者, 卽經僧學子毋論, 雖販屨鬻麴之等, 莫不懷惠感德, 有爲之垂涕者. 以故知其有德. 惜乎! 其溺於浮屠也!

승려 종인宗印이 소장한 《정암척독》 1책에 대한 간략한 글이다. 끝에 붙은 "애석하다. 불교에 빠지다니(惜乎! 其溺於浮屠也!)"는 유자로서의 자의식을 드러낸 표현이다.

⑤ 〈아암장공비명兒菴藏公塔銘〉

〈아암장공탑명〉은 문집에 실린 글이라 일문은 아니다. 이 글은 《만덕사지》와 《대둔사지》, 《동사열전》에 모두 실려 있다. 저마다 문장의 출입이 상당하다. 다산이 계속 글을 손보았다는 의미다. 여기서는 이 차이에 주목하면서 글을 소개하겠다. 다음 원문은 《다산시문집》 권17에 실

린 〈아암장공탑명〉의 전문에 《만덕사지》 등의 차이 나는 부분을 교합해
서 정리한 내용이다.

兒菴本金氏, 法名惠藏, 字曰無盡, 號曰蓮坡, 塞琴縣之花山坊人.〔塞琴古百濟
南徼.〕生地微, 家且貧, 幼而出家, 落髮於大芚寺.〔受月松再觀恩,〕從春溪天默
學, 天默淹貫外典, 而兒菴警慧出群, 學之數年, 名噪緇林. 顧短小樸戇, 不類闍
梨. 鄕中薦紳先生, 皆〔號之曰八得, 盖〕愛其才而狎之. 旣長, 廣受佛書, 歷事蓮潭
有一, 雲潭鼎馹. 年二十七, 拈香於晶巖卽圓, 卽逍遙之宗, 華嶽文信之嫡傳也.
兒菴從諸師受經, 雖低首聽說, 及出戶覺口中有聲曰吘, 吘也者, 晒之也. 惟蓮潭
手箚口授, 不吘也. 年甫三十, 主盟於頭輪大會, 會者百〔有〕餘人. 嘉慶辛酉冬,
余謫康津, 越五年〔乙丑〕春, 兒菴來栖于白蓮社, 渴欲見余. 一日余從野老, 匿跡
往見之, 與語半日, 不知爲誰. 旣告別, 轉至北菴, 日將夕, 兒菴蹴蹴然追至, 叩
首合掌而言曰 : "公何欺人至此? 公非丁大夫先生乎? 道日夜慕公, 公何忍如是?"
於是攜手至其房宿焉. 夜旣靜, 余曰 : "聞君雅善周易, 能無疑乎?" 兒菴曰 : "程
氏之傳, 邵氏之說, 朱子之本義啓蒙, 皆無疑. 惟經文不可知耳." 余抽啓蒙數十章,
問其旨趣, 兒菴於啓蒙一部, 神融口慣, 一誦數十百言, 如流丸轉坂, 鴟夷吐水,
滔滔乎不可窮. 余大驚, 知其果宿儒也. 旣而召其徒, 取灰盤來, 畫灰爲洛書九宮,
剖析原委, 傍若無人, 攘其腕執筋, 自左肩畫至右足曰十五, 自右肩畫至左足曰十
五, 旣又畫之爲三橫三直曰無往而非十五. 是日衆比丘立戶外, 觀兒菴畫灰談龜文
之數者, 無不瀟然動其髮毛者. 夜旣分, 竝枕而臥, 西牖月色如晝. 余提之曰 : "藏
公睡乎?" 曰 : "未也." 余曰 : "乾初九, 何謂也?" 兒菴曰 : "九者, 陽數之極."
余曰 : "陰數焉極?" 曰 : "極於十." 余曰 : "然. 何不曰坤初十?" 兒菴沈思良久,
蹶然起, 整衣而訴之曰 : "山僧二十年學易, 皆虛泡. 敢問坤初六何謂也?" 余曰 :
"弗知也. 歸奇之法, 凡最後之揲, 或四或二, 咸以爲奇, 二四非偶乎?" 兒菴悽然
太息曰 : "井蛙醢雞, 眞不足以自智." 請益, 余莫之應. 是年冬, 余棲寶恩山房,
兒菴數相過談易. 越四年春, 余結廬于茶山, 與大芚近而遠於城邑, 其來彌數. 微
言妙義, 得弘敷焉. 兒菴性倔强, 余曰 : "子能致柔如嬰兒乎?" 於是自號曰兒菴.
兒菴於外典, 酷好論語. 究索旨趣, 期無遺蘊. 若朞閏之數, 律呂之度, 及性理諸

書, 皆精核研磨, 非俗儒可及. 性不喜詩, 所作絕少, 又不能副急. 有贈必追和之, 乃驚人. 尤工騈儷, 於佛書唯好首楞嚴起信論, 而不喜禪[→而竈經厠呪, 未或被脣], 髡者病之. 有二徒[→弟子得法者四], 曰袖龍贖性, 騎魚慈弘, 〔掣鯨應彦, 枕蛟法訓.〕 旣授衣鉢, 兒菴乃老, 時年三十五. 耽詩縱酒, 逍遙偃仰者, 四五年. 辛未秋得疾, 以九月幾望, 示寂于北菴, 其臘僅四十. 是年春, 兒菴以長春洞雜詩二十篇示余, 其二聯曰: "柏樹工夫誰得力, 蓮花世界但聞名. 狂歌每向愁中發, 淸淚多因醉後零." 知者悲之. 厥明年冬, 二〔→其〕徒以其狀至曰: "吾師不可以不塔, 先生不可以不銘." 余曰 : "然." 銘曰:

燁燁優鉢, 朝華夕蔫. 扁扁金翅, 載止載騫.

哀玆都潔, 有書無傳. 與爾偕征, 手啓玄鍵.

靜夜收釣, 明月滿船. 殘春緘口, 山林寂然.

是名壽童, 天嗇其年. 墨名儒行, 君子攸憐.

아암 혜장에 대한 다산의 깊은 애정이 구절마다 배어 있다. 원문 가운데 중간에 굵은 획으로 처리한 부분은 《만덕사지》와 《동사열전》에서는 모두 빼 버렸다. 원래 있던 것을 편집한 것인지, 다산이 뒤에 추가로 써 넣은 것인지 분명치 않으나, 전자로 보인다. 〔 〕로 표시한 부분은 〈만덕사지〉에는 있고, 《다산시문집》에는 없는 내용이다. 〔→〕 부분은 대체된 내용이다. 예를 들어 다산은 아암의 제자로 수룡 색성과 기어 자홍 두 사람만을 꼽았으나, 《만덕사지》에서는 여기에 다시 철경 응언과 침교 법훈 두 사람의 이름을 더 보탰다. 반면, 《동사열전》에서는 기어 자홍을 뺀 세 사람만 꼽아 각각 다르다.

불교 쪽 1차 자료에서 빠진 것은 아암과 다산 사이의 개인적인 만남의 사연 부분이다. 글로 볼 때, 아암 혜장은 생애의 말년에는 술에 빠져 살았고, 승려의 계율도 내던지고 파계승처럼 지내다가 병으로 세상을 뜬 듯하다. 이 부분에 다산은 일말의 연민과 책임을 느꼈던 것 같

다. 뒤에 관련 자료가 있다. 세 편 글의 내용이 조금씩 차이 나는 점도
음미해 볼 구석이 있다.

한편 아암 혜장의 문집인 《아암유집兒菴遺集》에는 〈동방제십오조연파대
사비명東方第十五祖蓮坡大師碑銘〉이 실려 있다. 이 글은 위 〈아암장공탑명〉
에 앞뒤 내용을 상당 부분 더 추가한 글이다. '자하산인사암정용紫霞山人
俟庵丁鏞 찬撰'이라고 찬자를 명시했다. 현재 대흥사 부도밭에는 이 비문
이 새겨져 있다.

老子曰: "專氣致柔, 能如嬰兒乎. 柔者生之徒也." 或以是告之于頭輪惠藏和尚
者, 曰: "子之性倔强, 能致柔如嬰兒乎?" 於是和尚自號曰兒庵. 兒庵本金氏, 小
字八得, 惠藏其法名. 字曰無盡, 本號曰蓮坡, 塞琴縣之花山坊人. 塞琴古百濟南
徼. 生地微, 家且貧, 幼而出家, 落髮於大芚寺, 受月松再觀恩, 從春溪天默學.
天默能淹貫外典, 而兒菴警慧出群, 學之數年, 名噪緇林. 顧短小樸樕, 不類闍梨.
鄕中薦紳先生, 皆呼之曰八得, 蓋愛其才而狎之也. 旣長廣受佛書, 歷事蓮潭有一,
雲潭鼎馹, 晶巖卽圓. 年二十七, 拈香於晶巖之室, 卽逍遙之宗, 華岳文信之嫡傳
也. 兒庵從諸師受經, 雖低首聽說, 及出戶, 覺口中有聲曰: "呸呸呸." 呸也者,
哂之也. 唯蓮潭手箚口授, 則不呸呸也. 年甫三十, 主盟於頭輪大會, 會者千有餘
人. 嘉慶辛酉冬, 余謫康津. 越五年乙丑春, 兒庵來棲于白蓮社, 渴欲相見, 顧余
謝客, 莫之見. 一日余從野老匿跡, 往見之. 與語半日, 不知爲誰. 旣告別, 轉至
北菴, 日將夕, 兒菴蹴蹴然追至, 而言曰: "公何欺人至此? 公非與猶堂先生乎?
貧道日夜慕公, 公何忍如是?" 於是携手至其房宿焉. 夜旣靜, 余曰: "聞君雅善周
易, 能無疑乎?" 兒菴曰: "程氏之傳, 邵氏之說, 朱子之本義啓蒙, 皆無可疑. 惟
經文不可知耳." 於是余抽啓蒙數十章, 問其旨趣, 兒菴於啓蒙一部, 神融口慣, 一
誦數十百言, 如流丸轉坂, 鴟夷吐水, 滔滔乎不可窮. 余始大驚, 知其果宿儒也.
旣而召其徒, 取灰盤來, 畫灰爲洛書九宮, 剖析原委, 旁若無人. 攘其腕執筋, 自
左肩畫至右足, 曰十五. 自右肩畫, 至左足, 曰十五. 旣又畫之, 爲三橫三直, 曰
無往而非十五. 是日衆比丘, 戶外觀兒菴畫灰談龜文之數者, 無不瀟然, 動其髮毛
者. 夜旣分, 竝枕而臥, 西窗月色如晝. 余提之曰: "藏公睡乎?" 曰: "未也." 余

曰: "乾初九, 何謂也?" 兒菴曰: "九者陽數之極也." 余曰: "陰數焉極?" 曰:
"極於十." 余曰: "然何不曰坤初十?" 兒菴沈思良久, 蹶然起整衣曰: "山僧二十
年學易, 皆虛泡. 敢問坤初六, 何謂也?" 余曰: "不知也. 歸奇之法, 凡最後之揲,
或四或二, 咸以爲奇. 二四非偶乎?" 兒菴潸然出涕曰: "井蛙醯鷄, 眞不足以自
智." 請益, 余莫之應. 是年冬, 余棲寶恩山房, 兒菴數相過談易. 越四年春, 余結
廬于茶山, 與大芚近, 而遠於城邑. 其來彌數, 微言妙義, 得弘敷焉. 兒菴於酷好
論語, 究索旨趣, 期無遺蘊. 若朞閏之數, 律呂之度, 及性理諸書, 皆精核研磨,
非俗儒可及. 性不喜詩, 所作絶少, 又不能副. 急有贈, 必追和之, 乃驚人. 尤工
騈儷, 律格精嚴, 於佛書, 惟信首楞嚴起信論, 而竈經廁呪, 未或被脣, 髡者病之.
弟子得法者五, 曰袖龍賾性, 騎魚慈宏, 掣鯨應彥, 枕蛟法訓, 逸虬擾雲. 旣受
衣鉢, 兒菴乃老, 時年三十五. 耽詩縱酒, 逍遙偃仰者 四五年. 辛未秋得疾, 以
九月幾望, 示寂于北菴, 其臘僅四十. 其年春, 兒菴以長春洞雜詩二十篇, 示余,
其二聯曰: "柏樹工夫誰得力, 蓮花世界但聞名. 狂歌每向愁中發, 淸淚多因醉後
零." 知者悲之. 示寂之日, 頭輪雷鳴. 於是以柏樹之句, 名聞中國. 閣老翁覃溪先
生, 深喜得人, 以其詩集六册, 手書石板, 金剛經一卷, 已像一軸, 因東使寄送,
是亦一未曾有也. 厥明年冬, 其徒以其狀至曰: "吾師不可以不塔. 先生不可以不
銘." 余曰: "然." 銘曰:

燁燁優鉢, 朝華夕蔫. 翩翩金翅, 載止載鶱.
哀玆都潔, 有書無傳. 與爾偕征, 手啓玄鍵.
靜夜收釣, 明月滿船. 殘春纊口, 山林寂然.
是名壽童, 天嗇其年. 墨名儒行, 君子攸憐.

　이 비문은 '노자왈老子曰'로 시작되는 서두의 첫 단락이 추가되었고,
끝부분의 옹방강 관련 부분도 상당 부분 첨가되어 있어, 애초에 쓴 다
산의 원본에 가장 가깝다. 제자의 숫자는 이 글에서 일규逸虬 요운擾雲
을 더 추가해 다섯으로 늘어났다. 이본異本에 따라 제자의 숫자가 2명에
서 5명까지 큰 차이를 보이는 점도 흥미롭다.

⑥〈여철선與鐵船〉

철선鐵船 혜즙은 수룡 색성의 손제자로 속성은 김씨이고 영암 사람이
었다.《동사열전》에〈철선강사전鐵船講師傳〉이 실려 있다. 이 가운데 다
산이 철선에게 보낸 편지 한 통을 인용했다. 편지 앞쪽에는 "문장이 우
뚝하고, 필법이 굳세고 빼어나 당시에 철필鐵筆로 일컬어졌다. 열수 정
선생께서 칭찬해 마지않으시고, 편지를 보내 권면하였다.(文章卓犖, 筆法銘
傑, 時稱鐵筆. 洌水丁先生贊歎不已, 書以勸之.)"는 내용이 나온다. 편지글은 다
음과 같다.

> 觀寺志, 筆力藻麗, 脫畧蔬荀之氣. 兼見心地靜廓, 深以後塵, 有人爲喜. 光陰
> 如駛, 幸勿忙惕, 劬心內外之典, 早歲蜚英, 以紹兒庵之光. 深冀深冀. 數年之後,
> 肯遊薦紳先生, 必尋鐵船之聲迹, 當此時, 何以塞之.

다산이 사지寺志를 쓴 철선의 필적으로 보고 감탄한 내용인데, 이 편
지글을 통해 현재 대흥사에 보관된《대둔사지》가 철선 혜즙이 쓴 것임
을 확인할 수 있다. 이 책은 한때 무단 반출되어 소재를 모르다가 얼마
전 절로 되돌아온 것으로 안다. 글씨체를 보면 거의 다산의 글씨와 방
불하다. 다산은 편지에서 글씨를 이토록 잘 쓰니, 여기에 만족하지 말
고 내외의 경전을 부지런히 읽어 아암 혜장이 남긴 빛을 이어줄 것을
당부했다.

이상《동사열전》에 수록된 다산의 일문 6편을 검토했다. 처음 네 편
의 비명은《만덕사지》편찬 당시 조선 8대사의 전기를 급히 마련하기
위해, 1815년 즈음에 다산이 가까운 벗 한치응과 후배인 홍기섭의 이름
을 빌려 각각 2편씩 대찬代撰한 사실을 확인했다. 특별히〈화악대사비
명〉은 다산의 문집에도 수록된바, 서로 달라진 구절까지 나란히 검토하

였고, 나머지는 《만덕사지》에 해당 본인의 글로 실려 있음에도 《동사열
전》의 기록을 통해 다산이 지은 글임을 확인할 수 있었다. 이 점은 《대
둔사지》와 《만덕사지》 편찬 과정에서 다산의 역할이 얼마나 절대적이었
는지를 가늠케 하는 또 하나의 실증자료이기도 하다. 〈아암장공탑명〉은
수록된 글마다 내용에서 유의미한 차이가 발생하고 있어 흥미롭다. 또
〈여철선〉은 열전 속에 특별하게 다산의 편지 한 통을 인용하고 있어,
한 편의 일문을 더 추가할 수 있었다.

이 밖에도 《동사열전》에는 〈철경호계掣鯨號偈〉를 비롯해 여러 편의 다
산 문장이 전재되어 있다. 《백열록》에 실린 글과 중복되고, 앞선 논의에
서 병행해 검토했으므로 여기서는 중복해서 다루지 않았다.

3) 《만덕사지萬德寺志》 수록 다산 일문

《만덕사지萬德寺志》는 다산이 감정鑑定하고, 다산의 제자 학림鶴林 이청李
과 아암의 제자 기어騎魚 자굉慈宏 두 사람이 주축이 되어 6권 2책으로
정리한 만덕사(현 백련사)의 역사를 정리한 기록이다. 1813년 겨울 이청
이 서울로 출장을 가서 《동문선》에 수록된 고려 8국사 관련 기록을 대
거 발굴해 돌아오면서 본격적인 정리 작업에 들어가, 1816년 말에 완성
한 책이다.[7]

다산은 고려 8국사와 조선 8대사의 골격을 세워서 《만덕사지》의 전
체 구성을 기획했다. 다만 이 과정에서 워낙 근거로 삼을 만한 자료가
빈약한 데다 8이란 숫자에 맞춰 채워 넣는 구성 자체에 무리가 따르면
서 곳곳에서 논리를 정합하는 데 상당한 난항을 겪어야만 했다. 다산은

---

[7] 다산이 대찬한 글로 최근에 알려진 〈만덕사고려팔국사각상량문(萬德寺高麗八國師閣上
梁文)〉과 《만덕사지》 본문 중에 1813년 겨울에 이청이 다산의 지시로 상경하여 고
려 백련결사에 참여한 8국사 관련 자료를 수집 조사해 온 내용이 실려 있다.

《만덕사지》의 내용 가운데 일반적으로 정리가 가능하고 문제의 소지가 없는 대목은 기어 자홍과 이청의 안설로 정리하게 하는 한편, 쟁점이 될 만한 사안에는 자신이 직접 나서서 불필요한 논란을 사전에 차단했다. 정리와 편집의 공은 제자에게 돌리고, 문제가 될 수 있는 사안은 자신이 직접 총대를 메고 나섰던 셈이다.

이제 《만덕사지》 속에 포함된 다산의 글은 크게 두 종류로 구분된다. 8국사나 8대사 관련 항목에서 인용한 자신의 일문佚文이 있고, 나머지는 쟁점 사안에 대한 안설案說 부분이다. 차례로 살펴본다.

① 〈제천책시권題天頭詩卷〉[8]

이 글은 《만덕사지》 상책에서 고려 8국사 설명 가운데 제4 진정국사 眞靜國師 천책天頭조의 끝대목에 인용되어 있다. 《다산시문집》 권14에 〈제 천책국사시권題天頭國師詩卷〉이 그대로 실려 있어 일문은 아니다.

> 此高麗名僧天頭, 賜號眞靜國師者詩文遺集也. 本四卷二帙, 其半爲隣寺首座僧
> 所竊, 蓮潭有一嘗欲鉤取之, 竟不得. 余觀天頭之詩, 濃麗着勁, 無蔬筍淡泊之病.
> 其學博洽該貫, 而其才敏於用事. 上之可以騈駕愁山, 下之可以拍肩蒙叟. 惜乎,
> 名已泯矣! 若使操衝藝苑者, 揀三人於羅麗之世, 則崔致遠·天頭·李奎報其額也.
> 余觀東文選, 錄天因詩文數篇, 天因者, 天頭之再傳也. 天頭本萬德山人, 移棲龍
> 穴. 余自棲茶山以來, 歲一游龍穴, 憶念天頭, 未嘗不嗟傷悼惜. 以若賢豪, 胡乃
> 陷溺於佛敎也?

고려 8국사의 재발견은 《만덕사지》 편찬 작업이 거둔 가장 중요한

---

[8] 《만덕사지》는 1977년 아세아문화사 영인본과 동국대 불교기록문화유산 아카이브에 올라 있는 필사본 《만덕사지》가 있다. 후자를 기준으로 한다.

성과다. 제1 원묘국사圓妙國師 요세了世와 제2 정명국사靜明國師 천인天因의 비문과 시집 서문은 모두 《동문선》에 당당히 오른 고려 당시의 명문들이다. 반면 제4 진정국사는 대둔사에 그의 문집 《호산록湖山錄》이 있었으나, 1책이 사라져서 인적 사항 파악에 어려움이 있었으므로, 다산은 자신이 《호산록》을 읽고 난 느낌을 별도로 글로 남겼다.

그런데 문집에 수록된 것과 《만덕사지》에 수록된 내용에 차이가 있다. 먼저 뒷부분에 "내가 《동문선》을 살펴보니 천인天因의 시 여러 편이 실려 있었는데, 천인은 천책의 재전再傳이다.(余觀東文選, 錄天因詩文數篇, 天因者, 天頙之再傳也.)"라 한 부분은 명백한 오류다. 천책과 천인은 모두 제1 원묘국사 요세의 직전直傳 제자로 동문이지 재전 제자가 아니다. 다산은 처음에 전후 관계의 파악이 덜 끝난 상태에서 이 글을 썼던 듯하다. 《만덕사지》에서는 이 문장을 삭제했다. 너무도 명백한 오류였기 때문이다.

또 《다산시문집》에 실린 글은 이렇게 끝이 난다. "천책은 본래 만덕산 사람인데 용혈로 옮겨 살았다. 내가 다산에서 지내게 되면서부터 1년에 한 차례씩 용혈로 놀러 가서 천책을 그리며, 탄식하고 슬퍼하며 애석해하지 않은 적이 없었다. 이처럼 훌륭한 인물이 어찌하여 불교에 빠졌더란 말인가?(天頙本萬德山人, 移棲龍穴. 余自棲茶山以來, 歲一游龍穴, 憶念天頙, 未嘗不嗟傷悼惜. 以若賢豪, 胡乃陷溺於佛敎也?)" 하지만 《만덕사지》에 수록한 글은 "천책은 본래 만덕산 사람인데 용혈로 옮겨 살았다. 내가 다산에서 지내게 되면서부터 1년에 한 차례씩 용혈로 놀러 갔는데, 천책이 남긴 향기를 맡아 보기 위해서였다.(天頙本萬德山人, 移棲龍穴. 余自棲茶山以來, 歲一游龍穴, 爲嗅天頙遺芳也.)"고 했다. 《만덕사지》의 글이 원래 것이고, 《다산시문집》의 것은 문집에 옮겨 실으면서 자기 검열을 거쳐 수정한 것이다. 중간에 '감산憨山'도 《만덕사지》에는 '유산遺山'으로 나온다.

② 〈유용혈기游龍穴記〉

〈유용혈기〉는 《만덕사지》 하책 권5에 수록된 글로 문집에 빠지고 없다. 《만덕사지》의 편찬 작업이 한창이던 1814년 봄에 편집에 참여했던 기어 자굉과 삼초三超 정호正浩 등 두 승려와 함께 용혈암지를 현장 답사한 뒤에, 그곳의 풍광을 노래한 제7 진감국사眞鑒國師 정오丁午의 시를 차운해 짓고 이를 친필로 써서 선물하면서 쓴 글인 듯하다. 원문은 《만덕사지》에만 보인다.

> 嘉慶戊辰, 始寓茶山. 每山花盛開, 一游龍穴, 歲以爲常. 但見谽谺訛謠, 如螺
> 蜥之殼者, 爲龍穴. 琼琤激瀉, 沿於絶壁, 而下者爲龍泉. 龍泉之東, 有一區夷坦
> 之地者, 爲龍穴菴舊址. 洞門之側, 崇臺如削者, 爲昔時樓閣之所建而已. 由龍穴
> 而南, 踰一嶺, 沿山而西, 行數百武, 有谷曰上寺洞. 沿溪躑蹬而上, 有小石竇在
> 西崖之側. 由竇而入, 得一區夷坦之地, 曰此古菴之址. 其南峰之上, 有臺平廣,
> 其石天成, 而補之以人功, 可坐可眺. 東崖之側, 亦有小臺. 悉皆無名. 每至爲之
> 怊悵者良久. 癸酉春, 李晴游京師, 得天因丁午實跡而還. 乃知天因示寂於龍穴,
> 而天頎繼居之也. 當時公卿學士守令, 皆稱俗弟子, 獻詩于龍穴大尊宿, 二僧方且,
> 偃息不輕動. 想見洞門之外, 弛盖解鞍, 人馬簇立, 拱手以竢命者, 密如蜂也. 何
> 其盛也. 丁午始居龍穴, 其後居掛塔菴. 掛塔菴者, 今之所謂上寺也. 其南峰有臺
> 者, 丁午之所築, 名之曰凌虛臺也. 其東崖有小臺者, 亦丁午之所築, 名之曰招隱
> 亭也. 臺成於元貞乙未, 亭成於大德丁酉, 距今不過五百餘年, 而其蕪沒如此, 悲
> 夫! 甲戌春, 三超正浩, 騎魚慈宏, 適至茶山, 與游龍穴, 次韻丁午之詩, 遂書此
> 以予之.

다산 자신이 용혈을 매년 한 차례씩 찾게 된 사연과 용혈암 주변의 지형, 곳곳에 남은 자취 등을 묘사해 정리했다. 1814년 봄에 제자 이청을 서울로 보내 백련사 관련 시문을 조사해 오게 한 일, 이때 이청이

찾아온 제2 국사 천인天因과 제7 국사 정오丁午의 실적을 보고서 천인이
바로 이곳에서 입적했고, 제4 국사 천책이 이어서 살았으며, 이후 정오
가 괘탑암掛塔菴에 살며 능허대凌虛臺, 초은정招隱亭 등을 잇따라 지은 정
황을 썼다. 글 끝에 1814년 봄에 이루어진 현장 답사 이야기를 적었다.

용혈암은 2014년 시굴에서 청자 불두佛頭가 여러 개 출토되어, 당시
이곳의 위상이 어떠했는지를 잘 보여 주는 공간이다. 다산의 이 글은
시문집에 실려 있는 장시 〈용혈행龍穴行〉을 비롯해 용혈에 관한 많은
단편적 기록을 종합하는 중요한 산문이다. 이 글이 문집에 누락된 이유
는 분명하게 알 수가 없다.

③ 〈만덕유양무외변증설萬德有兩無畏辨證說〉

《만덕사지》에 수록된 다산의 일문 외에 우리의 흥미를 끄는 것은 여
러 가지 쟁점 사안에 대해 다산이 정리한 안설案說이다. 실제로 자신이
쓰고도 다른 사람이 쓴 것으로 펴냈던 《대둔사지》의 경우와 달리, 다산
은 《만덕사지》에서 자신의 실명을 분명하게 드러냈다. 또한 논란이 야
기될 소지가 있는 예민한 주제와 관련된 문제에서 그는 예상되는 논란
을 잠재우기 위해 자신이 직접 전면에 나서서 안설을 제출했다. 이 같
은 안설에 변증설의 이름을 붙여 넓은 의미의 일문으로 묶는다.

먼저 백련사 고려 8국사 가운데 두 명의 무외無畏가 있다는 양무외설
에 대해 살펴보자. 다산은 이 문제에 대해 3차에 걸친 안설을 남겼다.

〔1〕茶山云: 湖山錄跋文云: 大德十年十月, 王師佛日普照靜慧妙圓眞鑒大禪師丁
午跋, 大德十日年卽瀋王丁未也. 其年月日相符, 其法號相符, 無一字差錯. 則
無畏之爲丁午審矣. 無畏者賜號也, 丁午者法名也.(상권 51쪽)

〔2〕茶山云: 混丘者, 普鑒國師也.〔字丘乙, 號無極老人. 碑在密陽烟原寺, 見佛祖
源流.〕丁午者, 眞鑒國師也. 丁午法號有無畏二字, 遂以無畏行世. 故東文選有

無畏而無丁午也. 高麗史所載與朴全之龍巖寺記, 毫髮不差.〔皆云皇慶二年十一月, 册師爲國統〕丁午之爲無畏審矣.(상권 52쪽)

〔3〕茶山云: 萬德有兩無畏, 其一法名曰丁午, 其一法名曰混其. 丁午者, 圓妙之三四傳也, 混其者, 圓妙之十一世也. 蓋當時法號, 或稱普照, 或稱靜慧, 或稱眞鑒, 或稱無畏, 試觀僧譜, 此類甚多. 無畏有二, 不足疑也.〔牧牛丁午, 皆稱普照, 又了世丁午, 皆稱圓妙.〕今試論之, 圓妙國師, 以宋理宗淳祐五年乙巳示寂, 而丁午以宋帝昺祥興元年戊寅, 始居龍穴〔文見上〕. 其間三十四年, 三十四年之間, 傳燈至於十一, 有是理乎? 丁午之非圓妙十一世孫, 章章明矣. 然則名混其, 字珍丘, 號牧菴. 而稱無畏者, 別有其人. 眞是圓妙十一世之孫, 亦爲白蓮名德, 無可疑也. 況佛祖源流及尹淮之記, 趙宗著之碑, 皆非虞初諧皁荒唐之筆. 豈可以一丁午當二無畏哉.(상권 56쪽)

각각의 글은 모두 해당 본문이 있고, 그 본문에 대한 보충 설명들이다. 〔1〕은 고려시대 박전지朴全之의 〈용암사중창기龍巖寺重創記〉에 나오는 진주 용암사를 중창했던 '무외국통無畏國統'이 바로 백련사 8국사의 제7 진감국사 정오丁午와 동일 인물임을 시기 고증을 통해 밝힌 내용이다. 정오는 1307년에 진정국사 천책의 《호산록》에 발문을 남겼는데, 용암사를 중창한 무외국통과 시기적으로 보아 정확하게 일치한다. 그러므로 무외는 임금이 내린 이름이고, 정오는 그의 법명임을 변증한 것이다.

〔2〕는 정인지의 《고려사》 충숙왕 즉위 원년에, 정오를 국통國統으로 삼고 혼구混丘를 왕사王師로 삼은 기사를 예시한 뒤, 혼구는 보감국사寶鑒國師이고 정오는 진감국사로, 정오의 법호에 무외無畏란 두 글자가 들어 있어 이 때문에 무외로 행세하게 되었다고 했다. 《동문선》에 여러 번 등장하는 무외는 바로 정오를 가리킨다고 보았다. 이는 제8 목암국사牧菴國師 또한 무외無畏로 불렸으므로 둘 사이에 일어날 수 있는 혼동을 막기 위한 논의였다.

〔3〕은 〔1〕과 〔2〕를 바탕으로 만덕사에 원래부터 두 명의 무외가 있었

음을 변증한 글이다. 한 사람은 정오를 법명으로 하는 제7 진감국사 무외이고, 또 다른 사람은 법명을 혼기混其라 하는 제8 목암국사 무외다. 이 문제를 다산이 이처럼 집요하게 파고들었던 것은, 자칫 둘을 혼동할 경우 제8 무외국사의 존재가 만덕사와 무관한 것이 되어 8국사의 기본 틀이 무너져 버리기 때문이었다. 이 문제는 대단히 복잡하게 얽혀 있어 이 글에서 해명하기에 적절치 않으므로 별고에 미루겠다.

어쨌거나 다산이 쓴 〈만덕유양무외변증설萬德有兩無畏辨證說〉은 세 도막의 글을 묶어 한 편의 변증설로 정리할 수 있다. 처음부터 독립된 한 편의 문장은 아니지만, 특정한 쟁점 사안에 대해 자신의 주장을 논거를 들어 펼친 논설문 형태의 일문으로 보아도 무리가 없다.

④ 〈무염국사변증설無染國師辨證說〉

다산의 두 번째 변증설은 신라 최치원이 지은 〈무염국사백월탑명無染國師白月塔銘〉에 등장하는 무염국사가 만덕사의 선조가 아님을 입증한 글이다. 《만덕사지》 상권에 실린 원문은 다음과 같다.

> 茶山云: 無染國師, 平生行止, 一動一靜, 詳載於白月塔. 康津萬德, 其有影響乎? 況崔滋之碑, 凡萬德興廢記之. 唯謹若使無染之跡, 或有髣髴, 則畧而不言, 有是理乎? 萬德之爲唐代所建, 本無明文, 況可曰無染居是乎? 無染者, 聖住深妙之先德, 非萬德之攸祖也.

만덕사의 연원을 높이려다 보니, 일부에서 신라 때 고승 무염국사가 만덕사의 선조라는 주장이 대두되었던 모양이다. 하지만 다산은 만덕사가 신라 때 지어진 절이라는 것은 분명한 기록이 없고, 최자崔滋가 왕명에 따라 처음 〈만덕산백련사원묘국사비명병서萬德山白蓮社圓妙國師碑銘幷序〉를 지을 당시 조금의 비슷한 근거라도 있었다면 이 문제를 거론치 않앉을 리 없음을 들어, 무염국사를 만덕사와 연계시키려는 시도를 강력하게 차단했다. 무징불신無徵不信, 곧 명백한 증거가 없으면 취택하지 않는다는 다산의 집필 태도가 잘 드러난 글이다. 일문의 하나로 추가한다.

⑤ 〈보조탑변증설普照塔辨證說〉

《만덕사지》 상책에 실린 세 번째 변증설은, 만덕사에 세워진 보조탑普照塔이 보조국사 지눌知訥의 부도가 아니라, 제7 진감국사 정오의 부도탑임을 변증한 내용이다.

> 本寺東岡, 有普照塔. 故古來相傳, 此是牧牛子舍利之藏. 遂以牧牛子, 爲萬德之先祖. 又按崔滋碑, 稱金章宗, 承安三年〔高麗神宗元年〕, 圓妙在高峰寺設會, 牧牛子在公山佛岬寺設會. 寄月顯釾登光之詩, 圓妙往從之. 後數年兩人皆移社南方〔文見上〕, 則圓妙普照, 寔爲法友, 往來證會, 容或無怪. 但李奎報撰月南寺眞覺碑云: 普照國師, 以金廢主大安二年, 示寂于圭峰〔無等山〕, 此信文也. 圓妙之營萬德寺, 在大安三年, 則萬德開山之前, 普照之茶毗已久, 普照安得爲萬德之先祖乎? 東岡有普照塔者, 本寺之丁午國師亦號曰佛日普照〔文見下〕, 是乃丁午之藏珠也.

만덕사 동편 기슭에 보조탑이 있고, 이 사리탑이 보조국사 지눌知訥의 사리탑으로 전해져 왔다. 이에 따라 보조국사가 만덕사의 선조 가운데 한 사람이라고 보는 주장도 있었다. 다산은 이 문제를 선명하게 밝혀야 한다고 보았다. 잘 알려진 대로 송광사를 중심으로 한 수선사修禪社와 만덕사를 거점으로 둔 백련사白蓮社가 같은 시기에 고려 불교계의 양대 결사로 웅거해 왔다. 수선사의 개산조는 보조국사 지눌이고, 백련사의 창시는 원묘국사 요세다. 지눌(1158~1210)이 요세(1163~1245)보다 6세 위인데, 지눌이 백련사의 조상이라고 하면 자칫 백련사의 정체성에 심각한 문제가 될 수 있는 사안이었다. 또 실제로 요세는 젊은 시절 한

때 지눌의 초청에 부응하여 수선사에 참여하고, 한동안 함께 활동한 이력도 있었던 터였다. 무턱대고 보조국사와의 인연을 추가하는 것은, 백련사의 정통성 문제를 오히려 희석시키거나 저해할 수 있다고 다산은 판단한 듯하다.

다산은 만덕사에 세워진 보조탑이 보조국사의 것일 수 없는 이유를 최자의 비문을 들어 설명했다. 원묘국사가 만덕사를 1211년에 처음 짓기 시작해서 1216년에 공사를 끝냈는데, 1210년에 세상을 뜬 지눌의 부도가 무슨 수로 생기지도 않은 절에 안치될 수 있느냐는 명쾌한 논리를 제시했다. 그러면서 1307(정미)년 여름에 무외 정오가 왕사로 책봉되면서 받은 법호가 불일보조정혜묘원진감대선사佛日普照靜慧妙圓眞鑒大禪師였음을 들어, 여기서 말하는 보조는 바로 무외 정오를 뜻한다고 단안을 내렸다.

⑥ 〈김생편액변증설金生扁額辨證說〉

만덕사에 남아 있는 '만덕산백련사萬德山白蓮社'라고 쓴 6자의 큰 현판은 오래전부터 신라의 명필 김생金生의 친필로 알려져 왔다. 이전 시기 여러 사람이 김생의 필적에 대한 언급과 감상평을 남긴 것이 각종 문헌에 전해진다. 다산은 이 문제 또한 전혀 사실이 아니라며, 김생의 진적일 수 없는 이유를 명쾌하게 변증했다. 이 안설은 《만덕사지》하책에 실려 있다.

今案崔滋碑, 此寺本名萬德寺, 至圓妙國師設普賢道場然後, 乃名曰白蓮社. 然則金哀宗天興元年以前, 本無白蓮社之名. 新羅金生, 唐代人也. 安得於三百年前, 預書白蓮社扁額, 以待圓妙之來乎. 且金生筆法, 姸麗可悅, 而今此六字, 乃是觚版所夾刀錐刻, 畵之兒戲. 惜乎無辨之者也. 贗物之易於欺人, 一往如此.

최자가 쓴 〈만덕산백련사원묘국사비명병서〉에는 원묘의 창사 이전에
만덕사가 있었던 자리라고 썼다. 이곳이 백련사白蓮社로 불린 것은, 이곳
에 처음으로 보현도량이 개설되었던 1232년 이후의 일이다. 그런데 어
떻게 신라 때 김생이 3백 년 뒤에 세워질 절 이름을 미리 알아서 편액
으로 쓸 이치가 있겠는가? 다산은 집자集字의 가능성을 두고 반론을 예
상했던 듯, 글씨체로 보더라도 김생의 아름다운 서체와 거리가 멀고,
나무판에 조각도로 판 듯한 어린애 장난 같은 글씨라고 잘라 말했다.

⑦ 〈만덕사김생필萬德寺金生筆〉 시

김생의 편액이 가짜임을 밝힌 위 변증설 바로 앞에 다산의 시 한 수
가 실려 있는데, 문집에 빠진 일시佚詩다. 제목은 따로 밝히지 않았다.
소개한다.

門帖金生筆, 樓懸道甫書. 世遙疑有贋, 名重覺無虛.

절문에는 김생의 글씨가 붙었고, 만경루萬景樓에는 원교圓嶠 이광사李
匡師의 글씨가 내걸렸다. 김생의 글씨를 두고 진짜니 가짜니 하는 의심
들이 있지만, 실물을 보니 명성에 걸맞게 빈구석이 없다고 쓴 시다. 결
과적으로 좀 전의 자기 안설을 부정하는 내용이 되어 버렸다. 이는 아
마도 1805년 처음 백련사에 방문했을 당시에 썼던 시일 것이다. 이후
자세히 전후 사정을 따져 보아 앞뒤 상황을 알게 된 뒤에 앞의 안설을
작성했다고 본다.

⑧ 〈제만경루題萬景樓〉 시

또 한편의 일시가 《만덕사지》 하책에 더 실려 있다. 제목은 〈제만경루차김삼연운題萬景樓次金三淵韻〉으로 7언율시이다.

> 舉碓坡頭臥柳橋, 茶山東不百弓遙. 山含雨力舒春樹, 海侵雲根納晚潮.
> 癡欲品茶追陸羽, 淸誰畫藕配參廖. 年年花事禪樓上, 內馬金鞍憶早朝.

이 시는 다산의 친필로도 남아 있다. 1814년 4월 4일에 문산文山 이재의李載毅가 다산초당으로 다산을 처음 찾아와 함께 지은 시를 각자의 친필로 남긴 《이산창수첩二山唱酬帖》에 다산의 시와 이재의의 차운작이 나란히 실려 있다. 그런데 둘의 글자에 얼마간 출입이 있다. 우선 제목이 〈차운삼연만덕사지작次韻三淵萬德寺之作〉으로 다르고, 1구의 '와류교臥柳橋'가 '약박교略約橋'로, 또 4구의 '납納'이 '작作'으로 바뀌어 있다.

다산의 이 시는 1814년 4월 5일 또는 6일에 지은 것이다. 《이산창수첩》에 친필로 실린 것이 원본이고, 《만덕사지》에 수록된 것은 이후에 글자를 고친 것이다. 이 시에 차운한 이재의의 작품 〈수다산酬茶山〉은 다음과 같다.

> 更尋峯壑斷虹橋, 怊悵登樓回首遙. 巖穴榮枯開落蘂, 海天消息去來潮.
> 幽人遠眺多軒敞, 先輩遺風久寂廖. 滿地烟霞收不得, 千年顥氣有今朝.

권4 끝에도 다산의 〈고성암高聲菴〉이란 시 한 수가 실려 있다. 이는 《다산시문집》 권4에 수록된 〈제보은산방題寶恩山房〉과 동일한 작품이다. 이 시는 1806년에 지었다.

이상 《만덕사지》에 수록된 다산의 일문 및 일시를 모두 8편으로 정리해 소개했다. 실제로 《만덕사지》에 실린 글 가운데, 앞서 《동사열전》에 중복해 실린 글은 여기서는 꼽지 않았다. 이밖에도 《만덕사지》에 수록된 고려 8국사와 조선 8대사의 이름 다음에 양구兩句로 된 운문도 모두 다산이 지은 것으로 보이지만, 이런 것까지는 일문의 목록에 편입하지 않았다.

4) 《대둔사지大芚寺志》 수록 다산 일문

《대둔사지》는 다산이 전체 기획에서 편집까지 실제적으로 모든 작업을 총괄해서 지휘해 놓고도 막상 자신의 이름을 전면에 내세우지는 않았던 책이다. 《만덕사지》에서 감정鑑定의 주체로 자신의 이름을 명시하고, 안설에도 적극 참여했던 것과는 대조적이다. 《대둔사지》 편집이 한창 진행되던 1813년 즈음에는 해배하라는 은지恩旨가 내려오면서 다산 자신도 조만간 상경할 수 있으리란 희망을 놓지 않고 있던 시점이었다. 공연히 불교의 일에 깊이 간여했다는 구설을 만들고 싶지 않았던 것이다. 그래서 《만덕사지》처럼 자신의 이름이 들어가야 할 '감정'의 자리에 완호玩虎 윤우尹佑의 이름을 넣었고, 이미 몇 해 전 세상을 뜨고 없던 아암 혜장을 '유수留授'라 하여 추가하였다. 유수는 가르침을 남겼다는 뜻이니 상당한 높임의 뜻이 담겨 있다.

책 속에는 다산이 직접 쓴 일문 1편과, 다산 자신이 써놓고 다른 사람의 이름을 빌린 글도 많이 들어 있다. 특별히 아암 혜장의 이름으로 된 안설은 대부분 다산이 쓴 것으로 보인다. 다만 혜장의 이름으로 된 모든 글을 다산의 글이라 단정할 수 없으므로 여기서는 논거를 제시할 수 있는 몇 편만 꼽기로 한다.

① 〈제연담시권題蓮潭詩卷〉

이 글은 《대둔사지》 상권 46에 실려 있다. 1803년 이충익李忠翊이 쓴 비문에 이어 나온다. 연담蓮潭 유일(有一, 1720~1799)은 다산이 화순현감和順縣監으로 내려가 있던 부친 정재원丁載遠을 따라 내려가 있으면서 독서할 당시 부친과 교유가 있었던 승려였다. 《다산시문집》 권1에 실린 〈증유일상인贈有一上人〉과 〈지리산승가智異山僧歌 시유일示有一〉, 〈봉화가대인운奉和家大人韻, 간기유일상인簡寄有一上人〉 등의 작품이 이때 쓴 것들이다.

이후 다산이 강진에 유배 왔을 때 연담 유일은 이미 세상을 뜬 뒤였다. 그러다가 1805년 아암 혜장과 만났다. 앞서 〈아암장공탑명〉에서 보았듯 여러 스승에게 배웠지만 오직 아암이 인정한 것은 연담 유일뿐이었다는 술회를 들으면서 연담의 기억을 새롭게 떠올렸다.

이후 다산은 《대둔사지》의 편찬을 주관하면서, 대둔사 12종사의 끝에 연담 유일을 두고, 대둔사 12강사의 끝에 아암 혜장을 놓아, 이 두 사람으로 대둔사의 정맥이 귀결되는 구성을 보여 주었다. 《대둔사지》 권1에서 12종사를 소개한 지면의 마지막 글이 바로 여기서 소개하려는 〈제연담시권題蓮潭詩卷〉이란 일문이다. 원문은 다음과 같다.

草木之將華也, 蓄乎根, 怒乎萌, 舒其枝葉, 含其蓓蕾, 若將大有爲者. 及其旣華也, 能事畢矣, 芸其萎矣. 蓮潭大師有一者, 我東緇林之華也. 太古普愚之脉, 六傳而至西山, 厥有二徒, 曰機, 曰能. 大幹雙挺, 千葆並茂, 至其末也, 有燁然其光, 斐然其文者, 出爲之漱滌塵垢, 鞭笞衆駑, 使八方諸山之所謂據狻猊之榻者, 咸操掌記, 如奉手版. 卒之束萬殊而大一統, 則蓮潭是已. 蓮潭非緇林之華乎? 經旣明矣, 門旣大矣. 若將昌而熾矣. 自玆以降, 學者日衰, 師者日卑, 廖廖乎不可復振者, 三十餘年. 旣華而萎, 非其驗乎. 兒菴惠藏者, 能之裔也. 體短小而志航髒, 心苟不然. 雖師祖之所言, 不苟循, 獨於蓮潭手箚, 屈首聽命. 時或舍淸凉而趨之. 余以此知蓮潭之所造深也. 蓮潭中秊, 觀察使沈履之, 邀之不往, 謝之以詩

日: "貧道偶同庚子歲, 令公眞是甲辰雄." 以此名噪縉紳間. 其在大芚時, 濟州監
賑御史朴師崙, 歸而訪之. 蓮潭贈詩曰: "有無高氏穴, 觀否老人星." 亦奇句也.
大芚寺十二宗師, 蓮潭居其末焉, 非末也華也. 嘉慶癸酉仲秋題.

　　1813년 8월에 쓴 글이다. 이 시기에《대둔사지》편집이 한창 진행되
고 있었음을 의미한다. 다산은 앞서《만덕사지》에서도 자신이 애정을
지녔던 제4 진정국사 천책을 위해〈제천책시권〉을 따로 지어 책 속에
포함시킨 바 있다. 이 글은 다산의 장남 정학연丁學淵과 추사 김정희 등
이 친필로 쓴 필첩《삼사탑명三師塔銘》에도 수록되었는데, 원본은 수원화
성박물관에 소장되어 있다.

　　내용을 보면 태고 보우의 맥이 6세를 전해 서산 휴정에 이르고, 그
제자인 편양鞭羊 언기彦機와 소요逍遙 태능太能에서 두 줄기로 갈려 1천
가지로 뻗어 나갔다. 이어 마지막에 꽃을 활짝 피운 존재가 바로 연담
유일이라고 평가했다. 그 뒤 30년 가까이 시들하던 것이 소요 태능의
법계를 이은 아암 혜장의 등장으로 다시 새 꽃을 피웠다. 이후 다산은
연담 유일의 시 두 수를 소개한 뒤, "대둔사의 12종사는 연담이 그 끝
자리를 차지하지만, 끝이 아니라 꽃이다.(大芚寺十二宗師, 蓮潭居其末焉, 非末
也華也.)"란 말로 글을 마무리 지었다.

　　이 대목은《대둔사지》상책 55쪽에서 자하산인紫霞山人의 인용으로 처
리한 다산의 "兒庵本號蓮坡也. 大芚之十二宗師, 蓮潭居其末焉. 又其後十二講師, 蓮坡
居其末焉. 非末也, 華也. 蓮老大蓮也, 坡公小蓮也."라는 언급과 호응을 이루며,
《대둔사지》가 연담 유일과 아암 혜장에 이르러 꽃을 활짝 피운 구도로
구성되었음을 명확하게 보여 준다.

② 〈대둔사원초창건변증설大芚寺原初刱建辨證說〉

《대둔사지》 상책 13쪽에 아암화상兒菴和尙의 이름으로 실린 안설이다. 신라말 법흥왕 때 아도화상이 창건했다는 기록의 타당성을 변증한 내용이다. 글은 제목이 없으나 내용에 맞춰 〈대둔사원초창건변증설〉로 이름을 붙였다. 이 글은 완전한 형식을 갖춘 변증설인데, 이 같은 내용이 정리되기도 전에 이미 세상을 뜬 아암이 이처럼 정돈된 형식의 논설문을 남길 수 없다. 이 글을 다산의 글로 보는 이유는, 별도의 새 글이 아니라 아암 사후에 정리가 시작된 《대둔사지》 권4에 수록된 〈대동선교고大東禪敎考〉의 내용을 간추려 정리한 것이기 때문이다. 다산은 앞서 본 〈현해대사탑명懸解大師塔銘〉도 자신이 지어 놓고 혜장의 이름으로 새긴 일이 있다. 원문은 이러하다.

海南者古之百濟地也. 百濟之始行佛法, 雖在枕流王元年〔晉孝武大元九年〕, 漢山之外, 不刱佛宇. 其後佛法旋廢二百餘年, 至法王元年〔隋文帝開皇十九年〕, 始下禁殺之令, 繼刱王興寺〔在今夫餘白馬江之北〕, 至唐貞觀八年〔百濟武王三十五年〕, 王興寺告成, 爲南土佛寺之鼻祖. 則凡我湖南諸寺, 皆貞觀八年以後之所建, 今乃曰大芚寺爲蕭梁時所建, 可乎? 其誤一也. 梁天監十三年, 卽百濟武寧王十四年也. 八良嶺大幹龍以西〔今之全羅道〕, 寸土尺地, 未嘗爲新羅所得. 新羅法興王, 安得施令於鄰國, 使之刱寺於玆山哉. 其誤二也. 梁天監十三年, 卽法興王元年也. 法興王十五年〔梁武帝大統二年〕, 旣誅異次頓〔有白乳之異〕, 肇行佛法, 金富軾記之詳矣. 自己國內, 猶於十五年始行佛法, 而鄰國佛寺, 倒於元年刱建, 非怪事乎? 記誤三也. 阿道和尙有二, 其一秦王苻堅之時〔秦建元十年〕, 始至句麗, 句麗小獸林王〔卽位之四季〕, 爲創伊弗蘭寺〔在平壤〕, 以處之. 此中國之阿度也. 其一新羅毗處王時〔卽炤智麻立干〕, 句麗之阿度和尙, 與侍者三人, 至新羅毛禮之家, 住數年, 無病而死.〔兩阿度相去之間, 百有餘年.〕此句麗之阿度也. 先阿度邈矣勿論, 後阿度亦云不可. 何以故? 毗處王元季, 卽齊高帝建元元季也. 下距梁天監十三年, 爲三十六年〔己未至甲午〕, 毗處王在位二十二年, 而阿度南來, 不過數年而死,則梁天監十三年, 阿度之骨, 霜已久矣. 又安能承王命而遠涉鄰國, 以創佛宇哉.
此又山家之笑話, 其誤四也. 二十餘字之間, 四誤並發, 何以立矣? 大抵百濟之崇
佛敎, 不及新羅. 則湖南佛寺, 多在新羅統一之後也. 百濟之亡, 在唐高宗顯慶五
年, 至高宗之末, 百濟郡縣, 漸爲新羅所呑. 則大芚寺之創建, 要在新羅之末, 今
不可考.

이 안설은 《동국여지승람》에서 "해남현 대둔사는 현의 남쪽 30리의
두륜산 가운데 있다. 양나라 천감 13년 갑오년, 신라 법흥왕 때 아도화
상이 처음 창건한 도량이다.(海南縣大芚寺, 在縣南三十里頭輪山中. 梁天監十三年
甲午, 卽新羅法興王時, 阿度和尙始剙道場也.)"라는 본문 기록에 대한 변증설이
다. 이 짧은 글이 범하고 있는 네 가지 오류를 차례로 지적했다.

그 내용은 모두 《대동선교고》에서 역사 기록을 검토해서 밝힌 사실
에 입각했고, 앞뒤로 명백한 연대고증을 통해 예상되는 반론을 차단해
가면서, 이야말로 산가소화山家笑話에 지나지 않는 말이라고 강경하게
말했다.

앞서도 말했듯 다산이 《대동선교고》를 탈고한 것이 아암 사후인 1813
년 이후의 일이고, 위 안설의 내용은 다산 자신이 대둔사 측의 거듭된
요청에 따라 본격적으로 검토 작업에 착수한 1813년 후반에야 겨우 파
악해서 알게 된 것이었다. 더욱이 죽기 전 몇 년 동안 아암은 다산의
표현에 따르면 '탐시종주耽詩縱酒' 끝에 병마에 시달리느라 이 같은 논설
을 쓸 수 있는 상황이 애초에 못 되었다. 아암의 이름을 빌려서 이러한
논조의 글을 쓸 수 있는 사람은 다산밖에 없다.

이 밖에도 《대둔사지》 권1 가운데 대둔사의 역사를 정리한 대목에는
이름을 밝히지 않은 채 '우안又按'이라 하고 그 아래 잇대어 쓴 글도 다
산의 글로 보인다. 여기서는 수록하지 않는다.

③ 〈대둔제료치방장실양법미제설大芚諸寮置方丈室良法美制說〉

《대둔사지》권1, 57쪽 끝에 실린 이름을 밝히지 않은 안설 또한 다산의 글이다. 대둔사가 《대둔사지》에 수록된 12종사와 12강사를 배출하게 된 바탕에 방장실 제도를 운영하는 개방적 전통이 있었기 때문임을 밝혔으므로 권1을 총정리하는 글이고, 또한 대둔사 승려의 입장에서 쓸 수 있는 내용이 아니기 때문이다. 제목은 내용에 따라 필자가 붙였다.

실제로 《대둔사지》에서 12종사와 12강사를, 《백련사지》에서 8국사와 8대사를 입론하여 설정한 것은 오로지 다산의 발명이었다. 다산은 자신의 다른 저술에서도 한 권의 저술에서 이 같은 통일성과 핵심 개념의 부여를 대단히 중시했다. 이것은 이른바 '조관류췌條貫類萃', 곧 조목조목이 서로 맥락으로 구슬 꿰듯 이어져, 주제별로 모으는 방식이기도 하다. 다산은 하나의 저술에서 일관된 강목綱目으로 꿰어지는 질서를 중시해 선정문목先定門目을 강조했고, 수집된 자료를 평면적으로 나열하지 않고 문목에 따라 휘분류취彙分類聚해야 한다고 주문했다.[9] 이같은 다산 저술의 원리가 《대둔사지》와 《만덕사지》에서는 12와 8의 숫자로 계통성을 확보하여 질서화하는 방식으로 구현된 것이다. 사실 이 12와 8의 숫자로 정리된 개념은 다산이 두 책을 펴내기 전에는 미처 아무도 생각지 못했던 내용이었다. 다산은 권1에서 대둔사의 옛 사적 검토를 마치면서 결론 삼아 다음의 글을 남겼던 것으로 보인다. 다른 사람의 안설이었다면 글쓴이의 이름을 밝혔을 텐데, 이 글만은 그 같은 설명 없이 긴 논설문으로 작성되어 있는 점도 다산의 글로 단정케 하는 이유다. 원문은 다음과 같다.

---

9 해당 작업의 구체적 실례는 정민, 《다산선생지식경영법》(김영사, 2007)를 참고하기 바란다.

講會錄序云: "南方諸刹, 雖房寮宏豁, 山菴之外, 皆無方丈之室. 故講師不得留住. 惟大芚諸寮, 各有丈室, 常時必令頭陀. 長老之持經修課者居之, 或有講師名譽赫奕者, 必延入此室, 使學者侍居此寮, 此所謂大寺之講會也. 喚醒霜月之後, 華嚴大會, 遂成禁忌, 雖以雪坡蓮潭之名德, 皆凌兢然, 莫之敢行. 惟大芚此會, 猶有存羊之名. 然大會者, 必十方四衆齊集. 故小不下千有餘人. 芚寺之會, 惟受經者與會, 故多不過百餘人. 數十年來, 宗風益衰, 此會亦稀. 自玆以往, 其絕響矣." ○或曰: 佛敎之所以衰, 以師者多而學者少也. 或緇門不窺, 而蓮楓松柏, 堂號粲爛. 或通鑒不明, 而麻麥荏菽, 貨物堆積. 猶復高據方丈之室, 濫厠宗匠之列. 此所以宗風凌夷, 學業日衰也. 今若以芚寺講會, 作爲階級, 每十年一次, 表忠祠祭享之日, 諸師圈點, 議定一人然後, 乃自芚寺上狀邀來, 乃於枕溪樓上錫其堂號. 仍於一寮聚衆, 設講而挾書者, 必滿百人. 然後許之以大師之名, 載之於傳燈之統, 則禪門乃尊, 而名師稍稍出矣. 嶺南則於伽倻山, 移設表忠祠, 亦用此法焉可也.

첫 부분은 당시 대둔사에 있던 《대둔강회록大芚講會錄》이란 책의 서문이다. 중간 이후 'O' 표시 이후의 글을 다산의 글로 추정한다. 대둔사에는 부속 건물마다 별도의 방장실이 있어서, 외부에서 강사를 청해 올경우 그 강사는 그 건물에 묵으면서 배우는 학생들과 수시로 접촉할수 있도록 한다. 더욱이 대둔사의 화엄대회華嚴大會는 일반 대중은 참여할 수 없고, 학승만 참여할 수 있기 때문에, 다른 대회가 1천여 명이넘는 참여자로 성황을 이루는 것과 달리 1백여 명 이상이 참여하기가어렵다. 그마저도 근래 와서는 완전히 맥이 끊겼다.

이 같은 《대둔강회록》 서문의 글을 인용한 뒤, '혹왈或曰'로 시작되는이 글은 근래 불교가 급격히 쇠퇴하게 된 원인을 분석했다. 그 원인은스승은 많고 학생은 적기 때문인데, 그 스승이란 자들이 승려의 몸가짐을 적은 《치문緇門》조차 읽지 않은 채, 당호堂號만 거창하게 연풍송백蓮楓松柏이 들어가게 지어 고상한 체하고, 《통감》도 모르면서 재물 쌓아둘궁리만 하기 때문이라고 했다. 그러면서 방장실을 차지하고 앉아 종장

宗匠 행세를 하니, 종풍이 무너지고 학업이 쇠퇴할 수밖에 없다고 썼다.

해결책으로는, 10년에 한 차례씩 표충사에서 제향을 올리는 날에 여러 대사大師들이 권점을 찍어 한 사람을 결정한 뒤, 글을 써서 그를 대둔사로 초청해, 침계루 위에서 그의 당호를 내리고 건물 하나를 내주어 이곳에서 강의를 진행하게 하자는 안을 냈다. 그런 뒤에 그의 이름에 대사라 붙일 수 있게 하고, 전등傳燈의 기록에 올린다면, 이름난 승려가 차차 나올 수 있을 것이라고 했다. 당시 《대둔사지》에 불교계에 대한 이런 비판적 논조의 글을 써서 올릴 수 있는 위치에 있던 사람은 다산밖에 없었다.

④ 〈금자보장록부족빙거론金字寶藏錄不足憑據論〉

《대둔사지》 하책 24쪽에 나오는 내용이다. 앞서 〈대둔사원초창건변증설大芚寺原初刱建辨證說〉에서 '기오일야其誤一也'에서 '기오사야其誤四也'까지 네 가지 오류를 지적했던 것과 똑같은 방식으로 당시에 이른바 서산대사의 유의遺意와 관련된 중요 문헌으로 존중되던 《금자보장록金字寶藏錄》이란 책이 후대에 조작된 책자임을 '일오야一誤也'부터 '팔오야八誤也'까지 여덟 가지 이유로 나열한 방식이 똑같다. 더구나 '아암혜장상운兒菴惠藏嘗云'이라 하여 구두로 말한 내용을 정리한 듯이 썼는데, 아래 글은 정식으로 작정하고 논증한 글이지 입말로 전달될 수 있는 내용이 아니다. 원문을 제시한다.

兒菴惠藏嘗云: 先師衣鉢之傳于大芚, 已在三霜, 甫畢之初, 靑蓮圓徹及虛白明照〔虛白乃西山之孫〕之等, 遵遺意而爲之者. 故逍遙鞭羊, 從而建碑, 翕然宗仰, 無異辭也. 然金字帖明是後人追造, 非西山親徒之所錄. 先師蓮潭和尙, 亦嘗言之, 誠以謬誤非一也. 以元曉義湘, 爲高麗之僧, 一誤也. 以西山爲判兵部, 二誤也. 四溟雷默自赴幸州〔事詳谿谷碑.〕, 今乃曰: '皆會于順安', 三誤也. 牧丹峰下, 斬賊數千者, 天兵之力也. 故月沙撰碑, 特謂之以助聲勢, 今傳以爲僧軍之功, 四誤也. 西山法臘六十五, 乃謂之六十七, 五誤也. 明照者玩虛圓俊之嗣, 西山之孫, 今乃以爲西山親徒, 六誤也. 四溟之赴日本, 在甲辰三月初四日〔自京城離發.〕, 而西山之寂在甲辰正月卄三日. 安得以道術, 臨別付囑乎? 按松雲奮忠錄云:‘松雪自經倭變, 隱於伽耶山海印寺. 甲辰春, 聞西山之訃, 奔喪至楊根娛賓驛, 意外承召入京, 遂不得往哭香山, 直發日本之行.’安得受符水學道術, 若是乎. 七誤也. 靑泉申公維翰云:‘毒蛇坑鐵馬, 背語涉誕妄.’此脅降之說, 似非實際. 是時家康本意, 在和而不在脅. 旣已掃蕩秀吉, 而一反其所爲, 則焉有乞和於鄰國, 而辱其來使者乎? 此錄出於塗聽之譚〔詳見奮忠錄.〕, 今乃曰:‘四溟親記之如此.’不亦妄乎? 八誤也. 西山衣鉢, 明明在此, 影幀明明在此, 忌日之齋, 明明在此, 而臨沒之託, 至今流傳, 則大芚自然爲八路之宗院, 此錄何足以重輕哉.

《대둔사지》권3은 〈표충사인기表忠祠因起〉란 표제에서 보듯, 대둔사에 서산대사를 모시는 사당인 표충사를 세우게 된 경위를 밝힌 내용이다. 이에 근거로 삼은 두 종의 문헌이 바로 《서산도구록西山道具錄》과 《금자보장록》이었다. 그런데 이 가운데 《금자보장록》이 후대에 만들어진 가짜 문헌이어서 믿을만한 자료가 못 됨을 여덟 가지 이유를 들어 논한 내용이다.

글을 펼치는 방식이 전형적인 다산의 어법인데다, 앞서 본 〈대둔사원초창건변증설大芚寺原初剙建辨證說〉의 논법과도 정확하게 일치한다. 아암은 이미 죽은 상태였고, 이런 글을 다산 외에 다른 사람이 아암의 이름을 빌려 대신 지을 수는 없으므로 다산의 일문에 추가한다.

이상 《대둔사지》에 수록된 다산의 일문 4편을 정리했다. 특히 아암의 이름을 빌리거나 '혹왈或曰'의 형식으로 끼워 둔 세 편의 글은 전후 문맥이나 정황으로 보아 다산 외에 다른 사람이 지을 수 없는 글이어서, 다산의 일문으로 추가하였다. 앞서 《동사열전》에 인용 수록된 다산이 철선에게 준 편지에서 사지寺志의 글씨가 훌륭하다고 칭찬한 내용을 보았는데, 그렇다면 현재 철선의 친필로 보이는 필사본 《대둔사지》는 다산이 한 차례 직접 과안過眼했던 책이다. 이 책 여러 곳에 권점圈點이 찍혀 있다. 필자가 다산의 글로 판단한 위 세 편 모두에 권점이 찍혀 있고, 특별한 강조의 의미를 담은 주점朱點도 유독 이 부분에 집중적으로 찍혀 있는 것도 다산의 대찬 사실을 알려 주는 또 하나의 방증이다.

4. 승려에게 준 다산 친필 증언첩 자료 속의 다산 일문

이 절에서는 다산이 여러 승려에게 직접 친필로 써준 증언첩贈言帖 자료를 한데 묶어 소개하겠다. 다산은 제자 강학의 방법으로 증언贈言의 방식을 즐겨 활용했다. 증언은 윗사람이 아랫사람에게 당부와 훈계의 내용을 적어 주는 형식의 글이다. 다산은 제자의 성향과 자질에 따라 그에 알맞은 증언을 내렸다. 《다산시문집》 권17에 13편, 권18에 4편 등 모두 17편의 증언이 수록된 것만 보아도, 다산이 증언 방식의 교육을 대단히 중시했음이 드러난다.

문집에 수록된 증언 가운데 승려에게 준 것은 권17에 실린 〈위초의승의순증언爲草衣僧意洵贈言〉과 〈위기어승자홍증언爲騎魚僧慈弘贈言〉, 그리고 〈위사문근학증언爲沙門謹學贈言〉 등 3편이다. 하지만 다산의 친필로 전해지는 승려에게 준 친필 증언첩은 이보다 훨씬 많다. 책자 형태로 꾸며진 친필 증언첩을 중심으로 소개하겠다. 호게첩號偈帖 또한 넓은 의미의 증언첩으로 보아 함께 검토한다. 그간 필자는 여러 편의 글을 통해 다산의 증언첩을 소개해 왔다.[10]

---

10 정민, 〈다산 일문을 통해본 승려와의 교유와 강학〉, 《한국한문학연구》 제 50집(한국한문학회, 2012. 12), 101~127쪽; ____, 〈다산의 선문답−순암, 의순, 법훈, 자굉

1) 초의草衣 의순意恂에게 준 다산의 증언첩

다산이 가장 개인적으로 많은 글을 써준 제자는 초의艸衣 의순(意恂, 1786~1866)이었다. 두 사람의 만남은 1809년 봄 초의가 초당으로 다산을 찾아오면서 시작되었다. 다산은 기회가 있을 때마다 초의에게 증언을 써 주었다. 초의가 세상을 뜬 뒤 제자인 서암恕菴 선기善機가 스승의 유물 목록을 정리한 《일지암서책목록—枝菴書册目錄》 가운데 〈첩책목록帖册目錄〉에는 다산이 초의에게 준 11종의 필첩 목록이 나온다.

1. **생경교진첩**笙磬交陳帖
2. **조기간원산첩**朝起看遠山帖
3. **당사문수이보궐시**唐沙門酬李補闕詩
4. **기중부서간첩**寄中孚書簡帖
5. **선사당호첩**先師堂號帖
6. **납월첩**臘月帖
7. **총지금첩**聰之琴帖
8. **정유첩**貞蕤帖
9. **회고첩**懷古帖
10. **한산자시첩**寒山子詩帖
11. **다산증완호화상간첩**茶山贈玩虎和尚簡帖

이 가운데 4와 11이 간문을 모은 간찰첩이고, 나머지는 대부분 다산이 초의에게 준 증언첩이다. 이 11종의 필적은 뒤에 합쳐지거나 분리되어 흩어졌다. 이 가운데 1, 6, 8, 9는 소재를 알 수 없고, 나머지는 실물

스님과 강학〉, 《선과 문화》(2011년 여름호), 98~105쪽; ____, 〈우둔하고 졸렬해야 한다—기어 자굉에게 준 다산의 증언첩〉, 《선과문화》(2011년 가을호), 74~81쪽.

이 전한다. 11은 초의의 스승 완호에게 다산이 보낸 편지를 모아 장첩한 것이다. 이 밖에 위 목록에 누락된 증언첩도 상당수 전한다. 《다산시문집》에 수록된 〈위초의승의순증언爲草衣僧意洵贈言〉은 5칙에 불과한데, 친필첩에는 이보다 훨씬 많은 증언이 수록되어 있다.

먼저 위 목록에 누락된 친필 증언첩을 먼저 살펴보고, 이어 서책목록의 차례에 따라 검토하겠다. 4와 11은 뒷 절 서간문을 검토하면서 소개키로 한다.

① 《시의순첩示意洵帖》 9칙

《시의순첩》은 《일지암서책목록》에 누락된 증언첩이다. 의순은 처음에 이름을 '순洵'으로 쓰다가 뒤에 '순恂'으로 고쳤다. 다산은 단 한 번의 예외 없이 '순洵'으로만 썼다. 이 증언첩은 다산의 굴동 제자 윤종진의 6대손인 윤영상 선생이 소장하고 있다. 소장 경위는 알 수 없다. 제목이 없던 것을 본문 가운데 '시의순示意洵'이라 쓴 다산의 글을 따라 이름을 붙였다. 모두 9칙이다.

〔1〕 昔在竹欄, 顧性愛菊. 歲治菊數十盆, 夏而觀其葉, 秋而觀其葩, 晝而觀其姿, 夜而觀其影. 有務實先生, 過而難之曰: "甚矣! 子之華也. 子奚爲是菊也? 桃李梅杏之等, 皆華實兼備. 吾是以業種. 凡無實之花, 君子不宜種也." 余曰: "公知其一, 未知其二. 形神妙合, 乃成爲人, 形固須養, 神其可餒. 有實者, 以養其口體, 其無實者, 以娛其心志, 無非所以養人者. 抑孟子有言曰: '養其大體者爲大人, 養其小體者爲小人.' 豈必入於脣, 蹂於咽而後, 迺謂之實用耶. 充子之道, 將唯農夫爲聖人. 凡誦詩讀書者, 皆無實之業也. 惡乎可哉. 浮屠氏之言曰: '色則是空, 空則是色.' 雖異道乎, 至理之言也. 又安知其所謂實者非虛, 而虛者非實乎? 子曰: '君子喻於義, 小人喻於利.' 朱子與陸子靜, 講斯義於鵝湖之席, 四坐爲之流淚, 何以故? 滔滔者, 皆視虛爲實, 喻利爲義. 苟辨之淸

快, 凡聰睿者皆泣也."
是日庭下菊花, 始有蓓蕾者.

무실선생務實先生이란 가공인물과의 토론을 통해 자신이 국화를 애호
하는 이유를 설명한 내용이다. 밤낮에 따라, 또 계절에 따라 달라지는
국화의 느낌과 의미에 대해 썼다. 아울러 실용의 의미에 대한 각성을
촉구한 내용이다.

〔2〕 紫霞山人, 與客游山, 宿於野店. 客呼僮, 濯其虎子, 戒勿用灰沙. 山人曰:
"何哉?" 客曰: "硬物恐損銅也." 山人不答, 俯視虎子, 仰而視客, 一頰一仰,
眼靑眼白, 至於八九. 客曰: "何哉?" 山人曰: "我未知子與虎子, 孰先敝也.
孰後壞也. 是故屢視之." 客愧服.

요강이 닳을까봐 모래가 섞인 재로 요강을 못 씻게 하던 손님과 주
고 받은 문답이다. 인간의 욕심에 대해 경계했다.

〔3〕 月姑灣者, 裨海之嵒津也. 冬月商旅, 過涉中流, 遇焚輪舟覆, 立於艫者先溺,
其坐於艄者亟往, 而摘其囊, 知其中有二貫錢也. 囊纔捪而身已隨湴. 有善泅
者, 歸而言之. 嗟乎! 天下之不就艫以摘囊者鮮矣. 斯世也, 漏船也. 弱肉强食,
而强與弱俱斃. 毗財豪奪, 而毗與豪並隕. 娶死人之妻而踵先夫以死者, 天下滔
滔是矣.

강진의 월곶만에서 실제로 벌어진 일을 적었다. 재물을 위해 목숨과
도 기꺼이 바꾸는 인간의 탐욕을 고발했다.

〔4〕 戒習比丘, 朝起頮洗, 晚間有賣海菜者, 買之. 少頃曰: "吾寒矣." 就北房寢

焉. 飯鍾鳴而不至, 視之已逝矣. 嗟乎! 奚但習也然矣. 捆屨蹋麴, 役役勞勞,
以圖百年之計者, 皆善忘者也. 易曰: '天下同歸而殊途, 一致而百慮.
示意洵.

　계습 비구가 다음 날 먹으려고 저녁에 미역을 샀다가 다음 날 아침
에 보니 죽어 있더란 얘기를 하며, 다음 날의 일도 예측 못하는 인생이
욕심 속에 살다 가니 안타깝다는 생각을 적었다.

　〔5〕翁尙書題萬壑奔流圖詩曰: "舊聞三泖入海處, 欲借漁舠理素琴. 山石矓從木
樛曲, 如何只會寂寒心.
　　惲南田畫題.

　명말 청초의 화가 운남전(惲南田, 1633~1690)의 〈만학분류도萬壑奔流圖〉
에 적힌 옹방강(翁方綱, 1733~1818)이 제시題詩를 소개했다.

　〔6〕靈巖郡有一貧士. 其奴巨富. 一日謂其奴曰: "汝與我錢千緡, 我當贖汝. 汝雖
死, 爲淸鬼也." 奴曰: "唯命是聽." 貧士曰: "煩汝以吾錢千緡, 因留汝家, 汝
販鹽, 亦爲我販鹽. 汝糴米, 亦爲我糴米. 庶仗汝福, 俾我無敗." 奴曰: "諾."
後數月, 奴曰: "小人以千緡, 販小麥, 將以蹋麴. 大家將何爲?" 貧士曰: "唯
汝之所販, 是販將蹋." 奴家患瘟疫, 數月不霽. 奴入請曰: "奴家如此, 請大家
先蹋." 貧士許之. 旣已歲事大無, 麩麴之貴, 不異精縶, 而酒禁至嚴, 又無釀
者. 奴家獲大利四倍, 而貧士打其本錢, 依舊貧匱. 於是喟然歎曰: "是命也.
吾不復營生矣."

　외거노비外居奴婢를 속량해 주는 대가로 1천 꿰미의 돈을 받아 부자
종에게 투자까지 맡겼던 선비가 결국 도로 가난해진 사연을 적은 내용
이다.

〔7〕周易爲書, 如優鉢羅花, 有香有色, 有子有根, 有枝有葉, 無一處不奇妙. 末
學淺機, 但得其一味, 便謂大義在此. 於是黨同伐異, 各立門戶, 甚可咍也. 二
多譽, 三多凶, 四多懼, 五多功, 自亦典例, 以此例而求之, 未嘗不通. 且爻之
未變, 本有此象. 故爻詞有此占. 如泰泰帝帝, 歸妹不富以隣之類, 是也. 故後
世遂昧爻變. 今若主於爻變, 而不知此卦之內, 原有此象, 亦不通也. 茶翁書.

《주역》의 복잡하고 미묘한 내용을 불교의 상상의 꽃 우담바라에 비
유해 원리를 깨달아야지 표현에 얽매이면 안 된다는 가르침을 내렸다.

〔8〕陸放翁詩云: "從曠劫來誰不死, 出靑天外始無愁." 此句甚佳, 令人舒氣.

송나라 육유陸游의 〈고태서주소작沽埭西酒小酌〉이란 시의 3, 4구를 인용
했다. 근심 없이 쭉 펴진 마음으로 살아갈 것을 주문했다.

〔9〕
　　　羨彼大鵬, 搏風振翼. 橫絕天池, 六月一息.
　　　哀玆葦雀, 蚩搶楡枋. 下民侮余, 虞羅夕張.
　　　鯨魚偃蹇, 游戲瀛溟. 歕水成虹, 上洒天庭.
　　　金鯽行池, 鱗鱗相卽. 池之將竭, 思跳不得.

4언 16구로 된 고시다. 붕새와 참새, 고래와 금붕어를 대비하여 품어
야 할 뜻의 크기를 비유했다.

이상 살펴본 《시의순첩》은 모두 9항목으로 이루어졌고, 실제 체험과
제화시 등의 소개를 통해 얻은 깨달음을 전달한 내용으로 구성되었다.

② 《초의호게첩草衣號偈帖》 3칙

다산은 여러 승려 제자에게 호게號偈를 지어 주었다. 승려의 이름에 의미를 부여해 자신의 권면을 펼치는 또 다른 형식의 증언이다. 앞서 《백열록》에 수록된 〈철경당게〉와 〈철우당게〉는 소개한 바 있다. 《일지암서책목록》에는 제자들이 붙인 이름인 《선사당호첩先師堂號帖》으로 실려 있지만 실제로는 《초의호게첩草衣號偈帖》이 맞다.

이 증언첩은 실물이 전하지 않는데, 신헌申櫶이 자신의 《금당기주琴堂記珠》에 베껴 써둔 전사轉寫와, 해남 쪽에서 나온 필사본 《다산시집초茶山詩集抄》 뒤편에 부록으로 실린 필사본 《초의첩艸衣帖》 두 곳에 실려 전한다. 이 첩은 〈초의거사게草衣居士偈〉와 〈제초의선게후題草衣禪偈後〉 등 두 편의 글로 구성된다. 호게 앞에 1칙의 서언과 병서幷序가 딸려 있다. 이를 이어 발문을 겸한 후기와 이노영李魯榮 등의 또 다른 발문을 실었다.

〔1〕 余觀佛書, 如狗子無佛性, 祖師西來意, 庭前栢樹子, 吸盡西江水, 多般話頭, 無非要人起疑. 其究竟法則, 都歸於寂滅, 何益於身心哉. 必也自無疑而有疑, 自有疑而無疑然後, 可謂讀書也. 此儒釋之所以分也.

첫 면에 쓴 글이다. 선종禪宗의 네 가지 화두를 꼽고, 이를 유교의 가르침과 견주어 설명했다. 승려 초의에게 유학의 공부를 권유한 내용이다.

〔2〕 沙門意洵, 字中孚, 託胎於務安縣張氏之家, 薙毛於雲興寺民聖之房. 私淑於蓮潭得佛, 親炙於茶山聞傳道. 冥會於寒山拾得. 故詩有祧. 尙友於石田倪迂, 故畫入三昧, 合而號之曰艸衣居士. 偈曰.
贗貨苦饒眞寶絶, 包裹諸惡外鮮潔. 鷗夷之革出九穴, 涕洟次濃溲糞血.
錦纏繡帕同心結, 何以續之鸞皇鷩. 犇犇走走胥鬪咽, 卽墨之尾油葦爇.
抱鼠嗥朴喉欲裂, 芼蔘荂通勸人啜. 靑山回首杳巉嶭, 白雲如絮閑起滅.

采采菅蒯薄言祐, 紉以葛筋防潰決. 上衣下裳無攸觖, 阿梨那識愁不屑.
清淨法身乃蟬蛻, 是則名爲草衣訣. 萬波羅蜜休分別.

이른바 〈초의거사게草衣居士偈〉이다. 험벽險僻한 운자에 난삽한 구절을
이어 의미 파악이 쉽지 않다. 복잡하고 험벽한 고사를 열거하여 논의를
펼친 뒤, 초의가 자신의 별호처럼 청정한 수행자의 정신을 지켜 큰 깨
달음을 얻기를 축원하였다.

〔3〕 詩云: "衣錦褧衣, 裳錦褧裳." 惡其文之以著也. 塵土腸胃, 所貯不芳. 被之
以羅綺, 餙之以珠翠. 吾知所聞非薌. 且也石火一閃, 歸于北邙, 至竟賢愚貴賤,
都以草根被體. 則無一而非草衣者也. 奚唯意洵是嘆哉. 不縛於佛律, 不拘於儒
法, 任運肆志, 逍遙乎萬物之表, 沈浮乎四瀛之內, 人唯見其草衣褊褌, 而豈榮
名祿利之所能繫者哉. 嘉慶甲戌茶山.

1814년에 써준 글이다. 시는 《시경》〈정풍鄭風 봉丰〉의 구절이다. 옳
고 그름의 이분법적 사고를 버리고 경계를 넘어서는 대자유의 초월을
꿈꾸는 승려가 될 것을 주문했다.
첩의 뒤에 붙은 세 편의 발문 가운데 이노영(李魯榮, 1781~?)의 것만
소개하면 다음과 같다.

〔4〕 是帖卽籜翁之書贈白蓮社僧意洵者也. 余嘉洵之能喜文辭, 而美之者, 專在乎
籜翁之以堯舜周公之道, 告之也. 余之嚮之未見是局. 洎不見洵也, 已想像其眉
稜秀目炯炯然, 於十幾得七八焉. 盖從檞箕棄季, 餗聞洵之事狀. 如是帖, 今而
果得洵乎識之. 有味之味無味之有味, 味有味之無味, 醫濃者必淡, 觀機者以繳.
洵乎能味草衣之味, 以其味眞味于無味之有味乎哉. 吾知洵之隱於游屠, 而名非
行, 是不獨於文暢云爾. 斗陽李魯榮.

원본의 다산 친필은 현재까지 발굴되지 않았다. 이 글이 수록된 2종의 필사본에는 글자의 차이가 상당하다. 교합해서 타당한 쪽으로 정리한 것이 위의 본문이다.

③《총지금첩聰之琴帖》6칙

《일지암서책목록》의 제7에 나오는 《총지금첩》이다. 고 이을호李乙浩 박사 구장본의 복사본으로 현재 원본의 행방을 알 수 없다. 《정다산선생행서첩丁茶山先生行書帖》이란 제목으로 개장되어, 이성화李聖華에게 준 별도의 증언과 함께 뒤섞인 채 묶인 상태다. 모두 6칙의 증언이 실렸다. 매장 크기와 형태가 다르다.

〔1〕聰之琴, 廖之詩, 懷素之書, 巨然之畵, 兼之者誰? 雖不能之, 能知其好之者誰? 目不識丁, 朝夕對飯, 但誦色空空色之呪, 而指一等穎悟上人, 嗔之爲外客, 可乎?

거문고 연주에 능했던 사총思聰과 시로 이름이 높았던 참료參廖, 명필 회소懷素와 화가로 명망이 우뚝했던 거연巨然 등 네 명의 승려 예술가를 열거한 다음, 불법과 계율의 그물에 얽매이지 말고 문화적 안목과 예술의 소양을 갖춘 인문인이 되라는 주문을 담았다.

〔2〕中孚者, 虛中之卦也. 本無一物, 何用拂塵, 亦虛中也. 利涉大川, 勘到彼岸, 斯之謂心空及弟耶?

초의의 자인 중부中孚는 《주역》의 괘 이름이기도 한데, 《주역》 공부를 통해 더 큰 승려가 될 것을 축원한 내용이다.

〔3〕搏泥爲牛, 雕石爲猨. 與塑堲做菩薩者, 平等也. 弔馬呼盧者, 與篆蟲繡虎, 作奇異文詞者, 其間亦不甚相遠也.

다산을 좇아 공부하다가 비방에 휩싸인 초의에게 생각을 바꿔야 새로운 안목이 열림을 충고했다.

〔4〕人世甚忙, 汝每動作遲重. 所以終勢書史之間, 而勳績甚少也. 今授汝魯論, 汝其始自今. 如承王公嚴詔, 刻日督迫, 如有將帥在後, 麾旗前驅, 遑遑汲汲. 如爲虎狼蛟龍所逼迫, 一瞬一息, 無敢徐緩. 唯義理尋索, 必潛心精研, 乃得眞趣. 癸酉十月十九日, 茶翁.

〈시의순독서법示意洵讀書法〉이란 제목이 따로 달려 있다. 1813년 10월 19일에 써 주었다. 유가 경전 공부를 망설이는 초의에게 다짐 삼아 공부에 매진하도록 독려한 글이다.

〔5〕學者必具慧勤寂三者, 乃有成就. 不慧則無以鑽堅; 不勤則無以積力; 不寂則無以顯精. 此三者, 爲學之要也.

공부하는 사람이 반드시 지녀야 할 혜慧·근勤·적寂의 3요소를 들고, 그 방법을 설명했다.

〔6〕淸神役形, 以嚴等級.

5칙의 증언을 다 써준 뒤, 공책에 펼침면 한 면이 남았던지, 마무리를 대신해 한 면에 네 글자씩 여덟 자를 써서 그 여백을 채웠다. 몸을 기르는 대신 정신을 맑게 해서 자신의 등급을 올리라고 주문했다.

《총지금첩》은 모두 6칙인데, 초의의 미적지근한 공부 자세를 나무라
는 한편 공부의 요령을 일러주며 그를 고무시켰다.

④《당사문수이보궐시첩唐沙門酬李補闕詩帖》 17칙

이 책 또한 다산이 초의에게 준 증언첩이다. 역시 첫 항목 첫줄로
증언첩의 제목을 삼은 경우다. 《일지암서책목록》 속의 명명을 따랐다.
이 증언첩에는 특별히 앞뒤로 다산의 것으로 보이는 그림이 실려 있다.
괴석과 소철, 괴석과 파초, 괴석과 소나무를 그린 세 폭이 앞쪽에 배치
되어 있고, 마지막 면에 대나무와 국화를 그렸다. 모두 17칙이다.

〔1〕 唐沙門酬李補闕詩曰: "不住東林寺, 雲泉處處行. 近臣那得識, 禪客本無名."
　　　 此詩最好.

당나라 승려 시인 교연皎然의 〈수이보궐서酬李補闕紓〉란 작품을 인용한
뒤 좋다고 칭찬한 내용이다. 구김살 없는 풍격을 높이 평가했다.

〔2〕 淸江送婆羅門生詩曰: "雪嶺金河獨向東, 吳山楚澤意無窮. 如今白首鄕心盡,
　　　 萬里歸程在夢中." 此詩深得龐居士恁麼意思, 不落悄然機爾.

청강은 당나라 때 절강성 운문사雲門寺에 있던 승려다. 인용한 시 〈송
바라문送婆羅門〉은 《전당시全唐詩》에 인용된 작품이다. 청강의 시는 늙은
승려의 향수를 노래하였으나, 근심스런 기미에 젖지 않고 상쾌한 여운
을 남긴다.

〔3〕 文殊師利問維摩詰: "何等菩薩入不二法門?" 維摩詰默然無言. 文殊師利歎
　　　 曰: "善哉! 乃至無有語言, 眞不二法門也." 程伊川謂洒掃應對, 與默然處合.

《유마경維摩經》의 한 단락을 옮겼다. 문수사리가 불이법문에 드는 법을 묻자 유마힐은 침묵으로 대답한 고사를 인용했다. 참된 깨달음은 머리로 아는 것이 아니라 마음으로 깨달아 침묵으로 머금는 것임을 지적했다.

〔4〕平生做自己事, 都屬別人. 平生做別人事, 還益自己. 意洵不曉此理, 一指不肯爲他動. 如今竟有何成?

다산은 초의가 이기적이라고 생각했던 듯하다. 자기 틀에 갇혀 안주하지 말고 이타의 생각을 지녀야 함을 강조했다.

〔5〕能詩人, 困我以詩; 能畵人, 困我以畵; 有錢人, 困我以錢; 有米人, 困我以米. 由是觀之, 啞羊乞士, 爲無上方便.

역시 초의가 학문 외의 것은 거들떠보지 않자 답답해서 말한 내용이다. 공부는 안 하면서 따지기만 좋아하는 것을 나무라는 뜻도 담겼다.

〔6〕法喜爲妻, 勝如閨房勃谿. 法傳爲子, 不憂門戶傾圮. 此古人羨禪語也. 人方羨汝, 汝反悄然.

법희法喜는 불법을 듣고 깨달을 때 일어나는 법열을 뜻한다. 남이 부러워하는 수행자의 삶을 살면서 인상을 찡그리며 지내는 것을 나무랐다.

〔7〕但有一瓶, 何處無泉. 但有一筇, 何往無路. 擩葛爲巾, 擣松爲鬵, 便是雲水閑身. 示意洵.

완벽해야 움직이는 초의에게 그 같은 강박관념에서 벗어날 것을 주

문한 내용이다. 초의는 꼼꼼하고 성실했지만 틀을 벗어나려 들지 않았
으므로 답답해서 한 말이다.

〔8〕松壇白石牀, 是我彈琴處. 山客挂琴歸, 風來絃自語.

이 시는 다산이 초당의 12경을 노래한 〈다산12경〉 시 가운데 한 수
다. 송단松壇은 초당 앞마당 소나무 밑에 봉긋 솟은 곳을 말한다.

〔9〕垂蘿細石徑, 紆曲近西臺. 時於綠陰裏, 寂莫一僧來

역시 〈다산 12경〉 시 가운데 하나다. 시 속에 등장하는 승려는 바로
초의다. 다산은 이 시를 몹시 아꼈던 듯 현재 세 종류의 친필이 남아
전한다.

〔10〕溪肥膩有流花力, 山靜明生擣藥聲. 庚午春

1810년 봄에 쓴 두 구절이다. 봄날 초당의 풍경을 노래했다.

〔11〕種竹萬竿遮海瘴, 留松千樹攔聽天風. 己巳夏

1809년 여름에 쓴 시 가운데 두 구절을 썼다. 초당 둘레에 대밭과 솔
숲이 주는 느낌을 옮겼다.

〔12〕野水自生非藉雨, 春山旣媛不禁花. 法泉翁

법천옹法泉翁의 시인데, 《금당기주》에는 '연담구蓮潭句'로 적혀 있다.

〔13〕懸燈百丈峽星亂, 轟笛一聲江月高. 兼山翁

겸산옹兼山翁의 두 구절을 적었다. 《금당기주》에는 '청파구靑坡句'로 적혀 있다. 사명당의 제자 청파靑坡 각흠覺欽으로 볼 수 있을 듯하다. 예전 찾았던 현등사懸燈寺의 풍광을 노래했다.

다산은 좋은 시의 예를 보이고 시에 깃든 해맑은 정신의 표정을 보여 주려고 여러 수의 시를 두 구절씩 써서 선물로 주었다. 초의가 이같은 시승詩僧의 전통을 이어 주기를 바라는 마음도 담겨 있다.

이하 4칙은 시의 작법에 대해 알려 준 내용이다.

〔14〕七言古詩, 頗有格律, 盖有不知而作之者, 其易韻之法, 必令平上去入, 相錯成聲. 以入承入, 以平承平, 古無是也. 少陵兵車行, 以平承平, 別是一例, 不可效也.

7언고시를 지을 때 따져야 할 성률의 규칙을 설명했다. 평상거입의 소리를 어떻게 조화롭게 섞느냐에 시의 관건이 달려 있다.

〔15〕又或純用一韻者, 終篇不易, 又一法也.

장편의 7언고시를 일운도저격一韻到底格으로 쓰는 것도 한 가지 방법이라고 썼다.

〔16〕側韻對字, 亦側乃亦無害. 唯以平對平, 法所禁也.

측운자의 대자법對字法을 설명했다.

〔17〕又有字字協律, 直作絶句以相承, 唯長安古意, 法律最嚴. 詳擬乃可效也.

7언절구를 포갠 형태로 7언고시를 짓더라도 격률의 엄격함은 지켜야한다고 적었다.

이상 살핀 대로 《당사문수이보궐첩》은 공부의 바른 방법과 시학의 여백을 실천적 예시로 보여 주고, 시작법의 구체적 요령을 일러준 내용으로 구성되었다.

⑤ 《조기관원산첩朝起觀遠山帖》 11칙

《일지암서책목록》 제2첩인 《조기관원산첩朝起觀遠山帖》은 모두 11칙이다. 이 증언첩은 실물은 전하지 않고 신헌의 《금당기주琴堂記珠》에 전사본轉寫本만 남아 있다. 고집이 세고 융통성이 부족한 초의를 위해 다산은 일부러 불가의 문자를 활용해서 글을 써 주었다.

〔1〕朝起觀遠山晴嵐, 悠然注目, 傍人呼之不應. 是疇所享, 思逢廬山遠禪師, 一問首楞嚴禪者, 謂是晉儒演說, 非世尊所說. 不知四十八章之外, 都是演說, 何必首楞嚴而已.

《수능엄경》이 석가세존의 말씀이 아니라 진晉나라 유자의 연설演說이라 말하고, 아침에 일어나 먼 산 푸른 이내[嵐]를 보다가 물아일체의 경지에 접어들면 그것이 선이지, 굳이 이치로 따져 알려 하는 어리석음을 지적했다.

〔2〕光明燈不離産勞障. 若云離得, 是空非燈. 禪和子, 且想一想. 風吹木犀, 犀乃有薌. 若無風時, 遂無是薌. 禪和子且顧一顧.

송나라 때 황산곡黃山谷과 황룡산 회당晦堂 스님 사이에 오간 '목서무
은木犀無隱'을 끌어와 광명등光明燈과 산로장産勞障의 관계를 설명한 내용
이다.

〔3〕 黃驍綠驍之間, 有山萃然揷空, 是爲龍門, 龍門之北, 萬壑千峰, 如牛臕然. 其
回抱周密, 無門不入. 如武陵桃源者, 曰米原古縣. 古縣有山, 秀色蟠空, 是爲
小雪. 小雪者太古普愚和尙所嘗棲隱也. 舊有蘭若, 今頗圮廢. 草衣居士, 宜修茸,
爲精藍一區, 以終古焉. 自小雪庵, 沿溪下數里, 卽遇綠驍之水. 乘小航, 順流
下二十餘里, 至兩水交衿之處. 是爲酉山別墅. 其間水色山光, 洲渚沙汀之容,
皆淸瑩徹骨, 明晶奪目. 每三月桃花盛開, 從流上下. 賦詩彈琴, 以遊乎蕭閑之
域, 斯亦人世之至愉也. 善男子, 豈有意乎? 如其有意, 其從我. 茶山老樵書.

황효수와 녹효수, 곧 남한강과 북한강이 만나는 미원촌 소설봉에 자
리 잡은 고려 때 태고 보우의 암자 터로 초의가 올라와 자신과 이웃하
며 지내자고 청한 내용을 담았다.

글 끝에 '다산노초서茶山老樵書'라고 서명했으니, 여기까지 세 단락이
한 호흡에 써 준 글이다.

〔4〕 捉農家子來, 一朝薙其毛, 炙其肘. 跽之佛前, 令聽戒律, 禮畢而出, 依然是
邐邐漢子. 於是加之以田衣, 授之以首楞嚴金剛般若, 叨叨嘮嘮, 曰眞曰妄, 曰
空曰色, 幾何是相, 幾何是識. 極廣大盡精微, 毋論是邪是正, 其有濟乎? 是唯
利其〇(*原文1字缺. 趨?)而爲之耳. 人生百年極匆匆, 誰肯爲此? 桎梏纏縛,
低眉下手, 如婦人之事嚴姑, 以聚以敎作都都平丈生活, 決不可爲也. 大丈夫當
一甁一鉢, 浩蕩游永, 逍遙乎宇內, 徜佯乎物表, 以遣此隙駒光陰. 逼逼講師之
祿, 何足戀哉. 自迷未悟, 矧人迷哉?

작은 성취에 머물지 말고 대자유의 정신으로 툭 터진 선지식이 되라고 권유한 내용이 이어진다. 글을 줄 당시 초의는 대둔사에서 강사로 명성이 높았던 듯, 다산은 자신의 직분에 만족해 안주하려는 초의에게 안주해서는 안 된다고 다짐을 놓았다.

〔5〕穴蟻終年行步, 不出十里之外. 以窠窟繫戀也. 士而懷居, 仲尼猶以爲非. 僧而懷居, 不尤可笑哉. 雲游四方, 盡觀國中名山, 盡識國中名士, 茹辛餐苦, 櫛風沐雨. 晚年得一寒巖草閣, 作粥飯僧, 杜門著書, 可傳無疑. 斯足云不虛生也.

제 공부만 붙들고 놓지 않는 초의가 답답했던 듯, 개미굴을 벗어나지 못하는 개미의 비유를 던져 주고, 운유사방雲遊四方하며 식견을 넓혀야 한다고 강조했다. 스승의 거듭된 당부에 초의는 이후 10년을 주유하며 식견을 틔웠고, 일지암으로 숨어들어 저술과 수행에 온힘을 쏟았다.

〔6〕有爲汝請曰: "子之歸也, 爲我遷五里傳書于某甲之室." 汝其肯之否? 有爲汝請曰: "願得子之手, 賁我東西." 汝其肯之否? 冬夜宿于店, 汝肯讓溫于同伴否? 老者與汝行, 汝肯自取其重任否? 苟皆否也, 雖詩短曹劉之墻, 畫升顧陸之門, 猶之未善也.

반복되는 다산의 이 같은 충고로 초의가 다소 이기적이고 편향적 성향이 있었던 줄로 짐작된다. 함께 나누는 이타利他의 마음을 지녀야 함을 지적했다.

〔7〕身者我也, 人者彼也. 然譽從苦我生, 譬從樂我生. 讚自厚彼生, 詛自薄彼生. 勞由我, 則畢世喘喘, 而寸功不錄. 不爲彼役, 則終身潔潔, 而萬弩俱發. 你胡得云 囂囂然我飲我泉, 我食我稻. 曾莫之欺女也. 楊朱固未嘗以一毛利天下, 亦未嘗取一毛於隣人. 然凡言惡者, 首楊朱爲欲厚己而薄彼也. 意洶性冲澹, 無

求於人, 亦不以澤物爲意. 余是以箴之.

앞의 글과 취지가 같다. 피아의 구분을 넘어설 때 구도의 길이 열린
다는 생각이었다. 독선에 갇혀서는 발전이 없다고 충고했다.

〔8〕法與色難: "由爾之故, 我則桎梏. 汝强子弱, 我將何支?" 色謂法曰: "由爾
  之故, 我則機軸. 唯女是聽, 子無所遂. 汝訟汝决, 家事任長." 法休多辯.

법法과 색色을 의인화하여 문답으로 생각을 펼쳤다. 법이 원칙이요
원리라면, 색은 감각이 빚어내는 현상계의 허환虛幻이다.

〔9〕薰枯仇朽, 在仕官家, 由爲惡業. 矧緇染者, 比丘偏情. 甚於牛李, 産根之急
  先蔓除者也. 班孟堅古今人表, 是擧其槪略耳. 細剖其級, 將至九千. 始涉數級,
  纇眠在地者, 矧之不亦愚且小哉.

절집의 승려들조차 파벌을 나눠서 서로 다투고 싸우는 것이 세속 못지
않음을 나무라고, 아예 뿌리부터 뽑아 버려야 한다고 강경하게 말했다.
끝에 두 장의 여백이 남았던 모양이다. 다른 증언첩의 경우처럼 그
여백에 시를 적었다. 시 감상과 작법 공부를 겸하려 한 듯하다.

〔10〕翁覃谿題黃小松秋景菴圖云: "手植疎柯日夜蒼, 林梢雁背好山光. 故人莫誦
  姜夔句, 每逢秋聲憶故鄕." 故人故鄕, 不嫌複字.

소송 황역(黃易, 1744~1802)이 그린 〈추경암도秋景菴圖〉에 쓴 옹방강의
시를 소개했다. 시의 3, 4구에서 '고인故人'과 '고향故鄕' 등 '고故' 자를 두

차례 반복해 쓴 것이 흠결일 듯하지만 이 경우에는 문제가 없다는 뜻
을 나타냈다. 초의에게 시를 가르치는 학습의 일환으로 적어 준 시다.

〔11〕 翁覃谿題惲南田畫云: "月上橫忩露滿枝, 道人起早雀來遲. 夢中一片吳歌
　　 發, 正是空江倒影時." 此詠梅之作也. 月上起早, 小妨.

　남전 운격(惲格, 1633~1690)의 매화 그림에 쓴 옹방강의 제시를 소개
했다. 1구에서 '월상月上'이라 해 놓고, 2구에서 '기조起早'라 한 것이 조
금 거슬린다는 평을 남겼다. 달이 막 떴으면 초저녁인데, 새벽에 일찍
일어났다는 표현과 서로 맞지 않아서다.

　이렇듯 증언첩은 초의에 대한 다산의 각별한 애정이 느껴지는 내용
들로 구성되어 있다. 불교적 비유의 언어를 동원해서 초의를 배려했다.

　⑥ 〈위초의승의순증언爲草衣僧意洵贈言〉 6칙

　이 글은 앞 《조기관원산첩朝起觀遠山帖》에 잇대어 적혀 있는 증언이다.
모두 6칙인데 이 가운데 제2칙을 제외한 나머지 5칙은 《다산시문집》에
나온다. 문집에 실려 있지만 다산이 초의에게 준 증언의 전체 원문을
확보하는 차원에서 모두 수록한다.

〔1〕陶元亮感彼柏下之詩, 知平日得聞惠遠玄論. 蘇和仲物我無盡之賦, 驗當時常
　　 與參寥雅話. 每春風始動, 草木萌芽, 胡蝶忽然滿芳草. 與法侶數人, 携酒游於
　　 古塚之間. 見蓬科馬鬣, 壘壘叢叢, 試酌一醆, 澆之曰: "冥漠君能飲此酒無.
　　 君昔在世, 亦嘗爭錐刀之利, 聚塵刹之貨. 撑眉努目, 役役勞勞, 唯握固是力否.
　　 亦嘗慕類索儷, 肉情火熱, 淫慾水涌, 暱暱於溫柔之鄉, 頷頷於軟煖之窠. 不知
　　 天地間, 更有何事否. 亦嘗憑其家勢, 傲物輕人. 咆哮謷獨, 以自尊否. 不知君
　　 去時, 能手持一文錢否. 今君夫婦合窆, 能歡樂如平昔否. 我今困君如此, 君能
　　 叱我一聲否." 如是酬酢而還, 日冉冉掛西峯矣.

도연명의 〈제인동유주가묘백하諸人同遊周家墓柏下〉 시를 거론하면서 승려 몇과 함께 술병을 차고 옛 무덤 사이로 봄나들이를 나온 감회를 적었다. 아름답고 아련한 풍경이다.

〔2〕學詩須從風雅頌溯源, 下逮漢魏六朝. 撮其英華於唐. 唯老杜是學, 學之宜如十哲學聖人. 王維孟浩然韋應物柳子厚王建李商隱, 皆當師法. 於宋唯蘇軾陸游二陳秦少游最好. 於元取元遺山薩天錫揭傒斯耶律楚材楊廉夫之等. 於明取高啓李西涯王逢袁中郎徐文長錢謙益之等, 搜羅百家, 捨短取長, 換骨奪胎, 化腐生新. 此詩家之大法也.

다산의 시관詩觀을 명쾌하게 잘 정리해서 보여 준 글이다. 다산은《시경》에서부터 명대에 이르기까지 모범으로 삼을 만한 제가의 이름을 하나하나 열거한 뒤, "수라백가搜羅百家, 사단취장捨短取長, 환골탈태換骨奪胎, 화부생신化腐生新"의 16자를 시가詩家 대법大法으로 제시했다.

〔3〕詩者言志也. 志本卑汚, 雖強作淸高之言, 不成理致. 志本褊陋, 雖強作曠達之言, 不切事情. 學詩而不稽其志, 猶瀝淸泉於糞壤, 求奇芬於臭樗, 畢世而不可得也. 然則奈何? 識天人性命之理, 察人心道心之分, 淨其塵滓, 發其淸眞, 斯可矣. 然則陶杜諸公, 皆用力由此否. 曰陶知神形相役之理, 可勝言哉. 杜天品本高, 忠厚惻怛之仁, 兼之以豪邁鷙悍之氣. 凡流平生治心, 其本源淸澈, 未易及杜也. 下此諸公, 亦皆有不可當之氣岸, 不可摹之才思. 得之天賦, 又非學焉者所能跂也.

앞서 표현의 문제를 말한 데 이어 본질과 바탕의 문제를 거론했다. 좋은 시는 뜻이 훌륭해야 한다. 훌륭한 뜻은 바른 마음에서 나온다. 꾸밈만으로는 결코 좋은 시를 쓸 수가 없다. 이렇게 말한 뒤 도연명과 두

보를 예로 들어 자신의 논지를 강화시켰다.

〔4〕易之爲書, 無一字一句不由卦象. 若云聖人懸空說法, 如禪家參禪話頭, 任指
一物, 便自難通. 王輔嗣乃欲棄說卦以解易, 不亦愚乎?

당시 초의에게 《주역》을 가르치고 있었던 듯, 《주역》 공부의 방법을
설명했다. 왕필王弼의 의리역義理易에 대한 비판적 입장을 피력했다.

〔5〕天頙禪師云 : "或經過市廛, 見坐商行賈. 只以半通泉貨, 哆哆譁譁, 罔爭市
利. 何異百千蚊蚋在一甕中, 啾啾亂鳴耶." 適其所溺者禪, 言則是也."

끝의 두 항목은 고려 때 천책국사의 《호산록湖山錄》 가운데 〈답운대
아감민호서答芸臺亞監閔昊書〉에서 절록해서 따왔다. 사람들이 이곳을 다퉈
싸우는 소리를 항아리 속에 든 수천 마리 모기떼가 앵앵대는 소리에
견주었다.

〔6〕天頙禪師云: "富兒生年不讀一字書. 唯輕驕游俠是事. 徒以月杖星毬, 金鞍
玉勒, 三三五五, 翶翔乎十字街頭, 罔朝昏頷頷. 南來北去, 觀者如堵. 惜也.
吾與彼俱幻生於幻世, 彼焉知將幻身乘幻馬, 馳幻路工幻技, 令幻人觀幻事, 更
於幻上幻復幻也. 由是出見紛譁, 增忉怛耳." 嘉慶癸酉八月四日.

《호산록》의 원 문장을 축약해서 재조합한 글이다. 허깨비 같은 세상
에서 허깨비 인생들이 헛꿈을 꾸다 가는 것이 인생이라고 말하며, 이
꿈에서 깨어날 것을 촉구했다. 끝에 적은 날짜로 이 글을 1813년 8월 4
일에 썼음을 알 수 있다.

⑦ 《한산자시첩寒山子詩帖》 **4칙**

《일지암서책목록》 가운데 《한산자시첩寒山子詩帖》이란 제목이 붙은 증
언첩이다. 당나라 때 승려 한산寒山의 시를 초의와 함께 읽으면서 그 아
래에 선문답禪問答을 달아, 시선일여詩禪一如의 경계를 잘 보여 준다. 모
두 4칙이다. 다산의 친필은 전하지 않고, 역시 신헌의 《금당기주》에 전
사되어 있다.

〔1〕 玉堂掛珠簾, 中有嬋娟子. 其貌勝神仙, 容華若桃李.
    東家春霧合, 西家秋風起. 更過三十年, 還成甘蔗滓.
    洵云: "如何是春霧秋風?"
    師云: "東邊簫皷媚紅顔, 西邊藜藋擁白鬓."
    又云: "如何是甘蔗滓?"
    師云: "甘醬盡頭, 苦汁來頭."
    又云: "如何做方便?"
    師云: "鞭笞粉鬼, 叱呵紅魔."

한산寒山은 당나라 때 천태산 국청사國清寺에 살았다는 승려다. 이 시
는 《한산자시집》의 제13수이다. 다산은 초의에게 한산의 시를 가르치면
서 불교식의 선문답 방식을 활용했다. 한산의 시 가운데 한 수를 제시
하여 읽게 하고, 초의의 질문을 이끌어 내 대답을 다시 시로 대신했다.

〔2〕 城中蛾眉女, 珠佩珂珊珊. 鸚鵡花前弄, 琵琶月下彈.
    長歌三月響, 短舞萬人看. 未必長如此, 芙蓉不耐寒.
    洵進云: "如何是不耐寒?"
    師云: "十月風霜重, 飄零何處歸."
    洵云: "未悟."

師云: "深且安坐."

제14수를 인용했다. 앞의 시와 마찬가지로 어여쁜 아가씨가 등장한다. 더없이 아름다워 모든 사람이 넋 놓고 바라보지만, 가을바람이 한번 불면 시들어 떨어지는 연꽃 신세다. 깨달음은 이런 데 있지 않다.

〔3〕璨璨盧家女, 舊來名莫愁. 貪乘摘花馬, 樂傍采蓮舟.

膝坐綠熊席, 身披靑鳳裘. 哀傷百年內, 不免歸山丘.

洵云: "如是歸山丘, 不如是不歸山丘麼?"

師云: "喫我一棒."

제41수를 인용하고, 한 차례 문답이 오갔다. 백 년도 못 가 흙으로 돌아갈 인생이 눈앞의 환락에 도취되어 살아가는 것을 보면 슬픈 생각이 든다고 하자, 초의가 그래도 좋은데 어쩌냐고 하니, 다산이 꿀밤을 한 방 먹인 내용이다.

〔4〕群女戱夕陽, 風來滿路香. 綴裙金蛺蝶, 揷髻玉鴛鴦.

角婢紅羅纈, 閽奴紫錦裳. 爲觀失道者, 鬢白心惶惶.

洵云: "這箇是前生善果否?"

師云: "那箇是未來惡因. 邈邊首座, 要做功課. 晝夜擊鐸數珠, 細察其情飯也. 敏捷講主, 要行指導, 夏臘竪拂譚經, 密驗其飯也. 得便宜處落便宜, 失機緣處湊機緣."

洵云: "世間只有恁麼持守否?"

師云: "擧火焚空, 撈水捉月."

問君能得幾時紅, 白髮黃河指顧中

화려하게 꾸민 어여쁜 여인들이 석양 무렵 모여서 장난치며 놀고 있다. 하지만 마음에 도를 지니고 있지 않으면 잠깐 만에 스러져 아무 것도 남지 않는다. 초의가 그녀들이 부자로 사는 것은 전생의 선과善果가 아니냐고 반문하자, 횃불로 허공을 태우는 격의 논리라며 나무랐다. 끝에 작은 글씨로 추기追記한 시 두 구절은 모든 답이 시로 이루어진 것과 달리 〔4〕에서만 설명하는 글로 답변했기 때문에, 이 시구로 대체하려고 고심한 흔적인 듯하다.

둘 사이에 오간 선문답은 시집을 펼쳐 한 수씩 읽어 나가며 토론을 벌이던 사제의 모습을 그려 보게 한다. 다산은 선지식의 풍모를 풍기며 제자의 깨달음을 유도하고, 제자는 스승의 가르침에 때로 어깃장을 놓아 웃기도 하면서 공부의 재미가 차츰 깊어 갔다.

⑧《초의수초다산서증인첩草意手鈔茶山書贈人帖》6칙

초의는 다산의 제자답게 초서鈔書 공부를 게을리 하지 않았다. 베껴 쓴 책은 표지에《초의수초艸衣手鈔》라는 제목을 달아 작은 책자로 묶었다. 최근 불교기록문화유산 아카이브에 공개된《초의수초》가운데《당사걸집唐四傑集》끝에 초의가 베껴 둔 다산의 증언 4칙이 적혀 있다. 초의의 전사轉寫 외에 다산의 원본은 전하지 않는다. 초의는 필사 후기로 "위 네 조목은 탁옹 선생께서 다산에 계실 적에 어떤 사람에게 써준 서첩이다.(右四條, 籜翁先生在茶山詩, 書贈人帖者.)"라고 썼다. 원래 4칙이나 내용으로 한 칙을 나누고, 서두의 8자를 별도로 추가하여 모두 6칙으로 소개한다.

〔1〕貴於忘言, 申於知己

필첩 첫 면에 큰 글씨로 적은 내용으로 보인다. 말로 전할 수 없는 가르침을 지기에게 건넨다는 의미로 보인다.

〔2〕梅花首放, 芳馩夭嬌馥郁, 天下羣芳, 無以逾乎是者. 俄而落英滿地, 全樹衰
　　弊. 杏花梨花, 相續相代, 緋桃驀地紅綻, 妖艷絶倫. 及其衰也, 亦如老妓嫁商
　　人爾. 山居無事, 觀百花盛衰, 足了世局.

매화는 최고의 꽃이다. 하지만 오래가지 못한다. 매화가 지면 살구꽃
과 배꽃이 핀다. 봄꽃은 오래 못 간다. 시든 꽃은 장사꾼에게 시집가는
늙은 기생의 몰골이다. 봄꽃의 성쇠를 보며 세상을 읽는다.

〔3〕山下搆草屋數間, 揷架書三四萬卷. 雖古今史載, 不可徧檢, 而縹緗籤帶之佳
　　潔, 亦足以滋養性靈. 日興居此間, 其眉毛顔色, 已自絶塵超俗. 故讀書人如不
　　可得, 藏書人抑其次也. 人有二養, 性靈之養須玩好, 口體之養須嗳寢. 每見一
　　等悟世味之人, 凡不嗳不寢者, 咸云贅疣. 卽周鼎殷彝, 法書名畵, 指之爲好事
　　者閑務. 故鄕村居室, 其左右所置, 火爐一, 木枕一.

사람은 무엇을 기르느냐에 따라 삶의 질이 달라진다. 책과 함께하는
삶의 향기를 예찬한 내용이다.

〔4〕大舸如山, 大航如雲. 乘長風而江行. 燕坐歗歌, 千里一息, 至快也. 俄焉風
　　雲四合, 電雷如布, 舟師无人色, 相與顚頓號呼, 以祈免於蛟龍之吻. 回顧岸傍
　　漁艇, 方且依徊葦柳之間, 濁酒自勞, 醉臥艙底, 看媼結網, 稚子吹短笛, 亦自
　　適也. 世道何莫不然. 可以一悟也.

큰 배에 올라타 풍악을 울리며 잔치를 벌이니 인간 세상이 다 내 손
안에 든 것만 같다. 하지만 갑자기 몰려온 천둥 번개에 거나하던 술자
리가 아수라장으로 변한다. 그때 물가의 작은 고깃배가 버들가지 사이
에 얌전히 묶인 것을 보면, 좀 전 큰 배 위의 득의양양을 어디서 찾을

것인가?

〔5〕四月上旬, 携枯藜出谿, 水上佇立, 聽田水聲. 稚秧出水, 輭綠未勻. 細風一
過, 波紋遂纈. 天壤間一端生意, 都在這裏. 愛玩情悅, 不覺夕陽已挂樹矣. 此
中多少樂事, 足以消遣.

4월 초 산책 나간 냇가에서 바라본 풍경을 예찬했다. 논 위로 솟은
벼의 여린 싹과 바람이 지날 때마다 일렁이는 잔잔한 파문, 그 속에서
느끼는 생의生意가 삶을 충만하게 해 줌을 얘기했다.

〔6〕朱葦齋詩:"淸也蔭屋瓦, 靜見魴鯉行." 每池亭日斜, 閑俯伏檻, 水中虛明,
別一世界. 游鱗相聚, 樂然相戲, 忽若相背, 倏然相集. 千態萬象, 不可俱述.
都是自然利害, 參在其間.

주위재朱葦齋의 시를 두 구절 인용하고, 시 속의 의경을 통해 세상을
관조하는 자신의 심회를 밝혔다.
이상 읽은《초의수초다산서증인첩》은 승려에게 준 글은 아니지만, 승
려 초의가 베껴 써서 전하게 된 글이어서 여기서 한데 묶어 소개했다.

2) 여타 승려들에게 준 다산의 증언첩

초의 이외 다른 승려에게 준 다산의 증언첩을 한자리에 모아 본다.
이 또한 다산 친필 자료가 대부분이다. 호의 시오, 수룡 색성, 철선 혜
즙 및 철경 응언과 근학, 그리고 이름 모를 사미승에게 준 증언을 묶어
서 함께 소개한다.

① 기어騎魚 자홍慈弘에게 준 《다산여자굉증언茶山與慈宏贈言》 8칙

기어騎魚 자홍慈弘에게 준 증언첩도 있다. 다산은 〈아암장공탑명兒菴藏
公塔銘〉에서 "두 제자가 있으니 수룡 색성과 기어 자홍이다."라고 적었
다. 이 둘은 아암의 여러 제자 가운데에서도 가장 두각을 드러낸 쌍두
마차였다. 《대둔사지》와 《만덕사지》의 편집자로도 이름을 올렸다. 《동사
열전東師列傳》에는 그의 전기가 빠지고 없다. 자홍은 이름을 뒤에 자굉慈
宏으로 고쳤다. 청나라 건륭제의 이름을 피하느라 그랬다. 굉宏과 홍弘은
중국 음이 같다. 이하 자홍으로 통일한다.

먼저 《다산시문집》에 실린 〈기어 자홍에게 주는 말(위기어승자홍증언
爲騎魚僧慈弘贈言)〉이다.

> 吾聞君子憂道不憂貧. 養其大體曰道, 不能養其小體曰貧. 鄒夫子善養吾浩然之
> 氣, 其言曰是氣也, 配義與道, 無是則餒. 是氣之餒, 其可憂誠有甚於是體之饑.
> 斯其所以所憂在此而不在彼也. 有人於此, 一生鮮衣美食, 高宮室盛帷帳, 令不得
> 聞道而沒, 死之日, 身與名俱泯. 斯其爲物也, 與孔翠虎豹鶬鶴蜘蛛之等, 無以異
> 也. 然而世之人, 方且汲汲營營, 鷄鳴而起, 孳孳然不能已者, 在於小體之養, 而
> 於所謂是氣之養, 泄泄然莫之用心. 自君子觀之, 不可嗟乎. 佛法雖誕誕, 其所說
> 眞妄有無之相, 則吾儒本然氣質之辨也. 沙門慈弘棲于水精蘭若, 今年秋就食于綾
> 州, 書此以戒之.

인근 수정사水精寺에 머물던 기어가 능주로 탁발을 나왔다가 다산초당
에 들렀다. 밥을 구하려고 먼 데까지 간다는 말을 듣고 내린 가르침이
다. 육체의 허기보다 정신의 깨달음에 목말라야 한다는 꾸중을 내렸다.

자홍에게 준 또 하나의 증언첩은 다산과 아들 정학연丁學淵 부자의
친필로 전한다. 현재 책의 제목이 《다산유산양세묵보茶山酉山兩世墨寶》다.
내용으로 보아 《다산여자굉증언茶山與慈宏贈言》이 옳은 이름이다. 김민영

이 소장했던 이 필첩은 2007년 동국대학교 박물관에서 개최한 '불서를 통해 본 조선시대 스님의 일상' 전시회에 처음 공개되었다. 펼침면 일곱 장에 일곱 개 항목으로 되어 있다.

필첩 끝에 "가경 20년 을해년(1815) 9월, 다산의 송암에서 써서 자굉 화상에게 주다.(嘉慶二十年乙亥秋季, 書于茶山之松菴, 以贈慈宏和尙.)"라고 적혀 있다. 처음 세 항목은 다산이 직접 썼고, 나머지 네 항목은 당시 아버지를 뵈러 강진에 내려와 있던 정학연이 썼다. 글은 모두 다산의 것이다. 다산은 일부러 아들에게 절반 분량을 쓰게 해서 부자 합첩 모양을 만들어 기념이 되게 해주었다. 차례로 읽어 본다.

〔1〕老頭陀面壁念佛, 忽思世間夫婦, 對飯同被, 歡樂無比. 錫杖下山, 忽見井上有黃頭黑面, 如九子魔母者, 散髮痛哭. 詢之, 與夫鬪也. 頭陀色然駭, 回上山來.

세간 부부의 정다운 삶이 그리워 산을 내려온 늙은 중이 우물가에서 산발한 채 통곡하는 여자를 만나 그 길로 정신을 차려 산으로 돌아왔다는 짤막한 얘기다. 수행자의 헛생각을 짚어 준 내용이다.

〔2〕"花濃春寺靜, 竹細野塘幽." 此春日禪參話頭也. "秋水淸無底, 蕭然淨客心." 此秋日竪拂戒語也. 常誦此二聯, 不患不頓悟也.

시 두 구절을 화두 대신으로 들려주었다. 봄과 가을을 노래한 두 구절로 돈오의 경지에 이를 것을 권면했다.

〔3〕道烜比丘性機警. 紫霞山人曰: "慧者鈍之根, 巧者拙之本. 女知之乎? 神秀穎悟, 而槽廠笨夫, 先獲衣鉢, 女知之乎? 鈍拙者, 成德之基."

도휜 비구에게 들려준 말을 다시 옮겼다. 재주가 승해 따지기 좋아
하는 도휜에게 6조 혜능의 이야기로 우둔하고 졸렬함이 수행자에게 더
미덕이 됨을 일깨웠다.

〔4〕冽上山水淸曠, 騷人墨客, 日獻詠于其中. 但乏高僧韻釋. 若令騎魚輩, 結一
菴於石林水鍾之間, 與之往還, 豈非西山社中賞心樂事也.

애정이 듬뿍 담긴 말이다. 초의에게도 비슷한 이야기를 했는데, 아예
자신과 함께 상경해서 근처에 암자를 하나 지어 이웃하며 지내자고 말
했다.

〔5〕每到雲吉山房, 見禪室闃然, 黃葉堆窓, 無一箇頭陀. 忽憶兒蒼舊約, 爲之愴
恨良久. 余之輓兒鑫詩曰: "園留瓔珞穿花逕, 渚繫袈裟泛月船." 盖恨之也.

앞의 글과 비슷한 내용이다. 운길산 수종사가 황폐한 채 텅 빈 것을
안타까워 하며, 이곳에 와서 함께 지내자는 뜻을 보였다.

〔6〕蕙圃詩云: "未花院落生紅暈, 旣雨林園長碧條." 有風流宰相氣味, 都下諸公,
皆盛稱之. 蕙圃卽都承旨韓公, 曾撰華嶽醉如兩禪師碑銘.

풍류 재상의 기상을 나타내는 혜포 한치응의 시 한 구절을 끌어와
자홍을 격려했다. 이 글에서 화악華嶽과 취여醉如의 비명을 한치응이 지
었다고 썼는데, 실제로는 다산 자신의 대찬임을 앞서 밝혔다.

〔7〕楊根之小雪山, 有太古普愚和尙舊基. 敬礎猶宛然. 今若搆一小菴, 安新鍍小
菩薩一軀, 移藏翁覃溪詩集, 足可爲畿甸名釋. 其圖之哉.

다시 양근 소설산 인근에 있는 고려 때 태고 보우 스님의 암자 터를 권유했다. 글에 나오는 《옹담계시집》은 추사를 통해 대둔사에 기증된 《복초재집》을 말한다.

이런 글을 보면 다산이 자홍을 얼마나 아끼고 사랑했는지 드러난다. 일부러 불교 용어와 비유를 써서 그를 깨달음으로 이끌고자 애썼다.

② 기어 자홍에게 준 〈기어당게騎魚堂偈〉 1칙

기어 자홍을 위해 써 준 〈기어당게騎魚堂偈〉가 따로 남아 있다. 신조 선사에서 펴낸 《여유당전서》에는 누락되었는데. 장서각본 《열수전서洌水全書》 속집 2와 규장각본 《여유당집》 23책에는 실려 있던 글이다. 편집 당시 이 글이 빠진 이유는 알 수 없다. 최근 다산학술재단에서 정리한 《정본 여유당전서》에 포함되었다.

> 魚可騎乎哉? 道家者流有斯言, 誠荒唐. 然世之人, 無一非騎魚者也. 斯世也, 大瀛也, 斯形也, 魚也. 斯知也, 其騎者也. 魚性喜潛, 見鮒鰕之游于穴, 而欲趨而吞之則潛. 見藻荇之舞于渚, 而欲俯而依之則潛. 見其類而慕之則潛, 大風至而畏之則潛. 潛其騎者, 溺也. 故學飛昇之術者, 能制其魚, 令不能潛, 則可騎而飛, 亦寓言也. 浮屠慈弘, 福縣人也. 少從煙波藏大士學曹, 習旣熟, 將錫之號, 以傳其法. 偃拂子作釣魚勢而告之曰: "弘女所騎者, 非魚乎?" 堂女曰騎魚, 女尙鑒于玆, 毋溺哉!" 蘀皮旅人, 聞其說而悅之, 爲小偈以遺之曰:
>
> 瀛海滉瀁, 浩洋瀾漫. 有夫散髮, 坐鰭如峯.
> 風濤洶涌, 裙帶平安. 仰看碧落, 明月團團.

이백이 고래 등에 올라타고 승천했다는 이야기처럼 물고기 등에 올라타는 이야기를 설명했다. 이어 스승 아암이 기어에게 내린 당부를 적은 뒤, 그 내용을 게송으로 간추려 선물했다. 이 장면을 보면 두 스승이 나란히 앉아서 한 사람은 당부를 담아 호를 지어 주고, 한 사람은 그 내용을 게송으로 노래해 주는 모습이다. 이 또한 어딘가 친필첩이 남아 있을텐데, 현재는 전하지 않는다.

③ 철경掣鯨 응언應彦에게 준 《제철경첩題掣鯨帖》 5칙

철경 응언에게 준 증언은 《제철경첩題掣鰮帖》이란 제목 아래 모두 5칙의 글이 수록되어 있다. 이 가운데 3,4,5번 항목은 앞서 읽은 《다산여자굉증언茶山與慈宏贈言》의 제1, 2칙 및 제6칙의 내용과 동일하다. 같은 가르침이지만 수신자가 달랐으므로 앞서 쓴 것을 일부 그대로 가져다 쓴 것이다. 이 책은 2011년 해남에서 나온 필사본 《탁옹집籜翁集》 뒤편에 수록된 여러 승려들에게 준 증언첩 4종 가운데 하나다. 해당 내용에 대한 다산의 친필은 따로 전하지 않는다.

중복되는 3칙은 앞서 이미 읽었으니 제외하고, 나머지 2칙만 읽어 본다. 먼저 제1칙.

〔1〕 禪機不必在面壁. 散步林塘之側, 坐看幽磵渟洄, 游鯈潑潑, 蕭然嗒然, 不知山日已匿. 此上乘悟境也. 豈狗子柏樹, 所能方哉.

상승오경上乘悟境의 선기禪機를 말했다. 다산은 철경이 너무 격식과 계율과 화두에만 얽매이지 말고 자유로운 정신을 지니기를 바랐다.

〔2〕 騎魚子初寒遠遊, 忽着有絮之衲. 茶山曰: "爾貧何從得有此衣?" 魚曰: "道煊比丘贈我." 茶山曰: "寒佗煖自, 可乎?" 魚曰: "萬物一體, 自他平等."

스승과 제자 사이에 주고받은 말장난을 선문답을 주고받듯 옮겨 적은 내용이다. 앞서 이름이 나온 도훤 비구의 옷을 빌려 입고 나타난 기어와 주고받은 문답을 소개했다.

중복되어 수록하지 않은 내용은 면벽하여 염불하던 도중 세간의 부부 생활의 기쁨을 떠올려 파계를 결심하고 속세로 내려왔다가 우물가에서 구자마모九子魔母 같은 여자가 통곡하는 것을 보고 정신이 번쩍 들어 산으로 다시 올라온 어느 승려의 이야기와, 시 두 구절로 참선의 화두로 삼으라고 제시한 글, 그리고 혜포 한치응이 쓴 풍류재상의 기운이 넘치는 시 구절을 소개한 세 항목이다.

다산은 기어 자홍에게 써 준 것처럼 철경 응언에게도 〈철경당게掣鯨堂偈〉를 써주었다. 《동사열전東師列傳》 가운데 〈철경강사전掣鯨講師傳〉과 《백열록柏悅錄》에 그 글이 함께 수록되어 있다. 앞서 《백열록》에 실린 일문을 소개하면서 그 내용을 살폈으므로 여기서는 생략한다.

④ 수룡袖龍 색성(賾性, 1777-1806)에게 준 〈수룡당게袖龍堂偈〉 1칙

수룡 색성은 아암 혜장의 제자 가운데 서열 1위의 맏제자이다. 그에게도 분명 증언첩을 따로 주었으리라 짐작되나 전하는 것은 없다. 그는 다산이 초당 생활을 할 때 초당으로 건너와 부엌살림을 돕기도 하고, 다산의 해배 뒤에도 이른바 전등계傳燈契를 맺어 끈끈한 사제의 의리를 이어 갔던 인물이다.

이 글 또한 신조선사에서 펴낸 《여유당전서》에 누락된 글로, 장서각본 《열수전서洌水全書》와 규장각본 《여유당집與猶堂集》에는 실려 있다. 《여유당집》에 실려 있는 〈수룡당게袖龍堂偈〉이다. 처음 다산 친필본 문집에 수록되었으나 어떤 연유에선지 신조선사 《여유당전서》의 편집과정에서 빠졌다.

龍之職, 所以役靈怪興雲雨, 以澤玆下土也. 有龍焉, 懶不職, 太白胡僧, 囚之葽之罪之, 此諧之言也. 然龍神變恍忽, 人不能物之. 一朝坐於懶而遘此辱, 而可懶哉? 諧之意, 所以策懶, 非苟爲是詼謠也. 浮屠賾性, 塞琴縣人也. 少從煙波藏大士學曹, 習旣熟. 將錫之號. 以傳其法. 以杖叩其卓而告之曰:"賾女懶. 懶爲人所制, 改之將袖龍也. 堂女曰袖龍, 女尙鑒于玆. 毋懶哉!" 藜皮旅人. 聞其說而悅之. 爲小偈以遺之曰:

麗裔其夆. 釀夷擾之. 孰紹闕武, 庚山之緇.
胡羣之聲, 怠棄闕司. 咨善男賾. 尙鑒于玆.

내용으로 보아 수룡은 느긋한 성품의 소유자였던 모양이다. 아암 혜장은 제자들에게 당호를 내려 주면서 색성에게는 수룡袖龍이란 이름을 내렸다. 신물神物인 용도 게으름을 부리면 사람에게 붙들려 욕을 당하니, 수행자에게 게으름은 결코 용납되지 않는다는 취지로 분발을 촉구했다.

스승 아암에게서 이름을 받고, 또 다른 스승 다산에게서는 이름에 대한 풀이를 받았으니, 아암의 제자들은 한층 고무되어 공부와 수행에 더 매진해 나갈 수 있었을 것이다.

⑤ 철선鐵船 혜즙惠楫에게 준《잡언송철선환雜言送鐵船還》11칙

이 글은 1834년 가을, 73세였던 다산이 대둔사 승려 철선 혜즙을 위해 써 준 증언첩이다. 금강산 유람차 초의와 함께 상경했던 철선이 동행하기로 한 김명희金命喜의 와병으로 금강산 유람을 가지 못하고 근교에 머물다가 돌아갈 때 전별 선물로 써 준 글이다. 앞쪽에 다산의 증언 11칙과 송별시 9수가 실려 있고, 이를 이어 다산의 두 아들과 초의, 철선 등이 주고받은 수창시 4수와 정학연의 장시 1수, 율시 2수를 수록했

다. 이 첩은 현재 일민미술관에 소장되어 있다. 펼침면으로 26면이다.

증언첩은 승려의 거처가 갖추어야 할 여러 입지 요건과 물품들, 그리고 그 속의 운치 있는 생활에 관한 내용이 담겨 있다. 말하자면 승려의 이상적 거처와 삶에 관한 주제를 담았다. 차례로 읽어 본다.

〔1〕 擇山須洞府重疊, 巖壑峭絶, 復有淸流詭石, 脩竹長松. 穿到最深處, 於絶頂之下, 得平穩結乳之地, 縛艸菴四五間.

암자를 얽기에 알맞은 택산擇山의 요건을 정리했다. 산꼭대기 아래 젖샘이 솟는 곳에 암자 서너 칸을 얽을 것을 권했다.

〔2〕 取山石爲臺爲址, 取山石爲墻爲砌. 高可數丈, 以防虎豹, 穿小池爲上下二沼, 下者種芙蕖, 上者養魚, 以觀其游戱. 左右雜植名花奇木, 門外因松爲壇, 可坐四五人, 斯足矣.

다음은 축지築址, 곧 집터 닦기와 담장 두르기와 연못 파기 등의 요령을 설명했다. 산돌을 모아 터를 다지고, 울타리와 섬돌도 산속 돌을 주워 꾸민다. 상하 두 개의 연못을 파는 것은 다산의 터 잡기에서 절대로 빠질 수 없는 요소다.

〔3〕 擇法侶一友, 志同道合, 不規規於僧之律, 不瞿瞿於俗之訕. 慈和良善之性, 復能毅然壁立, 不輕動, 不數變者, 乃可用也. 帶道童二人, 力能取樵, 慧能學書者, 良法侶或與之同栖, 或與之結鄰, 無所不可.

법려法侶와 강학講學에 관한 내용이다. 수행자는 좋은 도반道伴을 만나야 한다. 사미승을 둘 정도 두어 공부를 시키면서 살림을 돕게 한다.

〔4〕內典道理, 皆矯僞不眞, 唯其文詞, 奇幻留之. 如唐宋詩鈔, 且以遮攔人目,
　　至於疏鈔講授之工, 是魔網業障之首. 當淸掃者, 多聚人家不肖子弟, 穿堅磨鈍,
　　舌敝脣焦, 我以妄說, 渠以妄聽, 名之曰指導津梁, 實則爲驅內陷阱. 所涎在束
　　脩米數斗, 賤丈夫之行也. 甚則販秫餠, 熬蓼饊, 令歸獻其爺娘, 以媚以締, 唯
　　恐其反走嘻其勞哉. 一切謝遣, 唯留其慧且强者數人, 以充道童之選, 抑所宜也.

뜻도 모른 채 관성적으로 되풀이하는 소초疏鈔 공부를 그만두고, 허
세로 제자에게 잘 보이려 드는 행동도 해서는 안 된다고 지적했다.

〔5〕擇書惟周易一部, 李鼎祚集解, 朱漢上易說, 吳草廬易纂言, 都絜易變體, 皆
　　可置. 唯王輔嗣韓康伯遺義, 敬而遠之, 可也.

아암의 학맥을 이은 철선에게 다산이 특별히 《주역》 공부의 중요성
을 강조해 구체적인 텍스트를 제시했다.

〔6〕道德經上下篇, 莊子四七篇, 商周書二十餘篇, 大小雅并毛鄭之釋, 魯論廿一
　　篇, 孟子四六七篇, 楚詞漢魏六朝詩, 唐宋元明詩鈔, 不可不備. 須縹緗鮮潔,
　　揷架齊整, 乃可觀也.

그 밖의 책으로 《도덕경》, 《장자》, 《서경》과 《시경》, 《논어》와 《맹자》
를 꼽고, 시는 《초사》와 한위육조시, 당송원명시초 등을 꼽았다. 《도덕
경》과 《장자》 등 노장서를 유가 경전보다 앞세운 것이 인상적이다. 중
국의 역대시를 두루 갖추어 시학 공부에 힘쓸 것을 당부했다.

〔7〕又法書名畵, 或帖或軸, 雖不能大備, 不可全触. 壁上揭中華人柱聯書四五對,
　　秋史紫霞之筆, 玄齋檀園之畵, 草亭泠齋之詩, 凡名世之作, 不可少也.

문화에 대한 안목을 지니기 위해 어느 정도의 법서法書와 명화名畵를
갖출 것을 주문한 내용이다. 심사정과 김홍도의 그림을 언급한 것이 흥
미롭다.

〔8〕 壁上掛短琴一張, 七絃則十一暉, 五絃則九暉 有柱而無卦, 卦者玄琴之陋制,
     所期膠柱而鼓之也. 每松月舒輝, 衣露潔靜, 雖不解音節, 手拊以自樂, 可矣.
     墻頭養蜜蜂三四筩. 時至割脾, 無拘戒殺之虛喝也. 蜜殊琴聰, 豈不若沿門乞米
     之老頭陀知識耶.

여기서부터는 새롭게 마련한 거처에서 보낸 일상에 대한 설명이 이
어진다. 먼저 자락自樂의 삶을 위한 요건을 꼽았다. 음악을 사랑하는 생
활과 꿀벌을 기르는 일상, 그리고 비록 승려 신분이라 해도 건강을 위
해 굳이 육류의 섭취를 마다해서는 안 된다는 취지의 충고를 남겼다.

〔9〕 意到作古詩數章, 近體詩三四首, 每春至谷雨時, 取芽茶蒸晒如法, 幷詩稿封
     裹, 以寄洌上老人, 亦善事也.

시흥詩興이 일면 고시나 근체시를 몇 수 지어 굳은 마음을 풀어 준
다. 곡우 때는 찻잎을 따서 찌고 말리는 것을 법대로 한다. 이를 지은
시와 함께 봉해 두릉에 선물로 보내라고도 했다.

이 글 끝에 다산은 "갑오년(1834) 상강 지난 다음 날 열상洌上의 73
세 늙은이가 멋대로 쓰다.(當宇甲午霜降之越翼日, 洌上七十三歲翁漫書)"라고 글
을 맺었다. 하지만 이튿날 빠뜨린 내용이 다시 떠올랐던 모양이다. 두
항목을 더 첨가했다.

〔10〕 僧詩與妓詩, 易於名世. 一, 凡詩家所資, 唯山林之氣, 閨房之情耳. 緇衣紅

袖, 皆其本身坐在這裏, 所以發言易以動人. 二, 詩家好奇, 觸永跌宕之場, 有色目人在座, 奇異倍常. 所以推獎每過也. 三, 詩家好勝, 同隊有勝己者, 心實病之. 方外壇場, 不患壓己. 且其所蘊, 每寡恕之, 不深咎也. 若余所望於若者, 不止是也. 惠遠支遁之玄微, 貫休靈徹之淸警, 參廖石屋之靈秀, 憨山紫柏之雄俊, 雖非叢林, 必當得與於斯文, 又如高麗眞靜國師天頙之詩, 直可與錢虞山尤西堂, 比肩對頭, 有爲者亦若是矣.

　승려와 기녀의 시가 세상에서 쉽게 이름나는 이유를 세 가지로 꼽고, 철선에게 역대의 훌륭한 시승詩僧의 예를 들어 이들과 비견될 만한 훌륭한 시인이 될 것을 희망했다. 다산은 고려 때 진정국사 천책을 최고의 시인으로 꼽았다. 실제 철선은 학문보다는 시학 방면에서 우뚝한 성취를 보인 시승이었다.

　〔11〕僻鄕患無書册, 無以博覽. 卽拈頌傳燈錄所引詩句, 多是絶唱. 眞靜詩亦合摸楷. 時游北方, 蒐而歸之, 何患乎聞見之不博也. 翌日又書.

　마지막 항목은 궁벽한 산골에서 서책을 통해 견문을 넓히라고 당부했다. 이렇듯 다산은 철선에게 모두 11항목으로 된 글을 송별 선물로 직접 써 주었다. 땅을 정하고 집을 지으며 벗을 고르고 제자를 가르치는 일부터, 책 읽고 서화를 감상하며 시 짓고 책 읽으며 지내는 일상의 운치에 이르기까지 세세한 지침을 담았다. 철선에게는 시학 공부를 유난히 강조했고, 승려의 계율이나 불경의 가르침에 지나치게 얽매이지 않는 툭 트인 자세를 갖출 것을 주문했다. 불경을 비판하고 육류의 섭취도 굳이 피해서는 안 된다고 말한 대목이 인상적이다.

⑥ 철선鐵船 혜즙惠楫에게 준 증송시贈送詩 9수

《다산시문집》에 누락된 9수의 증송시가 위 증언첩에 잇따라 적혀 있
다. 처음에는 당시 초의와 철선의 상경에 동행하지 못한 대둔사의 호의
시오와 수룡 색성을 위해 쓴 시 한 수가 적혀 있다. 제목은 〈두 승려가
돌아감으로 말미암아 대둔산 산중의 호의縞衣와 수룡袖龍 두 장로에게
부쳐 보이다.(因二衲之歸, 寄示大芚山中縞衣袖龍二長老)〉이다. 철선에게 준 것
은 아니지만 여기서 함께 제시한다.

> 憶上頭輪第一峯, 清秋衣帶掛長松.
> 烟波屋老緇帷掩, 華嶽砡碑荒碧蘚封.〔余曾撰華嶽砡碑銘.〕
> 猶有名茶煩遠寄, 秪今寒菊伴衰容.
> 滄洲定復遲歸鶴, 雲雨終須起懶龍.〔縞衣姓丁, 是鶴也. 余答縞衣書, 勸游金剛,
> 袖龍亦爲二衲雪恥可.〕

예전 대둔사로 놀러가서 정상에 올랐던 기억을 떠올려, 이미 세상을
뜬 아암 혜장에 대한 그리움과, 호의와 수룡의 두터운 뜻에 대한 고마
움을 표하고, 두 사람의 상경을 권유한 내용이다. 행간에 그리움이 빼
곡하다.

이어 다산은 〈학연과 학유 두 아들이 두 스님과 함께 운자를 나눠
지은 시 8수가 있길래, 내가 함께 8운을 차운해서 초의와 철선을 전송
한다(淵游二子, 與二衲, 有分韻詩八首, 余並次八韻, 以送艸衣鐵船)〉라는 긴 제목의
시 8수를 친필로 이어 썼다. 1834년 8월 24일에 지었다.

정학연과 정학유도 같은 운자로 4수씩 지었고, 여기에 초의와 철선의
답시도 실려 있다. 앞쪽은 다산의 글씨고 뒤쪽은 정학연의 친필이다.
초의에게 준 다른 필첩에 실린 시는 내용에 조금 차이가 있다. 이 두
서첩에 대해서는 별도의 검토가 필요하다. 다른 사람의 시는 별도의 지

면에서 일부 소개한 바 있으므로 여기서는 생략하고 다산이 철선과 초
의에게 준 8수만 읽어 보겠다.

한편 신헌申櫶의 《금당기주琴堂記珠》에도 이 시가 실려 있다. 별도의
서문이 따로 남은 것으로 보아 당시 다산은 초의와 철선을 위해 각각
기념으로 별도의 시첩을 남겨 주었던 듯하다. 먼저 《금당기주》에 같은
시를 초의에게 써 주면서 앞에 붙인 서문이 남아 있어 소개한다.

> 甲午菊秋, 海南禪師草衣鐵船, 闍梨尙薰自欣, 來䄂於茗谿漁舍, 千里送別, 前
> 期邈邈, 臨流判襟, 豈勝悽斷. 乃拈司空圖詩品, "流水今日, 明月前身" 八字分
> 韻, 各賦以爲贐. 兩沙門二芯葛, 亦倡而和之, 以留贈.

1834년 8월 말에 썼다. 사공도司空圖의 《이십사시품二十四詩品》 가운데
제7, 〈세련洗煉〉에 나오는 '유수금일명월전신流水今日明月前身'이란 8자를
운자로 지었음을 밝혔다. 아래 각 수의 마지막 글자를 합치면 위 8자가
만들어진다. 하필 운자로 택한 '오늘은 흐르는 물이요, 전신은 밝은 달
빛'이 풍기는 여운이 자못 길다. 물은 흘러 흘러 떠나가도 달빛은 물
위에 그대로다. 서로를 그리는 우리의 마음도 이와 같을 것이다. 멀리
헤어졌지만 늘 함께 있다는 의미다. 초의에게 준 별도의 시첩은 현재
전하지 않는다.

이제 다산이 철선에게 준 8수의 시를 소개한다.

〔1〕
凄飇隕凋葉, 逝雁涼淸秋.
歸心疾如電, 荏染爲復留.
憐汝亦枉離, 猶然非俗流.

초의에게 준 같은 시에는 제3구의 '전電'이 '전箭'으로 되어 있고, 4

구의 '임염荏染'도 '임염荏苒'으로 바뀌어 있다.

〔2〕
窄窄椰子孔, 驤驤見犇蟻.
脫略謝羈靮, 偃息靑山裏.
此事豈不好, 所惡曹溪水.

한편 초의에게 써준 시에는 5, 6구가 "窈窕長春洞, 曲曲幽泉水."로 다르게
대체되었다.

〔3〕
須彌何處山, 日月栖其陰.
地毬且茫昧, 奚能見性心.
道污匪汝咎, 胥溺到如今.

〔4〕
輪轉雖下乘, 上乘復荒謬.
嗟哉本然藏, 眞源杳已失
疇能廓氛翳, 昭晰覩天日.

〔3〕〔4〕는 선 수행이 흉내나 말장난에 그쳐서는 안 된다는 훈계를 담
았다. 은연중 불교를 비판하는 기미가 담겨 있다.

〔5〕
落英隨流水, 悠忽彈指聲.
豊干實富貴, 拾得眞光榮.
但敎本領好, 此意良獨明.

1구의 '유수流水'가 《금당기주》에는 '서수逝水'로 바뀌어 있다.

〔6〕

策駟喧紫陌, 揷貂趨金闕.

此事如夢飽, 至竟皆朽骨.

何如拊素琴, 坐弄松間月.

위 두 수에서는 모두 한산寒山 시의 풍격이 진하게 느껴진다. 승려로서 지녀야 할 마음가짐에 대한 내용을 담았다.

〔7〕

謀身良非誤, 謀道殊多愆.

與我共飮此, 停盃一問天.

至道無隱奧, 曬曬在眼前.

2구의 '건愆'자를 《금당기주》에는 '건諐'자로 썼다. 또 6구의 '역력曬曬'이 '역력歷歷'으로 되어 있다.

〔8〕

汝往忽自悟, 再作新世人.

束閣澄觀疏, 抱朴回天眞.

庶幾拔火宅, 好保淸凉身.

厥翼卽卄四日, 洌翁又書.

제5구의 '발拔'자가 《금당기주》에는 '초超'자로 적혀 있다. 또 제 7구의 '호好'는 '여如'로 썼다.

이상 살펴본 8수의 시는 맨 마지막 글자를 모으면 앞서 말했듯 '유수금일명월전신流水今日明月前身' 여덟 글자가 된다. 다산은 너희는 흐르는 물처럼 오늘 내게서 멀어져 가지만, 밝은 달빛 같은 우리의 마음만은 변함없이 그 자리에 머물러 있으라는 축원을 담아 먼 길을 떠나는 두 사람의 장도를 축원했다. 당시 다산은 73세의 고령이었으므로 이번의 작별이 이승에서 마지막 작별일 수도 있겠다는 생각을 했던 것 같다. 실제로도 두 해 뒤인 1836년에 다산이 세상을 뜨면서 두 사람과 만남은 이것이 마지막이 되었다.

이 증언첩의 끝에는 철선의 화답시가 한 수 적혀 있다. 스승의 증언과 시를 받고 다산의 두 아들과 초의와 철선이 각각 한 수씩 화답한 것 가운데 한 수다.

一權訪剡谿, 江天雨乙乙.
山水藏身久, 文章世家必.
臨岐悵何許, 東流與西日.

초의에게 준 다른 필첩을 옮겨 적은 《금당기주》에는 다산의 두 아들과 초의와 철선이 차운한 네 수 외에 나머지 4수도 실려 있다. 석계錫谿와 견향見香, 만휴卍休와 정대림丁大林이 각각 한 수씩 지었다. 철선의 증언첩 속에는 이것은 빠지고 없다.

⑦ 호의縞衣 시오(始悟, 1778~1868)에게 준 〈호의호계縞衣號偈〉 1칙

수원화성박물관이 소장한 《두륜청사頭輪淸辭》는 다산이 대둔사 승려 호의 시오를 위해 친필로 직접 써 준 호계첩號偈帖이다. 모두 21면에 걸쳐 썼다. 첫면에는 펼침면 위에 소치 허련이 그린 죽석도竹石圖가 있고, 그 뒷면에는 다산의 장남 정학연丁學淵의 친필로 '호의다실縞衣茶室' 넉

자를 2면에 걸쳐 썼다. 이후 펼침면으로 무려 18면에 걸쳐 다산 친필의 〈호의호게縞衣號偈〉가 실려 있다. 그의 제자인 범해 각안이 지은《동사열전東師列傳》가운데 〈호의대사전縞衣大士傳〉에서 "정다산이 마침 강진에 있을 때 한집안의 우의를 도타이 여겨 호게號偈와 서문을 지어서 주었다.(丁茶山適在康津, 敦其宗誼, 作號偈及序文以贈之.)"라고 한 내용이 있다. 여기서 말한 호게가 바로 이 글이다. 이제껏 실물의 존재 여부가 알려지지 않다가, 2005년에 공개되었다. 전체 원문은 다음과 같다.

截彼頭輪, 鎭此斗南. 于其左麓, 厥有精藍.

有寂一禪, 縞衣如炎. 云誰之續, 於鑠蓮潭.

𩱫彼淸泉, 是悅是甘. 偶有薄酒, 載鬯載酣.

鏗然一筇, 巡及諸菴. 爰講法華, 以遳玄談.

咳唾玉屑, 亂抽經函. 常懷拾得, 栖息寒巖.

靑螢一燈, 靜照佛龕. 閴然坐禪, 以證夬諳.

萬步千斧, 不止再三. 香海旣淨, 衆理昭森.

山外之事, 匪性所堪. 亦哂導師, 據猊呢喃.

何必世尊, 亦慕老聃. 已悟椿櫟, 壽勝粳柟.

優哉游哉, 歲月其覃. 豈必役勞, 以溺嗔貪.

緬彼羲農, 邈焉寡儔. 竄宷唐虞, 慨獨思侔.

自夏商還, 如歲旣秋. 常思戾天, 歷覽九州.

噫然以息, 安此林丘. 泉石靜潔, 花木幽幽.

左圖右書, 以泳以游. 俯仰今古, 哀此蜉蝣.

彼瀰者水, 曠然滄洲. 閑者攸主, 一葉漁舟.

朝往暮來, 亦又何求. 消搖徜徉, 遂及白頭.

明月滿船, 淸唱權謳. 浮家泛宅, 是淹是留.

縞衣禪師, 枏海之裔也. 今居大芚之南菴.

4언 72구에 달하는 긴 내용이다. 호의의 성품과 공부 과정, 유학에 대한 열린 태도, 사람됨이 욕심이 없고, 무리하는 법이 없다는 덕성을 기록하고, 자연 속에서 순천順天의 삶을 살아갈 것을 축원했다. 다산이 이 글을 지어 주면서 호의에게 보낸 친필 편지는 한국교회사연구소가 소장한 《매옥서궤梅屋書匭》 속에 남아 있다. 뒷절 서간문 항목에서 제시하겠다.

《두륜청사》의 끝에 "가정 갑술년(1814) 자하산인이 송풍암 가운데서 쓰다.(嘉靖甲戌, 紫霞山人書于松風菴中.)"란 부기가 남아 있다. 서체로 볼 때 이 한 줄은 다산의 글씨가 아닌 후인의 보사補寫로 보인다.

⑧ 어느 사미승에게 준 〈위사미증언爲沙彌贈言〉 1칙

이 글은 다산 친필의 《소산청고첩疎散淸高帖》에 실린 글이다. 어느 사미승에게 시율 공부에 힘써야 함을 권면하려는 목적에서 써준 글이다. 수신자의 이름은 밝혀져 있지 않다. 서첩의 표지를 열면 한 면에 한 글자씩 네 면에 걸쳐 '소산청고疎散淸高' 네 글자를 써 놓았으므로, 필첩 제목으로 삼았다.

昔華嶽大師, 少不識字, 顧販農器以自資. 一朝棄業受書, 卒成禪宗. 往年余銘其塔矣. 道有虛實, 而豪傑憤悱之氣, 足以激礪衆懦一也. 雪浪禪師洪恩之言曰: "不讀萬卷書, 不知佛法." 誠哉是言也. 知其眞者與知其妄者, 均之非萬卷不可能也. 讀書而可少哉. 旋蹍反彎, 非大勇不能. 彼牽情濁惡, 髡而走者, 惡足多乎哉. 憨山紫柏之等, 皆窮通釋典, 妙解玄談, 猶復貫穿儒經, 旁及九流七略. 又工於詩律篇翰, 卽六祖慧能四句短篇, 遂足以傳授衣鉢, 空門淸事, 莫詩若也. 陶寫性情, 敷說道理, 緣境相遇, 神妙是寓, 胡乃念狗想栢, 自錮聰智, 蹈襲陋禪之惡習哉. 書示沙彌, 俾工篇律.

첫 단락에서 화악華嶽 문신文信 스님이 장돌뱅이에서 마침내 글공부를 통해 큰스님으로 거듭난 예를 들어 사미승의 공부 욕구를 북돋웠다. 이어 명대 승려로 화엄학의 대가이자 시승詩僧으로 이름 높았던 설랑雪浪 홍은(洪恩, 1545~1607)이 1만 권의 독서가 있은 뒤라야 불법을 알 수 있다고 한 말을 높이 긍정하고, 공부를 하지 않고는 깨달음에 결코 도달할 수 없다고 강조했다. 다시 불경에 깊고, 도가의 가르침도 이해하면서 유가 경전과 구류백가의 학문에 통달하며, 시문 창작에도 탁월한 성취를 보였던 명말의 승려 감산憨山 덕청(德淸, 1546~1623)과 자백紫柏 진가(眞可, 1543~1603) 두 사람을 꼽고는 따라야 할 모범으로 제시했다.

시율 공부는 단지 시인이 되고자 하는 공부가 아니라 승려로서 자신의 성정을 도야하고 깨달음을 글로 펴며, 그때그때의 신묘한 마음속 작용을 붙들어 두기 위해서임을 다시 한번 강조했다. 이렇듯 다산은 불교에 대해 비판적 관점을 지녔으면서도 불승 제자들을 위해 끊임없이 공부의 방법을 강조하고 시학 공부의 중요성을 일깨웠다.

⑨ 승려 미감美鑒에게 준 〈폐추유송미敝帚喩送美鑒〉 1칙

이 글은 신조선사본 《여유당전서》에는 빠지고 없는 글이다. 다만 장서각본 《열수전서》 18책과, 규장각본 《여유당집》 23책에는 수록된 글이다. 불교 관련 글이라 뺀 듯한데, 다산문화재단에서 정리한 《정본 여유당전서》에는 추가되었다. 폐추유敝帚喩는 몽당빗자루의 비유란 뜻으로, 이 글을 지어서 승려 미감을 전송한다는 의미를 담았다.

美鑒比丘, 在煙波會中. 講華嚴大敎, 與其法友, 爭等流果之義, 悍然不能平, 盜其笈以逃. 過余于寶恩山房, 余設一喩以喩之曰: "若聞敝帚之說乎? 精氣爲物, 爲金爲銀, 爲人薄爲錦綺爲美人. 迷者遇之, 爲寶爲妹, 以喜以怒, 以懼以愛. 悟者瞪之, 一敝帚也. 豈唯是哉? 夢哭泣者, 其情誠哀也. 夢噭嘷者, 其情誠怖也. 覺而思之, 未有不㗛㗛然大笑. 若是者何也? 其遇者妄也. 由是觀之, 敝帚一妄也, 哭泣一妄也, 噭嘷一妄也, 等流果一妄也. 若一妄也, 若友一妄也, 煙波一妄也, 淸凉一妄也. 祖一妄也, 佛一妄也. 爾胡不㗛㗛然大笑也?" 於是美鑑比丘, 四體投地, 通身汗出, 揚其吻而告之曰: "我悟矣." 扶而起之, 子之坐, 戱爲小參. 鑑云: "如何是等流果?" 翁云: "花發去年枝." "如何是果前因?" 翁云: "定慧院中海棠花, 銜子飛來定鴻鵠." "如何是因前因?" 翁卓下杖一喝云: "年年歲歲花相似, 歲歲年年人不同." 參訖, 鑑起而謝之, 再向煙波會中去.

　　제 동무 스님들과 《화엄경》을 공부하다가 말싸움 끝에 짐을 싸들고 나온 미감이 초당에 들러 인사를 하자, 몸 보기엔 하잘것없어도 제게는 소중한 몽당빗자루의 비유를 풀어서 미감을 일깨워 준 내용이다. 이 가르침을 듣고 미감은 그 길로 백련사로 돌아갔다.

　　이상 다산이 초의 외에 여러 승려들에게 준 친필 증언첩과 호계첩 등 8종을 살펴보았다. 문집에 실린 글로 〈위사문근학증언爲沙門謹學贈言〉 한 편이 더 있는데, 일문이 아니므로 여기서는 따로 소개하지 않는다. 제시한 자료에서 보듯, 다산은 승려들에게도 많은 증언과 호계를 내려 주었다. 문집에 실린 것은 극히 일부에 지나지 않는다. 승려에게 준 증언첩의 다양성을 통해서도 유배 기간 동안 다산과 승려들의 왕래가 대단히 빈번했음을 확인할 수 있다. 또한 승려들에게 준 증언 속에는 유난히 불교의 비유를 끌어온 것이 많아, 다산의 맞춤형 교육의 한 실례를 잘 보여 준다.

5. 승려에게 준 서간문과 기타 자료 속의 다산 일문

다산의 불교 관련 일문 가운데 서간문의 비중이 높다. 그 밖에도 다산은 불교와 관련된 여러 글을 남겼다. 여기서 일괄해서 정리하겠다.

1) 승려에게 준 서간문 자료

다산이 그때그때 여러 승려들에게 남긴 편지도 문집에는 모두 빠졌다. 짤막한 척독尺牘부터 실용의 서간까지 다양한 내용을 담았다. 이들 자료는 강진 유배기간 가운데 다산의 동선을 이해하고, 특히 《대둔사지》와 《만덕사지》의 편찬에 얽힌 전후 경과를 이해하거나, 다산의 건강 상태를 확인하는 데 대단히 요긴한 정보를 제공한다. 서간문은 소장처가 워낙 다양하고, 복잡해서 편지를 받은 당사자인 승려별로 정리하겠다.

① 은봉隱峰 두운斗芸에게 보낸 서간문 7통

은봉은 생몰연대도 밝혀져 있지 않다. 법명은 두운斗雲, 두운斗云, 두운斗芸 등으로 기록에 따라 차이 난다. 은봉은 1809년 만일암 중건을 주도했던 인물이다. 아암兒菴 혜장惠藏(1772~1811)과 같은 항렬이었다. 위 기록에서 머리털이 이미 빠진 것을 말한 점으로 보아 그는 다산과 비슷한 연배거나 조금 위였던 듯하다. 다산이 백련사에서 혜장과 처음 만난 것이 1805년 여름이었으니, 은봉은 아암과의 인연으로 알게 된 사이인 듯하다.

다산은 은봉에게 모두 7통의 편지를 남겼다. 직지사 성보박물관이 소장한 《은봉집간隱峰集柬》에 3통이 실려 있고, 그 밖에 개인 소장의 짤막한 편지 4통이 더 있다. 차례로 보겠다.

〔1〕〈謝隱峰書〉

池閣一夜之話, 至今流悵, 卽披手墨, 晚炎法履淸安, 慰浣良深. 旅人以臂腫叫
苦, 自憐自憐. 記文及菴志, 皆以親筆書送, 須與兒菴一番披見後, 卽當深藏笥
篋, 切勿頻示也. 今見來書, 其尺寸相報, 想欲付刻而然也. 此則尤非可論, 切
勿生意. 靜俟後日可也. 若徑先揭板, 則旅人卽當躬往毀之, 無固執也. 新凉已
生, 何當一顧耶. 是企. 餘冀自重. 不具. 七月七夕朝, 東湖旅人.

1809년 6월에 만일암 중수를 마친 두운은 다산에게 기문을 부탁했다.
위 편지는 1809년 7월 7일 아침에 두운에게 부탁받은 〈중수만일암기〉와
《만일암실적挽日菴實蹟》및 〈만일암제명挽日菴題名〉의 글씨를 써 주며 보
낸 답장이다. 편지 속의 《만일암지挽日菴志》는 바로 《만일암실적》을 가리
킨다. 《만일암실적》은 뒤에 원문을 따로 소개하겠다.

〔2〕〈答隱峰〉

書來知新年平安爲慰. 吾病苦經年自憐. 恩旨至今感泣. 山人何以聞此耶. 不具.
辛未人日 茶山.

1811년 인일人日, 곧 1월 7일에 보낸 짧은 답장이다. 은봉은 다산이
곧 해배解配되어 서울로 돌아갈 것이라는 풍문을 들었고, 이를 축하하는
내용으로 편지를 보냈던 듯하다. 은지恩旨에 감읍한다는 내용이 그것인
데, 이는 1810년 9월 큰 아들 학연學淵이 격쟁擊錚하여 아버지의 억울함
을 상소한 뒤 석방하라는 은지恩旨가 내렸던 일을 말한다. 하지만 이때
다산은 홍명주의 상소와 이기경의 대계臺啓로 말미암아 석방되지 못했
다.[11] 위 편지는 그럼에도 당시 다산이 조만간 석방 소식이 도착할 것으
로 기대하고 있었던 사정을 잘 보여 준다.

---

11 관련 내용은 다산의 현손 정규영丁奎英이 정리한 〈사암선생연보〉에 자세하다.

〔3〕〈隱峰經几〉

　　別後一向忙冗, 有疎書問, 豈勝愧悵. 忽復初夏, 法履輕安否. 眞佛花木, 宴坐
　　蒲團, 如在眼底, 不可忘也. 唯望北歸前面敍, 更乞以時自護. 餘匆匆書. 不宣
　　意. 四月十四日. 東湖旅人.

　1811년 4월 14일의 편지다. 다산은 여전히 조만간 석방 소식이 당도
할 것을 전혀 의심치 않는 기색이다. 정작 다산의 해배는 그로부터 무
려 7년 뒤인 1818년 8월에야 이루어졌다. 진불암眞佛菴은 두륜산 정상
아래 만일암 근처에 있던 암자로, 아암兒菴이 이곳에 머물고 있었다. 이
상 3통의 편지는 1809년 만일암의 기문을 받기 위해 은봉이 다산을 찾
은 이래 둘 사이에 1811년까지 지속적으로 편지를 주고받으며 왕래가
있었음을 보여 준다.

　한편 다산이 대둔사 승려에게 보낸 짧은 편지 9통을 모은 서간첩 가
운데서도 은봉에게 보낸 편지 3통이 포함되어 있다. 김민영 구장이다.

〔4〕〈示隱峰禪師〉

　　如何是平等心. 自他一體, 燕越一門. 如何是乾栗䭾. 片言能打衆言, 小事化爲
　　無事.

　짧은 편지라 전후 내용을 짐작하기 어렵지만, 무언가 충고의 내용을
담은 듯하다. 평등심과 건율타에 대해 묻고 답했다.

〔5〕〈示隱峰禪師〉

　　春深林芳濃綠, 政欲一筇相迴. 顧病懶不能耳. 適性上人來訪, 爲寄數字. 不具.

　수룡 색성이 찾아온 김에 문안을 묻는 짧은 글을 보낸 내용이다.

〔6〕〈寓隱峰禪〉

　山房一夜打話, 有願未遂. 甚悵. 近日亦打鼓如雷耶. 不具. 十月二日.

오래 헤어져 만나지 못하는 서글픔을 적었다. 근일에도 북을 우레처
럼 치느냐고 물은 것으로 보아, 은봉은 법고法鼓를 두드리는 데에 솜씨
가 있었던 듯하다. 10월 2일은 어느 해인지 알 수 없다.

〔7〕〈畬隱峰禪〉

　書至領情, 因知禪味淸寂, 慰意良瀋. 天倫血脉, 非人力可絕, 僧徒絕之, 敦倫
　之道, 實合如許. 勿以是嗔恚可也. 吾病伏如昨, 而煙坡逝後, 心常悵惘爾. 不
　具謝. 辛未十二月卄一日. 茶山老樵報.

이 제7신은 안백순 선생 개인 소장이다. 1811년 12월 21일에 썼다.
내용으로 보아 아암 혜장이 죽기 전 파계에 가까운 행동을 보인 일을
두고 대둔사에서 시비가 일자 이에 대해 화를 가라앉히라는 뜻으로 쓴
내용으로 보인다. 행간이 의미심장하다.

　이상 서로 다른 경로로 수습된 다산이 은봉에게 보낸 7통의 편지를
제시했다. 모두 친필로 전한다. 편지는 주로 1809년에서 1811년을 전후
해서 주고받은 것이다. 여러 기록으로 볼 때 은봉은 1813년까지도 대둔
사의 굵직한 일을 맡아 활동하고 있었다. 하지만 그는 1818년 다산이 강
진을 떠나기 전에 세상을 떴다. 다산이 은봉이 세상을 뜬 뒤 지은 〈다
비축문茶毘祝文〉은 앞서 《백열록》에 수록된 〈은봉당제문〉과 같은 글이다.

　② 완호玩虎 윤우(尹佑, 1758~1826)에게 보낸 서간문 4통

완호 윤우는 당시 화재로 불탄 남원의 대둔사 중창 불사를 진두지휘

했던 승려로, 호의와 초의가 그 문하에서 나왔다. 초의의 유품 목록인
《일지암서책목록》 가운데 다산의 11개 서첩의 끝에 《다산증완호화상간
첩茶山贈玩虎和尚簡帖》이 나온다. 다산이 완호 윤우에게 보낸 편지를 모아
서 서간첩으로 묶은 것인데, 여기 실린 편지는 해책되어 분리된 채 전
해진다. 현재까지 각기 서로 다른 경로로 4통의 편지를 확인했다. 차례
로 소개하겠다.

〔1〕〈答玩虎和尚〉奉謝玩虎和尚 茶山安字

歲儉天漸寒, 爲貧道思念良切. 騎魚來得書, 問我病苦, 情厚可見. 我病近始小
平, 猶未看書字耳. 香閣之役, 如此之時, 何以營爲? 想勞神不小. 略此報問.
九月十六日. 茶翁.

인사동에 매물로 나온 자료를 촬영한 것인데, 현재 소장자는 알 수
가 없다. 1813년 언저리에 다산이 풍증을 앓을 당시에 안부 편지를 받
고 답장한 내용이다. 당시 대둔사 만향각蔓香閣의 공사가 진행되고 있었
던 듯하다.

〔2〕〈答玩虎〉

縞衣帶赫蹠至, 審得花辰, 禪履淸適, 欣慰良深. 白蓮塔銘謹刪潤以去耳. 意洵
月前有書云, 欲以春末, 下來有抵. 公書昨付修道菴耳. 何當一面, 甚悵甚悵.
不具謝. 丙子寒食日, 茶叟.

1816년 한식일에 다산이 완호에게 보낸 편지로, 예용해 선생 구장 자
료다. 중간에 〈백련탑명白蓮塔銘〉을 고쳐 윤색해서 보낸 내용이 보인다.
당시 완호는 수도암修道菴에 머물고 있었던 모양이다. 〈백련탑명〉은 《동
사열전》에는 완호 윤우의 글로 나온다. 다산의 감수와 윤문을 거쳤음을
확인할 수 있다. 이 글은 다산의 일문에는 포함하지 않았다. 근황과 안

부를 함께 물었다.

〔3〕昨冬聞石佛東漂, 淚眼重返, 孰不爲老人憐之. 及聞便風送帆, 志事竟成, 又
　　孰不爲老人喜之. 東坡大阿羅漢贊曰:'是三是七, 未有知者', 今芚寺石佛, 亦
　　有此慮. 他日孰知何者爲先來之三百佛, 何者爲東漂之七百乎? 必於佛背, 皆
　　以小篆寫日字爲標, 以識其自日本來然後, 庶無相混之歎. 此意須與意洵議之.
　　得書爲慰, 且聞來人言, 顏色勝於日來云, 可幸可幸. 此老不生不滅, 古猶今耳.
　　寄來名香, 政合玩易時燒過, 珍謝珍謝. 不具. 戊八月十一日, 茶叟頓.

　　현재 이천 월전미술관에 소장된 편지다. 1818년 8월 11일에 완호에게
보냈다. 1817년 11월 27일에 대둔사 천불전에 안치할 석불 1천좌를 경
주 기림사에서 조각해 배로 싣고 돌아오다가 768좌의 부처를 실은 배가
동래 앞바다에서 풍랑을 만나 일본으로 표류한 일이 있었다. 이후 표류
했던 배가 부처를 다시 모시고 기적적으로 돌아와 천불전에 안치했는
데, 이 소식을 들은 다산이 축하 인사와 함께, 일본에 갔다가 돌아온
부처님의 등에 '일日' 표시를 써넣어서 구분할 수 있도록 하라는 당부를
적어 보낸 내용이다. 다산의 당부에 따라 당시 초의가 불상의 등에 써
넣은 날 일자가 지금도 남아 있다.

　〔4〕〈玩虎禪几〉
　　別懷憓然. 宿於何, 否而還耶. 贐物非不知情念之所出, 而凡辭受有道. 貧道有
　　乞而無獻, 若受此以去, 則贈者受者, 俱爲失禮. 四多, 兹以還付, 領之如何.
　　寺中物亦兩留賞齋僧. 此足以伸一寺大衆之誠, 何必名名各贈耶? 不具. 戊寅
　　八月卄五日, 茶山.

　　한국교회사연구소가 소장한 《매옥서궤》첩 가운데 실린 편지다. 1818

년 8월 25일에 다산이 완호에게 보냈다. 다산의 해배 소식을 전해 듣고 서 완호가 축하의 예물을 보냈던 듯한데, 너무 과하다면서 돌려보내는 내용이다.

이상 살핀 네 통의 편지는 원래는 하나의 첩으로 장정해서 초의의 유품 속에 들어 있던 것인데, 어느 순간 해체되어 뿔뿔이 흩어졌다. 이 들 편지에는 똑같은 위치에 똑같은 인장이 찍혀 있다. 해체하기 전에 훗날의 표식을 위해 찍어둔 것으로 보인다. 아마도 이때 흩어진 편지가 상당수 더 있을 것이다.

③ 아암 혜장에게 보낸 서간문 1통

아암 혜장은 다산에게는 특별한 존재였다. 유배지에서 학문적 대화의 상대가 없어 허전하던 부분이 아암과 만나면서 가득 채워졌다. 1805년 봄 첫 만남 이후 두 사람은 허물없이 자주 만나 학문적 토론을 이어 갔다. 아암은 30세에 대둔사 화엄대회의 주맹主盟 자리에 앉았을 정도로 천재였다. 《주역》에 관한 조예는 다산도 인정했다. 《논어》에 대해서도 깊은 공부가 있었다. 그런 그가 술병을 얻어 40세의 젊은 나이에 세상 을 뜨자 다산의 상심은 말로 할 수 없을 정도였다. 《다산시문집》에는 다산이 혜장에게 준 시가 가장 많다. 둘 사이에 오간 시문을 모아 각각 엮은 2종의 서첩 《견월첩見月帖》이 있다. 다산의 친필이다. 하나는 다산 이 아암에게, 다른 하나는 아암이 다산에게 보낸 것을 묶었다. 둘을 합 치면 문답이 맞게 정리된다.

아암의 문집에 아암이 다산에게 보낸 척독이 십여 편 실린 것으로 보아 다산이 아암에게 보낸 편지가 많았을 텐데, 현재 전하는 것은 없 다. 다만 《견월첩》 끝에 다산이 혜장에게 보낸 답장 한 통이 실려 있다.

〈答上人書〉

> 滯雨山寺, 凡五日始還. 旅次得詩八九篇, 無由相示, 得書慰甚. 其日沾濕, 不
> 至病, 尤可欣爾. 華嚴經題目, 要俟涼日寫去. 黃老人在石橋農莊, 來當傳書與
> 意耳. 芭寺去就, 不必吝情. 稍待新秋解夏輒去, 亦不違舊楲也. 經册可於望間
> 送人取去. 十九日, 山寺之行, 當於此便相報也. 小帖恐被多人寫去, 山人示知
> 無情, 日後必致口舌, 姑留之. 只取聲菴所得, 錄數首去, 亦宜靜觀, 而遂秘之,
> 勿令播傳幸甚. 楞嚴經所求者卽小本也. 來册當於望日便奉覽. 幸寄小本爲佳. 來
> 詩淸雅可悅. 取舊日所經歷處, 追述情景, 可得數十篇佳詩也. 不具. 六月七日.

혜장은 다산에게 《화엄경》의 제첨題簽 글씨를 청했고, 다산은 승낙했
다. 당시 혜장이 백련사에서 대둔사로 복귀하라는 명령을 받자, 그와
헤어지기 싫었던 다산이 가을까지만 있으라고 만류한 내용이다. 또 다
산은 자신이 만들어 선물한 《견월첩》을 여기저기 베껴 돌아다니게 하지
말라고 당부했다. 이때까지만 해도 승려와 가까이 지내서 공연한 구설
을 만들고 싶지 않았기 때문이다.

④ 호의縞衣 시오始悟에게 보낸 서간문 14통

호의 시오(始悟, 1778-1868)는 완호 윤우의 제자로 초의 의순의 법형
이다. 속성이 다산과 같은 정씨丁氏여서 특별한 사랑을 받았다. 현재 한
국교회사연구소가 소장한 《매옥서궤》라는 다산 친필 서간집이 있는데,
앞서 살핀 완호 윤우에게 보낸 1통을 제외하면 나머지 14통이 모두 다
산이 호의 시오에게 보낸 편지들로 구성되어 있다.[12] 주로 1813년에서
1815년 사이의 편지가 대부분이다. 이 시기는 다산이 호의, 초의 등과
함께 《대둔사지》 편집을 진행하고 있던 시기다. 편지에는 사지 편찬과

---

12 《매옥서궤》에 관해서는 필자의 《다산의 재발견》(휴머니스트, 2011)에 수록된 〈다산
   이 호의에게 보낸 편지첩 《매옥서궤》〉(211~242쪽)를 참조할 것.

관련된 내용이 많아 대단히 중요한 사료적 가치가 있다.

《매옥서궤》에 수록된 편지는 연대순이 뒤섞여 있다. 연대순에 따라
정리해서 소개하겠다.

〔1〕久不見爲悵, 向來手書爲慰. 極熱禪況益勝否. 拙當暑開戶而寢, 風病又添,
問憐難狀. 酒者狂藥也. 不唯世尊戒之, 三家夫子, 都能箴訓. 君其深鐫之. 兒
菴以此得病, 不享天年, 又不但言語之失, 爲可畏也. 不具復. 〔癸酉〕七月十四
日, 服人報.

1813년 7월 14일에 쓴 편지다. 오래 연락이 끊겼다가 소식을 받고 반
가운 마음을 피력했다. 술을 경계할 것을 당부하고, 아암 혜장의 일을
적었다.

〔2〕所來文跡, 雖曰汗牛, 都是僞言, 無一可據. 萬曆年以前事蹟, 都無一點信文
如此, 而何以爲寺志乎. 古塔之無名無主者, 一二處開而索之, 得一文跡然後,
始可下手. 若以此事爲重難, 則無以作志矣. 又北菴上院眞佛導船四菴板記, 並
一一謄來爲佳. 北菴塔中, 或有文跡耶? 萬德寺, 無傳燈錄, 此亦不可不考全
帙, 數日內送之也. 弘公十六日來見卽歸, 洵也十九日繼來爲佳耳. 不具. 八月
十二日.

1813년 8월 12일에 쓴 편지로 보인다.《대둔사지》편찬 준비를 위해
대둔사에서 다산에게 절의 역사와 관련된 기록 일체를 보내와, 이를 검
토했으나 하나도 믿을 만한 내용이 없다며, 이런 상태로는 사지를 지을
수가 없다고 말한 사연이다. 여러 암자에 남아 있는 기록을 모조리 베
껴 올 것과,《전등록》전질을 가져올 것을 주문했다.

〔3〕秋炎汗背. 此時禪味安勝否. 拙病頓如昨爾. 傳燈錄及佛祖通載兩書, 有考據

處. 後便付送爲佳. 美黃寺蹟抄來後, 君一來往爲佳. 不具. 八月十九日, 服人
報. 東文選本出於隱峰老人云. 其本來所得處, 詳問而來, 可也.

위에 이은 편지로 《전등록傳燈錄》과 《불조통재佛祖通載》를 보내줄 것과
미황사 사적기를 베껴 올 것을 주문했다. 또 은봉 두운이 소장했던 《동
문선》이 어디서 난 것인지를 물었는데, 직전 기어 자홍이 이 책에서 만
덕사 백련결사의 제2 정명국사靜明國師 천인天因의 글 여러 편을 발견한
직후의 일이다.

〔4〕騎魚至得手書, 諦悉禪味, 爲慰. 昨游山寺, 不論沙彌頭陀, 皆誦縞衣, 始知
君以縞衣行. 旣行矣, 不可無偈語, 玆有拙語, 試拋箱匧中. 不具言. 茶樵謝.
九月十六日.

기어 편에 보낸 답장을 받고, 앞서 산사에 놀러 갔을 때 절에서 그
를 모두 호의라고 부르는 것을 듣고 호의란 이름에 맞는 호계號偈를 지
어 보낸다는 내용이다. 1813년 9월 16일에 보낸 편지다.

〔5〕〈縞衣禪几〉
日前書字, 想已寓目. 山居廖落時, 有寒巖詩思, 得與蓮老相邅, 則庶幾傾寫, 何
嗟及矣. 蓮老詩文, 近已校正了. 所恨後塵逐絶響爾. 君有詞翰之才, 旣不作導
師, 何不倂精詩律. 以躡蓮老之後耶. 如其有意, 當有相助. 九月卄日, 茶叟頓.

연파 혜장의 시문을 교정하다가 문득 혜장에 대한 그리움을 토로했
다. 아울러 호의에게 시율詩律 공부에 힘을 쏟아 혜장의 뒤를 이을 것을
당부하고, 뜻이 있으면 적극 돕겠다고 말했다.

〔6〕〈答縞衣〉

　　卄九. 奉手字, 知平善, 爲慰. 我西臺引泉, 爲歡而已. 不具. 寄縞衣上人.

　짧은 안부와 서대西臺, 곧 다산초당으로 샘물을 끌어와 기뻐하는 사연을 담았다.

〔7〕〈縞衣禪榻〉

　　蓮老詩集, 今已畢寫. 而第三篇, 不過十餘張, 不能成編. 吾意得鞭羊楓潭月潭喚醒虎巖詩各數首, 附之篇末, 甚好. 玩虎詩亦附一二首爲佳. 君其蒐輯以來也. 不具. 甲戌元月五日.

　1814년 1월 5일에 쓴 편지다. 당시 다산이 연파 혜장의 시집을 직접 정리하여 필사까지 했고, 제3편의 내용이 너무 부실해서, 뒤에 편양鞭羊과 풍담楓潭, 월담月潭과 환성喚醒 그리고 호암虎巖과 완호玩虎의 시를 몇 수씩 권말에 붙여서 실으려 하니 수집해 오라는 당부를 적었다.

〔8〕〈縞衣經几〉

　　別懷惝然. 聞日玩周易, 所得能有幾何, 推福之法, 不可不爛熟肄習. 至於交反變互, 不須用力, 自當迫刃也. 說卦文, 本不多, 須用千手經半分之工, 熟讀成誦也. 不具. 甲戌元月五日.

　〔7〕과 같은 날 보낸 편지다. 《주역》 공부의 성과를 묻고, 설괘說卦의 본문을 《천수경》 외우듯이 외워야 한다고 썼다.

〔9〕 癸龍癸二鯉來傳, 知隱峰尙今委席, 不勝憂歎. 縞衣無病, 是用慰意. 寺志之請, 諸人悃愊, 旣如此, 豈不相副, 而顧此風痺, 無以把筆奈何. 適當科時, 齋生四散, 若有一二韻僧來此編輯, 當借風軒一席之地也. 隱峰服藥之計, 甚善.

但不必盡賣, 命脉勿輕動也. 氣憊力書. 不具. 八月十二日, 茶叟報書.

이때 잇달아 《대둔사지》의 편집 요청을 받았던 듯, 수락의 뜻을 밝히면서 풍증으로 마비가 와서 힘든 정황을 토로했다. 그리고 초당 제자들이 과거를 보기 위해 흩어져 초당이 비었으므로 승려 두엇이 와서 편집하는 것이 어떠냐고 물었다. 당시 은봉이 병중이었던 듯, 복약에 관한 사연도 들어 있다.

〔10〕緋桃綠楊, 芳華滿眼. 俯仰周覽, 生意藹然. 但窮蔀愁痛益甚, 山閣會上之朋, 所與講討者, 唯是稅穀之坳突. 隣徵之緩烈而已. 有何意. 況君與思龍等數人, 飄然一到, 津津說首楞嚴數章, 却有淸趣也. 茶餅十錠, 聊表老懷, 不具言. 乙亥三月十日, 茶宗頓.

1815년 3월 10일에 쓴 편지로, 초당의 제자들이 뿔뿔이 흩어져 읍내 시절 제자인 이청과 김종金碊 두 사람만 남은 정황을 말하고, 호의와 수룡 등에게 이곳으로 와서 《수능엄경》을 놓고 함께 대화를 나누자고 했다. 다산은 이때 선물로 자신이 만든 떡차 10개를 호의에게 보냈다.

〔11〕〈茶山隱者報縞衣禪几〉
騎魚來得惠書, 知霜後禪定益佳, 深慰思念之衷. 老人病根已錮, 藥力不至, 宛轉床第間. 唯以鐵如意爲使令, 稍離尋丈, 雖珍裁在眼, 無由勾致, 此豈可堪耶. 書帖亦坐此未了, 恕之. 不具. 乙亥重陽後五日, 茶山.

1815년 8월 20일에 쓴 편지다. 기어 자홍을 통해 소식을 듣고 반가움을 표시한 뒤, 풍증이 깊어져서 조금 떨어진 물건조차 집어 올 수 없는 고충을 토로했다.

〔12〕南菴丈室傳去. 松聲竹色閣問字. 朗州歸路, 意或歷顧, 遂失所圖, 甚用怊
悵. 嚴寒禪味益淸. 聞已結制, 講目幾何. 龍家誰某, 並爲之馳念也. 玩虎老人,
近作何狀. 爲致耿耿之意. 不具. 乙亥至後五日, 樵夫. 蘇合丸五枚送了.

1815년 12월에 보낸 글이다. 다산 초당을 송성죽색각松聲竹色閣이라 한
것이 이채롭다. 낭주朗州 길에 들를 것으로 기대했다가 그저 돌아갔다는
말을 듣고 서운해서 쓴 편지다. 근황과 함께 완호의 안부를 물었다.

〔13〕〈答縞衣禪子〉
得書知禪定如節, 深慰思念. 玩虎尙滯海上, 而徐市樓船, 渺無還期, 可歎可歎.
水石更看, 非無肯意, 再旣過矣. 三則太過. 寧捨之耳. 草衣相見可喜, 而契活
蕭颯, 爲渠深憐. 吾姑無大病. 不具. 三月九日, 茶樵復. 戊寅.〔嘉慶丁丑冬月
二十七日, 千佛載船, 漂去日本國. 戊寅年六月二十七日, 佛船來到釜山. 七月
十四日, 來古達島.〕

1818년 3월 9일에 썼다. 일본으로 표류해 간 배의 소식이 없는 것을
안타까워하며, 안부를 전했다. 편지 끝에 표류선이 1818년 7월에 무사히
돌아온 일을 다른 사람의 글씨로 추가해서 적었다.
이 편지첩에는 다산의 장남 정학연이 호의에게 보낸 2통의 편지도
수록되어 있다. 여기서는 소개하지 않는다.

〔14〕〈縞衣書屋回展 洌上謝帖〉
有便未嘗無書, 有書必副以茶. 厚意不可諼也. 因審年來, 甁鉢無累, 凡百溫存,
極慰耿想之情. 草衣鐵船, 悵望金山而還, 日後若再擧, 君可與偕否? 芽茶遠
貺, 靜思題封之情, 感謝不能悉喻. 此老所殘, 是皮骨, 所續惟一縷, 不足言也.
不宣. 甲午九月卄三日. 俗族鏞頓. 北毫一枝送之.

이 편지는《매옥서궤》에 실린 것이 아닌, 서강대 박물관이 소장한 것이다. 시기도 훨씬 뒤인 1834년 9월 23일에 썼다. 1815년 다산에게 떡차 10개를 선물 받았던 호의가 다산의 해배 뒤에는 해마다 차를 만들어서 두릉으로 보냈다. 초의와 철선이 금강산 유람의 꿈을 이루지 못하고 돌아간 일과, 차를 보낸 호의의 정성에 대한 고마움을 피력했다.

이상 14통에 달하는 다산이 호의에게 보낸 편지글을 살펴보았다. 1813년부터 1818년에 이르는 시기와 1834년의 편지가 남아 전한다.

⑤ 초의草衣 의순(意恂, 1786~1865)에게 보낸 서간문 8통

다산은 초의를 무던히 아꼈다. 강진 유배지에서 유일하게 학문적 대화가 가능했던 아암 혜장(1772-1812)이 40세의 나이로 갑작스레 세상을 뜬 뒤로는 초의가 단연 우뚝했다. 게다가《주역》외에 시나 문장 공부에 별 흥미가 없었던 아암과는 달리 초의는 시재詩才도 뛰어났다. 말귀를 금방 알아들었다.

초의의 유품 목록인《일지암서책목록》가운데 다산이 초의에게 써 준 짧은 편지를 모아 장첩한《기중부서간첩寄中孚書簡帖》이 있다. 중부中孚는 다산이 초의에게 지어 준 자다. 이 서간첩은 현재 원본의 소재를 알 수 없고, 다만 신헌申櫶이《금당기주錦堂記珠》에 베껴 써둔 내용만 전한다. 모두 8통이다. 실제로는 훨씬 더 많았을 것이다. 차례로 읽어 본다.

〔1〕秋雨新收, 晴虹掛樹, 瀑泉瀉池. 余坐東菴中, 筆墨蕭閑, 政憶韻僧時, 意洵適至. 誦其新詩, 風流挑宕, 不減臨平藕花之句, 良足欣也.

초가을 비가 개어 냇물이 불었는데, 다산 동암에서 초의를 생각하고 있을 때 초의가 마침 찾아온 기쁨을 나타낸 짧은 편지다. 두 사람의 정서적 교감을 잘 보여 준다.

〔2〕久阻爲悵, 近所業何事? 聞欲東游智異, 求師畢講云. 未知有甚名宿, 能句引
數百里外已熟之闍梨耶. 歲月如金, 學業全空, 恐不得航擱如是也. 更加商量,
勿貽後悔也.

두 번째 편지다. 초의가 지리산에 들어가 공부를 하려 한다는 말을
듣고, 아까운 시간을 불교 공부에 쏟지 말고 하던 공부를 계속할 것을
독책했다.

〔3〕別汝等久, 思念良苦. 近況如何? 聞訓也近赴幕府, 恐奪工夫. 節飮愼言, 以
杜六窓, 安往而非修道之場也. 所來詩篇, 尚未批定. 姑俟他日也.

다시 세 번째 편지다. 편지 속의 훈訓은 대둔사 승려 침교枕蛟 법훈法
訓을 말하는 듯하다. 술을 자제할 것과, 세속 일에 마음이 팔려 공부를
잃을 것을 염려한 내용이다.

〔4〕余平生有讀書之願. 故及遭流落, 始大肆力, 匪爲有用而然也. 僧徒每云, 績
文無用處, 任其懶散, 自暴自棄, 孰甚於此. 讀書之便, 莫如此丘. 切勿推三阻
四, 着力前進也. 法身者, 吾家所謂大體也, 色身者, 吾家所謂小體也. 道心汝
家所謂眞如, 人心汝家謂之無明. 尊德性汝以爲定, 道問學, 汝以爲慧. 彼此相
當, 互不相用. 但汝家近日巫風太張, 是可惡也.

네 번째 편지에서는 독서의 중요성을 강조하고 유가와 불가의 가르
침을 대비해 설명했다. 초의가 혜장에 이어 다산초당에 자주 들락거리
는 것을 두고 절 안에서 구설이 많았던 듯하다. 다산은 근래 불교계가
해야 할 공부는 도외시한 채 부처님 전에 복이나 비는 풍조가 만연하

니 이것은 무당의 푸닥거리와 무엇이 다르냐고 힐난했다.

〔5〕易曰: "含章可貞, 以時發也." 山人業種花, 每見菩蕾始結, 含之蓄之, 封緘
  至密. 此之謂含章也. 淺識末學, 纔通數句新義, 便思吐發, 何哉.

다섯 번째 편지는 《주역》에 나오는 함장가정含章可貞의 의미를 되새기
는 내용이다. 얕은 식견으로 경솔하게 뽐내려 들지 말고, 제 주장을 펼
쳐 기세를 돋우려는 태도를 경계했다.

〔6〕才德兩亡者, 滔滔皆是, 泯然無訾. 唯有才而後, 乃有無德之謗. 故才之與德,
  不可相離. 如難兩備, 莫若兩亡. 故詞翰筆墨之藝, 切不可宜露示人也. 戒之警之.

여섯 번째 편지는 재주가 덕을 못 이기는 재승덕才勝德을 경계했다.
위 두 통의 편지에서는 초의의 재기가 너무 번뜩이자 이를 눌러 가라
앉히려는 다산의 마음이 느껴진다.

〔7〕興旺之室, 兄弟交趾而宿, 妯娌聯鬚而櫛, 窄然不能容; 衰冷之屋, 廓然廣厦,
  婦孺持門 惴惴然, 唯鬼是怖. 由是觀之, 刱寺不如度僧也.

일곱 번째 편지다. 편지라기보다는 짤막한 메모에 가깝다. 잘되는 집
안과 망하는 집안의 차이를 설명하여, 새 절 짓느라 법석 떨지 말고,
그 비용으로 승려 교육에 힘써 깨달음으로 이끌어야 한다고 주문했다.

〔8〕力去塵勞障, 情存酒脫門. 這二句話頭, 常常記取, 愼勿於狻猊座上, 縮取千
  葛万藤.

여덟 번째 글이다. 점점 짧아진다. 어떤 상황 아래서 툭 던지듯 일러 준 가르침으로 보인다. 두 구절의 시를 화두 삼아 온갖 갈등을 풀어낼 것을 당부했다.

다산이 초의에게 보낸 편지는 이보다 훨씬 많았을 것이다. 제법 긴 분량의 편지도 적지 않았을 텐데 따로 실물이 전하지 않아 아쉽다. 이 글에서 소개한 《기중부서간첩寄中孚書簡帖》은, 분량으로 볼 때 원본 편지 의 묶음이기보다는 다산이 자신의 편지글 가운데 일부만 따로 발췌해 서 선물한 것으로 보인다.

⑥ 수룡袖龍 색성賾性에게 보낸 서간문 1통

수룡 색성은 아암 혜장의 맏제자로 다산이 그에게 〈수룡당게〉를 써 준 것은 앞서 이미 살폈다. 그는 읍내 시절 다산의 요청에 응해 차를 만들어 주어, 다산에게서 고마움의 뜻을 담은 시를 직접 받기도 했다. 수룡의 이 편지는 김민영 구장 간찰첩 속에 포함되어 있다.

〈答袖龍禪〉

得書知讀尙書, 深喜. 但此書須先知古今來歷, 不可順手閱過也. 此方一傷, 則 涯角渺然. 遂無更會之期, 揆以人情, 當數數來見. 苟欲爲此, 必移居身脫然後, 可以爲之. 而身定之計, 見吾書而還蹲黃寺, 維那之酒觔重, 此老手札輕矣. 過 路而不入, 有書而無答, 將移而還留, 乃曰新正爲期, 如此高僧, 豈敢更圖相見. 唯意爲之好矣. 不具. 九月卄四日. 過去人.

《상서》를 읽고 있다는 소식을 듣고 제대로 읽는 방법을 일러 주었다. 또 초당으로 오라는 다산의 분부에도 불구하고 이 핑계 저 핑계를 대 면서 찾아오지 않는 수룡에게 다시는 보지 않겠다며 화를 낸 내용이다. 글 끝에 '과거인過去人'이라고 쓴 표현이 웃음을 자아낸다. 짐작컨대 스

승인 혜장이 술병으로 급서하자, 충격에 빠진 대둔사의 원로들이 다산
초당의 출입을 금지하는 조처를 내렸고, 그래서 오지도 못하고, 못 온
다는 말도 못하는 진퇴양난에 빠진 수룡의 당시 처지를 보여 주는 내
용으로 생각된다.

이후로 다산이 정말 수룡을 다시 안 본 것 같지는 않다. 이 편지 이
후에 다산의 주도로 편집된 《대둔사지》에 수룡의 이름이 올라 있기 때
문이다.

한편 다산의 아들 정학연이 수룡에게 보낸 편지 한 통이 직지사 성
보박물관에 소장된 《은봉집간》 가운데 끼어 있다. 다산의 글은 아니나,
참고 자료로 제시한다.

　　〈袖龍禪几〉

　　　　別後禪味益長否. 翁集則姑不可出山門一步. 而其餘書札筆蹟, 鄙人一味經眼.
　　　從違收合, 委遺綺弘, 幸甚. 姑不具. 十月卄七. 酉山.

추사를 통해 대둔사에 보내진 옹방강의 《복초재집復初齋集》이 절문 밖
으로 한 걸음도 나오면 안 된다는 당부를 적고, 그 밖의 서찰과 필적도
한 차례 살펴본 뒤 기어 자홍편에 돌려보낸다는 내용이다.

　　⑦ 기어騎魚 자홍慈弘에게 보낸 서간문 2통

기어 자홍은 다산을 도와 《대둔사지》와 《만덕사지》의 편집을 담당했
고, 대둔사와 다산초당을 수도 없이 왕복하며 갖은 일을 도왔던 승려
다. 다산이 그에게 보낸 편지가 적지 않을텐데, 남은 것은 2통뿐이다.

첫 번째 편지는 2007년 강진군에서 개최한 제3회 다산선생유물특별
전에 공개된 편지다. 한 통의 편지는 바로 '수정암여탑水精菴旅榻'에 보내
는 회신이다. 앞서 다산이 기어 자홍에게 준 증언에서 당시 자홍이 수

정사에 머물고 있다고 했고, 그의 스승인 아암 혜장의 이야기가 나오는 것으로 보아 다산이 자홍에게 보낸 편지로 보인다.

〔1〕殘紅軟翠, 山中景色幽豔. 想君輩淸福亦厚矣. 近日病甚委頓, 日取古名僧悟釋詩句, 咀嚼其味, 始知如來偈語, 禪家傳法, 都靠詩詞. 近世庸鈍猥陋邋遢之徒, 不但謝其不能, 乃反大言排斥, 指爲外道, 欲以自掩其陋. 此正孔夫子所謂侗而不愿者也. 其奸腸陋腹, 反成可憎. 君則切勿爲此輩所動, 專心爲詩, 因便寄來也. 想當一觀烟波, 歷叩幸也. 不具. 三月十六日.

《다산시문집》에 1808년 봄에 다산이 수정사에 놀러 간 이야기가 나온다. 이때 자홍과 처음 만나게 되었던 듯하다. 다산은 그에게 편지를 보내, 승려로 참선에 몰두하는 것도 중요하지만 반드시 시문을 익힐 것을 주문했다. 내용으로 보아 이 편지는 아암이 세상을 뜨기 전인 1811년 이전에 보냈다.

〔2〕聞君病滯海中, 深以爲憂. 意洵至, 知生還舊菴. 欣慰深矣. 藏公不服藥, 留下水田, 作身後口舌, 竟何益哉. 君有粥田, 速粥之, 服藥爲佳. 揀凉日, 力疾一過爲善. 不具. 八月五日 茶翁存.

이 편지는 다산이 기어 자홍에게 준 증언첩인 《다산유산양세묵보》 끝에 첨부된 것이다. 편지 문면에 수신자의 이름이 밝혀져 있지 않지만, 기어 자홍에게 준 증언첩에 첨부되었고, 내용 또한 그의 스승인 아암 혜장의 건강과 관계된 것이라, 역시 자홍을 수신자로 보아도 문제가 없다. 1810년쯤 쓴 것으로 보이는데, 당시 아암이 복약도 거부하고 승복마저 벗어 던져, 공연한 신후身後의 구설을 만들까봐 걱정한 내용이다. 땅을 팔아서라도 서둘러 약을 먹이라고 당부하는 대목에서 당시 다산의 안타까운 심정이 느껴진다. 앞의 편지보다는 나중에 쓴 것이다.

⑧ 철우鐵牛 표운表雲에게 보낸 짧은 편지 1통

철우 표운은 그다지 알려진 바가 없는 승려다. 이름으로 보아 철선鐵
船과 같은 항렬의 법형제 사이로 보인다. 편지도 워낙 짧아 전후 사정
을 알기가 어렵다.

〈寄鐵牛〉

風雨中無病否. 吾多病可歎. 木癭送之爲佳. 不具. ○.

안부를 묻고 근황을 전한 뒤, 나무 둥치를 보내달라는 요청을 담았다.

⑨ 대운大雲에게 보낸 서간문 1통

김민영 구장 간찰첩에 들어 있는 편지다. 연대는 알 수 없고, 짤막한
내용이다.

〈大雲禪榻〉

久旱霎雨卽晴, 則人貴雨. 君之久別, 暫見卽去, 而令我貴君, 亦猶是耶. 綠陰
芳樹如此, 思憶良切. 詩帖姑留之. 不具. 四月六日.

가뭄 끝에 내린 가랑비가 금세 갠 것에 견줘, 대운이 초당을 오랜만
에 찾았다가 금세 떠난 것에 대한 허전함을 뭉클한 느낌이 들게 썼다.
이때 대운이 시첩詩帖을 맡겨 두고 간 듯하다.

⑩ 풍계楓溪 현정賢正에게 보낸 서간문 1통

풍계 현정은 대둔사의 승려로, 1817년 11월 대둔사 천불전에 봉안할 부처 768기가 일본으로 표류했을 때 그 배에 함께 타고 있었다. 돌아온 뒤 1821년에 당시의 체험을 《일본표해록日本漂海錄》으로 남겼다. 이 편지는 표류 이전에 보낸 것으로 김민영 구장의 다산 간찰첩 가운데 들어 있다.

> 答寄楓溪
> 不一面而三致書, 似有情. 有再過而不一訪, 似無情. 其眞有情乎, 其眞無情乎. 頃旣有書, 別付答語. 不具. 十一月卄日. 茶翁.

풍계 현정이 초당 근처를 두 번이나 지나가면서도 한 번도 들르지 않자, 다산이 한마디한 것을 전해 듣고 현정이 편지를 써서 송구한 뜻을 아뢰자, 이 글에 답장한 내용이다. 세 번이나 편지를 받았다고 한 것으로 보아, 현정이 다산에게 이 편지에 앞서 이미 두 차례나 서신을 보낸 일이 있었음이 확인된다. 이때까지 두 사람은 한 번도 직접 만나지 못한 상태였다.

⑪ 은봉恩峰 근은謹恩에 대해 쓴 서간문 4통

은봉 근은은 백련사 소속으로 1806년을 전후해서 고성암高聲菴에 머물고 있던 승려다. 앞서 살핀 은봉隱峰 두운斗芸은 다른 승려다. 생몰과 기타 사항이 전혀 알려져 있지 않다. 다산이 그에게 직접 준 편지글은 없고, 제자 황상黃裳에게 보낸 편지에 그에 관한 내용이 유독 많이 나온다. 다산의 승려 강학의 중요한 사례여서 여기서 함께 검토하겠다.

〔1〕汝問無眼, 不惟不知他人姸媸, 并與自己美惡, 而不能自知. 恩峰平生自處以
書記僧而已. 吾亦待之如此. 今日始見其詩才矣. 汝須至誠開導, 期於數月內,
快得詩僧之名, 至可至可.

서기승書記僧으로 서류의 출납 소임을 맡고 있던 은봉의 시재詩才를
확인한 뒤 놀란 다산이 제자 황상에게 몇 달 안에 그가 시승詩僧의 이
름을 얻을 수 있도록 도와줄 것을 촉구한 내용이다.

〔2〕恩峰詩才, 令人大驚. 吾十年游館閣, 未見神速如此者也. 吾旣得汝, 又得恩
峰, 自此詩社圓滿矣. 但其筆法怪惡, 必須字字畵畵, 務令端雅, 快滌舊習, 可
也. 此則汝之功也. 五言古詩, 必與之同作, 而杜詩令日讀數三首, 可也. 如此
詩才, 吾實初見耳.

은봉의 시재가 대단히 놀랍고, 십 년 동안 관각 생활 가운데서도 이
처럼 빠른 속도로 역량이 느는 경우는 본 적이 없다고 감탄했다. 둘이
함께 시사詩社를 이루어 서로를 고무시키라고 부탁하면서 은봉의 악필
을 고칠 것과, 5언고시 창작 연습과 두시 읽기를 게을리하지 말 것을
주문했다.

〔3〕書成而人未去, 始詳覽詩句, 意匠蕭散, 氣極遒秀, 所未到者, 不過字句使用
之法. 如此才品, 暴棄如灰土, 直欲抱之大哭也. 才高志卑, 甘爲下賤, 奈何奈
何. 如無向學之意, 此後勿以文字相示也. 徒增悲慟, 不如不見耳.

다산의 연이은 독려에도 불구하고 은봉이 시작에 적극적인 흥미를
보이지 않자 안타까운 나머지 통곡하고 싶다면서, 공부에 뜻이 없다면
앞으로는 그가 지은 시도 읽지 않겠다고 말한 내용이다.

〔4〕昨日恩也不告而去. 其有去日可痛, 得書知患泄爲苦. 雖已佳爲念也. 古詩云:
"送不來可歎." 俊燁鶴來, 明間始當往從云. 吾則姑無早晚耳. 書版及退筆送與
耳. 安意做功. 夫無生歸意也. 不具言.

다산의 야단을 맞고 은봉 또한 다산의 거처로 내려와 공부를 했던
듯하다. 그러다가 은봉이 말없이 절집으로 돌아가자 속이 상해 있다가,
설사병 때문에 그랬단 말을 듣고 나서 마음을 놓는 내용이 담겨 있다.
은봉에 대한 다산의 유난스런 애착을 엿볼 수 있다.

이상 4통의 편지에서 다산의 시제자로 그 존재가 전혀 알려지지 않
았던 은봉 근은의 실체가 확인되었다. 이 밖에도 다산이 단편적인 언급
을 남긴 승려들은 여럿 더 있으나 여기서는 생략한다.

⑫ 실명 승려에게 준 서간문 8통

최근 예술품 경매가 활성화되면서 각종 옥션 도록 속에 다산의 친필
글씨가 심심찮게 올라왔다. 이 가운데 행서체의 '다산茶山' 인장이 찍힌
소폭 서간이 이따금 눈에 띄어 모은 것이 8폭이나 된다. 앞서 본 완호
윤우의 서간에 같은 인장이 같은 위치에 찍힌 것과 비슷했다. 여러 경
로로 확인해 보니 1970년대 근 30장 가까운 다산의 글씨첩이 매물로 나
왔는데, 당시 이를 한꺼번에 처리할 만한 역량이 안 되어 인사동의 상
인들이 첩을 해체해서 몇 장씩 나눴는데, 해첩하면서 훗날의 표시를 위
해 이 인장을 찍어 두었다는 것이었다. 결국 이 필첩은 다산이 누군가
한 사람에게 써 준 글임이 확인된다. 내용은 메모에 가까운 편지인데,
짧은 내용임에도 소품의 미감이 살아 있는 글이었다. 다만 크기가 똑같
고 글씨도 한몫에 쓰여진 느낌이어서, 그때그때 실제로 보낸 편지를 모
은 것이 아니라, 다산이 작품 개념으로 작심하고 하나의 첩으로 정리해
서 써 준 것으로 보인다. 현재까지 찾은 8장의 내용을 소개한다. 이들

자료는 이미 뿔뿔이 흩어져 소장처를 확인하기 어렵다.

〔1〕僧寺依俙在, 漁舟浩蕩回. 蕭條數根樹, 時有海潮來

다산의 알려지지 않은 일시佚詩다. 바닷가의 절집과 고깃배, 쓸쓸한 나무 밑둥으로 들고 나는 저녁 조수. 강진 백련사의 풍광을 떠올려 읽을 만한 내용이다. 누군가를 향한 그리움을 담고 있다. 이것을 펼침면에 적었는데, 그 옆면에 다음과 같은 짧은 편지가 있다.

〔2〕淳也有約, 今已花綻, 政爾苦企, 未知有甚幹, 當至今未至耶. 適有人去. 不宣.

순淳이 오기로 약속을 해서 기다리고 있으나 오지 않아 궁금해, 마침 인편이 있어 무슨 일이 있는지 물은 내용이다. 그러니까 〔1〕의 시는 그 기다림의 심경을 적은 이 편지와 짝을 이룬다. 순은 다산이 아주 아꼈던 제자인 듯하고, 이 편지의 수신자는 정작 순은 아니고, 그와 함께 지내는 어떤 사람이었을 것으로 보인다.

소장처가 전혀 다른 또 다른 한 장을 보자.

〔3〕淳也玉削, 恐非久於緇林者. 近見詩情頓勝, 或其塵雜漸刪否. 不具.

놀랍게도 또 순이란 이름이 나온다. '치림緇林'이라 한 것을 통해 순의 신분이 승려였음이 확인된다. 그는 외모가 훤칠하게 잘생겼던 모양이다. 시정詩情 또한 풍부해진 것을 보고 감탄했다. 다산은 순이 오래 승려로 머물 사람이 아니라고 보았는데, 시에 세속을 향한 잡념이 보이지 않자 이 같은 편지를 썼다.

〔4〕手翰至, 始至尙駐寶林, 此心猶以爲慰. 萬淳詩格忽高, 甚可欣也. 不具.

퍼즐 하나가 더 나왔다. 이 글로 말미암아 純의 이름이 만순萬淳임이 확인된다. 뿐만 아니라 편지의 수신자는 당시 장흥 보림사에 머물고 있었다. 그렇다면 만순은 보림사의 승려였을 것이다. 글에서 다산은 그의 시격이 갑자기 높아져서 기쁘기 짝이 없다고 얘기했다. 위 세 통의 편지 모두 온통 만순에게 다산의 관심이 쏠려 있다.

이에 만순을 찾아보니 예상대로 그는 보림사 승려였던 인허印虛 만순萬淳이었다. 자세한 생몰이나 행적은 알려진 바 없고 보림사의 사승으로 이어진 계보만 확인된다. 그는 청허淸虛 휴정(休靜, 1520~1604)의 11대 손으로 편양鞭羊 언기(彦機, 1581~1644)를 거쳐 보림사의 계맥으로는 상봉霜峰 정원(淨源, 1627~1709)에서 경월敬月 민준敏俊을 거쳐 서운瑞雲 수희守禧의 법을 이었다.

〔5〕首楞嚴, 儘多佳處. 但其說理設喻處, 遂多乖舛. 知非通人所作. 不具.

《수능엄경》에 대해 다산의 평가가 담겨 있다. 앞서 호의에게 보낸 편지에서도 승려 몇이 초당으로 와서 《수능엄경》 몇 장을 함께 읽고 품평하자고 한 내용이 있었다. 당시 다산이 불경을 꽤 열심히 읽었던 정황이 확인된다.

〔6〕見汝書, 又得汝師手筆, 具知春來無恙. 欣慰難量. 吾病一樣爾. 不具.

수신자가 보낸 편지가 그의 스승이 보낸 편지와 함께 도착하자 기쁜 마음을 숨기지 않았다. 자신의 병세는 그만그만하다고 썼다. 수신자뿐 아니라 그의 스승까지도 다산과 왕래가 있었던 셈이니, 대둔사의 완호 윤우 정도급의 승려였을 듯하다.

이하 두 장은 펼침면으로 현재 세종대학교 박물관에 소장되어 있는 것이다. 앞서 본 〔1〕〔2〕의 경우처럼 첫 면에 시가 실려 있고, 다음 면에 그와 관련된 편지가 나온다.

〔7〕晨登山木閣, 零雨煖於春. 此地堪娛老, 唯愁度水頻.

이 시는 원나라 우집(虞集, 1272~1348)의 작품으로, 제목이 〈송객북문신등산목각送客北門晨登山木閣〉이다. 새벽에 손님을 전송하려고 누각에 올랐다. 겨울인데도 봄보다 더 따뜻하다. 정말 좋은 고장이라 만년을 지낼까 하는데, 이 풍경을 보려고 자주 물을 건너는 것만 조금 마음에 걸린다는 얘기다. 이 시는 다음 편지의 내용과 함께 읽어야 맥락이 잡힌다.

〔8〕虞侍郎詩, 儘華麗可喜. 然肉多骨少, 比之鐵厓老人, 似遜一籌. 不具.

시랑 우집의 시가 화려해서 멋있지만, 살만 많고 뼈대가 약해 철애노인 양유정(楊維楨, 1296~1370)에는 미치지 못한다고 평가했다.

앞으로 남은 퍼즐이 더 나오면 좀 더 명확한 사실이 밝혀지겠지만, 이 여덟 장의 자료로 확인할 수 있는 사실은 다음과 같다. 우선 수신자는 그 스승과 함께 다산과 교류가 빈번했고, 시학 공부를 다산에게서 지속적으로 했다. 편지를 받을 당시 그는 한때 장흥 보림사에 머물렀고, 보림사 승려 인허 만순과 함께 다산에게서 시 공부를 계속하고 있었다.

그렇다면 이 서간첩의 수신자는 과연 누구일까? 앞서 살핀 《백열록》에 수록된 일문 가운데 〈선문답禪問答〉이 있었는데, 이 글에 해결의 열쇠가 담겨 있을 듯하다. 살펴본 대로 만순萬淳과 초의草衣, 법훈法訓 세

사람이 다산과 선문답을 주고 받는 내용인데, 다산의 대답은 시 한 구절로 되어 있다. 그렇다면 이 서간첩의 수신자는 초의 아니면 법훈 두 사람 중 하나일 것이다. 초의라면 그 스승은 완호 윤우일 것이고, 법훈이라면 아암 혜장이 된다. 단정하지 않고 나머지 자료들이 추가로 공개되기를 기다린다.

2) 그 밖의 불교 관련 다산의 일문

서간문 외에 독립적인 글로 써 준 다산의 불교 관련 일문이 더 있다. 대부분 다산의 친필로 전해지는 것들이다. 차례로 살펴본다.

① 〈제만일암지題挽日菴志〉

다산의 친필이 남아 있다. 은봉 두운의 부탁으로 《만일암지挽日菴志》를 완성한 뒤, 전체 글을 개관하며 서문 격으로 쓴 글이다. 원래 4쪽의 시전지詩箋紙에 쓴 것인데 개장하여 액자로 만들었다. 1813년 가을에 썼다.

余讀金富軾百濟史, 百濟之始行佛法, 雖在枕流王元年, 漢山之外, 不創佛寺. 其後佛法, 旋廢二百餘歲, 至隨文帝開皇十九年, 百濟法王, 始下禁殺之令, 繼創王興寺於泗沘河上, 泗沘今之白馬江也. 時百濟都于夫餘. 至唐貞觀八年, 王興寺告成, 爲兩湖佛寺之鼻祖. 則劉宋蕭梁之時, 百濟不得有佛宇明矣. 往在己巳夏, 隱峰斗芸, 抱挽日菴志, 乞余書諸帖, 余信而書之. 今年秋, 大芚維那濟醒, 示余以蔡希庵碑銘, 要考核故實. 余乃博撿史册及諸佛乘古碑, 知百濟佛事, 皆創於貞觀八年以後, 而芸所述淨觀善行二人, 實係唐代沙門, 不得在蕭梁以上也. 考古者審焉. 嘉慶癸酉秋, 茶山丁鏞書.

만일암은 대둔사의 시원始原이 되는 암자다. 다산은 김부식의 《삼국

사기》 가운데 백제사를 꼼꼼히 살핀 끝에 만일암에 관한 기존 기록을
믿을 수 없고, 역사적 사실과도 맞지 않음을 확인한 내용이다. 여기서
정리된 관점을 발전 확대시킨 것이 《대동선교고大東禪敎考》이고, 《대둔사
지》에도 이 같은 관점이 그대로 반영되어 있다.

1809년 은봉이 예전 《만일암지》를 가져와 다산에게 감정을 청했고,
이를 계기로 공부를 시작해서 1813년에 이 글을 썼다.

② 《만일암실적挽日菴實蹟》

만일암은 해남현 두륜산의 가련봉 아래 있다. 대둔사의 여러 암자
가운데 가장 높은 곳에 자리 잡았고, 창건 시기 또한 가장 앞선다. 《만
일암실적》은 《만일암지》의 다른 이름이다. 이 글은 원래의 《만일암지》
를 문헌 자료에 입각해 전면적으로 새로 쓴 다산의 글이다. 범해 각안
의 〈진불암지서眞佛庵志序〉에 "만일암에는 《만일암지》가 있는데, 정열수
께서 옛 기록으로 말미암아 다시 부연한 것(挽日庵有志, 丁洌水因古記而重衍
者也.)"이라고 쓴 내용이 보인다.

이 자료는 〈제만일암지〉와 〈만일암제명挽日菴題名〉과 함께, 김영호 선
생이 펴낸 《여유당전서보유》 제2책, 448~468쪽에 영인 수록되어 있다.

> 挽日菴在海南縣絕頭輪山之加年峰下. 於大芚諸菴中, 地勢冣高. 且據古記, 其
> 刱建冣先. 名雖屬寮, 實大芚寺之肇基也. 古記曰: "宋文帝元嘉三年丙寅之歲,
> 百濟久爾辛王卽位之七年, 百濟僧淨觀尊者, 創建是菴, 名之曰挽日."
>
> 斗云按, 佛法東流, 始自苻秦, 傳于句麗, 次及新羅. 而百濟剃染差晩, 始於
> 枕流王元年〔晉孝武大元九年〕, 西域僧摩羅難陀, 自東晉越海, 至百濟, 遂剃十
> 僧, 肇建佛敎. 則挽日菴之作, 在十僧剃髮之後, 不過四十三年. 南土蘭若之中,
> 冣古冣先者也.

其後八十三年, 卽梁武帝天監七年戊子歲也－百濟武寧王八年.　有善行頭陀,
重建之.

斗云案: 菴有七層石塔, 立于庭心. 古記云: "阿育王之所建." 然百濟無阿育
王, 當是阿莘之誤也.　阿莘王又在久爾辛王之前,　或者先建浮圖,　次造伽藍歟,
不可知也.

其後菴之廢興, 無文可徵.　至康熙十四年乙卯－我肅宗大王之元年,　融信禪師
又重建之.

斗云按, 自天監戊子, 至康熙乙卯, 其間一千一百九十八年也. 風雨漂搖, 修
繕必數. 然樑中古記, 略而不書, 不可攷也.

後二十八年,〔康熙四十二年癸未〕, 玄己和尙,　又重修之, 寔我肅宗大王二十九
年也.

後五十年－乾隆十八年癸酉, 應明八寶二沙門,　又重修之,　卽我英宗大王三十
年也.

斗云案: 采薇大士記文曰: "衆推長老八寶, 以監其役."

後五十六年,〔嘉慶十四年己巳〕, 不佞斗云,　與慈菴典平,　又重修之,　卽當宁
九年也.

時堂宇頹敗,　無以庇衆,　盖嵐霧之所需朽楹桷,　悉無可用. 伐木於前歲之冬,
起功於首春,　上樑於四月,　竣事於季夏. 大芚寺出新剃錢三萬,　其餘檀施　零璅
不具錄.　監事者沙門濟益〔卽都監〕,　沙門濟醒－卽書記,　皆曾經住持者也. 煙波
大師惠藏撰上樑文, 弄于樑上.

嘉慶十四年己巳季夏, 沙門斗云識.

〔追記〕阿育王者, 西土建塔之君, 古記誤用之也. 余不嫺佛書, 舊爲隱峰考古, 疑
其爲百濟阿莘之譌, 可愧也. 嘉慶十七年秋分翼日, 余過挽日菴.

1809년 6월에 은봉 두운이 지었다고 적혀 있다. 본문이 있고, 그 아
래 '두운안斗云案'이라 하여 본문에 대한 은봉 두운의 보완 설명이 나온
다. 끝에 추가로 적힌 내용은, 아육왕阿育王이 인도의 아쇼카 왕인 줄을

모른 상태에서 은봉을 위해 옛글을 살피다가 백제 아신왕의 오류일 것
으로 의심했는데, 부끄럽기 짝이 없다는 글이다. 이 추기는 1812년 가을
에 다산이 직접 쓴 것이다. 다산은 뒤늦게 자신의 초보적인 실수를 깨
닫고서 만일암을 들렀을 때 자신이 쓴 《만일암실적》을 가져오게 하여
스스로 오류를 바로 잡았던 것이다. 앞서 《동사열전》의 기록뿐 아니라,
이 수정을 통해서도 실제 《만일암실적》의 저자가 다산 자신임이 증명된
다. 글씨도 물론 다산의 친필이다. 이 부분은 범해 각안의 〈아육왕탑변
阿育王塔辨〉에서도 "다산이 〈제만일암기〉에서 이것은 백제 아신왕의 오기
라고 해 놓고, 나중에 다시 '살피지 못한 것이 부끄럽다'고 썼다(茶山題
挽日庵記曰: 此新羅阿辛之誤也, 厥後更題曰: 不察之愧.)"고 지적한 바 있다.

이 글에 딸린 역시 다산 친필의 〈만일암제명挽日菴題名〉이 있는데, 단
순히 만일암과 인연이 있는 승려와 중수자의 인명을 나열한 것이어서
따로 제시하지 않겠다.

③ 〈제초의순소장석옥시첩題草衣洵所藏石屋詩帖〉

초의가 소장한 석옥시첩에 써 준 글이다. 원래 장첩 형식으로 된 것
을 해체하여 액자로 개장했다. 다산의 긴 서문에 이어 석옥과 다산, 초
의가 쓴 〈산거잡영〉 시가 두 수씩 잇달아 적혀 있다. 석옥의 경우 제3
수를 적었는데, 원래는 24수가 모두 실렸던 것을 개장 과정에서 일부만
잘라 내어 액자로 꾸민 듯하다. 앞뒤로 신헌申櫶이 그린 대나무와 난초
그림이 있다. 특히 초의의 차운작은 초의시집에도 따로 전하지 않는 것
인데, 나머지 작품의 소재를 알 수 없어 아쉽다. 글씨는 전체가 모두
다산의 친필이다. 떨어져 나간 나머지 부분이 잇달아 출현하기를 기대
해 본다.

吾東禪系, 屢續屢斷. 高麗之季, 太古普雨禪師, 身入中國, 得法於石屋淸珙.
石屋者南宗臨濟之後也. 太古七傳, 至芙蓉靈觀, 厥有二嗣, 一日淸虛, 二日浮休.
千枝萬條, 蔚然叢茂, 遂滿吾東. 太古普雨者, 東禪之大祖也. 禮曰祂其祖之所自
出, 貴有本也. 雖尊庳級殊, 儒釋道異, 石屋淸珙, 在法當祂, 其理則然. 使周人
但知崇稷, 不知報嚳, 惡乎可哉. 然石屋之跡, 久益剗沒, 傳者無多. 長洲顧嗣立,
選其詩三十三首, 流傳海東. 有山居閑詠, 律詩十二首, 短句十二首, 尤淸警拔俗,
大抵其詩不屑爲藻繪競病, 皆本之心地, 怡然自得, 沖融澹湛, 發之爲詩, 自然可
悅. 上之可以方駕於寒山拾得, 下之可以弁首於憨山紫栢, 洵可以爲人之所自出也.
余今山居十餘年, 居處食飮, 過從譚諧. 天然一禪老, 所異一撮之髻, 九經之業,
爲有間而已. 遂欣然逐篇追和, 以暢幽懷, 略以四時分敍, 如古人山中四時之詞.
雖塵空逈殊, 其自瀉其心一也. 吾東禪講, 盛於湖南. 昔蓮潭有一, 主盟緇林, 名
動搢紳. 其後有雲潭鼎馹, 又其後有兒菴惠藏. 一公余兒時所從游. 余與先人之詩,
錄在其詩集, 所不可忘也. 馹公余爲校其詩集, 且爲之序, 亦有緣者也. 藏公嘗與
余講周易者也. 數十年來, 禪敎益衰, 鐸聲廖絶. 唯馹之徒, 有大雲性弘, 藏之嗣
有掣鯨應彦. 一公之孫, 有草衣意洵, 文識小勝, 學者歸焉. 遂令是三人者, 續余
和石屋之詩, 因錄爲卷. 玆所謂石屋詩卷也. 觀斯卷者, 宜知其源委, 遂敍如此.

　　歲嘉慶戊寅三月八日, 紫霞山樵 丁鏞書.

　1818년 3월 8일에 쓴 글이다. 고려 말 태고 보우가 중국에 가서 석옥
청공에게 법을 받아들여 온 일과, 7전傳하여 부용芙蓉 영관靈觀에 이른 사
실을 적었다. 다산 자신 또한 산거 생활을 오래 하다 보니 승려와 비슷
하게 되었다면서, 석옥 청공의 〈산거잡영〉시에 공감해 차운시를 지었고,
이후 연담 유일과 아암 혜장의 법맥을 이은 초의와 철경 등이 함께 차
운에 참여해 이것을 베껴 써서 시권詩卷으로 만들었다는 내용을 적었다.

　《대둔사지》와 《만덕사지》의 완성으로 한껏 높아진 대둔사의 위상이
잘 드러났고, 아울러 태고 보우에서 이어진 해동 선맥禪脈의 정통마저
대둔사로 돌리려는 의도도 함께 담겨 있는 중요한 내용이다. 다산의
〈산거잡영〉 차운시는 앞서 이미 소개했다.

④ 〈수종시유첩발水鐘詩遊帖跋〉

《수종시유첩》은 1830년 겨울, 초의가 두릉으로 스승 다산을 찾아왔을 때 아들 정학연 등과 어울려 수종사를 다녀온 일을 기록한 것이다. 다산 친필의 원래 필첩이 전하고, 신헌의 《금당기주》에도 실려 있다. 다산은 수종사 유람에 참석하지 못한 대신 시첩의 글씨를 써 주었다. 시첩의 끝에 다산이 초의를 위해 써 준 짧은 발문이 실려 있다.

洵固善知識. 其慧悟足以知輪回六道之謬妄, 狗子柏樹之誣罔. 栖栖老白首, 不肯變者. 旣誤寧遂. 又無門可託, 中夜欒欷, 聊嬉戲如此耳. 悲夫. 洌水老人書.

만년까지도 다산은 초의가 불문에서 발을 빼지 못하는 것을 안타까워했다. 초의에 대한 다산의 애정은 집착에 가까웠다. 초의를 자신 곁에 바짝 묶어 두고 경전 공부를 더 시키고자 하는 속내를 조금도 숨기지 않았다.

⑤ 〈걸명소乞茗疏〉

1805년 겨울, 다산이 아암 혜장에게 차를 청하며 보낸 글이다. 문집에는 빠지고 없고, 전사본으로 전한다. 필사본 다산 시집인 《항암비급航菴秘笈》에도 실려 있다.

旅人近作茶饕, 兼充藥餌. 書中妙辟, 全通陸羽之三篇, 病裏雄蠶, 遂竭盧仝之七椀, 雖浸精瘠氣, 不忘葈母畏之言, 而消壅破癥, 終有李贊皇之癖. 洎乎朝華始起, 浮雲晶晶於晴天, 午睡初醒, 明月離離乎碧潤, 細珠飛雪, 山燈飄紫筍之香, 活火新泉, 野席薦白兎之味, 花瓷紅玉繁華, 雖遜於潞公, 石鼎靑烟澹素, 庶乏於韓子. 蟹眼魚眼, 昔人之玩好徒深, 龍團鳳團, 內府之珍須已罄. 玆有采薪之疾,

聊伸乞茗之情, 竊聞苦海津梁, 最重檀那之施, 名山膏液, 潛輸瑞草之魁. 宜念渴
希, 毋慳波惠.

　변려문의 짜임으로 엮은 글로 차에 대한 다산의 깊은 조예와 애호를
알 수 있다. 다양한 차에 관한 고사를 동원해서 문장을 구성했다. 조선
후기 차문화사에서 대단히 뜻깊은 의미를 지닌 자료다.

　⑥ 〈만덕사고려팔국사각상량문萬德寺高麗八國師閣上梁文〉

　이 글은 철경掣鯨 응언應彦이 지은 것으로, 현재 강진 백련사 육화당
六和堂에 보관된 현판이다. 11개의 목판을 이어 붙여, 판마다 31자 5행을
정갈한 해서로 쓴, 총 1,537자 분량, 길이 약 180cm 내외의 크기다. 1817
년 3월에 지었다고 적혀 있다. 이해 봄 고려 때 만덕사에서 주석했던 8
국사의 위패를 모신 고려팔국사각을 건립하면서, 8국사의 자취를 기리
고, 만덕사의 역사를 간추린 내용이다.

　이 글 또한 철경 응언의 이름을 빌려 다산이 대찬한 글로 판단한다.
당시 다산은 1814년 이후 1816년 말까지 《만덕사지》의 편찬을 주도해
완성했다. 사지 편찬으로 새롭게 부각된 8국사의 위상을 내외에 과시하
기 위한 상징적 건물이 팔국사각이었다. 다만 변려문의 화려한 수식으
로 이루어진 문장의 형식과 표현상의 여러 구체적 증거, 문장 곳곳에
남은 암시 등을 바탕으로 볼 때 다산의 대필이 분명하다. 이에 대한 논
거는 별도의 논문으로 밝혔다.

　　蓋聞德不足以冠冕群生者, 不能爲三車之主, 道不足以津梁一世者, 不能爲萬乘
　之師. 故戰幕懸鈴鐵騎, 屈嘯門之氣, 少林爨幣芻犧, 供面壁之尊. 然而滌胃吞刀,
　同歸於眩術, 燃膚建塔, 匪出於心誠. 師模之本於精修, 主寵之生於悅慕, 豈我萬
　德山白蓮社八國師之懿躅哉. 昔値高麗之景運, 丕揚天竺之遐聲, 八祖嗣興, 九王

繼照. 法誨則獅音動盪, 恩光則鳳詔聯翩. 第一開山之祖, 圓妙國師, 妙歲蜚英, 靈襟超悟. 高峰演法, 折蜂起之群言, 靈洞開堂, 蔚豹文之齊變. 牧翁投偈, 水壺秘甘蔗之漿, 龍叟交魂, 山社設金蓮之座. 機緣湊合, 暫棲月岊之精廬, 講說支離, 忽悟天台之妙解. 專慕普賢菩薩, 遂營萬惠伽藍, 相基者信士彪弘, 董役者親徒瑩湛. 平臺如削, 收萬景而鼇擎, 法宇勻排, 列百楹而翬翥. 起功於大安三歲, 竣事於貞祐四年. 因帶方太守之招邀, 遐情雲鶩, 有蜀莫名儒之投入, 華聞風馳, 遂乃示妙法於蓮花, 證玄功於柏樹, 宏材大器之升堂入室者, 三十八人, 學士詞臣之結社題名者, 三百餘子. 雖三衣一鉢, 處方丈而蕭然, 而丹誥黃麻, 自中天而渙若. 逮夫依星床而示疾, 傍露柱而行吟. 玉宇澄清, 金風蕭瑟, 數聲清磬, 雜鷄唱而東明, 一顆玄珠, 奪蚌胎而西邁. 於是朴輔効虎頭之技, 崔滋撰螭首之文, 塔曰中眞, 謚曰圓妙. 寵隆於終始, 聲達於邇遐, 是唯我白蓮社之鼻祖也. 第二靜明國師, 奎壁之精, 圭璋之器, 高文大策, 敲旗噪於膠庠, 卓識靈機, 軒冕輕於薤染. 曹溪洗足, 摘龍頷於無衣, 上洛逃身, 辭虎皮於傳鉢. 閽人天降, 象峰須藥餌之香, 織女宵明, 龍穴卜茶毗之地. 年纔不惑, 國以爲師, 此古之所謂壽童, 今之所謂生佛也. 遂使遺芬剩馥, 洋溢乎中書, 寵賚恩綸, 流傳乎國史, 其稱上首也, 不亦宜乎. 第三圓晥國師, 受靜明之密付, 作員慧之眞源, 其號則三藏義旋, 其傳則二賢承統. 黃梅半夜, 不違槽廠之幽期, 紫柏千秋, 遂並憨山之令譽. 第四眞靜國師, 名門奕葉, 初地奇花, 弱冠登科, 新題雁塔, 儒衣出世. 遂託龍門, 紫誥紅牋, 輕浮雲於鬼錄, 霜蕉風槿, 悲逝水於人寰. 月杖星毬, 利市驚聚蚊之擾, 金鞍玉勒, 名途愁幻馬之馳. 四佛山中, 米麪結東蓮之會, 三師去後, 醍醐灌黃蘗之筵, 紫綬銅章, 望神仙而問道. 黃扉玉署, 稱弟子而獻詩. 南游室薄之編, 遙承前哲, 東海傳弘之錄, 嘉惠後人. 第五員照國師, 傳燈於眞靜之門, 垂焰於妙圓之筆. 編師文而付梓, 千載流芳, 總釋敎而畀權, 九重賜號. 第六圓慧國師, 承光而闡道, 間世而降塵. 三智圓明, 達群萌而鬯茂, 六根清淨, 潤百卉而蘇枯. 第七眞鑒國師, 絶世文章. 極天榮寵. 月山駐錫, 中官知拾屨之恭, 雲刹飛旌, 明主執摳衣之禮. 遂復躋鳳樓而高會, 陪鶴駕而周旋. 帝子憑欄, 簫管溢勻天之樂, 君王避席, 餼餹列上國之珍. 隨紫氣而遐征, 函關動色, 與白雲而偕反, 華岳增高. 曾榭凌虛, 屬荒榛而聳翠. 小亭招隱, 剪叢篠而流丹. 圓明普照之稱, 瀋王錫帶, 定慧雙弘之號, 江使銜綸, 豈惟西學之徒, 信之如金石. 抑亦東文之選, 粲然者珠璣. 第八牧菴國師, 八葉同

根, 雙蓮並蔕, 承丁師而襲位. 塵尾高揮, 依甲觀而揚徽. 龜趺屹立, 是之謂八國
師遺蹟也. 嗚呼! 時有丕泰, 物有盛衰, 桑海驫遷, 寶塔崩於阿育, 榆鐕屢改, 劫
灰冷於昆明, 石破天驚, 羅刹避靑蛉之毒, 風融火烈, 鬱攸煽朱鳥之災. 黃絹妙詞,
隨落英而偕滅, 霜綃舊像, 與蔓艸而俱埋. 乃有跨鶴騷人, 名爲李청(田靑), 騎魚
禪子, 居近茶園, 或身入王城, 窺秘書於舊藏, 或手持佛乘, 述遺事於新編. 遂使
古鏡重磨, 纖塵不見, 亡珠復反, 寶彩如新. 若水尋源, 鳥穴識帷裳之漸, 如絲得
緖, 蠶候起袞繡之章. 以至慧者日公, '竹榻留麝臍'之句, 行乎宿德, 土城奉麟趾之
祥, 搏翼宗師, 得三愚而傳法. 洗心禪老, 滌六垢而修功. 祖系不可以不明也, 先
徽不可以不闡也. 於是, 亟謀建閣, 以冀安靈. 老樻油茶, 愕龍顚而虎倒, 丹楹畫
桷, 紛鳥革而蜃嘘. 蓮沼仁公, 發心於檀施. 荷堂長老, 鞅掌於梓公. 願旣遂於塡
河, 徽堪承於望海. 岱嶽班圭之月, 繩矩僝功, 楊江鑄鏡之辰, 硃鉛畢事. 應彦啞
羊賤品, 跛鼈菲姿, 少時糊口於四方, 雲游霞息, 遲暮棲身於一壑. 泉飮石眠, 恭
疏短詞, 助揚脩棟. 辭曰:

　抛梁指東, 尖塔磨空. 石室燈照, 猶迓牧翁.

　抛梁指西, 丁石雲低. 磵水花落, 漁人路迷.

　抛梁指南, 竹島晴涵. 淨掃雲片, 天如蔚藍.

　抛梁指北, 石角天矗. 鸞誥不來, 猶瞻故國.

　抛梁指天, 上有飛鳶. 不用其力, 油然翼然.

　抛梁指地, 石徑扶醉. 上乘之禪, 無思無議.

系爲之禱曰:

千春兮腏食. 八祖兮樂康,

石嶙峋兮不圮, 木蓊蔚兮其昌.

衆生多變兮水流花謝, 此閣常存兮地久天長."

嘉慶二十二年, 丁丑三月, 日維壬申, 沙門應彦撰.

　전체 글은 고려 8국사의 자취 소개가 3분의 2를 차지하고, 이후《만
덕사지》편찬 과정과 조선조 이후 만덕사의 간추린 역사를 정리한 뒤,
팔국사각의 건립 경과를 설명했다. 끝에는 상량사上梁辭에 이어 도문禱文

을 잇대어 팔국사각이 오래 보존되어 8국사의 위상을 높여 줄 것을 축
원했다. 다산은 〈해남현민포당상량문海南縣敏蒲堂上梁文〉과 〈만일암중수상
량문挽日菴重修上梁文〉 등에서 일반적으로 쓰는 '아랑위포량동阿郎緯抛梁東'
대신 '포량지동抛梁指東'이라고 하여 중간에 가리킨다는 의미의 '지指'자
를 끼워 넣는 방식을 즐겨 썼다. 다산 외에는 이런 형식을 쓴 예가 보
이지 않는데, 팔국사각 상량문 또한 이 같은 형식을 끌어다 썼다. 이
밖에 다산 외에는 달리 용례를 찾을 수 없는 표현이 중간중간 지속적
으로 보이고, 또 자신이 쓴 것을 암시하는 표현도 군데군데 보인다.

이상 서간문과 기타 불교 관련 글을 소개했다. 모두 52통의 서간문을
제시하고, 기타 6종의 일문을 더 찾았다. 특별히 10여 명의 승려들에게
준 많은 편지는 강진 유배기간 동안 이루어진 불승과의 교유와 강학이
알려진 것보다 훨씬 더 광범위하고 지속적인 것이었음을 확인시켜 준다.

6. 다산 불교 관련 일문 자료의 의의와 자료 가치

이상 다산이 남긴 각종 불교 관련 일문 자료를 한자리에 모두 모아
보았다. 불교 관련 1차 사료에서는 《백열록》의 11제 35수, 《동사열전》의
6편, 《만덕사지》의 8편과 《대둔사지》의 4편 등 모두 29편 53수의 다산
일문을 새롭게 찾았다. 승려에게 준 증언첩과 호계첩은 모두 17종을 새
롭게 발굴해, 초의 의순에게 준 글이 8첩에 62칙이나 되고, 여타 승려
들에게 준 글이 9첩에 38칙에 달하는 방대한 분량이다. 다산이 승려들
에게 보낸 서간문은 12명의 승려에게 준 총 52통의 편지를 정리 소개하
였다. 여기에 문집에 수록된 15편의 산문과 53제 91수에 달하는 시를
포함하면 다산이 불교와 관련해서 쓴 시문의 양은 실로 엄청난 것이

아닐 수 없다. 이렇게 해서 다산의 일문으로 추가된 것이 총 98편이다. 이는 문집에 수록된 양의 몇 배에 달하는 방대한 분량이다.

특별히 100칙에 달하는 다산의 증언은 승려들에게 직접 내린 맞춤형의 눈높이 교육이어서 다산 교학의 핵심을 관통하는 중요한 자료이고, 52통의 서신은 다산의 동선 파악과 당시 현황을 이해하는 데 요긴한 정보를 제공해 준다. 이 글에 수록한 것 외에도 《대동선교고》와 같은 전작이 더 있다. 독립된 저작인데다 이 글의 범위를 넘어서기 때문이다. 문집에 수록된 글의 경우도 실제로 처음 썼을 당시의 글과 상당한 차이가 존재한다. 문집 수록 시에 자기 검열을 거친 것인데, 원상태의 글과 비교를 통해 가감 없는 다산의 생각을 읽을 수 있다.

한편 다산이 다른 사람의 이름을 빌려서 써 준 글 여러 편을 확인한 것도 뜻깊다. 특별히 다산은 《대둔사지》의 편찬이 진행되던 1813년 즈음까지만 해도 해배解配의 기대를 접지 않았고, 실제로 석방 명령이 내려오기까지 했었다. 이 같은 상황에서 굳이 불교계와 친밀하게 지낸다는 구설을 만들고 싶지 않았으므로 초기에는 불교 관련 글에 자신의 이름을 올리는 것을 극력 피했던 사정이 있다. 이후 해배의 희망을 접은 뒤에 편집된 《만덕사지》에는 자신의 실명을 그대로 올렸다.

이처럼 방대한 분량의 다산 일문이 이제껏 정리되지 못하고 여기저기 흩어져 연구 자료로 활용되지 못한 점은 애석한 일이다. 그간 필자가 찾아 정리한 여타의 일문 자료는 이 글에서 소개한 불교 관련 일문 자료의 몇 배에 달한다. 이 또한 꼼꼼하고 촘촘한 정리가 시급하다.

막상 단편의 자료를 갈래로 지워 정리하자 놀랍게도 다산과 불교계의 교유와 왕래의 흔적이 선명하게 드러났다. 초의 의순에 대한 다산의 특별한 사랑이나 아암 혜장에 대한 집착에 가까운 애정도 구체적으로 확인하였다. 다산이 전이나 비문 또는 탑명을 써 준 승려만 해도 해운海運 경열(敬悅, 1580~1646), 취여醉如 삼우三愚, 화악華岳 문신文信, 정암晶

岾 즉원(卽圓, 1738~1794), 현해懸解 모윤(慕閏, 1764~1819), 아암兒庵 혜장 (惠藏, 1771~1811) 등이 있고, 호계를 써준 승려는 수룡袖龍 색성(賾性, 1777~?), 철경掣鯨 응언(應彦, ?~?), 기어騎魚 자굉(慈宏, ?~?), 1782~?), 호의縞衣 시오(始悟, 1778~1868), 초의草衣 의순(意恂, 1786~1865), 철우鐵 牛 표운(表云, ?~1846) 등 6인이나 된다.

12명이 넘는 승려에게 친필의 편지를 남겼고, 제자로는 완호 윤우와 아암 혜장의 문하가 특별히 많았다. 은봉 두운이나 완호 윤우가 윗대의 승려라면, 아암 혜장이 그 다음이고, 이를 이어 초의 의순, 호의 시오, 수룡 색성, 기어 자홍, 철경 응언, 침교 법훈, 은봉恩峯 근은(謹恩, ?~?), 인허印虛 만순萬淳 등이 다산을 좇아 직접 배운 제자 그룹들이다. 여기 에 그 다음 세대인 철선鐵船 혜즙惠楫과 범해梵海 각안覺岸, 풍계楓溪 현정 (賢正, ?~?) 등의 존재도 새롭게 포착되었다.

이 밖에도 다산은 여러 제자들에게 준 증언첩贈言帖을 남겼고, 승려들 의 요청에 따라 사찰 건물의 중수기나 제기題記, 제문 및 모연문募緣文까 지 폭넓게 지어 주었다. 이런 다양한 글의 존재는 강진 유배기 다산의 불승과의 교유와 강학 활동이 꽤 지속적이고 폭넓게 이루어진 것임을 확인시켜 준다.

이처럼 다산이 남긴 불교 관련 일문 자료는 그 규모부터가 상당하고, 깊이도 갖추고 있다. 《대동선교고》나 《만덕사지》, 《대둔사지》처럼 다산 의 손길이 밴 기록 또한 심도 있는 연구가 필요하다. 두 사지寺志 편찬 과정에 반영된 다산의 관점과 당시 종통에 대한 다산의 이해, 불교 교 학에 대한 생각 등은 그동안의 다산 연구에서 그다지 주목받지 못했던 자료들이다.

이들 불교 관련 다산 일문 자료의 의의와 가치를 정리하면 다음과 같다.

첫째, 다산과 불교에 대한 종합적 전망 획득이 가능해졌다. 이 글에서 제시한 전체 자료를 조망하면서 세부를 들여다볼 때, 다산과 서학, 다산과 유학과 함께 한 축을 받치고 있는 다산과 불교에 대한 거시적 전망 획득을 가능케 해 줄 것으로 믿는다.

둘째, 다산의 증언첩 소개를 통해 다산의 불교 인식과 개별 승려에 대한 맞춤형 교학의 실상이 구체적으로 드러났다. 다산 교육법의 풍부한 실례를 확인함과 동시에, 세부적으로는 시창작론과 생활공간 설계론, 유불 비교교학론, 독서법, 원포 경영론 등 다양한 콘텐츠를 풍부하게 제공한다.

셋째, 다산의 강진 유배 생활 당시의 세부 동선과 《대둔사지》와 《만덕사지》 편찬 경과가 서신의 내용을 통해 선명하게 드러났다. 결과로만 남은 저술의 편집 방향과 조정 과정, 그때그때 부딪혔던 여러 가지 난관들에 대한 내용도 판단할 수 있는 근거 자료를 갖게 된 점은 다산학 연구의 공백을 메우는 데 중요하다.

넷째, 다산과 개별 승려의 교류가 구체적으로 드러났다. 은봉 두운과 호의 시오에게 보낸 편지가 특별히 많고, 초의 의순 등에게 보낸 글에서는 각 승려를 바라보는 다산의 다른 시각과 다른 교학 내용을 점검해 볼 수 있어, 다산의 강진 교학에 대한 더 구체적인 판단 근거를 갖게 되었다.

다섯째, 다산이 생각한 이상적 승려의 생활과 삶에 대한 매뉴얼이 증언첩을 통해 다양하게 제시됨으로써 다산의 불교에 대한 인식과 한계를 구체적으로 파악할 수 있다.

이 글에서 발굴 제시한 자료가 다산학의 연구 지평을 확대하는 데 작은 기여가 있기를 기대한다. 다산의 불교 관련 일문은 이후로도 지속적으로 발굴될 가능성이 높다. 정리되는 대로 추가하여 소개하겠다.

제19장

다산 저작 텍스트의 전자정보화를 위한 온톨로지 설계

김현

(한국학중앙연구원 인문정보학 교수)

1. 연구 목표

　　다산 정약용의 방대한 저작을 연구 자원으로 삼는 연구는 이제 다산 저작의 텍스트만을 보는 단계를 넘어서서 그 저작 속의 문장, 어휘 하나하나가 전통적인 경학의 어느 부분에 어떠한 문맥으로 닿아 있는지를 분석하고 이해하는 수준으로 나아가야 한다. 또한 그와 같은 미시적인 분석이 부분적인 파편으로 고립되지 않고 다른 분석 결과와 종합하여 그 전체적인 의미를 보일 수 있게 해야 하며, 이를 통해 동아시아 유학의 거대한 흐름 속에서 다산의 학문이 어떠한 위치를 점하고 있는지를 밝힐 수 있어야 한다. 이 연구는 다산과 그 문하 제자들의 저작에 대해 종합적인 분석 연구를 수행할 수 있는 전자적인 연구 환경을 설계하는 것을 목표로 한다. 다산학파 저작물의 텍스트와 그 사상의 원천이 되는 동양고전 텍스트 사이의 문맥(context)을 기술할 수 있는 방법론을 연구하고, 그 성과를 '다산학 텍스트 온톨로지'로 정리한다. '다산학 텍스트 온톨로지'는 후속 연구 사업에서 추진할 예정인 '다산학 텍스트 데이터베이스 구축'을 위한 정보화 전략 및 데이터베이스 기본 설계로 활용될 수 있다.

2. 고전 정보화의 개선 과제

1) 시맨틱 웹 시대의 동양고전 정보

시맨틱 웹이란 웹 문서 가운데 데이터와 데이터 사이의 의미 정보를 기술하는 메타 데이터가 포함되도록 함으로써 정보에 대한 자동화된 접근성을 높이려는 시도이다. 현재의 웹에서는 사람만이 산재한 정보의 의미적 관계를 파악할 수 있지만, 시맨틱 웹의 세계에서는 컴퓨터가 그 관계를 추적하여 인간의 지식 증대에 도움을 줄 것을 기대한다. 시맨틱 웹 기술의 도입과 응용은 오늘날 디지털 지식 유통 환경에서 동양고전 지식의 생명력을 유지하며 활용성을 증대시키기 위한 필수 과제이다.

2) 고전 자료 정보화 사업의 문제점

현재까지 고전 자료 정보화 사업은 책 간행에 부수적으로 온라인 서비스를 수반하는 형태였다. 이러한 방식에서는 정보화를 위한 최적의 데이터 편찬을 추구하기보다는 책자 형태로 간행된 자료의 형식과 내용을 그대로 입력하여 디지털 신호로 전환하는 일을 수행하였다고 할 수 있다.

이러한 방식의 정보화는 자료에 대한 접근성, 보급의 용이성을 향상시키는 데에는 기여하였으나, 데이터의 활용 가치를 크게 증대시키지는 못하였다.

다산의 경학 저작을 비롯한 다양한 유교 경학 텍스트가 여러 곳에서 서비스되고 있으나 이를 이용자들이 종합적으로 이용할 수 있는 방법이 부재한 것은 바로 그와 같은 정보화 방식 때문이다.

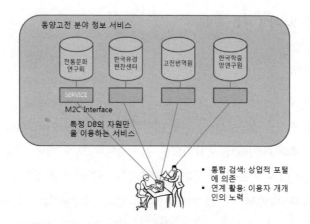

3) 고전 자료 정보화 사업의 개선 과제

디지털 환경에서 고전 자료의 활용성을 높이기 위해서는 다양한 디지털화 기술을 활용하여, 자료에 대한 다각적인 접근 경로를 마련하고 자료에서 새로운 사실을 발굴할 수 있는 구조로 데이터를 편찬해야 한다.

유교 경전을 대상으로 하는 정보화 사업이라면, 경문이나 주석문에서 주요 개념 용어와 문맥 요소를 식별하여 다른 텍스트의 주석 등 관련 있는 지식 정보로 연계하는 역할을 수행할 수 있도록 해야 할 것이다.

가. 종래의 고전 정보화 모델(As Is Model)

▶ 자료를 '문서'로 다루어 디지털화

▶ 지금까지의 고전 자료 정보화는 책에 담긴 지식을 정보화하기보다는

종이 매체로 만들어진 문헌을 정보화하는 것으로 이해

▶ 대상 문헌의 내용과 편찬 체계를 그대로 디지털 저작물 형태로 복원함

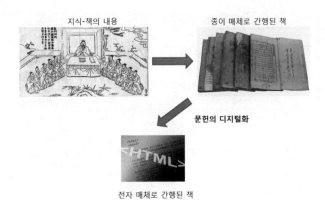

나. 고전 정보화의 새 방향(To Be Model)

▶ 자료에 담긴 지식(Knowledge Data)을 디지털화

▶ 종이 책이 채용한 형식에 얽매이지 않고 그 속에 담긴 지식의 활용
성을 증대시킬 수 있는 디지털화가 필요함

▶ 정보화의 대상이 되는 고전 자체에서 유의미한 데이터를 찾아내고,
그 데이터 특성에 적합한 디지털화 방법을 강구해야 함.

다. 데이터베이스 구축 방안 비교

	As Is Model	To Be Model
대상	책을 정보화	책속에 담긴 지식을 정보화
정보화 방법	서문, 목차, 본문 등의 책의 구조를 재현	지식 Unit을 발굴하여 Node화
	'아날로그 → 디지털' 매체의 전환에 주력	활용 목적에 따라 정보를 재조직할 수 있게 함(Reuse)
서비스 방법	디지털 도서	특정 주제의 지식정보망
	내용 검색 + 순차적 글 읽기	본문 내용 속에서 문맥 요소를 드러내고 하이퍼링크를 통해 지식의 확대를 도모
활용성	Web of Document	Web of Data
	완결된 결과물	융복합적 재활용이 가능
	유관한 지식의 탐색은 독자의 노력으로……	유관한 지식 세계로 안내하는 지식정보망의 기능

3. 시맨틱 경학經學 DB 설계 모델

단순히 데이터를 저장하고 저장된 텍스트에 대한 문자열 검색 서비스를 제공하는 종래의 고전 자료 데이터베이스의 수준을 넘어서서, 텍스트 속의 문맥 요소를 식별하고, 이를 매개로 다른 데이터베이스의 유관 자료를 찾아서 제공해 줄 수 있는 기능을 가진 발전된 데이터베이스를 '시맨틱 데이터베이스'라고 부르기로 한다.[1] 경학 자료를 대상으로

---

[1] 시맨틱 데이터베이스(Semantic Database)라는 말은 다의적으로 쓰일 수 있으나, 이 연구에서 의미하는 것은 '시맨틱 웹(Semantic Web) 개념의 데이터베이스' 또는 '시맨틱 웹의 구성 요소가 될 수 있는 데이터베이스'다.
시맨틱 웹이란 컴퓨터가 인식할 수 있도록 명확한 의미를 부가한 데이터의 웹이다.

하는 시맨틱 데이터베이스는 어떠한 방식으로 편찬되어야 할지, 대표적인 유교 경전 주석서의 하나인 《논어주소論語注疏》의[2] 데이터를 모델로 살펴보기로 한다.

1) 《논어주소論語注疏》의 텍스트 편찬 체제

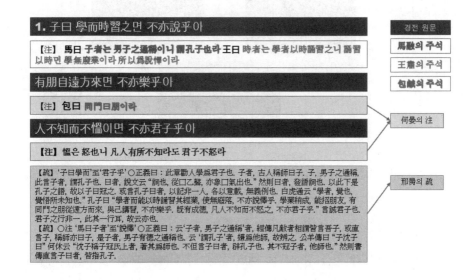

컴퓨터가 인식할 수 있는 데이터 기술 규칙을 만드는 것은 정보기술의 영역에서 추구할 과제이지만, 그 규칙을 응용하고 확장하여 미래의 사이버 공간에서 인문지식이 소통될 수 있도록 만드는 것은 디지털 인문학자들의 과제이다(김현 외, 《디지털 인문학 입문》, HUBOOKs, 2016. 147쪽).

[2] 論語注疏: 南宋 末葉 光宗 紹熙 연간에 국가사업으로 권위 있는 주석을 선정하여 간행할 때 삼국시대 魏나라 何晏의 論語集解와 이를 상세히 敷衍하고 考證한 宋나라의 邢昺의 論語正義를 선정하고 이 두 책을 합본하여 論語注疏解經으로 간행하였다.

2) 시맨틱 《논어주소論語注疏》 데이터 모델

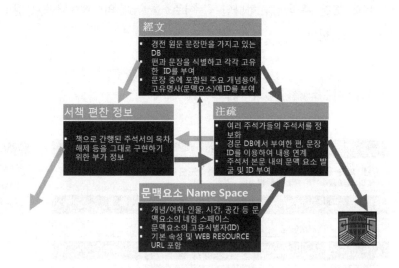

가. 경문經文 데이터

▶ 경문의 선본善本 TEXT

▶ 경문의 각 편을 중심으로 개별 문장에 고유한 ID를 부여하여 외부에
  서 이 ID를 통해 연계가 가능하도록 구성

▶ 경문 가운데 출현하는 주요 개념어와 인명/지명 등의 고유명사를 문
  맥 요소로 식별하고 문맥 요소 Name Space에서 정한 ID를 기입

經	篇	文章		語彙	
논어	學而 第一	0001	子曰 學而時習之면 不亦說乎아	ID	子
		0002	有朋自遠方來면 不亦樂乎아	ID	曰
		0003	人不知而不慍이면 不亦君子乎아	ID	學
		●●●		ID	習
		0010	有子曰		
		0011	其爲人也 孝弟요 而好犯上者 鮮矣니		
		●●●		ID	曾子
		0050	子曰 巧言令色은 鮮矣仁이니라	ID	子夏

나. 주소注疏 데이터

▶ 주석서의 주注/소疏 부분 텍스트(한문 원문 및 국역문, 역주)

▶ 경문, 주, 소가 반복적으로 출현하는 구조이며 이 섹션을 기본 단위로 구성

▶ 경문은 경문 DB의 텍스트를 재이용(reuse)하되, 이본을 쓸 경우 이를 표시하여 부가

▶ 각 주석에 주석가와 문맥 요소를 식별하여 정해진 ID를 부여함

▶ 《십삼경주소十三經注疏》, 《사서집주四書集注》, 다산의 경학 저작 등 다양한 주석서에 담긴 지식을 정보화

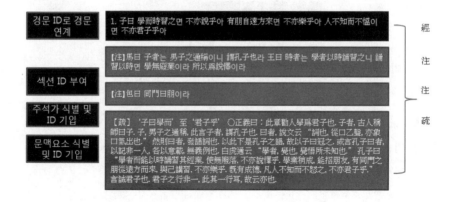

다. 서책 편찬 정보 데이터

▶ 주석 정보 데이터베이스의 내용을 책자 형태로 재현할 수 있게 하는 데이터

▶ 경문 및 주/소 본문 이외에 서책에 포함된 모든 데이터를 수록

▶ 경문 및 주/소 텍스트는 이중으로 관리하지 않고 경문經文 DB 및 주소注疏 DB의 TEXT를 이용

▸ 책의 구조와 동일한 형태로 재현될 수 있도록 면(PAGE) 정보 관리
▸ 원문 이미지 DATA의 연계 서비스는 이 DB의 정보를 매개로 이루어
  지도록 함

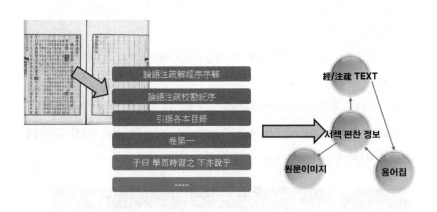

라. 다양한 문맥 요소의 정보화

▸ 경문 및 주, 소 텍스트에 포함된 주요 개념어와 인명, 지명, 서명 등
  의 문맥 요소를 발굴하고, 미리 정의된(동양고전정보 Name Space) 식
  별자를 기입.

○ 〈인명 ID="..." TYPE="1B"〉子夏〈/인명〉日 賢賢易色하며
【注】孔日 〈인명 ID="..." TYPE="1B"〉子夏〈/인명〉는 弟子 〈인명 ID="..."
TYPE="0A"〉 卜商〈/인명〉也라. 言以好色之心好賢則善이라.

事父母호되 能竭其力하며 事君호되 能致其身하며
【注】孔日 盡忠節하고 不愛其身이라
與朋友交호되 言而有信이면 雖日未學이라도 吾必謂之學矣라 호리라
【疏】'〈인명 ID="..." TYPE="1B"〉子夏〈/인명〉 日'至'學矣'
○正義日 : 此章論生知美行之事. '賢賢易色'者, 上賢, 謂好尙之也, 下賢, 謂有德之人.
易, 改也, 色, 女人也. 女有姿色, 男子悅之, 故經傳之文, 通謂女人爲色.
人多好色不好賢者, 能改易好色之心, 以好賢, 則善矣, 故日"賢賢易色"也. '事父母,
能竭其力'者, 謂小孝也. 言爲子事父, 雖未能不匱, 但竭盡其力, 服其勤勞也. '事君,
能致其身'者, 言爲臣事君, 雖未能將順其美, 匡救其惡, 但致盡忠節不愛其身, 若童汪踦
也. '與朋友交, 言而有信'者, 謂與朋友結交, 雖不能切磋琢磨, 但言約而每有信也.
'雖日未學 吾必謂之學矣'者, 言人生知行此四事, 雖日未嘗從師伏膺學問,
然此爲人行之美矣, 雖學亦不是過, 故"吾必謂之學矣".

4. 시맨틱 경학經學 DB의 활용

경학 자료 텍스트를 시맨틱 데이터베이스로 편찬하였을 경우, 어떠한 형태의 이용 서비스가 가능할지 살펴보기로 한다.

1) 경문經文에 대한 다양한 주석의 종합·분석

가. 경문經文 DB에서 ID를 매개로 하여 관련된 주석을 모아서 열람

하나의 경문經文을 중심으로 그에 대한 다양한 주석을 동시에 살필 수 있는 서비스가 가능해진다.

나. 개념, 용어에 대한 여러 주석가의 학설 비교 분석

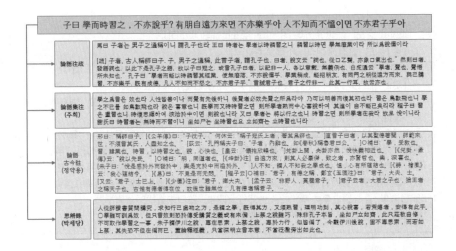

경문經文에 등장하는 다양한 개념·용어와 인명, 지명, 서명 등의 문맥 요소에 대해 관련 있는 주석을 종합, 비교, 분석할 수 있도록 하는 데이터를 제공할 수 있다.

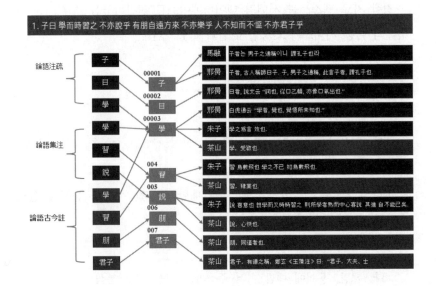

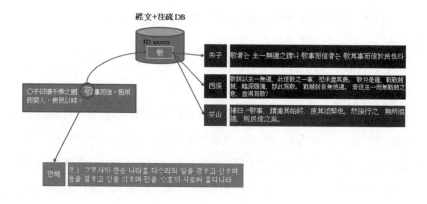

2) 문맥 요소를 매개로 유관 데이터베이스 연계 활용

인명, 지명, 사건명, 문헌명, 개념·용어 등 문맥 요소의 식별자 공유
를 통해 유용한 외부 DB와의 연계를 용이하게 수행할 수 있다. 예컨대,
인명 요소를 매개로 CBDB(Chinese Bibliographical Database) 등 동아시아
고전학 데이터베이스와 연계함으로써 역대 주석가와 그들의 학설에 영
향을 준 학인들의 혈연관계 및 사회적 관계에 대한 정보를 탐색하고,
그 결과를 응용, 확장할 수 있다.

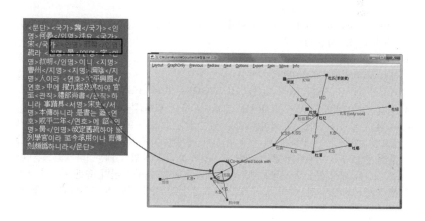

5. 다산 경학 연구를 위한 시맨틱 경학經學 DB 온톨로지 설계

1) 온톨로지란 설계의 기본 방향

'온톨로지(Ontology)'란[3] 정보화의 대상이 되는 세계를 전자적으로 표현할 수 있도록 구성한 데이터 기술 체계이다. 넓은 의미에서는 모든 정보화의 틀이 다 온톨로지일 수 있겠지만, 대상 자원을 **'클래스'(class)**로 범주화하고, 각각의 클래스에 속하는 개체(individuals)들이 공통의 **'속성'(attribute)**을 갖도록 하고, 그 개체들이 다른 개체들과 맺는 **'관계'(relation)**를 명시적으로 기술하는 것이 가장 일반적인 온톨로지 설계 방법이라고 할 수 있다.[4]

---

3 정보기술 분야에서 말하는 '온톨로지(ontology)'에 대한 가장 일반적인 정의는 그루버(Gruber, Thomas. 1959~)가 말한 '명시적 명세화의 방법에 의한 개념화'(explicit specification of a conceptualization)이다(Gruber, 'A Translation Approach to Portable Ontology Specifications', Knowledge Systems Laboratory Technical Report KSL 92-71, Stanford University, 1992).

○ '개념화'(conceptualization): 정보화하고자 하는 대상 세계를 일정한 체계 속에서 파악하는 것, 예를 들면 그 세계에 무엇이 있고, 그것은 어떤 속성을 품고 있으며, 그것들 사이의 관계는 무엇인가 하는 일정한 질문의 틀 속에서 대상 세계를 이해하는 방식이라고 할 수 있다.

○ '명세화'(specification): 대상 세계에 존재하는 개체, 속성, 관계 등을 일목요연한 목록으로 정리하는 것이다.

○ '명시적'(explicit): 그 정리된 목록을 사람뿐 아니라 '컴퓨터가 읽을 수 있도록'(machine readable) 한다는 것이다.

(김현 외, 《디지털 인문학 입문》, HUEBOOKs, 2016. 164쪽)

4 원래 온톨로지라는 말은 철학에서 '존재론'이라고 번역되는 용어로서 '존재에 대한 이해를 추구하는 학문'의 의미를 갖는 말이었다. 그러한 용어가 정보과학 분야에서 중요한 개념으로 등장하게 된 것은 인간이 세계를 이해하는 틀과 컴퓨터가 정보화 대상(콘텐츠)을 이해하는 틀 사이에 유사성이 있다고 보았기 때문이다. 그 틀은 바로 대상을 구성하는 요소들에 대응하는 개념들과 그 개념들 간의 연관 관계이다(김현, 〈한국 고전적 전산화의 발전 방향 —고전 문집 지식 정보 시스템 개발 전략—〉, 《민족문화》 28, 2005).

다산 경학 자료 데이터베이스를 온톨로지 개념에 입각하여 설계하고
자 하는 이유는, 이 데이터베이스가 다산의 저작만을 대상으로 하는 것
이 아니고, 궁극적으로 다산이 그의 경학 연구 과정에서 참고하고 분석
한 역대 경전 주석서를 모두 수용하여, 지식의 연원과 변천의 계보를
탐구할 수 있는 체계 확립을 의도하기 때문이다.

현재까지 고전 문헌 연구자에게 익숙한 디지털 문헌 자료 데이터베
이스는 대상 문헌의 텍스트와 메타데이터만을 디지털 텍스트로 축적하
여, 그 문헌의 특정 부분을 검색할 수 있게 하는 것이었다. **이 연구를
통해 추구하는 데이터베이스는 텍스트의 한 부분이 다른 부분과 어떤
관계를 맺고 있는가 하는 '지식의 관계성'을 정보화의 대상으로 한다.
이러한 관계성의 탐색이 의미 있기 위해서는 정보화 대상 텍스트 역시
다산의 저작에만 한정되지 않고, 그의 지식의 연원이 된 역대 주석가들
의 저작물로까지 확장되어야 한다.**

다산이 그의 경학 연구 과정에서 참조한 선학의 경학 연구 저작물이
워낙 방대하므로 그 모든 지식의 연계성을 탐색할 수 있는 종합적인
데이터베이스의 구축은 성사되기 어려운 일로 여길 수도 있다. 이 점과
관련해서는, 우리가 관심을 갖는 경학 자료의 상당 부분이 이미 재이용
이 가능한 디지털 자원으로 존재하거나, 국내외의 다른 연구자들에 의
해서 디지털화가 진행 중이라는 사실을 주목할 필요가 있다. 이러한 자
원들을 모두 고립된 독립 자원으로 남겨두지 않고, 상호 연계할 수 있
도록 하는 것이 시맨틱 웹 시대의 정보화 전략이다.

목표 DB는 2장('고전 정보화의 개선 과제')과 3장('시맨틱 경학 DB 설
계 모델')에서 논의한 바대로 유교 경전의 경문 텍스트와 많은 주석가
들이 내린 해석 사이의 관계성, 나아가 이를 명시적으로 보여줄 수 있
는 체제를 지향한다. 궁극적으로 다산 경학의 배경이 된 모든 텍스트가
수록 또는 연계의 대상이지만, 데이터베이스의 기본 설계 방향을 모색

하는 이 연구에서는 주석문 사이의 연계성을 가장 많이 살필 수 있는 《논어論語》 경문과 주석서를 대상으로 삼아 지식의 상호 관련성을 담아 낼 수 있는 틀을 도출하였다. 중점적으로 분석한 주석서는 다산 정약용의 《논어고금주論語古今注》를 비롯하여 하안(何晏, 190~249)의 《논어집해論語集解》, 형병(邢昺, 932~1010)의 《논어정의論語正義》, 주희(朱熹, 1130~1200)의 《논어집주論語集註》 등이다.

이 연구의 주안점은 경학 텍스트 DB의 구현에 있지만, 김영호 교수가 한국학중앙연구원에 기탁한 다산 저작의 원본을 디지털 환경에서 효과적으로 활용할 수 있게 하는 것도 한국학중앙연구원의 당면 과제이므로, 다산 저작물 원본의 디지털 사본이 경학 텍스트 DB와 연계될 수 있도록 하는 방안을 고려한 온톨로지 설계안을 마련하였다.

2) 클래스(Class) 설계

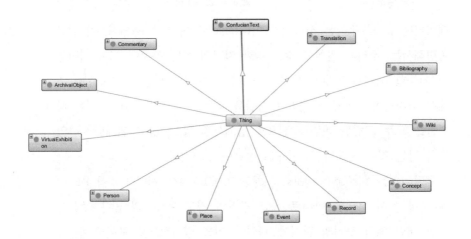

경학 자료 데이터베이스가 취급할 정보의 유형은 위의 다이어그램에서 보는 바와 같이 모두 12개 영역으로 설계하였다.

구분	Class 이름	설명
Core Data	ConfucianText	경서 경문 텍스트
	Commentary	주석서 텍스트
	Translation	경서 및 주석서 텍스트의 번역
Contextual Elements	Person	인물
	Place	장소
	Event	역사적 사건
	Record	기록물
	Concept	개념·용어
Visual Reference	ArchivalObject	자료 원문의 디지털 사본, 관련 유물 등
	VirtualExhibtion	가상 전시
Researcher's Contribution	Bibiography	연구성과 문헌정보
	Wiki	연구자들의 기여, 토론(개방적 참여 공간)

가. 핵심 데이터 클래스 (Core Data Classes)

경학 자료 DB의 핵심 데이터(Core Data)는 경문 텍스트를 수록하는 'ConfucianText' 클래스와 주석서 텍스트를 담는 'Commentary' 클래스의 노드들이다. 'Translation' 클래스는 경문과 주석서의 다양한 현대어 번역문 텍스트를 수록할 수 있는 영역이다.

① ConfucianText Class

ConfucianText Class 안에서 한 종의 경서(《논어》, 《맹자》, 《주역》, 《상서》, 《예기》 등)의 내용을 수록하는 영역을 Sub Class로 설정한다. 한 종의 경서 전체와 그 경서 안에서 편, 장, 문장, 구 등은 모두 그 Sub Class에 속하는 개체(Individual Objects)이다.

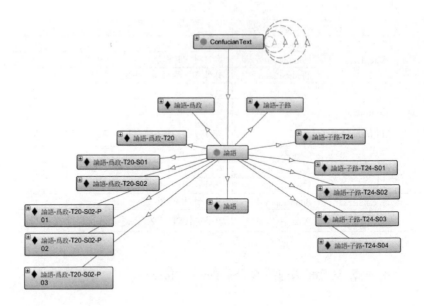

② **Commentary Class**

　Commentary Class 안에서 한 종의 주석서(《논어집해論語集解》, 《논어정의論語正義》, 《논어집주論語集註》, 《논어고금주論語古今注》 등)의 내용을 수록하는 영역을 Sub Class로 설정한다.

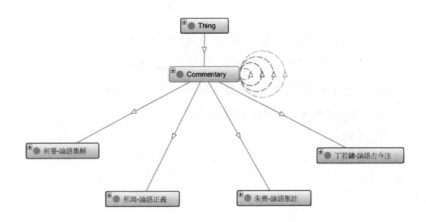

한 종의 주석서와 그 주석서 안에서 편, 장, 문장 등은 모두 해당 Sub Class에 속하는 개체(Individual Objects)로 다룬다.

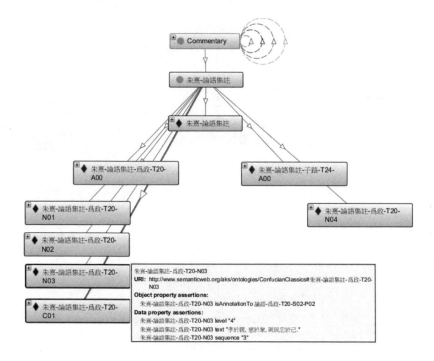

③ Translation Class

경문 클래스 및 주석서 클래스와 마찬가지로 한 종의 번역서마다 Sub Class를 두도록 하고, 그 번역서와 편찬 체계에서 하위 구성 요소들을 해당 Sub Class의 개체로 다룬다.

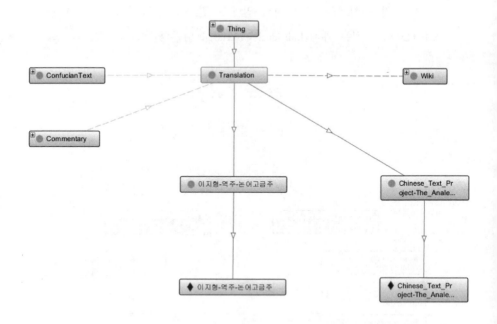

나. 문맥 요소 클래스(Contextual Element Classes): Person, Place, Event, Record, Concept

Person, Place, Event, Record, Concept 등의 문맥 요소 클래스는 경문, 또는 주석문 안에 등장하는 인명, 지명, 역사적 사건, 문헌명, 개념 용어 등을 표출하여 정보화하기 위한 것이다. 특정 인명, 지명, 사건명, 문헌명, 개념 용어 등이 경서와 주석서 텍스트의 어느 곳에 쓰였는지 알게 하는 인덱스 기능 구현과 전문 용어사전 편찬의 목적으로 활용할 수 있다.

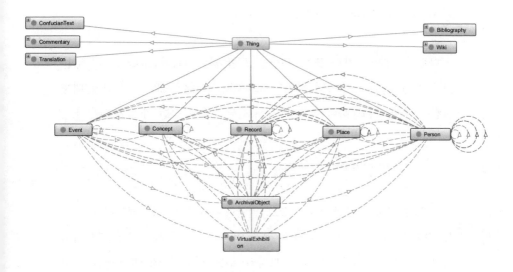

다. 시각 자료 클래스 (Visual Reference)

시각 자료 클래스는 문헌자료 또는 유물의 원형을 담은 시각 자료의
제공을 위한 영역이다.

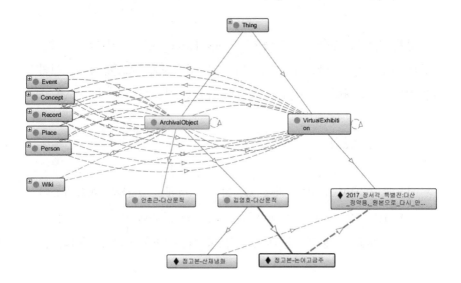

① ArchivalObject Class

다수의 문헌이 자료 또는 유물을 포함하는 컬렉션(Collection)이 있는 경우 ArchivalObject Class의 하위의 Sub Class를 두어 해당 컬렉션에 대응시킨다. 실물 자료 하나하나는 이 서브 클래스에 속한 개체로 다룬다.

② VirtualExhibtion Class

다수의 실물 자료를 시각적으로 열람할 수 있게 하는 멀티미디어 가상 전시관서비스 콘텐츠의 영역이다. 이 디지털 전시는 실제 현실세계에서 이루어진 전시의 디지털 모사일 수도 있고, ArchivalObject Class의 개체들을 가지고 구성한 가상 전시일 수도 있다.

라. 연구자 기여 데이터 클래스 (Researcher's Contribution)

① Bibliography Class

경학 자료에 대한 연구자들의 연구성과를 조사하고 기록하기 위한 영역이다. 단행본, 학술지 논문, 학위논문, 학술대회 발표문 등 한 건의 연구저작물에 대한 서지사항을 하나의 개체로 다룬다.

② Wiki Class

이 데이터베이스 편찬 과정 및 이용 과정에서 편찬자, 이용자들이 자신의 교열, 분석, 논증 등의 의견을 게시하고, 이를 연구자들이 온라인에서 토론을 통해 발전시킬 수 있도록 하는 위키 방식의 데이터 공유 공간이다.

3) 속성(Attribute: Data Type Property) 설계

12개의 클래스에 소속하는 각각의 개체(Individual Objects)들의 성격과 내용은 속성(Attribute: Data Type Property)과 관계성(Relation: Object Property) 정보의 형태로 기술한다. 이 정보가 문자와 숫자로 기술하고, 적용 범위가 해당 개체에만 한정되는 것을 '속성'(Attribute: Data Type Property)이라고 하고, 그 정보가 다른 개체와의 관계를 표시하는 것이면 이를 '관계성'(Relation: Object Property)이라고 한다.

이 연구에서 다루는 '경학 자료 데이터베이스'의 개체들이 갖게 될 '속성' 정보의 틀을 다음과 같이 설계하였다. 아래의 표에서 '도메인' (Domain, 정의역)은 해당 속성을 갖는 개체들의 클래스를 말하며, '데이터 타입'(Data Type)은 속성 데이터의 포맷이 문자열(string)인지, 숫자 (int, 정수)인지 XML문(XMLLiteral)인지를 구분하는 값이다.

Attribute	설명	Domain	Data Type
description	설명: 해당 개체에 대한 설명	ArchivalObject, Concept, Event, Person, Place, Record, VirtualExhibition	XMLLiteral, string
IRI	Internationalized Resource locator: 해당 개체의 유일 식별자[5]	ArchivalObject, Concept, Event, Person, Place, Record, VirtualExhibition	string
language	언어: 경문 및 주석문의 번역 언어	Translation	language, string
level	편찬 체계에서 수준: 편찬 체계에서 수준 (문헌, 편, 장, 문장, 구 등)	Commentary, ConfucianText	int
location	위치: 해당 개체의 지리상 위치를 경위도 좌표로 표시. xml문 안에서 latitude, longitude, altitude 값을 하위 요소로 기입	Place	XMLLiteral, string
name	이름: 문맥 요소 또는 시각자료의 명칭	ArchivalObject, Concept,	string

		Event, Person, Place, Record, VirtualExhibition, Wiki	
sequence	편찬 체계에서 순서: 몇 번째 편, 장, 절, 문장, 구인지를 표시	Commentary, ConfucianText	int
text	텍스트: 경문, 주석문, 번역문의 텍스트 (Plain Text)	Commentary, ConfucianText, Translation	string
timeSpan	시간 범위: xml 문 안에서 from, to 등의 범위 값을 하위 요소로 기입. 또는 '저작년', '간행년' 등 시간 값의 성격을 xml 요소의 속성으로 표시	Event, Person, Record, VirtualExhibition	XMLLiteral, string
type	유형: 해당 개체의 유형 구분. 유형 값의 범주는 Class에 따라 다르게 적용할 수 있다. ※ 주석문 텍스트가 '인용'인지 '해석'인지 구분할 경우 사용.	ArchivalObject, Bibliography, Commentary, Concept, ConfucianText, Event, Person, Place, Record, Translation, VirtualExhibition, Wiki	string
URL	Uniform Resource Locator: 해당 개체와 관련이 있는 웹 자원	ArchivalObject, Concept, Event, Person, Place, Record, Translation, VirtualExhibition	string
version	판본: 경문, 주석문, 번역문의 버전이 다를 경우 이를 표시	Commentary, ConfucianText, Translation	string
xmlText	xml 텍스트: 경문, 주석문, 번역문의 xml Mark-up 텍스트	Commentary, ConfucianText, Translation	XMLLiteral

---

5 IRI(Internationalized Resource Identifier): 인터넷의 특정 자원을 유일하게 식별할 수 있게 하는 이름. 종래의 URI(Uniform Resource Identifier)는 ASCII 문자(영문 알파벳과 기호)를 사용했던 것과 달리, IRI는 한글, 한자를 포함하는 세계문자부호계(Unicode/ISO 10646)의 모든 문자를 사용할 수 있도록 하였다. IETF(Internet Engineering Task Force)에서 2005년에 제안.
http://tools.ietf.org/html/rfc3987

4) 관계성(Relation: Object Property) 설계

12개의 클래스에 소속하는 각각의 개체(Individual Objects)들이 다른 클래스 또는 동일 클래스 안의 다른 개체들과 맺고 있는 관계의 양상은 관계성(Relation: Object Property) 정보의 형태로 기술된다.

이 연구에서 다루는 '경학 자료 데이터베이스'에서 개체와 개체 사이에 존재하는 다양한 '관계성' 정보의 틀을 다음과 같이 설계하였다. 온톨로지에서 관계성의 기술은 통상적으로 RDF(Resource Description Frame-work)[6] 문의 형식을 취한다. 이것은 객체 'A'와 객체 'B' 사이에 'P'라는 관계가 성립할 때 이를 'A - P - B'라는 형태로 기술하는 것이다.

아래의 표에서 '도메인'(Domain, 정의역)은 RDF문의 주어 역할을 하는 객체 A가 속하는 클래스이며, '레인지'(Range, 치역)는 RDF문에서 목적어 역할을 하는 객체 B가 속하는 클래스이다.

Relation	설명	Domain	Range
annotator	A의 주석가는 B이다.	Record	Person
creator	A의 저자는 B이다.	Record	Person
hasChapter	A는 B라는 장章을 갖는다.	ConfucianText	ConfucianText
hasPart	A는 B를 부분으로 삼는다.	Commentary	Commentary
hasPhrase	A는 B라는 구句를 갖는다.	ConfucianText	ConfucianText
hasSection	A는 B라는 편篇을 갖는다.	ConfucianText	ConfucianText
hasSentence	A는 B라는 문장을 갖는다.	ConfucianText	ConfucianText
hasStudyIn	A에 대한 연구가 B에 있다.	ConfucianText,	Bibliography

---

6 RDF(the Resource Description Framework)는 월드와이드웹 자원의 메타데이터를 기술하는 형식이다. 2004년 W3C(World Wide Web Consortium)의 권고안이 제시되었으며, 시맨틱 웹 활동의 일환으로 운용되고 있다. RDF가 기술하는 웹 자원의 속성은 인간이 아닌 컴퓨터가 읽고 해석하기 위한 것이며, 인간을 대신하여 지능적으로 정보를 처리하기 위한 것이다.
  http://www.w3.org/RDF/

		Commentary	
hasTalk	A에 대한 토론이 B에 있다.	ArchivalObject, Commentary, ConfucianText, Translation, VirtualExhibition	Wiki
hasTranslation	A는 B라는 번역문을 갖는다.	ConfucianText, Commentary	Translation
isAnnotationTo	A는 B에 대한 주석이다. ※ 경문에 대한 주석, 또는 선대 주석가의 주석에 대해 소疏를 다는 경우.	Commentary	ConfucianText, Commentary
isCommentTo	A는 B에 대한 코멘트이다. ※ 자신이 인용한 선대 주석가의 주석에 의견을 덧붙이는 경우	Commentary	Commentary
isDescendantOf	A는 B의 후손이다.	Person	Person
isDescribedIn	A는 B에 서술되어 있다.	Concept, Event, Person, Place, Record	Record
isDiscipleOf	A는 B의 제자이다.	Person	Person
isFriendOf	A는 B의 친구이다.	Person	Person
isLocatedIn	A는 B에 위치한다.	Place	Place
isRelatedTo	A는 B와 관계가 있다.	Concept, Event, Person, Place, Record, ArchivalObject, VirtualExhibition	Concept, Event, Person, Place, Record, ArchivalObject, VirtualExhibition
isRevisionOf	A는 B의 수정본이다.	Commentary, ConfucianText, Translation	Commentary, ConfucianText, Translation
isShownIn	A는 B에서 볼 수 있다.	ArchivalObject	VirtualExhibition
references	A는 B를 참조(인용)하였다.	Commentary	Commentary

6. 시맨틱 경학 DB의 활용 예시

이 연구를 통해 설계한 온톨로지를 기반으로 경서와 주석서의 시맨틱 데이터베이스를 구축하였을 경우, 경학 자료는 어떠한 구조로 정보화되며, 그것은 어떠한 방식으로 검색, 열람할 수 있는지 실제 데이터의 예시를 통해 살펴보기로 한다.

1)《논어論語》위정편爲政篇 20장의 경문 및 주석 데이터

① 《논어論語》 경문

- Individual Objects

id	text
論語	
論語-爲政	
論語-爲政-T20	季康子問: "使民敬·忠以勸.如之何?" 子曰: "臨之以莊則敬, 孝慈則忠, 舉善而敎不能則勸."
論語-爲政-T20-S01	季康子問: "使民敬·忠以勸.如之何?"
論語-爲政-T20-S02	子曰: "臨之以莊則敬, 孝慈則忠, 舉善而敎不能則勸."
論語-爲政-T20-S02-P01	臨之以莊則敬
論語-爲政-T20-S02-P02	孝慈則忠
論語-爲政-T20-S02-P03	舉善而敎不能則勸

- Relations

Node 1	Relation	Node 2
論語	hasSection	論語-爲政
論語-爲政	hasChapter	論語-爲政-T20
論語-爲政-T20	hasSentence	論語-爲政-T20-S01
論語-爲政-T20	hasSentence	論語-爲政-T20-S02
論語-爲政-T20-S02	hasPhrase	論語-爲政-T20-S02-P01
論語-爲政-T20-S02	hasPhrase	論語-爲政-T20-S02-P02
論語-爲政-T20-S02	hasPhrase	論語-爲政-T20-S02-P02

- RDF Graph

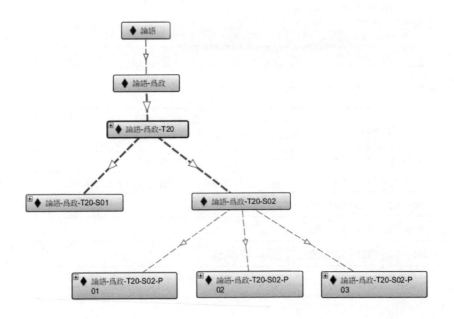

② 하안何晏,《논어집해論語集解》

- Individual Objects

id	text
何晏－論語集解－爲政－T20－A00	
何晏－論語集解－爲政－T20－C01	孔曰：魯卿季孫肥. 康, 謚.
何晏－論語集解－爲政－T20－C02	包曰：莊, 嚴也. 君臨民以嚴, 則民敬其上.
何晏－論語集解－爲政－T20－C03	包曰：君能上孝於親, 下慈於民, 則民忠矣.
何晏－論語集解－爲政－T20－C04	包曰：舉用善人, 而教不能者, 則民勸勉.

- Relations

Node 1	Relation	Node 2
何晏－論語集解－爲政－T20－A00	isAnnotationTo	論語－爲政－T20
何晏－論語集解－爲政－T20－A00	hasPart	何晏－論語集解－爲政－T20－C01
何晏－論語集解－爲政－T20－A00	hasPart	何晏－論語集解－爲政－T20－C02
何晏－論語集解－爲政－T20－A00	hasPart	何晏－論語集解－爲政－T20－C03
何晏－論語集解－爲政－T20－A00	hasPart	何晏－論語集解－爲政－T20－C04
何晏－論語集解－爲政－T20－C01	isAnnotationTo	論語－爲政－T20－S01
何晏－論語集解－爲政－T20－C02	isAnnotationTo	論語－爲政－T20－S02－P01
何晏－論語集解－爲政－T20－C03	isAnnotationTo	論語－爲政－T20－S02－P02
何晏－論語集解－爲政－T20－C04	isAnnotationTo	論語－爲政－T20－S02－P03
何晏－論語集解－爲政－T20－C01	references	孔安國－Reserve
何晏－論語集解－爲政－T20－C02	references	包咸－Reserve
何晏－論語集解－爲政－T20－C03	references	包咸－Reserve
何晏－論語集解－爲政－T20－C04	references	包咸－Reserve

- RDF Graph

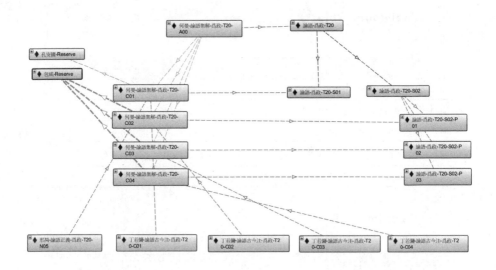

③ 형병邢昺,《논어정의論語正義》

- Individual Objects

id	text
邢昺-論語正義-爲政-T20-A00	正義曰:此章明使民敬忠勸善之法.
邢昺-論語正義-爲政-T20-N01	季康子,魯執政之上卿也.時以僭濫,故民不敬忠勸勉.故問於孔子曰:"欲使民人敬上盡忠,勸勉爲善,其法如之何?"
邢昺-論語正義-爲政-T20-N02	此答之也.自上莅下曰臨.莊,嚴也.言君臨民以嚴則民敬其上.
邢昺-論語正義-爲政-T20-N03	言君能上孝於親,下慈於民,則民作忠.
邢昺-論語正義-爲政-T20-N04	言君能舉用善人,置之祿位,教誨不能之人,使之材能,如此則民相勸勉爲善也.於時,魯君虛食深宮,季氏專執國政,則如君矣,故此答皆以人君之事言之也.
邢昺-論語正義-爲政-T20-A001	正義曰：知者,據左傳及世家文也.謚法云:安樂撫民曰康.

- Relations

Node 1	Relation	Node 2
邢昺-論語正義-爲政	hasPart	邢昺-論語正義-爲政-T20-A00
邢昺-論語正義-爲政	hasPart	邢昺-論語正義-爲政-T20-A01
邢昺-論語正義-爲政-T20-A00	isAnnotationTo	論語-爲政-T20
邢昺-論語正義-爲政-T20-A00	hasPart	邢昺-論語正義-爲政-T20-N01
邢昺-論語正義-爲政-T20-A00	hasPart	邢昺-論語正義-爲政-T20-N02
邢昺-論語正義-爲政-T20-A00	hasPart	邢昺-論語正義-爲政-T20-N03
邢昺-論語正義-爲政-T20-A00	hasPart	邢昺-論語正義-爲政-T20-N04
邢昺-論語正義-爲政-T20-A00	hasPart	邢昺-論語正義-爲政-T20-N05
邢昺-論語正義-爲政-T20-N01	isAnnotationTo	論語-爲政-T20-S01
邢昺-論語正義-爲政-T20-N02	isAnnotationTo	論語-爲政-T20-S02-P01
邢昺-論語正義-爲政-T20-N03	isAnnotationTo	論語-爲政-T20-S02-P02
邢昺-論語正義-爲政-T20-N04	isAnnotationTo	論語-爲政-T20-S02-P03
邢昺-論語正義-爲政-T20-A01	isAnnotationTo	何晏-論語集解-爲政-T20-C01

④ 주희朱熹, 《논어집주論語集註》

- Individual Objects

id	text
朱熹-論語集註-爲政-T20-A00	
朱熹-論語集註-爲政-T20-N01	季康子,魯大夫季孫氏,名肥.
朱熹-論語集註-爲政-T20-N02	莊,謂容貌端嚴也.臨民以莊,則民敬於己.
朱熹-論語集註-爲政-T20-N03	孝於親,慈於衆,則民忠於己.
朱熹-論語集註-爲政-T20-N04	善者舉之而不能者交之,則民有所勸而樂於爲善.
朱熹-論語集註-爲政-T20-C01	張敬夫曰:此皆在我所當爲.非爲欲使民敬忠以勸而爲之也.然能如是,則其應蓋有不期然而然者矣.

- Relations

Node 1	Relation	Node 2
朱熹-論語集註-爲政-T20-A00	isAnnotationTo	論語-爲政-T20
朱熹-論語集註-爲政-T20-A00	hasPart	朱熹-論語集註-爲政-T20-N01
朱熹-論語集註-爲政-T20-A00	hasPart	朱熹-論語集註-爲政-T20-N02
朱熹-論語集註-爲政-T20-A00	hasPart	朱熹-論語集註-爲政-T20-N03
朱熹-論語集註-爲政-T20-A00	hasPart	朱熹-論語集註-爲政-T20-N04
朱熹-論語集註-爲政-T20-N01	isAnnotationTo	論語-爲政-T20-S01
朱熹-論語集註-爲政-T20-N02	isAnnotationTo	論語-爲政-T20-S02-P01
朱熹-論語集註-爲政-T20-N03	isAnnotationTo	論語-爲政-T20-S02-P02
朱熹-論語集註-爲政-T20-N04	isAnnotationTo	論語-爲政-T20-S02-P03
朱熹-論語集註-爲政-T20-C01	references	張栻-Reserve

⑤ 정약용丁若鏞, 《논어고금주論語古今注》

- Individual Objects

id	text
丁若鏞-論語古今注-爲政-T20-A00	
丁若鏞-論語古今注-爲政-T20-C01	孔曰:季康子,魯卿季孫肥.康,謚.【謚法:安樂撫民曰康.】
丁若鏞-論語古今注-爲政-T20-N01	補曰:勸,謂民自興起以進其德藝也.
丁若鏞-論語古今注-爲政-T20-C02	包曰:莊,嚴也.
丁若鏞-論語古今注-爲政-T20-N02	補曰:莊者,政令無戲慢也.
丁若鏞-論語古今注-爲政-T20-N03	質疑莊嚴,古相通.故包注,訓莊爲嚴.然端莊異於嚴猛.故集註改之曰:容貌端嚴.然惟容貌端嚴,則又歸於色莊.色莊內荏,君子戒之,其義恐偏也.
丁若鏞-論語古今注-爲政-T20-C03	包曰:君能上孝於親,下慈於民,則民忠矣.
丁若鏞-論語古今注-爲政-T20-C04	包曰:舉用善人.
丁若鏞-論語古今注-爲政-T20-N04	補曰:善,賢能也.

| 丁若鏞-論語古今注-爲政-T20-C05 | 荻曰:善對不能.善猶能也.【純曰:如善射.善御.善書.善畫之善.】 |
| 丁若鏞-論語古今注-爲政-T20-N05 | 駁曰:包注固謬.純義亦偏也.善於德行,以敎其不能孝弟之民,未嘗非擧善.純獨以技藝言,其義亦偏也.荻說無病. |

– Relations

Node 1	Relation	Node 2
丁若鏞-論語古今注-爲政-T20-A00	isAnnotationTo	論語-爲政-T20
丁若鏞-論語古今注-爲政-T20-A00	hasPart	丁若鏞-論語古今注-爲政-T20-C01
丁若鏞-論語古今注-爲政-T20-A00	hasPart	丁若鏞-論語古今注-爲政-T20-C02
丁若鏞-論語古今注-爲政-T20-A00	hasPart	丁若鏞-論語古今注-爲政-T20-C03
丁若鏞-論語古今注-爲政-T20-A00	hasPart	丁若鏞-論語古今注-爲政-T20-C04
丁若鏞-論語古今注-爲政-T20-A00	hasPart	丁若鏞-論語古今注-爲政-T20-N01
丁若鏞-論語古今注-爲政-T20-A00	hasPart	丁若鏞-論語古今注-爲政-T20-N02
丁若鏞-論語古今注-爲政-T20-A00	hasPart	丁若鏞-論語古今注-爲政-T20-N03
丁若鏞-論語古今注-爲政-T20-A00	hasPart	丁若鏞-論語古今注-爲政-T20-N04
丁若鏞-論語古今注-爲政-T20-A00	hasPart	丁若鏞-論語古今注-爲政-T20-N05
丁若鏞-論語古今注-爲政-T20-C01	references	何晏-論語集解-爲政-T20-C01
丁若鏞-論語古今注-爲政-T20-C02	references	何晏-論語集解-爲政-T20-C02
丁若鏞-論語古今注-爲政-T20-C03	references	何晏-論語集解-爲政-T20-C03
丁若鏞-論語古今注-爲政-T20-C04	references	何晏-論語集解-爲政-T20-C04
丁若鏞-論語古今注-爲政-T20-C05	references	荻生雙松-Reserve
丁若鏞-論語古今注-爲政-T20-N02	isCommentTo	丁若鏞-論語古今注-爲政-T20-C02
丁若鏞-論語古今注-爲政-T20-N03	isCommentTo	丁若鏞-論語古今注-爲政-T20-C03
丁若鏞-論語古今注-爲政-T20-N03	references	朱熹-論語集註-爲政-T20-N02
丁若鏞-論語古今注-爲政-T20-N04	isCommentTo	丁若鏞-論語古今注-爲政-T20-C04
丁若鏞-論語古今注-爲政-T20-N05	isCommentTo	丁若鏞-論語古今注-爲政-T20-C04
丁若鏞-論語古今注-爲政-T20-N05	isCommentTo	丁若鏞-論語古今注-爲政-T20-C05

- RDF Graph

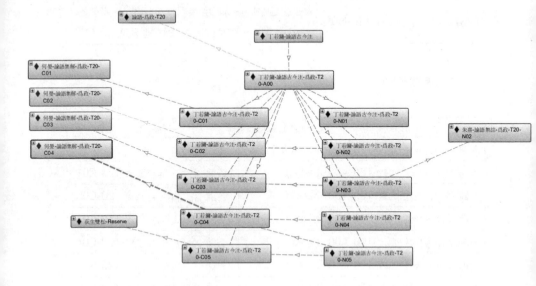

나. 《논어論語》 자로편子路篇 24장의 경문 및 주석 데이터

① 《논어論語》 경문

- Individual Objects

id	text
論語	
論語—子路	
論語—子路—T24	子貢問曰: "鄕人皆好之, 何如?" 子曰: "未可也," "鄕人皆惡之.何如?" 子曰:"未可也. 不如鄕人之善者好之, 其不善者惡之."
論語—子路—T24—S01	子貢問曰: "鄕人皆好之, 何如?"
論語—子路—T24—S02	子曰: "未可也,"

論語-子路-T24-S03	"鄕人皆惡之.何如?"
論語-子路-T24-S04	子曰:"未可也. 不如鄕人之善者好之, 其不善者惡之."

- Relations

Node 1	Relation	Node 2
論語	hasSection	論語-子路
論語-子路	hasChapter	論語-子路-T24
論語-子路-T24	hasSentence	論語-子路-T24-S01
論語-子路-T24	hasSentence	論語-子路-T24-S02
論語-子路-T24	hasSentence	論語-子路-T24-S03
論語-子路-T24	hasSentence	論語-子路-T24-S04

- RDF Graph

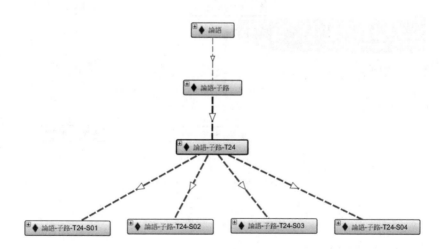

② 하안何晏, 《논어집해論語集解》

− Individual Objects

id	text
何晏−論語集解−子路−T24−A00	孔曰: 善人善己, 惡人惡己, 是善善明, 惡惡著.

− Relations

Node 1	Relation	Node 2
何晏−論語集解−子路−T24−A00	isAnnotationTo	論語−子路−T24
何晏−論語集解−子路−T24−A00	references	孔安國−Reserve

− RDF Graph

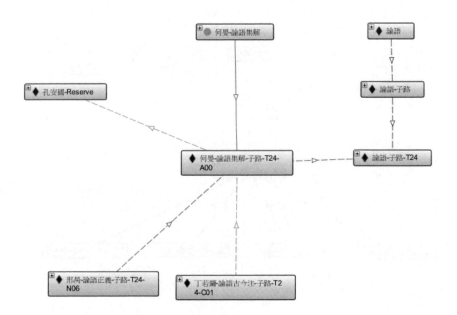

③ 형병邢昺, 《논어정의論語正義》

- Individual Objects

id	text
邢昺-論語正義-子路-T24-A00	正義曰:此章別好惡.
邢昺-論語正義-子路-T24-N01	言有一人爲一鄉之所愛好,此人何如,可謂善人乎?
邢昺-論語正義-子路-T24-N02	言未可謂善.或一鄉皆惡,此人與之同黨,故爲衆所稱,是以未可.
邢昺-論語正義-子路-T24-N03	此子貢又問夫子,旣鄉人皆好,未可爲善,若鄉人衆共憎惡,此人何如?可謂善人乎?
邢昺-論語正義-子路-T24-N04	言亦未可爲善.或一鄉皆善,此人獨惡,故爲衆所疾,是以未可.
邢昺-論語正義-子路-T24-N05	孔子旣皆不可其問,自爲說其善人也.言鄉之善人善之,惡人惡之,眞善人也.
邢昺-論語正義-子路-T24-A001	正義曰:言鄉人皆好之,是善善不明.鄉人皆惡之,是惡惡不著.若鄉人之善者善之,惡者惡之,則是善善分明,惡惡顯著也.

- Relations

Node 1	Relation	Node 2
邢昺-論語正義-子路	hasPart	邢昺-論語正義-子路-T24-A00
邢昺-論語正義-子路	hasPart	邢昺-論語正義-子路-T24-A01
邢昺-論語正義-子路-T24-A00	isAnnotationTo	論語-子路-T24-A00
邢昺-論語正義-子路-T24-A00	hasPart	邢昺-論語正義-子路-T24-N01
邢昺-論語正義-子路-T24-A00	hasPart	邢昺-論語正義-子路-T24-N02
邢昺-論語正義-子路-T24-A00	hasPart	邢昺-論語正義-子路-T24-N03
邢昺-論語正義-子路-T24-A00	hasPart	邢昺-論語正義-子路-T24-N04
邢昺-論語正義-子路-T24-A00	hasPart	邢昺-論語正義-子路-T24-N05
邢昺-論語正義-子路-T24-N01	isAnnotationTo	論語-子路-T24-S01
邢昺-論語正義-子路-T24-N02	isAnnotationTo	論語-子路-T24-S02
邢昺-論語正義-子路-T24-N03	isAnnotationTo	論語-子路-T24-S03
邢昺-論語正義-子路-T24-N04	isAnnotationTo	論語-子路-T24-S04
邢昺-論語正義-子路-T24-N05	isAnnotationTo	論語-子路-T24-S04
邢昺-論語正義-子路-T24-A01	isAnnotationTo	何晏-論語集解-子路-T24-A00

④ 주희朱熹,《논어집주論語集註》

- Individual Objects

id	text
朱熹-論語集註-子路-T24-A00	一鄕之人.宜有公論矣.然其間亦各以類自爲好惡也.故善者好之而惡者不惡,則必其有苟合之行;惡者惡之而善者不好,則必其無可好之實.

- Relations

Node 1	Relation	Node 2
朱熹-論語集註-爲政-T20-A00	isAnnotationTo	論語-子路-T24

⑤ 정약용丁若鏞,《논어고금주論語古今注》

- Individual Objects

id	text
丁若鏞-論語古今注-子路-T24-A00	
丁若鏞-論語古今注-子路-T24-N01	補曰:鄕人,同鄕之人.好,悅也.惡,厭也.
丁若鏞-論語古今注-子路-T24-C01	孔曰:善人善己,惡人惡己,是善善明,惡惡著.
丁若鏞-論語古今注-子路-T24-C02	朱子曰:惡者不惡,則必其有苟合之行.善者不好,則必其無可好之實.【輔云:鄕人皆好,恐是同流合汚之人.鄕人皆惡,恐是詭世戾俗之人.】
丁若鏞-論語古今注-子路-T24-C03	邢曰:鄕人衆共憎惡.【又云:爲衆所嫉.是以未可.】
丁若鏞-論語古今注-子路-T24-N02	案:屢憎於人,非聖門所尙.不必作憎惡說恐是厭惡之意.

- Relations

Node 1	Relation	Node 2
丁若鏞-論語古今注-子路-T24-A00	isAnnotationTo	論語-子路-T24
丁若鏞-論語古今注-子路-T24-A00	hasPart	丁若鏞-論語古今注-子路-T24-C01
丁若鏞-論語古今注-子路-T24-A00	hasPart	丁若鏞-論語古今注-子路-T24-C02
丁若鏞-論語古今注-子路-T24-A00	hasPart	丁若鏞-論語古今注-子路-T24-C03
丁若鏞-論語古今注-子路-T24-A00	hasPart	丁若鏞-論語古今注-子路-T24-N01
丁若鏞-論語古今注-子路-T24-A00	hasPart	丁若鏞-論語古今注-子路-T24-N01
丁若鏞-論語古今注-子路-T24-C01	references	何晏-論語集解-子路-T24-A00
丁若鏞-論語古今注-子路-T24-C02	references	朱熹-論語集註-子路-T24-A00
丁若鏞-論語古今注-子路-T24-C03	references	邢昺-論語正義-子路-T24-N03
丁若鏞-論語古今注-子路-T24-C03	references	邢昺-論語正義-子路-T24-N04

- RDF Graph

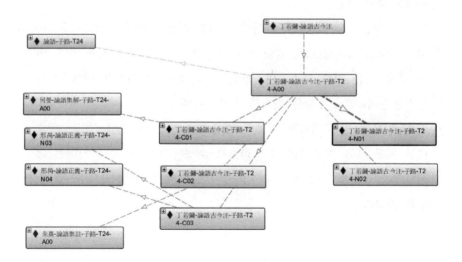

7. 시맨틱 웹 시대의 다산 경학 자료

시맨틱 웹 기술의 도입과 응용은 오늘날의 디지털 지식 유통 환경에서 고전 지식이 생명력을 유지하며 활용성을 증대시키기 위한 필수 과제이다. 그러나 그와 같은 진화된 시스템의 구현은 연구 대상 고전 텍스트에 대한 더 엄밀한 분석과 정리의 노력 위에서만 이루어질 수 있는 일이다.

종래에 그러하였듯이, '고전 연구/번역'과 '고전 자료 정보화'를 별도의 사업으로 간주하고, 고전 전문가들이 후자의 일에 적극적으로 참여하지 않는 경우, 시맨틱 경학 DB의 구현은 기대하기 어려운 일이다. 텍스트를 읽고, 해석하며, 번역하고, 가르치는 고전 연구, 교육의 모든 과정이 디지털 환경에서 수행되고, 그 결과와 흔적이 표준적인 디지털 데이터로 남도록 하는 것이 디지털 시대에 활동하는 고전 연구자들에게 주어진 과제이다.

이 연구는 디지털 기반의 '경학經學 TEXT 연구/번역' 환경을 구축하고, 그 환경 속에서 다산 경학 자료가 유용하게 쓰일 수 있게 하며, 이를 통해 다산 경학 텍스트의 의미를 드러내고 그 가치가 세계적으로 인정받을 수 있게 하자는 취지를 가지고 수행되었다.

이 연구를 통해 제시한 '시맨틱 경학 데이터베이스 온톨로지'는 향후 다산 저작 종합 연구 사업의 일환으로 수행될 '다산학 자료 시맨틱 데이터베이스 구축 사업'에서 데이터베이스 기본 설계안으로 활용될 수 있을 것이다.

丁若镛《梅氏书评》与顾颉刚"古史辨"的《尚书》今古文考辩

李 民

一. 《尚书》的成书内涵及沿革

1. 《尚书》的成书年代及历史过程

2. 《尚书》的内涵及精髓

3. 《尚书》的价值

4. 《尚书》对中国古代长达两千多年的封建社会的影响与作用

5. 《尚书》在中国古代优秀传统文化传承中的地位

6. 西晋时期《尚书》的散失至东晋梅赜(一作颐)所"献"《古文尚书》的出现

二. 梅氏《尚书》及后世对其的考辨

1. 梅氏"献"《古文尚书》的历史背景

2. 自唐宋以来不少经学大师对梅氏《尚书》的怀疑, 考辨与辨伪

3. 清初学者阎若璩《尚书今古文疏证》对梅书的系统考辨.被认为是考证《尚书》辨伪的集前代大成之作

三．丁若镛，顾颉刚两位经学大师考辨梅氏《尚书》的贡献及其比较

1. 两位大师考辨梅氏《尚书》的各自的社会环境与历史背景

2. 两位大师考辨方法的比较与辨伪基本一致的结论

3. "实学"与"古史辨"执着追求的目的和意义

4. 十八至二十世纪初期，随着考古学的发展与西方文化科技的发展．对《古文尚书》进行了深入考辨．其中尤为突出者．前有朝鲜朝的丁若镛大师．后有中国的顾颉刚大师．二者可以说在《尚书》研究领域中起到了电闪雷鸣的作用

5. 丁若镛"实学"思想指导下的《梅氏书评》研究的特点，成就与影响；顾颉刚"古史辨"指导下的对《尚书今古文疏证》研究的特点，作用及其影响

   丁若镛先生对《古文尚书》25篇的重点篇章进行了比前人更为细致，深入的研究．并一一指出其为后人所作之书．尤其是在语言学方面．顾颉刚先生则从整体中国古代史的系统研究角度指出了《古文尚书》为伪书．即后人所作之书．同时对今文《尚书》的某些篇．也认为有后人所作之嫌．两位大师研究的路子有所不同．但其结论却遥相呼应

6. 随着文献研究的深入，科技手段的介入，各国文化交流的加强以及考古材料(地上,地下)的相继见世．《尚书》研究必将有一个更为深入的局面

（说明：本文的重点在第三部分.拟占篇幅的三分之二）

필진 약력

한국

김문식

서울대학교 국사학과를 졸업하고, 같은 대학원에서 문학박사 학위를 받았다. 주요 연구 분야는 조선의 경학사상, 조선 후기 사상가, 정조 시대, 국왕 교육, 국가 전례이며, 현재 단국대학교 사학과 교수로 재직하고 있다. 한국고전번역학회 회장, 성호학회 회장, 문화재청 문화재위원으로 있다.

주요 저서로 《조선후기 경학사상 연구》, 《정조의 제왕학》, 《조선후기 지식인의 대외인식》, 《왕세자의 입학식》, 《조선 왕실의 외교의례》, 《원행을묘정리의궤》 등이 있다.

김선희

이화여자대학교에서 철학을 전공하고 같은 대학원에서 철학 박사를 취득했다. 주요 연구 분야는 조선의 유학과 서학, 여성주의이고, 현재 이화여자대학교 철학과 조교수로 강의하고 있으며, 실시학사 경학연구회에서 공부하고 있다. 재단법인 실시학사에서 수여하는 제1회 모하실학논문상을 수상했다.

주요 저서로는 《동양철학스케치1, 2》, 《팝콘을 먹는 동안 일어나는 일》, 《철학이 나를 위로한다》 등이 있고 논문으로는 〈서학을 만난 조선 유학의 인간 이해: 홍대용과 정약용을 중심으로〉 등 다수가 있다.

김영호

1940년생. 경북대학교 경제학부를 졸업하고 일본 도쿄대학 대학원 경제학부를 거쳐 일본 오사카시립대학에서 경제학박사를 취득했다. 주요 연구 분야는 한국경제사이며, 경북대학교 경제학부 교수로 봉직했다. 현 경북대학교 명예교수이자 동북아평화센터 이사장이다.

주요 저서로는 《東アヅア産業化と世界資本主義》(東洋經濟申報社, 1988), 《한일역사 문제의 핵심을 어떻게 풀 것인가》(공저, 지식산업사, 2013), 《역사가의 탄생 2》(공저, 지식산업사, 2020) 등 다수가 있다.

김 현

1959년 서울생. 고려대학교와 한국학중앙연구원 대학원, 고려대학교 대학원에서 한국철학을 전공하고 박사학위를 취득하였다. 주요 관심은 인문학 연구와 교육의 디지털 전환이며, 《조선왕조실록 CD-ROM》 개발, 《한국향토문화전자대전》 편찬 등을 이끌었다. 현재 한국학중앙연구원 한국학대학원 인문정보학 교수이자 디지털인문학연구소 소장이다.

주요 저서로는 《디지털 인문학 입문》, 《인문정보학의 모색》, 《지역문화와 디지털 콘텐츠》, 《임성주의 생의철학》 등 다수가 있다.

김 호

서울대학교 국사학과를 졸업하고 같은 대학원에서 〈허준의 동의보감 연구〉로 박사학위를 받았다. 주요 연구 분야로는 조선 의료사 연구와 더불어 조선시대 범죄와 그에 따른 처벌 등이며, 통치의 제도화, 정치의 윤리 등을 고민 중이다. 현재 경인교육대학교 사회교육과 교수로 재직하고 있다.

주요 저서로는 《정조의 법치》, 《정약용, 조선의 정의를 말하다》, 《100년 전 살인사건:검안을 통해 본 조선의 일상사》, 《조선왕실의 의료문화》 등이 있고, 역서로 《신주무원록》, 《다산의 사서학》(공역) 등이 있다.

노지현

동국대학교 철학과에서 학사·석사를 마친 뒤 프랑스 국립동양언어문명연구원 (INALCO) 소속 "세계의 언어, 문학, 사회" 대학원에서 〈정약용의 고문상서 비판〉으로 2013년 박사학위를 받았다. 주요 연구 분야는 다산의 사상과 조선 유학이며, 현재 리옹 3대학교 언어대학 한국학과의 부교수로 재직 중이다.

주요 논문으로는 〈명·청대 주석가들과 다산의 《함유일덕咸有一德》 주석 비교〉, "A Paddle-Wheel Ship Project in Late Joseon Korea—Focusing on Tasan's Ideas", "Chŏng Yakyong et Yi Kigyŏng: une amitié mise à l'épreuve" 등 다수가 있다.

방 인

서울대학교 철학과를 졸업하고 한국학중앙연구원 대학원에서 석사를 마쳤으 며 서울대학교 대학원에서 철학 박사학위를 받았다. 주요 연구 분야는 역학과 유식철학, 다산학이며 하버드 옌칭연구소 방문학자, 대한철학회 회장 등을 역 임하였고 다산학술상 등을 수상했다. 현재 경북대학교 명예교수이다.

주요 저서로는 《다산 정약용의 《주역사전》: 기호학으로 읽다》, 《다산 정약용 의 《역학서언》: 《주역》의 해석사를 다시 쓰다》 등이 있으며 《역주 주역사전》 (전8권)을 완역하였다.

송재윤

고려대학교에서 학사 및 석사 학위를 마치고, 미국 하버드 대학교에서 박사 학위를 받았다. 주요 관심 분야는 중국 근현대사와 정치 사상이며, 현재 캐 나다 맥마스터 대학교에서 역사학과 교수로 재직하고 있다.

주요 저서로는 《슬픈 중국: 인민민주독재 1948-1962》, *TRACES OF GRAND PEACE: CLASSICS AND STATE ACTIVISM IN IMPERIAL CHINA, YOSHIKO'S FLAGS* 등이 있고, *SHARE AND RULE*, 《문화대반란 1964-1976》을 곧 출간할 예정이다.

심경호

1955년생. 서울대학교 국어국문학과와 같은 대학원을 졸업하고, 일본 교토대학에서 문학박사학위를 받았다. 주요 연구 분야는 동아시아 한문학이며, 고려대학교 한자한문연구소장을 역임했고, 연민학술상 등을 수상했다. 현재 고려대학교 한문학과 명예교수이다.

주요 저서로 《한국의 석비문과 비지문》, 《조선시대 한문학과 시경론》, 《여행과 동아시아 고전문학》, 《김시습 평전》, 《안평: 몽유도원도와 영혼의 빛》, 《한시의 성좌: 중국 시인 열전》, 역서로는 《도성행락》, 《당육선공주의》 등이 있다.

임재규

서울대학교 종교학과를 졸업하고 같은 대학원 종교학과에서 석사학위를 받았으며, 중국 복단대학 역사학과에서 박사학위를 취득하였다. 주요 연구 분야는 동아시아 유학과 역학이며, 주역학술상을 수상하였다. 현재 서울대학교 윤리교육과에서 강의하고 있으며 서울대학교 인문학연구원 객원연구원이다.

주요 저서로는 《다산 정약용의 역학이론》, 《한국 사회와 종교학》(공저), 《21세기 유교 연구를 위한 백가쟁명 2: 정상과 이상의 대결 역사》(공저), 《东方文化与生命哲学》(공저) 등 다수가 있다.

정 민

1960년 충북 영동 출생. 한양대학교 국문과를 졸업하고 같은 대학원에서 박사학위를 받았다. 주요 연구 분야는 고문·한문학 문헌들과 정약용, 박지원 등 조선지성사이며, 월봉저작상 등을 수상했다. 현재 한양대학교 국문과 교수이자 백남 석학교수로 재직하고 있다.

주요 저서에 《다산의 재발견》, 《다산 증언첩》, 《다산선생지식경영법》, 《다산의 제자교육법》, 《다산어록청상》, 《파란》, 《18세기 한중지식인의 문예공화국》, 《미쳐야 미친다》, 《18세기 조선지식인의 발견》 등이 있다.

정순우

1953년 경북 영천생. 1976년 서울대학교 사범대학을 졸업하고 한국학중앙연구원 한국학대학원에서 석사와 박사(문학박사)학위를 취득했다. 주요 연구 분야는 한국교육사, 지성사이며, 현재 한국학중앙연구원 한국학대학원 명예교수이다.

대표 저서로는 《공부의 발견》, 《서당의 사회사》, 《서원의 사회사》, 《조선후기의 성인담론과 교육》 등이 있다. 공저로는 《퇴계학과 남명학》, 《도산서원과 지식의 탄생》, 《조선 전문가의 일생》 《남명 조식―칼을 찬 유학자》 등 다수가 있다.

조성을

1956년 경북 상주생. 서울대학교 동양사학과를 졸업하고 연세대학교 사학과 대학원에서 석사와 박사학위를 받았다. 주요 연구 분야는 조선 후기 사상사이며, 한국사학사학회 회장 등을 역임하고, 현 아주대학교 명예교수이다.

주요 저서로는 《연보로 본 다산 정약용: 샅샅이 파헤친 그의 삶》, 《조선후기 사학사 연구》 등이 있고, 공저로는 《다산 정약용 연구》, 《역사를 바라보는 실학자의 시선》 등 다수가 있다. 역서로는 《중국사학사》, 《중국 중세사회로의 여행》 등이 있다.

한형조

서울대학교 철학과를 졸업하고 한국학중앙연구원 한국학대학원에서 철학 석사와 박사를 받았다. 주요 연구 분야는 고전 한학과 유학, 불교철학이며, 현재 한국학중앙연구원 인문학부 교수로 재직하고 있다.

주요 저서로는 《성학십도, 자기 구원의 가이드맵》, 《왜 조선유학인가》, 《조선유학의 거장들》, 《왜 동양철학인가》, 《붓다의 치명적 농담》, 《허접한 꽃들의 축제》 등 다수가 있고, 역서로는 《화엄의 사상》, 《한글세대를 위한 불교》 등이 있다.

중국 · 대만

리민李民

정주대학 은상문화연구소 소장, 중국은상문화학회 부회장, 국제인류학과민족학학회 이사, (미국)미주와중국문화연구센터 고문이다. 현재 정주대학 역사학과 교수로 재직하고 있다.

주요 저역서로는 《尚书译注》(2016), 〈夏代域限探讨综述〉(2006), 〈商王朝疆域探索〉(2004), 〈古代文献在中国古代文明形成与发展研究中的意义〉(2003) 등이 있다.

린쭝쥔林忠军

《주역연구周易研究》 부주편이자, 중국주역학회 부회장, 중국공자기금회 학술위원이자 북경대학 유장편찬위원회 위원이다. 현재 산동대학 역학과 중국고대철학연구센터 교수로 재직하고 있다.

주요 저서로는 《周易郑氏学阐微》(2019), 《象数易学发展史(第一卷)》(1994), 《象数易学发展史(第二卷)》(1998), 공저로는 《明代易学史》(2016), 《清代易学史》(2019) 등 다수가 있다.

왕치파王启发

현재 중국사회과학원 역사연구소 연구원으로 재직하고 있다.

주요 저서로는 《礼学思想体系探源》(2006), 공저로는 《中国经学思想史》(2003), 역서로는 《马王堆汉墓帛书五行研究》(2005), 《六朝精神史研究》(2010) 등 다수가 있다.

차이쩐펑蔡振豊

현재 국립대만대학 중국문학과 교수로 재직하고 있다.

주요 저서로는 《다산의 사서학–동아시아의 관점에서》(2015), 《王弼的言意理論

與玄學方法》(2010),《魏晉名士與玄學淸談》(1997),《魏晉佛學格義問題的考察: 以道安爲中心的硏究》(2011) 등 다수가 있다.

일본

나카 스미오宮嶋博史

1958년생. 경도京都대학에서 문학박사를 받았다. 현재 경도부립京都府立대학 문학부 교수로 재직하고 있다.

20대에 주자학 연구를 시작으로 30대에는 명대明代 사상사를 연구하였으며, 40대 이후로는 조선유교에 관한 연구를 진행하였는데, 현재까지 조선의 양명학에 관한 다수의 글을 발표하였다. 주요 저서로는 《朝鮮の陽明學 初期江華學派の硏究》가 있으며, 2016년에 《조선의 양명학》이라는 제목으로 출간되었다.

미야지마 히로시宮嶋博史

1948년 일본 오사카에서 출생하여 교토대학 문학부를 졸업했고 같은 대학 대학원에서 문학연구과 석사 및 박사과정을 수료했다(동양사학 전공). 주요 연구 분야는 조선시대와 근대의 경제사, 사회사, 사상사이며, 도쿄대학 동양문화연구소 교수를 거쳐 성균관대학교 동아시아학술원 교수로 재직하였다. 현재 성균관대학교, 도쿄대학 명예교수로 있다.

주요 저서로 《한중일 비교 통사》, 《미야지마 히로시의 나의 한국사 공부》, 《미야지마 히로시의 양반》《일본의 역사관을 비판한다》 등 다수가 있다.